Emil Lask

Sämtliche Werke

Zweiter Band

Die Logik der Philosophie und die Kategorienlehre.

Die Lehre vom Urteil.

Emil Lask

Die Logik der Philosophie und die Kategorienlehre.

Die Lehre vom Urteil.

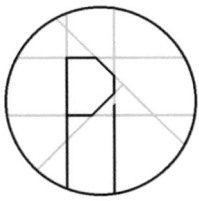

Dietrich Scheglmann Reprints

2022

FSC

www.fsc.org

MIX

Papier aus ver-
antwortungsvollen
Quellen
Paper from
responsible sources

FSC® C105338

Emil Lask (1875–1915); 1902 Promotion bei Heinrich Rickert in Freiburg; 1905 Habilitation bei Wilhelm Windelband in Heidelberg; ab 1910 außerordentlicher Professor der Philosophie in Heidelberg; gefallen 1915.

Lask, Emil:
Die Logik der Philosophie und die Kategorienlehre.
Die Lehre vom Urteil. – 2. Aufl. –
Jena : Scheglmann, 2022
    (Sämtliche Werke ; Bd. 2)
    ISBN 978-3-8311-3586-8

Copyright © 2003 by Dietrich Scheglmann Reprintverlag, Jena
2. durchgesehene Auflage 2022
Herstellung und Verlag: BoD - Books on Demand, Norderstedt

weitere Informationen im Internet: www.philosophiebuch.de/verlag

Inhaltsverzeichnis.

V

Die Logik der Philosophie und die Kategorienlehre.

Eine Studie über den Herrschaftsbereich der logischen Form.

Ἀλλα περι των νοητων, κατα την διαιρεσιν ου λεγουσιν ου παντα αρα τα οντα διαιρεισθαι εβουληθησαν, αλλα τα μαλιστα οντα παραλελοιπασιν.

»Aber über das Nichtsinnliche sprechen sie ihrer Einteilung gemäß nicht; sie wollten also« – in ihrer Kategorienlehre – »nicht alles Gegenständliche einteilen, sondern haben das vornehmste Gegenständliche übergangen.«

Plotin, Ennead. VI, 1, c.l.

Vorwort.

Die vorliegende Schrift beabsichtigt, aus einer geplanten Gesamtdarstellung der logischen Hauptprobleme lediglich einen einzigen Gedanken herauszugreifen und ihn hier in einer nur ankündigenden und postulierenden, äußerst elementaren und breit ausführenden Darstellung zu behandeln, ohne ihn schon in den Zusammenhang einer Logik streng und systematisch hineinzuarbeiten. Was mir für die theoretische Philosophie am meisten am Herzen liegt, eine von wenigen letzten Grundbegriffen einheitlich durchherrschte Logik, mußte dabei hinter der einen Angelegenheit, auf die es allein abgesehen war, noch zurücktreten. Da jedoch der Grundgedanke der folgenden Blätter so selten Beachtung und Würdigung gefunden hat, habe ich geglaubt, ihn schon in dieser primitiven und provisorischen Gestalt mitteilen zu dürfen.

Heidelberg, im November 1910.

[3/4]

Einleitung.

Über die Fundamente und die allgemeinste Gliederung der Kategorienleh-re sollen in dieser Abhandlung programmatische Thesen aufgestellt werden. Aber lediglich der *Umfang* und die *Weite* des Geltungsgebiets der Kategorien, die Universalität des Logischen und zwar der konstitutiven Kategorialform wird hier behandelt; die seit Kant so berühmte und doch so wenig durchdachte Frage, ob die kategoriale Form auf sinnlich-anschauliches Material einge-schränkt ist oder nicht, von Neuem aufgeworfen. Es soll dem Logischen der ihm gebührende Herrschaftsbereich in seiner wahren universalen Weite be-gründet und gesichert, der Logik, insbesondere der Kategorienlehre ein zwar nicht ganz neu zu entdeckendes, aber in der Gegenwart fast gänzlich verschüt-tetes Arbeitsgebiet erobert werden. Für die Ausdehnung des Kategorienpro-blems und für die oberste Einteilung des kategorialen Gehalts sollen gewisse Argumente geltend gemacht werden, die sich in der gesamten Entwicklung der theoretischen Philosophie nur an einzelnen Punkten und unter dem größten Widerstand, besonders aber unter der größten Nichtbeachtung einen Eingang in die logische Wissenschaft zu erkämpfen vermochten.

Aus Gründen, die hier noch nicht näher anzugeben sind, hat sich das System der Logik dem System der Philosophie überhaupt anzuschmiegen, von dort her letzte Einteilungsprinzipien zu entnehmen. Das gilt vor allem für die Kategorienlehre: was für eine Kategorienlehre man wählt, hängt davon ab, was für ein Philosoph man ist. Oder sollte wenigstens davon abhängen. Es wird sich gerade zeigen, daß das leider nicht stets der Fall zu sein pflegt.

Um erkennbar zu machen, was für Anforderungen an das Gesamtbild ei-nes Kategoriensystems zu stellen sind, soll die Einlei-[4/5]tung zunächst einige kurze, ganz primitive und summarische Andeutungen über die Gegenstands-gebiete und über die Erkenntnisgebiete machen, die sich aus einem Gesamt-bild philosophischer Weltanschauung ergeben. Es muß zunächst einmal der Typus einer Zweiweltentheorie skizziert werden, damit im Anschluß daran für die Vertreter einer solchen Zweiweltentheorie eine mit ihr im Einklang ste-hende Logik und Kategorienlehre postuliert werden kann.

1. Abschnitt.

Die Zweiweltentheorie.

Durch die ganze Geschichte des Denkens zieht sich der Versuch einer letzten Lichtung und Ordnung im Inbegriff des Erlebbaren überhaupt, des Denkbaren überhaupt, des Etwas überhaupt. Von den ersten Anfängen der Spekulation an hat er zur Ausprägung einer Zweiweltentheorie geführt. Aus einer solchen fundamentalen Scheidung gewisser urgegensätzlicher Sphären entstammte alle letzte und einheitliche Orientierung philosophischer Weltanschauungen. Denn die philosophische Reflexion hat hier den Beruf, das in seine Urbestandteile zu zersetzen und zu den Elementen dessen vorzudringen, was im »Leben«, in der unmittelbar uns umgebenden Wirklichkeit, nicht anders als miteinander verschmolzen, als Gemisch, uns begegnet, wie denn bereits Plato die Wirklichkeit, in der wir leben, die γενεσις-Wirklichkeit als ein Mittleres, ein Gemischtes (μικτον), faßte. In tausend Variationen des Namens und des Sinnes hat sich der von Plato vorbildlich ausgeprägte Dualismus, diese Zweisphärentheorie, wiederholt; ist in solchen Gegenüberstellungen wie Sinnliches und Übersinnliches, αισθητον und νοητον, sensibile und intelligibile, Erscheinung und wahre Wirklichkeit, Erscheinung und Idee, Materie und Form, Materie und Geist, Endliches und Unendliches, Bedingtes und Unbedingtes, Empirisches und Überempirisches, Relatives und Absolutes, Natur und Vernunft, Natur und Freiheit, Zeitliches und Ewiges, ausgesprochen worden.

Nur von einer letzten und unerbittlich durchgeführten Scheidung und Sichtung des Denkbaren aus vermag sich Klarheit und Orientierung über das ganze Gebiet der Philosophie zu verbreiten, wie [5/6] denn alle geschichtlich aufgetretenen Systeme nach der Stellungnahme dazu einheitlich und durchdringend zu begreifen sind. Darum ist es auch eine befreiende und klärende Tat der Gegenwart, daß sie – hauptsächlich an Anregungen *Lotzes* anknüpfend – die Gesamtheit des überhaupt Denkbaren mit ungeheurer Schroffheit wieder auf eine letzte Zweiheitlichkeit zurückzuführen trachtet, auf die Kluft nämlich zwischen Seiendem und Geltendem, Seinsgebiet und Geltungsgebiet, Seinsgebilden und Geltungsgebilden, zwischen der Wirklichkeits- und der Wertsphäre, zwischen dem, was da *ist* und *geschieht*, und dem, was *gilt*, ohne sein zu müssen. Damit ist von Neuem über alle sekundären und nebensächlichen Einteilungen hinweg zur wahren Scheidung im All des Denkbaren fortgeschritten. Mit einer solchen letzten Sonderung im Bereiche des Etwas ist zugleich die grundlegende Zweiheit alles Erkennens aufgezeigt, der Anarchie der Tendenzen alles überhaupt möglichen Fragens und Forschens ein endgültiges Ende bereitet. In Seins- und Geltungserkennen, Wirklichkeits- und Werterforschung gewinnen wir die fundamentale Gegensätzlichkeit des Erkennens, die auf der Dualität der Erkenntnisgegenstände beruht. Mit einem Schlage kann uns diese Einsicht insbesondere auch über die Verworrenheit *philosophischen* Strebens hinausführen, dem philosophischen Forschen ein eindeutig bestimmbares Gebiet zuweisen. In der *Ergründung des Nichtseienden*, des zeitlos Geltenden, der geltenden Bedeutungen, der Formen des Sinnes, in der Erforschung des Werts, aber auch der wertvollen Wirklichkeit, ist ihm eine einheitliche – wenn auch, wie sich zeigen wird, vielleicht nicht erschöpfend bestimmte – Aufgabe zuerteilt.

Also in der Unterschiedenheit des Seienden und des Nichtseienden ist der wahre Einschnitt im Inbegriff des Etwas überhaupt gefunden. Aber es sei sofort hinzugefügt: des Sinnlichseienden und des Nicht-Sinnlichseienden. Wir haben uns nun einmal dem Sprachgebrauch unseres positivistisch geschulten Zeitalters zu beugen, das den Ehrentitel des »Seins« gerade dem zuerkennt, was den größten Denkern der Vergangenheit als das μη ον erschien, und nach dem entsprechend als das Nichtseiende gerade das bezeichnet werden muß, was einst als das οντως ον galt. Das »Sein« [6/7] ist uns also ein spezifisches Prädikat ausschließlich jener Sphäre, in der allein es auch ein Geschehen und eine ursächliche Verknüpfung gibt. Das Seinsgebiet, das Existierende und Reale, ebenso die »Wirklichkeit« soll mit der räumlich-zeitlichen Sinnenwelt zusammenfallen.

Jede Zweiweltentheorie statuiert somit neben der Sinnenwelt irgendwie einen »mundus intelligibilis«, geht irgendwie über das Seiende der Sinnenwelt hinaus. Nur darauf, daß man beim Sinnlichseienden nicht stehen bleibt, also nur auf das Hinausgehen über das Sinnlichseiende zu einem in diesem Sinne Nichtseienden kommt es für die Zweiweltentheorie an. Was es dagegen noch für Unterschiede innerhalb dieses Nichtseienden geben möge, kann für den Typus der Zweiweltentheorie überhaupt außer Betracht bleiben. Es ist dafür irrelevant, wie arm oder wie reich man sich die Sphäre des Nichtseienden denkt. Es ist darum beispielsweise auch gleichgültig, ob mit der Region des

»Geltenden« die Sphäre des Nichtseienden erschöpft ist oder nicht. Auch wenn das Geltungsgebiet lediglich *ein* und nicht *der* Repräsentant des Nichtseienden und somit nur ein und nicht das Revier der philosophischen Spekulation ist, ist mit der Entgegensetzung des Seienden und des Geltenden jedenfalls die Kluft zwischen Seiendem und Nichtseiendem getroffen. Das Geltende kommt dann lediglich als ein Nichtseiendes in Betracht, wobei nichts ausmacht, wenn auf Seite des Nichtseienden noch mehr steht als bloß das Reich des Geltenden.

Ist so allerdings mit der Behauptung irgendeines Nichtsinnlichen schon dem Erfordernis einer Zweiweltentheorie Genüge getan, so dürfen doch andererseits die möglichen Unterschiede innerhalb des Nichtsinnlichen nicht ignoriert werden. Ja, es muß geradezu das Augenmerk sich auf sie richten, wofern es doch darauf ankommt, den Überblick über alle Spielarten einer Zweiweltentheorie zu gewinnen. Nur wenn man das Nichtsinnliche seinem ganzen Umfang nach berücksichtigt, erhält man eine Grundlage, von der aus überhaupt erst das Problem einer universalen, der Zweiweltentheorie entsprechenden Kategorienlehre erörtert werden kann. Man muß somit den Fall gar wohl in Erwägung ziehen, daß die Sphäre dessen, was da »gilt« – um uns schon jetzt stets dieses von Lotze geprägten Ausdrucks zu bedienen – in ihrer weitesten [7/8] Ausdehnung, mitsamt allen Derivativa und Verwicklungen, nicht die gesamte Hemisphäre des Nichtseienden oder Nichtsinnlichen erfüllt; daß also nicht alles, was über die Sphäre des Sinnlichseienden hinausliegt, darum schon der Sphäre des Geltenden angehört. Es darf die Möglichkeit nicht abgewiesen werden, daß es jenseits der Region des Sinnlichseienden etwas gibt, ein Nichtsinnliches und Zeitloses, von dem man trotzdem nicht sagen kann, daß es »gilt« so wie die Wahrheit eines Satzes gilt; ein Nichtsinnliches also, das ebenso außerhalb der Geltungs- wie der Seinssphäre liegt, nicht nur metaphysischer, sondern auch noch metaxiologischer Art wäre – wofern es gestattet ist, die Geltungssphäre als die axiologische zu bezeichnen.

Ein Nichtsinnliches von solcher Beschaffenheit war es, worauf alle Metaphysik der Vergangenheit hingezielt hat. Das aber braucht uns dabei noch gar nicht zu kümmern, ob dieses Übersinnliche Trug und Wahn ist oder nicht. Es kommt hier lediglich darauf an, daß unter allen Umständen das Geltende und das Übersinnliche verschiedenen Revieren angehören. Und *wenn* das Übersinnliche ein bloßes Hirngespinst ist – was übrigens der negative Dogmatismus, der an jeder Stelle einzusetzen vermag, vom Geltenden eben so gern wie vom Übersinnlichen behauptet –, dann scheidet es eben als legitimes Objekt eines Erlebens und Wissens überhaupt aus, ist einfach preiszugeben. Aber auch dann vermag die Philosophie des Geltenden sich nicht an die Stelle der ehemaligen Metaphysik des Übersinnlichen zu setzen, nicht die Aufgaben zu übernehmen, die jene sich von jeher zugemutet hat. Auch in diesem Falle hat man somit noch allen Grund, das Übersinnliche und das Geltende auseinanderzuhalten, schon um wenigstens das kenntlich zu machen, wohin die Philosophie des Geltenden niemals hinzudringen vermag, und sie so vor einer Überschreitung ihrer Grenzen zu bewahren. Wie es sich also auch mit dem Übersinnlichen verhalten mag, eine Philosophie des Geltenden ist jedenfalls nicht imstande, das Erbe der Metaphysik des Übersinnlichen anzutreten. Das Übersinnliche mag sich in Nichts auflösen, so löst es sich jedenfalls nicht in das Geltende auf. Die einzige Möglichkeit einer Zerstörung der Metaphysik, an die man denken könnte, nämlich die, der Metaphysik durch »erkenntnistheoretische« Über-[8/9]legungen der Kategorienlehre den Garaus zu machen, wird sich gerade durch diese Schrift als nichtig erweisen. Es wäre darum ein Wahn, zu meinen, alle historischen Ausprägungen der Metaphysik seien auf irregeleitete, sich selbst mißverstehende Versuche einer den geltenden Wert zum absoluten Sein hypostasierenden Spekulation zurückzuführen. Gewiß gibt es vermeintlich metaphysische Probleme, bei denen das Geltende zur übersinnlichen Realität »hypostasiert« wird, die sich deshalb ganz in Geltungsprobleme auflösen lassen und von diesen abgelöst zu werden bestimmt sind. Deren Euthanasie und Umwandlung in Geltungsprobleme herbeizuführen wirkt wie eine Erlösung, und von diesen Verdiensten und Siegen der Geltungsphilosophie wollen wir wahrlich nichts verkümmert wissen. Aber keineswegs der gesamte Bestand des geschichtlich vertretenen metaphysischen Problemkreises gestattet eine solche Aufhebung in die philosophische Geltungstheorie.

Das ist vor allem im Interesse der Geltungsphilosophie selbst zu behaupten. Denn der ihr zufallende eigentümliche Aufgabenkreis wird um so reiner hervortreten, je klarer er sich nach beiden Seiten, gegen das Erkennen des Sinnlichen nicht nur, sondern auch das des Übersinnlichen abhebt. Wenn einerseits das Gebiet des Übersinnlichen von der Geltungsphilosophie nicht okkupiert werden kann, so ist doch die Kehrseite davon, daß man in der philosophischen Geltungstheorie streng im Umkreise des Ametaphysischen zu verharren hat. Das Wesen der Geltungsprobleme gewinnt an Reinheit, wenn man ihnen nicht die Ersetzung der metaphysischen Probleme aufbürdet, wenn man darauf verzichtet, von der Geltungsphilosophie die Aufgaben der Metaphysik miterledigen zu lassen. Man wird um so schärfer, einseitiger, unbekümmerter die charakteristischen, unvergleichlichen Ziele des Geltungserkennens verfolgen können, je mehr man innerhalb seines Bereiches sich von jedem Liebäugeln mit der Metaphysik befreit.

Es scheiden sich also im Umkreise des Nichtsinnlichen die beiden Bezirke des Übersinnlichen und des Geltenden, das man im Unterschiede dazu das Unsinnliche nennen kann. Ein ähnlicher glücklicher Ausdruck wie der des Geltens, mit dem man nach *Lotze* die Art des Unsinnlichen zu bezeichnen vermag, fehlt freilich leider für das spezifische Prädikat des Übersinnlichen, nachdem das [9/10] »Sein« nun einmal für die Sinnenwelt vergeben sein soll. Es mag darum in Ermangelung eines besonderen Terminus das spezifische Nichtsein des Übersinnlichen als »Übersein« ausgezeichnet werden. Das Übersinnliche soll Überseiendes oder Überwirkliches heißen, demgemäß das *Geltend*-Nichtseiende im Unterschiede dazu auch als Unseiendes oder Unwirkliches kenntlich gemacht werden darf. Das Unseiende bildet dann zusammen mit dem Überseienden die Hemisphäre des Nichtseienden, die der des Sinnlichseienden gegenüberliegt.

Mit den beiden Ausdrücken des Überseienden und des Geltenden ist lediglich jedesmal das bloße reine Gebietsprädikat, die Überschrift, die allgemeinste Art, das letzte Element, das Urphänomen von ganzen Sphären namhaft gemacht; von etwas, das uns vielleicht in eine ganze Mannigfaltigkeit auseinanderfallend, in ein ganzes Heer von Bedeutungen entfaltet, in viele Einzelheiten sich zersplitternd, entgegentritt. Nimmt man z. B. das Geltende, so ist es hier ja, wo gar nicht die Grundbegriffe der Geltungsphilosophie dargestellt werden sollen, nicht die Aufgabe, zu zeigen, was alles in die Geltungssphäre hineinfällt, welche Mannigfaltigkeit von Gestaltungen in ihr ihre Stelle hat. Wie das Urphänomen dieses ganzen Gebiets zu einer Vielheit, zu einem ganzen Kosmos geltender Einzelbedeutungen, geltender »Formen«, determiniert wird. Wie am Geltungsartigen, wenn es als das Anerkennungswürdige betrachtet, also auf die ihm Hingabe gewährende Subjektivität bezogen wird, das Wert- und weiterhin das Normmoment hervorspringt, wie die Subjektivität dem werthaft Entgegengeltenden ein Substrat darbietet und sich dadurch Wert auf sie selbst zu übertragen scheint, wodurch überhaupt der Anschein des über der Wirklichkeit schwebenden und sich in ihr »realisierenden« Wertes entsteht, es nicht nur wertartiges Gelten, sondern auch wertvolle Wirklichkeit gibt; wie ferner, angestiftet durch die Subjektivität, der Gegensatz von Wert und Unwert entspringt u. a. Es mag genügen, wenn lediglich versichert wird, daß nach unserer Ansicht eine ganze Mannigfaltigkeit von Wert, Sinn und Bedeutung in verschiedenartigster Vermittelung, in tausend Abschattungen und Abblassungen, schließlich vom schlichten Gelten herstammt, von jenem Gelten, das z. B. geltender Wahrheit zukommt. Dann steckt also auch in der Viel-[10/11]heit der Einzelgestaltungen das überall gleiche Geltungsmoment, und all die Einzelheiten nehmen an der einheitlichen zeitlosen Wesenheit der Geltungsartigkeit überhaupt teil.

Ebenso nun mag das Übersinnliche in irgendwelchen einzelnen Ausprägungen sich verschiedenartig offenbaren, in mancherlei bestimmte Gestaltungen hineinragen. Da wäre nun das vor allem in Erwägung zu ziehen, daß ein Zusammentreffen in gewissen Verzweigungen des Übersinnlichen und des Geltenden denkbar ist und das in der vergangenen Spekulation fast ausnahmslose Zusammenfließen von Geltungsphilosophie und Metaphysik des Übersinnlichen begreiflich machen könnte. Steht doch dem Übersinnlichen wie dem Geltenden dasselbe, nämlich die erlebende Subjektivität, gegenüber. Das Übersinnliche wie das Geltende nimmt im Verhältnis zur Subjektivität die Stellung des ergreifbaren Objekts ein; beidem vermag das Erleben sich hinzugeben, sich zu unterwerfen. In Anbetracht des dem Übersinnlichen und dem Geltenden gemeinsamen Wesens der Nichtsinnlichkeit ist es nun begreiflich, wenn in dieser gemeinsamen Situation, in der gemeinsamen Zugekehrtheit und Bezogenheit zur Subjektivität, an beiden dasselbe Moment, etwa der Wert- und dann auch der Forderungscharakter hervortritt, sowie manch andere Gleichartigkeiten, die mit dem Hineinspielen der Subjektivität zusammenhängen, wie die Gegensätzlichkeit eines gehorchenden und eines übertretenden, eines genügenden und eines versagenden Subjektsverhaltens, überhaupt der ganze Wertgegensatz des Guten und des Bösen, sich ergeben; lauter Erscheinungen, die auf eine Gemeinsamkeit der beiden nichtsinnlichen Teilbezirke hinweisen. Hat doch dementsprechend, ebenso wie die philosophische Geltungstheorie am Geltenden den Wertcharakter entdeckte, die Metaphysik zu allen Zeiten das Übersinnliche mit dem »Guten« in Zusammenhang gebracht. Gerade in ihrem Hingewandtsein zur Subjektivität käme das die beiden nichtsinnlichen Sphären Verklammernde zum Vorschein. Das aber meinen wir nun, daß hierbei gerade das von den Symptomen der Bezogenheit auf die Subjektivität jedesmal Gereinigte, also das zugrundeliegende Einfache, Letzte, das, *dem* in beiden Fällen gleichmäßig solche Momente wie der Wertcharakter sich erst ansetzen, nicht Einerlei, sondern Zweierlei, ein Übersinn-[11/12]liches und ein Geltendes, darstellt. Daraus wird verständlich, daß in alle Probleme des Menschen, der Seele, der Persönlichkeit, des Geistes, des Lebens, der Kultur, der Vernunft, des Wertes, kurz überall, wo bereits eine Bezogenheit der Subjektivität auf das Transsubjektive oder umgekehrt da, wo eine Bezogenheit des Transzendenten auf die Subjektivität dahintersteht, ebensogut das Übersinnliche wie das Geltende und beides ungeschieden hineinzuragen vermag. Wie denn das Göttliche ebensogut wie das Logische zur »praktischen Seite der Menschennatur« in Beziehung gebracht werden konnte. Soweit man deshalb nur auf solche Probleme blickt, in denen beides ungesondert zusammentrifft, kann sich die Geschiedenheit des Übersinnlichen und des Geltenden leicht verbergen. Es wird daraus begreiflich, daß da, wo die philosophische Betrachtung vom Wertbegriff anstatt vom Geltungsbegriff ausgeht, sich ihr leicht der gesamte Aufgabenkreis der Philosophie mit Verwischung der Grenzlinien als das ungeschiedene Ganze einer »Wertwissenschaft« darstellt. Die Gespaltenheit tritt eben erst bei den von allen Überdeckungen durch Immanenzsymptome gereinigten transzendenten Urphänomenen hervor. Die Begriffsbestimmung der Philosophie als Wertwissenschaft involviert unvermeidlich eine Unbestimmtheit, läßt die Frage offen, ob nur die Geltungssphäre oder auch die übersinnliche in den Kreis der philosophischen Probleme einbezogen sein soll.

Die eben gemachte Andeutung sollte vor allem dem Zweck dienen, auf die starke Verflechtung zwischen der überwirklichen und der unwirklichen Sphäre hinzuweisen. Dementsprechend charakterisiert sich denn auch die gesamte bisherige Spekulation über das irgendwie Nichtsinnliche, die gesamte ehemalige Metaphysik, dadurch, daß bei ihr die Geltungsschicht und die im engeren Sinn eigentlich metaphysische Schicht noch voneinander ungesondert zusammenlagern, und zwar so, daß dabei die Geltungssphäre in die metaphysische hineingezogen und zu ihr »hypostasiert« wird. Das gewaltige, die Jahrtausende beherrschende Urbild dieser Erscheinung liegt in der Platonischen Philosophie. Ihren Ausgangspunkt nämlich hat die ganze Platonische Metaphysik des *Übersinnlichen* von einem Problem des Unsinnlich-*Geltenden*, vom Problem geltender Wahrheit, geltender »Be-[12/13]griffe« genommen. Die Welt des Theoretischen, das Transzendente der Begriffe, hat Plato überhaupt über das Sinnliche hinaus zu einem Nichtsinnlichen hingeführt. Am Wesen der zeitlos geltenden unsinnlichen Wahrheit ist ihm das Wesen der Zeitlosigkeit überhaupt, der Nichtsinnlichkeit überhaupt aufgegangen. Das Reich der Wahrheit an sich, der theoretischen Sachlichkeit, wurde für ihn das Paradigma für jegliches An-sich, für die am unsinnlichen Ort antreffbare, von der zeitlichen Subjektivität unabhängige und ihren Gegenstand bildende zeitlose Wesenheit, der gegenüber alles Erfassen ein bloßes Empfangen und Erinnern ist. Wie ja von Plato – darauf wird an einer späteren Stelle noch einmal hinzuweisen sein – auch das Atheoretisch-Übersinnliche, das »Gute, Schöne, Gerechte, Heilige«, stets nicht anders als vom Theoretischen umschlossen, als in Wahrheit, in Begrifflichkeit eingetaucht als Gegenstand der Hingabe zugelassen wird, also für ihn zwischen die übersinnliche Welt und unser Erleben sich stets das Theoretische dazwischen schiebt. Doch ganz abgesehen von diesem letzteren Anzeichen für seine Verehrung des Theoretischen, es wird bei ihm das Theoretische schon als solches, die Wahrheit, die Begrifflichkeit, die Idee – ganz gleich ob die Idee des Guten und Gerechten oder die des Blau und Rot –, all dies wird, schon weil es aus der sinnlichen Sphäre und aus der Zeitlichkeit *irgendwie* herausfällt, schon um seiner bloßen Unsinnlichkeit und Geltungsartigkeit willen, vergöttert, zum übersinnlichen An-sich und Urgrund gemacht. Das Logische, die Gültigkeit der Wahrheit, was den Sinn des theoretischen Gebiets ausmacht, wird mit Vernunft und Sinn der Welt, mit dem göttlichen Prinzip, mit dem wahren Sein, wovon das sinnliche nur ein niederer Abglanz ist, in eins gesetzt. Das allein ist der wahre Sinn des »Hypostasierens« der Ideen zu einer von der Erscheinungswelt unterschiedenen übersinnlichen Realität. Der Fehler des Hypostasierens besteht in der Zusammenwerfung des Geltend-Unsinnlichen und des Metaphysisch-Übersinnlichen. Es ist darum ebenso *Lotzes* Interpretation der Platonischen Ideenwelt wie auf der andern Seite der nichtssagende Vorwurf der Verdinglichung abzulehnen. So gewiß man *Lotzes* Deutung zugeben muß, daß *Plato* das, was »gilt«, vorgeschwebt hat, ja sogar für den ganzen Entwurf der Ideenlehre [13/14] bestimmend geworden ist, so zweifellos ist es andererseits, daß er nicht bei einem bloß Geltenden Halt gemacht, nicht den Gedanken des Geltenden gesondert festgehalten hat, vielmehr die ganze Gegenständlichkeitsart des Metaphysischen damit zusammenfließen ließ. So gewiß aber *Plato* somit über die geltende Begrifflichkeit zum Überseienden fortgegangen ist, so verfehlt ist es wiederum, zu verkennen, daß die »Realität«, zu der von ihm die Ideen »hypostasiert« worden sind, eben nichts mit der Realität des Sinnlich-seienden zu tun hat.

So ist die Sphäre, über die das Gebietsprädikat des »Geltens« herrscht, und darum insbesondere auch die Art des Logischen in der bisherigen Spekulation entweder in einer metaphysischen Sphäre des Idealen, des Intelligiblen, der Vernunft, des Geistes untergegangen oder aber gänzlich heimatlos geblieben. Da war es nun in jüngster Zeit die entscheidende Leistung *Lotzes*, daß er neben der Art des Seienden und der des Überseienden das Geltende als ein drittes Reich entdeckt und damit – wenigstens implizite – die Unzulänglichkeit der uralten Dualität des Sinnlichen und des Übersinnlichen, der ganzen bisherigen Zweiweltentheorie, offenbar gemacht hat. Wir stehen heute mitten in der Zeit seines belebenden Einflusses. Dem *Lotze*schen Begriff dessen, »was gilt, ohne sein zu müssen«, hat *Windelband* eine das ganze System der Philosophie einheitlich beherrschende Bedeutung gegeben, ihn der letzten Scheidung des Denkbaren, der Einteilung alles Erkennens zugrunde gelegt und damit für die Gegenwart die Erneuerung der Zweiweltentheorie geschaffen, deren zu Beginn dieser Einleitung gedacht wurde. Unabhängig von *Lotze*, der Formulierung, aber in letzter Linie nicht der Sache nach abweichend, steht neben dieser ganzen Richtung *Cohen* und der gesamte den Kantischen transzendentalen Begriff der apriorischen Gültigkeit für die Gegenwart wieder zurückerobernde Neukantianismus. *Husserl* hat den *Lotze*schen Begriff des Geltens in einen ganz bestimmten Gedankenkreis *Bolzanos* eingeführt, woraus eine bedeutsame Revision der logischen Grundbegriffe entspringt. Über die Entlegenheit und Verschlossenheit des transzendenten Geltens hat in der theoretischen Philosophie *Rickert* in dem für die Erkenntnistheorie dieser [14/15] Richtung grundlegenden Werk »der Gegenstand der Erkenntnis« hinausgeführt, indem er den Wertbegriff zum Zentralbegriff auch der Logik machte. Das Gelten erhält dadurch Farbe und Charakter, das Logische ist aus seiner Isolierung erlöst, seine sachliche Heimat ihm angewiesen.

Lotzes Herausarbeitung der Geltungssphäre hat der philosophischen Forschung der Gegenwart den Weg vorgezeichnet. Es ist ihre Bestimmung, weder das Geltende vom Metaphysischen überwuchern zu lassen, noch bei Verdrängung des Übersinnlichen alle philosophischen Probleme in die Geltungssphäre hineinpressen zu wollen. Sie hat innerhalb des Nichtsinnlichen die panmetaphysische ebenso wie die panaxiologische Klippe zu vermeiden. Es ist ihr Beruf und die ihr entstehende ganz neue Aufgabe in der Entwicklung des philosophischen Nachdenkens, die Geltungssphäre in ihrer Unvergleichlichkeit als ein neues Revier der philosophischen Besinnung gegen das Sinnlich-Seiende wie gegen das Übersinnlich-Überseiende abzugrenzen. Nur dann wird die neue philosophische Geltungswissenschaft ihren Platz behaupten können, nur dann entgeht sie der Gefahr, über der Freude am Neuen sich gegen die uralten Themata der Philosophie zu versündigen und so zu verkümmern.

Wie wichtig und gerade für das Verständnis der gegenwärtigen Lage in der Kategorienlehre gar nicht zu umgehen diese ganze Auseinanderhaltung des Geltenden und des Übersinnlichen ist, wird sich später noch auf das Deutlichste bestätigen. –

Allein der Hauptangelegenheit dieser Schrift, nämlich der Forderung einer beide Hemisphären berücksichtigenden Logik gegenüber, können die Unterschiede innerhalb des Nichtseienden allerdings vernachlässigt werden. Für diese Zwecke genügt schon, daß überhaupt eine Zweiweltentheorie vorliegt, neben dem Sinnlich-Seienden irgendein Minimum an Nichtseiendem steht. Der Zweiweltentheorie ist ja jede Weltanschauung schon verfallen, in der auch nur an irgendeiner Stelle – sei es in der theoretischen oder sonstigen Spekulation – der strikteste Naturalismus und Sensualismus durchbrochen, von jenem alle Geltung, Wert, Sinn und Bedeutung leugnenden sensualistischen Nihilismus abgewichen wird, der übrigens in achtunggebietender Reinheit und Strenge fast nirgends anzutreffen ist. [15/16]

An der Gegenüberstellung des Seienden und des Geltenden kann somit bereits die Urdualität, die des Seienden und des Nichtseienden, studiert werden. Diese Abhandlung wird denn auch in ihren systematischen Ausführungen von der Sphäre des Nichtseienden nur das Geltende zugrunde legen, sich in erster Linie an das philosophische Geltungserkennen halten. Es wird darum der ganzen Postulierung einer an der Zweiweltentheorie orientierten Kategorienlehre im wesentlichen der Dualismus der Seins- und der Geltungssphäre, des Seins- und des Geltungserkennens zugrunde liegen. Dabei werden aber die für die Metaphysik des Übersinnlichen von selbst sich ergebenden Konsequenzen gelegentlich nicht außer acht bleiben; im ganzen jedoch soll die Lehre vom Über-Seienden lediglich in der historischen Darstellung Berücksichtigung finden.

Da somit die gerade auf die Zweiheit des Seienden und des *Geltenden* zugespitzte Zweisphärentheorie den Unterbau der gesamten folgenden Ausführungen bilden wird, soll schon an dieser Stelle, wenn auch nur in der vorläufigsten und rohesten Gestalt, die Heterogeneität gerade dieser beiden Regionen nahe gebracht werden. Nach der zunächst sich aufdrängenden Vorstellung treten aber die beiden Sphären als zwei getrennte Gebiete, zwei gesonderte Reiche einander gegenüber. Alle Bedenken, die sich gegen solche Auseinanderreißung zu zwei getrennten »Welten« regen könnten, sind an dieser Stelle noch zu unterdrücken. Man muß sich für jetzt damit begnügen, daß doch wenigstens hinter dem, was hierbei als zweierlei hingestellt wird, auch in Wahrheit jedenfalls nicht ein monistisch aufzufassendes Einerlei, sondern irgendwie *zweierlei* Etwas dahintersteckt. Auf diese hierbei irgendwie zugrundeliegende Dualität soll vorläufig der Blick hingelenkt werden. Es mag im übrigen solche Gegenüberstellung an noch so vielen Schiefheiten leiden. Vielleicht bilden die einander eigentlich gegenüberzustellenden Glieder nur Momente an den beiden hierbei zu Gebieten verselbständigten Sphären. Dies alles aufzuklären ist gerade der Hauptzweck der ganzen Untersuchung. Erst an ihrem Ende kann sich herausstellen, welch mannigfache Rektifikationen der Gedanke der Zweiweltentheorie erfahren muß, und was überhaupt an der ganzen Rede von zwei Welten noch [16/17] übrig bleibt. Gerade die Inbeziehungsetzung von Zweiweltentheorie und Kategorienlehre wird hierin Klärung bringen können. Denn wenn auch einerseits die Kategorienlehre an den Dualismus der Weltanschauung erst angeknüpft wird, so verhilft doch auf der andern Seite wieder die Kategorienlehre dazu, den genaueren Sinn einer Zweiweltentheorie zu bestimmen. Die jetzige Gegenüberstellung hat darum eigentlich mehr einen didaktischen Wert, indem sie die Heterogeneität der beiden Sphären vorläufig nur in der plumpsten Form uns aufdrängt.

Nach den beiden Gebietsprädikaten des Seins und des Geltens sollten die beiden heterogenen Gebiete benannt werden. Man hat sich also nach der jetzigen vorläufigen Betrachtungsweise diese beiden Sphären als zwei selbständige Reiche einander gegenüberstehend zu denken, von denen die eine ebenso durch und durch geltender Art ist, ebenso als ein Bestand von lauterer Geltungsartigkeit erscheint, wie die gegenüberliegende Sphäre einen durch und durch aus Seinsmasse bestehenden Komplex bildet.

Man mag die Seinsmasse mit Rücksicht auf die allumfassenden Seinsmomente der Räumlichkeit und Zeitlichkeit als räumlichzeitliche, raum- und zeiterfüllende sinnlich-anschauliche Inhaltsmasse bezeichnen. Das Seinsgebiet besteht im räumlich ausgedehnten und zeitlich verlaufenden Inbegriff, dessen Elemente noch dinghaft und kausal verknüpft sein mögen; mithin im Universum des Seienden und Geschehenden, der ursächlich miteinander verketteten Dinge und Ereignisse. Neben dem Gebietsprädikat Sein erweisen sich damit weitere Prädikate wie Dinghaftigkeit und Kausalität als charakteristisch für das ganze Gebiet. Die Seinsmasse fällt mit der psychophysischen Masse zusammen, wobei weder über das Psychische noch über das Physische, noch über das Verhältnis beider das mindeste ausgesagt sein soll.

Auf der gegenüberliegenden Seite steht das dem Sein korrespondierende Gebietsprädikat des Geltens. Es herrscht über die Geltungssphäre, über das Reich des zeitlos Gültigen, des Sinnes, des objektiven Sachgehalts. Nur nach seiner allgemeinsten Wesenheit wird es vorläufig ganz unbestimmt und in absichtlich elementarster Darstellung gekennzeichnet. Die folgenden allbekannten Primitivitäten sind lediglich dazu da, im weiteren Verlauf mannigfach [17/18] wieder umgestoßen zu werden. Aber gerade darin findet die jetzige Formulierung der Zweiweltentheorie ihre Rechtfertigung, daß sie für die späteren mehrfachen Umbildungen die Basis abzugeben hat. Schon in der jetzigen Darstellung jedoch tritt immerhin das Moment der Geltungsartigkeit, der Unsinnlichkeit, der Zeitlosigkeit überhaupt – und auf nichts anderes soll es vorläufig ankommen – deutlich entgegen.

Als Prototyp der Geltungssphäre stellt sich sofort das schrankenlose Reich der Wahrheit ein, das sich aus lauter zeitlosen Geltungseinheiten, aus den einzelnen Wahrheiten, zusammensetzt. Da eröffnet sich sogleich der Ausblick in die Region des Nichtseienden, in jene Sphäre, in der es kein oben und unten, kein vorher und nachher, kein Sein und Geschehen, keine Ursache und Wirkung gibt. Die Wahrheit eines Satzes *gilt*; es wäre absurd, zu meinen, sie sei oder geschehe wie das Raum- und Zeiterfüllende. Auch die Wahrheit über ein räumlich-zeitliches Ereignis nimmt als Wahrheit, als Geltendes, an der Räumlichzeitlichkeit und überhaupt an der sinnlichen Anschaulichkeit des Seienden nicht teil; sie gilt raumlos und zeitlos, erfüllt nicht den Raum und tritt nicht wie ein Ereignis in die Zeit ein. Wir sagen von der Wahrheit meist nur die Zeitlosigkeit aus. Aber diese ist lediglich ein diagnostisches Merkmal dafür, daß sie erst recht auch raumlos, farblos, tonlos, überhaupt unanschaulich ist. Wie ja auch die Wahrheiten über räumliche, bewegliche, farbige, tönende, überhaupt anschauliche Gegenstände, über früher und später eintretende Ereignisse selbst nicht räumliche, bewegliche, farbige, tönende, überhaupt anschauliche, frühere und spätere Wahrheiten sind. Man kann sich für diese didaktischen Zwecke das Wesen der Zeitlosigkeit noch etwas näher bringen, wenn man gewisse sogenannte Wahrheitsbeziehungen, z. B. das »Folgen« der Wahrheiten auseinander, berücksichtigt. Im Syllogismus »folgt« der Schlußsatz aus seinen »Gründen«, aus der Wahrheit der Prämissen. Eine solche Geltungsfolge ist eine eigenartige Verwicklung auf dem Gebiete des Zeitlosen von unvergleichbar anderer Art als sie die auf die zeitliche Region zugeschnittenen prädikativen Bestimmungen des Geschehens und des kausalen Geschehenszusammenhangs aufweisen. Folge und Ursächlichkeit, diese zwei Prädikate fürs Zeit-[18/19]lose und fürs Zeitliche, zeigen die ganze Heterogeneität der ihnen zugeordneten Gebiete. »Bewirkt« vielleicht die Wahrheit der Prämissen die Wahrheit der Konklusion? Die geltenden Wahrheiten der Vordersätze sind doch nicht reale Potenzen, zeiterfüllende Ereignisse, die zusammentreffen und so die Wahrheit der Konklusion realiter in die Welt setzen. Vielmehr ist die Abhängigkeit des Gegründetseins – wenn die einen Sätze *gelten*, dann *gelten* auch die andern –, dieses dem *Sinne* nach Durcheinanderbedingtsein, der Geltung nach Auseinanderhervorgehen und Zusammengeschlossensein, diese im Reiche der zeitlosen Sachlichkeit sich abspielende Beziehung, etwas unvergleichbar anderes als die ursächliche Verkettung zwischen realen Geschehnissen. Die Sprache freilich vermag dieses »Folgen«, dieses »Sichnachziehn« (dem Sinne nach) nur in Gleichnissen auszudrücken, die der Welt des Sinnlichseienden entnommen sind. Sie bedient sich der räumlichen und zeitlichen Bilder: »Folge«, »Grund«, »Hervorgehn« usw. Oder man denke an ein anderes Wahrheitsverhältnis, an das der Unverträglichkeit zweier einander kontradiktorisch entgegengesetzter Sätze. Wie vorher das Zusammengehörigkeitsverhältnis keine Verbindung, so ist das Ausschließungsverhältnis keine Abstoßung zwischen Realitäten, keine »Realrepugnanz«. Es besteht hier nicht ein reales Sichausdemfeldeschlagen wie zwischen gleichnamigen magnetischen Polen, kein realer Vernichtungsprozeß. Das »Sichwidersprechen«, die Unverträglichkeit des Geltens und dem Sinne nach, ist ein ganz eigentümliches Verhältnis zwischen Gebilden unsinnlich-zeitloser Art. Wieder verfügt die Sprache nur über Bilder aus dem Bereich der anschaulichen Realität, über Bilder eines räumlichen Auseinanderliegens oder Aufeinanderstoßens und Kämpfens: αντικεισθαι oppositio, Widerstreit, Unverträglichkeit.

Es liegt bekanntlich die Versuchung nahe, sich die Zeitlosigkeit des Geltenden doch wieder mit Hilfe zeitlicher Bestimmungen als anfangs- und endlose Dauer auszumalen, der zeitlosen die zeitliche Ewigkeit, der aeternitas die sempiternitas unterzuschieben. Aber das »ewig«-währende Beharren, die Unentstandenheit und Unvergänglichkeit, ist nach *Platos* richtiger Angabe nur ein Bild der wahren Ewigkeit, die Unendlichkeit der Zeit höchstens ein [19/20]

17

Symbol der Zeitlosigkeit [1]). Wir erklären die Wahrheit eines Satzes wohl für unabhängig vom »Augenblick« ihrer Entdeckung, für »vorher« bereits geltend und auch »dann« noch gültig, wenn kein Denken mehr davon weiß, kurz als an keinen Zeitpunkt gebunden und auf keine Zeitdauer beschränkt. Aber gerade solche Ablehnung der Zeitbeschränkung verleitet die Phantasie dazu, sich die geltende Wahrheit als ein die Zeit dauernd und unbewegt Erfüllendes, Ungewordenes und Unzerstörliches, zu denken. Es kommt der falsche Nebensinn hinein, durch den das zeitlos Geltende zu einer den Weltveränderungen trotzenden, von der Gewalt der Zeit nicht bedrohten Wesenheit umgewandelt wird. Für die echte Betrachtungsweise sub specie aeternitatis ist jegliche Zeitbestimmung fernzuhalten, das zeitliche Beharren ebensogut wie das eine Zeitstelle und eine begrenzte Zeitstrecke Einnehmen.

Kaum sollte vielleicht die Warnung davor nötig sein, an der Zeitlosigkeit des Geltenden durch das Hineingebanntsein des Zeitlosen in die Zeitlichkeit des Erlebens irre zu werden. Man wird sich nicht dazu verleiten lassen, das Zeitlose selbst in die Zeitlichkeit herabgezogen zu denken, der lediglich die Erlebnisakte angehören, die auf die zeitlosen Geltungsgebilde gerichtet sein können. Vielmehr gerade bei einem solchen Aneinandergebundensein des Zeitlosen und des Zeitlichen hebt sich die Diskrepanz beider Sphären um so schärfer heraus. Die zeitlose Ordnung des Sinnes, zu der sich die einzelnen Geltungsgebilde zusammenschließen, die Zusammengehörigkeit im reinen Sachgehalt, tritt um so deutlicher in ihrer völligen Unabhängigkeit und Fremdartigkeit gegenüber der zeitlichen Entfaltung ihrer bloßen Erlebnisträger hervor.

So zerfällt nach der bisher erreichten Anschauungsweise das All des Denkbaren in die zwei gesonderten Gebiete des Seienden und des Geltenden, von denen das eine das Objekt des Seins-, das andere das des philosophischen Geltungserkennens ausmacht. Denn gerade in das hat sich doch die Philosophie zu vertiefen, was aus [20/21] der Fläche des Seins herausfällt, was ein Nicht-»Seiendes« ist und dennoch nicht ein Nichts. Noch steht die Geltungssphäre, dieses Objekt der Philosophie, völlig unbestimmt und undurchdrungen da. Sie ist bis jetzt allein nach der naheliegendsten Vorstellungsart gezeichnet. Da erschien sie wie ein Inbegriff von eitel Geltungsartigkeit, wie ein einziger, ununterbrochener, aus lauter Geltungsgebilden aufgebauter Zusammenhang, wie eine in sich ruhende, aus nichts als aus Zeitlosigkeit bestehende Sphäre. Diese Struktur oder vielmehr Strukturlosigkeit mußte sie jetzt noch aufweisen.

18

Aber wofern es überhaupt und in irgendeinem Sinne ein Geltungsartiges gibt, ist doch die allgemeinste Daseinsart oder vielmehr Nichtseinsart, die Unsinnlichkeit, die Zeitlosigkeit des Geltenden in vorläufiger Fassung bereits eingeführt. Was auch später über den Bestand einer zeitlosen Sphäre ausgemacht werden mag, sie wird auf jeden Fall das jetzt erörterte Wesen der Zeitlosigkeit an sich tragen müssen. Wenn es nur *irgendwie* das Zweierlei eines seienden und eines zeitlos-geltenden Etwas gibt, dann ist dem Erfordernis einer Zweisphärentheorie schon Genüge getan.

2. Abschnitt.

Die Forderung einer der Zweiweltentheorie entsprechenden Kategorienlehre.

Wie hat sich die Logik und »Erkenntnistheorie« bisher zu dem zweiweltentheoretischen Gesamtbild der philosophischen Weltanschauung und zu der daraus hervorgehenden Tatsache der zwei Erkenntnisgebiete verhalten? Die Antwort kann nicht zweifelhaft sein. Fast die gesamte theoretische Philosophie der Gegenwart und zu einem überwiegenden Teil die der Vergangenheit – über die Ansätze zum Gegenteil wird in einem historischen Überblick berichtet werden – hat das Wesen des Theoretischen, das »Erkennen«, nur in ungeheurer Einseitigkeit und Verengerung berücksichtigt. Auch da, wo in der Spekulation eine Zweiweltentheorie vertreten wird, ist man in der Logik geradezu blind gegen diese Dualität der Gegenstands- und der Erkenntnisgebiete, stellt eine Logik der Einweltentheorie auf, läßt nur das Seinsgebiet und das Seinserkennen in der »Erkenntnistheorie« gelten. Bestimmend [21/22] ist hierbei für die Neuzeit *Kants* Dogma von der Unerkennbarkeit des Nicht-Sinnlichen, seine Einengung des kategorialen Gehalts auf die Sphäre des Sinnlich-Anschaulichen, seine Einschränkung der theoretischen Spekulation auf eine »Metaphysik der Natur« gewesen. *Kant* glaubte sich mit der wirklichkeits- und naturerkennenden reinen Vernunft bescheiden zu müssen, nur dem Erkennen der sinnlichen Seinshemisphäre räumte er im positiven Teil der Vernunftkritik eine Stelle ein. In dieser Einengung des Erkenntnis- und folgeweise des Kategorienproblems ist die gesamte spätere irgendwie an *Kant* orientierte Erkenntnistheorie dem Begründer des Kritizismus nachgefolgt. *Es gilt für selbstver-ständlich, daß Erkenntnistheorie nur Theorie des Seinserkennens, Kategorien-lehre – wenigstens, was die »konstitutiven« Kategorien anlangt – nur Lehre von den Seinskategorien sein kann.* Fast nirgends wird auch nur die Frage auf-geworfen, ob nicht die Herrschaft des Theoretischen sich über die Seinssphäre hinaus erstreckt. So tritt hier der grelle Widerspruch zutage, daß, während in der Praxis des Erkennens ein nichtnaturalistisches Philosophieren, ein Erken-nen des Unsinnlich-Geltenden betätigt, ja während sogar bereits der Schritt getan wird, in der Reflexion dieses Philosophieren ausdrücklich als Geltungs-erkennen zu bestimmen, also während doch ein *Wissen* von der unsinnlichen Geltungssphäre ausdrücklich zugestanden wird, man dennoch gleichzeitig in der offiziellen *Theorie* des Erkennens von all dem keine Notiz nimmt, in der logischen Besinnung das ganze Geltungserkennen geradezu unterdrückt.

Man mache mit dem Gedanken der Erkennbarkeit auch des Nicht-Sinnlich-Seienden einmal ernst, dann entsteht ein ganz neues Forschungsge-biet für die Wissenschaft der Logik, dann wird man gewahr werden, was aus der schlichten Tatsache der Erkennbarkeit des Nichtseienden alles folgt, was für ein genaues Analogon der seinslogischen Probleme man für die Logik des Nichtseienden erhält. Es wird sich in dieser Abhandlung zeigen, welche fun-damentalen Konsequenzen gerade für die *Kategorienlehre* aus dieser Neube-bauung eines fast nie bearbeiteten Gebietes der Logik, aus der Erweiterung des Erkenntnis- und Kategorien-[22/23]begriffs, aus der ausdrücklichen Besinnung auf den ganzen Umfang des Theoretischen sich ergeben. Es gilt, eine Logik zu begründen, in der endlich einmal auch das geltende Etwas als ein *Etwas* und nicht als ein Nichts und zwar als ein *erkennbares* Etwas anerkannt, in der das *All* des Denkbaren als Gegenstand der Erkenntnis legitimiert wird.

Wir postulieren somit eine mit der Zweiweltentheorie übereinstimmende Logik. Wir fordern, daß jegliches, auch das philosophische Erkennen, ins »Bewußtsein« erhoben werde, die logische Besinnung sich darauf richte. Daß ferner diese logische Ergründung ausdrücklich in die Gesamtwissenschaft der Logik, der theoretischen Philosophie einverleibt werde, und daß die logischen Grundbegriffe stets in der dadurch nötig gewordenen Erweiterung behandelt werden. Wir fordern, daß, so wahr das Nichtseiende um nichts weniger ein Etwas ist, als das Seiende, neben die logische Untersuchung des Seinserken-nens als ebenbürtiger Zweig der theoretischen Philosophie die entsprechende »Erkenntnistheorie« des philosophischen Erkennens trete, wir fordern – mit

20

einem Wort – *die Logik der Philosophie*. Und zwar fordern wir sie als eine interne Angelegenheit der Logik. Wir legen als Logiker die Hand auf eine unbegreiflicherweise fast stets vernachlässigte Domäne der Logik. Die Logik spielt gegenüber dem philosophischen Erkennen genau dieselbe Rolle wie gegenüber allem andern Wissen. Es ist nicht einzusehen, warum in der Logik gerade das philosophische Erkennen unterschlagen werden, unerforscht bleiben soll. Nur wer dem Philosophieren den Erkenntnischarakter abspricht – das tun aber in der Theorie der Spekulation die wenigsten, und gar in der Praxis der Spekulation bewährt es niemand –, nur der dürfte die Logik der Philosophie leugnen. So wahr es spekulatives Wissen gibt, so wahr gibt es auch die Logik der Spekulation. So weit das Erkennen reicht, so weit reicht die Theorie des Erkennens und, wie gezeigt werden wird, die Kategorienlehre. Die Gegenwart bemüht sich, alle Wissensgebiete und Wissenstendenzen für die Logik zu erobern, sie logischen und methodologischen Untersuchungen zu unterwerfen. Warum wird gerade das philosophische Wissen in der Logik ignoriert? Man kämpft mit Recht gegen die Einseitigkeit der ausschließlich auf [23/34] das Naturwissen gerichteten Logik, gegen den methodologischen Naturalismus. Aber das Übel sitzt viel tiefer. Heilung dagegen gibt es nur, wenn man sich vom »erkenntnistheoretischen«, kategorien-theoretischen Naturalismus und Realismus, von der Einseitigkeit der bloßen Seinslogik befreit, wenn man der Kantischen Kritik der naturerkennenden Vernunft zunächst eine Kritik der philosophisch erkennenden Vernunft gegenüberstellt, die Ebenbürtigkeit *zweier* Sphären *konstitutiv*-kategorialen Gehalts einsieht. Denn um diese Grundschicht, die konstitutivkategoriale, die der »Erkenntnistheorie« angehörende Region der theoretischen Philosophie handelt es sich bei dieser Forderung einer breiteren Fundamentierung der Logik. Nur die Koordinierung des Seins- und des Nichtseinserkennens, die Grundlegung der primitivsten, der übermethodologischen Schicht logischer Probleme wird auch die Basis für alle weitere Klärung über den globus intellectualis der Wissenschaften bilden können. Auch in der *Logik* muß endlich zum Ausdruck gebracht werden, daß alle Klassifikation des Erkennens von nirgends anders her als von der Gegensätzlichkeit des philosophischen und des Seinserkennens ihren Ausgang zu nehmen hat, von jener Gegensätzlichkeit, die man ja sonst – nur nicht in der Logik selbst – zutreffend an die Spitze aller Erkenntniseinteilungen stellt. –

Nur den allgemeinen Grundzügen nach wird diese Abhandlung die Übertragung des Kategorienproblems auf die Hemisphäre des Nichtseienden vornehmen. Immerhin soll die Berechtigung einer Logik der Zweiweltentheorie, die Möglichkeit einer kategoriallogischen Unterbauung nicht nur des empirisch-wissenschaftlichen, sondern auch des philosophischen Erkennens, die genau bis ins Einzelne reichende Analogie der logischen Probleme in den beiden heterogenen Sphären, zu völliger Klarheit herausgearbeitet, die Fruchtbarkeit der für die Logik geforderten Aufgabe einwandfrei erwiesen werden.

Der erste vorbereitende Teil wird die Grundbegriffe der Logik, insbesondere den Begriff der kategorialen Form, in der gegenwärtig üblichen Einschränkung auf das Seinsgebiet und zwar nur soweit erörtern, als für die Zwecke der im zweiten Teil vorgenommenen Übertragung des Kategorienproblems auf das unsinnliche [24/25] Gebiet, also für das eigentliche Thema der ganzen Abhandlung erforderlich ist. Die Untersuchung bleibt dabei fortwährend im Problemkreis der Kategorienlehre, aber ohne den Ort des Kategorienbegriffs in einem System der Logik allseitig zu bestimmen. Wenn diese Abhandlung als »Logik der Philosophie« betitelt ist, so behandelt sie dennoch in ihrem zweiten Teil nur die *Kategorienlehre des philosophischen Erkennens* und auch diese nur in den durch den Zweck dieser Schrift geforderten Grenzen. Auch die Methodologie der Philosophie wird nicht berührt, da es ganz allein auf den »erkenntnistheoretischen«, den übermethodologischen Teil der Logik abgesehen ist. Denn auf die Erkämpfung eines neuen Anwendungsgebiets für die Kategorie soll es ja in letzter Linie hier ankommen.

Nur im Sinne dieser Umfangsfrage richtet sich auch die Polemik gegen die Einseitigkeit des Kantianismus [2]. Es sind dagegen gerade die Prinzipien der Transzendentalphilosophie, der Kategorienlehre *Kants*, die hier eine erweiterte Anwendung und dadurch Befestigung erfahren sollen. Es ist der Kantische Form- und Kategorienbegriff, es ist die Kopernikanische Tat, die allen Ausführungen zugrunde liegt. Nachdem *Kant* uns die Kopernikanische Tat für das Seinsgebiet vorgemacht hat, gilt es, sie in ihrem ganzen Umfange zu bewähren.

Erster Teil.

Die Logik der Seinskategorien.

Die theoretische Philosophie, die Logik, die Kategorienlehre ist ein Zweig der philosophischen Geltungswissenschaft, ihr Objekt gehört der Geltungssphäre an. In der Einleitung sind die Sphären des Seienden und des Geltenden einander gegenübergestellt, und es ist dann – zumal im zweiten Abschnitt – auf beide das jedesmalige Erkennen, das seinswissenschaftliche und das philosophi-[25/26]sche, bezogen worden. Die Theorie des Erkennens nun als philosophische Disziplin hat es unter allen Umständen, deshalb auch die Theorie des auf das Seinsgebiet gerichteten Erkennens, mit einem Nichtseienden, mit Geltendem, mit Erkenntnisgültigkeit, mit theoretischer Gültigkeit, zu tun. Wenn jetzt in die logische Untersuchung eingetreten wird, so gilt darum für ihr Objekt das, was vorher für die Geltungssphäre als für das philosophische Objekt überhaupt, ausgemacht wurde. Trat uns doch früher als Beispiel für das Reich des Sinnes gerade das Reich der Wahrheit ein. Zudem wurde gelegentlich schon angedeutet, daß durch die schroffe Aufteilung des Denkbaren in das Seiende und das Geltende gerade auch für den Gegenstand der *theoretischen* Philosophie, der Logik, der transzendentale Ort im All des Denkbaren bestimmt wird (oben S. 12). Erst durch die ausdrückliche Hineinstellung in die Geltungssphäre wird das Logische aus seiner Vereinsamung herausgerissen. All die Derivativa des Geltungsbegriffs, des Leitbegriffs dieser ganzen Sphäre, wie die Begriffe der Bedeutung, des Sinnes, vor allem des Wertes, werden von jetzt an auch im Bereiche des Logischen heimisch. Ohne diese klare Einordnung des Logischen in eine der Sphären des Denkbaren erscheint das ganze Wiedererwachen der theoretischen Transzendentalphilosophie, des Kantianismus in der zweiten Hälfte des 19. Jahrhunderts, ihr Sichlosringen von seinswissenschaftlicher Psychologie auf der einen, von Metaphysik des Übersinnlichen auf der anderen Seite, noch nicht als ein Zustand völliger Wachheit. Wenn da versichert wird, nicht um die Entstehung, sondern um den »Begriff«, nicht um die Ursachen, sondern die »Gründe« der Erfahrung, nicht um Erkennen im subjektiven, sondern im »objektiven« Sinne, nicht um psychologische, sondern um »logische« Charakterisierung handle es sich – so ist das in letzter Linie noch ein Stammeln von Worten und ein Tappen im Dunkeln. Besonders auf dem Worte »logisch« ruht ein uralter Zauber. Es wird für ein Letztes, Unvergleichbares, Unkoordinierbares ausgegeben, über das nicht hinausgefragt werden darf. Logisch ist eben logisch und weder metaphysisch noch psychologisch. Aber welcher Art ist es denn, und hat es nirgends seinesgleichen, nirgends eine Unterkunft im All des Denkbaren? Da ist es nun ein entscheidender Schritt der gegen-[26/27]wärtigen Geltungs- und Werttheorie gewesen, das Logische eindeutig und fraglos und unerbittlich in der Zweisphärentheorie, in der Dualität des Seienden und des Geltenden untergebracht, ihm seine sachliche Stelle angewiesen zu haben. Bei irgendeinem Letzten muß man freilich Halt machen. Aber solch ein Letztes ist eben das Logische noch nicht. Die Zweiweltentheorie vermag es umfassenderen letzten Begriffen unterzuordnen, bringt es in einen erleuchtenden Zusammenhang mit den anderen philosophischen Disziplinen. –

Die Logik, die Erkenntnistheorie, die theoretische Transzendentalphilosophie hat es also mit theoretischer Gültigkeit, mit einem Ausschnitt aus der Geltungssphäre zu tun. Die Kantische Erkenntnistheorie aber behandelt ausschließlich das Erkennen des Seinsgebiets; und auf dieses Kapitel der theoretischen Philosophie beschränkt sich auch der ganze folgende erste Teil.

Es soll nun wie bisher die Geltungssphäre überhaupt so auch der theoretische Geltungsgehalt zunächst noch völlig unbestimmt gelassen werden. Der erste Abschnitt behandelt noch unabhängig von jeder genaueren Charakterisierung der transzendentalen Gebilde, der apriorischen Geltungseinheiten, das durch Kant in die Geschichte des Denkens eingeführte Verhältnis zwischen der Sphäre der Erkenntnisgültigkeit und dem Gegenstand des Erkennens, also dem sinnlich-anschaulichen Seinsgebiet. Obgleich der Kantische *Form*begriff sachlich gar nicht von seiner theoretischen Transzendentalphilosophie und seiner Kopernikanischen Tat zu trennen ist, soll aus Gründen der Problemzerlegung das Eingehen auf den Formcharakter des Theoretischen erst im zweiten Abschnitt nachgeholt werden.

1. Abschnitt.

Kants Kopernikanische Tat.

Die universalgeschichtliche Stellung *Kants* in der Entwicklung der theoretischen Philosophie beruht auf seiner Kopernikanischen Tat. Wie sehr auch in der historischen Gestalt seines Systems seine Umwälzung des Wahrheits- und Erkenntnisbegriffs der vergangenen Jahrtausende sich mit seiner metaphysischen [27/28] Zweiweltentheorie, mit seiner Entgegensetzung von Erscheinung und Ding an sich, verquickt, seine revolutionäre Leistung in der Wahrheits- und Erkenntnistheorie läßt sich trotzdem aus dieser Verschlingung als etwas Selbständiges herauslösen. Durch *Kants* Kopernikanische Tat teilt sich die theoretische Spekulation aller Zeiten in eine dogmatische und eine kritische Epoche. Daß er jedoch das Erkenntnisproblem nicht als ein psychogenetisches, sondern als eine Kritik der reinen spekulativen »Vernunft« gefaßt hat, erklärt noch nicht seine einzigartige Stellung, macht ihn noch nicht zum Begründer einer neuen Epoche. Die großen Rationalisten aller Zeiten sind darin seine Vorläufer gewesen. Und bestände ferner seine kritische Eigenart in jenem so häufig dafür vorgeschobenen Unternehmen, vor der Erforschung der Gegenstände das Erkennen selbst zu prüfen, so ermangelte seine Lehre der Originalität, und *Kant* sänke zum Epigonen *Descartes* oder *Lockes* herab. Denn eine noch so große Bevorzugung und Voranstellung der philosophischen Erkenntnisprobleme vor den philosophischen Seinsproblemen führt noch nicht über den allen vorkantischen Richtungen gemeinsamen Dogmatismus hinaus. Das ganz Neue und Unerhörte, was sich noch niemand hatte »einfallen lassen«, besteht vielmehr in der Überführung des Seinsbegriffs in einen Begriff der transzendentalen Logik [3]).

Der gesamte vorkantische Dogmatismus rationalistischer, empiristischer wie skeptischer Denkungsart hat – hinsichtlich der Beziehung zwischen theoretischer Sphäre und Erkenntnisgegenstand – sein gemeinsames Wesen darin, daß überhaupt noch eine Beziehung zwischen, ein Auseinanderfallen, eine *Zweiheit* von Gegenstand und Wahrheit, von »Sein« und »Erkennen«, von Sein und transzendentalem Erkenntnisgehalt behauptet, die Gegenständlichkeit jenseits des »Verstandes«, des theoretisch Verstehbaren, außerhalb des logischen Geltungsgehalts gesetzt wird. Die von *Kant* geleistete wahre Überwindung von jeglichem »Dogmatismus« (im engsten erkenntnistheoretischen Sinne) zeigt sich in der Beseitigung dieser Metalogizität, dieser »Transzendenz« gegenüber dem Logischen, in der Aufhebung dieser Unabhängig-[28/29]keit des Seins gegenüber der logischen Sphäre, in der Zerstörung der uralten Auseinanderreißung von Gegenstand und Wahrheitsgehalt, in der Erkenntnis der transzendentalen Logizität oder »Verstandes«-Artigkeit des Seins.

Es handelt sich somit hierbei gar nicht um ein Verhältnis zwischen erkennendem Subjekt und Gegenstand, nicht um die Subjekt-Objekt-Zweiheit, sondern um ein Verhältnis zwischen transzendentallogischem Erkenntnis*gehalt* und Gegenstand. Zwar scheint *Kants* Originalität gerade darin zu bestehen, daß nach ihm die Objektivität in die notwendige und allgemeingültige Subjektivität hineinverlegt wird. Allein das läuft doch schließlich darauf hinaus, daß die gegenständliche Objektivität auf die irgendwie einer Subjektivität innewohnende Objektivität und zwar auf die dem theoretischen Subjekts- oder Vernunftgebiet angehörende Objektivität, also auf theoretische oder Erkenntnisobjektivität zurückgeführt, somit das Auseinanderfallen von Gegenständlichkeit und theoretischer Gültigkeit aufgehoben wird. Es kommt darum für die Kopernikanische Leistung in letzter Linie darauf an, daß jene Doppeltheit von Gegenständlichkeit und logischem Gelten zerstört, der logische Gehalt als die Gegenständlichkeit ausmachend oder konstituierend, somit als konstitutiver transzendentallogischer Gehalt begriffen, die Gegenständlichkeit an den Gegenständen als auf Rechnung logischen Geltens kommend eingesehen wird.

Kant hat für das Objekt des Seins- und »Natur«-Erkennens, für die Realität der sinnlich-anschaulichen Wirklichkeit, diese Identifikation von Gegenständlichkeit und logischem Geltungsgehalt vertreten. Was liegt denn in all jenen Ausdrücken wie Sein, Realität, Tatsächlichkeit, Existenz? Da hat nun *Kant* – darin eben besteht seine so höchst einfache und ungeheure Leistung – aus all diesen Worten etwas herauszuhören vermocht, worüber die Jahrtausende hinweggehört hatten. Er hat das philosophische Nachdenken aufgerüttelt, sich einmal auf das zu besinnen, was uns aus all jenen Ausdrücken entgegentönt, wenn wir sie gleichsam emphatisch aussprechen. Dann entdeckt man: etwas ist *tatsächlich* so, etwas ist *wirklich* so, das heißt ja nichts anderes als: es ist in *Wahrheit* so [4]). Der Tatsächlichkeits-[29/30] und Wirklichkeitscharakter von etwas bedeutet nichts anderes als: es hat seine objektive Bewandtnis, seine Wahrheit damit. Der objektive Bestand, die Festigkeit und Unabhängigkeit der Wirklichkeit und »Natur«, die Notwendigkeit und Unverbrüchlichkeit des Geschehens, sie sind nichts anderes als die Notwendigkeit und Unverbrüchlich-keit geltender Wahrheit. Gegenständlichkeit ist weiter nichts als Gültigkeit, als unbedingtes Gelten und Zurechtbestehen [5]), Objektivität des Seins weiter nichts als Absolutheit des Geltens. Gegenständliche Notwendigkeit, Sein, Exi-stenz ist der transzendentallogische Geltungsgehalt gerade für das Sinnlich-Anschauliche. Das besagt die Kopernikanische Umdrehung, wenn man sie als die Tat der transzendentalen Logik erfaßt: der logische Geltungsgehalt dreht sich nicht um die Gegenstände, steht nicht in funktioneller Abhängigkeit von ihnen, ist nicht an sie gebunden wie ein sie begleitender Schatten, ist nicht Wahrheit über die Gegenstände, so daß es heißen könnte: soviel Gegenstand, soviel Wahrheit darüber; sondern umgekehrt: die Gegenstände drehen sich um das logische Gelten, bei den Gegenständen dreht es sich um logisches Gelten, ihre Gegenständlichkeit *ist* geltende Wahrheit. So ist Tatsächlichkeit soviel wie in Wahrheit Bestehen, dinghafter und kausaler Zusammenhalt der Wirk-lichkeit soviel wie in Wahrheit Zusammen*gehören* [6]). In Gegenständlichkeit, Sein, Existieren, Bestehen tritt uns entgegenforderndes logisches Gelten ge-genüber. »Gegenstand« ist: der Subjektivität entgegengeltende, »entgegenste-hende« Wahrheit. Es liegt somit in der Gegenständlichkeit noch zugleich an-gedeutet, daß dabei das Gelten bereits als vorschwebendes Objekt auf das Sub-jekt hinblickend gedacht wird. »Gegenstand« ist der transzendentallogische Gehalt, wenn er bereits als »Objekt« in Korrelation zum erkennenden Sub-jektsverhalten gesetzt ist.

Der Sinn der Kopernikanischen These ist: theoretischer Gehalt und nichts anderes steckt nun einmal in Realität, Dinghaftigkeit und kausalem Zusam-menhang. Man bescheidet sich nicht etwa damit, zu meinen: so verhalte es sich unter einseitig erkenntnis-[30/31]theoretisch-logischen »Gesichtspunkten«. Vielmehr mit dem Aufweis seines theoretischen Geltungscharakters ist *das* Wesen von Sein, Gegenständlichkeit, Wirklichkeit enthüllt, und es gibt gar keinen Standpunkt, auf dem es anders erscheinen könnte.

2. Abschnitt.

Die Einsetzung der Begriffe »Form« und »Sinn« in die Kopernikanische These [7]).

Diese Logisierung der Gegenständlichkeit muß nun für das populäre wie für das dogmatische Bewußtsein sofort an Paradoxie verlieren, sobald bedacht wird, daß nur der Gegenstands*charakter an* den Gegenständen dem Logischen überliefert, aber nicht panlogistisch die Gegenstände in ihrer konkreten Ganzheit zu lauter logischem Gehalt gestempelt werden sollen. Nur um das handelt es sich, was an den Gegenständen, dem Seienden, dem Wirklichen, den Dingen, den kausalverbundenen Geschehnissen als bloßer Charakter, Moment, Epitheton, Prädikat, »Kategorie« der Gegenständlichkeit, des Seins, der Wirklichkeit, der Dinghaftigkeit, der kausalen Zusammengehörigkeit von der Fülle ihrer sonstigen Inhaltlichkeit sich abhebt. Was auf Rechnung logischen Gehalts kommt, ragt als ein bloßes Moment der Gegenständlich*keit* in die Fülle des Gegenständ*lichen* hinein. Es spaltet sich so das Reich der Gegenstände in das Moment der Gegenständlichkeit und in das, was gegenständlich ist, ins Sein und in die seienden Inhalte oder kurz ins Sein und ins Seiende, in die Dinghaftigkeit und ins Dinghafte, in die kausale Notwendigkeit und ins kausal Verbundene. Das Logische liegt als ein bloßes Moment über einer alogischen Masse [8]).

Bei dieser Erörterung der Stellung, die der transzendentallogische Gehalt einnimmt, stößt die Darstellung unvermeidlich auf die Notwendigkeit einer ersten entscheidenden, die früheren Ausmachungen über die Struktur der Geltungssphäre völlig umstoßenden Revision der Grundbegriffe. Mit einem Schlage muß dadurch die [31/32] frühere Gesamtlehre von der Geltungssphäre korrigiert und eben darum die jetzige spezielle Lehre gerade vom theoretischen Geltungsgehalt und von der Kopernikanischen Umwälzung genauer präzisiert werden. In der Einleitung sollte es sich noch lediglich um die Art der Unsinnlichkeit, der Geltungsartigkeit, der Zeitlosigkeit überhaupt drehen. Jetzt dagegen erhebt sich eine Frage, die wichtigste, die sich denken läßt: ob jenes »Reich« wirklich einen Inbegriff von eitel Geltungsgehalt, eine einzige lautere Masse geltender, zeitloser Art darstellt oder ob etwa der Bestand zeitloser Geltungsartigkeit lediglich ein dem Ganzen das Gepräge gebendes Moment *daran* ausmacht. Um die Struktur, die Konstitution des objektiven »Reiches« handelt es sich nunmehr.

Die Entscheidung darüber ist einfach und grundlegend. Denn von einem einzigen Urverhältnis ist – wie die allgemeine Strukturlehre der Geltungssphäre zu zeigen hat – alle Gliederung geltungsartiger Sachlichkeit einheitlich beherrscht. Das objektive Reich ist in der Tat artikuliert! Es ist keine gleichsam amorphe, keine formlose Masse! Es hat »Form«! Und zwar das Geltende *ist* die »Form« *daran. Nur* die Form braucht zeitlos geltender Art zu sein, und das Geltende spielt *nur* die Rolle der *Form* im Reiche der objektiven Sachlichkeit. Geltungsgehalt ist seiner Stellung, seinem gleichsam funktionellen Wesen nach Formgehalt.

Damit ist der Fundamentalsatz erreicht, der an der Spitze wie der gesamten philosophischen Geltungswissenschaft, so auch der theoretischen Transzendentalphilosophie zu stehen hat. Er läßt sich folgendermaßen aussprechen. Wenn man auf irgendwelche Bestimmtheiten, z. B. logischen Gehalts, hinblickt, so wird man dessen gewahr, daß der Geltungsgehalt seinen Sinn nicht in sich selbst erfüllt, nicht in sich ruht, nicht eine »Welt« für sich bildet, sondern als ein Anschmiegungsbedürftiges, Ergänzung Heischendes über sich hinausweist auf ein fremdes Außer-sich. Es gibt kein Gelten, das nicht ein Gelten *betreffs*, ein Gelten *hinsichtlich*, ein *Hin*gelten wäre; es gibt nicht eine sich selbst genügende, selbständige, nicht anlehnungsbedürftige, auf nichts außer sich angewiesene, zugeschnittene, berechnete Region von eitel Geltungsgehalt. Man kann diese Unselbständigkeit, diese Unerläßlichkeit, an einem [32/33] andern und für ein anderes zu sein, einer ehrwürdigen Terminologie entsprechend, den *Form*charakter des Geltens nennen. Geltungsgehalt ist bloße leere, der Erfüllung mit »Material« oder »Inhalt« harrende Form. Alles Geltende ist ein inhaltliche Erfüllung erwartendes Hingeltendes, ein etwas anderes Betreffendes und bedarf eines Materials als des Betroffenen. Wie man den Hingeltungscharakter des Geltens bildlich als »Form« bezeichnen darf, so die Situation dessen, worauf das Gelten hingilt, wessen es zu seiner Erfüllung bedarf, als »Inhalt« oder »Material«. Man greife zur vorläufigen Illustrierung dieses Grundverhältnisses beliebige Einzelgestalten logischen Gehalts heraus! Identität ist unverständlich ohne ein Etwas, einen Inhalt, der da identisch, von der geltenden Form Identität umkleidet ist, Identität weist über sich hinaus auf ein identisches Etwas. Ebenso ist Unterschiedenheit, diese logische Relation, diese Beziehung, dieses logische Zwischen unverständlich ohne ein Wozwischen, ohne die Beziehungsglieder, zwischen denen sie die Beziehung ist. Beziehung weist auf Glieder hin und die Glieder stehen in der Beziehung. Da aber Beziehung ein Beispiel für eine logische Form ist, so heißt das: Form weist *hin*geltend auf Inhalt hin, und Inhalte stehen *in* der Form. Wofern nun nach der Kopernikanischen These auch Sein, Dinghaftigkeit, Kausalität theoretischen Geltungsgehalt repräsentieren, gilt für das Verhältnis des Seins zum Seienden dasselbe wie soeben für das der Identität zum Identischen; für das Verhältnis der Dinghaftigkeit und Kausalität, dieser Zusammengehörigkeiten, zum dinghaft und kausal verbundenen Material dasselbe, wie für das Verhältnis der Unterschiedenheit zum Unterschiedenen. Sein, Dinghaftigkeit, Kausalität sind Form oder – wie die theoretische Form fortan heißen soll – Kategorie. Die Erörterung der Kopernikanischen These hat jetzt zu dem auch für *Kant* maßgebenden Formbegriff hingedrängt. Mit Einsetzung des Kategorienbegriffs lautet sie nunmehr: die Gegenständlichkeit *an* den Gegenständen ist Kategorie, fällt mit der kategorialen Form *am* Reich der Wahrheit zusammen.

Bevor jedoch der so schärfer bestimmte Sinn der Kopernikanischen These weiter verfolgt wird, muß erst noch einen Augenblick bei der Revision verweilt werden, die die ganze Lehre von der Gel-[33/34]tungssphäre und damit auch vom »Reich der Wahrheit« erfahren hat. Das Reich der Wahrheit zeigt von jetzt an den einheitlichen Typus des aus Form und Material sich zusammensetzenden Gefüges. Es ist dann offenbar neben dem Begriff der Form ein Terminus auch für dieses Ganze erforderlich. Das Ineinander, die Verklammerung von Form und Material, das Ganze, in dem die für sich leere und ergänzungsbedürftige Form mitsamt ihrer inhaltlichen Erfüllung auftritt, soll als *Sinn* bezeichnet werden [9]). Das objektive Reich, also auch das Reich der Wahrheit, von dem die Einleitung sprach, ist ein Reich des »Sinnes«. Der Sinn besteht nicht aus eitel Geltungsgehalt, wie es früher scheinen mußte; vielmehr der Geltungsgehalt macht lediglich die Form des Sinnes aus. Der Sinn unterscheidet sich von der bloßen Form dadurch, daß er die inhaltliche Erfüllung mitenthält, die in der Form andeutungsweise bereits gefordert ist. Die die Elemente des Sinnes umspannende Einheit jedoch fällt genau mit dem zusammen, was bereits im Hingeltungscharakter der bloßen Form steckt. Der geltende Gehalt, z. B. der spezifisch theoretische Gehalt, der dem ganzen Sinn das Gepräge gibt, ruht ganz und ungeteilt in der Form des Sinnes. Das Material wird lediglich, als das durch den Hingeltungsgehalt Betroffene, s. z. s. mitgeschleppt. Nur die Form, nicht aber das ganze Sinngefüge, darf man deshalb als ein Geltungsartiges ansehen. Das betroffene Material kann ja – z. B. bei Wahrheiten hinsichtlich sinnlich-seienden Materials, das heißt, wo Sinnlich-Seiendes von theoretischer Form umgolten dasteht – ein *nicht*geltendes Etwas sein. Der Sinn als Ganzes ist darum dann weder ein Geltunghaft-Zeitloses noch ein Nichtgeltunghaft-Zeitliches, sondern eben die Verklammerung von beidem: ein Sinnlich-Seiend-Zeitliches von zeitloser Form betroffen, ein Geltungsgehalt mitsamt dem, hinsichtlich dessen er gilt. Mit dem Reiche ununterbrochener, ungegliederter Zeitlosigkeit ist endgültig aufgeräumt.

Daraus ergibt sich die ungeheure Rektifikation, die mit der frühe-[34/35]ren Vorstellung von der Geltungssphäre, jetzt vorzunehmen ist. Nach der früheren Formulierung der Zweisphärentheorie konnte es so aussehen, als stände auf der einen Seite eine Region von durch und durch zeitlosem Geltungsgehalt, als gäbe es dort ganz und unterschiedslos aus dem Stoffe der Zeitlosigkeit gemachte Gebilde, wie z. B. die zeitlosen Wahrheiten. Jetzt wird ersichtlich: an diesen sogenannten zeitlosen Wahrheiten ist zeitlos geltender Art lediglich ihre Form. Die Wahrheiten als Ganzes sind gar nicht ein Zeitloses, sondern ein Zeitloses hinsichtlich eines davon betroffenen Nicht-Zeitlosen. Im Reich der Wahrheit, d. h. des theoretischen Sinnes, hat auch das Nicht-Geltungsartige, das Sinnlich-Seiende als Material, als Betroffenes, seine Stelle und ist darin unvertilgt geblieben. Davon überzeugt man sich leicht. Denn wenn die Wahrheiten, daß grün von gelb und süß von sauer verschieden sind, daß a die Ursache von b und c die Ursache von d ist, mehrere Wahrheiten sein sollen, dann können sie es nicht um der gemeinsamen Kategorie der Unterschiedenheit oder der Kausalität, sondern nur um des variierenden sinnlichen Materials willen sein. Dieses gehört also mit zur Bestimmtheit der einzelnen »zeitlosen Wahrheiten«, begründet eine Verschiedenheit des *Sinnes*. Ist doch der Sinn des einen Satzes trotz der Gleichheit der Kategorie verschieden von dem des andern. Jetzt wird man dessen inne, daß es lediglich der Glanz der umgeltenden Form ist, der seinen Schimmer über das ganze einzelne Sinngefüge gießt und es zu jenem Gebilde der »zeitlosen Wahrheit« macht. Auf diese formgeprägten Sinngefüge ist das hinüberzuretten, was früher über das Wesen der Zeitlosigkeit ausgemacht wurde. Nunmehr erst erhellt sich der Sinn all der in der Einleitung gebrauchten Redewendungen, daß die Wahrheiten über Blaues, Räumliches, Zeitliches, Sinnliches nicht blaue, räumliche, zeitliche, sinnliche Wahrheiten seien. Damals konnte es noch so scheinen, als spiegelte sich das sinnliche Blau in dem aus eitel Zeitlosigkeit bestehenden Reiche der Wahrheit in der verklärten Gestalt eines idealen Blau, einer idealen Bedeutungseinheit Blau wieder, als sei es als ein Glied zeitlos geltender Art, als ein Blau, das zeitlos Blau bedeutet, hineingestellt in ein Gesamtgefüge lauterer Zeitlosigkeit. In den damaligen Formulierungen wurde noch die auf *Platos* Ideenlehre zurück-[35/36]gehende Idealisierung der sinnlichen Inhalte zu einem zeitlos-urbildlichen Bestand mitgemacht, die sich gegenwärtig beispielsweise bei *Lotze* und *Husserl* findet. Wie denn überhaupt gesagt werden muß, daß *Lotze* das Gelten zwar klar herausgearbeitet hat, aber ohne zu erkennen, daß es nur die Form ist, die gilt; dagegen das Alogisch-Sinnliche weder gelten noch etwas »bedeuten« kann, sondern nur *in* geltender Form, *in* der logischen Sphäre zu stehen, von kategorialer Form betroffen zu werden vermag; wodurch dann erst die Gloriole zeitloser Bedeutungsartigkeit über der ganzen Inhaltlichkeit zu schweben scheint. Das Blau, ins Reich der Wahrheit hineingestellt, das heißt nichts anderes als: das nichtgeltend-sinnliche und alogische Blau, bleibend als das, was es ist, wird lediglich umfaßt, umgolten von zeitlos geltender kategorialer Wahrheitsform. Die Wahrheiten über das Räumliche, Zeitliche, Sinnliche sind raum- und zeitloses, unsinnliches, formales Wahrheitsgelten hinsichtlich des Räumlichen, Zeitlichen, Sinnlichen als eines betroffenen Materials. In der theoretischen Form allein steckt die Zeitlosigkeit und Unsinnlichkeit des ganzen Wahrheitsreiches. Das ist es, was von jeher der Rationalismus verkannt hat: daß das alogische Material zwar *im* Logischen zu stehen vermag, aber ohne dadurch zu einem Logischen zu werden [10]).

Man wird den soeben vertretenen Begriff des Sinnes unzureichend und dürftig finden. Kaum kann es ohne weiteres einleuchten, daß die Einheit und Abgeschlossenheit des Sinnes in nichts weiterem als in dem Ineinander von Form und Material bestehen soll. Es kann jedoch hier diese Überzeugung von der letzten, höchst einfachen Struktur allen Sinnes nicht genauer begründet werden. Nur soviel sei sogleich eingeräumt, daß allerdings der theoretische Sinn, wie ihn die Logik seit jeher behandelt hat und wie er von Sätzen, Aussagen, Urteilen ablösbar ist, ein Sinn, der stets ein positiver oder negativer sowie ein richtiger oder unrichtiger sein muß, eine verwickeltere Gliederung als die bloße Verschlungenheit von Form und Material aufweist. Wenn hier trotzdem bei die-[36/37]sem einfachen Typus des Sinnes stehen geblieben wird, so liegt die Ansicht zugrunde, daß im Zusammenhange einer systematischen Logik sich erweisen würde, wie gerade diese reichere und kompliziertere Gliederung eine ganz bestimmte Gekünsteltheit verrät und daß dahinter als letzter Maßstab der ungekünstelte Sinn mit der hier angegebenen einfachen Struktur steht. Es ist also nicht ohne Absicht, wenn für das Urbild des Sinnes keine weitere Verwickeltheit zugelassen wird. Auch im folgenden soll stets nur von diesem schlichten Urbild des Sinnes geredet und der Einfachheit halber der von den sinntragenden Erkenntnisgebilden unmittelbar ablösbare und das πρστερον προς ημας bildende Sinn einfach übersprungen werden. Das ist darum ganz unbedenklich, da es ja in dieser Studie nicht um den weiteren Ausbau der Sinnlehre, sondern allein um die theoretische Formenlehre, die Kategorienlehre, zu tun ist [11]).

So ist jetzt der entscheidende Schritt über den unbestimmten Gedanken des objektiven Reiches der Sachlichkeit, z. B. der theoretischen Sachlichkeit oder der Wahrheit, hinausgetan. Eine beherrschende, ja man kann sagen, die allein herrschende Struktur aller Sachlichkeit, die Gliederung in Form und Material, ist angegeben. Es kann doch auch das Reich der Wahrheit ebenso wie das Reich ästhetischen Sinnes gar nichts anderes als eine formbeherrschte Inhaltlichkeit sein, wofern man bedenkt, daß in die theoretische Sphäre das gesamte alogische Etwas als Material und ebenso in die ästhetische Sphäre der gesamte außerästhetische Bestand als »Stoff« einzugehen vermag. Das Alogische und das Außerästhetische hört nicht auf, alogisch und außerästhetisch zu sein, es *steht* nur in logischer und ästhetischer Form. Daß jegliche Wahrheit und jegliche Schönheit ungeachtet einer unendlichen Mannigfaltigkeit des Materials einheitlich Wahrheit und Schönheit ist, beruht auf der Gleichheit der sinnverleihenden Form. Es hat gar keinen Sinn mehr, sich über den »bloßen« Formcharak-[37/38]ter des theoretischen Gehalts aufzuhalten, wenn doch jeglicher Sinn in nichts anderem als in formgeprägter Masse besteht.

Wenn damit wirklich die Artikulation von allem Sinn getroffen ist, dann wird ersichtlich, welch grundlegende Bedeutung der Begriff der Form in der gesamten Geltungsphilosophie erhalten muß. Entsprechend ist in der theoretischen Philosophie, in der Logik, die Lehre von der kategorialen Form an die oberste Stelle zu setzen. Das Spezifische des theoretischen Sinnes oder der Wahrheit ruht auf dem Spezifischen der theoretischen Form. Es wird darum die höchste Angelegenheit der Logik sein, den Feingehalt an logischer Form aus dem All der Inhaltlichkeit herauszusondern, den Anteil des Logischen an der Gesamtinhaltlichkeit zu bestimmen, die Abgrenzung zwischen dem Logischen und dem Alogischen vorzunehmen. Der Logiker durchspäht den Gesamtbestand nach dem spezifisch logischen Gehalt daran, er isoliert den Inbegriff der logischen Formen, das Logische, den Logos aus seiner Verschlungenheit mit dem Alogischen, er scheidet ihn davon ab, er treibt Kritik des reinen Logos. Versteht man unter Kategorie die logische Form im weitesten Sinne, so muß der Begriff der Kategorie zum obersten Begriff der Logik werden. Das folgt aus den letzten Voraussetzungen, daraus, daß Logik ein philosophisches Geltungserkennen ist und aller Geltungsgehalt sich als Form erwiesen hat.

Wendet man die allgemeinen Begriffe der Form und des Sinnes auf das theoretische Geltungsgebiet an, so läßt sich jetzt der Wahrheitsbegriff in Schärfe erfassen. Er ist durch die folgenden beiden Sätze auf das einfachste festgenagelt. Erstens: das Gebiet der Wahrheit muß sich gegen all das, was nicht Wahrheitscharakter hat, durch einen spezifisch theoretischen oder logischen Geltungsgehalt, durch einen Kosmos logischer Geltungsbedeutungen abgrenzen. Wahrheit kann nicht das beliebige Irgendetwas sein, sondern muß sich durch einen spezifisch theoretischen Charakter auszeichnen. Zweitens aber: Wahrheit als Ganzes kann auch wiederum nicht ein einziger lauterer Geltungsgehalt, ein Inbegriff von eitel logischer Bedeutung sein. Das geht aus dem Formcharakter des spezifisch logischen Gehalts hervor, der unentfliehbar die Gespaltenheit in Wahrheitsform und Wahrheitsmaterial mit sich bringt. Aus diesen beiden Sätzen folgt, daß es sich bei [38/39] Wahrheit stets um ein Form-Material-Gefüge, um das Betroffensein, Umfaßtsein, Umgoltensein eines Materials durch logische Form handeln muß. Im Wahrheitsbegriff läßt sich jetzt eine Doppeldeutigkeit entdecken. Man kann unter »Wahrheit« den bloßen spezifisch logischen Wahrheitsgehalt verstehen, der das Gebiet der Wahrheit zum *Wahrheits*gebiet stempelt. Man kann aber vom formalen Wahrheitsgehalt, von der bloßen leeren kategorialen Wahrheitsform, die Wahrheit in concreto, die materialiter angesehene Wahrheit, das heißt das in kategoriale Wahrheitsform und dadurch betroffenes Material sich gliedernde Ganze, also das »Reich« der Wahrheit oder den theoretischen Sinn, unterscheiden. Der Inbegriff der Wahrheit in concreto ist der Inbegriff des in kategorialer Form stehenden Materials, und die einzelne Wahrheit – von der es einen Plural gibt – ist einzelnes, in theoretischer Form stehendes Kategorienmaterial. Unter Wahrheit ohne Zusatz soll stets der theoretische oder der wahre Sinn verstanden und demgegenüber die bloße kategoriale Form als Wahrheitsform oder formaler Wahrheitsgehalt ausdrücklich kenntlich gemacht werden. Dabei sollen Wahrheits- und theoretische Form, wahrer und theoretischer Sinn hier wie im folgenden stets als gleichbedeutend gelten.

Durch die bloße Einführung des Formbegriffs in die Geltungssphäre ist die in der Einleitung aufgestellte Zweisphärentheorie immer noch nicht endgültig aufgehoben. Es hat sich lediglich die Geltungssphäre als nicht aus lauter Geltungsartigkeit bestehend, sondern als in Form und Material sich gliedernd herausgestellt. Das Nebeneinanderbestehen zweier selbständiger Gebiete dagegen ist dadurch noch nicht erschüttert worden. Soviel hat sich allerdings bisher bereits ergeben, daß im Reich des Sinnes die ganze sinnliche Inhaltlichkeit des Gegenstandsreiches noch einmal vertreten ist. Doch dessen ungeachtet könnten ja das Gegenstandsreich und das Wahrheitsreich zwei nebeneinander bestehende Sphären bleiben, die nur die Eigentümlichkeit hätten, diesen sinnlichen Bestandteil miteinander gemeinsam zu haben, der also dann in jedem der beiden Gebiete, somit doppelt vertreten wäre. So würde, um bei dem früheren Beispiel zu bleiben, das sinnliche Blau der blauen Gegenstände zugleich in dem andern Gebiet, im [39/40] Reich der Wahrheit, auftreten und dort zwar nicht als zeitlose Blaubedeutung, wohl aber als sinnliches Material fungieren. Aber diese Möglichkeit wird sofort ausgeschlossen, wenn man nunmehr zu der vorangegangenen Erörterung des Sinnbegriffes die Kopernikanische These wiederum hinzieht. Denn aus ihr geht doch hervor, daß die angeblich getrennten Reiche des Gegenstandes und des theoretischen Sinnes auch in ihren formalen Bestandteilen zusammenfallen, indem ja die Gegenständlichkeit der Gegenstände identisch mit der Form im Reiche des Sinnes ist. Da aber die sinnlichen Bestandteile auf beiden Seiten sich wiederholen, die formalen sich gleichfalls als identisch erweisen, so fällt das ganze Reich theoretischen Sinnes einfach mit der Gegenstandssphäre zusammen. Die Kopernikanische These erhält eine genauere Fassung, wenn man in die undifferenzierte Formulierung des vorigen Abschnitts die Begriffe der Form und des Sinnes einführt. Die ungegliederte Fassung hieß einfach: Gegenstand fällt mit Theoretischem zusammen. Die nach Form und Material gegliederte lautet: die Gegenständlichkeit an den Gegenständen fällt mit theoretischer Form, der Inbegriff der Gegenstände mit theoretischem Sinn zusammen.

Jetzt ist die Möglichkeit gewonnen, mit scharfer Abgrenzung gegen den Panlogismus die Kantische Identitätsphilosophie bezüglich des Verhältnisses von Gegenstand und logischem Sachgehalt dahin zu formulieren: die Gegenständlichkeit formaliter spectata, die Gegenständlichkeit an den Gegenständen, fällt mit der kategorialen Wahrheitsform, der Inbegriff der Gegenstände, die Gegenständlichkeit materialiter spectata, das Gegenstandsgebiet, mit dem Inbegriff theoretischen Sinnes zusammen. Die Gegenständlichkeit ist mit kategorialer Wahrheitsform, die Gegenstände sind mit theoretischem Sinn identisch. Die seienden Gegenstände sind freilich nicht eitel logischer Gehalt, aber wohl sind sie von logischem Geltungsgehalt umschlossenes alogisches Material. Räumlich-zeitliche Gegenstände, das heißt eben: raum- und zeitlose Gegenständlichkeit hinsichtlich des Räumlich-Zeitlichen. Wie die Gegenständlichkeit der räumlichen und zeitlichen Gegenstände raum- und zeitloser Wahrheitsgehalt [12]) *ist*, so *sind* [40/41] die räumlichen und zeitlichen Gegenstände von raum- und zeitlosem formalem Wahrheitsgehalt [13]) betroffenes »räumliches« und »zeitliches« alogisches Material, oder, wie man dafür auch einsetzen kann: die einzelnen Gegenstände sind einzelne theoretische Sinngefüge, einzelne »Wahrheiten«. Denn die Wahrheiten als Einzelheiten theoretischen Sinnes umspannen ja außer dem zeitlosen Geltungsgehalt auch das betroffene nichtgeltende Material. Man darf deshalb unbedenklich sagen: räumlich-zeitliche Gegenstände *sind* Wahrheiten, physische Gegenstände sind physikalische Wahrheiten, astrische astronomische, psychische psychologische Wahrheiten usw. Freilich Wahrheiten, Einzelheiten des Sinnes, nicht Erkenntnisse, Urteile, Sätze; und ferner Wahrheiten in der ungekünstelten Sphäre, nicht in dem von den wissenschaftlichen Sätzen ablösbaren Zustand!

Zu verwerfen also ist jener angebliche Parallelismus, jenes Aneinandergebundensein von ordo et connexio rerum und ordo et connexio veritatum, wonach dem Inbegriff raum- und zeiterfüllender Gegenstände und Sachverhalte ein Inbegriff raum- und zeitloser Wahrheiten »darüber« irgendwie korrespondiert, als sein begleitender Wahrheitsschatten zugeordnet ist. Mit besonders scharfer Ausprägung ist diese Trennung von Gegenstand und Wahrheit, Gegenstand und »Sinn«, Gegenstand und »Bedeutung«, in neuerer Zeit von *Bolzano* und *Husserl* vertreten werden. Man durchschaut jetzt, daß hierbei Gegenständlichkeit und Wahrheitsform, Gegenstände und Wahrheiten gegeneinander verselbständigt werden, während in Wahrheit die beiden Reiche der Gegenstände und der Wahrheiten über sie zu dem einen, mit dem Wahrheitsinbegriff identischen Gegenstandsgebiet zusammenrücken, der angebliche Wahrheitsschatten in die Gegenstände selbst hineinfällt, die vermeintlich diesen Schatten werfen [14]).

Die vermeintliche Zweiheit der beiden Reiche, des Gegenstands [41/42] und der Wahrheit darüber, enthüllt sich als eine zweifache unberechtigte Verdoppelung. Einmal nämlich wiederholt sich der kategoriale Gehalt auf der gegenüberliegenden Seite, also im Gegenstandsgebiet, als metalogische, metakategoriale Gegenständlichkeit, der gegenüber die Wahrheit in ein Verhältnis der Abbildlichkeit und Schattenhaftigkeit rückt. Umgekehrt aber kehrt das alogische Material in verklärter Gestalt im Schattenreiche der Wahrheit wieder, wo alles ein einziger lauterer zeitloser Geltungsinbegriff sein soll. An Stelle der Dualität des logischen Form- und des alogischen Materials-Elementes, die beide zusammen das einzige Reich des theoretischen Sinnes konstituieren, herrscht dort die Dualität eines durch und durch metalogischen Reiches, in dem auch das Logische in metalogischer Maske erscheint, auf der einen und eines eitel logischen Reiches, in dem auch das Alogische in den Himmel zeitlos geltender Bedeutungen versetzt ist, auf der andern Seite. Die Kopernikanische Auffassung zerstört die Dualität der beiden Reiche, aber innerhalb des einen Reiches, das das Reich der Wahrheit und eben darum des Gegenstandes ist, richtet sie den Gegensatz der kategorialen Form und des Kategorienmaterials auf. Es gibt nicht das »Über«-Verhältnis zwischen den beiden Reichen. Aber es gibt innerhalb des einen Reiches die Hinsichtlichkeit und das Betroffensein zwischen den beiden Struktur-*Elementen*, es gibt formales Wahrheitsgelten hinsichtlich eines dadurch betroffenen Materials. Für den Wahrheitsbegriff ist an Stelle der Abbildlichkeit der Wahrheit gegenüber dem Gegenstand allein die Form-Material-Duplizität maßgebend [15]).

Der Haupterklärungsgrund für das hartnäckige Auseinanderreißen von Wahrheit und Gegenstand, für das Abbildlichkeitsverhältnis, in das man die Wahrheit und den Sinn zum Gegenstand bringt, liegt, wie hier nur angedeutet werden kann, in dem Umstand, daß man stets von dem – gekünstelten – Sinn des Satzes und des Urteils ausgeht, der allerdings nicht mit dem Gegen- [42/43]stand zusammenfällt, sondern den Gegenstand treffen oder ihn verfehlen kann. Man verkennt dann, daß doch auch der Gegenstand selbst nichts anderes ist als Sinn – nämlich der ungekünstelt urbildliche Sinn –, und daß der Abstand von Sinn und Gegenstand auf eine Distanz von Sinn und Sinn hinausläuft. Alles, was man über das Abbildlichkeits-Verhältnis von Wahrheit und Gegenstand ausmacht, trifft allerdings für das Verhältnis von gekünsteltem und urbildlichem Sinn zu [16]). Auf andere Anlässe für die Auseinanderhaltung von Gegenstand und Wahrheit wird erst im zweiten Teil eingegangen. Erst dort kann die Kopernikanische Identitätslehre ihre volle Erledigung finden, wie dort auch die ganze Aufstellung der Zweiweltentheorie einer erneuten Prüfung unterworfen wird (vgl. II. Teil, 1. Kap., 2. Abschn.).

Indem die Kopernikanische Auffassung die Gegenständlichkeit als logische Form durchschaut, führt sie zugleich zur Schöpfung einer »transzendentalen Logik«. Denn gewisse logisch-kategoriale Formen erhalten wieder unmittelbare gegenständliche Bedeutung, ja werden geradezu als die Gegenständlichkeit selbst erkannt. Auch innerhalb des Dogmatismus wurde bereits dem Logischen eine über das bloß Formale und das bloß Subjektiv-Immanente hinausreichende, zum Gegenstandsgebiet hinübergreifende Bedeutung eingeräumt. Aber doch stets im Sinne irgendeiner Korrespondenz, Harmonie, Abbildlichkeit zwischen dem Realen und dem »Idealen« oder Logischen, zwischen Gegenstand und »Erkennen«. Stets sollten die logischen Momente begrifflicher Ausdruck und Spiegelbild der realen Verhältnisse sein. Solidarisch verbunden also war immer schon die Realität einer transsubjektiven Wirklichkeit mit der Objektivität logischer Momente; die Leugnung einer transzendenten Wirklichkeit zog immer schon die Ablehnung der transzendenten Gültigkeit logischer Begriffe nach sich und umgekehrt. Aber nur aufeinander bezogen und okkasionali-[43/44]stisch miteinander verkettet war das Reale und das Logische bisher, durch *Kant* wird es miteinander zusammenfallend. Der Gegensatz von realer und bloß logischer Bedeutung wird durch ihn hinfällig und sinkt zu einem Gegensatz innerhalb des Logischen herab. Die Realität ist in das Logische hineingezogen, das Logische reicht in die Gegenstände als deren Sein, Dingheit, kausale Notwendigkeit hinein. Es darf darum nur von einer Ausdehnung des Logischen auf die Gegenständlichkeit und in sie hinein, nicht aber von einer Herrschaft »über« sie gesprochen werden. Denn sonst würden doch wieder Gegenständlichkeit und theoretischer Geltungsgehalt als gesonderte Größen zu bestehen scheinen, *zwischen* denen irgendein Verhältnis obwaltet. Über *alle* Korrelationstheorien muß jedoch der Stab gebrochen werden, mögen sie nun eine Herrschaft oder eine Abhängigkeit des Logischen gegenüber dem Sein, eine Priorität des Seins vor dem Gelten oder des Geltens vor dem Sein behaupten. Wie darum jede Abbildlichkeit und Schattenhaftigkeit der Wahrheit zu bekämpfen ist, so auch umgekehrt jede Behauptung einer Abhängigkeit in entgegengesetzter Richtung, einer Priorität des theoretischen Geltens, des »Forderns«, des »Sollens« vor dem Sein [17]) [18]).

Der bisher erreichte Ertrag läßt sich dahin angeben: es ist die Formartigkeit von jeglichem Geltungsgehalt, die Struktur des Sinnes, aufgedeckt, und es ist mit Zuhilfenahme der Kopernikanischen These das Zusammenfallen von Gegenstands- und Wahrheitsgebiet durchschaut. Dementsprechend enthüllen sich zwei Verstöße der in der Einleitung aufgetretenen Zweisphärentheorie. Erstlich hat die Einleitung die Geltungssphäre als ein in sich geschlossenes, nicht formartig über sich hinausweisendes Reich behandelt und sodann gerade das theoretische Reich gegen das Gegenstandsgebiet verselbständigt und sich so einer vollen Verdoppelung schuldig gemacht. [44/45]

3. Abschnitt.

Das Sinnliche als das Nichtgeltende oder Geltungsfremde.

Die Tragweite der Kopernikanischen Umwälzung tritt noch stärker hervor, wenn die durch sie bewirkte Umstoßung der in der Einleitung formulierten Zweisphärentheorie jetzt noch weiter verfolgt wird. Die beiden in der Einleitung auseinandergehaltenen Gebiete der Gegenstände und der Wahrheiten sind in ein einziges »Reich« zusammengerückt. Soll es überhaupt noch ein Zweierlei, in irgendeinem Sinne zwei Sphären, eine zeitlich-seiende und eine zeitlos-geltende, geben, so können es höchstens die beiden Sphären der *Elemente* oder Faktoren sein, aus denen das eine Gebiet, das mit dem Reich des theoretischen Sinnes zusammenfallende Gegenstandsgebiet, sich zusammensetzt. Es baut sich also das Seinsgebiet und ebenso das mit ihm identische Reich des theoretischen Sinnes aus der »Sphäre« eines theoretisch Geltenden als der Form und aus der Sphäre des Nichtgeltend-Sinnlichen als dem Material auf. Im gegenständlichen Seinsgebiet steckt ebenso unsinnlich geltende Form, wie andererseits in dem damit identischen Reich des Sinnes das nicht-geltende sinnliche Material vorkommt. Die Zweiweltentheorie ist in eine Zwei-Elemententheorie umzubilden.

Das führt aber sogleich zu einer weiteren und allgemeineren Erkenntnis. Aus dem Umstande, daß mitten in das Seinsgebiet das Geltende, nämlich kategorialer Geltungsgehalt, hineinragt, ist zu entnehmen, daß, wenn man im All des Denkbaren das Geltende und das Nicht-Geltende voneinander scheiden will, auf der einen Seite gar nicht das Seinsgebiet stehen kann. Denn das Seinsgebiet ist noch geltungshaltig. Es birgt theoretischen Geltungsgehalt. Man muß folglich den im Seinsgebiet noch steckenden Geltungsgehalt erst herausheben und auf die andere Seite schlagen, will man wirklich auf der einen Seite die von *allem*, auch jeglichem theoretisch-kategorialen Geltungsbestand gereinigte, durch und durch nichtgeltende Masse übrig behalten. Jetzt wird ersichtlich, daß zu dieser wahren Orientierung und richtigen Sphärenabgren-[45/46]zung erst die kopernikanische These verhilft. Sie erst lehrt uns den ganzen Inbegriff des Geltenden kennen, indem sie auch das kategoriale Seinsmoment als Geltungsgehalt durchschaut; sie erst ermöglicht es auf der andern Seite, das von allen fremden Zusätzen gereinigte Nicht-Geltende freizulegen, aus der Nicht-Geltungssphäre auch den kategorialen Seinsgehalt zu entfernen, der sich so unvermerkt mit dem Seinsmaterial zur Einheit des Seinsgebietes verbindet.

Die Grenzlinie zwischen Nicht-Geltendem und Geltendem läuft mitten durch das Seinsgebiet hindurch. Und gerade die spezifischen Epitheta oder Prädikate, die dem ganzen Seinsgebiet den Namen geben, das Sein, die Dinghaftigkeit usw., fallen als logische Momente aus der Sphäre des Nicht-Geltenden heraus. Gerade diese Konstituentien der Seinssphäre sind es, die auf die Seite des Nichtseienden zu setzen sind. Nicht zufällig wurden bereits in der früheren Darstellung diese »Epitheta« oder »Prädikate«, die sich jetzt als »Kategorien« enthüllen, als etwas Besonderes hervorgehoben. Sie sind in der Tat von anderer Art als die gesamte übrige Seinsmasse [19]).

Es muß fortan genauer formuliert werden: nicht das *Seinsgebiet*, sondern nur das *Seiende*, das heißt das *in* der Kategorie »Sein« Stehende, aber abzüglich dieser seiner kategorialen Form selbst, nicht die Wirklichkeit, sondern nur das Wirkliche, das heißt das, *was* – von kategorialer Form betroffen – erst Wirklichkeit ergibt, bildet die eine Hemisphäre, die des Nicht-Geltenden. Auf dem Seinsgebiet ist alles seiend, der kategoriale Seinsgehalt selbst dagegen ein Geltendes. Das Sein des Seienden gehört schon zum Geltenden, somit zum Nicht-Seienden, die Wirklichkeit des Wirklichen schon zum Nichtwirklichen. Das Sein ist geltend, und nichtgeltend erst das Material, hinsichtlich dessen die kategoriale Hingeltungsform »Sein« lautet. Dieses Kategorien-[46/47]material ist. Aber dies sein »Sein« gilt. Man darf jenes Material nur mit Rücksicht darauf das »Seiende« nennen, daß es in der Kategorie »Sein« steht. Es ist darum zunächst doppeldeutig, vom Seienden zu reden. Denn man kann darunter entweder das ganze Seinsgebiet, also die in der kategorialen Form »Sein« stehende Inhaltsmasse mitsamt der Seinsform selbst, oder das bloße durch die Kategorie Sein betreff*bare* Etwas verstehen. Nur in diesem letzteren Sinne des bloßen Seinsmaterials ist das Seiende dem Geltenden entgegenzusetzen. Man mag darum ruhig fortfahren, das Nicht-Geltende zwar nicht mehr als Seinsgebiet, wohl aber als das Seiende zu bezeichnen. Nur muß man sich dabei klar machen, daß man bei dieser Ausdrucksweise immerhin schon nicht mehr beim bloßen Nicht-Geltenden stehen geblieben ist, sondern bereits außer an das, was das Nicht-Geltende selbst ist, noch an die Rolle denkt, die es im Rahmen theoretischen Sinnes spielt. Man kennzeichnet es dann nach der Situation, in der es kategorialer Form gegenübersteht. In der folgenden Darstellung ist das »Seiende« stets in der Bedeutung des Seinsmaterials gemeint.

Es ist somit zwischen dem Seienden oder dem Seinsmaterial, dem Sein des Seienden oder der Seinskategorie und dem Seinsgebiet oder dem aus Material und Kategorie bestehenden Sinn; ebenso zwischen dem Wirklichen, dem kategorialen Wirklichkeitscharakter und der Wirklichkeit zu unterscheiden. Auch als Gegenständliches oder Gegenstandsmaterial, Gegenständlichkeit oder Gegenstandsform und Gegenstandsgebiet, Inbegriff der Gegenstände oder gegenständlicher Sinn wäre dies Dreierlei auseinander zu halten.

Jetzt erst ist es gelungen, zu den letzten Komponenten vorzudringen, aus denen das All des Etwas sich aufbaut. Nicht zwischen den Gebieten, sondern zwischen den Elementen des Denkbaren besteht jene letzte Kluft und Heterogeneität, die die Einleitung als die Unvergleichbarkeit zwischen der Seins- und der Geltungssphäre zutreffend gekennzeichnet hat. Die Totalität des Denkbaren erscheint nunmehr reinlich aufgeteilt in die zwei Sphären der letzten Elemente. Ganz gleich, wie weit zu entscheiden ist, was überall im Einzelfall in welcher der beiden Hemisphären unterzubringen ist: weiß man einmal, daß es überhaupt Seiendes und daß es über-[47/48]haupt Geltendes gibt, dann steht fest, daß das All des Denkbaren diese Heterogeneität irgendwie birgt, und daß überall, was ein Seiendes ist, eben darum nicht ein Geltendes sein kann und umgekehrt. Es läßt sich jetzt jede Sphäre durch Negierung der spezifischen Gegenständlichkeitsart der anderen bestimmen. Geltendes ist einfach der positive Ausdruck für das Nichtseiende wie Seiendes für das Nicht-Geltende. So unräumlich, unzeitlich, unseiend das Geltende ist, so nicht-geltend und darum auch – gemäß dem, wozu sich das Geltungsartige entfalten sollte (oben S. 9 f.) – so nichtwertartig, nicht bedeutungsartig [20]) muß das Seiende sein. Wollte man der Masse des Seienden auch nur irgendwo eine Spur Bedeutungsmäßigkeit zuerteilen, dann hätte man sich der vollen Sinnlosigkeit schuldig gemacht, ein Geltendes unter der Flagge des Seienden passieren zu lassen. Die unmittelbar vorgefundene, mit Sinn- und Wertartigkeit mannigfach versetzte »Wirklichkeit« des gewöhnlichen Erlebens erscheint nicht mehr als ein Letztes und Unzerlegbares. Aus ihr muß das Bloß-Seiende und Nur-Wirkliche durch Abscheidung aller geltungs- und wertartigen Zusätze erst besonders herausgelöst und dann der so von allem Beiwerk des Nichtseienden gereinigte Inbegriff zur Masse des Seienden zusammengeschlossen werden. Es bleibe dahingestellt, in welcher Weise sich mit dem Nicht-Geltenden das Geltende verbinden mag und aus welchen Verschlingungen darum das Seinserkennen sein Material, um es in Reinheit zu gewinnen, erst herauszupräparieren hat. Wieviel wird für Seiendes, z. B. für psychisch Seiendes, ausgegeben, worin in Wahrheit Wert und Bedeutung eingeschwärzt ist. Dann ist man sofort darüber orientiert, keine pure Wirklichkeitsmasse, sondern Seiendes und Geltendes in irgendwelcher Verschmolzenheit vor sich zu haben. So wird das negative Erfordernis, gänzlich bedeutungsbar zu sein, geradezu zu einem Kriterium des Seienden, des psycho-physisch Seienden, des Psychischen wie des Physischen.

Für das ganze Seinsgebiet selbst aber, für die Wirklichkeit, für den Inbegriff der seienden Gegenstände, gewinnt man erst jetzt gleichsam seine transzendentale Topographie. Er erweist sich als [48/49] das, was nach Abzug aller nichttheoretischen Wert- und Geltungsartigkeit übrig bleibt. Er ist lauter Nicht-Geltendes und Nicht-Wertartiges mit einzigem Einschluß kategorialen Wahrheitsgehalts. Er ist das im übrigen Entgötterte, Entwertete, Entdeutete, in dem als einziger Geltungsgehalt noch das Wahrheitsgelten übrig geblieben ist. Aber der Rest des ausnahmslos und durchweg Nicht-Geltenden ist erst das Seiende oder das Seins-Material.

Allerdings wurde das Seinsmaterial lediglich durch Ausschluß der Geltungssphäre, lediglich negativ, als das Übrigbleibende, das Andere, das Nicht-Geltende charakterisiert. Aber es liegt im Wesen der Sache, daß eine philosophische Charakterisierung des Seinsmaterials gar nicht anders als negativ ausfallen kann. Das Seins-Material gehört vor das Forum des Seins-Erkennens. Es kann direkt gar nicht Gegenstand philosophischer Betrachtung werden. Höchstens indirekt, durch seine Beziehungen zum philosophischen Erkenntnisobjekt, zur Geltungssphäre. Wenn man sich wie hier mit der Nichtgeltungssphäre als mit dem »Seienden« oder dem »Seinsmaterial« beschäftigt, so tut man es im Zusammenhang einer logischen Untersuchung des kategorialen Gehalts, und es liegt hierbei eine Inbeziehungsetzung des nichtgeltenden Etwas zu der es betreffenden kategorialen Form »Sein« vor. Diesem Umstand verdankt man eine Möglichkeit, es unter philosophischen Gesichtspunkten irgendwie abzustempeln. Aber es ist eine gar einseitige Bestimmung, die dann damit vorgenommen wird, nämlich eine Inbeziehungsetzung lediglich zum spezifisch theoretischen, zum kategorialen Gehalt.

Wollte man seine funktionelle Stellung gegenüber jeglichem Geltungsgehalt, also gegenüber jeglicher Form, berücksichtigen, so könnte man es als »das Material« (die »Materie«) schlechthin bezeichnen. Aber das wäre in dem Falle noch nicht eindeutig, wenn sich herausstellen sollte, daß außer dem seienden Etwas noch die Form selbst die Stelle des Materials einnehmen kann. Mag nämlich auch nur Geltendes die Rolle der Form spielen können, so braucht doch Geltendes nicht nur die Rolle der Form zu spielen. Vielleicht gibt es – was an dieser Stelle freilich nur wie eine spielerische Möglichkeit erscheint – auch Form der Form. Dann würde also auch geltende Form in die Materialsstellung [49/50] einer andern Form gegenüber geraten, es würde nicht ausschließlich das Seiende, sondern auch das Geltende »Material« sein können. Es entstünde möglicherweise ein ganzer Aufbau von Formen, in dem jede Form zwar nach unten Form, nach oben aber Material wäre. Das funktionelle Wesen der Formartigkeit ist jedoch vom Geltenden gar nicht abzutrennen, auch in der Materialsstellung stehend büßt es dennoch nicht seinen Formcharakter ein. In jenem Aufbau der Formen darf deshalb das Material nicht immer wieder Formmaterial sein, nicht ins Endlose über sich hinausweisen. Es bedarf eines nicht mehr über sich hinausweisenden materialen Abschlusses, eines Materials, das gar nicht mehr Form, sondern nur Material sein kann[21]). Da alles Geltende Form ist, so wird diese Stelle vom Nichtgeltenden, vom Seienden eingenommen. Ist der Geltungsgehalt seinem Wesen nach leere Form, so ist damit schon gesagt, daß er es schließlich einem Etwas gegenüber ist, das selbst seinem Wesen nach Nur-Material ist. So mündet die funktionelle Gegensätzlichkeit von Form und Material in die absolute des Geltenden und Nichtgeltenden ein. Das Nichtgeltende läßt sich, funktionell betrachtet, jetzt eindeutig zwar nicht als Material schlechthin, wohl aber als das Nur-Material, das Urmaterial, das unterste Material, der bloße »Stoff«, die bloße »Materie«, die πρωτη υλη, bestimmen. Es ist, wie im zweiten Teil noch klarer hervortreten wird, ein Symptom der üblichen Einschränkung des logischen Forschens auf das sinnliche Seinsmaterial, daß der Strukturbegriff des »Inhalts« schlechtweg und unbedenklich mit dem des Seienden sich zu decken scheint, das Seiende schlechtweg als der Inhalt oder als das Material gilt. Aus dem Begriff des Urmaterials dagegen vermag man den antiken Begriff der »Materie« zu verstehen und es zu würdigen, daß in der antiken Philosophie die Urelemente des Denkbaren, also das, was sich dem Gehalt nach als Nichtsinnliches, Wert- und Geltungsartiges und als Sinnliches, Nicht-Wert- und Nicht-Geltungsartiges gegenübersteht, in die funktionelle Beziehung der amorphen Hyle und der unstofflichen Form gebracht wird. Hieraus begreift man auch, daß mit dem bloß funktionellen und dabei bildlichen Unterschied von Form [50/51] und Stoff sich der Gehaltsunterschied von wertartig und nichtwertartig verknüpft hat [22]).

Mit dem Begriff des Urmaterials wäre allerdings eine mögliche philosophische Definition gegeben, die aber eben lediglich der funktionellen Beziehung des Nicht-Geltenden zum gesamten Geltungsgehalt entnommen ist. Über den Nichtgeltungsgehalt selbst wäre damit gar nichts Positives ausgemacht. Das bleibt uns eben auch in philosophischer Absicht versagt. Wir sehen uns dabei auf die bloß negative Charakterisierung, auf die Angabe der Andersheit und des Nichtdies angewiesen. Es gibt für diese Sphäre keine anderen philosophischen Bezeichnungen als die von der griechischen Philosophie gefundenen: das μη, das ετερον, die Materie [23]). Zur Vorsicht mag auf folgendes noch hingewiesen werden: indem wir das Nichtgeltende vor unser charakterisierendes Erkennen hinstellen, steht es, wie nicht verborgen bleiben kann, freilich nicht mehr in seiner logischen Unbetroffenheit und Unberührtheit da und also nicht mehr als das bloße reine nichtgeltende Etwas. Kategoriale Momente, unter anderm auch Symptome vergleichenden Reflektierens, haben sich ihm angesetzt, wie wir uns ja auch dessen gar nicht erwehren können, von einem Etwas, einem Inhalt, Bestand, Inbegriff, einer Mannigfaltigkeit u. ä. zu reden. Was dies alles logisch bedeutet, wird später (im II. Teil, im 1. und 2. Abschn. d. 2. Kap.) erörtert werden.

Mit einer negativen, diagnostisch aber das Seinsmaterial mit absoluter Schärfe abgrenzenden Charakterisierung hat man sich somit zu begnügen. Allerdings gibt es auch positive Ausdrücke, die, weit genug gefaßt, auf die ganze Sphäre des Nichtgeltenden passen. Es sind all jene Bezeichnungen, in denen das Seiende als Sinnliches oder Sinnlich-Anschauliches, als nur Empfindbares [51/52] und Anschaubares, Sinnlich-Erfahrbares und Wahrnehmbares gefaßt wird. Dies sind nun zwar alles positive Ausdrücke, aber lauter Namen, die das Seinserkennen prägt, bloße Worte, die uns philosophisch ebensowenig zu sagen vermögen, wie die Worte blau und süß, Vitriol und Zucker. Es sind einfache Hinweise auf psychophysische Erlebensvorgänge und -organe, auf die »Sinne«, das Empfinden, das Anschauen. Nehmen wir auch an, daß es adäquate Namen sind, daß das Nichtgeltende aus lauter empfindbarer Masse besteht, so sind es dennoch – und wie könnte es bei positiven Ausdrücken für das Nichtbedeutungsmäßige anders sein – philosophisch gänzlich stumme Bezeichnungen für das Nicht-Geltungsartige, Bezeichnungen, in denen nicht die geringsten Andeutungen über das Wesen dieser ganzen Sphäre enthalten sind. Wenn man dennoch glaubt, solche Ausdrücke wie »sinnlich« schon irgendwie in ihrer philosophischen Bedeutsamkeit verstehen zu können, so muß man dem positiven Ausdruck heimlich den negativen des Nichtbedeutungsmäßigen leihen, was um so geläufiger geschieht, als er fast stets als das eine Gegensatzglied in Gegenüberstellungen wie sinnlich-unsinnlich, sinnlich-übersinnlich, sinnlich-intelligibel u. a. auftritt. Es lassen sich somit von allen diesen Ausdrücken die unwesentlichen und störenden Nebenbedeutungen nur dann fernhalten, wenn man von vornherein den Gedanken des Nicht-Geltungsartigen an sie heranbringt. Durch diese negative Abgrenzung allein begreift man, warum im Inbegriff des Denkbaren diese eine Hemisphäre des Etwas sich abgrenzt.

Man darf das Nichtwert- und Nichtbedeutungsartige nicht als wert- und bedeutungsbar bezeichnen. Diese Ausdrücke würden an einer störenden Vieldeutigkeit leiden. Bedeutungsbar und bedeutungslos könnte wie wertbar und wertlos im Gegensatz zu stehen scheinen zum Wert- und Bedeutungsvollen. Und dann könnte bedeutungslos nur das sein, wovon auch bedeutungsvoll gesagt werden kann. Bedeutungsvoll und bedeutungslos in diesem Sinne nennt man aber das Seiende lediglich als Träger und Erlebensstätte des Wertartigen, also mit Rücksicht darauf, wie Geltungs- und Wertartiges in ihm sich »realisiert«. Deshalb kann man diese Qualitäten nur auf Seiendes als Erlebensträger, auf Subjektsgebilde oder deren symbolische Repräsentanten (wie Sätze, [52/53] Vorträge, Bücher usw.) anwenden [24]. Allein es soll doch hier die Art des Seienden selbst umschrieben werden, zwar nur negativ durch Vergleichung mit dem Geltungsartigen, aber keineswegs mit Rücksicht auf dessen Realisierbarkeit im Seienden. Nur die Andersartigkeit des Seienden im Unterschied zum Geltenden soll hervortreten, nicht aber irgendwelche sonstige (»konstitutive«) Beziehung zwischen beiden Sphären in Betracht kommen. Um diese gänzliche

Fremdheit des Seienden gegenüber der gesamten Geltungssphäre und um weiter nichts als dies zum genauen Ausdruck zu bringen, soll es anstatt als das Bedeutungsbare als das »*Bedeutungsfremde*« und so auch als das »*Wert- und Geltungsfremde*« bezeichnet werden [25]). Insofern das Seiende als ein Bedeutungsfremdes angesehen wird, kommt es gar nicht als ein solches in Betracht, bei dem etwas vermißt würde, an das überhaupt das Ansinnen herantreten könnte, bedeutungsvoll zu sein. Die Bezeichnung der Fremdheit ist auch der der Indifferenz vorzuziehen. Indifferenz – und Entsprechendes gilt von Neutralität – schreiben wir dem Seienden häufig wiederum gerade mit Rücksicht darauf zu, daß es Träger des Werthaften zu sein und zwar nach der Wert- und nach der Unwertseite hin sich zu entscheiden vermag. So sind Wollungen sittlich indifferent; auch nichtentscheidendes theoretisches Verhalten kann man indifferent hinsichtlich Richtigkeit und Unrichtigkeit nennen. Das Seiende, bloß »verglichen« mit der Wertsphäre ist wert- und bedeutungsfremd; erst als Substrat ihr gegenüber gedacht, kann es auch bedeutungslos, indifferent, neutral genannt werden.

Kaum braucht noch versichert zu werden, daß die Wertfremdheit nichts mit dem Unwert, die Geltungsfremdheit nichts mit der Ungültigkeit, die Bedeutungsfremdheit nichts mit der Unbedeutendheit zu tun hat. Der Wertgegensatz ist eine Zwiespältigkeit *innerhalb* der Wertsphäre. Das Seiende aber ist wertfremd, das heißt der ganzen Wertsphäre fremd und darum ebenso unwert-[53/54]fremd wie Wertfremd, ungültigkeitsfremd wie gültigkeitsfremd. Es gibt überhaupt nicht einen Wertunterschied zwischen den beiden Sphären, eben darum, weil zwischen ihnen der Unterschied von Wert und Nicht-Wert besteht. Man darf deshalb die Kluft zwischen dem Nichtsinnlichen und dem Sinnlichen genau genommen auch nicht als »Gegensätzlichkeit« bezeichnen, wofern »Gegensatz« das ganz unvergleichbare Verhältnis zwischen Wert und Unwert ausdrücken soll, und demgemäß nur innerhalb des Nichtsinnlichen, aber nicht zwischen dem Wertartigen und dem Wertfremden stattfinden kann. Wenn gelegentlich auch in dieser Schrift Ausdrücke wie »Urgegensätzlichkeit« nicht vermieden worden sind, so soll damit lediglich eine emphatische Bezeichnung für die Unterschiedenheit, diese für sich so blasse Relation zwischen zwei Beziehungsgliedern, gemeint sein. Das Wertfremde, das Sinnliche für sich, noch unabhängig gedacht von jeder Berührung mit der gegenüberliegenden Sphäre, darf nicht wie die »Materie« mancher Systeme für das Prinzip des Unwerts oder irgendwie für eine niedere Sphäre gehalten werden. Nicht dem Wertfremden als solchem, sondern ihm erst in seinem Verhalten zum Wertartigen kann, wie hier nicht genauer auszuführen ist, »Unvollkommenheit«, »Bedingtheit«, »Endlichkeit« zugesprochen werden. Nichts als Fremdheit besteht zwischen den beiden Sphären, deshalb weder Wertgegensatz, noch sonst ein Abstand oder Rangunterschied irgendwelcher Art. All die Gegenüberstellungen des Bedingten und Unbedingten, Relativen und Absoluten, Endlichen und Unendlichen, Unvollkommenen und Vollkommenen sind darum, da sie einen Wertabstand zum Ausdruck bringen, als Formulierungen der Zweiweltentheorie zu verwerfen [26]). [54/55]

Es liegt nahe, das Sinnliche als den alogischen oder irrationalen Bestand des Denkbaren zu bezeichnen [27]). Allein Alogizität oder Irrationalität würde sich mit Bedeutungsfremdheit nur dann decken, wenn gemäß der durch den Intellektualismus der Antike bestimmten Terminologie unter Logos und Ratio Geltungsgehalt und Sinn im weitesten Sinne und nicht bloß der theoretische Logos und die intellektuale Ratio verstanden wird. Um der bald weiteren, bald engeren Bedeutung von Logos und Ratio, logisch und rational willen sind darum diese Termini hier zu vermeiden. Es ist den Ausdrücken alogisch und irrational am besten stets die engere Bedeutung von Logos und Ratio zugrunde zu legen. Dann aber ist das Sinnliche nicht nur alogisch oder irrational. Es ist nicht nur das logisch Undurchdringliche. Liegt nicht nur außerhalb des logischen Gehalts, sondern außerhalb der gesamten Geltungs- und Bedeutungssphäre, ist der ethischen und ästhetischen [28]) Wertsphäre ebenso fremd wie der theoretischen. Die Bedeutungsfremdheit schließt allerdings die Irrationalität ein, aber nicht umgekehrt die Irrationalität die Bedeutungsfremdheit. Bei der gegenwärtig üblichen Beschränkung der theoretischen Philosophie auf das Seinsgebiet wird dieser Unterschied allerdings belanglos. Denn da ist das Sinnliche *das* Alogische, ein anderes Alogisches kommt da gar nicht in Betracht. Das Alogische fällt da seinem *Umfang* nach einfach mit dem Bedeutungsfremden zusammen. Hat man dagegen, wie es in dieser Untersuchung geschieht, die Absicht, den logischen Gehalt über das Seinsgebiet hinaus zu verfolgen, so besteht aller Grund, Bedeutungsfremdheit und Irrationalität scharf auseinander zu halten; in der Erwägung, daß auch Unsinnliches dem logischen Gehalt als irrationales Material wird gegenüberstehen können, der Umfang des Irrationalen vielleicht über die Sphäre des Sinnlichen hinausreichen, innerhalb des Irrationalen vielleicht – der zweite Teil dieser Schrift wird darüber Aufschluß geben – das durch die letzte Kluft Geschiedene, das [55/56]

Bedeutungsmäßige ebensogut wie das Bedeutungsfremde nebeneinander Platz haben mag. Es wird also freilich zutreffend vom Sinnlichen ausgemacht, daß es ein Irrationales, begrifflich nicht Festlegbares und Unkonstruierbares, ein logisch Unzugängliches und mit Klarheit nicht Durchleuchtbares ist; daß man hinsichtlich seiner nur an das unmittelbare anschauliche Erleben appellieren kann; daß es jenes Unbeschreibbare und Unmitteilbare ist, das sich nur so »passiv« hinnehmen und »erfahren« läßt [29]. Aber diese bloße unmittelbare Erlebbarkeit und Anschaulichkeit genügt noch nicht. Denn diese Unerreichbarkeit für den »Verstand« und Fremdheit ihm gegenüber teilt das Sinnliche vielleicht mit einem Bedeutungsartig-Alogischen. Atheoretisch, irrational, »denkfremd« mögen auch die Objekte der ethischen, ästhetischen, religiösen Hingabe sein. Die Alogizität ist kein ausreichendes Kennzeichen für das Sinnliche. Der sinnliche Charakter muß noch besonders hervorgekehrt werden. Es besteht aber die über die bloße Alogizität, atheoretische Unmittelbarkeit oder »Anschaulichkeit« noch hinausgehende Sinnlichkeit in nichts anderem als in der die bloße Irrationalität noch überbietenden gänzlichen Bedeutungsfremdheit. Das Sinnliche ist im Inbegriff des Erlebbaren der dunkle Rest und Bodensatz des nicht nur theoretisch Unbegreiflichen, sondern allseitig Undeutbaren, Unverstehbaren. Es ist das, worein das Erleben sich nicht versenken kann wie in entgegengeltende werthafte Bedeutung, was nicht als ein Hingabe Heischendes entgegentritt, das Wesenlose oder vielmehr Wesensfremde; was nur brutal da ist, uns nichts sagt und stumm bleibt, die Region der des Sinnes und der Bedeutung beraubten Impressionen. Das ist die »Sinnlichkeit«, die »in uns« ebenso wie die »außer uns« – ein Unterschied, der hier gar nicht in Betracht kommt, wo es sich lediglich um die *Bedeutungsfremdheit* eines gewissen Bestandes handelt.

Ist so nach der durch die kopernikanische These revidierten Fassung der Zweisphärentheorie das Sinnliche und nicht das Seinsgebiet als die eine Hemisphäre des Denkbaren herauszulösen, so darf man das auf der Gegenseite Stehende um seiner Andersheit willen als das Nicht-Sinnliche, das dann in sich das Unsinnliche [56/57] und das Übersinnliche enthält, zusammenfassen. Die letzte Unterschiedenheit des Denkbaren läßt sich dann als die des Sinnlichen und des Nichtsinnlichen aussprechen.

Die Orientierung über das Sinnlich-Bedeutungsfremde zieht die Orientierung über das gesamte Seinsgebiet nach sich. Denn die Seinssphäre ist jetzt definierbar als das Gebiet theoretischen Sinnes, dessen Material sinnlich ist.

Der kategoriale Seinsgehalt charakterisiert sich als gerade *die* theoretische Form, in der das Sinnlich-Anschauliche als Material steht. Das »Sein« ist der spezifisch theoretische Geltungsgehalt gerade für das Nichtgeltende, das Sinnliche. Was »Sein« bedeutet ist nur mit Hilfe des Sinnlichen, des Geltungs- und Bedeutungsfremden, nicht aber umgekehrt das Sinnliche durch den Seinsbegriff zu verstehen. Denn das »Sein« als eine ganz *bestimmte* kategoriale Form bekommt nur durch sein Material, somit durch das Bedeutungsfremde, seine besondere Bedeutung.

Die kopernikanische Einsicht erhält jetzt die bekannte Fassung: das Seinsgebiet ist nicht eine durch und durch sinnlich-»aposteriorische«, bloß »erfahrbare«, alogische und bedeutungsfremde Masse, liegt nicht durch und durch außerhalb des Logischen, des »Verstandes«, sondern es ragt logische Form hinein, von der das Sinnliche umkleidet »Wirklichkeit« ergibt. Kategorial betroffen erhöht sich die sinnliche Inhaltsmasse zum Gebiet der Dinge und kausalverbundenen Geschehnisse. Im Seinsgebiet liegt mehr und anderes als der bloße sinnliche Bestand, nämlich das Sinnliche, bereits durchsetzt und durchherrscht von unsinnlicher, »apriorischer« Verstandesform.

Bis jetzt ist – durch Einsetzung des Formbegriffs in die kopernikanische These – lediglich eine Verschiebung der anfänglichen Zweisphärentheorie, ihre Umbildung zu einer Zweielemententheorie bewirkt worden. Während bisher der Begriff der theoretischen Form nur ganz im allgemeinen eingeführt wurde, muß nunmehr die Kopernikanische Auffassung vom Seinsgebiet durch eine etwas prinzipiellere Behandlung der Kategorienlehre unterbaut werden. Freilich auch hier nur wie stets skizzenhaft und ohne [57/58] letzte systematische Fundierung. Immerhin aber müssen all die Begriffe klar heraustreten – die Begriffe der Kategorie, der Gegenständlichkeit, der Irrationalität, des Erkennens –, deren genaueste Wiederholung in der Kategorien- und Erkenntnistheorie der Philosophie sich später ergeben wird.

4. Abschnitt.

Die Bedeutungsdifferenzierung und Rangordnung der theoretischen Formen [30]).

Es soll jetzt ein klein wenig der Schleier über der früheren Andeutung gelüftet werden, daß das Urphänomen des geltenden Etwas sich in eine Vielheit geltender Bedeutungen auseinanderlegt (vgl. oben S. 9). Der Hingeltungs- oder Formcharakter des geltenden Etwas ist festgestellt, und über dieses »funktionelle Urverhältnis«, das die Zweiheit von Form und Inhalt zur Folge hat, soll diese Darstellung nicht hinausfragen, sondern sich bei ihm als bei einem Letzten, worauf es hier noch ankommt, beruhigen. Wie aber kommt es weiter zu einer Zerfällung der geltenden Form überhaupt in eine Mannigfaltigkeit von Einzelformen? Die Antwort auf diese Frage wird im folgenden durch eine Theorie gegeben, wonach das die Form differenzierende Moment nicht auf seiten des Geltenden selbst liegt, sondern auf Rechnung dessen kommt, was von der hingeltenden Form betroffen wird, worauf sie hinweist, also auf Rechnung des außerhalb Liegenden, des Materials.

Wie der Formcharakter überhaupt und als solcher Hingeltungssymptom ist, so ist die *Bestimmtheit* der *Einzel*form nichts anderes als Symptom und Ausdruck des Hinweisens geltender Form auf *bestimmtes* Einzelmaterial [31]). Formcharakter, das heißt: Ergänzungsbedürftigkeit durch und Angewiesenheit auf inhaltliche Erfüllung überhaupt, Formbestimmtheit, das heißt: Festgelegtheit auf bestimmte inhaltliche Erfüllung. Anders ausgedrückt: statt umständlich zu sagen: die auf gerade dies und dies Material hingeltende Form, sagen wir mit einem einzigen Wort: die und die Form. Beispielsweise: statt umständlich zu [58/59] sagen: theoretische Form, insoweit sie gerade bestimmtgeartetes koexistierendes sinnliches oder insoweit sie gerade bestimmtgeartetes sukzedierendes sinnliches Material betrifft, bedienen wir uns der Abbreviaturen »Dingheit« oder »Kausalität« [32]). *Sagen* wir »Dingheit« oder »Kausalität«, so haben wir bereits die Zugespitztheit der theoretischen Form überhaupt auf ganz bestimmtes Material andeutungsweise ausgesprochen. Denn das sind ja lediglich kurze Namen dafür gewesen, daß wir gerade ein solches und kein anderes Material von theoretischer Form überhaupt betroffen denken wollten. Die bestimmten kategorialen Einzelformen tragen immer schon einen Hinweis darauf an sich, wofür sie die logische Form abzugeben, wem gegenüber sie als Kategorie zu fungieren berufen sind. Man kann das zusammenfassend so ausdrücken: mit der Bestimmtheit der Form ist man nicht mehr bloß beim Geltenden [33]) stehen geblieben, sondern hat immer schon dessen Bezogenheit zur Besonderheit des Materials mit hinzugenommen, seine Stellung als Beziehungsglied im Verhältnis zu bestimmtem Material mit zum Ausdruck gebracht [34]).

Die Bestimmtheit nun, die dem geltenden Etwas als Anzeichen solchen ganz bestimmten Zugeschnittenseins und Hindeutens auf ein außerhalb seiner liegendes Etwas sich ansetzt, soll seine Bedeutungsbestimmtheit genannt werden. Entsprechend wird die Bestimmtheit des Materials, aber nicht dessen gesamte Bestimmtheit, sondern nur diejenige Besonderheit an ihm, auf die eingeengt die geltende Form gerade zu dieser bestimmten Einzelform sich zuspitzt, als das bedeutungsbestimmende Moment bezeichnet werden dürfen. So gibt z. B. für die oberste Seinskategorie die sinnliche Anschaulichkeit überhaupt, nicht irgendein individuelles Geradesosein des sinnlichen Materials, das bedeutungsbestimmende Moment her. Weshalb ungeachtet aller sonstigen Mannigfaltigkeit [59/60] jegliches Sinnlich-Anschauliche schon als solches unterschiedslos ein »Seiendes« genannt zu werden verdient. Denn durch sinnliche Anschaulichkeit überhaupt und durch weiter nichts ist die Kategorie des Seins determiniert. Aufgabe der Kategorienlehre ist es, zu untersuchen, welches dann das bedeutungsbestimmende Moment für Dinghaftigkeit, Kausalität usw. ist.

Der Terminus Bedeutungsbestimmtheit erklärt sich daraus, daß alles, was zwar in der Geltungssphäre liegt, aber über die bloße Geltungsartigkeit hinausgeht, also alles, wodurch es gerade dies bestimmte geltende Etwas gibt und kein anderes, als »*Bedeutung*« bezeichnet werden soll [35]). Der Bedeutungsüberschuß über die bloße Geltungsartigkeit tritt also zwar in der Geltungssphäre hervor, setzt sich dem Geltenden als Symptom einer Bezogenheit an, stammt aber eben deshalb nicht aus der Geltungssphäre, sondern kommt von außen in sie hinein. So ist das Bedeutungsmoment gleichsam der unreinere Bestandteil in der Geltungssphäre, zwar geltender Art, aber doch bereits einen Widerschein von dorther enthaltend, wozu das Geltende, in Beziehung getreten ist [36]), ein Mittleres zwischen der reinen Geltungsartigkeit und dem außerhalb Liegenden. Vom Bedeutungsgehalt stammt jener Einschlag von Trübung, Undurchdringlichkeit, Unverständlichkeit, der bei jeder, z. B. jeder logischen Einzelform zu ihrer allgemeinen Geltungsartigkeit und ihrem allgemeinen logischen Charakter hinzutritt und vom alogischen Material herrührt. Gewiß hebt sich jede Kategorie als logischer Gehalt vom sinnlichen Material ab und droht nicht mit ihm zu verschwimmen. Aber wie will man gerade *diese* bestimmten logischen Formen, z. B. Sein, Dinghaftigkeit, Kausalität, von der ganzen sonstigen Formenwelt des Logischen anders unterscheiden als durch Hinblick auf das Material, demgegenüber diese Formen ausersehen sind, den kategorialen Beruf auszuüben? Wie will man sie anders definieren als dadurch, daß es gerade die logischen Formen sind, zu denen theoretischer Gehalt überhaupt [60/61] sich spezialisiert, insofern von ihm gerade sinnlich-anschauliches Material betroffen wird? Theoretische Form überhaupt, gerade zur bedeutungsfremden Inhaltlichkeit hingeltend gedacht, das ergibt das Prädikat des »Seins«; gerade zu irgendwelchen weiteren Eigentümlichkeiten der sinnlich-anschaulichen Sphäre hingeltend gedacht, sodann die Kategorien Dinghaftigkeit, Kausalität usw. Nicht rein logisch ist die Mannigfaltigkeit der logischen Formen zu begreifen, sondern sie zeigt ein Moment der Undurchsichtigkeit, das uns auf die bedeutungsbestimmende Gewalt des alogischen Materials hinweist.

Theoretische Form gilt und ästhetische Form gilt, Dingheit gilt und Kausalität gilt, der Geltungscharakter ist überall derselbe; aber der Bedeutungsfülle nach weichen diese Einzelheiten geltender Art voneinander ab, stellen eine Mannigfaltigkeit von Geltungsgestalten dar. Das Bedeutungsmoment ist das principium individuationis, das Prinzip der Vielheit in der Geltungssphäre. Es setzt sich der Einen, schlechthin reinen mannigfaltigkeitslosen geltenden Form überhaupt ein zwar nicht materiales, aber doch auf das Material hinweisendes, also stoffähnliches, die Vielheit hervorbringendes Moment, eine – wenn historische Reminiszenzen verstattet sind – »intelligible Materie« an. Es schiebt sich so zwischen die Einheit des Geltungsartigen überhaupt und die Mannigfaltigkeit des Materials, insonderheit des sinnlichen Urmaterials, als mittlere Sphäre das Vielheitsreich der Bedeutungen, der κοσμος νοητος; ein Zwischenreich also, das erst aus dem Zusammenspiel des einen mannigfaltigkeitslosen Geltungsartigen und der Mannigfaltigkeit des Geltungsfremden entstanden ist. Die Vielheit in der Geltungssphäre, die Vielheit der Geltungsgestalten kommt auf Rechnung der geltungsfremden Mannigfaltigkeit. Alle Vereinzelung also in der Geltungssphäre entstammt dem Verflochtensein des Geltenden mit einem außerhalb seiner selbst liegenden Etwas gemäß den »funktionellen

Urverhältnissen«, in denen das Geltende zu stehen vermag. Sobald man die geltende Form nicht mehr zu dem in Bausch und Bogen genommenen Material überhaupt, sondern ausdrücklich zu dem in seiner Mannigfaltigkeit beachteten Material in der Hingeltungsbeziehung stehend denkt, ist man imstande, den theoretischen Gehalt in die Vielheit einzelner Kategorien sich [61/62] spalten zu lassen. So gelangt man zu einer gleichsam universalistischen Tendenz für die Geltungssphäre. In der ganzen Mannigfaltigkeit der geltenden Einzelgestalten steckt immer wieder das überall gleiche, aller besonderen Bedeutungsbestimmtheit entnommene Geltende überhaupt, nur überall anders belastet mit der sich ihm hinzugesellenden, von außen her stammenden variierenden Bedeutungsschicht [37]).

Hat man dieses Prinzip einmal angenommen, dann muß eine Tendenz entstehen, sich von der Selbständigkeit und stolzen Reihe der vielen Einzelformen nicht blenden zu lassen, die Einzelformen als solche gleichsam zu zerschlagen und zu dem überall Identischen vorzudringen, das in ihnen allen gleichmäßig steckt, in jedem Einzelfall nur mit anderem Bedeutungsgehalt belastet. Eine Vereinheitlichungstendenz muß rege werden, die der dialektischen Methode genau entgegengesetzt ist. Ein Streben nämlich, in der Vielheit der bedeutungsbelasteten Einzelformen das in ihnen als gemeinsam sich Hindurchziehende, Unbelastete, Reine herauszuheben. So kann das rein Logische oder das Wesen des Theoretischen nur in der theoretischen Form überhaupt gesucht werden, während die Einzelform ihre darüber hinausgehende Bestimmtheit bereits vom Außerlogischen, vom Alogischen empfangen und darum einen alogischen Trübungseinschlag davongetragen haben muß. Die Bestimmtheiten der Einzelformen sind zwar logische, aber nicht durch und durch logische, nicht vom Logischen, sondern [62/63] vom alogischen Material herrührende, die der Seinskategorien insbesondere aus den Einzelheiten des bedeutungsfremden Materials stammende, einen Widerschein von dorther aufweisende Bestimmtheiten. Insofern ist das Differenzierungsprinzip ein rein »empiristisches«. Die logischen Einzelgestalten sind alogisch differenziert, in ihrer über das abstrakte Logische überhaupt überschießenden individuellen Bestimmtheit nicht aus dem allgemeinen Wesen des Logischen zu verstehen. Es schlingen sich nicht zwischen den logischen Einzelgestaltungen hin- und hergehende Beziehungen einer ohne Mithilfe des Alogischen verständlichen Sachlichkeit. Die Einzelformen sind ja in ihrer Besonderheit ganz und gar bestimmt durch das logosfremde Material, und nur auf dem Umweg über dieses, unter fortwährendem Hinblicken darauf, mit Berücksichtigung ihres stofflichen Moments, läßt sich ihnen ihr Ort bestimmen [38]). Unser Prinzip der »intelligiblen Materie«, der Bedeutungsbestimmtheit, steht dem *Hegel*schen dialektischen Prinzip unversöhnbar gegenüber. Nicht dialektisch auf einander weisen die Formen, sie weisen aufs Material; das Alogische ragt determinierend [39]) in ihre Gliederung hinein, gibt das einzige Differenzierungsprinzip für sie ab, mag auch der dialektische Philosoph meinen, sie nachträglich mit spekulativen Verbindungsfäden umspinnen und ihr sachliches Auseinanderhervorgehn begreifen zu können [40]).

Durch diese Ansicht von dem in der Geltungs- oder Formsphäre herrschenden Differenzierungsprinzip ist ein neuer Zug in das Bild vom Reiche der objektiven Sachlichkeit eingezeichnet. Wurde vorher nur die Gliederung nach Form und Material herausgearbeitet, so wird jetzt das Zerteiltsein der Formenwelt lediglich durch den Inhalt, ihre Gebundenheit an das Material ersichtlich. Wie die Lehre von der Struktur des Sinnes sich gegen die platonische Versetzung der sinnlichen Inhaltlichkeit in eine urbildliche Idealwelt richtet, so stellt sich die Auffassung vom principium individuationis der Bedeutungen allen Tendenzen einer über das alleinige [63/64] Bestimmtsein der Bedeutungsvielheit durch das Material hinwegspekulierenden Systematisierung entgegen.

Zieht sich durch die Vielheit der einzelnen Bedeutungen ein gleicher, nur jedesmal mit anderer Bedeutungsbestimmtheit versetzter Gehalt hindurch, so muß die Sehnsucht entstehen, aus den einzelnen kategorialen Formen, ihre Gesondertheit durchbrechend, schließlich den in ihnen allen enthaltenen gemeinsamen kategorialen Grundgehalt herauszulösen. Bilden doch ihm gegenüber die besonderen Kategorien nur durch verschiedenartige Bedeutungsfülle bereicherte Komplikationen. Es muß das Verlangen hervortreten, zum ungetrübten, unbelasteten kategorialen Gehalt, zum reinen Wesen der kategorialen Form überhaupt vorzudringen und womöglich darüber hinaus das Wesen des Theoretischen überhaupt, des Logischen überhaupt in seiner ursprünglichsten Primitivität zu erfassen. Nicht ein Inventar höchster beherrschender logischer Formen wie etwa bei der Analysis eines *Descartes* oder *Leibniz*, nicht das Reich, der κοσμος νοητος der Kategorien wie bei aller Aufstellung von Kategorientafeln, darf dann das letzte Ziel und die äußerste erstrebte Primitivität an logischem Gehalt für die logische Forschung sein, sondern über die Vielheit der Formen hinaus muß sie womöglich – eine Aufgabe, die sie sich bisher noch niemals gestellt hat – zur Einen Grundform, zum einheitlichen Wesen des theoretischen Logos sich hindurchzuwühlen trachten. Von dieser Spitze, diesem höchsten Einen des Logischen überhaupt, müßte dann im methodo compositivo durch Verfolgung der stufenweise eintretenden Bedeutungsbelastung, durch fortwährende Hineinnahme der bedeutungsbestimmenden »empirischen« Momente, zu dem so in seinem Zustandekommen und seiner Ordnung begriffenen Kosmos des Logischen herabgestiegen werden.

In einer Lehre vom theoretischen Bedeutungsgehalt steht somit das Wesen des Theoretischen überhaupt, die logische Form überhaupt, an erster Stelle. Ihre Entfaltung in das System der Kategorien macht sodann dort die zweite Angelegenheit aus.

Es läßt sich leicht zeigen, warum das Problem der theoretischen Form überhaupt noch vom Problem der bestimmten kategorialen Form losgelöst werden muß. Man denke an die bisher allein er-[64/65]wähnten, das Seinsgebiet konstituierenden Kategorien. Warum sie die »spezifischen« Kategorien des Seinsgebiets genannt werden dürfen, ist in der Sprache unserer Bedeutungslehre auf das einfachste durch Hinweis auf die Determinierung, die sie vom Material her empfangen, ausdrückbar gewesen (oben S. 51 f.). Sie sind die logischen Formen, zu denen theoretische Form überhaupt wird, wenn sie bestimmte Bedeutungsbelastung erfahren hat. Ganz allgemein läßt sich behaupten: soweit sich in irgendwelchem kategorialen Gehalt noch eine besondere Bedeutungsbelastung als Widerschein von einer Materialsbestimmtheit her findet, muß solcher kategoriale Gehalt in theoretische Form überhaupt und in das hinzutretende besondere Belastungsmoment zerlegbar sein.

Hier muß zunächst die Bemerkung dazwischen geschoben werden, daß, wie an dieser Stelle nicht zu begründen ist, der spezifisch theoretische Bedeutungsgehalt, also die Bedeutungsdifferenz, wodurch sich *theoretische* Form überhaupt von der Geltungsartigkeit *überhaupt* unterscheidet, nicht auf Rechnung des Materials kommt, sondern mit dem Subjekt-Objekt-Verhältnis zusammenhängt. Dieser Punkt möge hier ganz außer Betracht bleiben. Dagegen darf man jetzt des Einwandes gewärtig sein, es sei eine unberechtigte und künstliche Abstraktion, theoretische Form überhaupt und auf bestimmtes Material zugeschnittene theoretische Form auseinander zu halten. Denn im Formcharakter der »theoretischen Form überhaupt« liege ja schon die Hingewiesenheit aufs Material, aufs Material also in seiner Ganzheit und in seinem Geradesosein. Die Form wende sich doch nicht erst dem Inhalt überhaupt und dann dem Material in seiner Bestimmtheit zu. Diesem Einwand gegenüber ist zu bedenken, daß es gar wohl angängig ist, die Form sowohl in dem von den Hinweisungsmomenten noch nicht, wie in dem von ihnen bereits affizierten Zustande zu berücksichtigen. Die theoretische Form überhaupt ist einfach der theoretische Gehalt, zwar bereits in die Situation der Form dem Material gegenüber hineingeraten, jedoch noch in der reinen Gestalt festgehalten, da in ihm gleichsam noch nicht die auf das Material hinweisenden Spuren eingezeichnet, das heißt aber einfach, da die Symptome seines Bezogenseins auf bestimmtes Material noch nicht berücksichtigt und hineingenommen sind. Es [65/66] fragt sich also lediglich, ob es auch der logischen Forschung gelingen kann, die theoretische Form in diesem mit den Hinweisungssymptomen noch nicht behafteten Stadium herauszupräparieren.

Ist dies, wie hier in der Tat angenommen wird, möglich, so muß an der Spitze der ganzen Lehre vom spezifischen Bedeutungsgehalt der theoretischen Formenwelt, an der Spitze der Kategorienlehre, die Ergründung der über allen Einzelkategorien liegenden theoretischen Form überhaupt stehen, eine Besinnung auf das reine Wesen des Theoretischen überhaupt, des »Verstandes«, der »Intellektualität«, des Urphänomens innerhalb des theoretischen Geltungsgebiets. Auch dieses Einfachste und Reinste, was bei aller Wahrheit und jeglichem Erkennen als das spezifisch Theoretische zu dem von der Wahrheit und dem Erkennen betroffenen und erfaßten Material hinzutritt, muß bereits Formcharakter haben, formaler Gehalt sein. *In* ihm muß ein Etwas stehen, »mit« einem Etwas muß es seine »Wahrheit«, seine »objektive Bewandtnis« haben. Wahrheitsgehalt, dieser spezifische Formgehalt, der ein Etwas formartig umgebend es zum theoretischen oder wahren Sinn, zu jener Wahrheit in concreto macht, die das Ziel des Erkennens ist, muß immer Wahrheit, objektive Bewandtnis *mit* etwas sein und verlangt somit außer seiner eigenen theoretischen Wesenheit ein Etwas, *womit* es seine Wahrheit und objektive Bewandtnis hat, was mit solcher Objektivitätsform sich umkleidet. Doch es werden hier stets lediglich die verschiedenen Ausdrücke des spezifisch theoretischen Gebiets wie »Wahrheit« oder »Objektivität« gebraucht, aber es wird nicht gesagt, worin nun das seinem Bedeutungsgehalt nach besteht, was hierbei dem wahrheitsbetroffenen Etwas zuteil wird, es wird über die eigentümliche Mission, die dem Material gegenüber ausgeübt wird, nichts verraten. Was sucht denn das Erkennen, wenn es Wahrheit sucht, da es ja doch nicht das bloße unbetroffene Etwas, sondern nur das von einer spezifisch theoretischen Geltungsform umschlossene Material suchen kann? Es muß Gültigkeit sein, aber nicht Geltungsartiges überhaupt, sondern es muß die spezifisch theoretische Note, die Wahrheitsnote aufweisen. Worin besteht diese aber? Die Antwort [66/67] hierauf direkt zu geben ist unzweckmäßig. Man wird – das sei hier eingeschaltet – vielmehr gut tun, sich zunächst an das προτερον προς ημας zu halten und das reine Wesen der theoretischen Form dort durch Abstraktion herauszulösen, wo sie bereits mit bestimmtem kategorialem Bedeutungsgehalt verschmolzen vorliegt. Worin also auch die Eine schlechthin reine theoretische Form bestehen mag, sie nimmt jedenfalls die höchste Stufe der Reinheit und der Primitivität ein. Sie ist nur Form überhaupt und überdies theoretisch überhaupt. Von ihr führt sodann ein einziger Schritt zum Vielheitsreich der bestimmtbelasteten Kategorien.

Aber von der schlechthin reinen Form abgesehen, gibt es innerhalb des Vielheitsreiches der Formen einfach die Stufenreihe immer mehr spezialisierter Differenzierung oder verschuldet hier ein anderes Prinzip noch eine besondere Rangordnung? Es kann an dieser Stelle lediglich die Behauptung stehen, daß es verschiedene Etappen kategorialen Gehalts gibt. Erst im zweiten Teil wird darauf eingegangen werden, worin sie bestehen. Es dreht sich dabei um die Frage, wie sich die Kategorien von »gegenständlicher« Bedeutung, also im kopernikanischen Zeitalter die »konstitutiven« Kategorien, zu etwaigen anderen »immanenten«, »reflexiven«, der »formalen« Logik zufallenden Formen verhalten. Der konstitutive Charakter logischer Formen, der bisher nur an den einzelnen Beispielen hervortrat, muß solange in der Luft schweben, wie noch unbekannt ist, wodurch sich nichtkonstitutive Formen unterscheiden mögen. Trotzdem soll schon jetzt die Ansicht über das Verhältnis beider Schichten kategorialen Gehalts ausgesprochen werden. Die Entscheidung also über die Frage der Rangordnung, darüber, welche Kategoriengruppe der schlechthin reinen Form am nächsten steht und wo deshalb zunächst und am unmittelbarsten, am ursprünglichsten, das eigentümliche Wesen der Wahrheitsform zu studieren ist. *Kants* eigene höchst verwickelte Stellungnahme dazu bleibe dahingestellt. Aber sachlich hat sich mit der kopernikanischen Umwälzung, mit der Hineinziehung eines angeblich Metalogischen in die logische Sphäre, eine Umdrehung *innerhalb* des Logischen zu verbinden, eine Umkehrung des Rangverhältnisses, das für einen [67/68] großen Teil der vorkantischen Logik und Metaphysik feststand. Die konstitutiven Kategorien sind nicht aus angeblich reineren logischen Formen abzuleiten, sondern umgekehrt alle nichtkonstitutiven aus den konstitutiven Formen als deren bloße künstliche Komplizierung und Verdünnung zu begreifen. Den logischen Gehalt ergreift man gerade da am unmittelbarsten, wo er als solcher am verstecktesten gewesen ist, der Spekulation am längsten verborgen blieb und es zu seiner Entdeckung erst der Riesenleistung eines *Kant* bedurfte. Nicht da darf man dann das ursprüngliche Verständnis für den logischen Gehalt erwarten, wo das lautere Logische scheinbar am reinsten und durchsichtigsten uns entgegentritt, wie etwa bei der Identität und anderen derselben kategorialen Schicht angehörenden logischen Formen. Denn es könnte ja – wie sich später in der Tat bewahrheiten wird – die Kehrseite dieser Durchsichtigkeit eine Verblaßtheit, Ausgehöhltheit und Künstlichkeit sein. Während umgekehrt die konstitutiven Formen trotz ihrer größeren Trübheit, ihres stärkeren alogischen Einschlages, der sie weniger deutlich und aufdringlich als Logisches vom alogischen Material sich abheben läßt, vielleicht gerade den direktesten, ursprünglichsten Kategoriengehalt darstellen möchten und dies zwar deshalb, weil bei ihnen eine etwaige, von der »reflexiven« Subjektivität angerichtete Künstlichkeit nicht dazwischen tritt. Vom konstitutiven Gehalt aus wäre dann die ganze Lehre von den logischen Formen aufzurollen. Er stände dem Wesen des Theoretischen überhaupt am nächsten, repräsentierte das Letzte und Unabgeleitete innerhalb der Kategorienvielheit. Sekundär wäre er einzig gegenüber der theoretischen Form überhaupt.

Beim Abstieg von der schlechthin reinen theoretischen Form zum vielheitlichen Reich der logischen Einzelformen trifft man somit zuerst auf den konstitutiv kategorialen Gehalt. Von ihm ist andeutungsweise bisher nur soviel bekannt, daß sich in ihm infolge des Sichnichthineinmengens der Subjektivität das Material mit seiner ganzen bedeutungsdeterminierenden Gewalt ausprägen muß. Auf die vom sinnlichen Material herrührende Bedeutungsfülle ist schon früher hingewiesen worden. In der konstitutiven Kategorie »Sein« ist das reine Wahrheitsmoment mit dem sich ihm ansetzenden Trübungsmoment verschmolzen, und wenn wir [68/69] kopernikanisch in »Sein« das »in Wahrheit« herauszuhören vermögen, so setzt das die Fähigkeit voraus, den hierin enthaltenen theoretischen Geltungskern durch die dunklere Belastungsschicht hindurch herauszuerkennen. Jedenfalls ist es begreiflich, daß gerade die das Geltungsmoment verdunkelnde Bedeutungsfülle solcher konstitutiver Kategorien wie »Sein« vor deren Identifizierung mit logischer Form stutzig macht, ein Hemmnis für die kopernikanische Durchschauung werden muß. Gerade auf derartigen konstitutiven bedeutungsbelasteten Gehalt hat man indessen den zu verweisen, der das Wesen der Wahrheitsform in seiner über das schlechthin abstrakte Theoretische überhaupt hinausgehenden ursprünglichen Bestimmtheit zu ergründen sucht. In das Seinsprädikat des sinnlichen Etwas muß sich versenken, wer das Logische gleichsam an der Quelle kennen lernen will. Hier hat man das allgemeinste Wesen der Wahrheitsform in einer ursprünglichsten Anwendung und zwar in seiner besonderen Zuspitzung auf das sinnliche Material [41]). Es ist allerdings nicht die theoretische Form überhaupt, die Wahrheit überhaupt, die darin vorliegt, sondern es ist die besondere Wahrheit, die besondere objektive Bewandtnis, die es gerade mit dem sinnlichen Material hat. Den Betreffs- und Hinsichtlichkeitscharakter alles Logischen muß man sich hierbei gerade für die oberste, für die konstitutive Kategorienschicht und so für das Seinsmoment klar machen. In der Tat! Was ist Gegenständlichkeit, Sein, objektiver Bestand, Wirklichkeit, Realität, Existenz anderes als jene besondere objektive Bewandtnis, die es mit der sinnlich alogischen Inhaltsmasse hat? Nichts anderes als eine schützende, verfestigende Hülle, wovon das Alogische wie von einem logischen Halt umschlossen, fest umlagert, wie von einer logischen Kruste umfangen ist. Nicht etwa vom Erkennen geformt und hineingestellt wird jedoch das Material, sondern an sich ist es betroffen von logischer Form, so wahr logischer Gehalt an sich Hingeltungsgehalt ist. In diesem Umfaßtsein durch Sein, Existenz, Objektivität haben wir das ursprünglichste einfachste Muster für ein Betroffensein durch theoretische Form.

Wenn man sich nunmehr darauf besinnt, was denn hierbei zum [69/70] Material hinzutritt und es umgibt, so findet man: es ist etwas ganz Schlichtes, ein Letztes, Unauflösliches, was sich gar nicht weiter definieren läßt, dieses »Sein« des sinnlichen Etwas; eine bloße Legitimierung, Bestätigung, Besiegelung, eine Stempelung durch dieses logische Epitheton. Es kommt nichts anderes hinzu, als gleichsam nur eine bestimmte logische Weihe, die ihm zuteil wird. Nichts weiter als dies bedeutet es, wenn das alogische Material von dem Prädikat des Daseins und Bestehens betroffen wird. Doch hier schleichen sich leicht wieder irreführende bildliche Ausdrücke ein: nicht von einem legitimierenden Denksubjekt, sondern vom unpersönlichen logischen Wahrheitsgehalt wird dem Material diese Besiegelung zuteil.

So lernt man das schlechthin reine Wesen des Theoretischen überhaupt hier, wo es sich allerdings bereits in spezialisierter Einengung auf bestimmtes Material bewährt, als ein bloßes Legitimierungsmoment kennen, wie es hier einmal genannt werden soll. Ein solches Moment logischer Weihe stellt das Urphänomen des Theoretischen dar. Man muß, um es zu erhalten, an Sein und Objektivität des sinnlichen Seinsgebiets denken, dann aber alle gerade aus dem sinnlichen Material entspringende Bestimmtheit wieder in Abzug bringen. *Jeder* erdenkliche logische Formgehalt ist diesem logischen Urphänomen gegenüber sekundär [42]). Hiernach beurteilt sind fast sämtliche in der Geschichte der Logik versuchten Angaben über das allgemeinste Wesen der theoretischen Form oder der »Erkenntnisfunktion« bei einem Vorletzten oder Drittletzten stehen geblieben. Die Besinnung auf das allgemeinste Wesen des Theoretischen aber ist noch niemals unternommen worden. Darauf ist hier nicht weiter einzugehen. Hinzugefügt sei nur, daß insbesondere auch die »Relation« nicht ältester Tradition gemäß als die theoretische Urform anzusehen, sondern bereits als ein ganz bestimmter einzelner Anwendungsfall des Logischen zu begreifen ist.

Der wahren logischen Urform gegenüber ist nun nach den Prin- [70/71]zipien der Bedeutungslehre jegliche kategoriale Form als besondere, dem Material sich anschmiegende Ausprägung und Komplikation zu verstehen. Wie auch die ganze Reihe aller möglichen Einzelformen aussehen mag, wir treten von vornherein mit der Kenntnis an sie heran, daß in ihnen allen jene elementarste Besiegelungsmission des Theoretischen als ihr allgemeinstes Wesen, nur überall verschiedenartig weiter bestimmt, wiedergefunden werden muß. Woher gäbe es auch sonst ein Prinzip der Auswahl dafür, was als Kategorie, als theoretischer Bedeutungsgehalt anzusehen, und was der atheoretischen Inhaltlichkeit zuzuweisen ist, also nicht verdient, als Kategorie behandelt zu werden? Es muß doch etwas Einheitliches zugrunde liegen, um dessen willen alle Kategorien unter diesem Begriff zusammengefaßt werden dürfen. Daß schon jemals ein Kriterium zur Abgrenzung des Kategorienbegriffs gefunden wäre, kann freilich nicht behauptet werden, wenn man an die bunt zusammengewürfelte Masse dessen denkt, was von den größten Logikern als Kategorientafel dargeboten worden ist.

Genau dasselbe, was für das Verhältnis sämtlicher theoretischer Einzelformen zur theoretischen Wesenheit überhaupt gilt, wiederholt sich innerhalb einer besonderen Schicht kategorialen Gehalts. So ist die Seinskategorie *die* Kategorie für das sinnliche Etwas. Sie ist auf Sinnlichkeit überhaupt und auf nichts als Sinnlichkeit überhaupt zugeschnitten. Sie ist die Kategorie für die ganze Sphäre des Sinnlichen, das durch sie zum Seienden wird. Sie sei darum die »*Gebietskategorie*« genannt [43]). Sie ist die Kategorie, in der das Sinnlich-Anschauliche bloß als solches steht, ganz gleich, ob ein einzelner Inhalt oder ein Inhaltskomplex; das alles kommt noch gar nicht in Betracht, da diese Kategorie erhaben über jegliche Besonderheit ist, die es innerhalb der sinnlichanschaulichen Sphäre gibt. Unter dieser Gebietskategorie, unter der Einen Seinskategorie erst stehen die vielen einzelnen Seinskategorien, die nicht durch Sinnlichkeit überhaupt bestimmt, son-[71/72]dern durch Differenzen innerhalb des sinnlichen Materials *weiter* determiniert sind, folglich lauter Verzweigungen der Gebietskategorie bilden. Durch die etwaigen Unterkategorien des Seinsgebiets, wie Dingheit und Kausalität, zieht sich darum die Gebietskategorie des Seins ebenso als überall identisches Partikelchen hindurch wie die theoretische Urform durch sämtliche Kategorien überhaupt [44]).

Es ist zweckmäßig, die theoretische Form, insoweit sie bereits mit der von bestimmtem Material herstammenden Bedeutungsbelastung behaftet ist, auch terminologisch gegen die schlechthin reine Form abzugrenzen. Es sei die angesichts ihrer Bedeutungsbelastung gleichsam bereits ins Material hineingezogene, das Anzeichen des am bestimmten Material ausgeübten kategorialen Berufs bereits an sich tragende theoretische Form als *Gegenstandsform*, als Form der Gegenständlichkeit bezeichnet. Auch als den Schritt zur *Kategorie* kann man diesen Schritt von der reinen Form zur Gegenständlichkeit bezeichnen, indem erst dadurch die reine theoretische Form auf eine bestimmte Materialssphäre zugespitzt und so zu den vielen vom bestimmten Materialsbereich zu prädizierenden »Prädikaten« zerteilt wird [45]).

In diesem Sinne stellt »Sein« eine Gegenstandsform dar, darf das Seiende als Gegenständliches, dürfen die Dinge und Ereignisse als Gegenstände, das Seinsgebiet als Gegenstandsgebiet bezeichnet werden. Der Gegenstandsbegriff ist abstrakter als der Seinsbegriff, da er lediglich die vom Material her bestimmt belastete Form bezeichnet, während der Seinsbegriff überdies bereits einen Hinweis auf die sinnliche Beschaffenheit dieses Materials mit zum Ausdruck bringt. Die entsprechende abstraktere Fassung der kopernikanischen These lautet: an Gegenständen ist ihre Gegenständlichkeit als kategoriale Form zu durchschauen. Der Ausdruck Gegenstand ist vorher immer schon gebraucht, aber erst jetzt genau festgelegt worden. Indem in »Gegenstand« zugleich das »Entgegen-[72/73]stehen« im Verhältnis zur Subjektivität mit angedeutet wird, gewinnt man damit zugleich einen allgemeinen Ausdruck für das spezifisch theoretische *Objekt* (vgl. oben S. 26).

Wenn hiernach das »Sein« wie ein besonderer Unterfall der abstrakteren Gegenständlichkeit erscheint, so ist damit der Frage noch gar nicht vorgegriffen, ob der Gegenstandsbegriff im Seinsbegriff seine einzige Erfüllung findet oder nicht. Doch man ahnt, daß dieser weitere Gegenstandsbegriff für die späteren Übertragungszwecke seine Dienste zu leisten haben wird.

5. Abschnitt.

Logische Nacktheit und Irrationalität [46]).

Der bloße Strukturbegriff des theoretischen Sinnes, der in Form und Material gegliederten Einheit, belebt sich erst mit bestimmtem Gehalt, wenn die Kategorienlehre gelehrt hat, was an Bedeutungsfülle in die von der allgemeinen Strukturlehre nur in funktioneller Hinsicht als Form gekennzeichnete Stelle einzusetzen ist. Die bisherige Darstellung hat es bei einem Minimum von Charakterisierung des spezifisch theoretischen Bedeutungsgehalts bewenden lassen, sich mit jener unbestimmten Andeutung eines Legitimierungsmoments begnügt. Jetzt soll wieder die funktionelle Beziehung der Elemente des Sinnes zueinander weiter verfolgt, aber nicht mehr lediglich als Fortsetzung der bloßen Strukturangelegenheit (als welche sie im 2. Abschnitt behandelt wurde), sondern bereits mit Hineinnahme jenes nunmehr bekannten Minimums an spezifisch theoretischem Bedeutungsgehalt. Auch hierbei wird in die Probleme des theoretischen Sinnes gerade soweit eingegangen, wie notwendig ist, um später die genaue Übertragbarkeit auf die andere Hemisphäre festzustellen.

Kant hat in einem berühmten Ausspruch die beiden gegeneinander isolierten Bestandteile des Sinnes, die bloße Form und das bloße Material, als leer und blind einander gegenübergestellt. Diese beiden Bilder erklären sich daraus, daß *Kant* von der erlebenden Subjektivität ausging und deshalb das bloße begriffslose »Anschauen«, bei dem es gleichsam kein Auge gibt für das hinein-[73/74]geltende begriffliche Logische, blind nannte [47]). Blickt man auf den Sinn selbst hin, so kann man zwar die bloße Form gleichfalls als leer bezeichnen. Dagegen soll das bloße Material in seiner Unbetroffenheit, Nichtumschlossenheit durchs Logische, in seiner Nichtumhülltheit und Blöße hinsichtlich des Logischen, als logisch unberührt oder als *logisch nackt* bezeichnet werden. Der leeren Hülle entspricht ja auch im Bilde einzig der hüllenlose Inhalt, der Leerheit die Nacktheit. Das Analogon des Kantischen Ausspruchs würde somit lauten: Form ohne Inhalt ist leer, Inhalt ohne Form ist nackt. Der Begriff des logisch Nackten ist ein ganz selbständiger neben den Begriffen des Sinnlichen wie des Alogischen oder Irrationalen. Der Begriff des Sinnlichen und der weitere des Irrationalen bezeichnet einen Gehalt, nicht aber ein Verhältnis, oder eine Situation gegenüber dem logischen Formmoment. Auch alogisch oder irrational bedeutet lediglich die Andersheit gegenüber dem Logischen, das außerhalb des logischen Gehalts Liegen, die Logosfremdheit, die »Denkfremdheit«. Logisch nackt dagegen bezeichnet eine Situation, bzw. das Fehlen einer Situation, in der ein beliebiges Etwas im Verhältnis zur logischen Form steht. In der Stellung logischer Unbetroffenheit vermag das Bedeutungsartige wie das Bedeutungsfremde, aber ebenso auch das Logische wie das Alogische zu stehen. In jeglichem theoretischen Sinn ist ja – was freilich an der jetzigen Stelle der Untersuchung noch gar nicht gewürdigt werden kann – die umkleidende logische Form ihrerseits selbst logisch nackt. Wie unterschiedslos alles Kategorienmaterial zu sein vermag, so ist auch unterschiedslos alles, als unabhängig von kategorialer Betroffenheit gedacht, logisch nackt.

Es ist nunmehr noch erforderlich, den Dualismus, den die Lehre von der Zweigliedrigkeit des Sinnes mit sich bringt, die Unaufhebbarkeit der Gliederung in Form und Inhalt, die Unauflöslichkeit und Unnivellierbarkeit des formalen und des materialen Bestandteils gegeneinander, mit aller erdenklichen Schärfe hervorzukehren. Das ist im Grunde genommen lediglich eine intensivere Einschärfung der ganzen Lehre vom Sinn, eine Wiederaufnahme der früheren Behauptung, daß Wahrheit nicht in eitel Geltungs-[74/75]gehalt besteht, ein Ernstmachen mit dem Gedanken der bloßen Betroffenheit, mit dem Umstand, daß das Material von hingeltender Form zwar betroffen, aber eben *nur* betroffen, nur verbrämt, nicht aber durchdrungen wird. Im theoretischen Sinn büßt das logisch Nackte lediglich diese seine logische Unberührtheit ein, es gerät in eine neue Situation, eben in die der Betroffenheit; aber es bleibt, was es war, es ändert sich nicht seinem Gehalt und Wesen nach, es wird nicht in das verwandelt und verzaubert, wovon es lediglich umgeben und umgolten ist; es wird nicht eines Wesens mit dem kategorialen Gehalt, von dem es nur umkleidet ist. Ohne sich selbst zu ändern, rückt es lediglich in die Materialstellung gegenüber kategorialem Gehalt ein, tritt es in ein »Verhältnis« zur logischen Form, umzieht es sich mit einem logischen Besiegelungsmoment. Nur in solcher Umschlossenheit durchs Logische besteht die Veränderung, die es erleidet, nur im Hinzutritt kategorialen Gehalts die Differenz zwischen logisch Nacktem und theoretischem Sinn. Das Material steht im Gefüge des Sinnes lediglich kategorial *um*griffen da. In solchem bloßen Eingetauchtsein in logischen Formgehalt besteht allein alle »Begreiflichkeit« eines beliebigen Etwas. Es ist eine bloße »Umgreiflichkeit« bei gleichzeitiger Undurchdringlichkeit, also Unbegreiflichkeit. Unverwischbar bleibt die Kluft zwischen Form und Inhalt [48]).

Man kann nun das logische Formmoment auch als Klarheitsmoment, jene Besiegelungsmission, die der logische Gehalt dem Material gegenüber erfüllt, als Klarheitsmission bezeichnen. Denn nicht mehr logisch nackt dazustehen, sondern herausgerissen zu sein aus logischer Unberührtheit, mit logischer Etikettierung behaftet, mit einem kategorialen Epitheton versehen aufzutreten – das und nichts anderes macht den primitivsten Sinn von Klarheit aus, den es über irgendein Etwas geben kann. Ein Etwas deutlich vor sich zu haben, sich über etwas klar sein, das besteht in letzter Linie darin, daß man nicht nur es selbst bloß so hinnimmt, sondern darüber hinaus ihm ein Moment der Charakterisierung angedeihen läßt, es also mit einem gebührenden kategorialen Prädikat behaftet »erkennt«, sich einen »Gedanken« darüber macht, es irgendwie [75/76] kategorial zu registrieren weiß. Das kategoriale »Besiegelt«–, Etikettiertsein, das in Kategorien Stehen ist gleichbedeutend mit in Klarheit Stehen. Es trägt ja auch das Klarheitsmoment offensichtlich genau denselben Formcharakter an sich wie die »objektive Bewandtnis«. Ebenso wie es objektive Bewandtnis »mit« etwas hat, so gibt es Klarheit nur »über« etwas. Mit diesem Formcharakter verbindet sich hier sogleich wieder die Undurchdringlichkeit des durch die Klarheit betroffenen Materials. Daß sich Klarheit über etwas verbreitet, läuft immer darauf hinaus, daß ein Etwas vom kategorialen Klarheitsmoment berührt, lediglich von Klarheit umgeben; nicht von Klarheit durchleuchtet, sondern nur umleuchtet, nicht verklärt, sondern nur *um*klärt wird. Darum mußte ja früher auch gegen die »Verklärung« der alogischen Inhaltlichkeit polemisiert werden. Man darf sich die Wahrheit nicht zu einer lauteren Klarheitsmasse verschwimmend denken. Man muß die Unverklärbarkeit des Inhalts und seine bloße Umklärbarkeit sich gegenwärtig halten. Alle »Klarwerdung« des Inhalts bedeutet wiederum nichts anderes, als daß er durch ein Klarheitsmoment gestempelt ist, ihm von der Form her die Klarheitsmission zuteil wird. Das Klare selbst –, das ist lediglich das kategoriale Prädikat, der logische Formgehalt. *An* allem klaren und begreiflichen Sinn ist der kategoriale Bedeutungsgehalt der einzige Klarheits- und Begreiflichkeitsgehalt, ebenso wie früher ausgemacht wurde, daß sich der Gehalt an Geltungsartigkeit, Zeitlosigkeit, Wahrheit mit der kategorialen Form erschöpft. Wieder ist zu sagen: von der Form aus strahlt die Klarheit über den ganzen Sinn. Der Inhalt hingegen steht wiederum lediglich *in* Klarheit. Man muß somit unterscheiden, wie zwischen der Begreiflichkeit des logischen Formgehalts und der bloßen Umgreiflichkeit des Materials so auch zwischen der Klarheit des kategorialen Gehalts und der bloßen Umklärbarkeit des Materials.

Man kann die Undurchdringlichkeit, Unbegreiflichkeit und Unverklärbarkeit, diese »Gegebenheit« und Unauflöslichkeit fürs Logische, auch als die *Irrationalität* des Materials bezeichnen. Legt man diesen Irrationalitätsbegriff zugrunde, dann geht das ganze Irrationalitätsproblem unmittelbar aus dem Begriff des theoretischen Sinnes, aus dem funktionellen Urverhältnis [76/77] zwischen Form und Material hervor. Doch muß dieser Irrationalitätsbegriff dann durchaus als ein neuer, von dem früher gebrauchten gesondert werden. Vorher war von der Irrationalität, das heißt der Nicht-Rationalität, Alogizität, Logosfremdheit alles dessen die Rede, was eben nicht logischer Gehalt selbst ist. Da bedeutete Irrationalität lediglich das Anders-als-rational-Sein, das außerhalb des Inbegriffs logischer Bedeutung Liegen. Irrational war damals einfach der nicht logische Gehalt im Gegensatz zum logischen Gehalt. Jetzt dagegen wird die Irrationalität nicht im Sinne der Nicht-Rationalität, sondern der Nicht-Rationalisierbarkeit gemeint, wobei also das funktionelle Form-Material-Verhältnis zugrunde liegt. Irrationalität ist jetzt nicht ein Merkmal für einen Gehalt im Vergleich zum logischen Gehalt, sondern eine Angabe für eine funktionelle Stellung gegenüber dem logischen Gehalt, der dabei selbst in der funktionellen Rolle der Form gedacht wird. Irrational im Sinne der Alogizität ist unterschiedslos alles, ausgenommen den logischen Gehalt selbst. Irrational dagegen im Sinne der Nichtrationalisierbarkeit ist schlechthin alles, also einschließlich des logischen Gehalts selbst. Denn alles logisch Betreffbare, alles Kategorienmaterial, ist logisch undurchdringlich. Kategorienmaterial aber vermag ausnahmslos alles zu sein. Auch der logische Gehalt selbst ist, wenn er in der Materialstellung steht, nur seinerseits wieder betreffbar, aber nicht durchdringbar durch andern kategorialen Gehalt; worauf jedoch erst an einer späteren Stelle einzugehen ist. Irrationalität bedeutet also im Verhältnis zum rationalen Gehalt entweder die Andersartigkeit oder die Nichtauflösbarkeit ihm gegenüber. Es wurde früher Alogizität und logische Nacktheit voneinander unterschieden. Jetzt sind folgende drei Begriffe auseinanderzuhalten: die Alogizität als Merkmal eines bestimmten Gehalts im Bereiche des Denkbaren, die logische Nacktheit als die Situation, das Stehen eines beliebigen Etwas außerhalb theoretischen Sinnes und die logische Undurchdringlichkeit als das funktionelle Wesen des Kategorienmaterials, also eines beliebigen Etwas, insofern es das Material im theoretischen Sinn bildet [49]).

Hat Irrationalität diese scharf durch das Verhältnis zum Ratio-[77/78]nalen und das heißt zum kategorialen Gehalt bestimmbare doppelte Bedeutung, dann darf nur der Inbegriff des Alogischen irrational im doppelten Sinne und dieser nur im Verhältnis zur kategorialen Form eindeutig so genannt werden. Darum ist die gesamte Inhaltlichkeit des Seinsgebiets unterschiedslos irrational, mag es sich um die konkreteste Vollinhaltlichkeit oder um die abstrakteste des naturgesetzlichen theoretischen Sinnes handeln, bei der das Sinnlich-Irrationale keineswegs ausgetilgt, sondern nur so stark reduziert ist, daß das von ihr herrührende Irrationalitätsmoment irgendwie sich unschädlich machen läßt und deshalb leicht verbirgt. Es gibt nicht eine Irrationalität des Individuellen und eine Rationalität des Allgemeinen. Irrational ist das Sinnlich-Anschauliche als *solches*, und die Unterschiede innerhalb seines Bereiches sind nur die quantitativen der Fülle an irrationaler Inhaltlichkeit. Nicht der individuelle sinnlich-anschauliche Bestand der ungeminderten Vollwirklichkeit, sondern das *Sinnlich-Anschauliche* ist irrational, wie nicht das Allgemeine, sondern die *kategoriale Form* rational ist. Auch das Individuelle ist betroffen von rationaler Form, und auch die abstrakten gattungsmäßigen Bestände bergen irrationales Kategorienmaterial, bestehen nicht aus bloßem rationalem Formgehalt. Dies zu verkennen, liegt auf dem Wege zur platonischen Bevorzugung des Gattungsmäßigen im theoretischen Geltungs- und Rationalitätsproblem. Das Verhältnis des Individuellen und Konkreten zum Allgemeinen und Abstrakten, also von Material zu Material, von Sinn zu Sinn, hat gar nichts mit dem Urverhältnis von Form und Material zu tun. Freilich ist der individuelle Inhaltsüberschuß nicht im allgemeinen Inhaltsbestand enthalten, aus ihm nicht herauszuklauben und abzuleiten. Aber es droht den eigentlichen Irrationalitätsbegriff in seinen beiden Bedeutungen zu verwischen, wenn man diese Nichtgedecktheit des Besonderen durch das Allgemeine unter dem gemeinsamen Namen der Irrationalität damit zusammenwirft [50]). Es ist eine ganz unberechtigte Redewendung, [78/79] vom unauflöslichen Rest des Individuellen zu sprechen.

Es gibt überhaupt nicht einen bloßen irrationalen »Rest«; einfach deshalb nicht, weil unterschiedslos alles irrational ist mit alleiniger Ausnahme des rationalen, das heißt des logischen oder kategorialen Formgehalts selbst.

Aus demselben Grunde muß man sich auch gegen die durch *Plato* in die Geschichte des Denkens eingeführte Problemverschlingung der gattungsmäßigen Allgemeinheit und des Geltenden, gegen die Redeweise, daß das Einzelne, Individuelle, Konkrete »ist«, das Allgemeine »gilt«[51]), wenden[52]). Es ist zuzugeben, daß hier ein Unterschied vorliegt, und alles, was sich bei dieser Gegenüberstellung gegen den mittelalterlichen »Realismus« wendet, ist zu billigen. Allein der Unterschied des Individuellen und des Allgemeinen hat mit dem des Seienden und des Geltenden schlechterdings nichts zu tun. Hier sei nur soviel dazu bemerkt: die konkrete Vollwirklichkeit gilt genau so gut und genau so wenig wie die gattungsmäßigen Bestände gelten. Denn beide sind[53]) Sinn, an beiden ist Form und Inhalt zu unterscheiden. Von beiden als Ganzem, nämlich als ganzem Sinn, kann man darum weder das Sein noch das Gelten aussagen. Vielmehr *an* beidem gehört das Material dem Seienden, die Form dem Geltenden an. Beide enthalten sinnliches Seinsmaterial, also Nichtgeltendes, *auch* das Gattungsmäßige. Und andererseits: beide involvieren Geltendes, *auch* die individuelle sinnliche Wirklichkeit; auch sie fällt ja mit Sinn zusammen, auch der unreduzierte konkrete Bestand ist betreffbar durch kategoriale Form. Indem *Rickert* die unreduzierte sinnlich-anschauliche Vollinhaltlichkeit als Kategorienmaterial erobert hat, hat er uns von dem jahrtausendealten Platonismus im Geltungsproblem befreit. Erst diese Berichtigung bricht die Bahn für die ungetrübte Einsicht, daß die Form es ist, die gilt. Erst auf der Basis dieser Klärung läßt sich das gesamte Geltungsproblem in Reinheit herausarbeiten[54]).

Man macht sich das Problem der dem Material von seiten der [79/80] kategorialen Form zuteil werdenden Mission sehr bequem, wenn man das Wesen kategorialer Betroffenheit in dem Erfolge erblickt, das Material im Vergleich zu seinem logisch amorphen Zustande zu modifizieren und zu vereinfachen, also nicht bloß seiner Situation, sondern seinem Bestande nach zu verändern. Dann kann natürlich die Eigenart kategorialer Betroffenheit niemals scharf erkannt werden, die vielmehr nur dann in Reinheit heraustritt, wenn das seinem Bestande nach gleich gebliebene und unreduzierte Material in logisch nacktem und in logisch betroffenem Zustande miteinander verglichen, die kategoriale Umschließung überhaupt und die auslesende, reduzierende, abstraktive Modifikation als besondere Angelegenheiten behandelt werden. Darum hat *Rickerts* Begriff der »objektiven Wirklichkeit«, durch den die ungeminderte Inhaltsfülle als Kategorienmaterial erobert wird, auch dafür die Möglichkeit erst geschaffen, den Begriff der Betroffenheit durch kategorialen Gehalt in Schärfe zu erfassen.

Die Lehre von der Rationalität der Form und der Irrationalität des Materials deckt sich mit *Kants* kritischer Mittelstellung zwischen Rationalismus und irrationalistischem Sensualismus. Gegen den Sensualismus wird die Unerläßlichkeit des rationalen »apriorischen« Geltungsfaktors, gegen den Rationalismus die Nichtzersetzbarkeit des Materials verfochten.

6. Abschnitt.

Der Erkenntnisbegriff.

In der bisherigen Darstellung wurde die abstraktere Fassung der kopernikanischen Tat als Lehre vom theoretischen Sinn abgehandelt. Man kann ihr aber auch die subjektivierte Wendung einer Lehre vom »Erkennen« geben. Man tut dann nichts anderes, als daß man das zum theoretischen Sinn gehörige Subjektskorrelat in die Betrachtung miteinbezieht. Von der Behandlung der Erkenntnislehre gilt jedoch dasselbe wie von der Sinnlehre. Das erkennende Verhalten wird hier nur insofern berücksichtigt, als es sich als Subjektskorrelat des theoretischen Sinnes in seiner einfachsten Struktur, als Hingabe an kategorial umfaßtes Material ansehen läßt (vgl. oben S. 32 f.). [80/81]

»Erkennen« ist lediglich ein Name für die Realisierungsstätte transzendentaler »Erkenntnisformen«, logischen Formgehalts, ist ein Konstruktionsgebilde, das seine spezifische Färbung vom theoretischen Geltungsgehalt empfängt [55]). Allein um theoretischen Gehalts willen geben wir dem darauf gerichteten Verhalten den das Spezifische einer theoretischen Sinnberührtheit auszeichnenden Namen des Erkennens, Betrachtens, Denkens, Begreifens, Untersuchens, Ergründens, Forschens, Grübelns, Reflektierens. Denkt man daran, daß der für den Begriff des Erkennens bedeutungsverleihende theoretische Gehalt die Rolle der Form spielt, so ist mit Erkennen die Struktur theoretischen Sinnes, die Umschlossenheit eines Erkenntnismaterials durch kategoriale Erkenntnisform unlöslich verknüpft. Etwas erkennen heißt eben: etwas aufsuchen, wie es, der logischen Nacktheit verlustig, kategorial betroffen dasteht; etwas denken heißt: etwas in Denkform stehend oder von kategorialer Hingeltungsform umfangen vor sich haben, etwas begreifen heißt: sich zu einem kategorial Umgriffenen verhalten. Wir verstehen nun einmal unter Erkennen nicht jedes beliebige Im-»Bewußtsein«-Haben, Erleben, Wiedererleben, Nacherleben, sondern ein spezifisch theoretisches Meinen, eine spezifisch theoretische »Intentionalität«, ein Gerichtetsein auf ein von kategorialer Form umfaßtes Etwas. Mit dem Hinzutritt des Erkennens zu einem Unerkannten ist der Hinzutritt kategorialer Form zu einem kategorial Unbetroffenen verbunden. Die Erkennbarkeit reicht so weit wie die Einfangbarkeit durch kategoriale Form. Das Nichterkannte verhält sich zum Erkannten wie logisch Nacktes zu Material theoretischen Sinnes, es fungiert, wenn es erkannt wird, als Material, als kategorial Betroffenes [56]). Das Nichterkannte ist nicht das, was erkannt, das Objekt, sondern das, was erkannt, das Objekts- und Gegenstandsmaterial abzugeben berufen ist. Nicht das Erkenntnisobjekt, sondern das Objektsmaterial ist das Erkannte, insofern es ja das ist, dem, wie die kategoriale Mission, so das Schicksal der Erkanntheit zuteil wird. Denn die Objekts- oder Gegenstandsform selbst bleibt an ihm als das Umkleidende ihrer-[81/82]seits logisch nackt, also unerkannt und beim Erkennen des Materials gleichsam bloß erlebt, bloß hingenommen. Unerkannt nämlich, sofern man bloß das kategorial umkleidet vor sich Haben als Erkennen gelten läßt [57]). Das zu Erkennende ist immer das vom Erkennen in Angriff zu nehmende Material. Erkennen im Verhältnis zu seinem Objekt ist das Subjektsverhalten zu ihm, also zu theoretischem Sinn. Aber Erkennen im Verhältnis zu dem zu Erkennenden ist das auf kategoriale Wahrheitsform gerichtete Verhalten, dem also nur das Objektsmaterial als ein anderes gegenüberstehen kann. Erkennen ist Verhalten zum theoretischen Sinn; aber erkannt wird dabei nicht der theoretische Sinn, sondern lediglich dessen Material. Man darf also gar wohl vom Objekt des Erkennens sprechen; nur muß man sich darüber klar sein, daß dabei nicht das Objekt, sondern nur das Objektsmaterial das ist, was erkannt wird. Es soll mithin die Immanentwerdung theoretischen Sinnes im Erkennen nur als Objektwerdung, nicht aber als Erkanntwerdung des Sinnes gefaßt werden. Beim Wirklichkeitserkennen bildet die Wirklichkeit das Objekt, aber erkannt wird dabei das Sinnliche. Ohne diese Unterscheidung bleibt die Wendung »etwas erkennen« immer doppeldeutig, indem unter dem Etwas entweder das Erkenntnisobjekt oder das Erkenntnismaterial gemeint sein kann.

Man kann das auch so ausdrücken: ein Etwas erkennen heißt stets: nicht nur es selbst erleben, nicht bei ihm allein im Erleben stehen bleiben, vielmehr dies Etwas, wie es in kategorialer Wahrheitsform steht, mit kategorialer Besiegelung versehen ist, erleben, also diese kategoriale Legitimierung miterleben. Irgendein einzelnes isoliertes Etwas zum Erkenntnisobjekt haben, irgendein Etwas im Erkennen isolieren, kann nie soviel heißen als: nur es selbst und weiter nichts erleben. Sich erkennend einem Etwas zuwenden heißt: auf die es umschließende, es umgeltende Kategorie gerichtet sein. Etwas erkennen also heißt immer: noch etwas anderes, nämlich kategoriale Form *hinsichtlich* oder betreffs seiner vor sich haben, Wahrheit und Klarheit *darüber* erfassen, der objektiven Bewandtnis, die es *damit* hat, inne-[82/83]werden, also immer etwas darüber oder darum erleben. Was sprachlich so treffend angedeutet ist in solchen Wendungen wie: um etwas wissen, *über* etwas reflektieren, sich klar werden. Es ist der Hingeltungscharakter der Form, das auch der Redewendung »Wahrheit über« zugrundeliegende Urverhältnis zwischen Form und Material, das sich hier in den Bezeichnungen für die erkennende Subjektivität widerspiegelt.

Daß mit Erkennen, ja mit jeder flüchtigsten »Intention«, Reflexion, Betrachtung, die Umklammerung mit kategorialer Form solidarisch sein muß, tritt durch die Zertrümmerung der isolierten kategorialen Einzelgestalten noch deutlicher hervor. Jedem primitivsten theoretischen Gerichtetsein auf irgendeinen Inhalt oder eine Inhaltsmasse muß das Betroffensein durch kategoriale Form im Objekt korrespondieren, mögen die Inhalte auch ganz summarisch in nichts weiter als in der bloßen Gebietskategorie stehen, ohne daß eine weitere kategoriale Verästelung im Erkenntnisobjekt anzutreffen ist. Andernfalls wäre überhaupt mit Unrecht von einem erkennenden Verhalten die Rede gewesen. Wenn von Erkennbarkeit eines beliebigen Etwas die Rede ist, so darf von jetzt an nicht mehr gefragt werden, ob, sondern nur wie weit von kategorialer Form umkleidet das betreffende Etwas vor dem Erkennen steht. Dieser Satz wird für die Übertragung des Kategorienproblems auf die unsinnliche Sphäre von grundlegender Wichtigkeit werden müssen. Denn es soll ja im nächsten Teil untersucht werden, was alles mit der Erkennbarkeit der Geltungssphäre implizite schon zugestanden ist.

Die kopernikanische Lehre hinsichtlich des Seinsgebiets läßt sich jetzt in subjektivierter Wendung folgendermaßen aussprechen: das Seinserkennen ist mehr und anderes als das bloße sinnliche bedeutungsfremde Erleben. Vorher hieß es: das Seinsgebiet ist mehr als das sinnliche Etwas. Bisher wurde immer theoretischer Sinn und logisch nacktes, alogisch-sinnliches Material verglichen. Jetzt wird Erleben mit Erleben verglichen, theoretisches Erleben als Subjektskorrelat theoretischen Sinnes mit atheoretisch-sinnlichem, theoretisch unberührtem Erleben. Es soll dabei aber unausgemacht bleiben, ob es zulässig ist, von einem Subjektskorrelat des Bedeutungsfremden, vom Erleben *des* Bedeutungsfremden [83/84] zu reden, oder ob nicht vielmehr das Bedeutungsfremde vielleicht darin aufgeht und besteht, bedeutungsfremde Erlebensbestimmtheit zu sein [58]). Es genügt, daß jedenfalls das sinnliche Erleben als Repräsentant für das logisch unberührte sinnliche Material auftreten darf. Denn dadurch wird es möglich, für das logisch nackte Material wie für theoretischen Sinn zwei Erlebensvertreter einzusetzen und nebeneinander zu halten.

Dann aber darf unbedenklich ausgemacht werden: Seinserkennen ist mehr als das bloße sinnliche Dahinerleben, als das Versunkensein in die sinn- und bedeutungsberaubten Impressionen. Ins bloße Empfindungs- und Wahrnehmungsgewühl ragt der »Gedanke« an Sein und Gegenständlichkeit noch gar nicht hinein, da taucht noch gar nicht das »Vorurteil« über die objektive Bewandtnis auf, die es mit oder betreffs dieser Empfindungsmasse haben könnte; jenes Vorurteil über objektiven Bestand und Zusammenhalt, das sich erst der Impressionskomplexe bemächtigen, jener Nebengedanke an objektive Wirklichkeit, der erst ausdrücklich erwachen und das bloße Sinnenleben durchbrechen müßte. Wodurch dann eine Subjektivität entstünde, die ein Gehör hätte für den Anerkennung heischenden Gültigkeits- und Begreiflichkeitsgehalt, mit dem sich die sinnliche Masse umrändern würde. Denn was das Sein der sinnlichen Dinge von bloßen sinnlichen Impressionskomplexen unterscheidet, tritt eben nicht als ein neues sinnliches Moment zu den sinnlichen Qualitäten hinzu, sondern als bloße »Notwendigkeit einer Vorstellungsverbindung«, als das sinnlich nicht wahrnehmbare, sondern bloß unsinnlich erfaßbare, bloß »denkbare« Moment der Objektivität. Wir vermögen vielleicht ganz gut ein solches bloßes sinnliches Erleben in der Phantasie uns auszumalen, ein solch bloßes Auf-Sich-Einströmen-Lassen der Eindrücke, bei dem wir nicht einmal ein »Bewußtsein« für hinein- und uns entgegengeltenden kategorialen Wahrheitsgehalt, für Objektivität und Dinghaftigkeit hätten. Wobei wir sozusagen weltvergessen, das heißt seins- und wirklichkeitsvergessen, weiterhin ding- und kausalvergessen, alles über uns er-[84/85]gehen ließen, ohne es zu einer Welt von Dingen und Ereignissen kommen zu lassen. Denn der Schritt zur Wirklichkeit wäre ja der Schritt zu kategorialem Geltungsgehalt. So mag sich durchweg das Tier verhalten, dessen Reaktionen auf die »Außenwelt« vermutlich nicht zum Welt-, Ding- und Kausalgedanken sich erheben. Der Instinkt vielmehr läßt es vor der harten Wand, die sich ihm entgegenstellt, zurückschrecken, also wohl gewisse sinnliche Komplexe von Seltsamkeiten des Zumuteseins, etwa assoziativ herbeigerufenes Auftauchen ehemaliger taktiler Unlustgefühle, die sich zu den jetzigen optischen Eindrücken hinzugesellen. Aber die Wand als Realität kann in diesem ganzen Knäuel von Empfindungen und Empfindungsreproduktionen nicht vorkommen. Denn gerade die *Realität* der Wand, nämlich, daß es mit ihr seine »Wahrheit« habe, läßt sich sensuell und instinktmäßig gar nicht erleben. Ebensowenig, wie der Hund, der vor dem erhobenen Stocke flieht, sich je von dem Gedanken kausaler Zusammengehörigkeit leiten zu lassen braucht.

Also das Seinserkennen ist mehr als bloßes sinnliches Erleben. Beim Erkennen muß es eben stets ein »um« und »über«, stets diese Umständlichkeit, dies Zweierlei von betreffender Form und betroffenem Material und zwar die »Wahrheit über«, die Gespaltenheit theoretischen Sinnes geben. All dergleichen kommt beim bloßen Sinnenleben, wo nur so gerade erlebt wird, gar nicht vor, wo das Erleben rein aufgeht im Bedeutungsfremden und gar nicht darüber hinausgeht zu einer Wahrheit und Klarheit darüber. Wo nur – wie man sich ausdrückt – »unmittelbar« erlebt wird. Demgegenüber also ist das Erkennen *mehr*, denn es tritt noch die Klarheit *darüber* hinzu. Das Erkennen ist die Hingabe an ein Objekt, das ein solches Material einschließt, bezüglich dessen es in einem atheoretischen, theoretisch unberührten Erleben ein »unmittelbares« Verhalten gibt.

Aber mit diesem Mehr ist doch zugleich ein Weniger verbunden, wie ja in der »Unmittelbarkeit«, die das atheoretische Erleben auszeichnet, schon angedeutet liegt. Diese Unmittelbarkeit gerade ist es, die im Erkennen als einem bloßen Wissen um und deshalb nicht unmittelbar Haben und Fassen, sondern bloßen mittelbaren Verhalten, verloren geht. Hierbei ist jedoch eine Zwischenbe-[85/86]merkung einzuschalten. Man darf bei der Mittelbarkeit des Erkennens nicht darauf abstellen, daß das auf sinnliches Erleben gerichtete Erkennen doch nur ein bloßes Nacherleben dieses sinnlichen Erlebens und eben nicht dieses Erleben selbst sein könnte. Um sich die dem Erkennen eigentümliche bloße Mittelbarkeit zu vergegenwärtigen, muß man vielmehr diesen einen Fall ganz ausschalten, wo das ganze Erleben zum Objektsmaterial des Erkennens wird. Es sind alsdann nur die Fälle in Betracht zu ziehen, in denen das, was zum Erkenntnismaterial wird, nicht mit dem ganzen Erleben, sondern bloß mit einem Etwas zusammenfällt, das irgendwie nur »im« Erleben vorkommt, irgendwie eine Erlebensbestimmtheit ausmacht. Diese Erlebensbestimmtheit könnte eventuell selbst Erleben sein. Denn Erleben vermag ja wiederum Erlebensbestimmtheit bedeutungsfremden Erlebens zu werden, wie es z. B. bei theoretisch unberührtem Wiedererleben vergangenen Erlebens, etwa gänzlich erkenntnisfreiem, bloß assoziativem Wiederauftauchen sinnlicher Erlebnisse der Fall ist. Doch worin auch immer die Erlebensbestimmtheit bestehen mag, es kommt für die Vergleichbarkeit von unmittelbarem Erleben und Erkennen nur darauf an, daß es eben nicht das ganze Erleben, sondern eine bloße Erlebensbestimmtheit ist, die zum späteren Erkenntnismaterial wird. Nur dann wird dasselbe, was bereits irgendwie »im« unmittelbaren Erleben vorlag, zu dem, was nachher als Objektsmaterial »vor« dem erkennenden Verhalten steht. Erst wenn diese Fälle zugrunde liegen, läßt sich jetzt die Mittelbarkeit würdigen, die das Erkennen mit sich bringt.

Sie beruht nun darauf, daß das, was als Erkenntnis-, Sinn-, Wahrheits-, Kategorienmaterial vor dem Erkennen steht, gleichsam abgedrängt ist vom unmittelbaren Erleben. Zwischen das Material und das Erleben hat sich im Erkenntnisobjekt die Kategorie geschoben. In ihr allein und nicht im betroffenen Material lebt das Erkennen unmittelbar, im Material dagegen nur mittelbar und wie durch die Kategorie hindurch. Das Erkennen stellt das sinnliche Material zu bloßen Zwecken des Wissens vor sich hin, gar nicht um unmittelbar darin zu »leben«, sondern bloß um [59]) die Wahrheit darüber zu erfassen. Das Erkennen »lebt« [86/87] nur in der Wahrheit, das heißt im theoretischen Sinn. Im theoretischen Sinn unmittelbar leben, das heißt aber eben: *nur* die kategoriale Form unmittelbar erleben, während das Material durch die sich dazwischendrängende Kategorie dem unmittelbaren Erleben entrückt, ihm fern wird. Das sinnliche Material wird nur zu theoretischem Behuf vorgenommen, es wird gar nicht unmittelbar sinnlich erlebt und genossen, es wird nur – wie man mit einem Wort das Verhalten zu etwas, worin man nicht lebt, sondern was man nur betrachtet, worüber man nur »redet«, bezeichnen kann – es wird nur »gemeint«. Weshalb das Erkennen auch des sinnlichen Materials kein sinnliches Erleben, sondern ein unsinnliches Verhalten zur Wahrheit, kein »Leben« im Sinnlichen, sondern ein bloßes »Erkennen« davon ist. Unmittelbares Leben gibt es nur Unbetroffenem, nicht durch umschließende Form Entrücktem gegenüber. Darum ist allerdings auch Erkennen selbst ein unmittelbares Leben und zwar im theoretischen Wahrheitsgehalt, in der kategorialen Form; denn diese bleibt als das selbst kategorial Umkleidende logisch nackt und kategorial unbetroffen vor dem Erkennen. Aber andererseits: irgendein Verhalten auch zum Material muß als materialer Bestandteil in das ganze Erkennen eingehen. Denn um es auch nur vor das Forum der Betrachtung zu ziehen, muß das Erkennen es irgendwie vor sich hinstellen. So baut sich also das Erkennen auf ein Verhalten zum Material zwar auf, doch ohne daß auch nur dieser materiale Verhaltensbestandteil mit dem unmittelbaren Erleben eben desselben Materials zusammenfiele.

Das alles waren allerdings nur unbestimmte Angaben. Aber es kann diese Abhandlung nicht mit einer auch nur skizzierten Theorie des Erkennens belastet werden. Nur darauf kam es an, daß der Gegensatz von Leben und Erkennen auf den Gegensatz von logischer Nacktheit und von Entrücktheit durch abdrängende kategoriale Form hinausläuft. Denn genau derselbe Sachverhalt wird sich später auf den erweiterten Lebensbegriff und den erweiterten Erkenntnisbegriff übertragen lassen. [87/88]

Zweiter Teil.

Die Logik der philosophischen Kategorien.

Der erste Teil hat vom Kategorienbegriff zum Erkenntnisbegriff hingeführt. Jetzt darf an den Erkenntnisbegriff angeknüpft und daraus die Erweiterung des Kategorienproblems hergeleitet werden. In der Einleitung ist die Forderung erhoben worden, sich darauf zu besinnen, was in der Einräumung des Erkenntnischarakters der Philosophie, der Erkennbarkeit der Geltungssphäre, alles enthalten ist. Diese Forderung kann jetzt erfüllt werden. Durch die Ausmachungen des ersten Teiles ist das Ergebnis gewonnen worden, daß mit Erkennen kategorialer Gehalt, mit Erkennbarkeit Umschließbarkeit durch kategoriale Form solidarisch verbunden ist. Mit *irgend*welcher Erkennbarkeit eines beliebigen Etwas ist auch dessen Betreffbarkeit durch kategoriale Form zugestanden [60]). Denn der Begriff Erkennen erhält Sinn und Gepräge erst vom theoretischen Formgehalt. Darum ist, wie schon in der Einleitung bemerkt wurde, über die Frage der Übertragbarkeit des Kategorienbegriffs auf die nichtsinnliche Sphäre zu allen Zeiten zwar nicht in der logischen Besinnung, wohl aber in der Praxis des Erkennens bereits entschieden worden. Überall dort wenigstens, wo nicht entweder striktester Sensualismus oder völliger mystischer Irrationalismus herrscht, wo irgendein Nicht-Sinnlichseiendes anerkannt und dieses überdies nicht alogistisch und intuitivistisch nur für das unmittelbare Erlebnis zugelassen, sondern auch eine darauf gerichtete Spekulation, ein Forschen, ein Nachdenken und eine Wahrheit darüber, eingeräumt wird. Überall, wo irgendwie die Dualität von empirischem und transzendentalem Erkennen, von Real- und Ideal-, von Seins- und Geltungs-, von Wirklichkeits- und Wertwissenschaft vertreten wird, da ist bereits der entscheidende Schritt zur Behauptung des zweiheitlichen Erkennens getan; nur vor der Konsequenz einer zweiheitlichen Theorie dieses Erkennens schrickt man noch zurück. Um auch diesen letzten Schritt zu tun, ist nur noch erforderlich, mit der absoluten Einheitlichkeit des [88/89] Wahrheits- und Erkenntnisbegriffs Ernst zu machen. Dann zieht die Anerkennung der Dualität des Erkennens unerbittlich die Anerkennung der Dualität des kategorialen Gehalts, des Kategorienmaterials, des theoretischen Sinnes, der Erkenntnisobjekte nach sich. Umgekehrt involviert die Leugnung der kategorialen Form für das Nichtsinnliche erbarmungslos die selbstmörderische Leugnung aller Philosophie, einschließlich jeder Erkenntnistheorie und Logik, auch der transzendentalen Logik des Seins- und Naturerkennens. Es handelt sich dabei um nichts Geringeres als um Leben und Tod der Philosophie überhaupt.

Die Einschränkung auf die Logik der Seinskategorien ist eine Halbheit, die mit ärgeren Widersprüchen behaftet ist als die berüchtigt widerspruchsvolle Theorie des radikalen Skeptizismus und Alogismus. Wer auch nur die Logik des Seinsgebiets gelten läßt, der kann schon der doppelten Logik gar nicht entfliehen. Denn auch die Logik der Seinskategorien ist doch Theorie und zwar Theorie vom Apriori, von den unsinnlichen, nicht seienden, sondern geltenden Kategorien. Somit gibt es für den Transzendentallogiker ein Erkennen des Nichtseienden. Dann muß doch aber auch die logische Reflexion dieser Erkenntnisart ihre Beachtung schenken. Gerade unter den Voraussetzungen der gegenwärtigen, durch Kant bestimmten Erkenntnistheorie ist dem Gedanken der Form fürs Unsinnliche, der kategorialen Form für die Form, der Form der Form, gar nicht zu entrinnen. Zugestandenermaßen läßt *Kant* und der Kantianismus dem Erkennen, nämlich dem Seinserkennen, also dem Wissen um das Sinnliche, gewisse auf das sinnliche Material berechnete, aber selbst »unsinnliche« »Verstandesformen« oder »Erkenntnisformen« korrespondieren. Es liegt somit dieser Erkenntnisphilosophie die Anschauung zugrunde, daß es für das, worauf sich das Erkennen richtet, Kategorien geben muß. Im Seins- und Naturerkennen richtet sich das Erkennen auf das Sinnlich-Anschauliche, und deshalb bedient es sich der Kategorien für Sinnlich-Anschauliches. Offenbar nämlich richtet sich das Seinserkennen auf das Sinnlich-Anschauliche und nicht auf die Kategorien selbst; denn letzteres zu tun bleibt der Erkenntnistheorie überlassen. Das Seinserkennen ist ein Wissen um das Sinnlich-Anschauliche, und eben deshalb operiert es zwar mit den Kate-[89/90]gorien, weiß aber nicht *um* sie, sondern sie ungewußt und unerkannt lassend, »wendet« es sie nur »an«. Nun ist aber die erkenntnistheoretische Besinnung selbst gleichfalls ein Wissen. Und zwar richtet sie sich auf das, worauf sich das Seinserkennen nicht richtet; sie weiß *um* die Kategorien selbst, sie ist die transzendentale Theorie vom Apriori. Nach der eigenen Grundanschauung des Kantianismus muß es aber für das, *worauf* das Erkennen sich richtet, *worum* es weiß, Kategorien geben. Gibt es also Erkenntnistheorie, so muß es Kategorien *für* die unsinnliche Kategorie geben, und das erkenntnistheoretische Erkennen muß auf das Unsinnliche der Kategorie wiederum Kategorien »anwenden«. Wer diese Konsequenz aus der Welt schaffen möchte, müßte entweder den Erkenntnischarakter des erkenntnistheoretischen Untersuchens leugnen oder vor den logischen Bedingungen des eigenen erkenntnistheoretischen Forschens die Augen verschließen. Letzteres Verfahren wurde bisher ausschließlich geübt.

Es gilt also lediglich, den Kantianismus auf sich selbst noch einmal anzuwenden; wie die Kantianistische Transzendentalphilosophie das Seinserkennen untersucht, so sich auf das transzendentalphilosophische Erkennen nach ihren eigenen Prinzipien noch einmal transzendentalphilosophisch zu besinnen. Es darf nicht nur in der Transzendentalphilosophie die apriorische Form als unsinnlich-Geltendes erkannt werden, sondern es darf in der Logik nicht länger verschwiegen werden, daß es eine Theorie auch vom Apriori und nicht nur ein Erkennen des Sinnlichseienden gibt. Auf den billigen Einwand des regressus in infinitum wird später eingegangen werden. Es wird sich dann zeigen, daß, so unerläßlich es ist, das philosophische Erkennen einer logischen Untersuchung zu unterwerfen, es andererseits allerdings überflüssig ist, diesen Prozeß der Selbstbesinnung noch darüber hinaus zu wiederholen (vgl. unten 1. Kap., 1. Abschn. Ende).

Man mag also die Philosophie (und so auch alle Logik) für ein bloßes Hirngespinst erklären. Aber *wenn* sie es nicht ist, dann ist auch der Lehre vom zweiheitlichen Kategoriengehalt nicht auszuweichen. Wer Philosophie gelten läßt, der gibt das Nichtsinnliche als Erkenntnisobjekt, als »Gegenstand« zu. Der gibt mit andern Worten das Nichtsinnliche nicht bloß als logisch [90/91] unberührtes, sondern als von kategorialer Geltungsform betroffenes Etwas zu. Der beteuert vergebens seinen Alogismus hinsichtlich des Nichtsinnlichen, seine Ansicht von der Eingeschränktheit der kategorialen Form auf das Sinnlich-Anschauliche. Ist das Nichtsinnliche als vor das Forum der Spekulation tretend, als Erkenntnisgegenstand, ja irgendwie als Objekt des flüchtigsten Darandenkens und darauf gerichteten Reflektierens zugestanden, dann ist bereits alles bewiesen, worauf es ankommt, dann ist es einfangbar in logischen Formgehalt.

Von der zugestandenen Erkennbarkeit des philosophischen Objekts ist es jetzt erlaubt, auf die genaueste Analogie in allen durch den ersten Teil gewonnenen Begriffen zurückzuschließen. Das philosophische Erkenntnisobjekt muß dieselbe Formprägung, dieselbe Gliederung in Form und Inhalt aufweisen. Bei gleichgebliebener Wahrheitsstruktur wird lediglich ein anderes als das sinnliche Material und dementsprechend eine kategoriale Form mit veränderter Bedeutungsbestimmtheit einzutreten haben [61]).

Behandelt wird dabei im folgenden vornehmlich die auf das *geltungs*philosophische Objekt gerichtete Kategorienlehre (vgl. Einl. S. 14). Wie die Geltungssphäre in der bisherigen Zweiweltentheorie aufgesogen war (vgl. oben S. 12 ff.), so sind bisher noch niemals die geringsten Versuche zu einer Logik der Form, zu einer logischen Besinnung auf den gerade der Geltungsphilosophie zugrundeliegenden Kategorienapparat hervorgetreten, während zu allen Zeiten, wie das historische Schlußkapitel zeigen wird, Ansätze zu einer Kategorienlehre der Metaphysik des Übersinnlichen bestanden haben. Und doch zieht schon die Anerkennung einer Logik und Kategorienlehre überhaupt die Anerkennung der in dieser Abhandlung in Angriff genommenen Kategorienlehre *gerade der Geltungsphilosophie* – nämlich zum mindesten der Kategorienlehre selbst – unweigerlich nach sich. [91/92]

1. Kapitel.

Die Übertragung des Kategorienproblems auf die nichtsinnliche Sphäre [62])

Das geltungsphilosophische Erkenntnisobjekt, das unsinnige Etwas, hat sich im ersten Teil als Form erwiesen. Die philosophische Kategorie wird darum Form der Form sein müssen. Nur als Sphäre der Form soll [63]) die Geltungssphäre im folgenden in Betracht kommen. Wie sämtliche übrigen philosophischen Begriffe irgendwie zum Formbegriff in Beziehung stehen und ihm gegenüber sekundär sind, das könnte nicht ohne genaueres Eingehen auf die Grundbegriffe der Geltungssphäre auseinandergesetzt werden. Alles Nicht-Formartige als Thema der Philosophie wird darum in den folgenden Ausführungen außer acht bleiben.

Ganz verkehrt ist die Befürchtung, daß die Form dann »hypostasiert« oder irgendwie ihrer Unwirklichkeit und unsinnlichen Eigenart zu nahe getreten wird, wenn sie die Situation des sinnlichen Materials teilen soll, wenn nicht davor zurückgeschreckt wird, die Form als das unsinnige Etwas, das sie ist, als dieses Nicht-Nichts, wiederum in der Materialstellung stehend zu denken gegenüber neuer Form. Die Möglichkeit einer Inhaltswerdung der Form ist früher schon einmal erwogen und dabei konstatiert worden, daß das Geltende, in die Inhaltsstellung geraten, seinen Formcharakter bewahrt (vgl. oben S. 42 f.). Das weist wieder auf das schon früher gebrauchte Bild eines Aufbaues von Stockwerken des Sinnes zurück, jetzt speziell des theoretischen Sinnes. In ihm würde das sinnliche Seinsgebiet, also das Reich des das sinnliche Material einschließenden Sinnes, den unteren Abschluß bilden. Darüber würde sich gleichsam als höheres Stockwerk ein theoretischer Sinn aufbauen, der sich aus der untersten Form als Material und aus der *diese* betreffenden kategorialen Form zusammensetzte.

Freilich ist damit sofort ein wesentlicher Unterschied für die beiden Stockwerke zuzugestehen, ein Unterschied, der eben darauf beruht, daß in dem oberen Stockwerk die Form das Material bildet. [92/93]

Dieses Stockwerk schwebt, isoliert gedacht, gleichsam in der Luft. Denn sein Material verliert auch in der Inhaltsstellung gegenüber höherer Form nicht seinen Formcharakter, das heißt, es schwebt unselbständig und eines materialen Untergrundes bedürftig, über der Masse des untersten Materials, der πρωτη υλη. Der dieses Nur- und Urmaterial enthaltende theoretische Sinn dagegen, das heißt das sinnliche [64]) Seinsgebiet, bildet das feste Fundament, enthält nichts mehr, was über sich hinauswiese auf einen weiteren materialen Untergrund. Denn das Sinnliche, das sein Material bildet, ist das in sich Ruhende ohne formartiges Übersichhinausweisen. Insofern stellt das obere Stockwerk allerdings nicht in demselben Sinne wie die Sinnenwelt eine selbständige »Welt« für sich dar. Es schließen sich zwar auch in ihm ein formales und ein materiales Moment zur Einheit und Abgeschlossenheit theoretischen Sinnes zusammen. Aber es ist eine Abgeschlossenheit des Sinnes, durch die die unheilbare Unselbständigkeit des einen Elementes lediglich überdeckt, aber nicht beseitigt wird. Denn auch zum Material geworden, behält die Form etwas von künstlicher Losgerissenheit. Anders als im untersten Stockwerk, wo es im vollendeten Sinngefüge keinerlei Ergänzungsbedürftigkeit mehr gibt, bewahrt sich hier eine Unabgeschlossenheit noch innerhalb der Einheit des Sinnes, der ja in diesem Fall aus zwei unselbständigen Formelementen besteht. In *dieser* Hinsicht darf man also nicht von zwei ebenbürtigen Sphären oder Gebieten reden. Auch in ihrer Vergegenständlichung darf die Geltungssphäre als die Sphäre der isolierten, vom Material losgerissenen Form uns nicht eine der Seinssphäre gleichkommende Selbständigkeit vortäuschen.

Das sinnliche Urmaterial und die unsinnlich-geltende Form sind für sich beide bloße Elemente, die erst in ihrem Zusammenschluß die Einheit des Sinnes ausmachen; insofern haben beide, verglichen mit der Vollständigkeit und Struktur des Sinnes, den Charakter gleichsam von bloßen Bausteinen und darum beide gleichmäßig, wenn man will, etwas »Unselbständiges«. Aber darüber hinaus eignet der Form eine aus ihrem enklitischen Hin-[93/94]weisungscharakter stammende Unselbständigkeit, die dem sinnlichen Material fehlt. Wenn darum beide von Form betroffen sind, wenn also nicht nur das sinnliche Urmaterial, sondern auch die Form in der Materialstellung steht, dann liegt zwar beidemal *die* Abgeschlossenheit und Selbständigkeit vor, die dem Sinn als solchem zukommt. Aber durch die auch in der Materialsstellung nicht fortfallende Anlehnungsbedürftigkeit der Form wird dennoch ein Gleichstehen der beiden Arten des Sinnes vereitelt.

Läßt man also das Unsinnliche ebenso wie das Sinnliche durch kategoriale Form zur Gegenständlichkeit entrückt sein, so braucht man dabei dennoch keinen Augenblick die bloße Formartigkeit des Unsinnlich-Geltenden aus dem Auge zu lassen. Freilich würde die Gegenstandswerdung der Form über eine Zweielementtheorie wieder hinausführen. Aus den zweierlei Elementen hätten sich durch kategoriale Betroffenheit wieder zwei Reiche des Sinnes oder zwei Gegenstandsgebiete ergeben. Die Zweielementtheorie würde wieder in eine Zweiweltentheorie umschlagen, jedoch in eine ganz neue, durch die Erkenntnisse der Zweielementtheorie hindurchgegangene Zweiweltentheorie. Auch wenn es also gelingen sollte, die Zweielementtheorie zu einer Theorie von den zwei Reichen des Sinnes und zu einer Zweigegenstandstheorie auszubauen, so liegt dennoch nicht die Gefahr vor, daß man im Umkreise der Geltungsphilosophie je wieder der früher endgültig abgelehnten Vorstellung von zwei getrennten selbständigen Reichen verfällt. Die einzige selbständige »Welt« ist und bleibt – wenn einmal vom Übersinnlichen ganz abgesehen wird – das Seinsgebiet. Durch die Dualität der beiden Reiche und Gegenstände, die jetzt vertreten werden soll, wird der bloße Hingeltungscharakter, die Unselbständigkeit und Anlehnungsbedürftigkeit der Form, gar nicht in Frage gestellt. Demgemäß bleibt auch die hierauf beruhende Unebenbürtigkeit der beiden Gegenstandsreiche unvergessen. Das obere Stockwerk ist als eine ganz besondere Art des Sinnes festzuhalten. Wenn deshalb fortan von zwei Reichen, zwei Gebieten und ähnlichem die Rede sein wird, so sind Mißverständnisse wenigstens in diesem einen Punkte ausgeschlossen.

Ja, es grenzt sich durch den auch bei ihrer Vergegenständlichung ausdrücklich berücksichtigten bloßen Form- und Unselbständig-[94/95]keitscharakter der Geltungssphäre die hier vertretene Zweigegenstandstheorie auch weiterhin auf das schärfste gegen den Platonischen Typus einer Zweiweltentheorie ab. Zwar die bloße Stempelung der Ideenwelt zu einem »Seienden« enthält auch noch nicht die geringsten Anzeichen für eine Hypostasierung, sondern ist nur ein Ausdruck für die unvergängliche Leistung der Platonischen Spekulation, das Nichtsinnliche als Gegenstand im weitesten Sinne legitimiert zu haben (vgl. das historische Schlußkapitel). Erst aus der Hineinverlegung des Übersinnlichen ins Reich der Ideen folgt eine hypostasierende Loslösung der idealen Sphäre zu einer völlig in sich ruhenden selbständigen Welt (vgl. oben S. 12 f. und für den antiken Formbegriff S. 228 Anm. 23). Aber es läßt sich auch ganz unabhängig von dieser Verquickung mit dem Metaphysischen die Platonische Ideenwelt rein auf ihre logische Struktur hin ansehen und daraus allein die unberechtigte Verselbständigung der zeitlosen Sphäre begreifen. Dann treten die Züge der Ideenlehre hervor, in denen viele Spätere, bei denen jene metaphysische Frage ganz außer Betracht steht, mit ihr übereinstimmen. Die Platonische Ideenwelt entspricht nämlich gar nicht einem Reich der Formen in unserem Sinne, sondern einem Reich von lauter Einzelheiten theoretischen Sinnes. Findet doch in der Ideenwelt auch das Alogische Platz, freilich in der verklärten Gestalt von lauter vermeintlicher Logizität und Zeitlosigkeit. Die alogische Inhaltlichkeit, allerdings, wie man außerdem hinzufügen muß, nicht die ganze, sondern eine bloß reduzierte und ausgewählte, nämlich die abstrakte Gattungsinhaltlichkeit, wird in die zeitlose Sphäre hineingenommen (vgl. oben S. 66). So liegt in der Platonischen Philosophie das Urbild all jener Verdoppelungstheorien, bei denen die zeitlos unsinnliche Sphäre, weil sie die sinnliche Inhaltlichkeit idealisiert in sich trägt, gar nicht den Charakter der bloßen unselbständigen Form haben kann, sondern sich mit Hilfe jener durch idealisierende Verdoppelung gewonnenen Inhaltlichkeit zu einem selbständigen Reich abrunden muß (vgl. oben S. 32) [65]). – [95/96]

Nach dieser Klarlegung des allein gemeinten Sinnes einer Zweigegenstandstheorie kehre man zu der Vorstellung von einem zweiten, über dem ersten sich aufbauenden Reich des Sinnes, von einem zweiten Gegenstandsgebiet minderer Selbständigkeit, zurück. Trotz jenes unselbständigen, auf einen letzten materialen Halt hinweisenden Charakters der oberen Region, es erhöbe sich doch eine zweite Sphäre theoretischen Sinnes über der andern. Es bestände ein zweites Reich der Wahrheit neben dem Reich der Wirklichkeitswahrheit. *Innerhalb* des Unsinnlichen wiederholte sich die Gliederung in Kategorie und Kategorienmaterial, dieselbe Gliederung, die im Seinsgebiet zwischen den beiden urgegensätzlich geschiedenen Elementen des Sinnlichen und des Unsinnlichen (der kategorialen Seinsform) statt hat. Es gäbe auch für unsinnliches Material eine – natürlich selbst unsinnliche – kategoriale Form.

Aber noch mehr! So sehr das Formartig-Unsinnliche und das Sinnliche sich als das Anlehnungsbedürftige und das in sich Ruhende unterscheiden, sie stellen dennoch das ureigentümlich geschiedene letzte Zweierlei des Denkbaren überhaupt dar. Wie das Sinnliche und das Unsinnliche die Urzweiheit des Denkbaren ausmachen, so müssen sie auch die Urzweiheit des kategorial betreffbaren Etwas, des Kategorienmaterials, abgeben. In dieser Hinsicht besteht zwischen ihnen völlige Ebenbürtigkeit. Jetzt braucht nur noch an das Prinzip der kategorialen Differenzierung, an die Determiniertheit des kategorialen Gehalts durch die ihm zuteil werdende inhaltliche Erfüllung, gedacht zu werden. Dann ergibt sich sofort: so wahr Sinnliches und Unsinnliches die Urdualität des Etwas darstellen, so wahr muß sich darnach auch die Urdualität kategorialer Form, *die* Einteilung, die *oberste* Differenzierung kategorialen Gehalts bestimmen. Die theoretische Form überhaupt muß sich in den das Spezifische des Sinnlichen [96/97] und in den das Spezifische des Unsinnlichen betreffenden und dadurch determinierten logischen Gehalt auseinanderlegen. Die Urdualität des Etwas muß bedeutungsbestimmendes Moment werden für die Differenzierung der kategorialen Form. Daß das Unsinnliche wie das Sinnliche beide immerhin ein Etwas darstellen und daß andererseits zwischen ihnen die letzte Kluft innerhalb des Denkbaren liegt, dies beides muß in der Kategorienlehre gleichmäßig zum Ausdruck kommen.

1. Abschnitt.

Die Gebietskategorie des Geltens.

Die Einheitlichkeit des Erkenntnisbegriffs verbunden mit der Solidarität zwischen dem Erkenntnis- und dem Kategorienbegriff bürgt bereits dafür, daß die Übertragung des Kategorienproblems auf das Unsinnliche kein leeres Spiel mit Analogien sein kann. Aber wird es auch ausführbar sein, des in das unsinnliche Gebiet hineinragenden und dort das Material durchsetzenden theoretischen Formmoments durch kritische Analyse sich zu bemächtigen, den Anteil des Logischen dort zu bestimmen, ganz entsprechend wie es die bisherige Erkenntnistheorie mit den Kategorien des Seinsund Naturgebiets gehalten hat? Läßt sich denn die zarte unsinnliche Sphäre ebenso wie das Seinsgebiet in diese scharfe Beleuchtung rücken, läßt sich dort gleichfalls alles auf die schroffe Gespaltenheit in Kategorie und Kategorienmaterial zurückführen? Verdichtet sich auch dort das Wesen des Theoretischen zu einer greifbaren kategorialen Form, mit der sich das in der Materialstellung stehende Unsinnliche umkleidet? Läßt sich die kategoriale Form der unsinnlichen Form namhaft machen? Läßt sich also auch im philosophischen Erkenntnisobjekt überall die Gliederung theoretischen Sinnes herausfinden? Nur wenn es gelingt, alle philosophischen Wahrheitsprobleme durchweg streng auf das Schema des Form-Material-Gefüges zu bringen, würde sich die frühere Prophezeiung einer hier herrschenden genauen Analogie hinsichtlich des Erkenntnis- und Kategorienproblems erfüllen. Damit ist denn zugleich die Tendenz aller folgenden Ausführungen angedeutet. [97/98]

Es wird zunächst nach einem konstitutiven Analogon der *Gebietskategorie* des Seins zu fahnden sein. In ihr müßte nach den Prinzipien der Bedeutungsdifferenzierungslehre die schlechthin reine theoretische Form, ganz analog wie sie vom sinnlichen Material her die zur obersten Seinskategorie führende Belastung empfängt, so vom unsinnlichen Material her sich zu einer entsprechenden bestimmtbelasteten kategorialen Gebietsform determinieren. Sie müßte genau so eine Resultante aus dem schlechthin reinen Wesen des Theoretischen überhaupt und dem vom Unsinnlichen herstammenden besonderen Bedeutungseinschlag repräsentieren, wie die kategoriale Seinsform aus der Verschmelzung der theoretischen Form überhaupt mit dem aufs Sinnliche hinweisenden Trübungsmoment hervorgeht. Mit anderen Worten, es müßte sich eine der Seinsgegenständlichkeit analoge oberste Gegenstandsform für das unsinnliche Material antreffen lassen (vgl. oben S. 61). Durch sie würde das unsinnliche Formmaterial zu einem Gegenstandsgebiet werden, ebenso wie durch die Seinskategorie das sinnliche Material zum gegenständlichen Seinsgebiet sich erhöht.

Auf all die soeben gestellten Fragen lautet die Antwort: eine Kategorie fürs Unsinnliche läßt sich in der Tat auffinden, und ihre der obersten Seinsform analoge Stellung ist beständig in aller Munde. Es ist höchst verwunderlich, daß nicht mindestens schon der Sprachgebrauch zu der Überlegung verlockt hat, ob denn nicht dem »*Sein*« des Sinnlichen das »*Gelten*« des Unsinnlichen in jeder Hinsicht – und darum auch in der Bedeutung, kategoriale Form zu sein – entspricht. Sein und Gelten sind in der Tat nicht nur dem Sprachgebrauch, sondern auch der Sache nach völlig einander koordiniert. Es lag ein tiefer Sinn darin, wenn sich unsere Denk- und Redeweise diesem Sachverhalt schon stets unwillkürlich angepaßt hatte. Hat doch bereits die Einleitung Sein und Gelten als die beiden spezifischen Gebietsprädikate einander gegenübergestellt, in denen sich die Unvergleichbarkeit der beiden Gebiete widerspiegeln sollte. Jetzt erkennt man den Grund davon. Die beiden Gebietsprädikate sind eben – wie sich nunmehr mit einem einzigen Wort formulieren läßt – die beiden »Gebietskategorien«! Sie sind beide gleichmäßig »Prädikate« nicht in einem [98/99] beliebigen laxen Sinn, sondern im strengen Sinn der Kategorie. In ihrer Heterogeneität manifestiert sich der vom sinnlichen und vom unsinnlichen Material herstammende Widerschein, als ihre verschiedene Bedeutungsbestimmtheit.

Wenn diese Einsicht hier festgestellt und der gesamten Kategorienlehre zugrunde gelegt wird, so geschieht nichts anderes, als daß mit der überall sich aufdrängenden und so vielfach anerkannten Koordiniertheit von Sein und Gelten zum erstenmal nämlich innerhalb der Kategorienlehre – Ernst gemacht wird. Das Gelten verhält sich zu dem, was gilt, genau so wie das Sein zu dem, was ist, nämlich als umschließende Kategorie zum Kategorienmaterial. Wenn für die eine Hemisphäre, für das Seinsgebiet, diese Prozedur der Zerlegung in das Seiende und in dessen Sein vorzunehmen war, so drängte doch geradezu alles darnach, dasselbe Verfahren, wenn doch das Gelten dem Sein koordiniert sein soll, auf die andere Hemisphäre zu übertragen. Bestreitet man die Zerlegung der Geltungssphäre in das kategoriale Gelten und in das Geltende als Kategorienmaterial, so darf man die unzerlegt gelassene Geltungssphäre, das Geltungsartige, nur mit dem Sinnlichen, dem Seienden, aber nicht mit dem das kategoriale Sein einschließenden Seinsgebiet koordinieren. Dann korrespondierte zwar die Geltungssphäre dem, was ist; aber die in der Gegenüberstellung dessen, was ist, und dessen, was gilt, ausdrücklich vorgenommene parallele Behandlung des *Seins* und des Geltens wäre dann als die Koordinierung eines logischen und eines metalogischen Moments ganz verkehrt. Nur wenn Gelten gleichfalls die Stellung des kategorialen Formmoments einnimmt, kann es dem Sein korrespondieren. Gerade auf die Koordinierung des Seins und des Geltens aber kam es bereits *Lotze* an, und eben darauf beruht alle Orientierung in der gesamten ihm nachfolgenden Zweisphärentheorie [66]). Es muß also noch viel schärfer pointiert werden. *Wenn nicht die ganze Gegenüberstellung von Sein und Gelten, von Seiendem und Geltendem, von Seinsgebiet und Geltungsgebiet, geradezu zu einer schiefen und ver-*[99/100]*wirrenden Redewendung gestempelt werden soll, so muß, wofern Sein die Gebietskategorie für das Sinnliche abgibt, dem Gelten die entsprechende Rolle einer Gebietskategorie für das Unsinnliche zukommen.* Durch diese kategoriallogische Deutung und Ausbeutung der Koordiniertheit von Sein und Gelten wird geradezu der ganzen *Lotze*schen Gegenüberstellung des Seienden und des Geltenden nachträglich die Existenzberechtigung verliehen. Das wird im nächsten Abschnitt sich noch weiter bestätigen. Aber schon jetzt muß ersichtlich geworden sein, daß nur beides zugleich akzeptiert oder preisgegeben werden kann: die ganze Koordinierung des Seienden und des Geltenden und die Lehre von der Paarigkeit der Gebietskategorie.

Daß im Geltungsmoment gerade der in der unsinnlichen Gesamtsphäre investierte Gehalt an Logizität vorliegt, dafür ist das als Symptom anzusehen, daß mit diesem Charakteristikum ausgestattet das Unsinnliche stets dann und nur dann vorkommt, wenn es vor dem Erkennen, Nachdenken, Grübeln, Reflektieren, kurz vor dem wahrheitsbekümmerten Subjektsverhalten steht. Der Geltungscharakter des Unsinnlichen kommt erst im Nachdenken über das Unsinnliche zum Vorschein, das heißt, er ist Anzeichen der kategorialen Betroffenheit, der Herausgerissenheit des Unsinnlichen aus dem Zustande logischer Nacktheit. Wer schon den Namen des Geltens im Munde führt, sich schon den Kopf darüber zerbrochen, sich, auch ohne daß er diese sprachlichen Ausdrücke braucht, irgendwie »klar« gemacht hat, daß etwas »gilt« und nicht »ist«, dem schwebt bereits etwas von des »Gedankens« Blässe Angekränkeltes, vom »Verstand« Gestempeltes, mit einem logischen Charakteristikum Versehenes vor. Genau wie der bereits »um« das Sinnliche weiß, der dafür das Epitheton des Seins gefunden hat, so weiß auch der bereits »um« das Unsinnliche, der es als geltend hinstellt. Was aber vom Gelten gilt, das gilt auch von all den übrigen Begriffen, mit denen in der Spekulation und ausschließlich in der Spekulation, in irgendwelchem Nachdenken, das Unsinnliche ausgezeichnet wird, von all den Ausdrücken wie Wert, Norm, Sinn, Bedeutung, die ja sämtlich nur Derivativa des Geltungsbegriffs sind. [100/101]

Das Gelten ist genau so ein glücklicher Ausdruck für die allgemeinste Art und Weise des Unsinnlichen wie das Sein eine passende Bezeichnung für die allgemeinste Art und Weise des Sinnlichen und, wofern es dem Sein koordiniert sein soll, genau so eine theoretische Etikettierungsform wie jenes. Soweit ferner nach dem Bisherigen schon eine Ahnung vom Wesen des Konstitutiven verstattet ist, wird auch der konstitutive Charakter des Geltens nicht bestritten werden. Denn es ist offenbar ebenso exklusiv und unvertauschbar auf das Unsinnliche zugeschnitten und festgelegt wie das Sein auf das Sinnliche.

Man wird jetzt zu der unvermeidlichen Konsequenz hingedrängt, *in die bloße leere isolierte Form*, was noch niemals geschehen ist, *noch einmal eine*

Spaltung hineinzutragen. Als Erkenntnisobjekt, als Gegenstand, gliedert sich auch die reine losgelöste Form noch einmal in Form und Inhalt, in kategoriale Form der Form und in Formmaterial. Die bloße Form als Erkenntnis*gegenstand*, die isolierte Form, deren System das philosophische Erkenntnisobjekt bildet, ist gar nicht mehr *bloße* Form in jeder Hinsicht, nämlich nicht logisch nackte bloße Form, sondern logisch betroffene bloße Form [67]) und somit bereits oberes Stockwerk des *Sinnes. An* der bloßen Form aber ist das Gelten kategoriales Betroffenheitsmoment. Wie man im Seinsgegenstand zu dem von der Kategorie Sein betreffbaren Seienden [68]) vordringen mußte, so muß man auch im Geltungsgegenstand, im Formgegenstand, das von der Kategorie Gelten betreff*bare* Geltende erst noch besonders freilegen, es von der sich darüber ziehenden kategorialen Form befreien, will man zum logisch unberührten Unsinnlichen vordringen.

Aber wenn so das Geltungsmoment und dessen Derivativa ganz ins Logische verlegt werden, scheint es dann nicht, als ob man einem erschreckenden Intellektualismus hinsichtlich der unsinnlichen Sphäre anheimfällt? Soll denn alle Gültigkeit und aller Wert, alle Dignität und Bedeutung, also gerade das, was der unsinnlichen Sphäre das Gepräge gibt, auf Rechnung des Logischen kommen, erst dem Hinzutritt der kategorialen Form verdankt sein? Soll [101/102] alle Geltungs- und Wertartigkeit etwa im Logischen liegen? Also die unsinnliche Sphäre in logischer Unberührtheit als geltungs- und wertfremd zu denken sein? Solche Konsequenzen aus dem kategorialen Charakter des Geltungsmoments zu ziehen, wäre freilich höchst irreführend. Vielmehr sind diese Fragen so zu entscheiden: allerdings taucht der Geltungscharakter erst beim Stehen des Unsinnlichen in logischer Form auf; erst im Gefüge des theoretischen Sinnes und folgeweise in der Sprache der Theorie kann er hervortreten. Im kategorial unbetroffenen Unsinnlichen und folgeweise in dessen Subjektskorrelat, der unmittelbaren stummen Hingabe ans Unsinnliche, kann von ihm noch keine Rede sein; da »sagt« man, »denkt« man, »weiß« man noch nichts davon. Aber man bedenke: das Unsinnliche in seiner logischen Unberührtheit und abgesehen von kategorialer Betroffenheit ist doch das, was als kategorial Betroffenes – gemäß den Prinzipien der Bedeutungsdifferenzierungslehre – erst in der Formenwelt des Logischen das Geltungs- und Wertmoment ermöglicht und hervorlockt. Wäre nicht das Unsinnliche das, was es ist, so könnte es, kategorial gestempelt, nicht als Geltungs- und Wertsphäre ausgesprochen werden. Denn »Gelten« ist der bestimmte konstitutive Formgehalt, zu dem die theoretische Form überhaupt um des spezifisch unsinnlichen Materials willen sich differenziert. Es wird also ganz antiintellektualistisch geradezu alles ins Material geschoben. Man darf doch nicht überschätzen, was im Geltungscharakter allein liegen soll, nämlich ein bloßes kategoriales Etikett, eine bloße logische Weihe! Ein in der Sphäre des Logischen auftretender bloßer Widerschein dessen, was im unsinnlichen Material liegt! Wir bedürften selbstverständlich statt des farblosen Wortes »unsinnlich« eigentlich eines Ausdrucks für das Material in der Geltungssphäre, der besser das andeutet, was – bereits in kategorialer Klarheit stehend – als Gelten, Wert, Bedeutung formuliert wird. Lediglich deshalb soll es bedenklich sein, diese Ausdrücke schon auf das kategorial unbetroffene unsinnliche Material, auf das, was gilt, anzuwenden, weil die Gefahr besteht, damit ein Moment der Intellektualisierung und Rationalisierung bereits ins irrationale Material hineinzuverlegen. Es steht eben kein Ausdruck zur Verfügung für das Geltungs-, Wert-, Bedeutungsmoment minus der [102/103] in Gelten, Wert, Bedeutung bereits steckenden Kategorie; all diese im übrigen guten Ausdrücke enthalten schon zu viel, schließen nämlich bereits das theoretische Besiegelungssymptom mit ein. Hier stößt man wieder auf die unüberwindliche Schwierigkeit, das logisch Nackte mit den Ausdrücken der Sprache treffen zu wollen, in denen immer schon Sinn, also die kategoriale Form, mitbezeichnet ist. Das ist gerade die antiintellektualistische Kehrseite dieser Einsicht in den kategorialen Charakter all jener Begriffe, daß man dadurch um so schärfer auf die Reinhaltung des Materials von allen theoretischen Zusätzen zu dringen vermag.

Das Geltungs- und Wertmoment steckt also einerseits noch nicht im kategorial unbetroffenen Unsinnlichen, aber es ist andererseits die bloße theoretische Legitimierung dessen, was das Unsinnliche unabhängig von logischer Form bedeutet. Genau so wie das Sein nicht im Sinnlichen liegt, aber doch lediglich das Wesen des Sinnlichen besiegelt. So hebt sich das Geltungsmoment zwar als logische Form durchaus vom Material ab, aber doch so, daß es das Wesen des Materials gleichsam durchscheinen läßt. Jetzt zeigt sich: was uns davor stutzig macht, es als das bloß logische Formmoment gelten zu lassen, ist wiederum der Umstand, daß es so stark auf das Material hinweist und von ihm gleichsam abfärbt, also sein eigenartig konstitutiver Charakter. Es lösen sich alle Schwierigkeiten, wenn stets dies beides zugleich bedacht wird: daß es spezifisch logischer, fraglos der Domäne der Logik angehörender Gehalt ist, aber andererseits eben ein konstitutiver Gehalt, der die Eigenart des

Unsinnlichen hindurchschimmern läßt. Es ist wieder die intensive konstitutive Bedeutungsbelastung, die wie beim Seinsgehalt der kopernikanischen Einsicht im Wege steht (vgl. ob. S. 58 f.).

So wird das obere Stockwerk des theoretischen Sinnes von zwei sich zur Einheit des Sinnes zusammenschließenden unsinnlichen Elementen gebildet, von denen das eine die kategoriale Legitimierung des anderen abgibt. Das Gefüge dieses Sinnes baut sich so auf, daß das unsinnliche materiale Moment vom unsinnlichen kategorialen Formmoment überdeckt wird. Beide zusammen, nämlich das Ineinander von Geltendem und kategorialem Gelten, von Werthaftem und kategorialem Wertmoment, [103/104] macht erst das aus, was bisher einfach und ohne Zerlegung als geltende Form oder Geltungsgehalt bezeichnet wurde. Wenn von Geltungsgehalt die Rede ist, dann ist damit nicht mehr bloß Form, nämlich bloß Unsinnliches, sondern bereits Form mitsamt der kategorialen Form der Form gemeint. Gelten ist die kategoriale Wahrheitsform von jeglichem Unsinnlichen, somit von jeglicher Form, z. B. von theoretischer und ästhetischer Form. Denn beide sind als Unsinnliches betreffbar durch die Kategorie »Gelten«. Insofern kann man logische und ästhetische Gültigkeit nebeneinanderstellen, das heißt das Theoretisch-Unsinnliche und das Ästhetisch-Unsinnliche, beide in der Kategorie »Gelten« stehend, beide kategorial betroffen gedacht. *An* der theoretischen und an der ästhetischen Gültigkeit kommt das *Gültigkeits*moment davon auf Rechnung des kategorialen Epithetons »Gelten«. Ästhetische Gültigkeit z. B. heißt soviel wie Gültigkeit *des* Ästhetischen, soviel wie kategoriales Gelten hinsichtlich des ästhetischen unsinnlichen Materials, genau wie blaue Gegenstände soviel heißt wie Seinsgegenständlichkeit *des* Blauen oder *betreffs* des Blauen. Ästhetische Gültigkeit ist schon mehr als logisch nacktes Ästhetisches, es ist Ästhetisches, betroffen vom kategorialen Geltungscharakter. Es baut sich dabei ein logisches Formmoment über einem ästhetischen Inhaltsmoment auf. Dies Ganze ist theoretischer Sinn. Man kann ihn ästhetisch-theoretischen Sinn nennen, um anzudeuten, daß es ein gerade ästhetische Inhaltlichkeit involvierender theoretischer Sinn ist. Entsprechend würde man von logisch-theoretischem und ethisch-theoretischem Sinn zu reden haben. Die sinnliche Wirklichkeit, das Seinsgebiet, wäre dann als sinnlich-theoretischer Sinn zu bezeichnen. All dies ist theoretischer Sinn oder Wahrheit, bloß mit jedesmal verschiedenem Material. Das Subjektskorrelat, das entsprechende Verhalten dazu, ist in allen Fällen Erkennen mit jedesmal anderem Erkenntnismaterial.

Man darf nun nicht etwa sich dazu verleiten lassen, jenes Zweierlei, das beispielsweise in ästhetischer Gültigkeit, in ästhetisch-theoretischem Sinn, steckt, in zwei *theoretische* Elemente zu zerspalten, also in ästhetische Gültigkeit und in theoretische Gültigkeit. Denn das Ästhetische daran, für sich genommen [104/105] und unabhängig von kategorialer Form, ist gültigkeitsunberührtes Unsinnliches. Ebensowenig darf man entsprechend das ästhetische Erkennen in ein ästhetisches Urteil und ein theoretisches Urteil zerfällen. Gewiß sind im ästhetischen Erkennen zweierlei Verhaltensarten irgendwie übereinandergebaut. Aber das ästhetische Verhalten daran ist nur ein als materiales Element ins Erkennen eingehender Urteils*bestandteil*. Der seit *Kant* in vielen ästhetischen Erörterungen wiederkehrende Ausdruck »ästhetisches Urteil« wird überhaupt meist ganz schief und verwirrend gebraucht. Er dürfte nur das ästhetisch-erkennende, also ein theoretisches Verhalten bezeichnen, und dann müßte man ihm das »logische«, »ethische« und »Sinnlichkeits«-Urteil terminologisch an die Seite stellen, da ja das Objekt solchen Erkennens, wie vorher bereits formuliert wurde, durch logisch-theoretischen, ethischtheoretischen und sinnlich-theoretischen Sinn gebildet wird. Meist aber wird zufolge eines ganz unklaren Intellektualismus, der an einer späteren Stelle noch einmal gekennzeichnet wird (im 2. Abschn. des 3. Kap.) das atheoretische, theoretisch unberührte *ästhetische* Verhalten und Stellungnehmen schon als »ästhetisches *Urteil*« bezeichnet. Dann muß man freilich dazu kommen, im ästhetischerkennenden Verhalten zwei urteilsmäßige Stellungnahmen als übereinandergebaut anzunehmen [69]). [105/106]

Alle Orientierung in der Geltungssphäre hängt somit davon ab, daß das Gültigkeitsmoment, mit dem die Geltungsphilosophie fortwährend zu operieren hat, als ein bereits kategoriales Moment, daß die Geltungsartigkeit unterschiedslos alles dessen, was gilt, als ein eindeutig der Kategorienlogik angehörender Faktor begriffen wird. Indem das Unsinnliche stets mit dem Geltungsmoment behaftet vor uns steht, das Geltungsmoment sich so unabweisbar dazwischendrängt, erweist es sich, wie verfehlt es ist, die kategoriale Form fürs Unsinnliche zu leugnen; wie sehr vielmehr das Unsinnliche in unentrinnbaren kategorialen Wahrheitsformen steht, genau so wie es *Kant* hinsichtlich des Sinnlichen gezeigt hat. Nicht als eine gleichartige metalogische unsinnliche Masse, sondern durchsetzt von überall sich dazwischenschlingender kategorialer Form tritt das Unsinnliche dann auf, wenn es als ein Gültiges, als das System der Formen, vor dem philosophischen Erkennen steht. Allerdings ist bisher allein die Gebietskategorie [106/107] für die unsinnliche Sphäre nachgewiesen worden. Aber bedenkt man das Prinzip aller Kategoriendifferenzierung, so ist damit in den Ansätzen bereits alles gewonnen und entschieden. Das Bestehen einer »Tafel« ist demgegenüber eine Angelegenheit zweiten Ranges, und auf sie wird später noch einzugehen sein.

Der einzige, vom Autor selbst allerdings später unbeachtet gelassene und nur gelegentliche Ansatz dazu, die *Lotze*sche Gegenüberstellung des Seienden und des Geltenden in die Logik, in die Kategorienlehre hineinragen zu lassen, aus ihr die Konsequenzen für die theoretische Philosophie zu ziehen, findet sich in *Windelbands* Urteilslehre. Nach *Windelband* gibt es zwei Einteilungsprinzipien des Urteils, das nach der »Qualität« und das nach der »Relation«. Die Einteilung nach der Relation ist die Differenzierung nach den »Formen des Denkens«, nach den »Arten der Wahrheit« oder nach den »Kategorien«[70]). Der im Urteil bejahte oder verneinte Kategoriengehalt, der das Urteilsobjekt bildende »Seins«-Gehalt soll nun, wofern man nicht einem »Hyperrealismus« verfallen will, verschiedene Arten der »*Kategorie* des Seins«, die »Wirklichkeit« oder »Realität« auf der einen und das »Gelten« auf der andern Seite umspannen[71]), somit als ein über diesen beiden Gebietskategorien stehender höherer kategorialer Gegenstandsgehalt gedacht werden. Realsein und Gelten sollen die »Klassen« des kategorialen Wahrheitsgehalts bestimmen, das principium divisionis für die »Verschiedenheit des Sinnes der Beurteilung«, für die »Arten der Wahrheit« abgeben[72]). Damit ist die *Lotze*sche Unterscheidung des Seins und des Geltens »mit der Urteilstheorie in Beziehung« gesetzt[73]), und die Konsequenz wäre gewesen, sie zum obersten Prinzip [107/108] für die Einteilung der Denkformen, der Wahrheitsformen, der Kategorien zu machen. Übrigens sei daran erinnert, daß bereits *Lotze* das Gelten als eine dem Sein koordinierte Unterart eines »sehr allgemeinen Begriffs von Bejahtheit oder Position«, eines umfassenden »Wirklichkeits«-Begriffes einführt.[74])

Wie sehr sich die wahre, d. h. die kategoriallogische Koordinierung des Seins und des Geltens, des Seins und des Wertes, des Seins und des Sollens, aufdrängt, zeigt sich gelegentlich bei *Rickert*, wenn er von *Fichtes* religionsphilosophischem Begriff der »Ordnung« – den er »eine neue Kategorie« für das Übersinnliche nennt – meint, daß sie »aus der Kategorie des Seins in die des Sollens führt«[75]). Hier ist offensichtlich dem Sein das Sollen als eine ebenbürtige konstitutive Kategorie für das Nicht-Sinnlich-Seiende gegenübergestellt. Auch *Simmel* bringt die Kategorien des Seins und des Wertes in Parallele, wobei er jedoch unter Kategorie die Form im weitesten Sinne und nicht mehr die spezifisch-theoretische Form zu verstehen scheint [76]). Endlich spricht *Husserl* gelegentlich davon, »daß innerhalb der begrifflichen Einheit des Seienden (oder was dasselbe: des Gegenstandes überhaupt) ein fundamentaler kategorialer Unterschied bestehe, dem wir eben Rechnung tragen durch den Unterschied zwischen idealem Sein und realem Sein« [77]).

Indem sich so ergeben hat, daß in der unsinnlichen Sphäre der Anteil des Logischen sich heraussondern läßt, wird die kopernikanische Tat vom Seinsgebiet auf die andere Hemisphäre übertragbar. Genau wie auf dem Seinsgebiet die Logizität des angeblich metalogischen Seins erkannt wurde, so wird jetzt durchschaut, daß es sich auch beim Gelten um theoretische Kategorialform dreht. Das Logische bleibt ja, wie sich in der Geschichte des Denkens bereits hinsichtlich des Seinsgebiets gezeigt hat, am längsten unerkannt in seinem konstitutiven Gehalt, wo es, am wenigsten sich abhebend, mit dem Spezifischen seines Materials [108/109] am meisten verschmilzt. Obwohl jetzt das Gelten fast so sehr in der Philosophen Munde ist wie das Sein des Sinnlich-Seienden, so ist es dem Gelten doch bisher ebenso ergangen wie ehedem dem Sein: sein logisch-kategorialer Charakter ist bis heute verborgen geblieben.

Auch die Geltensgegenständlichkeit ist identisch mit kategorialer Wahrheitsform, auch die Formgegenstände fallen mit wahrem Sinn zusammen. Gewiß gibt es »ideale Gegenstände«, und gewiß gibt es Wahrheit auch über das Unsinnliche. In der Konstatierung davon bekundet sich auf das klarste die Ausdehnung des Wahrheitsbegriffs über das Sinnliche hinaus [78]). Aber auch hier darf nicht die Auseinanderreißung in die beiden Reiche des Gegenstandes und der »Wahrheit darüber« zugelassen werden, sondern die Wahrheit rückt wiederum in den Gegenstand selbst hinein, ist mit ihm identisch. Auch hier bleibt nur die Hinsichtlichkeit übrig, die zwischen Kategorie und Kategorienmaterial besteht und von der Gliederung des theoretischen Sinnes sich herschreibt. Auch hier ist die Sache selbst und die Wahrheit darüber Ein und Dasselbe [79]). Das sinnliche Seinsgebiet, an dem *Kant* uns diese Identität zum Bewußtsein gebracht hat, sinkt zu einem einzelnen Teil eines Gegenstandes herab, dem Wahrheit nicht als Abbild und Schatten gegenüberzustellen, sondern mit dem sie gleichzusetzen ist. Der Gegenstand oder die Sache selbst erweitert sich vom Seinsgebiet zum All des Gegenständlichen. Sie fällt mit der Totalität des konstitutiv geformten theoretischen Sinnes zusammen. Nirgends ist der konstitutiv-kategoriale Gehalt ein »bloß Logisches«, sondern in allen Sphären des Denkbaren figuriert er als die Wesenheit der Gegenstände selbst. Insofern hat es die Logik als Lehre von der konstitutiven Form zweifellos mit den Gegenständen selbst zu tun. Aber diese Wesenheit der Gegenstände selbst hinwiederum ist auch hier nichts anderes als die Gegenständlichkeit an den Gegenständen und d. h. die objektive Bewandtnis, die es *mit* deren metakategorial und metalogisch bleibendem Material hat. Diese Besinnung auf den [109/110] Formcharakter des logischen Geltungsgehalts, dieser »Formalismus«, trennt unseren kantianistischen Standpunkt auch bei dieser erweiterten Anwendung auf das schärfste von einem *Hegel*schen Panlogismus.

Mit der Erweiterung des konstitutiven Gehalts verband sich eine Ausdehnung des *Gegenstands*begriffs. Gegenständlichkeit im weiteren Sinne ist der Halt, die Verselbständigung und Verfestigung, die uns an einem Material als Symptom der Umschlossenheit durch konstitutiv-kategorialen, bestimmt belasteten Gehalt entgegentritt. Es wird dabei – das hat sich jetzt gezeigt – genau die gleiche theoretische Legitimierungsmission dem unsinnlichen wie dem sinnlichen Material zuteil, und erst gemäß der Verschiedenartigkeit des Materials belastet sich die eine theoretische Form überhaupt das eine Mal zum konstitutiven Seins-, das andere Mal zum konstitutiven Geltungsgehalt. Um dieser Gleichheit der kategorialen Inkrustierung willen reicht eben die Vergegenständlichung weiter als die Seinsgegenständlichkeit. Man muß auch von einer Gegenständlichkeit des Nichtseienden, des Unwirklichen sprechen. Jetzt stellt sich heraus, was früher offen gelassen werden mußte, daß der Gegenstandsbegriff im weiteren Sinne in der Tat noch eine andere Erfüllung findet als bloß im Seinsbegriff (vgl. oben S. 61 f.). Auch das Unsinnliche hat eben seine kategoriale Art und Weise, seine kategoriale Wesenheit, die genau analog ist dem Sein als der Art und Weise des Sinnlichen. Dieser Sachverhalt verlangt unwidersprechlich einen gemeinsamen Ausdruck für das absolut Identische, das in den einzelnen Fällen dem Material widerfährt und erst durch das unvergleichbar verschiedene Material sich zu den verschiedenen Gebietsprädikaten [80]) differenziert. Daß über der absoluten Gleichheit dieser kategorialen Mission nicht die Ungleichheit des sinnlichen und unsinnlichen Materials in der Richtung auf eine »Hypostasierung« des letzteren nivelliert wird, dafür bürgen doch wahrlich all die früheren Darlegungen über die Urdualität und Kluft des Denkbaren sowie über den bloßen Formcharakter des Unsinnlichen. Wenn somit von der Gegenständlichkeit als einem das Seiende und das Nicht-Seiende umfassenden [110/111] Prädikat, wenn von der Gegenständlichkeit auch des Nicht-Seienden und Unwirklichen geredet wird, so geschieht damit dem Nichtsein und der Unwirklichkeit des Unsinnlichen kein Abbruch. Gegenständlichkeit ist doch lediglich ein gemeinsamer Name für das unbestreitbare gemeinsame Loos konstitutiv-kategorialer Betroffenheit. Gewählt ist dieser Ausdruck in Übereinstimmung mit der *Kant*schen und fast der gesamten neueren Terminologie (vgl. d. 2. Abschn. d. 2. Kap. u. d. histor. Schlußkap.). Wer aber dennoch, durch das *Wort* Gegenständlichkeit aufgeregt, vom Vorwurf des Hypostasierens nicht lassen kann, gegen den wäre nicht zu streiten.

Es empfiehlt sich, auch terminologisch zwischen den formalen und den materialen Bestandteilen der Geltungssphäre zu unterscheiden. Wie im Seinsgegenstand die Wirklichkeit formaliter und materialiter spectata, so muß auch im Geltensgegenstand die Unwirklichkeit formaliter und materialiter spectata auseinandergehalten werden. Das Gelten macht als Geltensgegenständlichkeit ebenso die kategoriale Form der Geltens- oder Formgegenstände, des Geltungs- oder Formgebiets aus, wie das Sein als Seinsgegenständlichkeit die kategoriale Form der Seinsgegenstände oder des Seinsgebietes. Es muß ferner wie das Sinnliche und dessen Sein, so das Unsinnliche und dessen Gelten, wie das Seiende und sein Sein, so das Geltende und sein Gelten gesondert werden. Das »Geltende« ist ebenso doppeldeutig wie das» Seiende« (vgl. oben S. 40 f.), da es das Unsinnliche mitsamt seiner kategorialen Form wie das kategorial unbetroffene Unsinnliche bezeichnen kann. Es soll der Ausdruck aber entsprechend dem des Seienden stets im Sinne des logisch nackten Unsinnlichen, sowie des Unsinnlichen als bloßen Kategorienmaterials, also in der Bedeutung des von der Kategorie »Gelten« Umkleid*baren* gebraucht werden. Ebenso sind die Ausdrücke »ein Gültiges« oder »ein Geltungsgehalt« doppeldeutig, da sie ein Geltendes ebensowohl mit ihrem Gelten wie ohne ihr Gelten meinen können. Das Gebiet kann man wie nach der Kategorie, so auch nach dem Material nennen und darum von Seins- und Geltungsgebiet ebenso wie von sinnlichem und unsinnlichem Gebiet reden.

Alle unsinnliche Form ist Geltungsgehalt, d. h. Geltendes, [111/112] von der Kategorie »Gelten« umkleidbares Material. Wie alles Unsinnliche, so ist auch jede logische Form Geltungsgehalt, in der Kategorie »Gelten« stehendes Unsinnliches. Und wie jede logische Form, so steht auch die logische Form »Gelten« selbst in der Kategorie »Gelten«. Das ist in keiner Hinsicht paradox. Im oberen Stockwerk sind Form wie Material beide unsinnlich, und es kann deshalb die Form dieser unsinnlichen Form der Form nicht anders lauten als die

Form der untersten Form. Wie jede logische Form, so hat man auch die logische Form »Gelten« dann, wenn sie logisch nackt oder als Kategorienmaterial hingestellt sein soll, einfach als unsinnlich zu bezeichnen. Es ist darum in keiner Weise zirkelhaft, wenn die Kategorie des Geltens auf die Kategorie des Geltens wiederum angewandt und vom Gelten selbst behauptet wird, es sei ein kategorialer Geltungsgehalt, ein logisch Geltendes. Man ist hierbei lediglich gleichsam ein Stockwerk theoretischen Sinnes höher gestiegen [81]) und bemerkt dabei, daß es in diesem dritten Stockwerk keine neue Kategorie mehr gibt. Die Form der Form der Form kann ebenso wie die Form der Form nur »Gelten« heißen. Damit wird allerdings der regressus in infinitum zugestanden (vgl. oben S. 76). Aber er besagt nichts anderes, als daß die Kategorie ins unendliche Material der Kategorie zu werden vermag. Das ist der Sachverhalt in der objektiven Sphäre des Sinnes, den man schon längst in subjektivierter Wendung dahin formuliert hat, daß das Wissen ins Unendliche sein eigenes Objekt werden kann. Und es ist auch ganz in der Ordnung, daß die Kategorie des Geltens ins *Unendliche* in der Kategorie des Geltens steht, da ja die Form der Form ins Unendliche unsinnlich ist. Vom zweiten Stockwerk an gibt es eben in dieser Hinsicht nichts Neues mehr. Die Kluft zwischen sinnlich und unsinnlich liegt im untersten Stockwerk, zwischen Urmaterial und unterster Form. Das unterste und das obere Stockwerk zeigen uns die letzten Gegensätzlichkeiten in der Rolle des Kategorienmaterials. Mit dem Material des zweiten Stockwerks ist die Kluft bereits überschritten. Die übrigen Stockwerke dürfen deshalb von der Kategorienlehre vernachlässigt werden. Ins Unendliche eine [112/113] Logik der Logik zu fordern, ist allerdings überflüssig. Dagegen mit dem Hinweis auf das zweite Stockwerk, auf die Kategorie fürs Unsinnliche, ist die ganze obere Region, also geradezu die eine Hemisphäre der logischen Form, die neue Welt des kategorialen Gehalts entdeckt. Der regressus in infinitum, anstatt ein Einwand gegen unsere Theorie zu sein, setzt gerade die Unerläßlichkeit der Hineintragung des Kategorienproblems in das obere Stockwerk ins rechte Licht.

2. Abschnitt.

Die Zweigegenstandstheorie und die Kopernikanische These [82]).

Im 2. und 3. Abschnitt des ersten Teiles ist die unberechtigte Zweiwelten-theorie, die das Seinsgebiet und das Geltungsgebiet mit Hilfe fehlerhafter Ver-dopplung zu zwei selbständigen Reichen auseinanderriß, zu einer Zwei-elementheorie umgebildet und dabei gezeigt worden, daß auf der einen Seite nicht das Seinsgebiet, sondern das eine Urelement des Denkbaren, das Sinnliche, steht. Im vorigen Abschnitt dieses Kapitels jedoch hat sich heraus-gestellt, daß die Dualität der Urbestandteile den Grund abgibt zu einer neuen, einer gereinigten Zweigegenstandstheorie. Dadurch ist aber zugleich die Möglichkeit von neuem wiedergewonnen, eine Einteilung vorzunehmen, auf deren einer Seite nun doch nicht das bloße Sinnliche, sondern das Seinsgebiet steht. Denn die Sphären der letzten Elemente, *beide* kategorial betroffen ge-dacht, ergeben die Zweiheit von Seinsgebiet und Geltungsgebiet.

Der Fehler der durch die kopernikanische Einsicht revisionsbedürftigen anfänglichen Abgrenzung bestand darin, daß man auf der einen Seite, nämlich auf der des Seinsgebiets, noch ein Geltungsmoment und zwar gerade den theo-retischen Geltungsgehalt beibehielt, der diese Seite zum Seinsgegenstand er-höhte. Will man aber die Urdualität des Etwas ergründen, so darf man unter keinen Umständen auf die Seite des Nichtgeltenden bereits einen Gegenstand hinstellen. Das bringt jedoch jetzt plötzlich auf den Gedanken, daß unter *einer* bestimmten Voraussetzung [113/114] allerdings der Seinsgegenstand als legiti-mes Gegensatzglied auftreten könnte. Wenn nämlich nicht darauf abgestellt wird, die Urdualität des Etwas, sondern bereits die Urdualität der Gegenstände festzulegen. Nur wenn man die letzte Scheidung der Gegenstände sucht, darf man das Seinsgebiet auf die eine Seite stellen. Und tut man das, so muß man auch auf der Gegenseite ein kategorial Betroffenes, ein Reich theoretischen Sinnes, einen *Gegenstand* haben; so muß man auf beiden Seiten gleichmäßig die beiden Gebiete als in Form und Material zerlegbaren Sinn zu interpretieren imstande sein. Dann stellt man nicht das Sinnliche und das Unsinnliche, son-dern den sinnlichen und den unsinnlichen Gegenstand einander gegenüber. Daß man in der Tat das Geltungsgebiet hierbei stets als Gegenstandsgebiet dachte, auf diesem Umstand, der der ganzen Gegenüberstellung erst Sinn und

Berechtigung gibt, sich zu besinnen, dazu fehlten bisher die Mittel. Sie sind erst dadurch zu gewinnen, daß das Gegenstandsproblem, das Kategorienproblem, die Zerlegung in ein kategoriales und ein materiales Moment, auf die Geltungssphäre übertragen wird.

Jetzt wird offenbar, daß die ganze Einteilung in die beiden Sphären immer schon insgeheim von der Übertragung des Kategorienproblems auf die unsinnliche Sphäre gelebt hat. Schon früher wurde die Koordinierbarkeit von Sein und Gelten davon abhängig gemacht, daß beide kategoriale Gebietsprädikate darstellen (vgl. oben S. 83 f.). Jetzt wird klar, wie geradezu die ganze Zweiweltentheorie daran hängt, daß Sein und Gelten kategoriale, Sinnliches und Unsinnliches materiale Analoga, Seinsgebiet und Geltungsgebiet Analoga des Sinnes oder des Gegenstandes bilden.

Es bleibt also einerseits bei dem früheren Ergebnis, daß die Kopernikanische Einsicht hinsichtlich des Seinsgebiets uns zu einer Korrektur in der Einteilung des Denkbaren zwingt. Die Dualität der *Elemente* kann nur die des Sinnlichen und des Unsinnlichen sein. Aber indem die gleiche kopernikanische Einsicht auf die andere Sphäre sich überträgt, läßt sich neben der Einteilung in das Seiende und das Geltende auch die Einteilung in Seins- und Geltungsgebiet als die Gegenüberstellung der Gegenstände, der Gebiete, nachträglich rechtfertigen. Es ist die Zweielementen-[114/115]theorie eben von der Zweigegenstandstheorie oder »Zweiweltentheorie« zu unterscheiden. Indem früher bereits stets das Sinnliche nach seinem Gebietsprädikat als das Seiende und ganz parallel das Unsinnliche als das Geltende bezeichnet wurde, so drängte eigentlich immer schon alles zur Einsicht auch in den hierin vorliegenden genauen Parallelismus.

Die jetzt gewonnene endgültige Entwirrung und abschließende Klärung über die Zweisphärentheorie läßt sich auch folgendermaßen ausdrücken. Es mußte früher der Vorwurf erhoben werden, daß auf der einen Seite zuviel stand, nämlich statt des bloßen sinnlichen Elementes das Seinsgebiet und damit das sinnliche Etwas bereits mitsamt seiner kategorialen Form. Jetzt dagegen hat sich herausgestellt, daß genau dasselbe, nämlich die Hinzunahme der kategorialen Umschließung, sich in dem Falle auf der andern Seite wiederholt, wenn dort nicht bloß das logisch nackte Formelement, sondern der Inbegriff der Geltensgegenstände steht. Die ganze Entgegensetzung erhält dadurch ihre Korrektur oder vielmehr, sie wird fehlerlos, wenn man sie als Scheidung nicht der Elemente, sondern der Gegenstandsgebiete faßt. Aber noch mehr! Durch die Gebietsabgrenzung scheint die Elementenabgrenzung hindurch. Die kategoriale Gegenstandsform läßt sich auf beiden Seiten in Abzug gebracht denken. Dann, kann man sagen, wird in der Entgegensetzung von Seins- und Geltungsgebiet durch die beiderseitige kategoriale Form hindurch das beiderseitige Material, das Seiende und das Geltende, gemeint. Die Einteilung der Elemente des Sinnlichen und des Unsinnlichen wird hierbei richtig getroffen, nur liegt sie hier verhüllt, nämlich kategorial umkleidet vor. Diese theoretische Verbrämung aber hat auch ihren guten Grund. Jene Gegenüberstellung der beiden Sphären wurde doch stets bei der Frage nach der letzten Scheidung des Erkennens vorgenommen. Da kam es auf die letzte Zweiheit der Erkenntnis*gegenstände* an, in der ja die Dualität der Elemente als Dualität des Erkenntnismaterials eingeschlossen ist. –

Von der durch den vorigen Abschnitt begründeten Gegenüberstellung der beiden Gegenstandsgebiete aus läßt sich nun ferner die kopernikanische Zusammenrückung von Gegenständlichkeit und kategorialer Wahrheitsform, von Gegenstandsgebiet und theo-[115/116]retischem Sinn, von einer neuen Seite beleuchten. Es kann jetzt gewürdigt werden, daß auch der Auseinanderhaltung von Gegenstand und Wahrheit ein berechtigter Sinn zugrunde liegt. Die im ersten Teil vorgenommene Kritik konnte eben diese Angelegenheit noch keineswegs erschöpfend behandeln.

Ausgegangen werden soll dabei von der kopernikanischen Identifikation von Sein und kategorialer Wahrheitsform, auf der ja sodann das Zusammenfallen von Seinsgegenstand und theoretischem Sinn beruht. Es läßt sich jetzt beides begreifen: die Berechtigung der vorbehaltslosen Identifizierung und die Skrupel, die sich gegen eine solche Gleichsetzung immer wieder zu erheben pflegen. Auch hier erweist sich die Auseinanderhaltung von logischer Nacktheit und kategorialer Betroffenheit innerhalb der Geltungssphäre als das einzige Mittel endgültiger Entwirrung. Beide Behauptungen sind nämlich gleich zutreffend: daß Sein mit logischem Gehalt zusammenfällt wie auch, daß beides auseinanderfällt. Hier liegt alles an der Doppeldeutigkeit solcher Termini wie »logischer Gehalt«, »Geltungsgehalt«, »logische Form« u. a. (vgl. oben S. 93). Es kommt darauf an, ob damit das geltende Form-Etwas in seiner logischen Nacktheit oder dieses geltende Etwas mitsamt der Kategorie »Gelten«, also mitsamt der Form der Form gemeint ist. Sein fällt zusammen mit logisch nackter logischer Form, aber nicht mit der durch die Form der Form umkleideten logischen Form, nicht mit dem Formgegenstand. Wenn man sagt: Sein ist

97

Geltungsgehalt, so darf damit nur gemeint sein: Sein ist Geltendes, Geltungsmaterial [83]), mit der Kategorie »Gelten« Umkleidbares, aber nicht: Sein ist Geltendes mitsamt der Kategorie »Gelten«. Das Sein ist gewiß eine logische Form, ein logisch Geltendes; aber die logische Form *für* logische wie jegliche Form, das heißt die Kategorie »Gelten«, muß man von ihm fernhalten. Sonst macht man sich der vollen Unsinnigkeit schuldig, die Kategorie des Geltens in die Kategorie des Seins hineinzutragen; *die* beiden Kategorien ineinanderzuschieben, zwischen denen gerade die letzte Unterschiedenheit kategorialen Gehalts besteht. Wohl aber steht die Kategorie des Seins als unsinnliches, als »geltendes« Etwas *in* der Kategorie des Geltens; sie gibt ein Material für sie ab. [116/117]

Man vermißt eben fortwährend besondere Ausdrücke für die logisch nackte Form und für die logisch betroffene Form mitsamt der kategorialen Form der Form, so hier für die logisch nackte und die kategorial betroffene logische Form. Das Sein fällt mit logisch nackter Form, mit logisch nacktem Logischem zusammen. Der Seinsgehalt ist wohl ein geltendes Etwas, aber nicht ein Stück Geltungsgebiet; dazu *wird* er vielmehr erst als seinerseits kategorial Betroffenes. Es ist stets im Auge zu behalten, daß wir ebensowenig wie vom Sinnlichen vom unsinnlichen Etwas, von der unsinnlichen Form reden können, ohne daß sich uns wiederum *deren* kategoriale Form, also die Kategorie »Gelten«, dazwischenschiebt. Wenn der Logiker von logischer Form redet, so steht sie von der Kategorie Gelten betroffen, als Objekt vor seinem, des Logikers Erkennen. Es müssen dann allerdings lauter Ungereimtheiten herauskommen, wenn man das Sein, somit die logische Form, wie sie logisch nackt vor dem Seinserkennen steht, mit der zum Geltungsgegenstand verselbständigten logischen Form gleichsetzt, wie sie das Objekt des logischen Erkennens bildet. Der Seinserkennende, nämlich der Erforscher des Seinsgebiets, erkennt ja nicht das Sein; er weiß nur um das Seiende, nicht aber um das Sein, über dessen Geltungscharakter sich den Kopf zu zerbrechen gar nicht seines Amtes ist. Das Sein »erlebt« er nur als logische Form, ohne *darum* zu wissen. Jedoch die Identität des Seins mit logisch nackter, mit ungewußter, unerkannter, nicht *als* geltend und in ihrem Geltungscharakter erkannter logischer Form besteht schlechthin und auch schon für den Seinserkennenden und nicht unter irgendwelchen »Gesichtspunkten«, etwa erst auf der Stufe philosophischer Besinnung. Schon der Seinserkennende erfaßt in und mit dem Seinscharakter ein logisches Unsinnliches; in und mit der Seinsform seines Seinsgegenstandes schwebt ihm theoretisches Unsinnliches vor, mag er auch, wie billig, dem Philosophen überlassen, diese logische Form zu erkennen, sie mit dem Epitheton des Geltens zu versehen. Denn das Sinnliche, nicht aber die unsinnliche Form zu erkennen, ist Angelegenheit des Seinserkennenden. Bestritten wird die kopernikanische Identifikation höchstens von einer philosophischen Theorie. Vom Seinserkennenden wird sie harmlos und problemunbekümmert bloß »erlebt«. Es [117/118] gibt also nicht verschiedene »Standpunkte« – wie überhaupt Seinserkennen und Philosophie niemals »dasselbe« unter verschiedenen »Gesichtspunkten« behandeln –, einen unphilosophischen und einen philosophischen, unter denen »dasselbe«, nämlich das »Sein«, bald als bloßes Sein bliebe, bald in logischen Gehalt aufgelöst würde. Vielmehr für beiderlei Erkennen fällt das Sein mit logischem Gehalt zusammen, auch für das Seinserkennen; bloß bei diesem befindet es sich in der Situation logisch umkleidender, aber selbst logisch nackter Form, beim philosophischen Erkennen dagegen in der Situation des Materials und logischer Betroffenheit. Ebenso bleibt das Sein für beiderlei Erkennen Sein und nichts als Sein, ohne sich in etwas anderes zu verwandeln, auch für das philosophische Erkennen; bloß daß dieses als Sein verharrende Sein vor dem philosophischen Forum als ein *mit* dem Prädikat des Geltens ausstattbares Material *erkannt* wird. Auch der Philosoph aber setzt nicht für das Sein irgend etwas anderes, etwa ein Gelten oder ein »Sollen«, als Gegenstand der Erkenntnis ein.

Es ist somit auf das strengste daran festzuhalten, daß Sein und logischer Geltungsgehalt zu identifizieren sind. Und dennoch kann man es zu würdigen wissen, wenn beides einander gegenübergestellt wird. Denn nur wenn man logische Form logisch nackt nimmt, darf man das Sein mit ihr identifizieren, und nur wenn man sie als zum Formgegenstand geworden nimmt, muß man sie dem Sein gegenüberstellen.

So hat sich jetzt herausgestellt: erst die auf die Geltungssphäre übertragene kopernikanische Zerlegung in Kategorie und Kategorienmaterial ist die Voraussetzung für eine endgültige Klarheit auch nur über die kopernikanische Tat hinsichtlich des Seinsgebiets. Denn wie die kopernikanische These bisher behandelt wurde, geriet man stets in die größten Verlegenheiten, kam man im Grunde nie über die offensichtlichsten Absurditäten hinweg. Seinsgebiet und Geltungsgebiet sollten die äußersten Gegensätze sein, aber das Sein wurde als dem Geltungsgebiet angehörend erklärt; Wirklichkeit und Wert sollten sich schroff gegenüberstehen, aber die Wirklichkeit wurde für einen Wertbegriff gehalten. Es gibt gegen diese Verwirrungen nur den Rettungsweg, der hier eingeschlagen wurde, die Einsicht, daß sich innerhalb der Gel-[118/119]tungssphäre das Gelten selbst als Kategorie abziehen läßt und daß man dann das logisch nackte Geltende übrig behält. Fehlte diese Voraussetzung, wie es bisher stets der Fall sein *mußte*, so ergab sich folgendes: man entrückte am Seinsgebiet das Sein selbst als logische Kategorie der sinnlich-anschaulichen Art seines Materials. Dann fiel es also in die Geltungssphäre. Das auszudrücken hatte man aber keine anderen Mittel als auszumachen: das Sein ist ein »Gelten«. Dies »Gelten« aber mußte man unzergliedert, *unzerlegt* lassen. Genau ebenso stand es der Sache nach, auch wenn man denselben Satz mit dem Wertbegriff oder in der normativen Umbiegung formulierte: das Sein ist »ein Wert«, »eine Norm«, »ein Fordern«, »ein Sollen«. Das mußte begreiflicherweise doch wieder unerträglich erscheinen. Denn Sein und Wert, Sein und Norm sollen ja gerade die Gegenpole sein. So geriet man stets auf den Ausweg, ein »logisches Vorangehen«, eine »Priorität« des »Wertes« und »Sollens« vor dem Sein, ein Verhältnis zwischen Sein und logischem Geltungs- oder Wertgehalt, ein Bedingt- oder Begründetsein des Seins durch die logische Norm anzunehmen [84]). Oder man verfiel darauf, die reine Norm erst in ihrem bereits unter sinnlich-anschauliches Seinsmaterial geratenen Zustand zum »Sein« werden zu lassen, von einem Übergang des Sollens zum Sein zu reden [85]). Aber hierbei handelt es sich lediglich um den Unterschied zwischen schlechthin reiner theoretischer und bereits bestimmt-belasteter Gegenstandsform. [119/120]

Es ist wohl verständlich, daß man immer wieder vor einer glatten Identifizierung zurückschrak. Denn da man sich nicht einfallen ließ, daß man mit »Gelten«, »Norm« usw. bereits den Geltungsgegenstand gemeint, also die zweite Kategorie, die Kategorie der Kategorie, die Form der Form, mitgemeint und mitgenannt hatte, so mußte es verborgen bleiben, warum die Identifizierung mit der *einen* Kategorie, mit der Kategorie »Gelten«, allerdings nur zu lauter Unsinnigkeiten führen konnte. Gerade die Logiker, die sich der normativen Umwendung des Geltens bedienten, konnten die kopernikanische Leistung nie ohne Abschwächungen und Verklausulierungen verfechten und mußten, in Übereinstimmung übrigens mit dem gesamten Kantianismus, das Sein irgendwie als logisches Erzeugnis der kategorialen Form ansehen. Von einer Scheidung zwischen unsinnlichem Material und kategorialem Gelten kann da schon aus sprachlichen Gründen kaum die Rede sein. Unter Wert, Norm, Sollen versteht man dann stets den ganzen unzerlegbaren Gegenstand. Man hatte eben des Rätsels einzige Lösung noch nicht durchschaut, die darauf beruht, daß das Gelten selbst bereits Kategorie und zwar Kategorie wie von allem Unsinnlichen, so Kategorie der Kategorie ist. Daß das Geltende oder das, *was* gilt, und das Gelten selbst voneinander in dem *Abstand* stehen, der zwischen bloßem Kategorienmaterial und Kategorie besteht. Bleibt das verborgen, dann übersieht man den Unterschied zwischen geltendem Material und kategorialem »Gelten«. Dann kommt man immer, wie jetzt rekapituliert werden mag, zu folgenden Substitutionen: Sein ist Kategorie, Kategorie gilt, also Kategorie ist ein Gelten, folglich ist auch Sein ein Gelten. Dieser Identifikation muß man dann durch eine falsche Distanzsetzung zu entgehen suchen, da man die wahre Distanz, nämlich die zwischen geltendem Material und kategorialem Gelten nicht erkannt hat. *Das* Verhältnis nämlich zwischen Sein und logischer Form, daß das Sein irgendwie Geschöpf, Bedingtes, Korrelat der logischen Form ist, gibt es in keinerlei Hinsicht. Es gibt nur einerseits unverklausulierbares Zusammenfallen des Seins mit logisch nacktem logisch Geltendem, wofür »Sein« lediglich ein zutreffendes *Wort* ist, ohne daß von irgendeiner Begründbarkeit oder Zurückführbarkeit des [120/121] Einen auf das Andere die Rede sein kann. Und es gibt andererseits allerdings ein Auseinanderfallen von Gelten und Sein, das aber gar nichts mit einem Prioritäts- oder Bedingungsverhältnis zu tun hat. Vielmehr verhält sich das Gelten zum Sein so, daß es von ihm, dem Geltenden, als seine kategoriale Besiegelung prädizierbar ist. »Das Gelten« aber, wenn man darunter nicht das bloße kategoriale Gelten, sondern den Geltungsgegenstand versteht, verhält sich zum Sein wie der Gegenstand zum bloßen Gegenstandsmaterial, und dieses Material »des Geltens«, »der Norm« usw. fällt mit dem Sein zusammen. Das bloße kategoriale Epitheton »Gelten« dagegen tritt als etwas Neues, nämlich als kategoriale Form, zu der ihr Material bildenden, also von ihr verschiedenen kategorialen Form »Sein« hinzu. Das Sein wird in der Philosophie, das zeigt sich hier von neuem, gar nicht durch etwas anderes begründet oder auf etwas anderes, z. B. auf Gelten, Norm usw., »zurückgeführt«. Sondern es wird nur als Geltendes *erkannt*, das heißt, es wird erkannt, daß von ihm die von ihm also unterschiedene Kategorie Gelten zu prädizieren ist. Dem Dogmatismus gegenüber besteht allerdings die kopernikanische Auffassung darin, daß das Dogma vom atheoretischen Charakter, von der Metalogizität des Seins, beseitigt, das Sein als logischer Gehalt durchschaut wird. Allein das Sein bleibt unbeanstandet bestehen, ohne daß etwas anderes an seine Stelle eingesetzt würde; bloß seine metalogische Verkappung wird aufgehoben, das heißt aber eben soviel, daß das als Sein stehen bleibende und von nichts anderem abhängig gemachte Sein als Geltendes, also als vorbehaltlos zusammenfallend mit logisch nackter logischer Form und als stehend *im* Gelten erkannt wird.

Legt man die Spaltung der Geltungssphäre in Kategorie und Material zugrunde, dann und nur dann kann man die kopernikanische Identifikation mit gutem Gewissen vollziehen, ohne sich doch einer Vermengung des Seins- mit dem Geltungsgegenstand, speziell mit dem logischen Geltungsgegenstand, des Ontischen mit dem Logischen, des Ontologischen mit dem Logologischen schuldig zu machen. Es wird ja die Kluft zwischen Seinsgebiet und Geltungsgebiet, zwischen Seiendem und Geltendem, zwischen Sein und Gelten nicht angetastet, vielmehr auf jede Weise be-[121/122]festigt und verteidigt. Das Sein wird lediglich mit einem Geltenden, also die Form des Seinsgegenstandes mit einem Material des Geltungsgegenstandes, somit das Sein keineswegs mit dem Gelten, wohl aber mit einem Etwas, was da gilt, mit dem, dem Gelten zukommt, identifiziert. Was ist, gilt nicht, das Seiende ist nicht das Geltende, das Sein nicht das Gelten und das Gebiet der Seinsgegenstände nicht das Gebiet der Geltungsgegenstände. Wohl aber kommt dem, was ist, das Sein als kategoriales Prädikat zu und damit ein Etwas, dem seinerseits das Gelten als dessen kategoriales Prädikat gebührt. Ein solches Sichdecken der Form des einen Gebiets mit dem Material des anderen ist allerdings zuzugeben. Das zu erkennen, darin besteht die kopernikanische Einsicht.

Was bisher für das Verhältnis zwischen Sein und logischer Wahrheitsform ausgemacht wurde, zieht seine Konsequenzen für das Verhältnis zwischen Seinsgegenstand und theoretischem Sinn, nämlich zwischen inhaltlich erfülltem Sein und inhaltlich erfüllter Wahrheitsform, nach sich. Denn genau so doppeldeutig wie die Ausdrücke »logische Form«, »logischer Gehalt« waren, sind die Ausdrücke »wahrer Sinn« oder »Wahrheit«. Es kommt auch hier darauf an, ob man darunter logisch nackten oder kategorial betroffenen theoretischen Sinn versteht. Wir bedürften wieder eines besonderen Ausdrucks für den logisch nackten theoretischen Sinn, nämlich für das in der logisch nackten Wahrheitsform stehende Material, für das Form-Material-Gefüge, wie es das Objekt des Erkennenden, z. B. des das Seinsgebiet Erkennenden bildet. Reden wir als Logiker von wahrem Sinn, so ist wieder nicht zu leugnen, daß das Objekt unseres Erkennens dabei ein anderes ist als das Objekt *des* Erkennens, dessen Gegenstand ursprünglich dieser wahre Sinn bildete. Jenes Erkennen bestand in der Hingabe an den Seinsgegenstand, an kategorial betroffenes Material, wobei aber der Geltungscharakter der Form und entsprechend der Sinncharakter des ganzen Gegenstandes unerkannt blieb. Im Erkennen wird ja stets nicht der Gegenstand, sondern nur das Gegenstandsmaterial erkannt (vgl. ob. S. 69 f.). Indem wir hingegen als Logiker den Seinsgegenstand als Sinn charakterisieren, wissen wir bereits *um* den Gegenstand, steigen wir zur [122/123] Sphäre der Form der Form empor. Denn der Ausdruck »Sinn« bezeichnet ebenso wie der Ausdruck »Gelten« bereits ein philosophisch kategoriales Epitheton. Der ganze in Kategorie und Kategorienmaterial gegliederte Gegenstand, der das Objekt des nichtlogischen Erkennens bildet, steht, noch einmal eingeschachtelt in kategoriale Form, als Objekt vor dem logischen Erkennen. Im Gegenstand des logischen Erkennens wird die theoretische Form, aber diesmal nicht die leere, sondern die inhaltlich erfüllte theoretische Form ihrerseits selbst kategorial betroffen von logischer Form der Form. Durch die direkte Betroffenheit der Form wird hierbei indirekt das ganze Form-Material-Gefüge kategorial umschlossen. Die mit sinnlichem Material erfüllte Form, die untere Form, bildet deshalb hier nach zwei Seiten eine Einheit des Sinnes. Sowohl nach unten mit ihrem sinnlichen Material, wobei sie die Rolle der Form spielt, wie nach oben mit ihrer Form, wobei sie also selbst das Material abgibt. Das Objekt einer solchen logischen Reflexion stellt deshalb, wenn man bei dem früheren Bild (S. 42 f., 78 f.) bleiben will, einen Aufbau von *zwei* Stockwerken dar, bei dem das Dach des unteren Stockwerkes (die Form »Sein«) zugleich (als das Formmaterial der Kategorie Gelten) den Boden des oberen abgibt.

Diese Überlegung aber führt auch hier wieder zur endgültigen Entwirrung. Ganz entsprechend wie vorher ist jetzt festzustellen: es fällt der Seinsgegenstand vorbehaltlos zusammen mit logisch nacktem theoretischem Sinn, das heißt, mit jenem Form-Material-Gefüge, von dem das philosophische Epitheton »Sinn« noch ferngehalten werden sollte, also mit jenem Form-Material-Gefüge, das vielmehr lediglich ein Material darstellt, von dem das kategoriale Beiwort »Sinn« prädizierbar ist. Dagegen sind freilich wieder einander gegenüberzustellen der Seinsgegenstand und der mit dem philosophischen Epitheton bereits behaftete »theoretische Sinn«. Denn sonst würde man sich allerdings des Fehlers schuldig machen, die Form der Form in das Seinsgebiet hineinzuverlegen, also das letztlich Geschiedene zu konfundieren.

Obwohl demnach im ersten Teil mit Recht die dogmatische Auseinander-reißung von Gegenstand und »Wahrheit« zurückgewiesen wurde, so läßt sich dieser Auseinanderhaltung jetzt doch ein be-[123/124]rechtigter Sinn abgewinnen. Es handelt sich eben das eine Mal um logisch nackte, das andere Mal um kategorial betroffene »Wahrheit«. Den Seinsgegenstand mit Wahrheit im letzteren Sinne zu identifizieren, wäre allerdings geradezu falsch. Wenn darum in der Einleitung die zeitlose Wahrheit dem zeitlichen Ereignis gegenübergestellt wurde, so war das insofern allerdings berechtigt, als in der Tat die zeitlose Wahrheit hinsichtlich des Sinnlichen, mit der das zeitliche Ereignis identisch ist, etwas anderes ist als die zeitlose Wahrheit hinsichtlich dieses logisch nackten wahren Sinnes, oder anders ausgedrückt, weil das aus sinnlichem Material und kategorialer Wahrheitsform bestehende Gefüge etwas anderes ist als eben dieses noch einmal von der Wahrheitsform betroffene Form-Material-Gefüge. Allerdings nicht als ein Zeitliches und als ein Zeitloses stehen sich Ereignis und Wahrheit einander gegenüber – denn Ereignis ist schon, kopernikanisch angesehen, zeitlose, wenn auch logisch nackte Wahrheit. Sondern wie logisch nacktes und noch einmal logisch betroffenes Zeitloses verhalten sie sich zueinander.

So vermag man nachträglich dem Umstande gerecht zu werden, warum es so einleuchtend klingt, daß das Seinsgebiet und die »Wahrheit darüber« nicht zusammenfallen können. Im ersten Teil erschien das Seinsgebiet und die Wahrheit darüber als bloße Verdoppelung, weil damals eben das Zusammenfallen von Seinsgebiet und logisch nacktem theoretischen Sinn herauszuarbeiten war. Jetzt dagegen ist einzuräumen, daß *dann* in der Tat nicht eine reine Verdopplung vorliegt, wenn unter Seinsgebiet das untere Stockwerk theoretischen Sinnes, unter Wahrheit dagegen schon der Aufbau der beiden Stockwerke gemeint wird. Vielmehr es schließt bei dieser Interpretation die eine Seite, die der Wahrheit, zwar das ganze Seinsgebiet ein, enthält aber überdies noch einmal eine umschließende Wahrheitsform. Will man deshalb die in der Einleitung vorgenommene Gegenüberstellung von Gegenstandsgebiet und Wahrheit darüber rechtfertigen, so muß man sich klar darüber sein, daß hierbei in der Tat zum größten Teil eine Verdopplung vorliegt und auf der einen Seite als Überschuß darüber bloß noch einmal die kategoriale Wahrheitsform steht. Also nicht schlechtweg von zwei Reichen darf man reden. Vielmehr dasselbe [124/125] Reich tritt auf der andern Seite wieder auf, bloß noch einmal in Wahrheitsform stehend.

Auf keinen Fall dagegen läßt sich, wie vorher bei der logischen Form, so jetzt beim theoretischen Sinn, ein Prioritäts- oder Bedingungsverhältnis zwischen Wahrheit und Gegenstand und ebensowenig das »Über«-Verhältnis zwischen Gegenstand und Wahrheitsschatten (»darüber«) legitimieren. Vielmehr besteht wieder entweder bedingungslos Identität, oder die Wahrheit unterscheidet sich vom Gegenstand durch den Hinzutritt der sie betreffenden kategorialen Form. Auch das muß hier wiederholt werden: der Gegenstand der Erkenntnis, nach dem sich das Seinserkennen zu richten hat, bleibt für den philosophischen, wie für den naiven Standpunkt das Seinsgebiet. Von der dogmatischen Ansicht unterscheidet sich jedoch die kopernikanische durch die Einsicht, daß das Erkennen, gerade indem es auf das Seinsgebiet zielt, ebendarum sich nach Wahrheit, nach wahrem Sinn richtet. Denn der Identität von beidem versichert uns die Kopernikanische These.

Damit ist erwiesen worden, wie geradezu unerläßlich die hier geforderte Zerlegung der Geltungssphäre für die Orientierung über die Grundbegriffe der Geltungsphilosophie, über die Gegenüberstellung des Seienden und des Geltenden, über den Sinn der Kopernikanischen These ist.

3. Abschnitt.

Die Schrankenlosigkeit der Wahrheit.

Die Ausdehnung des Kategorienproblems über das Sinnliche hinaus ruht in letzter Linie auf dem Grundgedanken von der Schrankenlosigkeit der Wahrheit, von der alles umspannenden Weite des logischen Herrschaftsbereichs, auf der Überzeugung, daß alles, soweit und sowahr es ein Etwas und nicht ein nichts ist, kategorial betroffen ist, in logischer Form steht.

Das macht es erforderlich, wenigstens beiläufig auch die Sphäre des Überseienden zu berücksichtigen. Wiederum steht gar nicht die Legitimität des Übersinnlichen und der Metaphysik als Wissenschaft in Frage. Es kommt vielmehr zunächst lediglich auf die Argumentation an, daß jedenfalls, *wenn* Metaphysik als Wissenschaft neben der philosophischen Geltungswissenschaft möglich [125/126] und berechtigt ist, auch hier der Schritt zur Kategorie fürs

Übersinnliche unvermeidlich ist, genau wie mit dem Geltungserkennen die Kategorie fürs Unsinnliche sich unlöslich verknüpft.

Hierbei muß jedoch zur Verhütung arger Mißverständnisse folgendes prinzipiell festgestellt werden. Eine Lehre von der kategorialen Form fürs Übersinnliche kann nicht Metaphysik, sondern nur Logik sein, genau wie die Lehre vom kategorialen Seinsgehalt nicht Sinnlichkeitserkennen, sondern Logik war. Sowenig wie die Kategorien *fürs* Sinnliche sinnlich sind, sowenig die *fürs* Übersinnliche übersinnlich. Sowenig wie man Sensualist hinsichtlich der Lehre von den Seinskategorien, sowenig darf man Metaphysiker hinsichtlich der Lehre von den Überseinskategorien sein. Die Kategorie ist *an* allen Gebieten gleichmäßig der logische Formgehalt, somit überall unsinnlich, der Geltungssphäre angehörig, mag das Material sinnlich, unsinnlich oder übersinnlich sein. Die Kategorie weist zwar überall eine Bedeutungsbelastung von dem verschiedenartigen Material her auf, aber sie *wird* nicht zu dem, wovon sie lediglich die Spur eines Hinweises darauf erhält. Im Seinsgebiet und im Überseinsgebiet hebt sich die Kategorie als geltungsartig von der sinnlichen und übersinnlichen Art des Materials ab, wobei sie jedoch im Überseinsgebiet die Nichtsinnlichkeit ihres Materials teilt. Im Geltungsgebiet dagegen liegt der Fall vor, in dem Kategorie und Kategorienmaterial derselben Sphäre, nämlich der des Unsinnlich-Geltenden, angehören. Für die Logik kommt es eben überall lediglich auf die Gespaltenheit in Kategorie und Kategorienmaterial an. In die Kategorienlehre, auch in die für das Übersinnliche, darf sich niemals Metaphysik einmengen [86]).

Darf somit die Kategorienlehre nicht in Metaphysik entgleisen, so vermag andererseits die Kategorienlehre zur Zerstörung der Metaphysik jedenfalls keine Waffen bereit zu stellen. Die formale Gegenständlichkeit, die objektive Bewandtnis, die es auf allen Gebieten mit dem Material hat, wird nach der kopernikanischen Auffassung allerdings überall in kategorialen Gehalt aufgelöst, [126/127] keineswegs jedoch das daneben stehen gelassene sinnliche, unsinnliche, übersinnliche Material panlogistisch zu lauter Logizität gestempelt. Von der Legitimität des logisch nackten alogischen Übersinnlichen und sodann von seiner Erkennbarkeit kann es allein abhängen, ob es Metaphysik als Wissenschaft gibt.

Restlos zerstört wird durch die kopernikanische Einsicht allein die auf das sinnliche Seinsgebiet gerichtete Metaphysik. Denn diese fristet ja ihr ganzes Dasein von dem vorkopernikanisch-dogmatischen Wahn, der die Gegenstandsformen, z. B. die Substanz und die Kausalität, gegen die Wahrheits- und Erkenntnisformen verselbständigt und zum Thema einer besonderen Wissenschaft aufbauscht; übrigens nie ohne heimlich doch auf die metalogische Seinsnotwendigkeit – wie könnte es auch anders sein? – einen Schimmer vom Glanz der Wahrheit fallen zu lassen. Der Naturphilosophie, soweit sie etwas anderes als Kategorienlehre sein will, ist allerdings durch die kopernikanische Entdeckung endgültig das Lebenslicht ausgeblasen. Denn in Natur – als einem gewissen Destillat des sinnlichen Seinsgebiets – steckt wie in diesem nichts anderes als bedeutungsfremde Masse und kategoriale Form. In das Erbe solcher Probleme, wie z. B. des psychophysischen, werden sich fortan Seinserkennen und »Erkenntnistheorie« zu teilen haben. Diese Klärung bringt die kopernikanische Tat mit sich, daß sie durch Hineinziehung der angeblich metalogischen Themata einer naturphilosophischen Metaphysik ins Logische eine derartige Ontologie spurlos in der Logologie verschwinden läßt, alle philosophischen Probleme, soweit sie nicht in die Metaphysik des Übersinnlichen fallen, einheitlich als Geltungsprobleme faßt, mit der dogmatischen Ontologie des sinnlichen Seinsgebiets die einzige scheinbare Ausnahme davon wegräumt.

Nur solche Metaphysik kann somit durch die Kopernikanische Tendenz berührt werden, die in der Maske der Metaphysik eine sich selbst nicht verstehende Kategorienlogik treibt. Nun kann freilich auch die Metaphysik des Übersinnlichen zugleich an vorkopernikanischem Dogmatismus kranken. Dann wird sie an den Gegenständen, am metaphysischen »Sachverhalt«, die alogischen und die kategorialen Momente nicht auseinanderzuwirren, nicht zum logisch unberührten Übersinnlichen als zu ihrem eigentlichen [127/128] Objektmaterial vorzudringen vermögen, etwa in das metaphysische Substanzproblem all das mit hineinziehen, was von Rechts wegen in die Kategorienlogik des Übersinnlichen abzuschieben wäre. Man sieht: der vorkopernikanische Standpunkt führt dadurch, daß er den kategorialen Zusatz nicht als solchen zu durchschauen und an die Logik abzuwälzen imstande ist, zu einer intellektualistischen Belastung der Nicht-Logik, indem er sich in seiner Metaphysik mit dem verkappten logischen Gehalt abzuquälen genötigt sieht. Aber eine solche Metaphysik könnte von ihren vorkopernikanisch-dogmatischen Bestandteilen gereinigt werden und sänke dann in nichts zusammen wie die Metaphysik des sinnlichen Seinsgebiets. Es bliebe, wenn die Hineinnahme des Kategoriengehalts eliminiert wird, gerade das eigentliche metaphysische Objektsmaterial, das übersinnliche Kategorienmaterial, als das von ihr zu Erkennende übrig. Mag darum alle Metaphysik Trug und Wahn sein, so ist jedenfalls irgendwelche erkenntnistheoretisch-logische Besinnung ohnmächtig, uns davon zu überzeugen. Die Erkenntnistheorie, die Logik, die Kategorienlehre, ist gar nicht die Instanz, die über diese Frage entscheiden könnte. Nur da, wo die Metaphysik die Aufgabe der Kategorienlehre an sich zu reißen sucht, also die Geltungsprobleme usurpiert, vermag die Kategorienlehre Einspruch zu erheben, sich gegen solche in der Tat unberechtigte »Hypostasierungen« zu wenden. –

Die Ausdehnung des in der Logik tatsächlich behandelbaren Kategorienproblems auf die metaphysische Sphäre hängt von der *Erkennbarkeit* des Übersinnlichen ab. Aber die Frage nach der Schrankenlosigkeit der Wahrheit an sich ist mit der Frage der Erkennbarkeit nicht gleichbedeutend. Es war bisher stets von dem im Erkennen antreffbaren kategorialen Gehalt, der ein sich darbietendes Objekt der logischen Untersuchung ausmacht, die Rede; so von dem im Seins- und im philosophischen Geltungserkennen vorfindbaren Kategoriengehalt. Soweit das legitime Erkennen reicht, soweit reicht die von der Logik untersuchbare kategoriale Form. Aber der Satz ist nicht umkehrbar: das Erkennen braucht nicht soweit zu reichen, wie an sich die kategoriale Form reicht[87]). [128/129] Hinter der Forderung an die logische Forschung, sich der in das gesamte Erkennen hineinragenden kategorialen Form in ihrer ganzen Weite und Vollständigkeit zu versichern, steht noch das von der Frage der tatsächlichen Antreffbarkeit im Erkennen zu unterscheidende und davon unabhängige Axiom vom universalen Herrschaftsbereich des Logischen. Der Herrschaftsbereich des Logischen an sich ist schrankenlos, der Bereich des im Erkennen sich erschließenden Logischen vielleicht beschränkt. Das Wahrheitsaxiom besagt schlechtweg: an sich ist alles gleichsam geborenes Kategorienmaterial, umklammert von der unentrinnbaren Wahrheitsform. Nichts ist dieser Situation der Betroffenheit entzogen. Es ist zwar ausgemacht worden, daß die Wahrheit die Gegenstände nicht wie ihr unabtrennlicher Schatten begleitet. Die Vorstellung eines gesonderten, aus lauter zeitlosem Geltungsgehalt bestehenden Wahrheitsreiches, diese Fassung, in der bisher fast ausschließlich die Schrankenlosigkeit der Wahrheit an sich vertreten wurde, ist völlig preiszugeben. Dennoch darf man, freilich in verändertem Sinne, von einem Reich der Wahrheit an sich reden. Denn an sich steht jegliches Etwas als Material in kategorialer Hingeltungsform[88]). Die Wahrheit an sich ist der in Form und

Material gegliederte Sinn, bei dem das Material an sich von kategorialer Form betroffen ist.

Es ist ganz vergebens, wider die Allherrschaft der Wahrheit zu streiten. Es ist ganz unsinnig, irgend ein Etwas als logisch Nacktes zwar zuzulassen, aber gegen seine an sich bestehende kategoriale Betreffbarkeit sich zu wehren. Man kann solche Misologie wie allen Skeptizismus in die bekannten Widersprüche mit ihrem eigenen Tun verstricken. Ein Etwas, dessen Unzugänglichkeit für kategoriale Betroffenheit behauptet wird, das steht bei jeglichem, auch bei solchem leugnenden Nachdenken darüber bereits in kategorialer Umgriffenheit. Nur vor der »unmittelbaren«, unreflektierten, theoretisch unberührten Hingabe steht ein Etwas als logisch nackt und vorgegenständlich. Der Reflexion dagegen tritt es immer schon als Gegenstand entgegen. Damit ist über die kategoriale Betreffbarkeit an sich hinaus sogar eine Erkennbarkeit [129/130] schon erwiesen. Allerdings nur ein Minimum von Gegenständlichkeit braucht bei solchem Reflektieren vorzuliegen. Nur als ein »Etwas«, das »es gibt«, braucht das Material hierbei theoretisch legitimiert zu sein. Was es mit dieser bloß »reflexiven« Kategorie des »Es-Gebens« für eine genauere Bewandtnis hat, bleibe vorläufig noch dahingestellt. Der Schritt zur kategorialen Umschlossenheit ist jedenfalls bereits damit erreicht. Und ferner: aus dem bisher allerdings noch unbekannten Wesen der reflexiven Kategorie folgt, wie hier schon vorweggenommen werden soll, daß etwas zwar vor dem Reflektieren bloß und ausschließlich mit der reflexiven Kategorie umkleidet stehen mag, daß es aber an sich nicht bloß so überhaupt es geben kann, sondern daß es erst recht und primär es als dies spezifische sinnliche, unsinnliche oder übersinnliche Etwas geben, d. h. daß es an sich von der konstitutiven Kategorie betroffen sein muß. Doch diese ganze Argumentation ist lediglich ein Umweg und nur dazu ausersehen, das Widerspruchsvolle des streitenden Skeptikers darzutun. Im übrigen mündet sie wieder in das Wahrheitsaxiom ein. Hat man einmal die kategoriale Betreffbarkeit an sich überhaupt zugestanden, dann muß man – der Bedeutungsdifferenzierungslehre gemäß – auch die ganze konstitutive Kategoriendifferenzierung an sich bis ins einzelste und kleinste zugeben.

Ganz verfehlt also wäre ein Alogismus und Irrationalismus, der für irgendein Etwas die Ausnahmestellung der logischen Unberührbarkeit verfechten wollte. Aber ein anderes ist die kategoriale Betreffbarkeit oder die »Anwendbarkeit« der Kategorien an sich, ein anderes die Anwendbarkeit für uns. Es mag uns etwas in logischer Nacktheit erlebbar werden, ohne daß es darum erkennbar zu sein braucht. Vielleicht ist es uns vergönnt, es »unmittelbar« zu erleben, aber ohne daß wir darüber ein kategoriales »Klarheits«-moment zu gewinnen vermögen. Es vor das Forum der Betrachtung zu ziehen, ein kategoriales Epitheton dafür zu finden, darum zu wissen, ist uns versagt. So könnte beispielsweise hinsichtlich des Übersinnlichen der Fall vorliegen, daß uns hier nicht einmal die allgemeinste konstitutive Gebietskategorie sich enthüllen will. Mit dem Ausdruck »Übersein« würden wir dann lediglich dem kategorialen Wahrheitsaxiom gehorcht und [130/131] unsere Überzeugung angedeutet haben, daß an sich eine konstitutive Gebietskategorie besteht, sich uns aber nicht erschließt. Doch braucht man keineswegs notwendig den Sachverhalt so auszulegen. Wer das metaphysische Erkennen bejaht, wird geltend machen, daß uns nur für die Kategorie des Übersinnlichen ein ähnlicher glücklicher Ausdruck fehlt wie ihn *Lotze* mit dem Terminus »Gelten« für die Kategorie des Unsinnlichen geprägt hat. Setzt sich doch die konstitutive Gebietskategorie stets lediglich aus der theoretischen Form überhaupt und einem auf das unvergleichbare – sinnliche, unsinnliche oder übersinnliche – Material hinweisenden Bedeutungsmoment zusammen. Ist z. B. von der »Existenz« (also Gegenständlichkeit) Gottes die Rede, dann wird also schon vom Übersinnlichen »geredet«, um das Übersinnliche gewußt; dann ist das religiöse Verhalten, das »Glauben«, bereits vom theoretischen, vom »Wissen«, vom »Gotteserkennen«, durchsetzt, dann wird nicht nur das Übersinnliche, sondern bereits die Wahrheit hinsichtlich seiner erlebt. –

Gerade der Seitenblick auf die Metaphysik ist geeignet, den ganzen durch *Kant* wesentlich beeinflußten Stand der gegenwärtigen Kategorienlehre zu erklären. Der Denker, der die gesamte neuere Entwicklung der Kategorienlehre eingeleitet hat, glaubte das Wissen vom Übersinnlichen aufheben zu müssen. Folgerecht verwarf er – als *unserm* Erkennen transzendent – die Kategorie fürs Übersinnliche. Die *Kant*sche Zweiweltentheorie hält nun den Inbegriff des Etwas für beschlossen mit der seit der Antike uneingeschränkter Anerkennung bei den nichtsensualistischen Denkern sich erfreuenden Dualität des Sinnlichen und des Übersinnlichen. Nur so ist es zu erklären, daß *Kant* – gebannt von dieser Alternative – gar nicht nach einer zweiten Region des Nichtsinnlichen fragt, in seiner Erkenntnistheorie seine eigene theoretische Vernunftkritik, sein eigenes Erkennen der unsinnlichen transzendentalen Formen, ignoriert. Denn sonst hätte er sich zum Bewußtsein gebracht, daß es nicht angeht, *alles* Erkennen des Nichtsinnlichen zu leugnen. Die Geltungssphäre als Objekt seiner eigenen Transzendentalphilosophie zählt – wie sich im historischen Schlußkapitel noch genauer bestätigen wird – sozusagen für ihn noch gar nicht mit. In der neueren [131/132] Zeit hat sich jedoch das, was »gilt«, zu einem selbständigen Untersuchungsobjekt der Philosophie losgelöst. Man ist sich dabei auch gar wohl bewußt gewesen, damit zwar in die Nachbarschaft, aber nicht in den Bereich der Metaphysik des Übersinnlichen selbst zu geraten. Man hat im Gegensatz zu *Kants* Leugnung der Erkenntnis des Nichtsinnlichen der Philosophie ausdrücklich ein eigenes unsinnliches Forschungsgebiet zuerteilt, eine Dualität des sinnlichen und des unsinnlichen Erkenntnisobjekts ausdrücklich anerkannt. *Kant* hat die Kategorien auf das Sinnlich-Anschauliche deshalb restringiert, weil er das Wissen um das Übersinnliche aufheben wollte, um dem Glauben Platz zu machen. Will denn die heutige Philosophie das Wissen um das Zeitlos-Geltende aufheben, um allein der atheoretischen unmittelbaren Hingabe daran Platz zu machen? Steht sie wirklich auf dem Standpunkt, daß ihr – um Worte *Windelbands* zu gebrauchen – das Licht der Ewigkeit nicht im Wissen, sondern nur im Gewissen leuchtet? [89]) Stehen wir denn heute noch vor derselben Alternative wie *Kant*, die Kategorien entweder nur für das Sinnliche oder auch für das Übersinnliche zuzulassen? Nur die übermächtige Autorität *Kants* kann es einigermaßen verständlich machen, daß trotz dieser veränderten Sachlage auch in der Gegenwart die Konsequenzen aus dem Bestehen einer philosophischen Geltungswissenschaft für die Kategorienlehre noch niemals gezogen worden sind. Innerhalb der Logik und Erkenntnistheorie gerät die Geltungssphäre und das Geltungserkennen geradezu in Vergessenheit, da steht man immer noch unter dem Einfluß der die Vergangenheit beherrschenden ausschließlichen Gegenüberstellung des Sinnlichen und des Übersinnlichen, kennt nur die Alternative einer Kategorienlehre des sinnlichen und des übersinnlichen Gegenstandsgebiets. So bewahrheitet sich jetzt die früher gemachte Andeutung (ob. S. 14), daß die Auseinanderhaltung des Unsinnlichen und des Übersinnlichen von größter Bedeutung für das Verständnis der gesamten gegenwärtigen Situation gerade in der Kategorienlehre ist. [132/133]

Hinter der Postulierung einer Ausdehnung des Kategorienproblems standen zwei Forderungen. Zunächst die Forderung, sich auf die Allherrschaft des Logischen zu besinnen. Sodann die andere: soweit die Erkennbarkeit eines Etwas vorliegt, also kategoriale Form erreichbar vor dem Erkennen steht, der dadurch an uns herantretenden Aufgabe einer Ergründung dieses kategorialen Gehalts eingedenk zu sein.

Erst bei der Erfüllung dieser Forderungen lassen sich die Fundamente für das System der theoretischen Formen in ihrem wahren Umfang aufdecken, läßt sich auf ihnen eine wahrhaft universale Kategorienlehre nach den Prinzipien des Kantianismus, d. h. des transzendentallogischen Formalismus, errichten. *Nicht der Panlogismus, wohl aber die Panarchie des Logos, muß wieder zu Ehren gebracht werden.* Der zum Bewußtsein seiner universalen Bedeutung gelangende kritische transzendentallogische Formalismus, der Kantianismus selbst ist es, der sich gegen die Schranken auflehnt, in die er bei seiner historischen Repräsentation durch *Kant* und den Neukantianismus (im weitesten Sinne) eingezwängt wurde.

2. Kapitel.

Das Gesamtbild vom System der Kategorien.

Durch die Danebenschiebung einer konstitutiv-kategorialen Schicht neben den konstitutiven Seinsgehalt hat sich das Gesamtbild vom Aufbau des Kategoriensystems von Grund aus geändert. Erst dadurch wird nunmehr ein umfassender Überblick über die Gesamtverzweigung der kategorialen Form ermöglicht. Von der schlechthin reinen, von jeder Determinierung durch das Material noch freien theoretischen Form überhaupt führt nunmehr der erste Schritt hinab zur *doppelten* konstitutiven Schicht des durch das Sinnliche und das Nichtsinnliche differenzierten Kategoriengehalts (wobei von den Unterschieden innerhalb des Nichtsinnlichen wieder abgesehen wird). Die beiden konstitutiven Gegenstandsformen aber sind zweifellos einander ebenbürtig, so wahr das Nichtsinnliche etwas sui generis ist neben dem Sinn-[133/134]lichen. Die konstitutive Kategorialform fürs Unsinnliche nimmt im ganzen System der theoretischen Formenlehre die mit dem konstitutiven Seinsgehalt genau parallele ausgezeichnete Stellung ein. Fortan wird es in der Kategorienlehre nicht mehr statthaft sein, den Aufbau der kategorialen Formen bloß auf dem einen Fundament der Seinskategorien ruhen zu lassen.

Diese Einwirkung auf die gesamte Kategorienlehre muß jetzt noch etwas genauer bestimmt werden. Zunächst bekommt das ganze Kategoriensystem den Charakter der Zweireihigkeit [90]) oder Paarigkeit konstitutiven Gehalts.

Unpaarig ist allein die noch überkonstitutive schlechthin reine logische Form. Sie steckt in den einzelnen Gebietskategorien, in diesen ersten Verästelungen der theoretischen Form überhaupt, als ihr übergreifender logischer Gehalt neben ihrem besonderen konstitutiven Bedeutungsüberschuß. Hierbei mag zugleich eingeschaltet werden, daß erst durch den in dieser Abhandlung vertretenen Begriff der Gebietskategorie, von der das Existieren des Sinnlichen nur ein einzelner Repräsentant ist, jene stets befolgte Gewohnheit in die kategorial-logische Besinnung erhoben wird, die verschiedenen Sphären des Denkbaren nach gewissen summarischen Gesamtprädikaten zu rubrizieren, die auf nichts als auf die Art dieser ganzen Sphäre zugeschnitten sind.

Die Gebietskategorien sind insofern genau korrespondierende Parallelformen, als in ihnen die zur schlechthin reinen Form hinzutretende Bedeutungsfülle jedesmal durch das Spezifische der betreffenden Materialsphäre überhaupt determiniert ist. Die auf spezifisches Material bereits hinweisende Form hieß Gegenständlichkeit. Die Gebietskategorien bergen somit nicht nur in sich das überall Identische der schlechthin reinen Form, sondern darüber hinaus gleichen sie einander völlig in ihrem Gegenständlichkeitscharakter, ihrer vergegenständlichenden Mission (vgl. auch ob. S. 92 f.). Es steckt in ihnen nicht nur als ein Gemeinsames die theoretische Form überhaupt, sondern es läßt sich außerdem noch das Abstraktum der Gegenständlichkeit überhaupt aus ihnen herausheben. Von der schlechthin reinen Form, die, über alle konstitutive Be-[134/135]deutungsbelastung erhaben, gänzlich oberhalb dieser liegt, ist die Gegenständlichkeit überhaupt wohl zu unterscheiden. Sie gehört bereits der konstitutiven Schicht an, und nur von der Besonderheit der einzelnen Gebietskategorien ist bei ihr abstrahiert. Die logische Form überhaupt ist das Eine und Reine vor der Belastung, die Gegenständlichkeit überhaupt das Abstraktum aus den bereits belasteten Formen. Es gibt also einen, wenn auch zu einem bloßen Abstraktum zusammenschrumpfenden konstitutiven Gehalt von einer über die Kluft der Sphären hinwegreichenden übergreifenden Bedeutung.

Dadurch wird die alte Nachforschung der Metaphysik und Kategorienlehre darüber verständlich, welche kategorialen Bestimmungen vom Sinnlichen auf das Nichtsinnliche übertragen werden dürfen, ohne daß man dabei der Versuchung erliegt, das uns Naheliegende und ausschließlich auf das Sinnlich-Anschauliche Passende in das jenseitige Gebiet zu versetzen. Es ist die alte Unterscheidung zwischen dem, was Univozität für die verschiedenen Gebiete beansprucht und dem, was auf das eine Gebiet beschränkt, nur homonym, äquivok, analog, uneigentlich darüber hinaus ausgedehnt werden darf (vgl. das histor. Schlußkapitel). In der hier zugrundegelegten Terminologie ausgedrückt, gebührt allein der Gegenständlichkeit überhaupt Univozität, während dem Sein in Gelten und Übersein nur Analoga gegenüberstehen, so daß Sein, Existenz, Realität auch auf das Unsinnliche und Übersinnliche auszudehnen Äquivokationen zur Folge hätte. Eben darum reden wir zwar von der »Gegenständlichkeit«, aber nicht vom »Sein« [91]) des Unsinnlichen und des Übersinnlichen, sondern vom Gelten des Unsinnlichen und vom Übersein des Übersinnlichen. Man sollte sich jedoch nicht verhehlen, daß es sich hierbei letzten Endes nur um eine terminologische Angelegenheit handelt, wenn das »Sein« auf das Wirklichsein, Realsein, Existieren des Sinnlichen eingeschränkt und nicht im weitesten Sinn der Gegenständlichkeit überhaupt gebraucht wird. Davon, daß es überhaupt ein übergreifendes konstitutives Moment gibt, leiten alle Versuche eines paarigen Gebrauchs von Kategorien [135/136] wie Sein, Ding, Substanz ihre Berechtigung ab, Gegenüberstellungen wie sinnliches und übersinnliches Sein, endliche und unendliche Substanz, Erscheinungsding und Ding an sich.

Jeder von der übergreifenden schlechthin reinen Form noch verschiedene, aber dennoch über die Kluft zwischen den einzelnen Sphären erhabene kategoriale Gehalt mag im Unterschied zu den einzelnen spezifischen Gebietsformen als *genereller* Kategoriengehalt bezeichnet werden. Der Grundgedanke von der Universalität des logischen Herrschaftsbereichs wird durch das Problem des generellen Gehalts von einer neuen Seite her beleuchtet. Die wahre Weite des Logischen dokumentierte sich bisher in der Koordination verschiedener, auf die einzelnen Materialsinbegriffe zugeschnittener Sphären spezifischen Kategoriengehalts. Jetzt dagegen steht die Möglichkeit einer über die Einengung auf irgendeine bestimmte, sei es sinnliche oder nichtsinnliche, Sphäre hinausgehobenen logischen Form in Frage. In der konstitutiven Schicht fand sich soeben nur ein abstrakter kategorialer Splitter von übergreifender Bedeutung. Die dort sofort eintretende Differenzierung in die verschiedenen Gebietsformen gestattet nur eine nachträgliche Abstraktion.

Gibt es dennoch auf das All der Inhalte unterschiedslos gehende, die Inhalte, unbekümmert um ihren, sei es spezifisch-sinnlichen, sei es spezifisch-nichtsinnlichen Charakter nur als Inhalte überhaupt behandelnde, betreffende, umkleidende Kategorien? Hier liegt eine zweite Angelegenheit der Kategorienlehre vor, in die erst durch die Erweiterung des logischen Problems Klarheit gebracht wird. Jetzt vollendet sich erst der Nachweis der Orientierung, die durch die umfassende Fundamentierung der Kategorienlehre gewonnen wird. Es wird sich nunmehr herausstellen, daß durch die Besinnung auf die Schrankenlosigkeit der logischen Form nicht nur, wie bisher gezeigt wurde, unbekannt gebliebene Gebiete kategorialen Gehalts entdeckt werden, sondern, daß es ferner erst dadurch möglich wird, wichtigsten, seit jeher von der Logik behandelten Formen den richtigen transzendentalen Ort anzuweisen.

Damit scheint sich die Untersuchung allerdings in gewisser Hinsicht vom eigentlichen engst gefaßten Thema zu entfernen. Denn generelle kategoriale Formen sind zwar ein Zeugnis von der [136/137] Universalität des Logischen, aber gerade um ihres übergreifenden Charakters willen gehören sie nicht dem *philosophischen*, als dem auf das Spezifische des Nichtsinnlichen abgestellten konstitutiven Kategoriengehalt an. Es steht also zunächst mehr der allgemeinere Gedanke der Allherrschaft des Logischen im Vordergrund. Aber es wird sich erweisen, daß jede in irgendeinem beliebigen Sinne bestehende Universalität des Logischen gerade von der Ausgedehntheit des *konstitutiven* Gehalts abhängig und nur von ihr aus verständlich ist. Auch hierfür ist der Primat der konstitutiven Form ausschlaggebend, auf den hier wiederum antizipierend hingewiesen sein soll. *Die Lehre vom Nebeneinanderstehen des konstitutiven Seins und des philosophisch-konstitutiven Gehalts gewährt die Basis für alles Verständnis irgendwelcher generellen logischen Formen* [92]).

1. Abschnitt.

Die reflexiv-generellen Kategorien [93]).

Es erscheint zunächst rätselhaft, was über die bisherigen Ergebnisse noch einen Schritt sollte weiterführen können. Vom Inhalt her bestimmt sich die Kategorie. Aber der gesamte Bereich des Inhalts und damit, sollte man denken, der kategorialen Form ist durchmessen. Die ganze Welt des Inhalts ist bereits vergeben. Prägen sich dennoch neue Kategorien aus, so muß dabei ein anderes bedeutungsgestaltendes Prinzip im Spiele sein als das, was allein vom Inhalt herstammt. So verhält es sich denn auch. Außer dem Form-Material-Verhältnis kann nämlich auch die Subjekt-Objekt-Duplizität bedeutungsbil-

dend wirken. Auch die Subjektivität vermag bedeutungsbestimmend ein-
zugreifen [94]). Daraus ergibt sich folgende Situation: will man das Kategorienproblem und genauer das Problem des übergreifenden Gehalts über die Verästelung der konstitutiven Formen hinaus weiterführen, so muß man dazu dies
neu sich einschiebende Prinzip zu Hilfe rufen. Aber eben darum [137/138] hat
man darauf gefaßt zu sein, die bisher allein bekannte kategoriale Schicht und
das heißt die konstitutive Schicht verlassen und sich auf einen von der Subjektivität erst irgendwie bereiteten Boden begeben zu müssen.

Daß ein gewisser kategorialer Gehalt durch das Hervortreten der Subjektivität sich kennzeichnet, ist in der Geschichte der theoretischen Philosophie
häufig als immanent-reflexiver Charakter gewisser logischer Formen erkannt
und neuerdings besonders von *Lotze* und *Windelband* ausgesprochen worden [95]). Um das Bestehen eines generellen übergreifenden Kategoriengehalts
weiter zu verfolgen, ist es erforderlich, den Umweg über das Problem der Immanenz oder Reflexivität logischer Formen zu nehmen.

1. Der reflexive Charakter.

Es ist hier nicht des Ortes, eine ausgeführte Lehre von der in das Reich
des theoretischen Sinnes selbst hineingreifenden Funktion der Subjektivität zu
geben, wozu ein ausführliches Eingehen auf das Subjekt-Objekt-Verhältnis
und auf das Wesen der daraus hervorgehenden immanenten Bedeutungsbelastung erforderlich wäre [96]). Lediglich auf das hierbei maßgebende Prinzip soll
gedrungen werden. Es muß in Strenge den Grundanschauungen der ganzen
Bedeutungslehre entsprochen werden, wonach das der Verwicklung mit dem
außerhalb Liegenden Entstammende sich dennoch als Ergebnis in der Geltungssphäre selbst ansetzt. So zeigt sich auch hier das von der Subjektivität
Angestiftete als ein der logischen Form selbst anhaftendes Symptom. Es ist
zweierlei miteinander in Einklang zu bringen: einmal ist der immanente und
»subjektive« Charakter, der hier hervortritt, festzuhalten, und sodann sind die
Immanenzsymptome trotzdem weder zu einer bloß psychologischen noch zu
einer *bloßen* Angelegenheit des theoretischen Subjektsverhaltens herabzudrücken. Es ist der zwar [138/139] auf die Subjektivität zurückweisenden, aber in
den logischen Geltungsgehalt selbst hineinragenden Bedeutsamkeit Rechnung
zu tragen. Es ist dem Anteil der Subjektivität und doch gleichzeitig der durch
die Antastungssymptome, die von der Subjektivität herrühren, hindurch geret-

teten Geltungsartigkeit der logischen Form gerecht zu werden, die reflexive Kategorie als Angelegenheit der Logik zu begreifen, ohne daß in psychologisierende Wendungen herabzusinken erlaubt wäre [97]).

Ein Subjektsverhalten, das ein beliebiges Etwas aufsucht, wie es als Material in kategorialer Form steht, also ein erkennendes Verhalten ist es, das durch unlebendiges, schlaffes Erleben den Boden ebensosehr für einen verblaßten kategorialen Gehalt wie für eine erstorbene Inhaltlichkeit schafft [98]). Nicht etwa als ein abstraktes, sondern als ein bloßes Erleben ist es anzusehen. Abstraktheit ist vielleicht selbst eine komplizierte Form des reflexiven logischen Gehalts, der jetzt bestimmt werden soll. Die Eigenart eines logischen Gehalts als immanent kennzeichnen, heißt sie auf einen alogischen, geltungsfremden Erlebensfaktor als auf ihr bedeutungsbestimmendes Moment zurückführen, weshalb in dieses Moment nicht selbst schon dieser logische Gehalt hineingelegt werden darf [99]). Vor einem solchen matten Erleben also schrumpft beim Gerichtetsein auf theoretischen Sinn, beim erkennenden Verhalten, die konstitutive Form zu einem bloßen Schatten theoretischer Vergegenständlichung und Besiegelung, zu einer theoretischen Legitimierungsform zusammen, in der sich alle auf das spezifische Material hinweisende Bedeutungsbelastung verflüchtigt hat [100]). Bei dieser Charakterisierung ist wieder genau nach dem Prinzip der Bedeutungslehre zu verfahren. Auch in dieser [139/140] neuen kategorialen Schicht erhält sich, durch sie sich hindurchziehend, die schlechthin reine theoretische Form mit ihrer dem Material gegenüber zu erfüllenden Mission. Bloß daß ihr anstatt der auf das spezifische Material hinweisenden Belastung eine von der Subjektivität herstammende Farblosigkeit zuteil wird. Dadurch büßt sie zwar, von der schlechthin reinen Form sich entfernend, die Reinheit und Nichtdeterminiertheit durch ein Material ein. Aber die Modifikation, die sie dabei, im Vergleich zur schlechthin reinen Form, erfährt, ist eine Veränderung im Sinne der Verdünnung und Verarmung. Auch die reflexive Form enthält im Unterschied zur schlechthin reinen Form bereits die Zuspitzung zur Gegenstandsform oder »Kategorie«, wofern man diese Bezeichnungen auf alle logischen Formen mit einer von der schlechthin reinen Form abweichenden Bedeutungsbelastung ausdehnt.

Das ist das ganz Abnorme und Gekünstelte dieser lediglich durch die Subjektivität angestifteten Form, daß in ihr eine Bedeutungsbestimmtheit vorliegt, die gar nicht aufs Material hinweist, weder auf die Sinnlichkeit noch die Unsinnlichkeit noch die Übersinnlichkeit eines Materials [101]). Vielmehr erst im

Gefolge dieser Kategorie gibt es ein Material, das ein bloßes Geschöpf und Kunstprodukt der logischen Form selbst ist, durch sie hindurch überhaupt erst Bestand hat. Entsprechend der Ausgehöhltheit der Form entbehrt dieses gleichsam unnatürliche Material aller spezifischen Färbung und Eigenart; der sinnliche, wie der nichtsinnliche Charakter der Inhalte ist in ihm untergegangen. Es ist der bloße Schemen, das bloße Modell des »Inhalts überhaupt«, des bloßen »Etwas« [102]).

Welche ist nun die oberste, mit andern Worten, die Gebietskategorie für die künstliche Inhaltlichkeit, die Gesamtkategorie der reflexiven Schicht, die den beiden konstitutiven Schichtkategorien korrespondiert? Wie heißt das theoretische Prädikat, mit dem ein Etwas schon als ein *bloßes* Etwas ausgestattet ist? Was für ein logisches Epitheton läßt sich allem Beliebigen beilegen, soweit es nur irgendein Etwas ist, ganz gleich, was es sonst noch sein mag? [140/141]

Wir antworten: die Identität. Die Identität ist die reflexive Gebietskategorie, die abgeblaßte theoretische Legitimierung für die künstliche Inhaltlichkeit. Wie Sein die Kategorie für das Sinnliche, Gelten für das Unsinnliche, Übersein für das Übersinnliche, so ist Identität die Kategorie für das Etwas überhaupt [103]). Auch die Identität will als eine theoretische Hingeltungsform begriffen werden, als die Wahrheit, die objektive Bewandtnis, die es mit dem bloßen Etwas hat, als die logische Daseinsart, die logische Art und Weise des bloßen Etwas, als die theoretische Bestätigung des Etwas als eines objektiven Etwas, als der freilich abgeblaßte theoretische Halt, die logische Verfestigung und Umschließung für den bloßen Schemen eines Materials [104]). Auch hier darf sich das Wesen des Theoretischen überhaupt nicht verleugnen lassen, auch hier muß es sich durch die reflexive Verdünnung hindurch bewahren. Die theoretische Wesensform überhaupt ist ja das schlechthin Einheitliche in allen erdenklichen theoretischen Formen. Unsere Einheitstendenz hinsichtlich der Formenwelt überbrückt auch die Kluft zwischen konstitutivem und reflexivem Gehalt, sieht überall lediglich eine Differenzierungsangelegenheit der theoretischen Form überhaupt. Auch in der reflexiven Sphäre muß man noch die Geltungs- und Wertartigkeit der Wahrheitsform herauszuhören verstehen, also da, wo sie am gänzlich modifizierten und äußerst herabgeminderten Bedeutungsgehalt uns entgegentritt. Identität ist die Grundform der reflexiven Objektivität und Gegenständlichkeit. Für die Identität trifft zu, was von der reflexiven Kategorie überhaupt gilt. Sie ist weit entfernt von der schlechthin reinen Form überhaupt. Sie ist bereits Gegenstandsform, Kategorie, enthält bereits einen von dem der schlechthin reinen Form differierenden und zwar ganz verarmten Bedeutungsgehalt, dem ein ganz besonders geartetes, nämlich künstliches und schattenhaftes Material korrespondiert. Sie nimmt darum keineswegs die oberste Stellung im Reiche der logischen Formen ein, ist vielmehr unter die ganze konstitutive Kategorienschicht herabzudrücken. [141/142]

Durch die Identität ist das bloße Etwas ein Gegenstand, ein Etwas, das »es gibt«. Die Kategorie des »Es-Gebens« ist die reflexive Gegenständlichkeit. Das bloße Etwas, in der reflexivlogischen Form stehend, ist das mit sich Identische oder das, was es »gibt«. Diese beiden gleichbedeutenden Bestimmungen sind das kategoriale Minimum, das sich unterschiedslos von Allem und Jedem als einem bloßen Etwas prädizieren läßt [105]). Identität ist genau das Minimum an kategorialer Umkleidung für das beliebige Irgendetwas oder die Gebietskategorie für das verblaßte Etwas überhaupt [106]).

Wie jede Gebietskategorie zieht sich in dem früher festgelegten Sinne (vgl. oben S. 60 f.) die Identität als Leitprädikat der ganzen Schicht durch die Vielheit der reflexiven Einzelformen.

Es ist die Aufgabe einer systematischen Kategorienlehre, den ganzen kategorialen Formenschatz zu entwickeln, bei dem das Kategorienmaterial als nichts anderes denn als das bloße reflexive Etwas in Betracht kommt. Dort würden solche Kategorien wie etwa die der Andersheit, des Und, der Vielheit, der Zahl usw. ihre Stelle finden. Es ist der Inbegriff aller logischen Formen daraufhin anzusehen, ob auf sie das Kriterium der Reflexivität zutrifft oder nicht, das heißt, in welchem Sinne sie zu ihrem Material hingelten, ob sie es in ihrer sinnlichen oder nichtsinnlichen spezifischen Art als inhaltliche Erfüllung verlangen, oder ob sie es nur auf das nichtssagende Etwas überhaupt abgesehen haben. Daß dieser gesamte Kategoriengehalt auf kein anderes Kategorienmaterial als auf die erstorbene Inhaltlichkeit hinzielt und angelegt ist, daran darf man sich dadurch nicht irreführen lassen, daß man auf Schritt und Tritt zum Verständnis der reflexiven Formen auf die spezifische Inhaltlichkeit und die konstitutive Kategorienschicht als auf die Unterlage angewiesen ist, an der die verflüchtigende Funktion der Reflexivität ausgeübt wird. Die reflexiven Kategorien lassen sich [142/143] nicht so, daß man dabei ausschließlich im Gedankenkreis des Reflexiv-Kategorialen verharrt, lassen sich nicht ohne beständige Anlehnung an den spezifischen konstitutiven Untergrund gewinnen. Diese Anlehnungsbedürftigkeit gegenüber dem spezifischen Material darf über ihren reflexiven Charakter nicht hinwegtäuschen. Durch die reflexive Verblassung hindurch wirkt die determinierende Gewalt der spezifisch-konstitutiven Region. Der selbständige Anteil, die Eigenwirksamkeit der Reflexivität reicht nur soweit, überhaupt den künstlichen Boden zu schaffen für eine reflexive Kategorienschicht, jene Herabsetzung zu einem bloß reflexiven Bedeutungsgehalt überhaupt hervorzubringen. Jede Differenzierung des reflexiven Gehalts dagegen muß von der spezifisch-konstitutiven Inhalts- und Kategorienschicht her bestimmt sein, soweit nicht weitere, wiederum rein immanent-reflexiv bestimmte Verwicklungen und Steigerungen hinzutreten. Die Reflexivität und bloße Immanenz bleibt dann das allgemeine Vorzeichen dieser ganzen Region, innerhalb deren jedoch die transreflexive Sphäre fortwährend, von der Reflexivität verwischt, hindurchscheint.

Danach bestimmt sich genau, welchen Sinn die Subjektivität der reflexiven Formen, ihre »Abhängigkeit vom Denken«, ihr Gegründetsein nur in der Reflexion allein haben kann. Wenn besonders von *Lotze* und *Windelband* die Ansicht vertreten wird, daß die konstitutiven Formen in der Wirklichkeit selbst liegen, die reflexiven aber erst durch das Denken herangetragen werden, so ist dabei zweierlei zu bedenken. Zunächst, daß die von der Reflexivität unabhängige und darüber hinausliegende Wirklichkeit selbst, die unabhängige Gegenständlichkeit, kopernikanisch angesehen, nicht jenseits des Theoretischen überhaupt liegt, sondern in dem mit konstitutiver Form behafteten theoretischen Sinn besteht [107]). Ferner aber, daß von der Subjektivität nur die Basis für den gesamten reflexiven Formgehalt geschaffen wird, alles Weitere aber innerhalb der reflexiven Sphäre der Macht und Willkür der Subjektivität wieder gänzlich entzogen ist. Dies beides soll jetzt auseinandergesetzt werden.

Zweifellos sind die reflexiven Formen in gewissem Sinne »ohne [143/144] sachliche Bedeutung«. Sie erreichen und treffen gar nicht die Wirklichkeit selbst – um gerade auf diese zu exemplifizieren als auf den bei den genannten Logikern für die »Sache selbst« vornehmlich in Betracht kommenden Repräsentanten. Diese logischen Formen geben lediglich gewisse, erst in der Subjektivität erstehende Reflexionsbestimmungen, die von der Sache selbst nichts ahnen lassen. Aber was ist denn die Sache selbst, die hierbei verschlossen bleibt? Nichts anderes als das Reich der Wahrheit in seiner ursprünglichen konstitutiven Verfassung! Ebenso wie in der bloßen Identität eines Inhalts der Seinscharakter des Sinnlichen oder der Geltungscharakter des Unsinnlichen spurlos untergegangen ist, so gibt uns die bloße Unterschiedenheit zweier Inhalte, z. B. weiß und süß, noch gar keinen Aufschluß darüber, ob zwischen ihnen Dinghaftigkeit, Kausalität oder sonst irgendeine konstitutive Form besteht. Der ganze konstitutive Bau der Wirklichkeit ist hierbei sozusagen unter den Tisch gefallen, und wie der Wirklichkeit, so auch der übrigen Gegenstandsgebiete [108]). Das heißt doch aber immer lediglich Folgendes: die bloße reflexive »Ordnung« – wenn wir einmal auf kategoriale *Relationen* abstellen – besteht zwischen den Inhalten ganz unbekümmert [109]) um ihre konstitutive Ordnung; die reflexiven Beziehungen gehen zwischen den Inhalten, als zwischen bloßen Inhalten überhaupt, hin und her, ohne auch nur darauf Rücksicht zu nehmen, welchen Gebieten diese Inhalte entstammen mögen. Die Inhalte sind aus ihrer ursprünglichen Lage in den konstitutiv geformten Gebieten herausgerissen und figurieren lediglich als Elemente in der farblosen Region der bloßen Inhaltlichkeit überhaupt. In der reflexiven Kategorie ist jede Erinnerung an die ureigentümliche, den einzelnen Gebieten um der spezifischen Eigenart ihres Materials willen angehörende, exklusiv kategoriale Konstitution ausgelöscht. An die Stelle der unterdrückten konstitutiven Struktur des Wirklichkeitsreiches tritt ein Netz reflexiver Formen, in dem sämtliche Inhalte mit sämtlichen anderen auf der Basis einer alles nivellierenden »Vergleichbarkeit« und mit gänzlicher Verwischung der konstitutiven Ordnung zueinander in Beziehung treten. Also das, was von der reflexiven [144/145] Form unberücksichtigt und für sie unzugänglich bleibt, ist das Reich theoretischen Sinnes mit durch und durch konstitutiver, dem Spezifischen des Materials sich engst anschmiegender Form, in dem jeglicher Inhalt seinen Platz in seiner ausschließlich konstitutiven und charakteristischen Betroffenheit erhält, ist also das reine konstitutive Urbild der nirgends von der reflexiven Subjektivität angetasteten Wahrheit. Daß die reflexive Form, in die Subjektivität eingeschlossen, die Sache selbst nicht erreicht, bedeutet also, daß die [110]) eine kategoriale Formschicht von der anderen nicht getroffen wird. Es wird nicht ein bloß Logisches mit einem Metalogischen, sondern eine Sphäre des Logischen mit einer andern verglichen. Die sachliche Bedeutungslosigkeit des Reflexiven ist ihre Bedeutungslosigkeit und ihr Zurückstehen gegenüber dem ursprünglichen Sachgehalt des Sinnes mit konstitutivlogischer Form.

Beide Arten von Kategorien sind logischer und nichts als logischer Gehalt, beide gehören nicht dem Kategorienmaterial an, sondern sind kategoriale Form, beide stecken nicht im Inhalt, sondern weisen nur auf ihn verschieden hin. Wenn von der »inhaltlichen« Bedeutung der einen Kategorienart gesprochen wird, so kann dabei nur an die Bedeutung gedacht sein, die einer besonderen Schicht formalen Gehalts zukommt, nämlich dem formalen Gehalt mit einer auf das Spezifische des Inhalts unverblaßt hinweisenden Bedeutungsfülle. Wenn von der »formalen« Bedeutung der anderen Kategoriengruppe geredet wird, so kann damit nicht der Formcharakter gegenüber dem Inhalt, sondern nur ein gewisser Formgehalt gegenüber einem andern Formgehalt gemeint sein. Ebenso kann die Gegenüberstellung von realer und formaler Bedeutung nur den Unterschied reflexiver und konstitutiver Formartigkeit betreffen. Spitzt man dies wieder – wie es bei *Lotze* und *Windelband* geschieht – auf Relationsformen zu, so ergibt sich: die konstitutiven wie die reflexiven Relationen heben sich als logische Form, als logisches Zwischen von dem alogischen materialen Wozwischen ab. Auch die konstitutive Beziehung ist nicht mehr als ein bloßes logisches Zwischen, ist ebensowenig wie [145/146] die reflexive Beziehung im Material *enthalten*. Auch das »reale« Verhältnis, die reale Beziehung, z. B. die der Kausalität, ist ein bloß logisches Zwischen. Der Unterschied zwischen realer und bloß logischer Beziehung kann höchstens auf den von konstitutivlogischer und reflexiver Beziehung hinauslaufen. Die reale Beziehung ist der unverblaßt durch das Spezifische des Materials determinierte logische Relationsgehalt. Andererseits sind beide Relationsarten durch das Material gebunden und in ihm wurzelnd, auch die reflexive Relation, bloß daß diese nicht unverblaßt durch das Spezifische des Materials, sondern erst durch die Verblassung hindurch determiniert ist. Beide Formen stecken also nicht im metalogischen und im alogischen Material, auch die konstitutive nicht, und beide sind durch das Material bestimmt, auch die reflexive [111]).

Damit wäre erledigt, was es mit dem Abstand der reflexiven Kategorie von der Sachlichkeit der Gegenstände selbst für eine Bewandtnis hat. Welche Rolle sodann der Subjektivität für den Bestand dieser subjektiven, besser immanenten Kategorienschicht zufällt, entscheidet sich danach, daß es allerdings die ganze Sphäre mit einem solchen immanenten Bedeutungsgehalt nur in der Reflexion gibt und nicht in den Gegenständen selbst; daß diese ganze Formenwelt nirgends anders lebt als in der Subjektivität, ein bloßes Erzeugnis, ein Artefakt der Subjektivität ist. Nur folgendes darf dennoch nicht preisgegeben werden: daß sie trotzdem nicht aufhört, eine logische Sphäre, ein Reich logischer – wenn auch erst durch die Subjektivität erschaffener – Sachlichkeit zu sein. An der ganzen reflexiven Sphäre ist das einzige vom Denken »Abhängige« nur die geschaffene Reflexivität und Künstlichkeit überhaupt. Diese Geschaffenheit der ganzen Sphäre ist das, was allein auf [146/147] Rechnung der Subjektivität kommt, im Gegensatz zur Ungeschaffenheit der konstitutiven Gegenständlichkeit. Das ist die Merkwürdigkeit dieser immanentlogischen Sphäre, daß sich durch die Immanenz und Geschaffenheit hindurch die Sachlichkeit des Logischen erhält, daß sich auf dem Boden reflexiver Gekünsteltheit doch wiederum – ungeachtet des nicht wegzuleugnenden reflexiven Einschlags – ein Reich absoluter, »vom Denken unabhängiger« Gültigkeit erhebt. Das ist nur vom Standpunkt unserer Bedeutungslehre aus zu verstehen, nach der die Absolutheit des Wahrheitsgeltens, der theoretischen Gültigkeit, sich trotz der hinzutretenden immanenten *Bedeutungs*belastung, trotz der Trübung des Bedeutungsgehalts bewahrt, so daß sich der unteilbaren und unverminderbaren Geltungsartigkeit lediglich eine herabgesetzte, eine die Symptome der Reflexivität verratende Bedeutungsbestimmtheit ansetzt [112]). Wie die Absolutheit, so erhält sich in dieser Sphäre auch, wie bereits angedeutet wurde, die Gebundenheit an determinierendes Material. Auch der theoretische Sinn mit bloß reflexiver Form bildet ein Reich absoluter Wahrheit. *An sich* sind die Inhalte identisch, voneinander verschieden usw. Das Bestehen all dieser Formen hat sich zwar die Subjektivität selbst angerichtet; aber nachdem sie einmal nur den Boden dafür geschaffen, tritt ihr wiederum ein Reich entgegengeltender, Anerkennung heischender Wahrheit gegenüber. Jenes Gewebe reflexiver Beziehungen wird nicht etwa durch die Willkür des Denkens gestiftet, sondern wie stets der Inbegriff theoretischen Sinnes, lediglich gefunden und entdeckt. Der Willkür des subjektiven Verhaltens bleibt, wie stets, höchstens beschieden, aus dem unerschöpflichen Reich der Wahrheit nach Belieben an den verschiedensten Stellen etwas herauszugreifen [113]). Von dieser ganzen Sphäre freilich ist im Bereich des ungekünstelt konstitutiven Sinnes nicht das geringste anzutreffen. Daß es sie überhaupt gibt, ist ganz das Werk der Subjektivität. Und doch ist innerhalb ihrer wieder alles von der [147/148] Subjektivität unabhängig. Weil eben nur der künstliche Charakter an dieser Sphäre, das allgemeine Vorzeichen davon, das eigentlich Geschaffene ist.

Trotz des Abstandes der reflexiven Sphäre von der konstitutiven wurde vorher von der Identität als der reflexiven Gegenstandsform und somit von reflexiver Gegenständlichkeit und reflexiven Gegenständen gesprochen. Man stößt damit auf einen weiteren und einen engeren Begriff von Gegenständlichkeit. Im engeren Sinne ist Gegenständlichkeit nur die ungekünstelte und von der Subjektivität unabhängige konstitutive Gegenständlichkeit. Aber es gibt

Gründe, die die Übertragung des Gegenstandsbegriffs auf die reflexive Sphäre rechtfertigen. Erstens ist auch der theoretische Sinn mit bloß reflexiver Form ein von entgegengeltender, »entgegenstehender« Wahrheitsform betroffenes Material, also Gegenstand im Sinne des theoretischen Objekts, und ferner ist die reflexive Kategorie als bestimmt belastete logische Form, der ein besonders geartetes Material entspricht, Gegenstandsform im Unterschied zur schlechthin reinen Form. Endlich kann man das kopernikanische Zusammenfallen von Gegenstand und Wahrheit auch auf das reflexive Gebiet ausdehnen. Auch dort hat es noch einen guten Sinn, nach kopernikanischer Grundansicht darauf zu dringen, daß das identische Etwas, die unterschiedenen Inhalte einerseits und die Wahrheiten »darüber«, daß a mit sich identisch, a von b unterschieden ist, andrerseits, nicht in die zwei korrespondierenden Reiche des Gegenstands und des Wahrheitsschattens auseinandergerissen werden. So kann auch der verblaßten Gegenständlichkeit gegenüber der kopernikanische Grundgedanke zur Anwendung gelangen. Aber von der reflexiven Sphäre aus wäre niemals die Einsicht in das Zusammenfallen von gegenständlichen Inhalten und theoretischem Sinn zu gewinnen gewesen. Wegweisend konnte hier nur die konstitutive Gegenständlichkeit sein, zu der die Verhältnisse in der reflexiven Region lediglich ein schemenhaftes Analogon bilden [114]).

Die Gefahr einer Nivellierung konstitutiver und reflexiver Gegenständlichkeit ist von einer solchen erweiternden Verwendung [148/149] des Gegenstandsbegriffs nicht zu befürchten. Zu deutlich steht die Kluft zwischen Ungeschaffenheit und Geschaffenheit, Ungekünsteltheit und Gekünsteltheit vor Augen, die sekundäre Stellung der reflexiven Region, dieses Kunstprodukts der Reflexion, das erst gelegentlich der Erfassung des dem subjektiven Eingriff entrückten transreflexiven Sinnes vom Erkennen erzeugt wird. Gerade jetzt tritt ja das Kriterium des Konstitutiven in voller Schärfe hervor. Die spezifische Inhaltlichkeit, der die konstitutive Form ihre Bedeutungsbestimmtheit verdankt, ist das einzige, echte Material, das es im All des Denkbaren überhaupt gibt; das andere ist ein bloßes Artefakt der Reflexion, ein Geschöpf der reflexiven Form. Darum wäre es ganz verkehrt, etwa das Sinnliche, das Nichtsinnliche und das Etwas überhaupt oder das Seiende, das Geltende und das Identische zu koordinieren. Die Gegenstandsgebiete des spezifisch Sinnlichen und des spezifisch Nichtsinnlichen machen das Universum des Gegenständlichen aus, und es gibt nichts Drittes, was sich ihnen an die Seite stellen ließe. So arbeitet sich jetzt das einzig mögliche Kriterium des Konstitutiven heraus.

Es liegt im Zugeschnittensein auf die spezifische, die einzige unabhängig von der Subjektivität bestehende, Inhaltlichkeit.

Der reflexive Inhalt enthält wegen seiner Abhängigkeit von der reflexiven Form eine bloße Andeutung von Kategorienmaterial und eben darum auch ein Minimum logisch undurchdringlicher Materialität, ein Minimum an Irrationalität im Sinne der Undurchdringlichkeit. Nicht eigentlich im Sinne der Alogizität oder Logosfremdheit. Denn das Etwas überhaupt heißt nur soviel wie Kategorienmaterial überhaupt, Inhalt überhaupt, und Inhaltlichkeit ist nur mit Irrationalität im funktionellen Sinne (vgl. oben S. 65 f.), nicht aber mit Alogizität gleichbedeutend. Da jedoch im reflexiven Etwas wie alles Spezifische, so auch das Spezifische des Logischen untergegangen ist, so stellt der reflexive Inhalt freilich ein alogisches Etwas und mithin zugleich ein Minimum alogischer, »denkfremder« materialer Undurchdringlichkeit dar, obgleich dies nicht unmittelbar in seinem Begriff liegt [115]). Infolge der Durchsichtigkeit [149/150] des Materials verwischt sich in der reflexiven Sphäre am stärksten auch die Gespaltenheit in logische Form und in logisch undurchdringlichen Inhalt. Ebenso verbirgt sich in dieser niedersten und künstlichsten Region am meisten die Gebundenheit der Formen an das Material. Hier, wo die reflexive Subjektivität herrscht, wird am leichtesten eine »eigene Bewegung« des Logischen nach *Hegel*schem Muster uns vorgegaukelt. Allerdings tritt hier die Abhängigkeit des Logischen vom alogischen Material am meisten zurück. Aber das beruht auf der Eigenbeweglichkeit der hin- und hergehenden Subjektivität, auf dem Verhalten rein reflexiver Denkbewegung. Die Logik darf in keiner Weise diese scheinbar reinste, in Wahrheit am tiefsten in die Subjektivität hineingesenkte logische Sphäre, diese Lebendigkeit einer logischen Homunkulus-Region, zum Urbild und Ausgangspunkt machen. Sie muß am Primat des Konstitutiven festhalten.

2. Der generelle Charakter.

Die immanent-reflexive Kategorienschicht sollte im Gesamtplan der Darstellung als neue Bestätigung für die universale Weite des logischen Herrschaftsbereichs, für das Bestehen eines übergreifenden, generellen logischen Gehalts dienen. Für diese ihre eigentliche Bestimmung bildete die bisherige Hervorhebung ihres reflexiven Charakters nur eine Vorarbeit. Die Immanenz ist nur ein Moment in der Eigenart dieser Formen. Nur wenn man gleichzeitig einen Blick für den Umfang ihres Geltungsbereichs hat, vollendet sich die Einsicht in ihr Wesen. Die reflexiven Kategorien sind als *die* Formen zu begreifen, die, weil unbekümmert um das Spezifische der Inhalte, eben darum unbekümmert auf alle *beliebigen* Inhalte, auf Inhalte ohne Unterschied, auf Inhalte überhaupt gehen. Der reflexive Inhalt ist das *bloße* Etwas am *beliebigen* Irgendetwas. Jeglicher Inhalt überhaupt oder ohne Unterschied ist es, der zur reflexiven Inhaltlichkeit überhaupt ver-[150/151]blassen kann. Der reflexive Inhalt ist die reflexive Inhaltlichkeit überhaupt *an* allen spezifischen Inhalten überhaupt. Die reflexive Kategorie betrifft ja nicht die volle Inhaltlichkeit als Material, sondern an aller spezifischen Inhaltlichkeit zielt sie stets nur auf das caput mortuum des verblaßten Inhalts. Bisher stand im Vordergrund, daß sie sich mit dem Schattenbild einer erstorbenen Inhaltlichkeit begnügt. Nunmehr liegt der Ton darauf, daß diese Funktion der Abblassung unterschiedslos gegenüber *allen Inhalten* einzutreten vermag. Die reflexiven Formen kommen jetzt als die *generellen* Formen in Betracht [116]). Über die Schranken der Einzelgebiete hinaus, in ihrer Gesamtheit und ausnahmslos, werden die Inhalte – allerdings dafür nur nach ihrer verblaßten Inhaltlichkeit – von den reflexiven Formen beherrscht. Führt die reflexive Form zwar in eine immanente Schicht hinein, so befreit sie uns doch von der Enge eines jeden spezifisch determinierten konstitutiven Kategoriengehaltes. Diese mit dem schrankenlosen Herrschaftsbereich der Wahrheit gleichkommende Weite ihres Anwendungsgebiets ist sogar ihr augenfälligstes Kriterium. Es würde zurecht bestehen, auch wenn die vorangegangene Ableitung aus subjektivem Ursprung verfehlt wäre.

Nach diesem Kriterium sind die konstitutiven als die spezifischen und die reflexiven als die generellen Formen auf das leichteste auseinanderzuhalten. Für die das All des Denkbaren überschauende Kategorienlehre sinken ja das Sinnliche wie das Nichtsinnliche zu bloßen Teilbezirken des Etwas herab. Die konstitutive Kategorie ist die auf die einzelne Sphäre, sei es des Sinnlichen, sei es des Nichtsinnlichen, festgelegte Form [117]). Man braucht jede logische Form nur daraufhin zu prüfen, ob sie von solch eingeschränktem oder aber von uneingeschränktem Gebrauch ist. Sein, Dinghaftigkeit, Kausalität sind offenbar ganz exklusive Prädikate für die sinnliche Sphäre, sind Fremdlinge im unsinnli-[151/152]chen Bereich; es ist widersinnig, vom Geltenden das »Sein« auszusagen, es in Kausalzusammenhänge verflochten zu denken. Ebenso ist das spezifische Prädikat des Geltens ausschließlich auf den Bezirk des Unsinnlichen berechnet und von keiner darüber hinausgehenden Anwendung. Sein und Gelten können darum nur konstitutive Kategorien sein. Ganz anders dagegen die Identität! Von ihr ist unterschiedslos jeglicher Inhalt, jeder sinnliche und jeder nichtsinnliche, betroffen. Es heißt nicht nur: rot ist rot und Schmerz ist Schmerz, sondern auch Sein ist Sein, Gelten ist Gelten, ästhetische Form ist ästhetische Form, ja sogar: Identität ist Identität. Und ebenso ist wahllos jegliches Etwas von jeglichem – »anderen« – Etwas verschieden. Diese reflexiven Relationen spannen sich sogar die Gebiete herüber und hinüber; rot ist nicht bloß von grün, süß und quadratisch, sondern auch von Sein, Gelten, logisch, ästhetisch verschieden. Freilich, wenn gesagt wird: rot ist rot und rot ist etwas anderes als logisch, so darf man sich nicht verhehlen, daß hierbei nicht rot in seiner Sinnlichkeit, und logisch in seiner Unsinnlichkeit von der reflexiven Kategorie betroffen sind. Denn spezifisch sinnliche und spezifisch unsinnliche Inhalte sind von den konstitutiven Kategorien Sein und Gelten umkleidet und von keinen andern. Sie können von reflexiven Formen nur so betroffen sein, daß dabei an ihnen lediglich die blasse Inhaltlichkeit überhaupt gemeint wird. Die reflexive Kategorie greift gleichsam achtlos durch die lebendige Sinnlichkeit und Unsinnlichkeit der Inhalte hindurch und ergreift kategorial an ihnen nur das Gerippe ihrer Inhaltlichkeit überhaupt. Es ist eine bloße Abbreviatur des Ausdrucks, wenn man spezifische Inhalte direkt als in reflexiver Kategorie stehend hinstellt. Denn als spezifische Inhalte stehen sie nur in konstitutiver Form, die somit bei bloß generellkategorialer Betroffenheit außer acht gelassen und unterdrückt wird. Nur die den sinnlichen und den nichtsinnlichen Inhalt in ihrem vollen spezifischen Wesen mitbezeichnenden Worte täuschen darüber hinweg. Dieser sekundäre und unselbständige Charakter der reflexiven Form muß stets im Auge behalten werden.

Doch ganz gleich! Das, worauf es ankommt, ist eben dies: die Aufmerksamkeit darauf zu lenken, daß die reflexive Form diese Unselbständigkeit des Sichanlehnens ans Spezifische gegenüber [152/153] allem Spezifischen zu betätigen vermag. Ungeachtet ihres bloß enklitischen Charakters wird ihre Universalität in der Anlehnungsfähigkeit wiederum zu einem Zeugnis für die Weite des Logischen überhaupt.

Die Schrankenlosigkeit der Wahrheit ist genau auch die Voraussetzung für das Verständnis der reflexiven Kategorien. Nur wer sich erst einmal der Allbetreffbarkeit des Etwas durch logische Wahrheitsform zugänglich gemacht hat, wird auch ein Auge haben für die Universalität der reflexiven Kategorie, die eine bloße Spiegelung der Allherrschaft des Logischen in einer niederen Region ist. Dann gewinnt man erst die Weite des Verblaß*baren*, dessen, *was* alles in die Reflexion hineingezogen werden kann. Dann versichert man sich erst nach seinem ganzen Umfang des spezifisch-konstitutiven Untergrunds, der das Angriffsgebiet für die Betätigung der Reflexion abgibt. Erst auf der Basis einer *konstitutiven* Logik der Zweisphärentheorie, einer zweireihigen Kategorienlehre begreift man, wohin überall sich die Arbeit der reflexiven Subjektivität zu erstrecken vermag. Erst wenn die reflexive Kategorienschicht mit dem gebührend erweiterten konstitutiven Fundament in Kontakt gebracht wird, läßt sich in der logischen Besinnung dem Umstand Rechnung tragen, daß die reflexive Kategorie auf allen Gebieten, nicht nur im Seinsgebiet und beim Seinserkennen, mit einem konstitutiven Gehalt sich begegnet, ihn fortwährend durchsetzt und verdrängt, sondern im nichtsinnlichen Gebiet ebenso wie im sinnlichen als reflexives Surrogat sich einnistet, im philosophischen Erkennen wie im Seinserkennen als reflexive Begleiterscheinung sich vordrängt. Erst so weist man der reflexiven Form ihre richtige Stellung im System der Kategorien an. Erst so sieht man ein, daß der generelle Charakter irgendwelcher logischer Formen gar nicht zu begreifen ist ohne Erweiterung des *konstitutiv*-kategorialen Fundamentes, ohne den Ausbau einer Lehre von den *philosophisch*-konstitutiven Kategorien (vgl. oben S. 115).

All die mannigfachen und meist unachtsam gebrauchten Wendungen wie »irgend etwas«, »beliebiges etwas«, »etwas, überhaupt«, »Inhalt überhaupt«, »Denkbares überhaupt«, »Gegenstand überhaupt« erhalten jetzt hinsichtlich ihres Umfangs wie ihres Inhalts [153/154] einen völlig eindeutigen Sinn. Sie besagen einfach: nicht nur das sinnliche, sondern auch das nichtsinnliche, also das unsinnliche, und womöglich das übersinnliche Etwas, kurz die Totalität des spezifischen Etwas und der konstitutiven Gegenstände. Der Spielraum dieser Beliebigkeit und dieses überhaupt ist charakterisiert durch das Sichhinwegsetzen über die Kluft und Urdualität der spezifischen Inhalte. Denn zu solchem Sichhinwegsetzen wird in diesen Wendungen aufgefordert. Das Etwas überhaupt ist unterschiedslos jegliches spezifische Etwas, als reflexives Etwas überhaupt ausgesprochen.

Auch die vorangegangenen Ausführungen haben sich stets dieser Ausdrücke bedient. Insbesondere wenn ein logisch Nacktes zu benennen war, wurde es immer schon als ein »Etwas« und damit als ein »Inhalt« für die generelle Kategorie bezeichnet. Wenn es somit auch nicht gelang, es in logischer

Nacktheit zu belassen, so wurde doch wenigstens nur die dürftigste und dünnste kategoriale Umkleidung, das Minimum an kategorialer Form, zu Hilfe genommen (vgl. oben S. 44) [118]). Das »Etwas« ist das Material des kategorialen Minimums, also schon ein in der Materialsstellung stehend Gedachtes, aber abzüglich der Kategorie selbst. Es ist das mit der reflexiven Kategorie Umkleid*bare*, also ein Analogon zum »Seienden« und zum »Geltenden«; nicht mehr logisch Nacktes, sondern Material, aber bloßes Material. Wie das Seiende zum Seinsgegenstand, das Geltende zum Geltungsgegenstand, so verhält sich das Etwas zum Gegenstand überhaupt. Statt »das mit reflexiver Kategorie Umkleidbare« darf man sich auch des Ausdrucks »das Denkbare« bedienen. Denn das Subjektskorrelat zum reflexiven Gegenstand kann man als ein bloßes »Denken« bezeichnen, im Unterschiede zum »Erkennen«, worunter dann allein das Verhalten zum konstitutiven Sinn zu verstehen ist. Der spezifische Inhalt ist ein Erkennbares oder Erkenntnismaterial, der reflexive ein Denkbares oder Denkmaterial. Wie das Sinnliche und das Nichtsinnliche gleichmäßig ein »Etwas« ist, so läßt sich von beidem auch unbedenklich behaupten, daß es »es gibt«. Es ist ihm damit ja nicht mehr als die reflexive Gegenständlichkeit [154/155] zuerkannt. Erst jetzt sind diese vorher fortwährend gebrauchten Ausdrücke des »Etwas« und des »Denkbaren« durch die Kategorienlehre gerechtfertigt [119]).

Auch vom Standpunkt der einseitigen Seinslogik aus läßt sich die Abstraktheit der generellen Kategorien und ihr Unterschied von den konstitutiven nicht verkennen. Aber erst durch Zugrundelegung der doppelten konstitutiven Schicht und durch die Kontrastierung dagegen erschließt sich die alles umspannende Weite ihres Anwendungsgebietes. Reicht der Blick nicht über die sinnlich-anschauliche Sphäre hinaus, so muß man in völligem Irrtum über den Umfang des »Etwas überhaupt« befangen sein. Nur der Umkreis des Anschaulichen kann dann als Betätigungsfeld für die reflexive Subjektivität gelten. Das Etwas überhaupt und der Gegenstand überhaupt erscheint dann als das beliebige sinnliche Etwas und als der beliebige sinnliche Gegenstand, reflexiv als bloßes Etwas ausgesprochen. Auf das reflexive Etwas am Sinnlich-Anschaulichen überhaupt statt auf das Etwas am Spezifischen überhaupt läßt man unter diesen Voraussetzungen die reflexive Kategorie gehen. In der gegenwärtigen Logik und Erkenntnistheorie muß sich wie die gesamte Kategorienlehre, so auch die Lehre von der reflexiven Form auf dieser zu schmalen Basis aufbauen.

Gelegentlich stoßen trotzdem die Logiker immer wieder auf den größeren Umfang des »Denkbaren«; zu sehr drängt sich die Wahrheit der Sache auf. Wenn jedoch der über das Seiende hinausgehende Bereich angegeben werden soll, wird häufig dabei an das »Nichtseiende« nur in einem ganz bestimmten Sinn gedacht, der über das Seinsgebiet, nämlich über theoretischen Sinn mit sinnlich-anschaulichem Material, gar nicht zum Nichtseienden im Sinne des Seinsfremden hinausführt. Denn Phantasie- und Wahn-[155/156]produkte, Eingebildetes und Imaginäres, können ganz innerhalb des Seinsgebiets bleiben und brauchen lediglich im Sinne des Unwerts verschobenen Sinn mit lauter sinnlichem Material darzustellen. Aber es fehlt auch nicht an freieren Ausblikken über das All des Etwas. Mit prinzipieller Klarheit wird die generelle Kategorie und der umfassende Begriff des Etwas (τι) bei den Stoikern eingeführt, die hierbei an Aristotelische Andeutungen anknüpfen. Der Begriff der das Seiende und das Nichtseiende umfassenden Gegenständlichkeit wird zugrunde gelegt beispielsweise bei *Leibniz, Wolff* [120]), *Baumgarten* [121]), *Kant* [122]), in der neueren Zeit bei *Bolzano, Drobisch, Lotze, Husserl,* der Gegenstandstheorie, *Erdmann, Cohn* [123]). Endlich hat seit *Descartes* und *Leibnizens* Entwürfen einer Universalmathematik die Nachforschung nach primitiven, alles beherrschenden kategorialen Formen bis zur Gegenwart niemals aufgehört.

Von jeher hat ferner die »formale«, »reine«, »allgemeine« Logik ihr Augenmerk auf einen übergreifenden logischen Gehalt gerichtet, und ihr gegenüber als einer Denktheorie wurde ja dann für die »Erkenntnistheorie« die Bornierung auf das Seinserkennen proklamiert. Aber in der »formalen Logik« als der Lehre von den generellen logischen Phänomenen wurden bisher stets heterogene Bestandteile zusammengeworfen, die allerdings durch das – als solches übrigens gar nicht erkannte – gemeinsame Merkmal der Immanenz zusammengehalten sein mögen, trotzdem aber höchst ungleichartige Lehrstücke, der allgemeinen logischen Strukturlehre angehörende Theorien vom Sinn, von Bejahung, Verneinung und Widerspruch, von Subjekt und Prädikat, von den Begrün-[156/157]dungszusammenhängen einerseits und sodann von den generellen Formen andererseits in sich bergen. Gerade der »allgemeine« oder »formale« Charakter blieb da stets etwas sehr Äußerliches und beruhte – was sich jedoch nur in einer systematischen Darstellung der Logik zeigen ließe – auf den verschiedensten, gar nicht koordinierbaren und lediglich ganz unsystematisch und willkürlich zusammengestellten Momenten. Auch in *Kants* Begriff der formalen Logik finden sich, wie ausführlicher nachzuweisen sich sehr verlohnte, die verschiedenartigsten Bestandstücke zusammengestellt, für die nur das gemeinsame negative Kriterium zutrifft, daß sie wie nicht die spezifisch konstitutive Form, so nicht die »materiale Wahrheit«, das heißt die Einzelheiten konstitutiven Sinnes, betreffen und ferner aus verschiedenartigen Gründen nicht auf besondere Gebiete eingeengt sind. Es war bekanntlich *Kants* Absicht, von der Region des »synthetischen Apriori« eine »analytische« Sphäre logischer Momente abzuwirken, mit denen man nicht, wie die Ontologie wähnte, an die übersinnlichen konstitutiven Gegenstände herankommt. Auch *Kant* statuiert die bloße Reflexivität eines gewissen logischen Apparates als Kehrseite seiner unbegrenzten Anwendbarkeit, also seines generellen Charakters. Aber gerade, wo er von dieser über die Kluft zwischen sinnlichen und übersinnlichen Gegenständen hinwegreichenden Herrschaftsweite spricht [124]), da erblickt er in diesen logischen Momenten dennoch nicht kategoriale Formen.

Wenn auch nicht in der gebührenden Unterordnung unter die konstitutive Schicht, so haben doch die reflexiv-generellen Formen von jeher in der Logik eine erhebliche Rolle gespielt. Hier wurde der bisher noch nicht unternommene Versuch gemacht, allen im Wesen dieser kategorialen Schicht liegenden und bisher immer nur einseitig und isoliert hervorgehobenen Momenten gleichmäßig gerecht zu werden. In der bisherigen Geschichte der theoretischen Philosophie ist von der einen Seite her nur ihr immanent reflexiver [157/158] Charakter betont worden, so insbesondere von der nominalistischen, empiristischen, positivistischen Richtung, die dabei das Interesse verfolgte, das Logische auf eine bloß subjektive Bedeutung herabzudrücken. Dieser Tendenz gegenüber wurde hier die trotz und in der Reflexivität bewährte Absolutheit des *Logischen* vertreten. Andererseits läßt es sich völlig begreifen, daß dieselbe reflexivgenerelle Kategoriensphäre von jeher gerade sich einer Bevorzugung von seiten der Rationalisten erfreut hat. Auf dieser Seite verkannte man nämlich geradezu den reflexiven Charakter und hielt sich nur an die Abstraktheit und Universalität der generellen Formen. Der Rationalismus ließ sich zu dem Irrtum verleiten, auf den früher schon einmal vorbereitend hingedeutet wurde (oben S. 57), das Dünnste und Dürftigste für das Reinste und Höchste zu halten. Er übersah, daß die Durchsichtigkeit, die diese Formen auszeichnet, mit Leere, Verblaßtheit und Reflexivität erkauft ist.

Der Schein der Reinheit wird noch vergrößert durch die alles beherrschende Universalität dieser Formen. Man übersah, daß auch sie nur die Kehrseite des reflexiven Hinwegsehens über das Spezifische ist. Es blieb den Rationalisten verborgen, daß die reflexiven Formen so wenig die reinsten sind, daß sie vielmehr umgekehrt von der schlechthin reinen Form sich noch weiter entfernen als der konstitutive Gehalt, von ihr nicht nur als Gegenstandsform, sondern noch dazu durch den Abstand der immanenten Künstlichkeit geschieden sind. Übersieht man diese Kluft zwischen der konstitutiven und der reflexiven Sphäre, und achtet man nur auf den Allgemeinheitsgrad, so hält man leicht das Allgemeinere für das Grundlegende und Beherrschende, zu dem das Konstitutiv-Spezifische dann einfach als determiniertere Partikularität hinzutritt. Allerdings ist man bei den lichten generellen Formen von der ganzen dunklen spezifischen Bedeutungsbelastung, insbesondere von der vom sinnlichen Material herstammenden, befreit, auf sinnliches Material nicht eingeschränkt. Dadurch entsteht die Täuschung, daß diese Formen um ihrer Entlastung vom Sinnlichen willen als schlechthin reine Formen eine höchste, auch auf das Nichtsinnliche übergreifende konstitutive Bedeutung beanspruchen, ein Irrtum, gegen den ja *Kant* mit Recht kämpft (vgl. [158/159] oben S. 130). Die Losgelöstheit vom Sinnlichen, die die reflexiven Kategorien allerdings mit den philosophisch-konstitutiven Formen für das Nichtsinnliche teilen, läßt darüber hinwegsehen, daß diese Unabhängigkeit das einemal von der das Sinnliche wie das Nichtsinnliche gleichmäßig verflüchtigenden Mattheit der Reflexion, das anderemal dagegen von dem Zugeschnittensein auf das Nichtsinnliche herstammt. Die bloß reflexive Indifferenz wird mit konstitutiver Erhabenheit über die Angewiesenheit auf das Sinnliche, sowie mit konstitutiver Universalität verwechselt. Es ist nach dem eben Gesagten nicht verwunderlich, wenn sich in die Ansätze einer Ausdehnung des konstitutiven Kategorienproblems auf das Nichtsinnliche die reflexiven Kategorien störend und irreführend herzudrängen, wodurch eine Vermengung entsteht, die uns dann auch bei der historischen Verfolgung der Lehre von den philosophisch-konstitutiven Kategorien begegnen wird. Gewiß sind die reflexiven Formen auch auf das Nichtsinnliche anwendbar. Aber sie sind darum nicht spezifische Kategorien für intelligible oder ideale Gegenstände. Denn am Nichtsinnlichen gehen sie ebenso wie am Sinnlichen nur auf das erstorbene Etwas. Auf der Spur nach der Schrankenlosigkeit des Logischen stießen diese Denker zuweilen nur auf den reflexiven Ableger der logischen Universalität. Aber auch abgesehen von solchen auf den philosophisch-konstitutiven Kategoriengehalt gerichteten universalistischen Absichten, hat die Logik der reflexiven Gebietskategorie, der Identität, fast ausnahmslos eine Hochachtung erwiesen, die ihr gar nicht zukommt, sie als die theoretische Urform an die Spitze der logischen Formen gestellt, ihren reflexiven Charakter verkannt. Die Identität ist jedoch nicht das logisch Oberste und Reinste, sondern lediglich das logische Minimum [125]).

So hat fast stets in der bisherigen Logik der generelle Charakter logischer Formen über ihre bloß reflexive Bedeutsamkeit hinweg-[159/160]getäuscht, und die Universalität der logischen Form ist bisher meist festgestellt worden, ohne daß die Einsicht in die ihr zugrundeliegende Schrankenlosigkeit der konstitutiven Kategorie dahinterstand.

2. Abschnitt.

Die Beziehungen zwischen den reflexiven und den konstitutiven Kategorien.

Es hat sich erwiesen, daß die Lehre von den reflexiv-generellen Kategorien als ein Beitrag zum engsten Thema dieser Abhandlung anzusehen ist. Denn die ganze logische Formenwelt des Reflexiv-Generellen war nur auf dem Boden der erweiterten Lehre vom *konstitutiven* Kategoriengehalt verständlich. Aber es besteht noch ein weiterer Anlaß, die reflexiven Kategorien bei der Behandlung der konstitutiven einzuführen. Denn es wird sich jetzt herausstellen, daß reflexive Bestandteile der konstitutiven Schicht eingeschmolzen sind. Um das zu zeigen, ist es jedoch erforderlich, erst noch die Lehre von der Beziehung zwischen reflexiver und konstitutiver Form weiter fortzusetzen.

Zugrundezulegen ist hierbei überall der enklitische, unselbständige oder, wenn man will, parasitäre Charakter der reflexiven Kategorie. Die reflexive Form bedarf einer spezifischen Inhaltlichkeit und einer entsprechenden konstitutiven Form als der Unterlage, der gegenüber die Herabdrückung zur Reflexivität sich vollzieht. Bisher wurde der generelle Charakter der reflexiven Form nur in dem Sinne hervorgekehrt, daß die sich überall hin erstreckende Breite ihres spezifisch-konstitutiven Angriffs- und Betätigungsfeldes, an dem die Funktion der Reflexivität ausgeübt wird, gezeigt wurde. Es ist nunmehr aber auch dem Umstande Rechnung zu tragen, daß beide urgegensätzlich geschiedenen spezifischen Inhaltsarten, das Sinnliche und das Nichtsinnliche, zu *demselben* reflexiven Kunstprodukt sich als verarbeitbar erweisen, *dieselben* reflexiven Kategorien wie Identität oder Andersheit auf das verblaßte Sinnliche wie auf das verblaßte Nichtsinnliche gehen. Dieser Umstand deutet doch darauf hin, daß am Sinnlichen und am Nichtsinnlichen es ein *Gemeinsames* sein muß, das es *gestattet*, beide Inhaltsarten so unter-[160/161]schiedslos zum gleichen Artefakt zu nivellieren, dieselbe reflexive Form auf beide Gebiete anzuwenden. Es muß eine gemeinsame Schicht, ein genereller Abhub der beiden spezifischen Inhaltsarten und der ihnen entsprechenden konstitutiven Formen sein, der der reflexiven Kategorie als Unterlage dient. In dem, was auf beiden Seiten von der reflexiven Kategorie verblaßt und verdrängt wird, muß ein Gemeinsames verblaßt und verdrängt werden. Einfach weil es *zu* einem Gemeinsamen sich abblassen und nivellieren läßt. So viel reflexive Kategorie, so viel Hinweis auf eine im Spezifischen liegende generelle Inhaltsschicht, die als bedeutungsbestimmendes Moment durch die Verblassung hindurchscheint. Jetzt also wird ersichtlich, daß das, wovon stets behauptet wurde, daß es vom Spezifischen her in der reflexiven Kategorie determinierend hindurchscheint, ein Gemeinsames sein muß. Nun steht aber alle spezifische Inhaltlichkeit an sich und unabhängig von der Reflexivität in ureigentümlicher konstitutiver Form. Darum wird in aller reflexiven Kategorie, wie das Spezifische des Inhalts verblaßt, so die entsprechende konstitutive Kategorie verschwiegen und unterdrückt. In den beiden Arten konstitutiven Gehalts wird somit der verdrängten gemeinsamen Inhaltlichkeit entsprechend eine gemeinsame kategoriale Schicht von der reflexiven Kategorie verwischt. Soviel reflexive Kategorie, soviel Hinweis auf unterdrückten abstrakt-gemeinsamen konstitutiven Gehalt. Man entnimmt daraus, daß die reflexiven Kategorien nicht etwa einfach als die ausgehöhlten konstitutiven anzusehen sind, nicht aus ihnen als gemeinsames Abstraktum herausdestilliert werden können. Vielmehr ein abstraktes Gemeinsames der spezifischen Inhaltlichkeit, zu dem ein generell-konstitutiver Gehalt gehören würde, bildet den Untergrund für die reflexiv-generelle Kategorie, zu der man von der konstitutiven aus erst durch den Umweg über die reflexive Verblassung gelangt. So ist beispielsweise die reflexiv-generelle Kategorie der Identität oder der reflexiven Gegenständlichkeit nicht einfach das Abstraktum der konstitutiv-generellen Gegenständlichkeit überhaupt, das sich dann also wieder komplementieren und auffüllen lassen müßte zu den beiden konstitutiven Gebietskategorien, sondern sie ist, überdies noch reflexiv *verblaßte* generelle Gegenständlichkeit. Die reflexiven Kategorien [161/162] verdanken somit keineswegs etwa ihren Ursprung der sinnlich-anschaulichen Sphäre, so daß sie erst nachträglich übertragbar wären auch auf das nichtsinnliche Gebiet, und ihre universale Weite sich somit in dieser Weise erklären ließe. Vielmehr *beide* Hemisphären des Denkbaren müssen so beschaffen sein, daß durch nivellierende Ertötung ihrer spezifischen Inhaltlichkeit die reflexiven Kategorien herausspringen. Daß es Identität, Unterschied, Vielheit usw. gibt, davon liegt nicht im Sinnlichen allein, sondern in der Totalität des spezifischen Inhalts das bedeutungsbestimmende Moment.

Aus alledem folgt der bedeutsame Umstand, daß überall da, wo man sich einer reflexiven Kategorie bedient, dies ein Anzeichen dafür ist, daß man sich in unlebendiger Erfassung mit einem bloßen Surrogat für verdrängten konstitutiven Gehalt begnügt hat. So stellt sich als das Leichteste und logisch Billigste die Bezeichnung des bloßen »Etwas« oder des bloßen »es gibt« ein. Wir nehmen die reflexive Kategorie zu Hilfe, wo uns die konstitutive noch nicht oder überhaupt nicht gegenwärtig ist. Wenn wir z. B. vom Unsinnlichen oder vom Übersinnlichen bloß ausmachen, daß es »es gibt«, so bescheiden wir uns damit, es lediglich als in der reflexivlogischen Form stehend vor uns hinzustellen. Aber gerade wegen des enklitischen Charakters der reflexiven Kategorie ist damit bereits eine freilich schematisch gebliebene Hindeutung, eine leer gelassene Anweisung auf die konstitutive Kategorie gegeben, in der doch an sich, ohne daß sich freilich uns dies erschlösse, das betreffende Material stehen muß. Die reflexive Kategorie als ein bloßer Stellvertreter drückt stets die unerfüllte Sehnsucht nach der dabei verschwiegenen konstitutiven Kategorie aus. Weil nichts nur ein »bloßes Etwas« sein kann, also wegen des unselbständigen und parasitären Charakters der reflexiven Kategorie, konnte an einer früheren Stelle behauptet werden, daß das Stehen eines Inhalts in der bloß reflexiven Gegenständlichkeit des »Es-Gebens« über sich hinausweist auf eine konstitutive Gegenständlichkeit (oben S. 109 f.).

Hat man dies einmal eingesehen, dann bekommt man einen Blick dafür, wie tief in das gesamte Erkennen hinein sich das Stehenbleiben bei den bloßen Surrogaten erstreckt, in wie weitem [162/163] Maße wir uns mit dem reflexiven Mittelding zwischen logischer Nacktheit und konstitutiv-kategorialer Betroffenheit begnügen. Überall wo wir es z. B. damit bewenden lassen, von einer »Beziehung« zu reden, nicht über diese schale generell-kategoriale Bezeichnung hinauskommen, wo wir nichts weiter zu sagen wissen, als daß es sich um ein eigenartiges »Verhältnis« handle, haben wir es nicht weiter als bis zu einer bloß reflexiv-kategorialen Angabe gebracht, der wir nur andeutungsweise das

Postulat oder die Bitte anfügen, in Gedanken das, was dabei schematisch bloß als »Beziehung« fixiert ist, zu irgendeiner vollen und prägnanten konstitutiven Form zu ergänzen. So viel bloß reflexive Bezogenheit, soviel dahinterstehende und unter den Tisch gefallene eigentümlich konstitutive Form. Auch die reflexiven Relationen deuten auf ein verdrängtes, den Sphären gemeinsames determinierendes Inhaltsmoment, dem ein abstrahierbares Gemeinsames konstitutiven Gehalts korrespondiert. Aber es gibt – wie noch besonders beachtet werden möge – nicht nur eine der spezifischen Inhaltlichkeit *innerhalb* des Sinnlichen wie des Nichtsinnlichen sich anschmiegende, sondern auch eine die urgegensätzlichen Sphären umspannende und verklammernde konstitutive Form. Denn auch das ist ein unberechtigtes Vorurteil, daß die Kategorien stets nur auf die Inhaltlichkeit innerhalb einer Sphäre berechnet sind. Vielmehr manifestiert sich die Allherrschaft der kategorialen Wahrheitsform auch darin, daß sie die verschiedenen Sphären miteinander verbindet; freilich nicht mit den »Relationen«, die exklusiv, wie z. B. die Kausalität, auf eine bestimmte, etwa die sinnliche Region, eingeschränkt bleiben. Es ist eben schlechthin alles an sich konstitutiv-kategorial umfaßt und zwischen allen Sphären des Denkbaren herüber und hinüber kategorial »verbunden«. Wenn also die reflexiven Kategorien die heterogenen Inhaltssphären kreuz und quer miteinander in »Beziehung« setzen (vgl. oben S. 120 u. 126), so liegt auch dem eine konstitutive Unterlage zugrunde.

Auch die eigene Darlegung logischer Probleme in dieser Abhandlung operierte doch keineswegs in erster Linie mit konstitutiv-philosophischen Kategorien, sondern es spielte in dem ganzen kategorialen Apparat, dessen sie sich fortwährend bediente, die [163/164] reflexive Kategorie eine ungemein bedeutsame Rolle. Auch die vorangegangene Darstellung ließ alles fortwährend von reflexiven Formen durchsetzt sein, bediente sich fortwährend der reflexiven Kategorien als eines bloßen Hilfsmittels, die konstitutive Form mehr anzudeuten als zu geben. So konnten wir uns nicht bloß des »Etwas«, des »es gibt«, der unbestimmten Relationen nicht erwehren, sondern wir bedurften auch ständig solcher Kategorien und Kategorien involvierender Ausdrücke wie »und«, »anders«, Bestand, Inbegriff, Vielheit, Mannigfaltigkeit, Arten, Gruppen, Allgemeinheit, Besonderheit, individueller Überschuß, Differenziertheit usw. (vgl. auch oben S. 44 und 127 f.). Insoweit ist gerne einzugestehen, daß fortwährend »Reflexionsphilosophie« getrieben werden muß. Leider krankt an dem Gebrechen des Durchsetztseins mit lauter Reflexivität sogar das gesamte

Erkennen. Wie alle Philosophie nicht umhin kann, bis zu einem gewissen Grade Reflexionsphilosophie zu sein, so ist alles »empirische Wissen« genötigt, in hohem Maße Reflexionsempirie zu treiben. Soviel aber ist gewiß: um das Konstitutive in seiner Reinheit herauszuschälen, muß man vom logischen Apparat des Seins- wie des philosophischen Erkennens den reflexiv-kategorialen Einschlag in Abzug bringen. Wie wenig es uns auch innerhalb dessen, was als »Erkanntes« gilt, vergönnt ist, das ganze konstitutive Urbild theoretischen Sinnes in Reinheit herauszustellen, davon überzeugt man sich leicht, wenn man bedenkt, daß das Reich der Wahrheit mit ausschließlich konstitutiver Form von allen jenen Symptomen reflexiver Verblassung wie Andersheit, Vielheit usw. gereinigt gedacht werden muß. Für uns eine völlig unausdenkbare logische Utopie!

Erst die Einsicht in den generellen Charakter der reflexiven Formen rechtfertigt die überall befolgte Gewohnheit, auch im philosophischen Erkennen, also bei der Behandlung der unsinnlichen Themata sich fortwährend ihrer zu bedienen, auch bei den philosophischen Objekten beständig von einem Etwas, einer Mannigfaltigkeit, einem Inbegriff usw. zu reden; drückt aber gleichzeitig ihre Bedeutsamkeit auf das Niveau entweder bloßer Surrogate oder eben überhaupt bloßer reflexiver Bestimmungen herab. Dieses fortwährende Sichdazwischenschieben der bloß [164/165] reflexiven Formen ist neben dem unabweisbaren Sichhervordrängen des konstitutiv-kategorialen Gültigkeits- und Wahrheitsmoments (vgl. oben S. 89 und unten Kap. 3, Abschnitt 2) das zweite Zeugnis für die Unentrinnbarkeit der logischen Form auch in der *philosophischen* Sphäre. Aus der Eigenart der reflexiv-generellen Kategorien aber erklärt sich des weiteren auch, warum sie unbedenklich immer wieder sogar auf sich selbst angewandt werden dürfen (vgl. S. 235 Anm. 99). Wie nämlich unterschiedslos jegliches Etwas überhaupt, so darf auch jede logische Form und mithin auch die reflexiv-generelle Kategorie selbst als bloßes reflexives Etwas behandelt werden, und es gilt dabei wegen des »Zirkels« das ganz Entsprechende wie hinsichtlich der Kategorie des »Geltens« (vgl. oben S. 93). –

Allein hier spielt allerdings noch eine tieferliegende Schwierigkeit hinein. Das Hauptbedenken bleibt noch ungelöst; wie nämlich der »Zirkel« entschuldbar gemacht werden soll, daß gerade auf das »Verhältnis« *zwischen* Form und Inhalt die kategoriale Bestimmung »Verhältnis«, also eine logische Form, angewandt wird (vgl. S. 229 Anm. 34). Aus dem hierin enthaltenen Dilemma vermag nun wiederum nichts anderes zu befreien als allein die klare

Einsicht in die Übertragung der kategorialen Betroffenheit auf das philosophische Gegenstandsgebiet, als die Erkenntnis des Umstandes, daß auch das nichtsinnliche Etwas im philosophischen Gegenstand nicht nur als es selbst, d. h. logisch nackt, sondern bereits von kategorialer Form betroffen vorliegt. Für alle Relationen, für alle kategorialen Relationsbedeutungen, liegt das bedeutungsbestimmende Moment im – meist alogischen – Material. Und es muß bedacht werden, daß gerade das bedeutungsbestimmende Moment, das »fundamentum relationis«, für die »Relation« zwischen *Kategorie* und *Kategorienmaterial* dasjenige ganz eigentümliche *alogische* Phänomen ist, das es überhaupt und ganz allgemein gestattet, von dem »Verhältnis« zwischen *Form* und *Inhalt*, nicht bloß zwischen *theoretischer* Form und Kategorienmaterial, zu reden; dasjenige also, was *in* dieser Relation, dieser logischen Form »Relation«, steht; das, was – betroffen, in die logische Sphäre hineingezogen – als alogisches bedeutungsbestimmendes [165/166] Moment die theoretische Form überhaupt zu dieser »Relation«, die übrigens wieder nur als reflexiver Stellvertreter für eine ureigentümliche konstitutive Form eintritt, differenziert. Man befindet sich ja hier, wo die Reflexion sich darauf richtet, in der philosophisch-theoretischen Sphäre, also in einer Region, in der ebenso wie das Material die logische Form selbst nicht in logischer Nacktheit vorkommt, sondern noch einmal in logischer Form steht. Daß es *hier* eine logische Form »zwischen« logischer Form und Material gibt, ist so wenig anstößig, wie daß es Form der Form gibt. Denkt man sich aber diesen philosophisch-theoretischen Form-Überzug weggenommen, kehrt man also zu seinem Material, zur Region seiner bedeutungsbestimmenden Momente, zu dem Dahinterstehenden in seiner logischen Nacktheit, zurück, so findet sich dort gar nicht eine logische Form »zwischen« Form und Material, sondern ein ureigentümliches Alogisches; ein Alogisches, wie es auch dem »Verhältnis« zwischen ästhetischer Form und ästhetischem Material bedeutungsbestimmend zugrundeliegt. Es ist also hierbei zweierlei gleichzeitig zu berücksichtigen. Erstens, daß hinter dieser Relation bedeutungsbestimmend ein alogisches Phänomen steht. Und sodann, daß dessen Eigentümlichkeit und Unvergleichbarkeit durch die matte, bloß reflexiv andeutende kategoriale Relationsbestimmung überdies noch ganz verwischt wird.

Die ganze Schwierigkeit aber rührt davon her, daß man eben in der Philosophie stets im oberen Stockwerk des theoretischen Sinnes, in der Sphäre der kategorialen Form der Form, und so in der Logik gerade in der Sphäre der kategorialen Form der kategorialen Form sich bewegt. Daraus entstehen dann auch alle übrigen sogenannten »Zirkel«, z. B. auch die früher bemerkte störende Notwendigkeit, auf das für die Kategorie bedeutungsbestimmende Material immer schon selbst lauter kategoriale Prädikate anzuwenden (vgl. oben S. 229 Anm. 34). Man kann den hier vorliegenden vermeintlich einen Zirkel einschließenden Sachverhalt auch so ausdrücken: die Relation »zwischen« Kategorie und Material, deren man sich angeblich zirkelhaft bedient, repräsentiert die kategoriale Form bereits des oberen Stockwerks, während jene zum Material in Relation stehende Kategorie selbst [166/167] die Kategorie des unteren Stockwerks ist. Ein fehlerhafter Zirkel bestände nur dann, wenn beide Kategorien im gleichen Stockwerk lägen [126]).

Entschließt man sich jedoch, mit der Idee einer Logik der Philosophie sich vertraut zu machen, dann ordnet sich jenes ganze Phänomen des »Zirkels« plötzlich einem umfassenden Grundgedanken ein. Dann läßt es sich darauf zurückführen, daß wie alle unsinnliche Form so auch das unsinnliche Etwas der logischen Form in philosophisch-konstitutiver wie in reflexiv-genereller Form zu stehen vermag. Auch die ganze Erscheinung des in der Logik stets zu begehenden Zirkels drängt zu dem in dieser Abhandlung aufgestellten Begriff »Form der Form«, zu der hier geforderten Logik der Philosophie hin. –

Bisher sind die reflexiven Formen nur neben den konstitutiven als deren gesonderte Stellvertreter, Surrogate, Andeutungen in Betracht gekommen. Aber es sollte, wie zu Beginn dieses Abschnittes angekündigt wurde, vor allem auch das Hineinspielen der Reflexivität in die konstitutive Schicht selbst verfolgt werden. Damit kehrt die Betrachtung wieder ganz zur Lehre von den konstitutiven Formen zurück.

Der reflexive Einschlag reicht in der Tat noch weiter, als es nach der bisherigen Darstellung erschien. Er besteht nicht nur da, wo er isoliert als solcher zum Vorschein kommt. Vielmehr auch da, wo wir uns scheinbar durch und durch konstitutiver Form bemächtigen, werden wir ihn immer noch nicht los. Auch solche Kategorien wie die dinghafter und kausaler Zusammengehörigkeit entraten nicht, wie freilich ausführlich begründet werden müßte, der Mithilfe von eingeschmolzenen Momenten reflexiver Relation, bloßer Unterschiedenheit, bloßer Zweiheit, bloßer Bezogenheit zwischen reflexiven Inhalten überhaupt. Das rein Konstitutive an ihnen ist ein bloßes kategoriales Moment, dem ein reflexives eingegliedert ist. Die reflexive Form besteht nicht nur neben der konstitutiven, sondern steckt als ein hineinragendes Hilfselement sogar im scheinbar durch und durch kon-[167/168]stitutiven Gehalt. Will man sich des rein konstitutiven Bestandes versichern, über den zu verfügen uns beschieden ist, so muß man die Abspaltung reflexiven Beisatzes noch bis in die angeblich rein konstitutiven Kategorien selbst hinein verfolgen. Aus diesem Eingegliedertsein des Reflexiven im Konstitutiven erklärt sich die Ansicht *Kants*, das »Synthetische« als ein über das »Analytische« hinausgehendes Plus mit Zuhilfenahme des Analytischen deduzieren, das Analytische als das reduzierte Synthetische fassen zu können. Es erweist sich, daß ein gewisser konstitutiver Untergrund sich gar nicht frei legen läßt, sondern statt dessen stets – auch innerhalb des angeblich durch und durch konstitutiven Gehalts – mit einem reflexiven Stellvertreter vorlieb genommen werden muß. Die reflexive Form drängt sich nicht nur fortwährend an die Stelle der konstitutiven, sondern sie durchsetzt außerdem noch die konstitutive selbst.

Indem nun diese Angliederung reflexiven Gehalts und zwar reflexiven Relationsgehalts in *beiden* Sphären konstitutiver Form vorliegt, so ergibt sich in dem symmetrischen Auftreten konstitutiver »Relationen« ein neuer Grund für kategoriale Paarigkeit, für auf beiden Seiten einander korrespondierende kategoriale Momente, für einen übergreifenden, generellen kategorialen Gehalt. Als generell und von übergreifender Bedeutung hat sich vorher bereits eine dreifache Schicht der logischen Form herausgestellt: die theoretische Form überhaupt, die konstitutiv-generelle Gegenständlichkeit überhaupt und die reflexive Form, die eine Verdrängung konstitutiv-generellen Gehalts repräsentiert. Jetzt kommt als vierte Schicht noch ein mitten in den beiden Sphären der konstitutiven Form steckender kategorialer »Relations«-Gehalt hinzu [127]). Er ist indessen nicht etwas ganz Neues, sondern wird lediglich dem gemeinsamen Hineinspielen reflexiver Form in die beiden heterogenen Sphären des Konstitutiven verdankt.

Es soll nicht abgegrenzt werden, was in den auf beiden Seiten auftretenden konstitutiven Relationen auf Rechnung des reflexiven Einschlags entfällt. Es genüge die Feststellung, daß jedenfalls in ihnen das Gemeinsame eines die jedesmalige konstitutive Form [168/169] durchsetzenden reflexiven Momentes sich vorfindet, eines Bestandteils, der durch den auf beiden Seiten hinzutretenden spezifisch-konstitutiven Faktor zu den beiderseitigen, im ganzen heterogenen konstitutiven Relationen ergänzt wird.

3. Abschnitt.

Die »Tafel« der philosophischen Kategorien.

Die Darstellung hat sich wieder der konstitutiven Schicht zugewandt. Für die philosophischen Kategorialformen ergibt sich jetzt die Konsequenz, daß auch dort mit einem Einschlag reflexiven Gehalts zu rechnen ist. Auch die »Tafel« der philosophisch-konstitutiven Kategorien wird nicht zu gewinnen sein ohne Mithilfe der reflexiven Form, ohne sich überall hindurchziehende reflexive Herabminderung ihres eigentümlich-konstitutiven, ihres spezifisch-philosophischen Bedeutungsgehalts. Dieses Hineinspielen des Reflexiven kann aber kein Einwand gegen die Ebenbürtigkeit eines philosophisch-konstitutiven Gehalts sein, nachdem einmal erkannt ist, daß ein sich hindurch-ziehender reflexiver Beisatz auch der »Tafel« der konstitutiven Seinsformen nicht fehlt, die Reihe der konstitutiven Seinsformen sich hierin gar keines Vorzuges zu erfreuen hat.

Erst wenn der reflexive Einschlag als solcher erkannt und in Abzug gebracht ist, ist überall die Voraussetzung dafür gewonnen, das, was nun wirklich bloß auf Rechnung des Konstitutiven kommt, in seiner vollen Eigenart rein und unvermengt heraustreten zu lassen. Die Gebietskategorie und ihre Entfaltung zu einer Vielheit von Einzelformen wird dann erst in ihrer rein konstitutiven Bedeutung behandelbar. Das muß sich nun aber auch für den philosophischen Kategoriengehalt – wobei wieder ausdrücklich die *Kategorien der Geltungssphäre* berücksichtigt sein mögen – bewähren. Auch hier muß nach der Vielheit, nach der »Tafel« konstitutiver Kategorien, nach einem Reich exklusiver, eigentümlicher Formen gefragt werden können.

Das Prinzip für die Vielheit auch dieser Kategorien ist entschieden. Es ist durch die Bedeutungsdifferenzierungslehre fraglos bestimmt. Aber dieses Prinzip durchzuführen – das ist ein Pos-[169/170]tulat der Zukunft, eine ungeheure Aufgabe, für die sich bisher nirgends die geringsten Ansätze finden [128]).

Für die Differenzierung des konstitutiven Seinsgehalts muß die Verschiedenartigkeit innerhalb des sinnlichen Etwas bedeutungsbestimmend sein, und es ist früher ganz gelegentlich und bloß illustrandi causa angedeutet worden, daß es sich irgendwie in der Tat so verhält (vgl. oben S. 51 f.). Genau entsprechend muß auch für die Differenzierung des philosophischen Gehalts nach der

Mannigfaltigkeit innerhalb des unsinnlichen Materials als nach dem bedeutungsbestimmenden Moment für die Vielheit der philosophischen Kategorien gesucht werden. Nun wird aber alle Mannigfaltigkeit in die Geltungssphäre, ins unsinnliche philosophische Material, erst durch das »Bedeutungsmoment«, d. h. durch die Bezogenheit des Geltungsartigen zum Außerhalb, hineingetragen. Schon daraus wird ersichtlich, daß es ganz undenkbar ist, an dieser Stelle auch nur in vagsten Umrissen von der Differenzierung der philosophischen Kategorialform zu handeln. Denn das würde die ganze ausgeführte Bedeutungslehre, die Strukturlehre der Geltungsphilosophie, die Lehre von den Grundbegriffen der Geltungssphäre, voraussetzen. Wie die Lehre von der Gebietskategorie des Geltens eine logische Besinnung auf die theoretische Legitimierung der ganzen Sphäre ist, so wird die Lehre von den differenzierten philosophischen Einzelkategorien eine Besinnung auf den ganzen Apparat theoretischer Formen sein müssen, der bei aller philosophischen Ergründung der Bedeutungszusammenhänge, der Bedeutungsvielheit, bei aller philosophischen Systematisierung des unsinnlichen Materials, zur Ausprägung kommt. Die ausgeführte Kategorienlehre der Philosophie setzt die ausgeführte philosophische Begriffsarbeit selbst voraus.

Man kann, da nun einmal jedes genauere Eingehen auf den allgemeinen Teil der Philosophie, auf die allgemeine Bedeutungslehre, hier versagt ist, mit Anknüpfung an die geläufige Terminologie die ausgeführte Kategorienlehre des philosophisch-konstitutiven Gehalts andeutungsweise als logische Untersuchung der philosophischen Begriffs- und Systembildung bezeichnen. Als eine lo-[170/171]gische Besinnung auf all die – wie hier einmal unbestimmt formuliert werden mag – eigentümlichen und unvergleichbaren »Relationen« beispielsweise, die es nur und ausschließlich in der philosophischen Gedankenwelt gibt. Auf jene von den Seinszusammenhängen so gänzlich abweichenden »Beziehungen« der zeitlosen Geltungseinheiten zueinander, auf die »Ordnung« der zeitlosen Formen, denen der Philosoph nachgeht, wenn er ihnen den »transzendentalen Ort« bestimmt; also auf all die kategorialen Relationen, die doch ganz andere als die sind, gemäß denen die sinnlich-anschaulichen Inhalte in Zusammenhängen stehen, Ort und Stelle einnehmen. Auf jene ureigentümlichen Relationen, wie sie zwischen Form und Form, Form und Material, Sinn und Sinn bestehen; weiter auf Beziehungen etwa wie die des »Gegensatzes« zwischen Wert und Unwert u. a.; endlich und vor allem auch auf die Relationen, die die verschiedenen Sphären des Denkbaren herüber- und hinüber verbinden und die, wie im folgenden sogleich angedeutet werden wird, allen übrigen zugrunde liegen. Freilich nicht auf die einzelnen Relationen kann es dabei ankommen. Vom ersten Anblick der Fülle, die die philosophische Begriffswelt darbietet, darf die Kategorienlehre sich nicht blenden lassen. Wie es eine logisch gänzlich interesselose Sysiphusarbeit wäre, die einzelnen Relationen des Seinsgebiets, wie verstrickt, verkettet, verwandt, verheiratet usw. durchzustöbern, sondern wie es für die logische Theorie lediglich darum zu tun ist, den in diesen Komplexionen von logischer Form und sinnlichem Material steckenden Kategoriengehalt herauszuheben, so handelt es sich auch auf philosophischem Gebiet nicht um die einzelnen Relationen, sondern darum, den spezifisch-kategorialen Gehalt aus seiner Verschlingung mit dem alogischen materialen Bestandteil rein herauszulösen, den Anteil der logischen Form frei zu legen, gewisse überall wiederkehrende kategoriale Grundformen herauszuarbeiten. Genau wie in der Lehre von den Seinskategorien besteht hier die Aufgabe der Logik darin, zum Gerüst der theoretischen Formen vorzudringen, dem Erkennen den ihm zugrunde liegenden Formenbestand abzulesen.

Doch gegen diesen Versuch, einen spezifisch philosophischen kategorialen Relationsgehalt herausfinden zu wollen, kann sich [171/172] vielleicht von vornherein ein auf den ersten Anblick bestechender Einwand erheben, der jetzt in Kürze zu berücksichtigen ist. Nach den Voraussetzungen der Bedeutungslehre soll alle über die Gebietskategorie hinausgehende kategoriale Differenzierung allein der Mannigfaltigkeit des Materials verdankt werden. Nach eben denselben Grundsätzen der Bedeutungslehre birgt aber das unsinnliche Material gar keine eigene, sondern nur eine von außen erborgte, eine vom Nichtgeltenden erst hineingetragene Mannigfaltigkeit, die sich somit lediglich wie eine bloße Wiederholung der Mannigfaltigkeit des Nichtgeltenden ausnimmt. Es scheint nun darum auch die davon abhängige Kategoriendifferenzierung nur eine Repetition der durch das nichtgeltende Material hervorgerufenen kategorialen Determinierung enthalten, dagegen keine solchen besonderen Eigentümlichkeiten mehr aufweisen zu können, die das Thema eines neuen Kapitels der Kategorienlehre auszumachen geeignet wären. Wenn schon die Vielheit der geltenden Einzelformen ein bloßer Widerschein der Mannigfaltigkeit des Urmaterials ist, so könnte die von diesen Formen wiederum bedeutungsdeterminierte Region der Form der Form doch höchstens einen Widerschein des Widerscheins, eine abgeschwächte, mittelbare Spiegelung der unteren Formenwelt darstellen.

Diesem Einwurf ist das Eine ohne weiteres zuzugestehen, daß das letzte bedeutungsbestimmende Moment für Mannigfaltigkeit und bestimmten Gehalt der Form der Form – durch die untere Formenwelt hindurch – im Urmaterial liegt. Die Differenzierung der Form der Form kann in diesem Sinne allerdings nur eine abgeleitete, eine vermittelte sein, so wahr alle Mannigfaltigkeit der unteren Formenwelt eine erst vom Urmaterial entlehnte ist. Aber was bedeutet dies schließlich? Es besagt lediglich, daß bei der unteren Formenwelt nicht wie bei einer abschließenden selbständigen Region geruht werden darf, sondern bis zum Urmaterial als dem ersten Ursprung aller Bedeutungsdeterminierung fortgeschritten werden muß. Aber wie die Mannigfaltigkeit der geltenden Einzelbedeutungen, also das Bedeutungsbestimmte, zwar ganz und gar auf das Urmaterial als auf ihr bedeutungsbestimmendes Moment hinweist, ohne doch darum eine bloße Verdopplung von ihm zu sein, wie z. B. die kategorialen Seinsformen nicht desselben [172/173] Wesens sind wie ihr sinnliches Material, so wenig ist die Region der Form der Form eine bloße Wiederholung von den Verhältnissen in der unteren Formregion. So wahr diese etwas Neues sind gegenüber dem Urmaterial, von dem sie allerdings erst ihre Bedeutungsbestimmtheit empfangen, so wahr vermögen sie wiederum selbst Bedeutungsursprung zu sein für eine Region neuer Formbestimmtheit. Die Vermitteltheit einer solchen Differenzierung zweiter Ordnung braucht keineswegs eine bloße Verdopplung im Gefolge zu haben.

Aber es muß schärfer zugesehen werden, was es denn heißt, daß im Reiche der Bedeutungen zwar Hingewiesenheit auf das Bedeutungsbestimmende, aber dennoch kein Zusammenfallen mit ihm vorliegt. Das Neue der geltenden Bedeutungen gegenüber dem bedeutungsbestimmenden Moment sollte sich – wiederum matt und reflexiv-schematisch ausgedrückt – in die »Bezogenheit« des Geltenden zum Nichtgeltenden auflösen (vgl. oben S. 51 f.). Daß der der Geltungssphäre angehörige Bedeutungsgehalt nicht mit dem bedeutungsbestimmenden Nichtgeltenden zusammenfällt, das sollte darauf zurückzuführen sein, daß in ihm eben mehr als das bloße Nichtgeltende vorliegt, nämlich außerdem noch das in der Bezogenheit zu ihm stehende Geltende. Ist doch der Bedeutungsgehalt geradezu ein Ausdruck für das auf das bedeutungsbestimmende Moment hinweisende Gelten. Das Charakteristikum der Bedeutungssphäre ruht also letztlich auf dieser »Bezogenheit«. Hinter dem reflexiven

144

Notbehelf »Bezogenheit« aber steht die ureigentümliche konstitutive Kategorialform, die der »Beziehung« zwischen dem Geltenden und dem Urmaterial entspricht. In diesem »Urverhältnis« zwischen Geltendem und Material steckt das über die Gebietskategorie Gelten hinausgehende konstitutive Kategorialmoment, das zu dem über das Geltungsmoment hinausgehenden Bedeutungsmoment, in unserem Fall genauer zu dem Formbedeutungsmoment, benötigt wird. Indem Form als über sich hinausweisendes *Hin*gelten definiert wurde, lag dem Formbegriff diese Urrelation des »Hin« und die dahinterstehende Kategorialform zugrunde. Die Begriffe »Form« und «Material« sind ja ohne dieses Urverhältnis, als deren Glieder sie auftreten, gar nicht verständlich. [173/174]

Wenn darum die frühere Darstellung stets Form und Material in dem Urverhältnis stehen ließ, so wird, wie hier eingeschaltet werden mag, jetzt ersichtlich, daß sie sich damit einer sachlich verschrobenen, aber sprachlich sehr bequemen Ausdrucksweise bedient hat. Denn jenes Verhältnis besteht doch in Wahrheit zwischen dem Geltenden, das man noch nicht Form, und zwischen dem andern, das man noch nicht Material nennen sollte; also zwischen dem vorformalen, nicht betreffenden Gelten [129]) einerseits und dem noch unbetroffenen anderen Etwas andererseits. Die Bezeichnungen »Form« und »Material« sind ja bereits das Ergebnis jener Beziehung; in sie ist das Hingelten und die Betroffenheit bereits hineingenommen, sie repräsentieren die beiden Beziehungsglieder bereits mitsamt einer Andeutung der zwischen ihnen bestehenden Beziehung; und es ist somit lauter pleonastische Gekünsteltheit, zwischen ihnen diese Beziehung sich erst noch stiften zu lassen (vgl. S. 239 Anm. 126).

Ist demnach der Ausdruck »Form« eine Abbreviatur für die Relation des »Hingeltens«, so liegt dem Formbegriff eine eigenartige Relationskategorie zugrunde. Indem aber die ganze Bedeutungslehre an den »Urverhältnissen« zwischen dem Geltenden und dem Nichtgeltenden hängt, so sind die in diesen Urverhältnissen steckenden Kategorien die eigentlichen und letzten kategorialen Konstituentien für die gesamte Bedeutungsschicht der Geltungssphäre, so wie die Kategorie Gelten die Gebietskategorie für deren Unsinnlichkeit überhaupt ist. In diese »Urverhältnisse«, von denen in dieser Abhandlung stets das Verhältnis »zwischen Form und Material« an erster Stelle genannt wurde, ziehen sich letzten Endes alle Geheimnisse der gesamten geltungsphilosophischen Objektswelt zurück [130]). Die Logik der Bedeutungslehre wird darum von der kategoriallogischen Besinnung auf diese Urverhältnisse ihren Ausgangspunkt zu nehmen haben. Dem Neuen, das die Bedeutungssphäre gegenüber dem Urmaterial aufweist, entsprechen zunächst und vor allem die hinter den Urverhältnissen [174/175] stehenden neuen und spezifisch philosophischen Kategorien. Ganz eigenartige und spezifisch philosophische Kategorien aber sind sie deshalb, weil sie das Geltend-Unsinnliche als Material mit umspannen [131]). Die das Sinnliche mit dem Geltenden in Beziehung setzenden Relationen sind unvergleichbar anderer Art als die, die innerhalb der Sphäre des Sinnlichen bestehen. Dadurch, daß das Geltende auf der einen Seite steht, erhalten diese Relationen das spezifisch philosophische Gepräge, das allerdings in der nur schwach andeutenden Ausdrucksweise der Reflexivität fortwährend bis zur Unkenntlichkeit verwischt wird. Wenn auch das aus eitel Zeitlosigkeit bestehende Reich der Geltungsartigkeit zerstört ist und überdies der weitere Schritt getan wurde, sogar die Reihe der reinen Formen selbst noch in lauter Relationen des Einen mannigfaltigkeitslosen Geltenden zum mannigfaltigen Nichtgeltenden aufzulösen – so läßt dennoch auch diese Interpretation ein selbständiges und ureigentümliches Objekt des philosophischen Erkennens bestehen, eine Region, in der erkennend allein die Spekulation heimisch ist.

Daß mit solchem spezifisch philosophischen Kategorienapparat für die Geltungsphilosophie zwar etwas Neues, aber trotzdem, wie es den vorher erörterten Erfordernissen entspricht, der Kommunikation mit dem Nichtgeltenden nicht Entbehrendes gewonnen wird, das dokumentiert sich darin, daß diese Kategorien – reflexiv gesprochen – in Relationen investiert wird, deren eines Glied das Geltende und deren anderes das Nichtgeltende ist; im Unterschied zur Gebietskategorie des Geltens, die auf das Unsinnliche in seiner gar nicht über sich hinausweisenden schlechthinigen Reinheit geht. Der Unselbständigkeit der Bedeutungssphäre entspricht es, daß die Bedeutungskategorien die verschiedenen Sphären verbindende Kategorialformen sein müssen. Und bereits die auf der Verschiedenheit der Urverhältnisse und der davon abhängigen Mehrdimensionalität der Bedeutungsbelastung beruhende oberste Differenz der geltungsphilosophischen Relationskategorien hat – bei der Mannigfaltigkeitslosigkeit des Geltenden – ihren Ursprung in der Mannigfaltigkeit des Nichtgeltenden. [175/176]

Eben diesem Sachverhalt nun wird aber des weiteren der Tribut dadurch entrichtet, daß es innerhalb der geltenden Bedeutungsvielheit keinerlei Orientierung und Systematisierung ohne den *Umweg* über das überall bedeutungsbestimmend hineinragende Urmaterial gibt. Wie der Formbegriff schon ein Hinausgehen über das schlechthin rein geltende Etwas, ein Hineinverflochten-

sein des Geltenden ins Nichtgeltende [132]) einschließt, wie die Vielheit geltender Bedeutungseinzelheiten auf die mannigfache Bezogenheit des einen Geltenden zum vielheitlichen Nichtgeltenden zurückzuführen ist, so muß auch alle
Beziehung und Ordnung *zwischen* den zeitlosen Geltungseinheiten auf eben
dieses mannigfache Bezogensein des vielheitslosen Geltenden zur nichtgeltenden Mannigfaltigkeit hinauslaufen. Alle angeblich nur auf sich selbst hinweisende, nur in sich selbst kreisende Sachlichkeit der Geltungssphäre überdeckt
und verbirgt lediglich die unterirdischen Vermittlungsgänge, die stets den Weg
über das Urmaterial nehmen. So wird doch beispielsweise der »transzendentale Ort« der einzelnen Seinskategorien durch das Hingelten der einen schlechthin reinen theoretischen Form überhaupt zur geltungsfremden sinnlichen
Mannigfaltigkeit bestimmt; so läßt sich der reflexiven Kategorienschicht nur
mit Zuhilfenahme der eingreifenden Subjektivität ihre Stelle anweisen. Kurz,
es würde sich bei einer ausgeführten Bedeutungslehre und deren kategoriallo-
gischer Behandlung herausstellen, wie die gesamte philosophische Systematik
von gewissen »Urverhältnissen« einheitlich beherrscht ist. Die Kategorienlehre aber würde die logische Verständigung dieser überall zugrunde liegenden
Strukturverhältnisse zu geben, das auf die herauszuarbeitenden Urverhältnisse
reduzierte philosophische Systematisieren nach seiner wahren konstitutiven
Relevanz zu kennzeichnen haben. –

Dieses ganze Bedenken der Verdoppelung logischer Formen kann nur bei
den kategorialen Formen für das Unsinnlich-Geltende, bei der Sphäre des Sinnes, in der Form und Material beide formartig-geltend sind, auftreten. Dagegen scheidet es gänzlich aus nicht nur hinsichtlich der kategorialen Seinsformen für das sinnliche Material, sondern auch hinsichtlich der kategorialen
Über-[176/177]seinsformen für das übersinnliche Material. So sehr das Geltende
und das Übersinnliche, als die Hemisphäre des Nichtsinnlichen ausmachend,
im All des Denkbaren auf der einen Seite zusammenstehen, als *Material*, d. h.
also doch der *Form*, mithin dem Geltenden gegenüber, rücken Sinnliches und
Übersinnliches als letztes oder *Urmaterial* zusammen. Denn auf die Materialstellung hin betrachtet, repräsentieren beide – nicht etwa nur das Sinnliche –
den Typus des nicht mehr über sich hinausweisenden unteren materialen Abschlusses. Wenn im ersten Teil das Sinnliche als *das* Urmaterial hingestellt
wurde, so war das eine Ungenauigkeit, die immer noch durch das Verharren
im Gesichtskreise der Seinslogik verschuldet wurde [133]). Der funktionellen
Stellung nach gibt es nur zwei Arten von Material: Material, das selbst wieder

Form ist, und nicht-formartiges Material. Letzteres muß in allen Fällen Nur-Material, Urmaterial, unterstes Material sein. Ihm steht als eine besondere Gattung das formartige Material gegenüber.

In der Kategorienlehre nimmt dementsprechend die Theorie von den konstitutivtheoretischen Formen fürs unsinnliche formartige Material eine ganz besondere Stellung ein. Kategorienlogik der Geltungsphilosophie ist Lehre von der kategorialen Form der Form, während Logik des Seinserkennens und Logik der Metaphysik gleichmäßig die Untersuchung auf die kategoriale Form fürs Urmaterial, auf die unterste logische Form, richten. Logik des sinnlichen und Logik des übersinnlichen Gebiets sind beide Logik der Form des unteren Stockwerks; mit der Form des oberen Stockwerks hat es allein die Logik der Geltungssphäre zu tun. Nur die Logik der Geltungsphilosophie untersucht die kategorialen Formen, für die bedeutungsbestimmend wieder das bereits nach denselben Prinzipien bedeutungsbestimmte Reich der Formen ist. Aber ausschließlich darauf gründet sich die Sonderstellung dieser Logik des Geltungsgebiets, daß sie auf die logische Form der Form, [177/178] des Unsinnlichen, des Geltenden gerichtet ist. Dagegen ist es für die Existenzberechtigung und alle Schwierigkeiten dieses Zweiges der Logik völlig irrelevant, ob ihr Thema die logische Form der logischen, der ästhetischen oder irgendwelcher sonstigen Form bildet. Diese Unterschiede innerhalb der Form sind für das vitale Problem einer Logik der Geltungssphäre überhaupt noch gänzlich bedeutungslos. Jede Unterart der Form, z. B. logische Form, darf nur als Beispiel für Form überhaupt, für Geltendes überhaupt, den Typus formartigen Materials für die logische Form der Form repräsentieren. Eine Logik der Logik also bietet gar keine anderen Schwierigkeiten als etwa eine Logik der Ästhetik, als die Logik der Geltungsphilosophie überhaupt. Es würde für die logische Form der logischen Form einfach das vorher angeführte allgemeine Argument gelten, daß logische Form für Unsinnlich-Geltendes und somit beispielsweise für logische Form nicht eine Verdopplung der logischen Form für das nichtgeltende Urmaterial sein kann. An dem logischen ebenso wie etwa an dem ästhetischen formartigen Material kommt als bedeutungsbestimmend für die logische Form der Form vorläufig nur ihr geltungsartiges und sodann ihr bedeutungsartiges Wesen überhaupt, also das, was sie mit der Struktur der Bedeutungssphäre überhaupt teilt, in Frage. Ob eine Logik der Logik vielleicht Besonderheiten gegenüber einer Logik etwa der Ästhetik aufweisen möchte, ist eine viel spätere und bereits ganz spezialistische Angelegenheit.

Die bisherige Kategorienlehre ist überwiegend von der Logik des sinnlichen Seinsgebiets beherrscht gewesen. Allein Ansätze gibt es – wie das Schlußkapitel zeigen wird – in der Geschichte der theoretischen Philosophie auch zu einer Kategorienlehre des philosophischen Gegenstandsgebiets. Wenn nun in dieser Abhandlung öfter festgestellt wurde, daß alle bisher unternommene Logik der Philosophie ausschließlich Logik der Metaphysik war, so läßt sich das jetzt auf diesen schärferen Ausdruck bringen: die gesamte bisherige Kategorienlehre war *Logik des unteren Stockwerkes*, Logik der kategorialen Form fürs Urmaterial, und darum entweder Logik des nicht-philosophischen sinnlichen oder, soweit sie Kategorienlehre der Philosophie trieb, Logik des übersinnlichen Gegenstandsgebiets. Erst die für die Ge-[178/179]genwart zu fordernde Auseinanderwirrung der übersinnlichen und der Geltungssphäre ermöglicht es, der zukünftigen Logik die neue, bisher noch niemals in Erwägung gezogene Aufgabe zu stellen, sich auf die ganz besonderen kategoriallogischen Bedingungen gerade der Geltungsphilosophie zu besinnen, die *Logik des oberen Stockwerks* auszubauen. Von neuem bewährt sich hier übrigens, wie unerläßlich für das Verständnis des ganzen Aufbaus der Kategorienlehre die Auseinanderhaltung der beiden Sphären des Nichtsinnlichen ist (vgl. oben S. 14 u. 110). –

Es ist durch die Verflechtung konstitutiver und reflexiver Kategorien jetzt beides begreiflich gemacht: daß es eine Gemeinsamkeit konstitutiven Seins- und philosophisch-konstitutiven Gehalts gibt wie auch, daß andererseits der Logik eine ganz neue Aufgabe in der Ergründung des exklusiv auf die philosophische Sphäre zugeschnittenen Kategorienapparates erwächst. Denn der Bestand an übergreifender, beiden Gebieten gemeinsamer Kategorialform ist in enge Grenzen eingeschlossen. Darüber hinaus macht sich sofort die Heterogeneität und Unvergleichbarkeit geltend. Schon das hat zum Teil die ehemaligen Versuche einer universalen Kategorienlehre mit Recht in Mißkredit gebracht, daß viel zu sorglos die Übertragung vorgenommen, die Paarigkeit des Kategoriengehalts viel zu weit getrieben, die nichtsinnliche Sphäre viel zu sehr bis ins Einzelne als ein Spiegelbild der sinnlichen behandelt wurde und so lauter »endliche« und »unendliche« Parallelkategorien sich ergaben. Wenn es uns sprachlich so leicht gelingt, den Schein eines weitgehenden Entsprechens auf beiden Gebieten des Denkbaren vorzutäuschen, so liegt das daran, daß wir uns entweder an die reflexiv-generellen Surrogate klammern, bei denen aber gerade alles Spezifische leer gelassen bleibt; oder aber daß wir uns an die der sinnlich-anschaulichen Sphäre entnommenen Bilder halten. Beides, insbesondere auch die bekannte Unumgänglichkeit, sich in der philosophischen Ausdrucksweise mit Bildern zu behelfen, drückt in Wahrheit gleichmäßig nur die unerfüllte Sehnsucht nach einem eigentümlichen konstitutiven philosophisch-logischen Gehalt aus. Wenn auch die vorliegende Darstellung stark mit Bildern operiert, so liegt ihr doch ein sehr deutliches, auf die ganze Kategorienlehre basiertes Bewußtsein davon zugrunde, was [179/180] es damit für eine Bewandtnis hat. Die fortwährende Anwendung der beiden eben genannten Hilfsmittel macht es aber auch begreiflich, daß die Unvergleichbarkeit des seinslogischen und des philosophischen Kategorienapparates sich nicht in voller unüberhörbarer Stärke dem Bewußtsein aufgedrängt hat. Insbesondere das Eintreten der abschleifenden generell-kategorialen Stellvertreter, das sorglose Sichbegnügen mit den bloß reflexiven Andeutungen verdeckt die Kluft zwischen den beiden Sphären, verhilft zu einem sie scheinbar gleichmäßig beherrschenden logischen Begriffsapparat.

Mehr als jeder andere Abschnitt dieser Abhandlung hat sich der gegenwärtige auf bloße Ausblicke einschränken müssen. Aber es darf dafür zuversichtlich behauptet werden: wenn erst einmal dieser Gesichtspunkt gefunden, die logische Durchdringung des philosophischen Erkenntnisgegenstandes als Aufgabe der Kategorienlehre begriffen ist, dann wird sich die Fruchtbarkeit der hier aufgestellten Forderung erweisen; es wird auf einmal hervortreten, wie sehr das philosophische und insonderheit auch das geltungsphilosophische Erkenntnisobjekt überall Angriffsmaterial für die kategoriallogische Forschung darbietet. Es wird ersichtlich werden, wie dort alles nicht nur von der Gebietskategorie des Geltens und von den reflexiven Kategorien, sondern auch von weiteren konstitutiven Formen durchsetzt ist. Die gesamte spezifisch philosophische Denkweise und Begriffsbildung wird sich mit einem Schlage als ein Thema der Kategorienlehre darstellen. Ein weites, fruchtbares, verlockendes Feld der logischen Forschung ist damit eröffnet.

3. Kapitel.

Das philosophische Erkennen [134]).

In der folgenden Darstellung soll wieder mit Vernachlässigung der Kategoriendifferenzierung die Einheitlichkeit des Erkenntnis- und Wahrheitsbegriffes herausgearbeitet und gezeigt werden, daß die im ersten Kapitel für den philosophischen Wahrheitsbegriff gewonnene Gliederung in Form und Material auch dem philosophischen Erkenntnisproblem in seiner schärfsten Zuspitzung zu-[180/181]grunde zu legen ist, daß auch das philosophische Erkennen auf eine Subjektshingabe an kategorial betroffenes Material hinausläuft. Also um die allgemeine Struktur, um die Formgeprägtheit auch des philosophischen »Gegenstandes«, auch des philosophischen Erkenntnis-»Objekts«, dreht es sich jetzt. Dabei wird auch hier wie im ersten Teil das Erkennen lediglich als Subjektskorrelat des Sinnes in seiner schlichtesten Bedeutung, des Ineinander von Form und Material, gefaßt (vgl. oben S. 32 f. u. 68).

1. Abschnitt.

Der einheitliche Erkenntnisbegriff.

Es besteht für das Unsinnlichkeits- und das Sinnlichkeitserkennen die genaueste Analogie in allen Punkten. Immer ist es der »Sinn« des Erkennens, theoretischen »Sinn« in seine Gewalt zu bekommen, sich kategorial betroffenen Materials zu bemächtigen. Setzt man für den gesamten Kategorieninbegriff der beiden konstitutiven Schichten jeweils die beiden Gebietskategorien als Repräsentanten ein, so kann man das so formulieren: genau wie dem Sinnlichen die ihm um der Eigenart seiner Sinnlichkeit willen gebührende objektive Bewandtnis des Seins zuerkannt wird, so wird das Unsinnliche, ins »Bewußtsein«, nämlich ins theoretische Bewußtsein erhoben, als das erkannt, dem um der Eigenart seiner Unsinnlichkeit willen das Gelten gebührt. Ganz gleich, ob in jedem Einzelfall für den das Unsinnliche betreffenden kategorialen Gehalt ein besonderes Wort geprägt wird, ob das kategoriale Epitheton, mit dem das unsinnliche Material nunmehr ausgestattet vorliegt, irgendeinen besonderen sprachlichen Ausdruck erhält; es steht vor dem Erkennen kategorial betroffen, mit einem »Klarheits«-Moment behaftet, da. In besonderer Ausdrücklichkeit genannt zu werden brauchen die kategorialen Ausdrücke »Gelten« oder »Wert« ebensowenig wie etwa beim Seinserkennen die kategorialen Epitheta fortwährend im Munde geführt werden. Der Sache oder dem »Sinn« nach schlägt sich das spezifisch theoretische Moment zu einem ein Material kategorial umgebenden Formgehalt nieder, ob es nun auch zur sprachlichen Niederlegung in Worten kommt oder nicht. Es tritt übrigens meist auch ohnedies der theoretische Charakter eines Verhaltens, das Stehen des [181/182] Unsinnlichen vor der Besinnung, dem Nachdenken, dem »Verstand«, unverkennbar hervor, also der Sachverhalt, der jeden Augenblick auch zur sprachlichen Stempelung des Unsinnlichen mit dem Geltungs- oder Wertcharakter führen kann. Falls aber nicht gerade dies, was hier postuliert wird, nämlich kategoriale Betroffenheit, das Zweierlei von Kategorie und Kategorienmaterial, vorläge, so wäre eben auch hier mit Unrecht von »Erkennen«, »Betrachten« oder ähnlichem die Rede gewesen.

Auch das Irrationalitätsproblem auf unsinnlichem Gebiet, das später noch genauer behandelt werden wird, mag schon hier mit wenigen Worten abgetan werden. Irrational im Sinne der Alogizität ist wie alles Sinnliche so auch – einzig den logischen Gehalt selbst ausgenommen – jegliches Unsinnliche, beispielsweise ästhetische Form. Für die unsinnliche Sphäre aber liegt besonderer Anlaß vor, den früher erörterten Unterschied von Irrationalität im funktionellen Sinne und im Sinne des Atheoretischen oder Alogischen zu beachten. Alles Unsinnliche ist – als Kategorienmaterial – von unvertilgbarer Irrationalität und Unverklärbarkeit. Nicht nur das Alogisch-Klarheitsfremde, sondern auch die logische Klarheitsform selbst, wofern sie die Rolle des Kategorienmaterials spielt (vgl. oben S. 65). Es läßt sich ja jeder theoretische Sinn oder jegliches Erkennen wie nach Sinnlichkeit und Unsinnlichkeit, so auch nach Logizität und Alogizität des Materials einteilen. Bei allem Erkennen, ausgenommen dem der Logik, steht alogisches Material in logischer Klarheitsform, während der logische Klarheitsgehalt selbst ungeklärt, logisch dunkel, logisch nackt bleibt. Im Erkennen der Logik dagegen wird über logischen Klarheitsgehalt selbst logische Klarheit verbreitet. Aber genau wie dort das Alogische sich nicht ins Logische auflösen läßt, so zersetzt sich auch hier das logische Klarheitsmaterial nicht in *seine* kategoriale Klarheitsform (die stets der kategorialen Schicht der Gebietskategorie »Gelten« angehört), sondern von ihr geschieden, bleibt es als ein lediglich Betroffenes und Undurchdringliches bestehen. Auch, wo das Kategorienmaterial nicht alogisch ist, bleibt es irrational im Sinne der Undurchdringlichkeit.

Geltungsphilosophisches Erkennen ist in eminentem Sinne Formerkennen, sein Erkenntnismaterial Formmaterial, sein Ge-[182/183]genstand Formgegenstand. So sucht die Logik, insoweit sie logische Formenlehre, Kategorienlehre ist, den Feingehalt der theoretischen Form aus seiner Verschlingung mit dem – sinnlichen wie nichtsinnlichen – Material herauszulösen, das Inventar logischen Gehalts zu registrieren. Sie reißt dabei die theoretische Form aus dem Zustand logischer Nacktheit heraus und wird sich über ihren Geltungscharakter klar. Beim Nichtphilosophieren, wo die Form unerkannt bleibt, ist sie nicht isoliert, sondern mit ihrem Material verbunden. Isoliert wird sie erst in der Philosophie. Aber im philosophischen als einem *erkennenden* Isolieren liegt sie doch wiederum nicht ganz isoliert vor, vielmehr tritt sie dort als Formgegenstand auf, bildet mit der kategorialen Form der Form wieder das Ganze des Sinnes. Statt Objektsform im nichtphilosophischen Objekt wird sie Gegenstandsmaterial im philosophischen Erkenntnisgegenstand. Isolierte Form ist stets gewußte Form. Losreißen läßt sich die Form nur in der Theorie. Das heißt aber zugleich: nur so, daß sie wiederum Material wird [135]).

Dabei ist nun stets für die kategoriale Legitimierungsform außer der Gebietskategorie der ganze kategoriale Formenreichtum einzusetzen. Denn freilich kann es mit dem bloßen »Registrieren«, verbunden mit der Abstempelung als »geltend«, nicht sein Bewenden haben. Überhaupt verliert die Lehre, nach der das Charakteristikum des Erkennens sich in der Umschlossenheit durch eine kategoriale Legitimierungsform erschöpft, erst ihren auf den ersten Blick unbefriedigend schematischen und scheinbar unergiebigen Charakter, wenn man sich die kategoriale Form zum ganzen Apparat auch der »Relations«- oder »Ordnungs«kategorien entfaltet denkt. Die vom Erkennen aufgesuchte Form, in der das Material steht, ist in hervorragendem Maß die »Ordnung«, in der die Beziehungen, in denen die Inhalte stehen. So besteht beispielsweise die Aufgabe der Kategorienlehre gewiß nicht in einer bloßen Inventarisierung der logischen Formen, sondern in einer genaueren Besinnung auf ihre »Ordnung« nach Arten und Schichten bis zur Kennzeichnung der einzelnen Formgestalten. Mit all dem werden »Bewußtseins«- und »Klarheits«-Momente geschaffen, die es [183/184] erst in der logischen Theorie gibt, aber nicht im Erkennen selbst, das die Kategorien vielmehr dunkel und ungeklärt und ohne sich über ihr Wesen Gedanken zu machen, harmlos und unbekümmert bloß so hinnimmt und »anwendet«. Aber all dieser genauere Aufschluß über Ordnung und Schichtung des Materials ist hier wie stets bloß eine Steigerung jener primitivsten Klärung, die durch den Hinzutritt der Gebietskategorie gewonnen wird. Erst nach dem Eintritt in die Atmosphäre der Klarheit überhaupt ist der Boden dafür bereitet, daß auch die feinere Gliederung dem erkennenden Verhalten sich erschließt.

Nicht das Isolieren, sondern das »Wissen um« bildet das Kriterium des philosophischen Erkennens und zwar nicht bloß des philosophischen Formerkennens. Denn die philosophische Besinnung richtet sich auf das Unsinnliche nicht nur, soweit es die Rolle der Form spielt, sondern auf das Unsinnliche in all seinen möglichen Situationen und Bezogenheiten (vgl. oben S. 78). Auch wo die entgegengeltendem Wert hingegebene theoretische und ästhetische Subjektivität, die ethische Persönlichkeit, der ganze Realisierungsschauplatz kulturbedeutsamen Geschehens vor das Forum der Spekulation gezogen wird, da handelt es sich stets um ein Stehen in kategorialer Legitimierungsform. –

Unser Wahrheits- und Erkenntnisbegriff läßt die verschiedensten Grade von Eingetauchtsein des Materials in kategoriale Form und somit mannigfachste Abstufungen des Erkennens und der Erkanntheit zu. Das kann natürlich nur soviel heißen, daß das erkennende Verhalten aus dem gegliederten Reich der Wahrheit mehr oder weniger herauszugreifen, mehr oder weniger dunkel und unerkannt zu lassen, die an sich bestehende Betroffenheit des Materials durch die kategoriale Form mehr oder weniger ins Einzelne und Kleine, gewissermaßen bis in alle Poren des Materials hinein, zu verfolgen vermag. Es sind da die verschiedensten Variationen denkbar von der bloß summarischen Hineingezogenheit einer Inhaltsmasse in die ihr gebührende Gebietskategorie bis zur feinsten Beachtung der alles durchsetzenden kategorialen Umschließung. Unsere Charakterisierung des philosophischen Erkennens umfaßt darum die verschiedensten Arten und Manieren der Spekulation. Es hat darin alles Platz vom flüchtigsten Reflek-[184/185]tieren und gelegentlichen Grübeln bis zu der alles systematisierenden philosophischen Wissenschaft, der eindringendsten Klärung und umfassendsten Orientierung, der schärfsten Fixierung des unsinnlichen Bedeutungsgehalts, der genauesten Hineinarbeitung in ein »System«. Schon alle das nichtwissenschaftliche Leben sporadisch durchsetzenden Überlegungen und Einfälle, ebenso aber auch deren in verschiedenstem Grade

154

denkbare Sammlung und Verdichtung zu Reflexionen und Aperçus, all dies bringt bereits ein Herausreißen des Unsinnlichen aus theoretischer Unberührtheit mit sich, läßt es, wenn auch in primitivster Anfänglichkeit, kategorial umschlossen, vergegenständlicht, objektiviert sein.

Es ist ja überhaupt eine leider weit verbreitete Gewohnheit, das Wissen schlechtweg mit der Wissenschaft zu identifizieren, kein anderes Objekt der theoretischen Philosophie gelten zu lassen als die Wissenschaft. Die elementarsten logischen Probleme erschließen sich erst dem logischen Forscher, der auch das »vorwissenschaftliche« Erkennen mit in den Bereich seiner Untersuchung zieht [136]). Wenn aber die Logik der Zukunft sich auch der Theorie des philosophischen Erkennens zuwenden wird, so wird sie hier auf die genau gleiche Tatsache eines »vorwissenschaftlichen« theoretischen Verhaltens stoßen, die auch beim Seinserkennen vorliegt. Wie ein vorwissenschaftliches Seinserkennen, so gibt es auch ein vorwissenschaftliches Geltungs- und Werterkennen, ein vorwissenschaftliches Philosophieren, das allerdings in der Regel bei den Einzelheiten des Sinnes und des sinnberührten Lebens stehen bleiben wird. Was man »Wissenschaft« auf dem Gebiet des Seins- wie des philosophischen Erkennens nennt, ist ja nur das Endglied einer kontinuierlichen Reihe, eine höchste Steigerung der in Methode gebrachten Wahrheitsbemächtigung. Man darf nie vergessen, wie stark bereits ins nicht*wissenschaftliche* Leben und hier wiederum ins Verhalten dem Unsinnlichen gegenüber ebenso wie ins sinnliche Verhalten das [185/186] *Theoretische* hineinragt [137]). Das gänzlich atheoretische Verhalten ist ein Abstraktionsgebilde. Wie das gesamte nichtwissenschaftliche Leben hinsichtlich des Sinnlichen von Vergegenständlichung, Erwägung, Berechnung aller Art, also von Sinnlichkeitserkennen durchsetzt sein kann, so hinsichtlich des Unsinnlichen von Besinnung, Reflexion, Grübeln, also von Unsinnlichkeitserkennen. Wie in unser gesamtes bloß impressionales Sinnenleben sich das stets in Bereitschaft stehende Seins-, Ding- und Kausalitätsbewußtsein hineinzudrängen vermag, so ist auch innerhalb eines überhaupt einmal von der Reflexion berührten Lebens allem Verhalten zum Unsinnlichen das theoretische Geltungs-, Wert- und sonstige Kategorienbewußtsein als ein möglicherweise stets hörbar hervortretender Oberton naheliegend und vertraut. Außer diesem Durchtränktsein des Lebens durch vorwissenschaftliches Nachdenken ist ferner auch das allmähliche Einsickern eines der Wissenschaft entstammenden theoretischen Gehalts ins Leben zu bedenken; der bekannte Umstand, daß uns stets bereits gewisse festgewordene und zum Gemeingut auch des Nichtwissenschaftlers gehörende Auffassungsweisen der systematischen Wissenschaft, der Naturwissenschaft wie der spekulativen, bereit stehen. Ist doch unser Verhalten zu Welt und Leben weithin von den Petrefakten vergangener philosophischer Systeme, von traditionell gewordenen spekulativen Begriffsbildungen, durchsetzt.

Doch sieht man auch ganz von dem Gegensatz vorwissenschaftlichen und wissenschaftlichen Verhaltens ab, das wissenschaftliche Erkennen zum Ausgangspunkt in der theoretischen Philosophie zu nehmen, muß auf alle Fälle zu einer unerhörten Verengerung der logischen Probleme führen. Die ganze auf die konstitutive und reflexive Schicht gerichtete Kategorienlehre bewegt sich *oberhalb* des in der Wissenschaft herausgearbeiteten theoretischen Sinnes, oberhalb der wissenschaftlich erarbeiteten Wahrheit [138]). Diese Region des überwissenschaftlichen [186/187] theoretischen Sinnes zu überspringen, muß zugleich zu einer ungeheuren Verengerung des Kategorienproblems – auch *innerhalb* der heute üblichen Einengung auf das Seinserkennen – führen, zu einer Richtung, die in ihrer extremsten Zuspitzung gerne den Anschein erwekken möchte, als drehe sich die ganze theoretische Philosophie um eine Besinnung auf irgendeine besondere Einzelwissenschaft. Eine Beschränkung auf den logischen Gehalt in solch übermäßiger und willkürlicher Verkümmerung macht geradezu blind gegen den ursprünglichen, einfachen, elementaren Sinn des theoretischen Gebiets überhaupt. Es folgt ja ein solcher Fanatismus des logischen Spezialistentums nur als ein besonderer Auswuchs aus jener allgemeinen traditionellen Gepflogenheit der Logik, die komplizierteren Phänomene der Form und des Sinnes undurchdacht als ein logisch Unteilbares und Letztes hinzunehmen, aus jener allgemeinen Unfähigkeit des Vordringens zu den Primitivitäten. –

Um der hervorragenden Bedeutung willen, die innerhalb eines Erkenntnisgebiets dessen Aufgipfelung zu einer Wissenschaft einnimmt, kann man allerdings das gesamte Unsinnlichkeitserkennen nach seiner reifsten Ausprägung, die es in der philosophischen Wissenschaft findet, auch kurz als philosophisches Erkennen, dementsprechend den gesamten kategorialen Gehalt fürs Unsinnliche als philosophischen Kategoriengehalt bezeichnen. Die letzte und einzig grundlegende Einteilung des Erkennens, Wissens, Betrachtens, Klarwerdens überhaupt, die aus der Urdualität des Etwas und folgeweise aus der letzten Zweiheit möglicher Materialsarten und Gegenstände hervorgeht, ist somit die in das nichtphilosophische und in das philosophische oder in Sinn-

156

lichkeits- und Nichtsinnlichkeitserkennen! Das ist die Einteilung des Erkennens nach den beiden Gebieten konstitutiv geformten überwissenschaftlichen theoretischen Sinnes. Es ist lediglich die »erkenntnistheoretische« Einteilung des theoretischen Gesamtgebiets, die sich noch von der einer Wissenschaftslehre ob-[187/188]liegenden methodologischen Klassifikation unterscheidet, für die sie allerdings das einzig mögliche Fundament abzugeben berufen ist.

Unterschieden aber sind die beiden Erkenntnisgebiete, wie bei einem Rückblick jetzt noch besonders konstatiert werden kann, ihrem *Material* und *ebendarum* dem Bedeutungsgehalt ihrer kategorialen *Form* nach. Wer diese Einteilung als eine bloß »materiale« glaubt brandmarken zu können, der verkennt, daß nach dem Material sich gerade der logische, der Kategoriengehalt bestimmt; der hätte ferner nicht bedacht, daß die Einteilung nach den letzten Arten *konstitutiv*-logischen Gehalts in logischer Hinsicht über alle denkbaren sonstigen »rein logischen« Einteilungen erhaben ist. Das aufdringlichst Logische ist eben keineswegs das einzige oder reinste Logische. Einen Gegensatz »materialer« und »formaler« Einteilung – der für sich wohl zu rechtfertigen sein mag – gibt es *hier* noch gar nicht.

Es gibt verschiedene Gebiete theoretischen Sinnes, verschiedene Gegenstände des Erkennens. Aber es gibt nur einen einzigen Wahrheits- und Erkenntnisbegriff. Es gibt nicht etwa einen seinswissenschaftlichen und einen philosophischen Wahrheitsbegriff. Bezeichnet man einmal das Sinnlich-Anschauliche, da es ein Urmaterial ist, für einen Augenblick kurz als Inhalt und das Unsinnliche als Form, so ist allerdings der Inhalt das Material des Seinserkennens und die Form das Material des philosophischen Erkennens. Beide Erkenntnisarten stehen dann als Inhalts- und als Formerkennen einander gegenüber. Ihre Gegenstände mögen darum auch als Inhalts- und als Formwahrheiten unterschieden werden. Aber sobald einmal die Einsicht erwacht ist, daß auch das philosophische Begreifen ein Verhalten zu kategorial umgreifender Form, ein Wissen um eine Hingabe an den in Form und Material gegliederten Sinn darstellt, kann nicht mehr länger verborgen bleiben, daß auch das bloße philosophische Formerkennen genau denselben Typus der inhaltlich erfüllten Form oder des Sinnes wie jegliches andere Erkennen aufweist. Die seinswissenschaftlichen Inhalts- und die philosophischen Formwahrheiten sind gewiß verschiedene Wahrheiten, nämlich Wahrheiten mit verschiedenem Material – mit Inhalts- und mit Formmaterial –, [188/189] sowie mit verschiedener kategorialer Form – mit Seins- und mit Geltungsform. Aber es liegt diesen

157

verschiedenen Wahrheiten nicht ein verschiedener Wahrheitsbegriff zugrunde. Sie repräsentieren nicht etwa inhaltliche und formale Wahrheiten, es trennt sie nicht der Gegensatz inhaltlicher und formaler Wahrheit. Auch die philosophischen Formwahrheiten sind lauter inhaltliche, mit einzelnem Formmaterial inhaltlich erfüllte Wahrheiten. Denn die einzelnen Formen machen eben ihr Material aus. Sein, Kausalität usw. bilden beispielsweise materiale Einzelheiten innerhalb der einzelnen philosophischen Geltungsgegenstände, innerhalb der Einzelheiten philosophisch-theoretischen Sinnes. Greift man als Paradigmata wieder die Gebietskategorien heraus, so entsprechen den »Existenzialurteilen« die »Geltungsurteile« als eine besondere Unterart der »Seins«-Urteile im weitesten Sinne oder nach der hier vertretenen Terminologie vielmehr der Gegenständlichkeitsurteile, denen als dritter Unterfall die Überseinsurteile zur Seite stünden (vgl. auch S. 233 Anm. 71).

2. Abschnitt.

Leben und Erkennen.

Es sollte in diesem Kapitel das nach Form und Inhalt gegliederte Wesen der philosophischen Wahrheit in seiner Projizierung auf das Subjektsverhalten behandelt werden. Die Probleme des theoretischen Sinnes wurden dadurch zu Problemen der Erkenntnis. Die für den Erkenntnisbegriff bestimmende Eigenart kategorialer Umschließung tritt noch schärfer hervor, wenn nunmehr auch für das Gebiet des philosophischen Erkennens das nichtsinnliche Material im Zustande seiner theoretischen Unberührtheit oder logischen Nacktheit ausdrücklich mit dem philosophisch-theoretischen Sinn kontrastiert wird. Mit dieser Auseinanderhaltung soll die gleichzeitige Projizierung der beiden Vergleichsgegenstände auf ihr Subjektskorrelat vereinigt werden. Wie dem theoretischen Sinn das Korrelat des Erkennens entspricht, so tritt für das logisch nackte Nichtsinnliche, also für das, was in seiner Betroffenheit das Material abgibt, auch hier – genau wie beim Sinnlichkeitserkennen – als Subjektskorrelat das »unmittelbare [189/190] Erleben« ein. Wie für das sinnliche Material ein unmittelbares sinnliches Erleben sich einsetzen läßt, so für das nichtsinnliche Material eine unmittelbare Hingabe an das Unsinnliche. Die »Unmittelbarkeit«

158

eines Erlebens war der genaue Korrelatbegriff für die Nacktheit, die Nichtumschlossenheit des Erlebten (vgl. oben S. 72). Ein nichtsinnliches Etwas ist wiederum dann unmittelbares Erlebensobjekt, wenn das Erleben es in seiner Unbetroffenheit, also so erfaßt, daß sich zwischen das Erleben und das nichtsinnliche Objekt nicht eine dieses Objekt umgreifende Form dazwischen drängt.

Es wäre die anziehende Aufgabe einer »Erkenntnistheorie« des philosophisch-theoretischen Verhaltens, bei allen Unvergleichbarkeiten zwischen Sinnlichkeits- und Nichtsinnlichkeitserkennen die dennoch zugrunde liegende genaue Analogie festzuhalten, bei festgehaltener Analogie all den neuen und unvergleichbar andersartigen Problemen des Nichtsinnlichkeitserkennens gerecht zu werden. An dieser Stelle soll die Theorie des philosophischen Erkennens ebensowenig gegeben werden wie vorher die des Sinnlichkeitserkennens (vgl. oben S. 73). Statt dessen mögen einige Hinweise genügen.

Das mit dem Sinnlichkeitserkennen Gemeinsame muß darin bestehen, daß das auf das Erkenntnismaterial gerichtete Verhalten, das als materialer Faktor ins erkennende Gesamtverhalten eingeht, dennoch keineswegs mit dem unmittelbaren Verhalten zu eben demselben als einem Logisch-Nackten zusammenfällt (vgl. oben S. 73). Damit ist einerseits die Fremdartigkeit, die zwischen Leben und Spekulation besteht, zum Ausdruck gebracht; andrerseits, daß doch die Spekulation sich irgendwie auf dem der Sphäre des Lebens entnommenen Material aufbaut. Diese bekannten Zusammenhänge lassen sich nunmehr in Schärfe auf die auch für das Unsinnlichkeitserkennen maßgebende Gegensätzlichkeit zurückführen, die zwischen der Lebensunmittelbarkeit eines nicht durch kategoriale Betroffenheit entrückten Objekts und der durch abdrängende kategoriale Form verschuldeten Erkenntnisferne besteht. Der Nachweis, daß geläufigsten und populärsten Vorstellungen letzten Endes in Schärfe der das genaue Analogon zum Seinserkennen bildende Unterschied kategorialer Betroffen-[190/191]heit und Unbetroffenheit zugrunde liegt, ist der Zweck der folgenden Ausführungen.

Das Nichtsinnliche in seinem theoretisch noch völlig amorphen, noch gänzlich unbetasteten Zustande, erscheint jetzt als Objekt des »Lebens«. Diese erste und ursprüngliche Erlebensstätte und -heimat des Nichtsinnlichen muß in voller Schärfe gefaßt werden. Nicht die geringsten, nicht einmal jene oben behandelten, das »Leben« stets durchsetzenden primitivsten Ansätze kategorialer Verbrämung dürfen da hineinragen. Vielmehr kommt das Nichtsinnliche dort lediglich als das vor, was es selbst [139]) ist, ohne daß vom Logischen her ein fremdes Besiegelungsmoment sich ihm ansetzt. Wobei es allerdings eben um dieser Unbetastetheit willen auch in gänzlicher Unbegriffenheit und Unerleuchtetheit bleibt. Das unmittelbare Erleben stellt sich im Gegensatz zu jeglicher Besinnung als reines Aufgehen im Spezifischen eines Nichtsinnlichen dar, beispielsweise als bloße ethische, ästhetische, religiöse Hingabe ohne irgendein Darüberhinausgehn und ins Bewußtsein Erheben, vor die Reflexion Hinstellen, Finden und Erfassen einer Klarheit darüber; was alles ja schon nicht mehr dem sittlichen, künstlerischen, frommen Verhalten als solchem, sondern erst der philosophischen – vorwissenschaftlichen wie wissenschaftlichen – Sittlichkeits-, Kunst-, Religions-Theorie angehört. Das unmittelbare Erleben ist ein bloßes »Leben« und Sichverlieren im Nichtsinnlichen und darum eben ein Nichterkennen, ein unwissendes, unreflektiertes, insofern naives, durch keinerlei »Gedanken« und Klarheit darüber gestörtes Verhalten, ein Erleben, das nicht »weiß«, was es »tut« oder »lebt«. »Worin man befangen ist, was man selbst ist, das kann man nicht erkennen. Man muß aus ihm herausgehen, auf einen Standpunkt außerhalb desselben sich versetzen. Dieses Herausgehen aus dem wirklichen Leben, dieser Standpunkt außerhalb desselben ist die Spekulation« [140]).

Wesentlich für alles Erkennen ist die Entrückung des Unmittelbaren in Mittelbarkeit und Ferne. Der Erkennende »lebt« eben nur in der Wahrheit, und am Erkennen hat er *sein* Leben. Dagegen [191/192] lebt er nicht in dem, worüber er nur spekuliert, und hinsichtlich dessen es eben ein anderes unmittelbares Erleben gibt als sein Leben in der Wahrheit. Das philosophische Erkennen lebt nicht in dem, was es zu seinem bloßen Erkenntnismaterial macht, lediglich zu Zwecken des Reflektierens, des bloßen »Nachdenkens« und »Redens« darüber vornimmt. »Beide, Leben und Spekulation, sind nur durcheinander bestimmbar. Leben ist ganz eigentlich Nicht-Philosophieren, Philosophieren ist ganz eigentlich Nicht-Leben.« Überall – mag es sich um theoretische oder um ästhetische Form handeln – lebt das Erleben unmittelbar in der Form, und erst gleichsam durch die Form hindurch gelangt es zu seinem Objektsmaterial. Die Form gibt dem ganzen Objekt das Gepräge, macht es zum theoretischen oder zum ästhetischen Sinn, zur Wahrheit oder zum Kunstwerk. Das Verhalten des philosophischen Ethikers zu ethischen Konflikten, also einem atheoretischen Phänomen, ist gar nicht ein sittliches, sondern ein theoretisches, ebenso wie das des Künstlers ein ästhetisches bleibt, wenn er ethische Konflikte, dieses

160

Außerästhetische, zum »Stoff« des Kunstwerks macht. Für beide liegt das Ethische selbst in Ferne und Mittelbarkeit. Ganz allgemein kann man sagen, daß alles Leben im »Unsinnlich-Geltenden«, also alles Verhalten zum Sinn, mag es theoretischer oder ästhetischer Sinn, unmittelbares Leben in Wahrheit und Wissenschaft oder in Schönheit und Kunstwerk sein, stets, da die unmittelbare Hingabe dabei nur an die Form stattfindet, immer schon Leben und Nichtleben in sich vereinigt. Wo überhaupt die Gespaltenheit von Form und Material das Objekt des Erlebens bildet, da besteht nicht letztes und eigentliches Leben und Nur-Leben, da steht vielmehr stets ein in entgegengeltende Form hineingestelltes und dadurch vom unmittelbaren Erleben abgedrängtes Material vor der Subjektivität. Dem Nur-Leben sinnlicher, übersinnlicher und personaler Art, also dem Leben im engsten Sinne, läßt sich jedes – auch unmittelbare – theoretische und ästhetische Verhalten schon als die Hingabe an einen transpersonalen Sinn und Sachgehalt gegenüberstellen. Dagegen in einem weiteren und relativen Sinne darf man jegliches Verhalten als »Leben« bezeichnen im Unterschiede zu dem Verhalten, bei dem sich im Vergleich zu jenem noch eine umschließende Form dazwischendrängt, [192/193] beispielsweise das künstlerische und unmittelbar ästhetische Verhalten, verglichen mit dem ästhetischen Erkennen.

Dieser allgemeine Sachverhalt der Mittelbarkeit verschuldenden Form interessiert uns nun hier gerade für das theoretische Verhalten und zwar zum Nichtsinnlichen. Der über ästhetische Form bloß grübelnde philosophische Ästhetiker lebt nicht in ihr wie der künstlerisch Schaffende und auch nicht wie der »genießend« unmittelbar ästhetisch Erlebende und Nacherlebende. Ebenso involviert, auch wenn in die philosophische Betrachtung des Ethikers als materialer Bestandteil ein Verhalten genau zum Objekt der unmittelbaren sittlichen Hingabe eingeht, darum doch nicht das ethische Erkennen ein sittliches Verhalten auch nur als einen materialen Bestandteil. Vielmehr, indem das Objekt der sittlichen Hingabe im Objekt der ethischen Reflexion, im theoretischen Sinn, von der kategorialen Wahrheitsform entführt und zu einem Material theoretischen Sinnes geworden ist, erscheint es im ethischen Erkennen abgedrängt vom unmittelbaren Erleben. Es wird da wiederum nur wissenschaftlich »gemeint« (vgl. oben S. 73), aber nicht unmittelbar sittlich darin gelebt.

Allein andrerseits muß – genau wie bereits früher argumentiert wurde – die philosophische Betrachtung das Nichtsinnliche, um es auch nur zum Erkenntnismaterial zu machen, irgendwie zum Objekt haben, es als das sich vorschweben lassen, dem die kategoriale Legitimierung zuteil wird. Das erkennende Verhalten ist fundiert durch ein Verhalten zum Material. Auch hierin gleicht das philosophische Erkennen genau dem Sinnlichkeitserkennen. Das, wofür es beim Sinnlichkeitserkennen kein Analogon gibt, besteht jedoch darin, daß beim philosophischen Erkennen bereits das Material unsinnlicher, geltender, werthafter Art ist. Bereits das theoretisch unberührte Leben, aus dessen Sphäre die Philosophie ihr Material nimmt, besteht in Hingabe an Unsinnliches, an Sinn und also auch an Form. Aus zwei unsinnlichen Elementen baut sich ja das obere Stockwerk des Sinnes auf, und bereits an einer früheren Stelle ist die Darstellung darauf gestoßen, daß folgeweise im philosophischen Erkennen zwei Subjektskorrelate zum Unsinnlichen übereinandergebaut sind (vgl. oben S. 89); das Verhalten nämlich zu dem zum Wahrheitsmaterial gewordenen [193/194] und kategorial zu legitimierenden Objekt des Lebens und das dieses Material durch die kategoriale Besiegelung legitimierende Verhalten. Darauf, daß derartig das philosophische Erkennen irgendwie seine Nahrung aus der Sphäre unmittelbarer Erlebbarkeit saugt, daß in die philosophische Reflexion ein Nacherleben des im Leben unmittelbar Erlebten hineinragt, beruht der unleugbare Zusammenhang zwischen Spekulation und Leben. Es besteht eine Kommunikation mit dem Leben, obgleich die Farbe des Lebens fehlt. Zwar steht das Aufsuchen des unsinnlichen Materials ganz im Dienste der Wahrheitsergründung darüber. Aber so vermag sich dennoch immerhin in der Inhaltlichkeit philosophischer Entscheidungen zugleich der Horizont, die Enge und die Weite, die Armut und der Reichtum unmittelbaren Erlebens zu verraten, und was für eine Philosophie man wählt, hängt zwar nicht davon ab, aber allerdings in gewisser Hinsicht damit zusammen, was für ein Mensch man ist. Der Sache und absoluten Bestimmung nach ist ferner zwar das philosophische Erkennen über die Schranken des tatsächlichen Lebens erhaben. Von den geschichtlichen philosophischen Systemen jedoch gilt es freilich, daß sie ihre Zeit in Gedanken gefaßt darstellen, im unmittelbaren Leben und der Kultur ihrer Zeit wurzeln. Bestehen nun zweifellos weitgehende Zusammenhänge zwischen Spekulation und Leben, so bleibt, da ja für die Philosophie nicht das wirkliche Leben, sondern das bloße in den Gesichtskreis Tretenlassen und »Meinen« der Objekte des Lebens erfordert wird, auch das Gegenteil solcher Übereinstimmung begreiflich: daß die Spekulation ihr Reich erbaut bei äußerster Unzulänglichkeit, Nichtigkeit und Kleinheit des Lebens. –

Es ist eine einfache Folge der Festhaltung des einheitlichen Wahrheitsbegriffs auch für das philosophische Erkennen, wenn ausgemacht wird, daß im philosophisch-theoretischen Sinn nichts vorkommen kann, was es nicht unabhängig von der es betreffenden kategorialen Wahrheitsform im Zustande logischer Nacktheit gibt [141]), oder daß – subjektiv gewandt – das philosophische Erkennen nichts erkennen kann, was nicht unabhängig vom Erkennen im Stadium unmittelbarer Erlebbarkeit besteht. Das philo-[194/195]sophische Erkennen erschafft und erzaubert sich sein Material ebensowenig wie irgendein Erkennen überhaupt. Es entdeckt und findet lediglich wahren Sinn oder die Wahrheit, es entdeckt und findet vor allem auch das nichtsinnliche Etwas, das als Material der es umschließenden kategorialen Form »gegeben« und überliefert ist, von ihr aus so wenig »erzeugt« wie »durchdrungen« werden kann. Kurz, das Erkennen muß seiner leeren »Erkenntnisform« ein davon umfaßbares Material, genau wie es *Kant* für das Seins- und Naturerkennen konstatiert hat, »von anderwärts her geben« lassen.

Wenn es jedoch von diesem Material des weiteren heißt, daß es aus der Sphäre des Lebens hervorgeholt wird, so ist diese Feststellung vorläufig noch von drohenden Mißverständnissen umlagert. Es soll damit von dem nichtsinnlichen Material, dessen die für sich leere philosophische Kategorialform zu ihrer inhaltlichen Erfüllung bedarf, lediglich eine Umschreibung durch Hinzuziehung der ihm möglicherweise zuteil werdenden Erlebnisstätte gegeben werden. Lediglich die Sphäre soll angegeben sein, in der es allein erlebt werden kann, *falls* es überhaupt erlebt wird, sein *Erlebnis*schauplatz, also seine Vorfind*barkeit* im Leben [142]). Aber seine wahre Stätte hat es gleichsam am nichtsinnlichen Ort, wo es bereit steht, erlebt, wie erkannt zu werden, mag nun ein Erleben und Erkennen sich ihm zuwenden oder nicht. Das philosophische Erkennen ist nur an ein Material von der Art der Antreffbarkeit im Erleben, aber nicht an das im Leben tatsächlich vorgefundene nichtsinnliche Material gebunden. An ein Material, dem das »Leben« als Erlebensstätte gebührt, wobei aber noch gar nichts darüber entschieden ist, ob es die Erlebtheit findet oder nicht, ob ein ganzes Geltungsgebiet oder bestimmte Einzelformen oder Einzelheiten des Sinnes je vor eines Erlebenden Bewußtsein getreten sind oder nicht. Diese Gegebenheit des Materials, die ja nur eine Gegebenheit und Undurchdringlichkeit an sich ist, und die Gebundenheit des Philosophierens an das an sich gegebene Material trifft auch für das nie erlebte, nirgends angetroffene Material zu. Und es ist auch ganz gleich, von welcher Erlebnisstätte das

[195/196] Philosophieren sein Material herholt, ob es das Nichtsinnliche bereits in irgendeinem anderen tatsächlichen Erleben objektgeworden, immanentgeworden, antrifft, oder ob es gelegentlich der Erfüllung seiner Erkenntnisaufgabe vorher noch nie Erlebtes erstmalig selbst erlebt. Auch der »Schöpfer neuer Werte« ist nur der Entdecker eines an sich gültigen Bestandes, besinnt sich auf ein Material, das der Sphäre unmittelbarer Erlebbarkeit angehört und die Erlebtheit nur zuerst bei ihm selbst gefunden hat. Schaffen neuer Werte ist nur erstmaliges Bereiten einer Erlebnisstätte, sei es in der Tat und im Leben, sei es in der Lehre und Predigt; erstmaliges Leben oder erstmaliges Sichbesinnen.

Ebensowenig wie auf die tatsächliche Erlebtheit oder Nichterlebtheit überhaupt, kommt es auf den tatsächlichen Ausfall der einzelnen Entscheidungen an, die das Leben fällt. Dies führt auf einen bekannten Sachverhalt, der hier nicht zu erörtern, sondern an den hier nur nebenbei zu erinnern ist. Auf die merkwürdige Rolle nämlich der erlebenden Subjektivität, nicht einfach das bloße Subjektskorrelat entgegenfordernden Geltens, nicht nur die geduldige Empfängerin vom transzendenten Urbild des Sinnes, sondern vielmehr die Anstifterin von einem Reich des Sinnes zu sein, in dem es den Gegensatz von Wert und Unwert, von Treffen und Verfehlen gibt. Aus diesem in der Erlebenssphäre, die dem philosophischen Erkenntnismaterial korrespondiert, sich abspielenden Phänomen, für das es beim Sinnlichkeitserkennen kein Analogon geben kann, folgt, wie sofort ersichtlich wird, eine gewaltige Komplikation für das Verhältnis von Philosophie und Leben. Denn erstlich ist das philosophische Erkennen keineswegs an die tatsächliche Stellungnahme des Lebens gebunden, sondern nur an das Nichtsinnliche, wie es unabhängig davon als transzendentes Urbild besteht und dem als Subjektskorrelat ein bloß hingebendes, aber keinerlei Depravationen anstiftendes, der Unzulänglichkeit verfallenes Erleben entsprechen würde. Man kann das kurz so ausdrücken: nicht dem tatsächlichen Leben, sondern der Sphäre unmittelbarer Erlebenswürdigkeit, der Lebenswürdigkeit, entnimmt die Philosophie ihr Material. Sodann aber eröffnet sich der philosophischen Betrachtung mit den Tatsächlichkeiten des Lebens allerdings ein neues Feld. Es [196/197] erwächst der philosophischen Reflexion gegenüber der wertgegensätzlichen Sphäre des depravierenden Lebens die neue Aufgabe der Messung des tatsächlich durch das Leben Geschaffenen am Urbild, der »Beurteilung«. Das philosophische Erkennen kann, *soweit* es nicht systematische Philosophie ist, sondern sich auch auf die Einzelheiten des Sinnes und der Realisierung einläßt, jederzeit zur »Wertbeurtei-

164

lung«, zur »Bewertung«, zur Anlegung von Maßstäben an das Tatsächliche führen. In einer genaueren Theorie des Werterkennens wäre vor allem der »Urteils«-, also rein *theoretische* Charakter solcher »Wertbearteilungen« herauszuarbeiten und zu zeigen, daß zwischen ihnen und der Stellungnahme des Lebens selbst die ganze Kluft zwischen Theorie und Leben und das heißt zwischen theoretischer und theoretisch-unberührter Stellungnahme zum Nichtsinnlichen liegt. Auch solches Beurteilen ist ein lediglich betrachtendes Verhalten, ein bloßes Reflektieren darüber, was wohl anerkennungswürdig und lebenswürdig wäre, nicht aber ein unmittelbares Leben selbst; ist z. B. ethische Reflexion, aber gerade als Reflexion nicht die Entscheidung des sittlichen Verhaltens selbst, die allerdings – was uns hier ja gar nichts angeht – da, wo die Reflexion im Dienste des Lebens steht, auf die Reflexion folgen und eng mit ihr zusammenhängen mag. Was den Unterschied eines solchen beurteilenden Reflektierens von der rein systematisch-philosophischen Untersuchung, z. B. vom systematischen Formerkennen, ausmacht, wird veranlaßt durch eine im *Material* der philosophischen Betrachtung, somit in der Sphäre des Lebens, geschaffene Komplikation. Ist so das Material und infolgedessen der materiale Bestandteil des Erkennens ein anderer und komplizierterer geworden, so hat sich das für das Erkennen Wesentliche, die Legitimierung mit kategorialer Wahrheitsform, das Aufgebautsein eines theoretisch legitimierenden Verhaltens auf einem materialen Verhalten, unverändert bewahrt. Es handelt sich um eine rein materiale, logisch gar kein Novum mit sich bringende Angelegenheit.

Auch macht *an* den Wertbeurteilungen das Anlegen absoluter Maßstäbe, das Prüfen und Rektifizieren gar nicht den auf Rechnung des *Erkennens* entfallenden Anteil aus. Denn das [197/198] korrigierende, über Normgemäßheit und Normwidrigkeit entscheidende, nach dem Urbild revolutionierende und »kritische« Verhalten ist gar kein Spezifikum der Theorie und Reflexion, sondern gehört ganz auch schon dem vortheoretischen Leben an. Es wäre ein völlig unberechtigter Intellektualismus, zu verkennen, daß das Vordringen zum Absoluten, das Umstoßen unberechtigter tatsächlicher Entscheidungen, die Autonomie des Verhaltens, bereits der ganz unreflektierten unmittelbaren Hingabe eigen ist. Mit der Unmittelbarkeit des Lebens steht die Emanzipation von der Bindung an das autoritativ und traditionell Aufgedrungene nicht in Widerspruch. Autonomie hat nichts mit Reflektiertheit zu tun; das vom Normwidrigen sich reinigende Vordringen zu immer lautererem Verhalten nichts mit Kritik und Selbstprüfung im Sinne theoretischer Stellungnahme.

»Kritisch« sich zu verhalten vermag nicht nur die transzendentale Theorie vom Leben, sondern schon das Leben selbst, und es liegt im Begriff des »Kritischen« darum eine Doppeldeutigkeit.

Wenn am philosophischen Beurteilen soviel dem materialen Faktor zuzuschieben ist, so darf darüber nicht vergessen werden, was einem solchen Verhalten nun dennoch das theoretische Gepräge gibt. Es ist der Charakter der »Bewußtheit«, Klarheit, des Wissens um das Nichtsinnliche, des Urteilens darüber; all dies, was den Entscheidungen des Lebens fehlt und nur infolge jenes so leicht sich einstellenden Intellektualismus bereits in die unmittelbare Stellungnahme zum werthaft Nichtsinnlichen hineingelegt wird. Alles »Beurteilen« oder »Bewerten« ist ein »Urteilen« über das Nichtsinnliche, eine theoretische, über einem materialen Verhalten sich aufbauende Entscheidung. Man darf deshalb nicht in eine unmittelbare Hingabe eine Beurteilung hineindeuten, sondern muß sie streng von ihr fernhalten. Auch die unmittelbare theoretische Hingabe an die Wahrheit ist keine Beurteilung des Wahrheitswertes. Das Urteilen ist nicht ein Beurteilen des theoretischen Wertes, vielmehr eine nichtbeurteilende Hingabe an theoretische Wahrheitsform, an wahren Sinn, eine nichtbeurteilende Entscheidung darüber. Urteilen kann nicht Beurteilen sein. Denn Beurteilen ist die philosophische Unterart des Urteilens, das dadurch also nicht definiert werden kann, ist ein Urteilen, in dem über [198/199] nichtsinnliches Material Klarheit gewonnen wird, im Falle der Logik also über das theoretisch Werthafte selbst [143]).

Das Wesen des philosophischen Beurteilens besteht somit darin, daß es den Charakter absoluter Wertentscheidung, den es auch in der Sphäre des Lebens gibt, mit dem rein betrachtenden Charakter einer Reflexion verbindet. Es sucht das Nichtsinnliche an sich, es beruhigt sich nicht bei den tatsächlichen Entscheidungen, es appelliert an einen höheren Gerichtshof; aber dies alles nur zu Zwecken der Wahrheitsfindung; es dringt zum Absoluten vor, aber so, daß es dieses gleichzeitig in die Ferne und Mittelbarkeit des Erkenntnismaterials rückt. Das macht das Eigentümliche der Weltanschauungslehre aus, die ja trotz ihrer Absolutheitstendenz Lehre, Anschauung, ein kontemplatives, rein erkennendes Verhalten bleibt. Es muß mit dem Vorurteil aufgeräumt werden, Wahrheit, »rein theoretisches« und »wissenschaftliches« Urteilen gäbe es nicht *über* die *atheoretische* Wertsphäre. Auf atheoretisches Material ist auch das gesamte Sinnlichkeits- und Naturerkennen aufgebaut. Beim Werterkennen kommt bloß noch das hinzu, daß es da bereits in der Sphäre des Materials die

Willkür des Verfehlens, die ganze Unsicherheit und »Subjektivität« des Stellungnehmens gibt, in die sodann das darauf sich gründende Erkennen mit hineingezogen wird [144]).

Wesentlich für die Philosophie ist bloß ihr Erkenntnischarakter. Denn alles übrige teilt sie mit der Sphäre des Lebens. Aber daß sie mit ihr dieses absolut richtende Stellungnehmen teilt, muß dennoch hervorgekehrt werden. Es könnte sonst der Anschein entstehen, ihr rein theoretischer Charakter stände im Ge-[199/200]gensatz dazu. Demgegenüber ist geltend zu machen: wenn sie auch nur theoretisch festzustellen, nur sich darauf zu besinnen hat, was anerkennungswürdig ist, so hat sie doch andrerseits in der reinen Theorie das absolut Anerkennungswürdige aufzufinden. Keineswegs ist es ihr Beruf, nur zu »verstehen« und zu »analysieren«, d. h. über tatsächlich gemeinten Sinn Klarheit zu gewinnen. Dieser bloße Klarheits- und Verständnischarakter genügt nicht für das Wesen des philosophischen Begreifens, würde es über die Art empirisch-kulturwissenschaftlicher Betrachtung noch gar nicht hinausheben [145]). Vielmehr wenn auch ausschließlich betrachtend, grübelnd, verstehend und in nichts als in der Wahrheit lebend, hat die Philosophie doch nicht bloß die absolute Wahrheit, sondern die absolute Wahrheit über das Absolute zu ergründen. So bleibt dem philosophischen Erkennen die schrankenlose Autonomie, die kritische, prüfende, richterliche Stellung gegenüber der mannigfachen Autorität des Lebens und der Geschichte gewahrt. Die Angewiesenheit des philosophischen Erkennens, d. h. der philosophischen Kategorialform auf inhaltliche Erfüllung und undurchdringliche Gegebenheit hat nichts mit positivistisch-historischer Unterwürfigkeit vor den Realitäten des historischen Lebens zu tun [146]). Andrerseits ist das Autonomieprinzip freilich nicht auf das Erkennen eingeschränkt, sondern herrscht auch über das Leben. Es verbindet sich nur als eine ganz allgemeine Weltanschauungsangelegenheit *auch* mit der philosophischen Spekulation und erzeugt dann dort die prüfende und kritische Tendenz, eine Richtung des Philosophierens, die wir somit als die zur Autonomie ermächtigte philosophische Besinnung verstehen und definieren können. Philosophie ist in letzter Linie »Aufklärung«, ein Klar-[200/201]werden über das absolut Berechtigte und zugleich ein Fordern des Gegebenen vor den Richterstuhl der Vernunft. Daß diese Verbindung von Reflexion und Autonomie jedoch nicht überall zu bestehen braucht, zeigt das offizielle Verhältnis der mittelalterlichen Spekulation zum religiösen Glauben, dem gegenüber sie zwar zur Besinnung, aber nicht zur Kritik befugt war. So muß man das für die

Philosophie ausschließlich eigentümliche Moment der Besinnung, der Erhebung ins »Bewußtsein«, der Herausreißung aus logischer Nacktheit, aus der Verquickung mit dem auch über das Leben sich erstreckenden Autonomieprinzip herauslösen. –

Unter völliger Vernachlässigung aller vom unsinnlichen Material herrührenden Komplikationen ist jetzt wiederum auf der allgemeinsten These vom Erkenntnischarakter der Philosophie, von der Gleichartigkeit philosophischen und nichtphilosophischen Erkennens, zu bestehen. Entsprechend dem einheitlichen, die urgegensätzlich geschiedenen Gegenstandsgebiete umspannenden Erkenntnisbegriff erhält man auch einen einheitlichen Lebensbegriff. Leben im Gegensatz zu jeglichem Erkennen, zum philosophischen wie zum Seinserkennen, ist das unmittelbare Erleben, aber nicht jedes unmittelbare Erleben, nämlich nicht das unmittelbare Erleben der Wahrheit, sondern das unmittelbare Erleben gerade des Alogischen in seiner logischen Nacktheit, des Alogischen, das außerdem ein logisch Undurchdringliches und somit ein im doppelten Sinne Irrationales ist. Dem Seins- wie dem philosophischen Erkennen ist gleicherweise ein Leben zugeordnet, und Leben im Gegensatz zum Erkennen umfaßt den Gesamtbestand des Alogischen, das Sinnlich-Alogische ebenso wie das Nichtsinnlich-Alogische. Man erhält damit einen Begriff des Lebens [147]), der ebenso wie die Begriffe der Irrationalität und der logischen Nacktheit über die letzte Kluft des Denkbaren hinweg das Sinnliche und das Nichtsinnliche wegen ihrer gemeinsamen Alogizität zu einer Einheit zusammenfaßt. Auch diesen Lebensbegriff darf man nicht verschwommen monistisch fassen, sondern muß der Komplexität, der unaufhebbaren Zweiheit eingedenk sein, die innerhalb dieser eine Sinnlichkeits- und eine Nichtsinnlichkeitsmasse umspannen-[201/202]den Einheit des Lebens besteht. An beide in diesem Gemenge des Lebens enthaltene Teilregionen tritt das Theoretische mit seiner gleichen Umschließung durch kategorialen Klarheitsgehalt heran. Wie für die Sphäre des Sinnlichen das Seinserkennen etwas anderes war als das bloße seins-, ding- und kausalvergessene Versunkensein in die bedeutungsfremden Impressionen, so ist für die Sphäre des Nichtsinnlichen die philosophische Besinnung etwas anderes als die bloße unmittelbare unreflektierte Hingabe an das nichtsinnliche Objekt. Beidemal ist das Erkennen ein Hinausgehen zu einer Klarheit darüber.

Es liegt besonderer Anlaß vor, den atheoretischen Unmittelbarkeits- und Lebenscharakter gerade der Hingabe an das Nichtsinnliche mit allem Nachdruck hervorzukehren. Denn uralte zäheste Gewohnheiten verführen nur allzuleicht, die Alogizität gerade des *Nichtsinnlich*-Alogischen zu verwischen. Bedenkt man, wie tausendfältig und mit wie unabweisbarer Aufdringlichkeit auch das nichtwissenschaftliche »Leben« – z. B. schon fast alles Sprechen! – immerhin vom erkennenden, betrachtenden, reflektierenden Verhalten durchsetzt ist, wie sehr sich überall die Objektivierung durch kategorialen Gehalt dazwischendrängt, so wird die Versuchung wenigstens begreiflich, die Sphäre des theoretisch unberührten Nichtsinnlichen einfach zu verleugnen, die unmittelbare Hingabe an das Alogisch-Nichtsinnliche geradeswegs in ein theoretisches Verhalten umzufälschen [148]). Unserer ganzen Sprech- und zum Teil auch Denkungsweise steckt der Intellektualismus der Antike noch tief im Blut, wonach das Nichtsinnliche schon um seiner bloßen Nichtsinnlichkeit, um seiner Geltungsartigkeit, Überwirklichkeit, Wertartigkeit willen als das νοητον, das intelligibile, als ein Reich der nur im »Denken« oder mit dem »Verstande« erfaßbaren »Noumena« erscheint, die Zweiweltentheorie als die Gegenüberstellung des αισϑητον und νοητον, des sensibile und intelligibile, des Phänomenon und des Noumenon, der Sinnen- und der Verstandes- oder Intellektualwelt, ausgesprochen wird. Auch hiervon liegt der Ursprung in der Platonischen Philosophie. [202/203]

Bei Plato soll das Unsinnliche und auch das Alogisch-Übersinnliche erst als in theoretischer Umgriffenheit, Begriffenheit, Begrifflichkeit, erst als in Wahrheit stehend im tiefsten Grunde legitimiert sein (vgl. auch oben S. 11). Die echte Hingabe an das Übersinnliche ist darum erkennendes Erfassen, die Rechtfertigung vor dem Gewissen verstandesmäßige Prüfung, die Tugend Wissen. Es besteht das Gute nur durch Wahrheit und Klarheit hindurch. Der Wert der Wahrheit verschmilzt seit Plato mit dem Übersinnlichen überhaupt. Auch die christliche Spekulation hat sich dieser Theoretisierung des Übersinnlichen, des Urbildlichen, des Sinns der Welt, nicht zu entziehen vermocht. Man denke nur an die für die Denkweise und den Sprachgebrauch der ganzen Zukunft entscheidende Aufnahme des griechischen »Wahrheits«-Begriffs im Johannesevangelium [149]), ferner beispielsweise an die große Rolle, die später der Wahrheitsbegriff bereits bei Augustin spielt. Die Sprache der Theologie zeigt in der Verwendung des Wahrheitsbegriffs als dauernde Erinnerung an den Intellektualismus des Griechentums zu allen Zeiten wie noch gegenwärtig ein intellektualistisches, ein in diesem Sinne gnostizistisches Gepräge. Alle von der Antike geprägten Termini für das Unsinnliche und das Übersinnliche verraten den Ursprung aus der theoretischen Sphäre. Der Inbegriff der zeitlosen Bedeutungen wird κοσμος νοητος genannt, und die zum Vielheitsreich entfaltete und in der Zeitlichkeit sich offenbarende Übersinnlichkeit hat den Namen des Logischen, den Namen Logos erhalten [150]). Als ob Nichtsinnliches und Sinnliches mit Logischem und Alogischem zusammenfielen! In Wahrheit ist das Sinnliche *ein* Alogisches und nicht *das* Alogische, das Nichtsinnliche aber keineswegs das Logische. [203/204]

Dieselbe intellektualistische Voreingenommenheit läßt alles über das bloße Sinnen-, Instinkt- und Wahrnehmungsleben hinausgehende Verhalten zum Nichtsinnlichen, alles übertierische, als »Denken« erscheinen, auch wo nichtsinnliches Wollen, Fühlen, Schauen, also »Geistiges« im weitesten Sinne gemeint ist [151]). Ebenso ist die Doppeldeutigkeit von Logos, Ratio und Vernunft ein Zeugnis dieser intellektualistischen Tendenz. Auch wir sind in steter Gefahr, analog wie in das bloß impressionale sinnliche Empfindungs- und Wahrnehmungsleben schon eine Erkenntnis- und Wahrheitsquelle hineinverlegt werden soll [152]), so auch jedes Habhaft- und Innewerden des Nichtsinnlichen, jedes Sichrichten darauf, das bloße Nichtsinnlichkeitserfassen, schon in ein erkennendes Ergreifen, jedes vorschwebende nichtsinnliche Objekt in ein Erkenntnisobjekt umzudeuten. Wir sind stets geneigt – zum mindesten, aber keineswegs allein in der Ausdrucksweise – den Intellektualismus der griechischen und so vieler späteren Moralphilosophie, z. B. *Descartes*, *Spinozas*, *Leibnizens*, mitzumachen. Wir sind stets in Versuchung, anstatt das sittliche Verhalten in seiner »Unmittelbarkeit«, in seinem bloß atheoretisch-sittlichen Charakter, zu fassen, das Wollen aus Pflicht, wobei das Gesollte allerdings ausdrücklich *als* gesollt vorschweben, aber eben dem sittlichen Wollen so vorschweben muß, in eine als gesollt *erkannte* Gesolltheit umzudeuten. Wir machen die willensmäßige Hingabe an das als normgemäß vorschwebende und die willensmäßige Zurückschreckung vor dem Normwidrigen, diese bloße Stimme des »Gewissens«, zu einem »Wissen«; das gleichsam bloß »instinktive« oder »gefühlsmäßige« Hingezogen- und Fortgestoßensein – lauter stammelnde Ausdrücke für die Alogizität eines Verhaltens –, zu einer theoretischen Anerkennung und Verwerfung, Bejahung und Verneinung, zu einer durch Einsicht in den Wert- und Unwertcharakter erleuchteten und geleiteten Entscheidung, während in Wahrheit alles Grübeln und Reflek-[204/205]tieren zu dem atheoretischen Verhalten sich als ein neues erst hinzugesellen und darauf aufbauen muß. Ebenso entkleiden wir das religiös-gläubige Verhalten seines atheoretischen und eben spezifisch religiösen Charakters und schieben der alogischen Hingabe, die Vieldeutigkeit des Wortes »Glaubens« benutzend, ein womögliches unzulängliches, aber »subjektiv zureichendes« Fürwahrhalten und Meinen unter, wodurch das Verhältnis von »Glauben und Wissen« rettungslos verworren bleibt. Auch in das unmittelbare nacherlebende ästhetische Genießen deuten wir schon eine »Kenntnisnahme« hinein und verdrehen das alternative ästhetische Verhalten ohne weiteres in eine Beurteilung, ein Werturteil, ein »ästhetisches Urteil«, ohne zu bedenken, daß es auch eine vortheoretisch-ästhetische und darum nicht urteilsmäßige, also eine ohne Dazwischentreten einer sich besinnenden theoretischen Entscheidung vorgenommene Stellungnahme gibt, auf die sich die theoretische Entscheidung, jene als materiales Moment in sich aufnehmend, wiederum erst aufbaut (vgl. oben S. 89 f.). Bestimmend für die neuere Ästhetik war hierbei das intellektualistische Vorgehen *Kants*, der die ästhetische Untersuchung anstatt auf das atheoretisch-ästhetische Verhalten auf das typische Unding eines »nicht logischen, sondern ästhetischen«, bloß »subjektiven« und dennoch »urteilenden« Stellungnehmens richtete (zu dem übrigens die »Wahrnehmungsurteile« ein Pendant bilden). Nur durch diese μεταβασις εις αλλο γενος vermochte *Kant* die Ästhetik als eine Kritik der »Urteilskraft« zu bestimmen und ihre Aufgabe in »das allgemeine Problem der Transzendentalphilosophie: wie sind synthetische Urteile a priori möglich« hineinzupressen [153]).

Ganz allgemein bezeichnen wir alles Hineinragen des Nichtsinnlichen ins Erleben als ein uns gebunden »Wissen« anstatt bloß als ein uns gebunden Erleben, gebunden »Fühlen« oder ähnlich; reden wir auch da von einem uns Hingezogenwissen, von einem uns Einswissen, wo eigentlich ein »Wissen« gar nicht gemeint ist. Drücken wir schon den Gegensatz von Wert und Unwert stets mit Zuhilfenahme der theoretischen Verneinung als positiven und [205/206] negativen Wert aus, so fassen wir entsprechend auch jedes atheoretische alternative Stellungnehmen als theoretische Entscheidung, nämlich als Bejahen und Verneinen, jedes Schwanken als theoretische Unentschiedenheit oder als Zweifel, jede Korrektur eigener oder fremder Entscheidungen im unmittelbaren Leben, durch die Tat und unmittelbare Stellungnahme, als »Berichtigung«, Richtigstellung, als theoretische Besinnung auf die »Richtigkeit« (vgl. oben S. 165), jedes Hindurchgegangensein durch Unruhe und Unsicherheit, jedes unerschütterliche atheoretische Ruhen im Alogisch-Nichtsinnlichen als Vordringen zu Wahrheit und Klarheit, zu unerschütterlicher Gewißheit und Evidenz, jede Normgemäßheit und Normwidrigkeit als Wahrheit und Falschheit, jedes nichttheoretische Treffen und Verfehlen als »richtiges« und »irrendes« Verhalten [154]).

Insbesondere können wir uns kaum enthalten, auf allen Gebieten die Erfüllung des Normgemäßen und sachlich Geforderten, des Echten und Legitimen, des dem Urbild Entsprechenden, die absolute Berechtigung, dem Vorbilde Platos gemäß, als Wahrheit zu bezeichnen. Darum reden wir von künstlerischer Wahrheit, wo doch ein spezifisch-ästhetischer Wert, oder von »Wahrheitsgehalt der Religion«, wo doch der berechtigte Glaubensgehalt des religiösen Verhaltens gemeint ist. Immer nehmen wir zu dem Atheoretisch-Nichtsinnlichen selbst noch die theoretische Wahrheitslegitimierung hinzu, die doch lediglich kategoriale Besiegelung des materialen Nichtsinnlichen, des wertartigen Materials *für* Wahrheit ist. Das Atheoretisch-Wertartige drücken wir so durch den spezifisch-theoretischen Wert, den Wahrheitswert, aus. Wir behandeln das Nichtsinnliche immer schon als Wertgegenstand. Nun *wird* er das allerdings als Objekt philosophischer Betrachtung. Und es gibt wohl keine glänzendere Bestätigung für unsere Hauptthese, für das Umklammertsein auch des Nichtsinnlichen von unentrinnbarer Wahrheitsform, als diese überall hervortretende Schwierigkeit, dem Nichtsinnlichen in seiner theoretischen Unbetastetheit gerecht zu werden, als diese Gewohnheit, die kategoriale Wahrheitsform stets hinzuzunehmen. Aber gerade weil wir [206/207] die Herrschaft des Logischen in ihrer ganzen Ausdehnung erkennen und überall dem Logischen geben, was des Logischen ist, sind wir um so mehr vor der Intellektualisierung dessen bewahrt, was als das Logisch-Nackte nach Abzug der logischen Form übrig bleibt (vgl. oben S. 86 f.). Als Objekt der philosophischen Theorie, z. B. der Ästhetik und der Religionsphilosophie, steht das Nichtsinnliche allerdings als Gegenstand, als von Wahrheitsform betroffenes Material. Aber in diesem alogischen Material selbst und auch in seiner Wertartigkeit, in seinem normativen Charakter, liegt nichts von theoretischem Wahrheitsgehalt. Die es zum Objektsmaterial nehmenden philosophischen Disziplinen haben es zwar als Gegenstand, also mitsamt dem es umschließenden kategorialen Wahrheitsgehalt als Objekt vor sich, aber ein *Wissen* sind sie nur *um* atheoretisch-ästhetischen und um atheoretischen Glaubensgehalt, aber nicht um Wahrheitsgehalt, *um* den vielmehr nur in der Logik gewußt wird; sie sind Kunsttheorie und Glaubenstheorie, aber nicht Erkenntnistheorie. Es ist deshalb eine durch nichts gerechtfertigte Gewohnheit, aus allen nichtlogischen philosophischen

Theorien Lehren *vom* Theoretischen, wahrheitstheoretische, logische oder erkenntnistheoretische Disziplinen zu machen, beispielsweise die Ethik für eine »Logik des Wollens« [155]), die Ästhetik für eine »Logik der Poesie und der Kunst«, die Religionsphilosophie für eine »Erkenntnistheorie der Religion« auszugeben [156]) [157]). [207/208]

Die Theoretisierung des atheoretischen Verhaltens verschuldet auch all solche verwirrenden Gegenüberstellungen wie die des theoretischen und praktischen, des logischen und intuitiven, des theoretischen und ästhetischen, des wissenschaftlichen und religiösen Erkennens, der theoretischen und der Werturteile. Unter einem praktischen oder intuitiven Erkennen kann zunächst mit verfehlt intellektualistischer Ausdrucksweise ein atheoretisch-praktisches oder ein atheoretisch-intuitives Verhalten gemeint sein. Wird jedoch darunter ein das Praktische oder das Intuitive betreffendes theoretisches Verhalten verstanden, so ist entgegenzuhalten, daß *jegliches* Erkennen ein theoretisches Verhalten ist und darum eine hinzugefügte Angabe wie »praktisch« oder »intuitiv« nur eine nach dem Material sich bestimmende Unterart des Erkennens bezeichnen darf. Auch das praktische und das intuitive Erkennen ist keineswegs ein praktisches und intuitives, sondern ein praktisches und intuitives Material betreffendes theoretisches Verhalten. Ebenso wie auch Werterkennen echtes Erkennen, Werturteile – trotz aller eingefleischten Vorurteile dagegen – echte Urteile sind. Es baut sich all solches Erkennen wie – nur ausgenommen das des Logikers – *jedes* Erkennen, auch das seins- und naturwissenschaftliche, auf atheoretischem Material auf (vgl. oben S. 166). Es ist darum ganz pleonastisch und unzulässig, ein theoretisches oder logisches Erkennen als besondere Unterart herauszuheben. Außer man verstünde darunter wiederum das ein theoretisches oder logisches Material betreffende, mithin das Erkennen des theoretischen Philosophen, des Logikers (vgl. zu diesem Absatz oben S. 88 f.). –

Leben im Gegensatz zu jeglichem Erkennen ist die unmittelbare Hingabe nur an das Alogische. Im weitesten Sinne aber ist Leben die unmittelbare Hingabe an irgendein Etwas, nicht nur [208/209] an Atheoretisches, sondern auch an Theoretisches selbst. Auch das Erkennen ist ja ein unmittelbares Leben.

Schränkt man die Einteilung in Leben und Erkennen auf das Nichtsinnliche ein, so erhält man den Gegensatz von Nichtsinnlichkeitserleben und Nichtsinnlichkeitserkennen, somit den Gegensatz von Leben und Philosophie. Dann rückt das Seinserkennen, obgleich es hinsichtlich des Sinnlichen Erkennen, also mittelbares Verhalten ist, als unmittelbares Erleben der unsinnlich-theoretischen Form auf die Seite des Lebens, des Nichtphilosophierens, da es *Unsinnliches* jedenfalls bloß erlebt und nicht erkennt. Der Seinserkennende erkennt wohl Sinnliches, aber nicht den kategorialen Seinsgehalt, fällt wohl Kausalurteile, aber ohne über Kausalität nachzudenken. Die Ausdrücke »Sein«, »Kausalität« usw. bezeichnen in der Sprache des Seinserkennens nicht etwa das obere Stockwerk theoretischen Sinnes, sondern werden lediglich als Bezeichnungen für die logisch nackt gelassene theoretische Form in den Mund genommen. So wird es begreiflich, daß man das Seinserkennen bald als Erkennen dem Leben entgegensetzt, bald als Nichtphilosophieren zum Leben rechnet, je nachdem für den Lebensbegriff die logische Nacktheit gerade des Atheoretischen oder die logische Nacktheit des das Theoretische mit einschließenden Nichtsinnlichen bestimmend ist.

Der Gegensatz von Leben und Erkennen läßt sich aber auch in das Gebiet des Erkennens selbst hineintragen. Dann muß das Verhalten zur *theoretischen* Form in unmittelbares Erleben und in Erkennen von theoretischer Form, in theoretisches Leben und in »Erkenntnistheorie« oder Logik zerfallen. Allerdings nimmt die unmittelbare Hingabe an das Theoretische insofern eine gewisse Sonderstellung ein, als sie, wenn auch bloß Erleben eines logisch Unbetroffenen und Ungeklärten, so doch unmittelbares Erleben gerade des Bringers aller theoretischen Betroffenheit und Klarheit, unmittelbare Hingabe an den ungeklärten Klarheitsgehalt selbst ist. Auf die Seite des bloßen wissenschaftlichen Lebens ist bei dieser Gegenüberstellung nicht bloß das Seinserkennen, sondern auch alles nichtlogische philosophische Erkennen zu schlagen. Denn wenn auch in ihm philosophische Klarheit über Nichtsinnliches gewonnen wird, logische Klarheit oder Klar-[209/210]heit hinsichtlich der theoretischen Form fehlt in ihm genau wie beim Seinserkennen. Alles nichtlogische Erkennen, also alles seinswissenschaftliche und alles philosophische Erkennen mit alleiniger Ausnahme der Logik, steht dann auf der Seite des nichtlogischen theoretischen Lebens, ist unmittelbares Erleben und nicht Erkennen des Theoretischen selbst.

Doch derselbe Gegensatz läßt sich schließlich noch in die Logik selbst hineinverfolgen. Auch das logische Erkennen läßt sich noch in Leben und Erkennen einteilen, es läßt sich also wie vorher der Gegensatz von theoretischem Leben und Erkennen, so jetzt der von erkenntnistheoretischem oder logischem Leben und Erkennen aufstellen. Das eine Kapitel der Logik nämlich, das vom kategorialen Seinsgehalt und dessen Differenzierung handelt, also die transzendentale Logik in der gegenwärtig üblichen Einschränkung und ebenso die »formale« Logik verhält sich zwar wissend um die von ihr untersuchte logische Form, hingegen genau wie alles übrige philosophische, wie das ästhetische, ethische, religionsphilosophische Erkennen nicht wissend, sondern nur unmittelbar und naiv erlebend gerade hinsichtlich des philosophischen Kategoriengehalts selbst, den die allgemeine Logik und die Logik des Seinsgehalts auf ihre kategoriale Form ebenso unerkannt bloß so anwendet, wie es die übrigen philosophischen Disziplinen ihrem alogisch-nichtsinnlichen Material gegenüber tun. Hinsichtlich der philosophischen Kategorie, der kategorialen Form der Form, befindet sich gemeinsam mit den übrigen philosophischen Wissenschaften die allgemeine und die Seinslogik – und leider die gesamte gegenwärtige Logik – auf der Seite des bloßen Lebens und des naiven Nichtwissens, und auf der Seite des Erkennens lediglich die hier postulierte Logik der Philosophie selbst. Diese Logik ist die Selbstbesinnung und das »Selbstbewußtsein« der Philosophie selbst, sie erhebt das ins »Bewußtsein« und in Klarheit, worin alles übrige philosophische Erkennen bloß wissenschaftlich »lebt«. Weiter hinauf aber hat es keinen Sinn, die Verfolgung dieses Gegensatzes zu treiben – wie gegen den Einwand des regressus in infinitum wiederum bemerkt sein mag. Die Logik der philosophischen Kategorialform enthält bereits das »höchste Wissen«. Freilich auch ihr Erkennen ist wiederum unmittelbares [210/211] Erleben und somit Nichtwissen hinsichtlich ihrer kategorial umkleidenden und darum unvermeidlich nackt gelassenen logischen Form. Und so könnte man meinen, es müsse das auf diese gerichtete Erkennen wiederum von neuem der Logik des philosophischen Kategoriengehalts als einem bloßen Leben gegenübergestellt werden und so fort ins Unendliche. Allein die im logischen Erkennen der philosophischen Kategorie logisch nackt gelassene Form bietet nichts neues mehr, das sich noch verlohnen würde, besonders erkannt zu werden. Als kategoriale Form für philosophische Kategorialform, also für jedenfalls unsinnliche Form, fällt sie selbst wieder einfach in den Bereich der Kategorie fürs Unsinnliche oder der philosophischen Kategorie (vgl. oben S. 94). Weder in der Logik der Philosophie noch auch in irgendwelcher Spekulation über Logik der Philosophie, wie sie z. B. hier angestellt wird, wo ja teilweise die Logik der Philosophie noch gar nicht getrieben, sondern nur gefordert wird, sie solle getrieben werden, wird man je eines anderen als des philosophischen Kategorienapparates benötigen.

3. Abschnitt.

Irrationalität und Irrationalismus.

Bisher wurde stets einerseits die Betreffbarkeit andererseits die Nichtzersetzbarkeit des Nichtsinnlichen durch kategoriale Form verfochten. Es bleibt nur noch übrig, zu zeigen, daß dadurch noch weitere Analogien mit dem Sinnlichkeitserkennen sich ergeben, nämlich für das philosophische Erkennen eine ganz analoge erkenntnistheoretische Mittelstellung zwischen den beiden extremen Standpunkten eines »Empirismus« und eines »Rationalismus« folgt, wie sie der *Kant*sche Kritizismus hinsichtlich des Sinnlichkeitserkennens vertritt. Der ganze Gegensatz von Empirismus und Rationalismus, wie er bisher allein im Kantianismus traktiert wurde, sinkt wieder zu einem Unterfall eines viel umfassenderen erkenntnistheoretischen Problems herab. Daß der Rationalismus des Seinserkennens nur einen Spezialfall eines allgemeineren Rationalismus darstellt, ist schon aus der bisherigen Übertragung des Irrationalitätsbegriffs auf das nichtsinnliche Gebiet zu entnehmen. Aber auch der sensualistische Empirismus wird [211/212] sich als Spielart eines allgemeineren Irrationalismus herausstellen. Neben den sensualistischen tritt ein suprasensualistischer Irrationalismus oder ein suprasensualistischer »Empirismus« – wofern man sich dem Sprachgebrauch gewisser »supranaturalistischer Empiristen« [158]) anbequemen will, nach dem das »Empirische« mit dem Irrationalen oder Alogischen in seinem ganzen Umfang zusammenfällt, also über die Kluft zwischen Sinnlichem und Nichtsinnlichem hinwegreicht [159]).

Erst durch die Ausdehnung dieser erkenntnistheoretischen Streitfrage auf beide Gebiete des Denkbaren gelangt Gegensatz wie Versöhnung zwischen Irrationalismus und Rationalismus in ihrer ganzen Weite zur Anerkennung. Genau so wie das Ganze des theoretischen Sinnes auf dem Gebiet des Seinserkennens nicht sensualistisch-irrationalistisch zu purer Sinnlichkeit nivelliert werden kann, sondern das bedeutungsfremde Etwas der hinzutretenden Form bedarf, um sich zum Seinsgebiet zu erhöhen, das Seinsgebiet mehr ist als die bloße sinnlich-alogische Masse, so darf man auch auf dem Gebiet des Nichtsinnlichkeitserkennens nicht suprasensualistisch-irrationalistisch mit der bloßen kategorial unbetroffenen Nichtsinnlichkeit auszukommen wähnen, sondern es bedarf das Nichtsinnliche des Hinzutritts einer gewissen konstitutiv-kategorialen Form, um als Geltungs- und Wertgebiet dazustehen, es steckt im nichtsinnlichen Gegenstand mehr als logisch-nackte nichtsinnliche Masse. Und wie andererseits das Seinsgebiet sich nicht in eitel Rationalität zersetzen läßt, so läßt sich gleichfalls das Geltungsgebiet nicht in eitel Intelligibilität auflösen. Vielmehr wie auf beiden Gebieten ein logisch Nacktes nicht von sich aus seine kategoriale Form herzugeben vermag, sondern kategoriale Betroffenheit zu erwarten hat und sich gefallen lassen muß, wie also das Sinnliche und das Nichtsinnliche kategorial betreffbar ist, die Form nicht irrationalistisch im Sinnlich- [212/213] wie im Nichtsinnlich-Alogischen gefunden werden kann, so ist doch andererseits das Sinnliche wie das Nichtsinnliche eben nicht durchdringbar und zersetzbar, sondern *nur* betreffbar und umgreifbar durch logische Form. Wie gegen den Irrationalismus auf beiden Gebieten das Nicht-enthaltensein des Logischen im Alogischen und die unerläßliche Betastbarkeit des Irrationalen durch hinzutretende kategoriale Form zu vertreten ist, so muß man gegen den Rationalismus die bei aller Betreffbarkeit unaufhebbare Irrationalität hervorkehren. Der Begriff der bloßen Umgreiflichkeit hält die Irrationalität aufrecht bei Ablehnung der irrationalistischen These von einer Selbstgenügsamkeit und Alleinherrschaft des Irrationalen und wahrt andererseits die unentbehrliche Mission des kategorialen Klarheitsmoments bei Ablehnung der rationalistischen These von einer durchdringenden Begreiflichkeit. Irrationalität des Materials, aber nicht Irrationalismus; Rationalität der Form, aber nicht Rationalismus!

Erst dann, wenn man sich von der Enge des kantianistischen Blickfeldes befreit, hat man eine Überschau über alle historischen Ausprägungen des Irrationalismus und Rationalismus. Man versteht, daß es neben dem Rationalismus auf sensuellem ebensogut einen Rationalismus auf suprasensuellem Gebiet geben muß. Vor allem aber verliert jetzt das bekannte Phänomen jeden Schein von Paradoxie, daß zu allen Zeiten neben dem Sensualismus, also neben dem sensualistischen Empirismus oder Irrationalismus ein suprasensualer Empirismus oder Irrationalismus auftreten konnte. Indem sich nämlich herausstellt, daß der Umfang des Irrationalen sich über den Bereich des Sinnlichen hinaus erstreckt und daß beide Hemisphären des Irrationalen dem theoretisch-kategorialen Rationalitäts-Gehalt gleichmäßig gegenüberstehen, ist man imstande, das Irrationalitätsproblem seinem ganzen Umfang nach in das erkenntnistheoretische Gesamtbild hineinzuarbeiten und von ihm aus die Behauptung einer doppelten unmittelbaren unerleuchteten Hingabe an ein Atheoretisches zu begreifen und sogar zu legitimieren. –

Dieser suprasensualistische Empirismus ist für uns deshalb von besonderer Wichtigkeit, weil wir zunächst einmal von seinem unberechtigten *Irrationalismus* absehen und sein Verdienst [213/214] um die starke Hervorkehrung der [160]) *Irrationalität* des *Nichtsinnlichen* würdigen können. Ihm ward die historische Mission zuteil, das Nichtsinnlich-Alogische und damit das Nichtsinnliche als solches aus der intellektualistischen Umschlingung, aus der Intellektualisierung der Antike zu befreien. Durch ihn ist zum unüberhörbaren Ausdruck gelangt, daß es *zwei* Hemisphären des Irrationalen und in Korrelation dazu zwei Regionen unmittelbaren Erlebens und »Erfahrens« gibt. Von den irrationalistischen Denkern wie *Jacobi* und unter seinem Einfluß z. B. von *Fichte* und mit Modifikationen von *Fries* wird neben die sinnliche Empfindung, Wahrnehmung, Anschauung, neben das sinnliche Gefühl mit Recht als eine zweite Quelle unmittelbaren Lebens die unsinnliche, »intellektuelle« Empfindung, Wahrnehmung, Anschauung, das unsinnliche Gefühl, das »Geistesgefühl«, der »Glaube«, die »Vernunft«, neben den äußeren der innere Sinn, neben die sinnlichen Wahrnehmungen die übersinnlichen Vernehmungen, neben den tierisch-sinnlichen Instinkt der Glaubensinstinkt und die Ahnung des Übersinnlichen gestellt [161]). All diese Ausdrücke bekunden ein Ringen nach der Kenntlichmachung der Nichtintelligibilität sowie gänzlichen Unberührtheit durchs Intellektuelle; sie haben deshalb notwendig eine über die Kluft von Sinnlichkeit und Nichtsinnlichkeit übergreifende Bedeutung und gewähren eine vorzügliche Illustrierung für die Parallelstellung des alogischen Materials, auf der sich die Doppeltheit der Erkenntnisgebiete aufzubauen vermag. Bei *Fichte* verbindet sich in einer gewissen Periode seiner Entwicklung mit der Gegenüberstellung der sinnlichen und der nichtsinnlichen Lebenssphäre eine vorzügliche Klarheit über die dadurch geschaffene doppelte materiale Grundlage, auf der sich durch Bemächtigung der beiderlei Materialsarten die Doppeltheit des seinswissenschaftlichen und philosophischen Erkennens erhebt. Wie das Seinserkennen sich auf das unabhängig von ihm bestehende »sinnliche Gefühl«, die unmittelbare »sinnliche Anschauung« gründet, so das philosophische Erkennen auf das »sittliche Gefühl«, die unmittelbare »intellektuelle Anschauung« (wobei intellektuell in [214/215] diesem Zusammenhang soviel wie intelligibel oder übersinnlich heißt). Die Philosophie hat keine andere Aufgabe als die einer Besinnung, »Erklärung«, »Ableitung«. Geradezu vorbildlich wird hierbei das Wesen des philosophischen Erkennens mit seiner Gebundenheit an das nur in der »Wahrnehmung« erfaßbare, philosophisch nicht »erschaffbare« und »erräsonnierbare« nichtsinnliche Material des Lebens gekennzeichnet, die Entrückung des Lebens in die Ferne und Kälte der verstehenden Theorie, die das »Gefühl« nur zu »läutern« und »in die Gewalt des Bewußtseins zu bringen« vermag, auf den schärfsten Ausdruck gebracht [162]).

Bei diesen Denkern ist alles beherrscht vom Gegensatz zwischen Leben und Erkennen, der in tausendfachen Variationen ausgesprochen wird. Was für Namen auch dafür gefunden werden mögen, was auch vor dem Eindringen der alles durchsetzenden Intellektualität in seiner Ursprünglichkeit dabei gerettet werden soll, mag es als Herz, Liebe, Gemüt, Glaube, Sinn, Gefühl, Vernunft bezeichnet werden, gemeint ist stets jene unmittelbare Erlebenssphäre der »Unwissenheit«, in der das Nichtsinnliche sich ohne Dazwischentreten verstandesmäßiger Reflexion dem unmittelbaren »Erfahren« und »Wahrnehmen« »offenbart«. Der Parallelismus der Erfahrungs- und Lebensquellen wird von *Hamann* und *Jacobi* gelegentlich auch als Zweiheit von »sinnlichem Eindruck« und »Überlieferung«, von »Sinn« und »Geschichte«, ausgesprochen, wobei also der Sphäre unmittelbarer Erlebbarkeit die Stätte des nichtsinnlichen Lebens in ihrer historischen Tatsächlichkeit untergeschoben und der berechtigte Irrationalismus ein wenig durch eine historistische Beimischung getrübt wird [163]). Vorläufer dieser doppelten Erfahrungslehre *Jacobis* waren außer *Rousseau* und anderen »Gefühlsphilosophen« des achtzehnten Jahrhunderts die Mystiker und Skeptiker des siebzehnten Jahrhunderts. Besonders der französische Mystiker *Poiret* war mit einer höchst bezeichnenden Parallelisierung der sinnlichen und der unsinnlichen Empfänglichkeit vorangegangen, wonach der »Aktivität« des Verstandes nicht in der meist üblichen Einseitigkeit [215/216] (z. B. vorbildlich bei *Aristoteles* und *Kant*) die »Rezeptivität« nur der Sinnlichkeit, sondern die »Gegebenheit« [164]) und Passivität in ihrer wahren, das Sinnliche und das Nichtsinnliche umspannenden Weite gegenübergestellt wurde [165]). Es ist jetzt auch völlig begreiflich, warum hier wie sonst der Mystizismus mit dem Sensualismus so leicht gemeinsame Sache macht. Der mystische Alogismus spürt eben seine Verwandtschaft mit dem sensualistischen Alogismus und wächst mit ihm zum allseitigen, beide Gebiete umfassenden Irrationalismus zusammen. Eine Fundgrube für die Frage des Verhältnisses zwischen unmittelbarem »Leben« im Übersinnlichen und Philosophie, zwischen Religion und Religionsphilosophie, enthalten die Spekulationen der

Scholastik über das Thema Glauben und Wissen. Hier ist die Leerheit der bloßen Wissensform und die Angewiesenheit der Spekulation auf die materiale Glaubensgrundlage, auf eine vorrationale und irrationale Sphäre unmittelbarer gläubiger Hingabe – ratio sequitur fidem – mit vollem Recht vertreten worden, womit sich freilich die autoritäre Festlegung der spekulativen Entscheidung auf die seinerseits schon autoritativ gebundene Stellungnahme des religiösen Glaubens verband (vgl. oben S. 168). Jedenfalls wurde das Problem philosophischen Erkennens, sein Verhalten zum Material, hierbei erörtert, ein Problem, das für uns gegenwärtig durch die Autorität *Kants* fast verschüttet ist, der – ganz im Unrecht gegen die Scholastik – das Wissen aufheben zu müssen meinte, um zum Glauben Platz zu machen.

Von den das Sinnlich- und das Nichtsinnlich-Alogische umspannenden Ausdrücken ist neben dem des Empirischen der Terminus »Anschauung« noch besonders hervorzuheben. Unter Vor-[216/217]aussetzung einer erweiterten Bedeutung von Anschauung läßt sich Sinnlichkeit und Anschaulichkeit als sinnliche Irrationalität oder Bedeutungsfremdheit und als Irrationalität im weiteren Sinne auseinanderhalten, somit Sinnlichkeit als sinnliche Unterart der Anschaulichkeit, als sinnliche Anschaulichkeit fassen, neben der dann von einer nichtsinnlichen Anschaulichkeit zu reden gestattet ist. Die Vermengung der Anschaulichkeit und Unmittelbarkeit im weiteren Sinne mit der sinnlichen Anschaulichkeit hat große Verwirrung insbesondere in der Ästhetik – auch bei *Kant* – angerichtet, indem unter Anschaulichkeit der Charakter der Alogizität und »Begriffslosigkeit« des ästhetischen Wertgebiets eigentlich gemeint, dieser Anschaulichkeitscharakter aber sodann wieder auf das Sinnliche, Räumlich-Zeitliche eingeengt und so ganz einseitig das ästhetische Gebiet gerade und ausschließlich dazu in eine besondere Beziehung gesetzt wurde. Auch mit dem »Schauen« der Mystik ist im Grunde stets ein nichtwissensartiges, geheimnisvolles und begriffsloses Versunkensein ins Übersinnliche, eine »Unwissenheit«, gemeint worden, so häufig auch hier wiederum die atheoretische unio mystica in ein erkennendes Erfassen umschlug. Daher herrscht durchweg in der Mystik der übergreifende Anschauungsbegriff, die Vergleichung sinnlicher und übersinnlich-ekstatischer Anschauung.

Der Anschauungsbegriff teilt jedoch die Vieldeutigkeit des Unmittelbarkeits- und des Lebensbegriffs. Es wird darunter entweder im Gegensatz zur Mittelbarkeit gerade des Erkennens die Unmittelbarkeit gerade des Atheoretischen in seiner Unberührtheit und logischen Nacktheit oder aber die Unmittelbarkeit im allerweitesten Sinne verstanden. Im letzteren Fall umfaßt sie den theoretischen Wahrheitsgehalt selbst. Auch der theoretische Gehalt selbst ist schließlich ebenso wie jegliches Atheoretische ein unvergleichbar Eigentümliches und insofern selbst gleichfalls nur »unmittelbar zu erleben«. Wie man mit Recht von einem unmittelbaren Leben auch in der Wahrheit reden darf, so ist auch das Verhalten zum Theoretischen »Empirie« oder »Intuition« im weitesten Sinne. Daraus ergibt sich dann ein »Empirismus« oder »Intuitivismus«, in dem jedoch der signifikante spezifisch irrationalistische Charakter gänzlich verwischt ist. Er bringt lediglich die Besinnung darauf [217/218] zum besonderen Ausdruck, daß alles ohne Unterschied in seiner Unmittelbarkeit dastehen und als solches in seinem Geradesosein erlebt werden kann [166]). Endlich läßt sich – wie noch hinzugefügt sein mag – auch innerhalb des Theoretischen zwischen unmittelbaren und vermittelten Erkenntnissen unterscheiden, und das theoretische Verhalten zu dem in irgendwelchem hier nicht näher zu erörterndem Sinne Unmittelbaren, Unvermittelten und Unableitbaren dann als »Intuition« auszeichnen, wie es beispielsweise bei *Descartes* und vielen Späteren geschehen ist. –

Es sollte an der irrationalistischen Philosophie die Verfechtung der Irrationalität auch des Nichtsinnlichen gegenüber dem Intellektualismus als Verdienst anerkannt, der sich daran heftende Irrationalismus dagegen abgelehnt werden. Atheoretisch ist das Leben, aber eben darum darf man die Spekulation nicht untergehen lassen im atheoretischen Leben. Es gibt die Spekulation neben dem Leben und über das Leben. »Gefühl«, »Glaube«, »Anschauung« mag das Organ des alogischen Lebens sein –, macht man sie zum Organ der Spekulation selbst, so schlägt die Verteidigung des Alogisch-Intuitiven in Alogismus und Intuitivismus um. Es wird dann derselbe Fehler begangen wie beim analogen Irrationalismus des Sinnlichkeitserkennens, beim Sensualismus, der den kategorialen Gehalt der sinnlichen Empfindungsmasse gleichmachen, ein vom impressionalen sinnlich-anschaulichen Erleben unterschiedenes Erkennen leugnen möchte. Wie der Sensualismus das Sinnenleben zum Erkenntnisorgan fälscht, so gibt auch der übersinnliche Impressionalismus und Intuitionismus Gefühl und Intuition des Übersinnlichen für das ausreichende Organ der Spekulation aus. Ein atheoretisches Verhalten soll die Dienste des Erkennens zu leisten imstande sein [167]). [218/219]

Wohl zu unterscheiden von einem Irrationalismus, bei dem das atheoretische Leben sich selbst genügend keine Spekulation neben sich duldet, und darum der Begriff eines vom irrationalen Leben sich unterscheidenden Erkennens vernichtet wird, ist jener Irrationalismus, der das Erkennen nicht im Leben aufgehen läßt, den Erkenntnisbegriff nicht irrationalisiert und zerstört, dagegen eine Unberührbarkeit des Lebens durch das Erkennen verficht. Er behauptet hinsichtlich des Nichtsinnlichen die Möglichkeit unmittelbaren Erlebens, bestreitet jedoch ein darauf als auf seiner materialen Unterlage sich aufbauendes Erkennen. Man muß sich klar machen, daß für diese Ansicht von der Unerkennbarkeit des Nichtsinnlichen dessen bloße Irrationalität noch nicht einen genügenden Grund abgeben kann. Denn die Irrationalität teilt das Nichtsinnliche mit dem Sinnlichen. Das Sinnliche fällt um nichts weniger aus theoretischer Begreiflichkeit heraus als das Nichtsinnliche, und so ist auch das Nichtsinnliche um nichts weniger kategorialer Betroffenheit zugänglich als das Sinnliche. Wie denn auch im Lauf der Geschichte abwechselnd bald das Sinnliche, bald gerade das Nichtsinnliche für das eigentlich Irrationale und logisch Unbeherrschbare, bald das Nichtsinnliche, bald das Sinnliche für das eigentlich Erkennbare ausgegeben wurde. Es war darum nicht schon die bloße Irrationalität des Übersinnlichen, um deretwillen *Kant* im Interesse des Glaubens das Wissen meinen durfte aufheben zu können; denn sonst hätte er konsequent auch die Naturwissenschaft aufheben müssen, um der Sinnesempfindung Platz zu machen. Nicht an der Alogizität des Übersinnlichen, sondern an der Übersinnlichkeit eines Alogischen muß es liegen, daß es im Unterschiede zum Sinnlich-Alogischen zwar erlebbar, aber nicht erkennbar ist.

Es muß jedoch bei dieser Lehre von der gänzlichen Unzugänglichkeit des Übersinnlichen für das Erkennen vor allem darauf acht gegeben werden, ob Alogismus oder bloßer Agnostizismus vorliegt, ob kategoriale Unbetreffbarkeit des Übersinnlichen oder bloße Unerkennbarkeit gemeint wird. Der Alogismus ist auf alle Fälle gerichtet, er verstößt gegen die Universalität des Logischen (vgl. oben S. 108 f.), während gegen die Berechtigung des Agnostizismus nicht von vornherein entschieden werden kann. [219/220]

Ohne sich auf die Berechtigung des Agnostizismus im einzelnen einzulassen, kann man jedenfalls gegen die Argumente Einspruch erheben, die sich auf einen verfehlten Erkenntnisbegriff stützen und aus diesem Grunde zum mindesten hinfällig sind, sollte sich auch der Agnostizismus aus andern Gründen halten lassen. Die geheime Voraussetzung für die Behauptung der Unerkennbarkeit bildet aber häufig ein überspannter rationalistischer Erkenntnisbegriff, gegen den man die Irrationalität des Übersinnlichen schützen zu müssen

182

glaubt. Es war das mißverstandene und durch das Erkennen bedroht geglaubte Interesse der allerdings durch keine Rationalität verdrängbaren Irrationalität, das bei Denkern wie *Pascal*, *Hamann*, *Jacobi* zum Dogma der gänzlichen intellektuellen Unbetastbarkeit und »Unnahbarkeit« [168]) geführt hat. Die Irrationalität des »Unerforschlichen« im Sinne der Undurchdringlichkeit verführte zur irrationalistischen These von der Unberührbarkeit durch das Theoretische. So gibt es nach der Ansicht der mittelalterlichen Philosophen, ferner neuerer Mystiker und Skeptiker wie *Pascal*, *Poiret*, *Bayle* übervernünftige Mysterien, die der Spekulation ganz unzugänglich bleiben, denen sich nur die stumme unerleuchtete Anbetung hingeben kann, die aber das Hingezerrtwerden vor das Tribunal des Denkens gar nicht vertragen. Das Herausgerissenwerden aus der Unmittelbarkeit, das Entrücktwerden in die Ferne und Kälte der intellektuellen Sphäre, die Degradierung zur Materialstellung, soll nicht nur das unmittelbare Erleben ertöten, sondern auch nicht zu irgendeiner Möglichkeit spekulativer Besinnung und Rechtfertigung führen. Der irrationalistischen Lehre liegt hierbei die Furcht vor der eingebildeten Mission des Erkennens zugrunde, die Irrationalität zu tilgen und in lautere Rationalität umzuzaubern.

Zuweilen wird der Agnostizismus hinsichtlich des Übersinnlichen dahin abgeschwächt, daß nicht die Erkennbarkeit völlig geleugnet, sondern nur die Bedeutung des Erkennens möglichst herabgedrückt und vernichtet, die vom Erkennen bewirkte Entrückung des unmittelbar Erlebbaren ins Maßlose gesteigert wird. So bedient sich *Fichte* in der Zeit des Atheismusstreites des alten [220/221] Argumentes mystischer Denker, nach dem alles Begreifen und kategoriale Bestimmen ein »Beschränken« ist. Er kann sich gar nicht genug darin tun, das ertötende Wesen der Theorie bis zu einer gänzlichen Entstellung und Herabwürdigung des Wissens zu übertreiben [169]).

Solchen Begründungen des Irrationalismus gegenüber sei hier nur daran erinnert, daß bei einem richtig gefaßten Erkenntnisbegriff die Irrationalität des unmittelbar Erlebbaren nicht in Frage gestellt wird, daß also jedenfalls prinzipielle aus dem Wesen des Erkennens und aus dem Wesen des Nichtsinnlichen geschöpfte Bedenken gegen die Erkennbarkeit unzutreffend sind. Bei dem Erkenntnisbegriff der bloßen Umgriffenheit erhält der Gegensatz von Begreiflichkeit und Unbegreiflichkeit ein ganz anderes Antlitz. Selbst die Preisgabe aller Mysterien an die Erkennbarkeit, also an irgendwelche, wenn auch noch so primitive und summarische Hineinziehbarkeit in die theoretische Sphäre, würde gänzlich ihre Schrecken verlieren. Denn es wird bei Zugrundelegung dieses Erkenntnisbegriffes ganz allgemein und prinzipiell – nicht bloß hinsichtlich gewisser Mysterien – durch die bloße Umgreiflichkeit die Unbegreiflichkeit nicht angetastet oder gar verdrängt. Nichts braucht sich mehr der Begreiflichkeit zu entziehen, aber nur darum, weil bei der bloßen Betreffbarkeit alles in gewissem Sinne gleichmäßig unbegreiflich und mysteriös bleibt. Wie es nirgends eine Durchdringbarkeit gibt – auch nicht in einer angeblich rationalen Sphäre –, so auch nirgends eine Unberührbarkeit – auch nicht in einer angeblich irrationalen Sphäre – (vgl. oben S. 66 f.). Denn rational ist allein der kategoriale Klarheitsgehalt selbst und irrational alles Alogische. Genau wie auf dem Sinnlichkeitsgebiet lösen sich die angeblichen Unterschiede einer rationalen und einer irrationalen Sphäre in stärkere und dünnere Schichten mit kategorialer Umkleidung überzogenen alogischen Bestandes auf. Es fehlt in der rationalen Sphäre nicht das alogische, in der irrationalen nicht das kategoriale Moment. Die Sphäre mit reduzierter nichtsinnlicher Irrationalitätsmasse erscheint wieder leicht als die durch und durch rationale, und zu diesen lichten Sphären mit ihrem Mini-[221/222]mum an Irrationalität fühlt sich – im Wahn, darin eitel Rationalität zu ergreifen – die aufklärerische Rationalisierung des nichtsinnlichen Wertgebiets mit ihrer die dunkleren massigeren Irrationalitätsbestände verflüchtigenden Verständigkeit ebenso hingezogen, wie der analoge Rationalist des sinnlichen Naturgebiets – gleichfalls in der Verblendung, darin lautere Rationalität zu ergreifen – zum quantitativ Bestimmbaren an der Natur als zu dem mit irrationalem Bestand mindest Beschwerten hindrängt. Umgekehrt erscheint die ungeminderte Irrationalitätsfülle als schlechtweg irrational und als gar nicht einfangbar in rationale Form. Aber wie die angeblich rationale Sphäre doch ihr irrationales Material mitschleppt, mag es sich auch als solches verbergen, so ist auch die irrationale von Rationalität umfaßbar, mag auch das Klarheitsmoment hier als eine verschwindend dünne Hülle erscheinen. Alles ist gleichmäßig irrational, und alles ist gleichmäßig rationabel.

So ist genau die *Kant*sche Mittelstellung zwischen Rationalismus und Irrationalismus auf das philosophische Erkenntnisgebiet zu übertragen. Wie es der Ruhm des Irrationalismus war, die Irrationalität auch des Nichtsinnlichen gegenüber den Ansprüchen des Rationalismus gerettet zu haben, so war es auf der andern Seite die unvergängliche Leistung des antiken Rationalismus, den Erkenntnis- und Rationalitätsbegriff überhaupt auf das nichtsinnliche Gebiet ausgedehnt, das Nichtsinnliche als Erkenntnisobjekt erobert, die Denkbarkeit,

Erkennbarkeit und insofern Intelligibilität auch des Nichtsinnlichen der Misologie des Irrationalismus gegenüber vertreten zu haben.

4. Kapitel.

Die philosophischen Kategorien in der Geschichte der theoretischen Philosophie.

Erst durch die Erweiterung des Erkenntnisproblems ist eine unbefangene Würdigung der gesamten theoretischen Spekulation der Vergangenheit ermöglicht. In seiner höchsten und zugespitztesten Gestalt aber bewährt sich die Besinnung auf die Schrankenlosigkeit des Logischen da, wo sie zur Aufstellung einer universalen Kate-[222/223]gorienlehre drängt. Nun ist aber die gesamte vergangene Spekulation von der Alternative des Sinnlichen und des Übersinnlichen beherrscht gewesen. Darum mußte die vergangene der Zweiweltentheorie und dem philosophischen Erkennen gerecht werdende logische Theorie sich in einer besonderen Statuierung von Kategorien für das Metaphysisch-Übersinnliche, in einer zweireihigen Lehre vom Kategoriengehalt fürs Sinnliche und fürs Übersinnliche dokumentieren. Aber der Unterschied zwischen dem Übersinnlichen und dem Unsinnlich-Geltenden soll jetzt wieder zurücktreten. Alle Versuche einer das Übersinnliche berücksichtigenden Kategorienlehre sollen unter dem allgemeineren Gesichtspunkt angesehen werden, daß sie jedenfalls ein Hinausgehen über die aufs Sinnliche eingeengten Kategorien darstellen, daß sie lauter Ansätze sind zu einer Erlösung aus der Einschränkung auf die Sinnlichkeitskategorien, Ansätze zu einer Logik der philosophischen Spekulation. Es ist zu verfolgen, wie im Laufe der Geschichte der Grundgedanke von der Schrankenlosigkeit der Wahrheit zum Bewußtsein gekommen ist und in der Kategorienlehre eine ausdrückliche Anerkennung gefunden hat. Was uns da begegnet, sind Vorläufer und Vorbilder für die universale Logik und Kategorienlehre der Zukunft [170]).

1. Abschnitt.

Aristoteles. Plotin. Das Mittelalter.

Bei Plato, dem Begründer der Zweiweltentheorie, findet sich eine Kategorienlehre der Zweiweltentheorie noch nicht. Aber gerade *Plato* hat das Nichtsinnliche bereits ausdrücklich in Be-[223/224]ziehung zum Erkennen gesetzt. Mit der spekulativen Eroberung des Übersinnlichen verband sich bei ihm sofort die Entdeckung des Übersinnlichkeitserkennens, die Besinnung auf die eigene Spekulation. Das Nichtsinnliche wurde von ihm ausdrücklich als ein Denk- und Erkennbares hingestellt, als ein νοητον begriffen. Von vornherein gilt bei ihm das Nichtsinnliche als »echte« Wirklichkeit, als »wahres« Sein, als Norm und Urbild für das »wahre« Erkennen, als theoretischer Anerkennung würdigstes Objekt, als Gegenstand des Erkennens. Das Nichtsinnliche wird als πραγμα, als Erkenntnis- und Wahrheitsobjekt, als Gegenstand im Sinne der theoretischen Philosophie, aufgestellt. So wird es von vornherein in den Bannkreis des Erkennens hineingezogen, freilich nach vorkopernikanischer Denkungsart als abzubildender Gegenstand in eine Korrelation, in eine unlösliche Beziehung zur theoretischen Gültigkeit gesetzt. Denn von jeher bedeutete Gegenständlichkeit so viel wie Erkenntnisobjekt und Wahrheitskorrelat, das, worüber es wahres Erkennen gibt, das Gegenglied der theoretischen Gültigkeit; von jeher deutete die Gegenständlichkeit auf das Umklammertsein von der theoretischen Gültigkeit hin, und zwar besagte sie vorkopernikanisch gefaßt ein Korrelat des Wahrheitsschattens, kopernikanisch gefaßt ein Moment kategorialer Umschlossenheit. Darauf beruht noch über die bloße spekulative Entdeckung des Nichtsinnlichen hinaus gerade Platos ungeheure Leistung, daß er das *Sein* des Nichtsinnlichen neben das Sein des Sinnlichen gestellt hat, daß er bereits zu dem das Sinnliche und das Nichtsinnliche umspannenden Gegenstands-Begriff gelangt ist, der Zeugnis ablegt von seiner Ausdehnung des Wahrheits- und Erkenntnisgedankens auf das All des Denkbaren. Nachdem früher allen Einwänden und Bedenken Rechnung getragen und alle Abirrungen eines »Hypostasierens«, die sich mit der Platonischen Ideenlehre verbinden, zugestanden wurden (oben S. 11 f., 80), kann jetzt ohne Furcht vor Mißverständnissen behauptet werden, daß Platos unvergängliche Tat gerade in der Stempelung des Nichtsinnlichen zu einem Seienden, in der *Vergegenständli-*

chung auch des Nichtsinnlichen, sich dokumentiert. Man darf diese für die Universalität des Logischen entscheidende Tat dahin formulieren: Plato hat die Gebietskategorie der Gegenständlichkeit oder des [224/225] »Seins« zum erstenmal ausdrücklich angewandt auf das Nichtsinnliche. Doch aus dieser einen Leistung läßt sich noch nicht ohne weiteres die Folgerung ziehen, daß er auf die Prägung *besonderer* Kategorien für das Übersinnliche bereits reflektiert hat. Es mag verstattet sein, von einer Platonischen Kategorienlehre zu reden, da ja in der Tat aus seiner Ideenlehre, also aus seiner Lehre von den idealen Einzelheiten des Sinnes mit Gattungsinhaltlichkeit, durch eine μεταβασις εις αλλο γενος eine Lehre von den »höchsten Gattungen«, von gewissen kategorialen Formbegriffen herauswächst (vgl. S. 231 Anm. 65). Aber während Plato allerdings bereits gewisse kategoriale Grundbegriffe – zu denen auch das ov gehört – gelegentlich auszuzeichnen und zu sammeln begonnen hat und sie ferner sogar ausdrücklich auf die Ideenwelt selbst angewandt wissen will, so liegt es ihm doch noch fern, sie irgendwie nach der Verschiedenheit ihres Anwendungsmaterials zu sondern.

Auch bei Aristoteles, dem Vater der Kategorienlehre, tritt hierin noch keine Änderung ein. Bei überwiegendem Orientiertsein an den Gegebenheiten der Sinnenwelt fehlt der Aristotelischen Kategorienlehre noch jeder Versuch, Kategorien fürs Sinnliche und fürs Nichtsinnliche auseinanderzuhalten. Sie unternimmt es noch nicht, die Spekulation über das Übersinnliche und über die höchsten Prinzipien als ein in kategorialer Hinsicht eigentümliches Erkennen einer gesonderten logischen Untersuchung zu unterwerfen. Aristoteles begnügt sich mit einer unbedenklichen Übertragung der für die Sinnenwelt gewonnenen kategorialen Bestimmungen auf das Nichtsinnliche. Man darf deshalb keineswegs – wie es häufig geschieht – meinen, daß er die Kategorien auf das Sinnliche, auf die »Erfahrungswelt«, eingeengt habe. Im Gegenteil! Er denkt sie sich gerade von unumschränkter, umfassendster Anwendbarkeit. Seine Kategorienlehre hat durchaus ein universalistisches, freilich ein noch skrupellos universalistisches Gepräge, wobei das Problem der Universalität, die Frage der Übertragbarkeit, noch gar nicht aufgeworfen wird, die Grenzen zwischen dem möglicherweise übertragbaren und dem exklusiv auf die einzelnen Gebiete festgelegten Kategoriengehalt noch gar nicht abgesteckt sind. Nur wenn man sich so von vorn-[225/226]herein das von Aristoteles seinen Kategorien zugedachte Anwendungsgebiet in seiner ganzen Weite, den ganzen Umfang des ihnen zugewiesenen Gebrauchs, klar macht, versteht man den Sinn der Aristotelischen Kategorien.

Da die Frage nach der Ausdehnung des kategorialen Herrschaftsbereichs zu allen Zeiten so wenig Beachtung gefunden hat, so hat bezeichnenderweise auch die Aristoteles-Forschung diesem Punkt fast niemals ihr Interesse zugewandt. Und doch wird durch die Aristotelische Kategorienlehre die Aufmerksamkeit darauf geradezu herausgefordert. Denn auch Aristoteles hat zuweilen Anlaß gehabt, die Sphären des Sinnlichen und des Übersinnlichen auf das Schärfste voneinander zu sondern. Und er tut dies in Zusammenhängen, in denen es sich gerade um die Anwendbarkeit der Kategorien auf diese beiden Regionen handelt. Am auffallendsten und unübersehbarsten hat er zunächst dem Substanzbegriff diese bis zum Übersinnlichen sich erstreckende Bedeutsamkeit zuerteilt. Er erörtert als eine Angelegenheit von hervorragender Wichtigkeit die Streitfrage, ob das Sinnlich-Wahrnehmbare das einzige ist, was der Substanzkategorie untersteht, oder ob es außer den sinnlich wahrnehmbaren Substanzen noch anderes Substantielles gebe [171]). Als Beispiel einer Zweisubstanzentheorie führt er hierbei die Platonische Zweiweltentheorie an. Die Antwort darauf gibt das zwölfte Buch der Metaphysik. Hier entscheidet sich Aristoteles auf das Unzweideutigste für eine Platonische Zweisubstanzentheorie. Der Welt der sinnlichen Substanzen (αισθηται ουσιαι), (die wieder in Ewiges und Vergängliches zerfällt), wird die göttliche unbewegte Substanz (ουσια ακινητος), den physischen Substanzen (φυσικαι) die metaphysische, vom Wahrnehmbaren getrennte Substanz (ουσια τις αιδιος και ακινητος και κεχωρισμενη των αισθητων) gegenübergestellt [172]). Der Dualität der Substanzen soll die Dualität des Erkennens, die Zweiheit von Physik und einer »andern Wissen-[226/227]schaft« entsprechen, und die Kluft zwischen beiden erscheint als so schroff, daß gesagt wird, es gebe zwischen ihnen kein gemeinsames Prinzip. In Übereinstimmung damit heißt es an andern Stellen, daß es eine von Physik und Mathematik unterschiedene Wissenschaft geben muß, wofern eine abgesonderte unbewegliche Substanz (ουσια χωριστη και αιδιος), ein Göttliches, besteht. Wären die physischen Substanzen die höchsten, existierte nur Sinnliches, Stoffliches, so wäre die Physik die oberste Wissenschaft. Existiert jedoch ein anderes Wesen, eine abgesonderte unbewegliche übersinnliche Substanz, so muß es eine andere, der Physik übergeordnete Wissenschaft geben [173]). So sehr also Aristoteles das Sinnliche und das Göttliche durch eine Kluft getrennt sein läßt, so gibt er dennoch der Substanzkategorie eine darüber hinwegreichende Anwendung [174]).

Damit ist zweierlei erwiesen. Erstlich, daß Aristoteles in seiner Kategorienlehre über die Schranken des Sinnlichen hinausgeht. Sodann aber, daß er den kategorialen Bestimmungen ohne jede weitere Prüfung eine Anwendbarkeit auf das Übersinnliche zumutet. Dieser Verwendung der gleichen Kategorie für das Sinnliche und das Übersinnliche läßt sich freilich bis zu einem gewissen Grade auch in systematischer Hinsicht eine berechtigte Seite abgewinnen, wofern man nämlich das Bestehen eines übergreifenden theoretischen Formgehalts bedenkt. Auch das Nichtsinnliche darf man in der Tat als ein Seiendes oder Substantielles im weitesten Sinne, d. h. als ein Gegenständliches, bezeichnen. Es ist die übergreifende konstitutive Gegenständlichkeit überhaupt (vgl. oben S. 112 f.), die parallele Determinierung der schlecht-[227/228]hin reinen theoretischen Form zu konstitutiver, auf das Sinnliche und auf das Nichtsinnliche zugespitzter Gegenständlichkeit, die in den Anfängen der Kategorienlehre dazu verleitet, die verschiedenen Regionen des Denkbaren ohne weiteres auch mit denselben kategorialen Einzelformen – denn Substanz ist eine bestimmte Einzelkategorie, keineswegs die unbestimmte Gegenständlichkeit überhaupt – zu fassen, die Übertragbarkeit des kategorialen Gehalts über Gebühr auszudehnen (vgl. oben S. 149). So kann man in der Übertragung des Substanzbegriffs aufs Übersinnliche zunächst einmal immerhin den berechtigten Versuch erblicken, das All des Denkbaren überhaupt in die theoretische Form hineinzuziehen.

Was bisher über die Substanzenkategorie ausgemacht wurde, gilt ganz allgemein für die Gesamtheit der Kategorien. Denn es bildet hinsichtlich der Weite des Anwendungsgebiets die Usia nicht etwa eine Ausnahme. Vielmehr koordiniert ihr Aristoteles hierin die übrigen Kategorien und wendet sie alle unbedenklich aufs Nichtsinnliche an. Das geht am klarsten aus den Stellen hervor, in denen er das Prinzip des Guten nacheinander in den verschiedenen Kategorien auszudrücken unternimmt. Hier läßt er einen und denselben Begriff, das Gute, ebenso wie durch die Substanzkategorie, so der Reihe nach durch die übrigen Kategorien bestimmt sein. Wie das Gute, in der Substanzkategorie ausgedrückt, sich als Gott oder Vernunft aussprechen läßt, so ergeben sich bei der Subsumtion unter die übrigen Kategorien andere kategorial differenzierte Begriffe, z. B. bei Anwendung der Qualität die Tugend usw. [175]).

Dieser auf das Nichtsinnliche übergreifende Charakter der Aristotelischen Kategorienlehre bestätigt sich von Neuem, wenn jetzt noch gewisse überkategoriale Prinzipien, das Sein und das Eine, das ον und das εν, hinzugezogen werden, die Aristoteles aus der Reihe der Kategorien ausgeschlossen wissen will. Man verläßt damit allerdings den Umkreis seiner eigentlichen und ausdrücklichen Kategorienlehre. Da jene Begriffe jedoch der Sache nach ebenso wie die »höchsten Gattungen« des Plato – mit [228/229] denen sie auch inhaltlich übereinstimmen – trotz des Aristoteles Verwahrung dagegen die Rolle von Kategorien spielen, da Aristoteles sie ferner ausdrücklich zum Objekt philosophischer Reflexion macht und sie nicht unreflektiert und, ohne sie einer logischen Untersuchung zu unterwerfen, in seiner Spekulation lediglich anwendet, so darf man seine Ansichten darüber zu seiner Kategorienlehre im weiteren Sinne hinzurechnen [176]).

Es haftet aber diesen Grundbegriffen eine Vieldeutigkeit an, die wie sie sachlich begreiflich ist, so auch die größte historische Wirksamkeit in der Entwicklung der Kategorienlehre entfaltet hat. Schon in den höchsten Gattungen des Plato gehen die Bedeutungen des Reflexiv-Generellen und des Konstitutiven durcheinander. Auch hierin erweisen sich die überkategorialen Prinzipien des Aristoteles als Nachfolger der Platonischen höchsten Gattungen. Auch sie schillern nach der reflexiv-generellen wie nach der konstitutiven Seite. Man kann das in die Formulierung zusammenfassen: das Eine und das Seiende – beide werden als gleichbedeutend behandelt – stellen entweder die oberste konstitutive Kategorie, die konstitutive Gegenständlichkeit überhaupt, dar, oder sie bedeuten die reflexiv-generelle, die allgemeinste verblaßte Gegenständlichkeit. Das Sein heißt entweder soviel wie das konstitutive Sein unterschiedslos von allem Denkbaren, oder aber es verblaßt zum bloß reflexiven Sein des schattenhaften Irgendetwas, zum bloßen Etwas, das »es gibt«. Bereits bei Aristoteles bewährt sich jener früher erwähnte Umstand, daß man beim Fahnden nach den höchsten konstitutiven Formen so leicht auf die reflexiven stößt (vgl. oben S. 131). In beiden Bedeutungen aber will Aristoteles das Sein allen bestimmten [229/230] Kategorien entrückt sein lassen. Daß es in der einen Bedeutung, in der des reflexiven Irgendetwas, in der es unterschiedslos von jeglichem prädiziert werden kann, auch über allen einzelnen Kategorien steht, ist einleuchtend, und Aristoteles schließt denn auch das Sein und das Eine ausdrücklich wegen ihres verblaßt-generellen Charakters – da das Sein und die Einheit, d. h. das ein Etwas und das ein Einzelnes Sein »am meisten

190

von allem als Allgemeines ausgesagt werden kann« – von den Kategorien aus. Er weiß mit der reflexiv-generellen Kategorie noch nichts anzufangen. Erst die Stoa hat des reflexiven Irgendetwas sich anzunehmen gewußt und es zur allgemeinsten Kategorie, zur Kategorie des τι, ausgeprägt. Aristoteles dagegen stellt das reflexive Sein mit dem jedes konstitutiven Gewichtes entbehrenden, eine Bezeichnung des Gegenstandes (σημειον του πραγματος) nicht enthaltenden »nackten Sein« der Kopula zusammen, durch das nichts Neues zum vielgestaltigen Wesen der jedesmaligen einzelnen konstitutiven Kategorie hinzukommt und das durch alle bestimmten Kategorien hindurchgeht [177]). Aber auch da, wo das Sein und das Eine nicht solchen ausgehöhlten reflexiven Begriffen gleichgesetzt werden, sondern wo sie ein konstitutives Ansehen gewinnen, ist es begreiflich, daß Aristoteles sie trotzdem aus der Reihe der Kategorien herausfallen läßt. Er merkt, daß die allgemeinste Gebietskategorie der Gegenständlichkeit in einer höheren Sphäre liegt als alle übrigen Kategorien und daß jene irgendwie in ihnen allen enthalten ist. Dabei denkt er sich das Verhältnis so, daß die überkategorialen Prinzipien in den einzelnen Kategorien »analog« vertreten sind und sich ausprägen [178]). Die Geschichte der Lehre von der Gebietskategorie nimmt somit bei Aristoteles ihren Anfang.

Was nun früher über den universalen, das Sinnliche und das Nichtsinnliche umfassenden Charakter der Aristotelischen Kategorien ermittelt wurde, gilt erst recht von den überkategorialen konstitutiven Prinzipien. Das Sein erhält besonders da höchsten und vollsten konstitutiven Charakter, wo das Seiende als Seiendes [230/231] (ον η ον), das reine Sein, als der Gegenstand der ersten Philosophie bezeichnet wird [179]). Ganz entsprechend nun der vorher (vgl. oben S. 187 f.) dargestellten Einteilung der Substanzen läßt Aristoteles das konstitutive Eine und Seiende – da ja die Substanzen ein Eines und ein Seiendes seien – in Gattungen zerfallen, und danach ergeben sich die einzelnen Zweige der Philosophie, also – ebenso wie vorher – Physik und Metaphysik [180]). Wie der Substanzbegriff, so umfaßt nach der ausdrücklichen Angabe des Aristoteles der noch darüberstehende Seins- und Einheitsbegriff Sinnliches und Übersinnliches. Da aber ferner nach den Anschauungen fast aller bisherigen Zweiweltenmetaphysik das Übersinnliche irgendwie der Grund des Sinnlichen sein soll, so stehen Sinnliches und Übersinnliches nicht unverbunden und ebenbürtig nebeneinander. Das Übersinnliche ist das im höchsten Sinne Seiende, und das Sinnliche das nur abgeleitet Seiende. Die metalogische Rangordnung der beiden Welten spiegelt sich zugleich in der kategorialen Bestimmtheit des Seins. Die konstitutive Gegenständlichkeit überhaupt ist im höchsten und ursprünglichsten Sinne Gegenständlichkeit des Übersinnlichen. Entsprechend wie die Aristotelische Metaphysik, obwohl sie doch das All des Seienden begreifen soll, dennoch in letzter Linie mit Theologie zusammenfällt, so bezeichnet das Sein und das Eins nicht bloß das konstitutive Gegenständliche überhaupt, sondern sogar überwiegend das übersinnliche Gegenständliche, das Objekt der Grundwissenschaft, das getrennt Bestehende und Unbewegte, das Göttliche [181]). Das Sein nun steht als allgemeinste Bestimmung (als Gebietskategorie) noch über der Substanz und so das übersinnlich Seiende noch über der Gottheit, indem die Gottheit das Seiende bereits in der bestimmten Substanzkategorie ausgesprochen bedeutet. Das Übersinnliche aber ist das Gute [182]). Das Gute verhält sich darum so zur Gottheit, daß das Gute in der Substanzkategorie ausgedrückt die Gottheit ergibt (vgl. oben S. 189). Eben darum läßt Aristoteles auch das [231/232] Gute ebenso wie das Seiende, als höchstes überkategoriales Prinzip und als analog sich differenzierend, durch alle Kategorien hindurchgehen. Der Aristotelische wie bereits der Platonische Begriff des ov darf, was vom Aristotelischen Substanzbegriff als von einer besonderen Einzelkategorie noch nicht gesagt werden kann, als das Urbild aller späteren metaphysischen Seins- und Substanzbegriffe angesehen werden. Bei Aristoteles sind all die späteren Konstruktionen einer Doppeltheit des sinnlichen und des übersinnlichen Seins, der endlichen und der unendlichen Substanz bereits vorgebildet [183]).

Wie sehr die überkategorialen Prinzipien des Eins und des Seins eine gerade auf die übersinnliche Gegenständlichkeit abgestellte konstitutive Bedeutung haben, zeigt sich besonders darin, daß sie geradezu zum Ausdruck der Zweiweltentheorie des Aristoteles verwendet werden. Denn insofern seine Zweiweltenmetaphysik sich in der von ihm behaupteten Kluft zwischen der Einheit des stofflosen Absoluten und der Vielheit des mit der Materie als dem Prinzip der Mannigfaltigkeit behafteten Nichtabsoluten verrät [184]), manifestiert sich seine gesamte Weltanschauung in dem grundlegenden kategorialen Begriffspaar der Einheit und der Vielheit, von dem Aristoteles ausdrücklich feststellt, daß alle Gegensätzlichkeit sich in letzter Linie darauf zurückführen läßt [185]). Es ist dieselbe kategoriale Dualität, die auch die gesamte Platonische Philosophie beherrscht. Wie bei Plato verteilen sich die kategorialen Prinzipien der Einheit und der Vielheit auf die Sphären des Übersinnlichen und des Sinnlichen. Und wie bei Plato sich die Einheit mit den weiteren Bestimmungen der Identität (ταυτον) und Gleichartigkeit (ομοιον) verbindet, so entfaltet sich bei Aristoteles das Eins und das [232/233] Sein ebenfalls in Identität, Gleichartigkeit, Gleichheit (ταυτον, ομοιον, ισον), als in seine Arten (ειδη) oder Bestimmungen (συμβεβηκοτα, παϑη), während die Gegensätze dazu – die Andersheit, Nichtgleichartigkeit, Ungleichheit – die obersten Prinzipien für die Vielheit des Nichtabsoluten abgeben [186]). Auch den Platonischen Grundgegensatz des Selbigen (ταυτον) und des Anderen (ϑατερον) hat Aristoteles aufgenommen [187]). Ebenso wie Eins und Sein sind ihre einzelnen Arten überkategoriale, d. h. durch alle bestimmten Kategorien hindurchgehende Momente [188]). Daraus entnimmt man zugleich das Verhältnis der Aristotelischen zur sogenannten Platonischen Kategorienlehre: die höchsten Gattungen des Plato kehren bei Aristoteles wieder, aber nicht als Kategorien, sondern in der Rolle der überkategorialen Prinzipien [189]). Diese überkategorialen Prinzipien im Ganzen, die Einheit wie die Vielheit und ebenso jede mit ihren einzelnen Arten gehen nun zwar auf das Sinnliche ebenso wie auf das Übersinnliche. Aber das eine und – nach des Aristoteles Auffassung – positive Glied dieser Gegensatzpaare, also das Sein, das Eine, Identische, Gleichartige, Gleiche bezieht sich doch eindeutig auf das Übersinnlich-Absolute, während das negative Glied dem Vielheitlich-Sinnlichen angehört. So werden die positiven Grundbegriffe des Einen und des Seins samt ihren Arten dem Sinne nach zu dem, was man von ihnen als Ganzem ebensowenig wie von den Platonischen höchsten Gattungen als Ganzem sagen darf, – obgleich Plotin die letzteren unterschiedslos dazu stempeln wollte –, nämlich zu spezifischen, konstitutiven Kategorien gerade fürs Übersinnliche. Insofern, aber nur mit dieser Einschränkung, darf man in den höchsten Gattungen Platos wie in den überkategorialen Prinzipien des Aristoteles die ersten Anfänge einer auf das Nichtsinnliche zugeschnittenen Kategorienlehre erblicken. Dementsprechend sind dann auch diese Platonisch-Aristotelischen Grundbegriffe durch das Mittelglied der Plotinischen [233/234] Kategorienlehre hindurch von höchster historischer Bedeutsamkeit geworden. In ihnen liegen die Ausgangspunkte für alle späteren Entwürfe einer Kategorienlehre für das Nichtsinnliche, insbesondere auch die Keime für die mittelalterliche Lehre von den »transzendenten«, d. h. den die einzelnen Kategorien übersteigenden Begriffen.

Es würde über den Rahmen dieser historischen Skizze hinausgehen, wenn hier der für die Schicksale der Kategorienlehre vom Übersinnlichen charakteristische und bereits öfter erwähnte Umstand genauer verfolgt würde, daß schon in diesen ersten Ansätzen zu einer Kategorienlehre der Metaphysik konstitutive und reflexivgenerelle Bestimmungen durcheinandergehen. Jene Denker waren nicht imstande, die konstitutive Bedeutung, die sie suchten, anders als mit Hilfe reflexiver Umschreibungen und Surrogate zum Ausdruck zu bringen. So wenn sie die Unveränderlichkeit, die Unvergänglichkeit, das »Beharren« des Zeitlosen mit Zuhilfenahme von Identität und Gleichheit andeuteten, wenn sie ferner mit den Merkmalen der Einheit und der Vielheit doch schließlich nur diagnostische Stellvertreter des damit Bezeichneten namhaft machten oder gar mit so dürftigen reflexiven Orientierungsangaben wie dem »Selbigen« und dem »Anderen« sich behalfen. –

Wenn Plato und Aristoteles zwar bereits begannen, auf die in ihrer eigenen Spekulation auf das Übersinnliche angewandten Kategorien und kategorieartigen Grundbegriffe zu reflektieren, so haben sie doch in der Erfaßbarkeit aller Arten des Denkbaren durch kategoriale Formen nur ein logisches (und ontologisches) Problem überhaupt zu erblicken vermocht. Daß aber die kategorialen Begriffe auf das Übersinnliche ebenso gehen wie auf das Sinnliche, war für sie noch keine des Staunens oder besonderen Grübelns würdige Angelegenheit. Die Kluft innerhalb des Denkbaren, die insbesondere die Platonische Spekulation so ganz erfüllt hatte, spielte in ihre logische Besinnung noch gar nicht als etwas Wesentliches hinein. Es blieb deshalb der griechischen Philosophie gerade in der logischen Forschung noch einen großen Schritt zu unternehmen aufgespart. Ihn getan zu haben ist das Werk Plotins. Plotin richtet zum erstenmal auf die Herrschaft des Logischen auch über das Übersinnliche die logische Besinnung. Das be-[234/235]stimmt seine Stelle in der Universalgeschichte der theoretischen Philosophie, der Logik. Das, worauf bei Plato und Aristoteles, soweit es überhaupt geschieht, die Untersuchung noch völlig unbekümmert sich gerichtet hat, nämlich das Übergreifen der logischen Formen auf das Nichtsinnliche, also die Universalität des Logischen, macht Plotin ausdrücklich zum Problem. Er verkündet bewußt die in der Platonisch-Aristotelischen Spekulation bewährte Macht des Logischen in der reifsten und verdichtetsten Gestalt einer Kategorienlehre.

Aber noch mehr! Bereits die Aristotelische Kategorienlehre hatte einen universalen, das All des Denkbaren umfassenden Charakter. Plotin dagegen war es vorbehalten, die Universalität des Logischen durch die Frage zu vertiefen und zu befestigen, ob nicht die von der Zweiweltentheorie statuierte Unvergleichbarkeit zwischen den beiden Hemisphären des Alls irgendwie ihren Ausdruck auch in der Kategorienlehre finden muß. Man braucht bloß auf den Standpunkt der Aristotelischen Kategorienlehre eigene Aristotelische Begriffe anzuwenden, so läßt sich die Forderung erheben: Aristoteles hätte die auf das Sinnliche und das Übersinnliche gemeinsam hinzielenden Kategorien nicht als synonym, sondern wofern nicht geradezu als homonym, so doch wenigstens als bloß analog fassen sollen. Es geht nicht an, als Beispiel für die Substanzkategorie promiscue Tier und Gott, ιππος und ϑεος, wie Aristoteles es tut, namhaft zu machen. Mit der Vorstellung gleicher Kategorien für die durch die letzte Kluft geschiedenen Sphären ist zu brechen und aus der Urgegensätzlichkeit des Denkbaren sind die Konsequenzen für eine Dualität, eine Differenzierung auch des kategorialen Gehalts zu ziehen. Dann gelangt man dazu, ein Sichentsprechen konstitutiver Kategorialform in den verschiedenen Sphären zwar zu vertreten, aber genau mit der von Plotin geforderten Einschränkung bloßer Analogie und Homonymie. Als Motto müssen dann über der Lehre von der Universalität des Logischen die Worte Plotins stehen: ϑει μεντοι το ταυτα αναλογια και ομωνυμια λαμβανειν [190]). Jede unbefangene Kenntnis und Beurteilung der Aristotelischen Kategorienlehre stößt von selbst auf die [235/236] Kritik, die sie durch Plotin erfahren hat. Diese über Aristoteles hinaustreibenden Schwierigkeiten seiner Kategorienlehre sind so gut wie niemals gewürdigt worden, obgleich man ihre klassische Erledigung bereits aus Plotin hätte entnehmen können.

So macht Plotin mit der unbesorgten Anwendung gemeinsamer kategorialer Bestimmungen für die beiden Welten ein Ende. Er hat die Urzweiheit, die Unvergleichbarkeit der verschiedenen Sphären des Denkbaren zum erstenmal innerhalb der Kategorienlehre zur Anerkennung gebracht, dem Abstand zwischen dem Übersinnlichen und dem Sinnlichen, der Nichtvermischbarkeit beider, diese höchste und bewußteste Legitimierung erteilt. Er hat zum erstenmal systematisch zu ergründen gesucht und zu einem Kategorienproblem gemacht, welche kategorialen Momente auf das Übersinnliche ausdehnbar sind und welche, unübertragbar und dem Übersinnlichen unangemessen, auf die sinnliche Sphäre eingeschränkt bleiben. Dadurch wurde er der Schöpfer einer mit der Zweiweltentheorie in Einklang stehenden Kategorienlehre, der Logiker der Platonisch-Aristotelischen sowie der religionsphilosophischen Metaphysik des Hellenismus, der Erkenntnistheoretiker des philosophischen Erkennens seiner Vorgänger. Worin die vergangene Spekulation bloß »gelebt« hatte, das wurde von ihm ins »Bewußtsein« erhoben. Er hat zum erstenmal und fast ohne Nachfolge – sind doch schon seine nächsten Anhänger wie Porphyrius darin von ihm abgewichen – ein auf beide Reiche des Denkbaren berechnetes Kategoriensystem aufgestellt. Er hat in Ansätzen, die für alle Folgezeit richtunggebend waren, der Logik das besondere Thema gewiesen, sich der spezifisch spekulativtheoretischen Denkformen, des ganz eigenartigen kategorialen Apparates, der sich gerade beim Ergreifen des Übersinnlichen als Symptom und Korrelat der spekulativ-intellektuellen Anstrengungen niederschlägt, in bewußter logischer Ergründung zu versichern [191]). [236/237]

Plotin ist sich der ihm zuteil gewordenen Aufgabe wohl bewußt gewesen. In klarster Formulierung stellt er an die Spitze seiner ganzen Kritik der Aristotelischen Kategorienlehre die Frage, ob die Kategorien in gleicher Weise für das Übersinnliche wie für das Sinnliche gelten, welche Kategorien auch als Gattungen des Übersinnlichen wiederkehren und ob in diesem Fall als synonym oder bloß als homonym. Ist das letztere der Fall, so ist es ungereimt, z. B. für die Substanz des Übersinnlichen und des Sinnlichen denselben Namen beizubehalten. An derselben Stelle erhebt er gegen die Aristotelische Kategorienlehre den Vorwurf, einseitig nur auf das sinnliche Gebiet abgestellt zu sein und das Intelligible nicht zu berücksichtigen [192]). Damit hat Plotin auf das Schärfste die beiden Eigentümlichkeiten der Aristotelischen Kategorienlehre getroffen: das überwiegende Orientiertsein an der Sinnenwelt und die unbekümmerte Übertragung der dort gewonnenen Kategorien auf das Intelligible. Auch wer aus irgendwelchen unausrottbaren Vorurteilen dem Problem selbst, der Erweiterung des kategorialen Herrschaftsbereichs über das Sinnliche hinaus, sich verschließen wollte, der wird immerhin zugeben, daß, wenn man wie Aristoteles es tut, die Kategorie auf das Übersinnliche wie das Sinnliche anwendet, die Plotinische Forderung, sich dieses zwiefachen Gebrauchs bewußt zu werden, unabweislich ist. Bei Plotin ist jene fast unentrinnbare Versuchung, Sinnlichkeitskategorien auf das Nichtsinnliche auszudehnen, – dieser Umstand, der die Dringlichkeit des ganzen Plotinischen Problems der Nichtsinnlichkeitskategorien so recht erweist – einer erstmaligen und sogleich umfassenden und eindringenden Behandlung unterworfen worden. Die gesamten späteren – allerdings bisher viel zu wenig beachteten – Diskussionen des Mittelalters und der Neuzeit über die Unübertragbarkeit der Sinnlichkeitskategorien, die Notwendigkeit, sie lediglich homonym oder äquivok und analog für beide Sphären zu gebrauchen, über den bildlichen, uneigentlichen, metaphorischen Charakter, den sie, übertragen auf die nichtsinnliche Sphäre, [237/238] erhalten, sind lediglich Nachklänge Plotinischer Forschungen (vgl. auch oben S. 113).

Inhaltlich fallen die Plotinischen Kategorien des Intelligiblen mit den höchsten Gattungen des Plato und den überkategorialen Prinzipien des Aristoteles zusammen. Da nun außerdem Plotin die meisten der zehn Aristotelischen Kategorien auf das Übersinnliche unanwendbar findet, verteilen sich bei ihm im großen und ganzen die Aristotelischen Einzelkategorien und die überkategorialen Prinzipien auf die beiden Sphären des Sinnlichen und des Intelligiblen, während nach der Ansicht des Aristoteles Kategorien wie überkategoriale Prinzipien beide von universalem Gebrauch sein sollten. Die Auffassung Plotins ist bestimmend für einen großen Teil der mittelalterlichen Philosophie geworden.

Man hat einen Mangel an Originalität darin erblicken wollen, daß Plotin seine Kategorien des Intelligiblen (Sein, Beharren und Bewegung, Identität und Andersheit) einfach dem Sophist des Plato entnimmt. Allein nicht nur macht Plotin etwas ganz Neues aus ihnen, schon allein durch die klare Angabe, daß es spezifische Kategorien des Übersinnlichen sein sollen, sondern er versenkt sich in so tiefgehender Untersuchung in den kategorialen Begriffsapparat der Metaphysik des Zeit- und Raumlosen wie kein anderer Denker der Antike. Wie er das konstitutive Wesen der intelligiblen Gegenständlichkeit, ihre »Beharrlichkeit« und Ewigkeit zu ergründen sucht, so erforscht er als einziger auch das intelligible Ineinander, also die konstitutiv-kategorialen Beziehungen in der Sphäre des Nichtsinnlichen. Hinsichtlich des der Vielheit des Intelligiblen wie des Sinnlichen entrückten Einen ist Plotin mystischer Irrationalist und will bis zu diesem höchsten Punkt die Kategorienlehre nicht mehr ausgedehnt wissen.

Das Eine wird man freilich auch von seiner Kategorienlehre feststellen müssen, daß er den in allen Sphären des kategorialen Gehalts sich einnistenden reflexiv-generellen Zusatz nicht als solchen durchschaut. Die generellen Kategorien will er überhaupt nicht gelten lassen; er bekämpft jeden übergreifenden, das Sinnliche und das Übersinnliche gleichmäßig betreffenden Kategoriengehalt und wendet sich aus diesem Grunde gegen das stoische τι [193]). [238/239]

In der Kategorienlehre Plotins spiegelt sich die Zweiweltentheorie der Antike. Um diese aber zum Ausdruck zu bringen, genügt nicht die bloße Doppelreihigkeit eines Kategoriensystems. Es muß, wie schon bei der Darstellung der

Aristotelischen Kategorienlehre zum Vorschein kam (vgl. oben S. 192 f.), auch das metaphysische Band, durch das die Zweiweltenmetaphysik das Sinnliche mit dem Übersinnlichen verknüpft sein läßt, irgendwie im Kategoriensystem ein Korrelat haben. Ist deshalb die intelligible Welt das Urbild und die sinnliche Welt ihr bloßes Abbild, so müssen auch die Kategorien des Sinnlichen nur schattenhafte Nachbilder der urbildlichen Kategorien des Übersinnlichen, die Letzteren darum die eigentlichen, ersten und höchsten Gattungen sein. Die metaphysischen Rangverhältnisse der Sphären übertragen sich auf die Abstufung ihrer kategorialen Bestimmungen. So wenig Plotin deshalb gemeinsame Kategorien für beide Sphären einräumt, eine gewisse Korrespondenz zwischen ihnen läßt er dennoch bestehen, ganz analog wie jede Zweiweltenmetaphysik die beiden Welten trotz schroffster Entgegensetzung doch durch ein metaphysisches Abhängigkeitsverhältnis miteinander kommunizieren läßt. Darum findet man bei Plotin fortwährend Beziehungen einer gewissen Zugeordnetheit und Paarigkeit des Kategorienbestandes behauptet, wie z. B. die Beständigkeit des Zeitlosen das Urbild der Beharrlichkeit des Sinnlichen sein soll [194]). Mit diesem Nebensinn, daß die phänomenalen Kategorien nur ein niederer Abglanz der noumenalen sind, ist die Korrespondenz der Kategorien, z. B. der endlichen und der unendlichen Substanz, der substantia phaenomenon und noumenon, auch von den Späteren, insbesondere auch, wie zu zeigen sein wird, von *Kant* stets ausgesprochen worden. Immer war es der Plotinische Gegensatz der Kategorien des Sinnlichen und des Intelligiblen, der zugrunde lag.

Seit Plotin verlor sich niemals mehr ganz die ausdrückliche logische Reflexion auf die Schwierigkeit, mit der doch alles philo-[239/240]sophische Erkennen ringt, Kategorien auch für das Nichtsinnliche zu finden. Die Frage nach Erkennbarkeit und Unerkennbarkeit des Übersinnlichen und insonderheit der noch über das Vielheitsreich des Intelligiblen erhabenen Gottheit erhielt von jetzt an stets die Wendung, daß gefragt wurde, ob die Gottheit durch die Kategorien bestimmbar sei. Die Entscheidungen über Rationalität und Irrationalität mußten in ihrer schärfsten Fassung in Probleme der Kategorienlehre einmünden, die Ansichten über Begreiflichkeit und Unbegreiflichkeit in Theorien über Vorhandensein oder Mangel eines kategorialen Niederschlages ihren Ausdruck finden. Das Verhältnis von Glauben und Wissen wurde zu einer Frage der kategorialen Ergreifbarkeit der Glaubensobjekte. Das Mittelalter sah sich dadurch zu einer eigentümlichen Stellungnahme gegenüber den Aristotelischen Kategorien gedrängt. So hohen Ansehens sie sich auch fortwährend erfreuten, die Plotinische Behauptung von der Unerfaßbarkeit des Übersinnlichen durch die Aristotelischen Kategorien wirkt durch das ganze- Mittelalter hindurch nach [195]). Der Horizont der Aristotelischen Kategorienlehre mußte den Denkern als zu eng erscheinen, bei denen doch die ganze Logik im Dienste der Spekulation des Übersinnlichen stand und das »Sein« Gottes das höchste Thema bildete. Erst auf diesem Untergrunde einer Logik der Spekulation werden die gesamten logischen Bemühungen des Mittelalters verständlich. Man sagt darum nicht zu viel mit der Behauptung, daß es eine geschichtliche Darstellung der Logik und der Kategorienlehre überhaupt noch nicht gibt [196]).

War einmal die Überzeugung von der Unzulänglichkeit der Aristotelischen Kategorienlehre zum Durchbruch gelangt, so blieb nur entweder die irrationalistisch-mystische Ansicht der totalen Unbegreiflichkeit des Übersinnlichen durch Kategorien überhaupt oder aber die Forderung besonderer Kategorien für das Intelligible und womöglich sogar – zum Teil auf dem Umwege über den ver-[240/241]mittelnden Logos [197]) – für die Gottheit übrig. Die rationalistische Richtung geht bei *Gregor von Rimini* und *Johannes Gerson* so weit, eine eigene Logik für die Theologie zu fordern [198]). Mit der mystischen Lehre von der Unaussagbarkeit Gottes, mit der »negativen Theologie«, war die Begierde nach höchster Erkenntnis im Streit. Trotz der Einsicht in die Enge der Aristotelischen Kategorienlehre wird auf die Erkennbarkeit der höchsten Glaubensobjekte nicht verzichtet. Immer wieder wird zwar die Unerschöpfbarkeit und Unerfaßbarkeit Gottes durch die Aristotelischen Kategorien, ihre nur uneigentliche und bildliche Übertragbarkeit auf die Gottheit, hervorgehoben, so von Gregor von Nyssa, Augustin, Claudianus Mamertus, Johannes Scotus Eriugena, Saadja, Abaelard, Petrus Lombardus, Duns Scotus [199]); aber im Zusammenhang damit fortwährend die Forderung besonderer Kategorien für das Übersinnliche erhoben. Alcuin und in der Spätscholastik z. B. Baconthorp unterscheiden zwischen den Kategorien, die im eigentlichen und die im nur übertragenen Sinne auf Gott anwendbar sind, und die arabischen Motakhallim durchforschen das Inventar der Kategorien darnach, was der Region der »Wahrheit« und was der des »Scheines« zugehört [200]). Am engsten an Plotin lehnt sich Scotus Eriugena an, wenn er die sog. Platonischen Kategorien der Ruhe und der Bewegung höher stellt als die auf das Übersinnliche nur in übertragener Weise anwendbaren Aristotelischen Kategorien [201]). Wie bereits bei Plotin die eigentlichen Aristotelischen Kategorien und die überkategorialen

Prinzipien des Aristoteles den beiden Welten des Sinnlichen und des Übersinnlichen zugeordnet werden, so knüpft auch die Scholastik durchweg an die überkategorialen Prinzipien des Aristoteles an und macht aus ihnen die sog. Transzendentia. Diese die aristotelischen Kategorien noch übersteigenden Begriffe haben dieselbe Rolle zu spielen wie die [241/242] Plotinischen Kategorien des Intelligiblen. Aristoteles hatte bereits das Sein, das Eine und das Gute als durch alle Kategorien hindurchgehende überkategoriale Grundbegriffe einander gleichgestellt. Zum ens, unum und bonum fügte die Scholastik noch das verum hinzu und erhielt so die vier Transzendentia, wie sie bei Thomas von Aquino aufgezählt werden. Später, bei Pseudo-Thomas, bei dem auch der Name Transzendentia zum erstenmal vorkommt [202]) und z. B. bei Duns Scotus werden noch andere höchste Begriffe wie res und aliquid den übrigen Transzendentia gleichgestellt, wodurch sich allerdings den für das Übersinnliche konstitutiven Kategorien rein reflexive Bestimmungen hinzugesellen [203]). Einzig das überkategoriale Sein wollen auf die Gottheit angewandt wissen Abaelard, Gilbert de la Porrée und der jüdische Philosoph Saadja [204]). Dieselbe Bestimmung wie die mittelalterlichen Transzendentia sollen später Campanellas Proprinzipien des Wesens erfüllen [205]).

Am eingehendsten ist von den Transzendentia der Seinsbegriff behandelt worden. Das Sein bedeutet wie in der Antike die konstitutive Gegenständlichkeit. Entsprechend der Zweiweltenmetaphysik wird das Sein im höchsten Sinne der Gottheit vorbehalten. So spricht sich schon Gregor von Nyssa aus [206]). Ebenso entscheidet sich Albertus Magnus dahin, daß, was in überragendem Sinn für die Gottheit zutrifft, nur in nachahmendem Sinn für die geschöpfliche Welt gilt [207]). Überall liegt die Plotinische Anschauung zugrunde, wonach die Nachbildlichkeit des Irdischen gegenüber dem Göttlichen sich auch in den entsprechenden kategorialen Bestimmungen verrät. So, wenn *Thomas* das Sein in vollkommener Weise nur der Gottheit, in niederer, abgeleiteter Weise den Kreaturen, beiden nur analog, weder univok noch aequivok, zukommen [242/243] läßt [208]). Eingehend wird bei Duns Scotus, Occam, Suarez und in der sonstigen Spätscholastik über die Univozität des Seins gestritten, über die Frage, ob das Sein der Gottheit und den Kreaturen in demselben oder in einem bloß analogen Sinne beizulegen ist, mit andern Worten über das Grundproblem der Plotinischen Kategorienlehre [209]).

Auch in den Spekulationen über das unum bildet die Scholastik die Aristotelische Lehre vom εν in seiner metaphysisch-konstitutiven Bedeutung weiter. Hier bemüht sie sich insbesondere, das so leicht drohende Herabsinken dieser höchsten Kategorie zu einer dünnen reflexiven Bedeutung abzuwehren und dem unum einen für das Übersinnliche konstitutiven Sinn zu bewahren. So wird von Thomas das mit dem ens konvertible unum, das unum transzendens, ausdrücklich von der unter die Quantitätskategorie fallenden, das Prinzip der Zahl bildenden Einheit, also von der Einheit im bloß reflexiven Sinn, unterschieden [210]).

2. Abschnitt.

Kant und die Neuzeit.

Die Metaphysik des 17. und 18. Jahrhunderts bedient sich fortwährend der für das Übersinnliche konstitutiven Kategorien, so des Substanz- und Kausalitätsbegriffs, aber auch der für konstitutiv gehaltenen Begriffe des Grundes, der Einheit, der Identität; meist jedoch, ohne die logische Reflexion besonders darauf zu richten.

Erst durch *Kant* tritt das Kategorienproblem von Neuem in seiner ganzen Mächtigkeit hervor, und *Kants* ganze theoretische Philosophie dreht sich wiederum in letzter Linie um das durch Plotin in das abendländische Denken hineingetragene Problem einer den zwei Welten korrespondierenden zweireihigen Kategorienlehre. *Kant* hat die antike Zweiweltenmetaphysik, die Lehre von der Dualität eines mundus sensibilis und eines mundus intelligibilis, sich zu eigen gemacht und stets beibehalten. Seine erkenntnistheoretische Grundfrage geht auf die Grenzen des Er-[243/244]kennens und folglich – in Korrelation dazu – auf die Grenzen des Herrschaftsbereichs der im Erkennen sich erschließenden kategorialen Form. Seine ganze theoretische Philosophie dreht sich um die Frage, ob der Zweiweltenmetaphysik eine uns zugängliche Kategorienlehre dieser Zweiweltenmetaphysik entspricht.

In seiner letzten vorkritischen Periode vertritt *Kant* mit seiner Lehre von den Kategorien für den mundus intelligibilis genau den Plotinischen Standpunkt; ja es kommt bei ihm sogar die Plotinische Gegenüberstellung der sensualen und intellektualen Verstandesbegriffe vor [211]). Aber auch nachdem er später in seiner kritischen Epoche die Kategorien unerbittlich auf sinnlich-anschauliches Material, auf den Erfahrungsgebrauch »restringieren« zu müssen vermeinte, vermochte er doch nur schwer und nicht ohne die gewundensten Vorbehalte vom transzendenten Gebrauch der Kategorien Abschied zu nehmen, und er zeigte sich als unheilbar »verliebt« wie in die Metaphysik so in die metaphysisch-konstitutiven Kategorien. Die Platonische Zweiweltenmetaphysik, die der Inauguraldissertation zugrunde gelegen hatte, die Entgegensetzung der Noumena und Phänomena, der Intelligibilia und Sensibilia, und die damit strengstens gleichbedeutende Unterscheidung der Dinge an sich und der Erscheinungen, wird in der kritischen Epoche beibehalten und bildet den durch keinerlei Interpretationskünste wegdeutbaren metaphysischen Unterbau auch der ganzen Kritik der reinen Vernunft. In diesen metaphysischen Grundriß wird dann die neue erkenntnistheoretische Lehre lediglich hineingezeichnet. Die spezifisch transzendentallogische Theorie tritt von jetzt an in eine veränderte Beziehung zu den metaphysischen Elementen der gesamten Weltanschauung. Dabei entsteht durch den Verzicht auf die Erkennbarkeit des Übersinnlichen eine ungeheure Resignation für die theoretische Philosophie.

Es sind jedoch zwei grundverschiedene Angelegenheiten auf das Schärfste auseinanderzuhalten [212]). Die eine betrifft das Verhältnis der transzendentallogischen Erkenntnisform zum Gegenstand. In ihr bewährt sich Kants kopernikanische Tat, seine Vernichtung [244/245] der Jenseitigkeit und in diesem Sinne der Transzendenz, seine Behauptung somit der Immanenz des Gegenstands im Verhältnis zum Theoretischen, zum Konstitutiv-Logischen. Mit dieser Beziehung zwischen Gegenstand und transzendentaler Erkenntnisform, mit dieser Logosimmanenz des Gegenstandes, hat eine andere gar nicht im Bereich der theoretischen Philosophie liegende gänzlich metalogische, das mögliche atheoretische Kategorienmaterial betreffende Angelegenheit nicht das mindeste zu tun; die nämlich, die sich um das Verhältnis des Sinnlichen zum Übersinnlichen, der Erscheinungen zu den Dingen an sich, dreht. Kants metaphysische Überzeugung von der bloßen Phänomenalität des Sinnlichen ist für sich noch gar keine erkenntnistheoretische Lehre.

Wohl aber bringt, wie bereits bemerkt wurde, *Kant* die theoretischen Probleme in Beziehung zu seinen metaphysischen Ansichten. Diese theoretischen Probleme aber sind entweder Probleme des transzendentallogischen Verhältnisses zwischen Gegenstand und kategorialer Form oder Probleme der Erkennbarkeit.

Das transzendentallogische Problem, in Zusammenhang gebracht mit der Zweiweltenmetaphysik, führt zu keinerlei Erschütterung der kopernikanischen Tat. Logischer Gehalt konstituiert genau so die Gegenständlichkeit des Übersinnlichen wie die des Sinnlichen. »Gibt« es überhaupt Dinge an sich, so fällt ihre Gegenständlichkeit nach der kopernikanischen Grundannahme mit dem das übersinnliche Material betreffenden logischen Gehalt zusammen. Auch die Gegenständlichkeit oder Dingheit der »Dinge« an sich steht nicht als etwas Metalogisches, dem Logischen Jenseitiges oder Transzendentes, der für das Übersinnliche konstitutiv-kategorialen Logizität gegenüber. Von einer Logostranszendenz des Übersinnlichen kann bei *Kant* keine Rede sein. Den beiden Welten der Gegenstände entspricht nach Plotinischem Muster eine Doppeltheit logischen Gehalts. Die kopernikanische Korrespondenz zwischen Gegenstand und logischem Gehalt bleibt auch für das Übersinnliche unangetastet. Den zwei Reichen der Gegenstände entsprechen die zwei Sphären eines »Verstandes« oder Erkennens. Daß der intelligible Gegenstand »für« einen intuitiven Verstand »gehört«, dem Ding an sich die intellektuelle Anschauung als Träger des dem übersinnlichen Gegenstand ad-[245/246]äquaten logischen Gehalts »korrespondiert«, daß also auch die Gegenständlichkeit des Übersinnlichen durch Logizität konstituiert wird, ist für *Kant* niemals problematisch gewesen [213]. Das Grundverhältnis zwischen Gegenständlichem überhaupt und Logischem überhaupt wird durch die Kluft zwischen Ding an sich und Erscheinung gar nicht berührt. Im Gegenteil! Es bewährt gerade über diese Kluft hinweg erst seine allesumfassende Bedeutung. Sogar die Gegenständlichkeit der Dinge an sich ist als etwas Logos-Immanentes kopernikanisch ins Logische hineingezogen. Auch für das Übersinnliche ist die kategoriale Wahrheitsform unentrinnbar. *Kant* vertritt die Schrankenlosigkeit des Logischen. Der Widersinnigkeit des Alogismus ist er nicht verfallen.

Die Transzendenz der Dinge an sich hat also nichts mit Metalogizität zu tun. Worin aber besteht sie dann? Das erfährt man, wenn man an den metaphysischen Gegensatz der beiden Welten nicht mit dem theoretischen Problem der Logizität an sich, sondern mit dem theoretischen Problem der Erkennbarkeit herantritt. Denn zwar nicht den Alogismus, wohl aber den Agnostizismus hinsichtlich des Übersinnlichen hat *Kant* vertreten. Die konstitutive Kategorialform fürs Übersinnliche ist *unserm* Erkennen verschlossen, das Übersinnliche erschließt sich uns nicht in seiner kategorialen Betroffenheit, läßt sich nicht vor das Forum des Erkennens ziehen, ist unerkennbar; ist, so zeigt sich jetzt, wenn auch nicht logostranszendent, so doch erkenntnistranszendent. Nicht dem logischen Gehalt und dem Erkennen als Träger des Logischen überhaupt, sondern unserm Erkennen als dem Träger der *uns* vergönnten logischen Formen ist das Übersinnliche jenseitig und unerreichbar, es übersteigt unser Erkennen. Die metaphysischen Noumena sind zugleich Transzendentia in erkenntnistheoretischer Hinsicht [214]). Nicht weil wir in die Welt der Erkenntnisobjekte, sondern weil wir in die Objektswelt *un-*[246/247]*seres*, an Sinnlichkeit gebundenen Erkennens hineingebannt sind, ist uns eine Welt der Dinge an sich versagt. Daß die Dinge an sich uns transzendent sind, läßt sich durch die äquivalente Formulierung umschreiben, daß uns die in der Sphäre des Übersinnlichen herrschende konstitutive Logizität transzendent ist. Der Abstand der immanenten sinnlichen Wirklichkeit von den transzendenten Dingen an sich ist gleichbedeutend mit dem Abstand zwischen dem das Sinnliche und dem das Übersinnliche betreffenden logischen Gehalt. *Kant* hat nicht etwa die Sache an sich selbst und die theoretische Form einander gegenübergestellt, wonach die theoretische Form als solche eine bloß immanente Bedeutung erhalten hätte. Vielmehr wenn er davor warnt, die kategorialen Formen als bloß subjektive Bedingungen für Bestimmungen der Sache selbst zu halten, so will er eben damit die uns vergönnten logischen Formen nicht mit der transzendenten Logizität verwechselt wissen. Es geht daraus auch ganz klar hervor, daß seine Lehre vom Ding an sich oder von der Erkenntnistranszendenz des metaphysischen Noumenon unangetastet neben seinem »erkenntnistheoretischen Idealismus« oder seiner kopernikanischen These bestehen bleiben muß und in keiner Hinsicht den Prinzipien seiner theoretischen Philosophie widerspricht. –

Nicht der Machtbereich des Logischen wird von *Kant* geschmälert, sondern nur der uns darin beschiedene Horizont. Denn das ist freilich nicht zu leugnen, daß *Kant* die uns allein vergönnten transzendentallogischen Erkenntnisformen zu Kategorien zweiten Ranges herabdrückt, ihnen bloße Subjektivität und Phänomenalität zuschreibt. In dieser Abstufung zeigt sich wieder deutlich der Plotinische Typus seines Gesamtbildes von den kategorialen Formen. Auch bei *Kant* spiegelt sich die metalogische Rangordnung des uns verschlossenen Übersinnlichen und des uns zugänglichen Sinnlichen in der übergeordneten Dignität der uns versagten transzendenten vor den uns vergönnten immanenten Kategorien. Der gesamte uns verfügbare Kategoriengehalt erscheint in Kants Augen von vornherein lediglich als der niedere Doppelgänger der für uns transzendenten absoluten logischen Sphäre. [247/248]

Dieses Rangverhältnis zwischen den kategorialen Formen ist eine konsequente Folgerung auf dem Boden einer das Sinnliche in Abhängigkeit vom Übersinnlichen bringenden Zweiweltenmetaphysik. Es läßt sich darin das Prinzip der Bedeutungsdifferenzierung des kategorialen Formgehalts in einer durch die Zweiweltenmetaphysik bestimmten, erweiterten Anwendung wiederfinden. Auch für Kants Kategorienlehre ist ja der Grundgedanke der Bedeutungsdifferenzierung, das Zugeschnittensein der Kategorien auf das Material, bestimmend, wenn auch nicht alleinherrschend gewesen. So läßt er die Kategorien für das Sinnlich-Anschauliche in ihrem Bedeutungsgehalt durch dies ihr Material determiniert sein. Gerade weil das Verhältnis zwischen Übersinnlichem und Sinnlichem sich im Metalogischen abspielt, muß es wie alle Bestimmtheit des Metalogischen bedeutungsbestimmend in die Sphäre der logischen Formen hineinragen. Kommt das Übersinnliche und das Sinnliche als Kategorienmaterial in Betracht, so muß, wie überhaupt die Form vom Material her ihre Bedeutungsbestimmtheit empfängt, so der Bedeutungsgehalt der Kategorien auch durch die metalogische *Rangordnung* innerhalb des Materials in Mitleidenschaft gezogen werden. Indem *Kant* die sinnliche Anschaulichkeit als Depravation des Intelligiblen, als bloße »Erscheinung« des Übersinnlichen deutet, muß er in die auf das Sinnlich-Anschauliche zugeschnittenen Kategorien gleichfalls ein Depravierungsmoment, ein Symptom des Hingewiesenseins auch auf *diese* Eigentümlichkeit ihres Materials, hineingetragen denken. So müssen die Kategorien in ihrem Bedeutungsgehalt mit in die Getrübtheit ihres Materials herabgezogen erscheinen. Sie belasten sich nicht nur mit einem Bedeutungssymptom des Eingeengtseins auf das Sinnlich-Anschauliche, sondern infolge der bloßen Phänomenalität der sinnlichen Anschaulichkeit werden sie zu einem entstellten Bedeutungsgehalt niederer Ordnung depraviert. Seins- und Naturkategorien müssen schon als solche, nämlich als Kategorien für sinnlich-anschauliches und darum für ein der metaphysischen Ursprünglichkeit entbehrendes Material, Kategorien niederen Grades sein. Unangetastete Wahrheitsformen kann es hinsichtlich des Sinnlich-Anschaulichen überhaupt nicht geben. Wie die reflexiven Kate-[248/249]gorien logische Formen, aber erst auf dem durch die Subjektivität geschaffenen Boden erwachsene, sind, so sind die kantischen Kategorien nicht nur mit einem allgemeinen Subjektivitäts-, sondern sogar mit einem Depravationsvorzeichen behaftet. Sie sind nicht reflexive, sondern spezifisch-konstitutive, bestimmtbelastete Kategorien fürs

Sinnliche; aber eben darum nicht transzendent-konstitutive, sondern nur phänomenalistisch-konstitutive logische Formen.

So ist es also möglich geworden, diesen historisch vertretenen Typus einer das metaphysische Abhängigkeitsverhältnis zwischen den beiden Welten widerspiegelnden Kategorienlehre als besonderen Fall des allgemeinen, auch von *Kant* vertretenen Prinzips der Bedeutungsbelastung zu begreifen. Seine Berechtigung steht und fällt mit der Berechtigung der besonderen metaphysischen Annahmen über das Kategorienmaterial, also mit der Berechtigung gerade der Ansichten über das Abhängigkeitsverhältnis zwischen dem Sinnlichen und dem Übersinnlichen. Man darf sich durch moderne Kant-Auffassungen die Einsicht nicht verdunkeln lassen, daß der Verfasser der Kritik der reinen Vernunft seine kopernikanische Umwälzung der theoretischen Philosophie, seine Schöpfung der transzendentalen Logik, seine ganze Fundamentierung eines reinen Wissens, zu einer lediglich in der niederen Region des mundus sensibilis, im unteren Stockwerk des metaphysischen Gebäudes, sich abspielenden Angelegenheit glaubte degradieren zu müssen. Nicht nur schrumpft bei ihm – wie auch nach der hier vertretenen, von der metaphysischen Rangierung der beiden Welten unabhängigen Ansicht – der Inbegriff der Sinnlichkeitskategorien zu einem Teilbezirk des universalen Kosmos der logischen Formen zusammen, sondern infolge der bloßen Phänomenalität des Sinnlichen liegt außerdem auf seiner ganzen Wissens- und Apriloritätslehre der Schatten des Phänomenalismus.

Nur wenn man fortwährend im Auge hat, daß bei *Kant* die ganze Sphäre des Sinnlich-Anschaulichen und entsprechend der mathematischen Naturwissenschaft in das Ganze einer Zweiweltenmetaphysik hineingestellt, daß der transzendentale Grundgedanke, die ganze logische, auf Begründung gültigen Wissens [249/250] gerichtete Aprioritätstendenz in die Schranken des Phänomenalismus eingezwängt ist, vermag man die unleugbaren Spuren einer Relativierung und Anthropologisierung innerhalb der kantischen Philosophie, die aus seiner Zweiweltenmetaphysik stammen, richtig zu würdigen. Auch hierbei hilft die Lehre von der Bedeutungsdifferenzierung zum genaueren Verständnis. Ganz allgemein wird ja durch die Bedeutungsbestimmtheit die Geltungsartigkeit der Form nicht in ihrer Reinheit und Absolutheit getilgt; das Geltungsmoment bereichert und belastet sich vielmehr lediglich durch die hinzutretende Bedeutungsfülle; es bewahrt sich in der Vielheit der Bedeutungen als das, was in ihnen jedesmal anders umlagert erscheint durch die variierende

Bedeutungsbestimmtheit. Die Geltungsartigkeit überhaupt erhält sich bei *jeglicher* Bedeutungsdifferenzierung. Behalten doch auch die reflexiven Formen trotz ihres auf die Subjektivität hinweisenden Charakters dennoch das volle und ungeteilte Wesen logischer Geltungsartigkeit (vgl. oben S. 122). Ganz analog nun ist auch die phänomenalistische Depravation der Kantschen Kategorien eine bloße *Bedeutungs*angelegenheit, und es bewahrt sich auch in ihnen ungeachtet des depravierenden Bedeutungseinschlags, wie hindurchscheinend durch die von der Sinnlichkeit ausgehende Trübung, die Absolutheit des Logischen, die Apriorität des Transzendentalen. Aber es setzt sich eben doch der Absolutheit des theoretischen Geltens eine phänomenalistische Bedeutungsschicht an, die ihren Ursprung in der Gebundenheit »unseres« Erkennens an die Sinnlichkeit hat. Es wäre eine Fälschung des Kantschen Systems, wollte man seine Lehre nur für die Verkündung einer siegreichen Herrschaft apriorischer Formen ausgeben und daneben diesen ebenso anthropologisierenden, wie phänomenalistisch-agnostizistischen Einschlag vertuschen. Der aber andererseits eben ein bloßer *Einschlag* ist, nur verständlich auf dem Untergrund seines logizistischen und Absolutheits-Pathos. Es wird dadurch begreiflich, wie sich so manche Psychologisierungs- und Anthropologisierungsgelüste an *Kant* vergreifen konnten, ohne daß von ihren Vertretern erkannt wurde, daß Kants letzte Tendenz auf das Unbedingte geht, eine Tendenz, die sich jedoch nach seiner Ansicht nur innerhalb der Schranken [250/251] einer phänomenalistischen Resignation betätigen konnte [215]. –

So stellt die Kategorienlehre Kants im ganzen einen Entwurf nach plotinischem Muster dar, bloß daß die eine Hemisphäre des kategorialen Gehalts ins Transzendente, Unerreichbare, Unerkennbare fällt. Doch scheint es zunächst, als ob *Kant* auch unser Erkennen nicht von jedem letzten Rest einer das Übersinnliche betreffenden kategorialen Form habe abschneiden wollen; wenn auch das, was er uns an theoretischem Ausblick ins Übersinnliche verstattet, alsbald wieder zu nichts zusammenschrumpft. Es wird nämlich viel zu wenig beachtet, in welch weitem Abstand die Kategorien im noch nicht schematisierten Zustand, die Kategorien der Kategorientafel (in der »Analytik der Begriffe«), von den bereits durch unsere Sinnlichkeit schematisierten und dadurch restringierten Kategorien (also von den Kategorien in der »Analytik der Grundsätze«), entfernt sind. Hier bewährt sich, wie stark Kants Kategorienlehre von dem Gedanken des Zugeschnittenseins der logischen Formen auf ihr Material durchdrungen ist. Die Kategorien der Kategorientafel repräsentieren den kategorialen Gehalt in seinem von der Einengung auf das sinnlich-anschauliche Material noch unabhängigen, in seinem vom Sinnlichen her noch keine Bedeutungsbestimmtheit davontragenden Zustand. Zwar könnte es zunächst so scheinen, als ob *Kant* sich damit begnügte, den »bloßen Kategorien« lediglich insofern eine übergreifende Bedeutung zuzuschreiben, als er sie auf »Gegenstände einer Anschauung überhaupt erstrecken« läßt, »unbestimmt ob sie die unsrige oder irgendeine andere, doch sinnliche, sei«. Es sieht an vielen Stellen so aus, als wollte *Kant* lediglich mit der denkbaren Variabilität des sinnlich-anschaulichen Materials spielen, als wollte er, die metageometrischen Spekulationen antizipierend, weiter nichts feststellen, als daß die »reinen Verstandesbegriffe« auf Sinnlichkeit überhaupt und darum nicht bloß auf unsere Räumlich-Zeitlichkeit, als auf einen Spezialfall unter den unendlich vielen möglichen sinnlichen Erfüllungsarten, zugeschnitten seien. Kurz, es könnte so aussehen, als ob nach *Kant* die Überhaupt-Kategorien nur auf sinnliche Gegenständlichkeit überhaupt gehen [251/252] sollten, erhaben über die Variabilität innerhalb des sinnlichen Erfüllungsmaterials [216]).

Allein das »Überhaupt« der Kategorien und des »Gegenstandes überhaupt« ist nicht auf diesen bescheidenen Spielraum eingeschränkt. Es ist von wahrhaft universaler und d. h. nicht nur die Variabilität des Sinnlichen, sondern sogar die Kluft zwischen dem Sinnlichen und dem Nichtsinnlichen umspannender Weite. Zwar auch die »reinen Kategorien« sind als Formen inhaltlicher Erfüllung bedürftig; aber keineswegs auf sinnliche Erfüllung überhaupt, sondern schlechtweg auf Erfüllung überhaupt sind sie angewiesen oder – das Wort »Anschauung« im weitesten Umfang genommen (vgl. oben S. 180) – auf anschauliche Erfüllung überhaupt, ganz gleich ob es sinnliche oder unsinnliche ist. Sie »erstrecken sich weiter« als die sinnliche Anschauung, sind Denkformen für einen »Gegenstand der Anschauung überhaupt, welcher Art diese auch sei, wenn es auch eine übersinnliche Anschauung wäre« [217]). Die in der metaphysischen Deduktion gewonnenen Kategorien sind von solcher Unbestimmtheit und Spannungsweite, daß es zunächst noch als unausgemacht gelten muß, ob sich aus [252/253] ihnen nur eine Tafel der Seins- und Naturkategorien oder auch der für das Übersinnliche konstitutiven Formen entnehmen läßt, ob uns ein einreihiges oder ein zweireihiges Kategoriensystem beschieden ist. Es muß, weil es viel zu wenig bemerkt worden ist, ausdrücklich hervorgehoben werden, daß *Kant* auch in seine kritische Epoche den Kategorienbegriff in seiner über die Kluft von Sinnlichem und Nichtsinnlichem hinweggreifenden weiten Bedeutung hindurchgerettet hat. Die »reinen Kategorien« haben nicht bloß »Sitz und Ursprung« oder ihre sachliche Heimat, ihren transzendentalen Ort im »Verstand«, also im Nichtsinnlichen, sondern sie sind nicht einmal Formen fürs Sinnliche, sind der Einengung auf den bloßen »Erfahrungsgebrauch« noch gänzlich entrückt. Es läßt sich ganz genau angeben, in welcher Schicht generellen kategorialen Gehalts *Kant* sie sich gedacht hat. Er glaubt zwar nicht, in der Kategorientafel sich der schlechthin reinen, noch gar nicht vom Material her belasteten theoretischen Form versichert, sondern er meint, den bereits zur Kategorialform, zur Gegenstandsform gewordenen theoretischen Gehalt registriert zu haben. Wohl aber erblickt er in den Kategorien die noch nicht auf das Sinnliche festgelegte, vielmehr die konstitutive Gegenstandsform überhaupt. Und er glaubt, daß dieser übergreifende konstitutive Gehalt nicht etwa bloß eine einzige Gesamtkategorie, sondern bereits einen ganzen Reichtum von Formen bildet, die sich aus der Urteilstafel ableiten lassen. Diese konstitutiven Kategorien überhaupt sind die Formen des »Gegenstandes überhaupt«, die Formen des über die Spaltung in sinnliche und übersinnliche Gegenständlichkeit erhabenen konstitutiven Objektivitäts-, konstitutiven Verstandesgehalts überhaupt. Entsprechend wird die Transzendental-Philosophie geradezu als Gegenstandstheorie im weitesten Sinne gefaßt, als »System aller Begriffe und Grundsätze, die sich auf Gegenstände überhaupt beziehen, ohne Objekte anzunehmen, die gegeben wären (Ontologia)« [218]). Dies »Überhaupt« im Sinne der über die Schranken der sinnlichen Region hinausführenden Unbestimmtheit muß, soweit es nicht einen bloß reflexiv-generellen Sinn hat, also das konstitutive Überhaupt muß unter den Voraussetzungen der Kan-[253/254]tischen Zweiweltenmetaphysik sich mit einem Überhaupt im Sinne des »Ansich« decken. Daraus erklärt sich einerseits die fast nie richtig gesehene, das Übersinnliche mitumfassende Weite dieses »Überhaupt« und sodann Kants das »Überhaupt« und das »Ansich« zusammenstellender Sprachgebrauch.

Doch nur einen Augenblick dürfen wir uns den durch die »reinen Kategorien« erweckten Illusionen hingeben. Sie locken uns wohl auf das nichtsinnliche Feld, aber folgen dürfen wir ihrer Lockung nicht. Als noch unbestimmte kategoriale Formen geben sie wohl vorläufig die Anweisung auf eine doppelte Kategorientafel. Aber für die eine Seite bleiben sie unaufhebbar rudimentär. Ihre ursprüngliche universale Weite – das zeigt sich jetzt – kann niemals für uns von Nutzen werden. Denn da uns die unsinnliche Anschauung verschlossen ist – so lautet Kants Argumentation –, vermögen wir ihnen nur sinnliches Anschauungsmaterial darzubieten. Nur für die Region des Sinnlichen ergänzen sich uns deshalb die bloßen Kategorienrudimente zu vollen und bestimmten Kategorien, zu den Seinskategorien des Grundsätzeabschnitts, komplementiert sich die Gegenständlichkeit überhaupt zu bestimmten Gegenständen [219]). Für die andere Seite aber bleibt uns ein Inbegriff »leerer Titel«, bloßer »Denk«- oder »Gedankenformen«, ein bloßes unbestimmtes »Denken« der Dinge an sich, aber kein »Erkennen«. Auch dieses bekannte »Denken«, das *Kant* für das Übersinnliche allein übrig läßt, kann jetzt in Schärfe nach seiner Bedeutung innerhalb des Kategorienproblems charakterisiert werden. Das bloße Denken ist jenes blasse, lediglich reflexive theoretische Verhalten, das es nicht weiter als bis zum Erfassen des »es gibt« bringt. Weiter kommen wir nicht als bis zum Denken: »es gibt das Ding an sich«. Aber es zu erkennen, d. h. seine spezifisch-konstitutive Gegenständlichkeit des Übersinnlichen zu ergreifen, bleibt uns versagt. Wenn wir von der Dinghaftigkeit des »Ding« an sich reden, so ist das vielmehr die bloße Andeutung, das bloße Desiderat einer konstitutiven Gegenstandsform. Was uns über die bloße unerfüllbare Hindeutung, über das Denken des »allgemeinen und in abstracto vorgestellten Ge-[254/255]genstands« hinaus noch übrig bleibt, sind die reflexiv-generellen Denkformen. Die universalen »synthetischen« Überhauptkategorien schrumpfen zu den bloßen »analytischen« Momenten zusammen. Darum durfte *Kant* behaupten, daß wir mit diesen kategorialen Handhaben eines bloßen »Denkens« bis zu den analytischen »bloß logischen Funktionen« zurückgeworfen werden [220]). Obgleich also ein uneingeschränktes, auch auf das Nichtsinnliche angelegtes kategoriales Residuum sich *uns* erschließt und *Kant* sogar eine Tafel dieser universalen logischen Momente verzeichnet, sind wir in Ermanglung eines nichtsinnlichen Anwendungsmaterials auf den »empirischen« Kategoriengebrauch eingeschränkt, und der transzendente (»transzendentale«) Gebrauch bleibt uns verschlossen. Andrerseits ist aber darum in unser Erkennen sinnlicher Gegenstände ein über die sinnliche Anschaulichkeit hinaus sich erstreckendes, ein für sich weiterreichendes theoretisches Formmoment, eine konstitutive Objektivitätsform überhaupt, eingeschmolzen. Es ist *an* unserem Erkennen das, wodurch wir mit der absoluten Logizität des intuitiven Verstandes zusammenhängen. In unsern auf sinnliche Anschaulichkeit zugeschnittenen Kategoriengehalt ragt ein über die depravierende Herabgezogenheit zum Sinnlichen hinausgehobenes kategoriales Minimum hinein. Ihm muß darum ein unserm

Erkennen sich enthüllendes transzendentes Gegenstandsrudiment, ein transzendentes Minimum des Ding an sich, eine über die sinnliche Gegenständlichkeit hinausreichende Gegenständlichkeit überhaupt, ein bloßer unbestimmter Gegenstand überhaupt = x korrespondieren, der zwar einen bloßen Gegenstandssplitter darstellt, aber immerhin ein Etwas, das uns mit der transzendenten Sphäre zu teilen vergönnt ist.

Es muß auf den ersten Blick unverständlich erscheinen, was denn *Kant* zum vorbehaltlosen Zugeständnis des Übersinnlichkeitserkennens eigentlich zu fehlen schien. Es haben auf der einen Seite die Kategorien die dazu erforderliche Weite, und es läßt sich ihnen andererseits auch ein nichtsinnliches, im alogischen Verhalten unmittelbar erlebbares Material unterlegen. Es gibt nach *Kant* ein »Leben« im Übersinnlichen, ein »Glauben«, um [255/256] dessenwillen ja gerade das Wissen beseitigt werden soll. Im »Glauben«, im sittlichen Verhalten, im »Faktum« der Freiheit erschließt sich uns das Übersinnliche, sind wir uns selbst »ein bloß intelligibler Gegenstand«[221]. Alle für das Erkennen des Übersinnlichen erforderlichen Bedingungen, sollte man meinen, sind somit erfüllt. Was *Kant* vor dieser Konsequenz dennoch zurückschrecken läßt, ist das immer wieder hervorgehobene Desiderat einer nichtsinnlichen Anschauung. Er begnügt sich nicht mit der Gegebenheit und Antreffbarkeit des Übersinnlichen in *irgend* einem vortheoretischen Verhalten. Mit jener früher geschilderten Intellektualisierung auch des Atheoretischen ist er vielmehr in dem Wahn befangen, die »Anschauung«, obgleich doch dem »Verstand« entgegengesetzt, sei dennoch ein ganz bestimmtes Erfassen und Empfangen im Unterschied zu bloß »subjektiven« Zuständen, eine spezifische *Erkenntnis*quelle, dazu bestimmt; der kategorialen Form das Material zuzuführen. Wie er die sinnliche Anschauung nicht unbefangen als ein Bedeutungsfremdes nimmt, das lediglich in die Situation zu geraten vermag, das materiale Moment für das Erkennen abzugeben, sondern die »Sinne« »als eine zum Erkenntnisvermögen gehörende Rezeptivität« so ansieht, als ob es ihr einziger Zweck sei, diese Rolle des Erkenntnismaterials zu spielen[222]), so fordert er auch eine in dieser Hinsicht analoge nichtsinnliche Anschauung und gibt sich deshalb mit einem bloß »subjektiven« atheoretisch-»praktischen« Verhalten nicht zufrieden. Gerade ein »anschauendes« Verhalten muß das unerläßliche Ingrediens des Gegenstandserkennens bilden[223]). Doch man kann der Ansicht Kants vielleicht auch eine mildere Interpretation geben. Darnach wäre »Anschauung« im weitesten Sinne nicht der Name für den Unbegriff eines anschaulichen und dennoch theoretischen Verhaltens, sondern nur gerade für ein *solches atheoretisches* Verhalten, das für ein darauf sich aufbauendes Erkennen den materialen Untergrund abzugeben geeignet ist. Das »praktische« Verhalten zum Übersinnlichen hingegen wäre dann [256/257] ein unmittelbares Erleben, das es nicht gestattet, ein Erkennen darauf aufzubauen.

Die der »Analytik der Begriffe« angehörende Lehre von den Formen der Gegenständlichkeit überhaupt, von den Überhaupt-Kategorien, kann man als allgemeinen Teil der transzendentalen Logik ansehen, in dem es zu einem Auseinandertreten der konstruktiv-aufbauenden und der destruktiven Tendenz der theoretischen Vernunftkritik Kants noch gar nicht zu kommen braucht, obgleich allerdings durch die in ihn bereits hineingenommene Anwendung der Kategorien auf das Sinnlich-Anschauliche die positive Tendenz dort schon hervortritt. Als eigentlich positiver Teil folgt die transzendentale Logik der Grundsätze, die Lehre von den auf das Sinnlich-Anschauliche restringierten Kategorien. Die Dialektik gibt sodann die negativ-kritische transzendentale Logik der Philosophie, die destruktive Erkenntnistheorie des metaphysischen Übersinnlichkeitserkennens.

Der Einschränkung des kategorialen Apparates auf das sinnlich-anschauliche Anwendungsgebiet hat *Kant* auch die Wendung gegeben, daß er den das Thema seiner destruktiven Erkenntnistheorie bildenden, nicht auf das sinnliche Urmaterial zugeschnittenen logischen Formen, nämlich den Einheitsformen der »Ideen«, eine bloß subjektiv-immanente, bloß »regulative« Bedeutsamkeit zuerkannte. Dabei mag beachtet werden, daß er sich diese Ideen als Formen eines oberen theoretischen Stockwerkes dachte, freilich nicht als Formen der Form, sondern als Formen des Sinnes, des Systemzusammenhanges der theoretischen Sinneinzelheiten. Er läßt darum den Verstand, das »Mannigfaltige der Begriffe«, ebenso Gegenstandsmaterial der Vernunft wie die Sinnlichkeit Gegenstandsmaterial für den Verstand sein [224]).

Aber *Kant* hat sodann die Transzendenz und Unzugänglichkeit der Einheitsformen des Absoluten auch durch den *Analogie*-Begriff auszudrücken gesucht. Die Ideen sind die Analoga der konstitutiven Seinsformen. Wir geben ihnen »solche Eigenschaften, als den Verstandesbegriffen im empirischen Gebrauch [257/258] analogisch sind«. Wir haben unsere konstitutiv-logischen Verhältnisse zum Ausgangspunkt zu nehmen und vermögen dann lediglich auszumachen, daß im Transzendenten nicht die gleichen, sondern eben nur analoge, nur analog übertragbare, uns jedoch verschlossene logische Verhältnisse

212

obwalten. Wir machen uns mit Hilfe der uns vergönnten logischen Mittel ein Bild von der logischen Struktur des logischen Jenseits, wir malen es uns so aus, »als ob« es mit dem unseren ähnlich wäre. Wir vermögen lediglich, »von dem Gegenstande der Idee die Bedingungen aufzuheben, welche unsern Verstandesbegriff einschränken«. Das hiermit behauptete Analogieverhältnis bedeutet nichts anderes als die Wegrichtung nach dem Unbekannten, Transzendenten [225]). In diesem – aber eben nur in diesem Sinne – sind die Ideen »eigentlich nichts als bis zum Unbedingten erweiterte Kategorien« [226]). Für die Befugnis aber, die kategorialen Prädikate wenigstens per analogiam auf nicht-sinnliche Wesen zu übertragen, für den Spielraum, den dieses, wenn auch unausführbare, Analogieverfahren beansprucht, beruft sich *Kant* ausdrücklich auf die stets von ihm im Auge behaltene ursprüngliche, über das Sinnliche hinausreichende Weite der kategorialen Formen, darauf, daß »jene Prädikate bloße Kategorien sind, die zwar keinen bestimmten, aber auch eben dadurch keinen auf Bedingungen der Sinnlichkeit eingeschränkten Begriff ... geben« [227]).

So kehrt bei *Kant* auch der Analogiebegriff wieder, der für das Verhältnis der den beiden Welten entsprechenden Kategorialformen seit Plotin maßgebend wird. Nicht als ob *Kant* dadurch in eine besondere historische Nähe zu Plotin gerückt werden sollte! Aber der Sache nach setzt nun einmal die ganze theoretische Philosophie Kants die Erörterung des durch Plotin in die Geschichte des Denkens hineingeworfenen Problems fort, über dem als Motto das »αναλογια λαμβανειν« steht (vgl. oben S. 195). Dieser sachliche Zusammenhang dokumentiert sich sogar auch in einem terminologischen Symptom, darin, daß *Kant* neben der Bezeichnung »per analogiam« die andern durch *Baumgarten* ihm vermittelten scholastischen Ausdrücke für die Übertragbarkeit [258/259] der Sinnlichkeitsprädikate auf das Übersinnliche wie »per eminentiam« und »per reductionem« gebraucht [228]). –

Ist uns in der theoretischen Philosophie somit der transzendente Kategoriengebrauch verwehrt, so bleibt dennoch das ursprüngliche Weiterreichen der Kategorien, über die Grenzen des Sinnlich-Anschaulichen hinaus, bei *Kant* jederzeit unvergessen. Denn in der praktischen Philosophie macht er sich diesen Umstand wieder ausgiebigst zunutze. Die von der theoretischen Spekulation leer zu lassende Stelle darf für den »praktischen Vernunftgebrauch« wieder besetzt werden. Die in theoretischer Hinsicht unübertragbaren Kategorien erhalten jetzt doch eine übergreifende Bedeutung, freilich nur für den »praktischen Gebrauch«. Der Frage, ob denn die Kategorien auf das Übersinnliche anwendbar sind oder nicht, ist *Kant* einfach ausgewichen durch jene nichts beantwortende Ausflucht und jenen Unbegriff eines praktischen Erkennens, dem auch praktische »Kategorien der Freiheit« entsprechen sollen, eines Vernunftglaubens, der sich weder ehrlich als Erkennen noch als Nicht-Erkennen gibt. Als ob jenes Glauben, Postulieren und Wünschen aus praktischen Bedürfnissen trotz Kants gegenteiliger Versicherungen je etwas anderes sein könnte als ein das alogische Glaubensmaterial betreffendes, allerdings ganz schwächliches und unsicheres Erkennen, ein Wissen, das sich selbst seine bloß »subjektive« Begründetheit eingesteht! *Kant* hat damit seiner eigenen Moralphilosophie, die sich als zwar *praktische* Spekulation, aber doch als praktische *Spekulation*, als Spekulation hinsichtlich des Praktischen, gibt, diesen fragwürdigen Charakter aufgeprägt. Nur durch das wenig beneidenswerte Oxymoron eines praktischen Erkennens ist er dem Widerspruch entgangen, selbst moralphilosophische Spekulation des Übersinnlichen getrieben und dennoch das Erkennen des Übersinnlichen und folgeweise die kategorialen Erkenntnisformen dafür geleugnet zu haben. In dieser gänzlich verschwommenen, unfaßbaren »praktischen Hinsicht« wird es uns jetzt verstattet, das in der theoretischen Spekulation ganz unbestimmt gelassene, »auf [259/260] Objekte überhaupt, sinnliche oder nichtsinnliche, bezogene« bloße Denken zur bestimmten »Anwendung« der Kategorien aufs Übersinnliche zu ergänzen, die dort leeren Begriffe zu »bestimmen«, den »leeren Platz« »auszufüllen«, jenen bloßen »Gedanken« zu »realisieren«, den »auf Noumenen angewandten Kategorien« »objektive und obgleich nur praktische, dennoch unbezweifelte Realität« zu verschaffen. Ausdrücklich wird dabei zum Beweise der Widerspruchslosigkeit, z. B. einer causa noumenon, auf die ursprüngliche Weite der reinen Kategorien zurückgegriffen, wonach die Kategorie der Ursache »in Ansehung der Gegenstände überhaupt durch die Deduktion gesichert, dabei ihrem Ursprung nach von allen sinnlichen Bedingungen unabhängig, also für sich auf Phänomene nicht eingeschränkt ..... auf Dinge als reine Verstandeswesen allerdings angewandt werden könne« [229]).

Hat *Kant* durch solche Mittel eine Möglichkeit gewonnen, hinsichtlich seiner Moral- und Religionsphilosophie wenigstens in Worten dem Vorwurf auszuweichen, daß er selbst beständig die Erkenntnis des Übersinnlichen treibe, zu der er uns gleichzeitig die Befugnis abspricht, so versagt selbst solche dürftige Ausflucht gegenüber seiner eigenen theoretischen Transzendentalphilosophie. Auch sie ist ja eine Kritik der »Vernunft«. Hinsichtlich der theoretischen Philosophie leugnet sogar *Kant* selbst nicht, daß die transzendentalphilosophische Forschung ein Wissen und Erkennen ist. In ihr wird der theoretische Formgehalt, wird all das einer Kritik unterworfen, dessen unsinnlichen und überempirischen Charakter, Unabhängigkeit vom Sinnlichen, im »Verstande« gelegenen transzendentalen Ort, *Kant* selbst nicht müde wird hervorzuheben. Hier entzieht er sich nun der für sein agnostizistisches Dogma tödlichen Konsequenz durch einen anderen Ausweg.

Er macht überhaupt mit der Nichtsinnlichkeit und dem Vernunftcharakter des Logischen nicht vollen Ernst. Er siedelt die Welt des Logischen nicht eigentlich in einem dritten Reich, außerhalb des Sinnlichen wie des Übersinnlichen, an, sondern er macht sie ganz heimatlos in seiner Zweiweltenmetaphysik. Hier zeigt sich eben, wie *Kant,* ganz hineingebannt in die Gegenüberstellung [260/261] des Sinnlichen und des Übersinnlichen, in Verlegenheit gerät, das Reich der unsinnlich-geltenden Formen unterzubringen (vgl. auch oben S. 110 f.). Er begnügt sich damit, daran zu appellieren, daß der transzendentallogische Gehalt eben »bloße logische Funktion«, bloße »Form« ist. Die logische Form soll gänzlich außerhalb der beiden Gegenstandsreiche liegen, da ihr weder sinnliche Existenz noch übersinnliche Subsistenz zukommt. Die transzendentale Apperzeption, das bloß logische Ich, das transzendentallogische Apriori, fällt weder mit dem Ich, »wie ich mir erscheine«, also der psychischen Realität, noch mit dem Ich, »wie ich an mir selbst bin«, also der noumenalen Seelensubstanz, weder mit der empirischen noch mit der überempirischen »Art des Daseins« zusammen [230]). Diese Errettung der logischen Form vor der Hypostasierung zu sinnlicher wie zu übersinnlicher Realität darf man gewiß als eine befreiende Tat verehren. In dieser Loslösung der theoretischen »Vernunft«-Formen vom Übersinnlichen ebenso wie vom Sinnlichen zeigt sich das ungemein bedeutsame Schauspiel, daß zum erstenmal in der Philosophie des Nichtsinnlichen, in einem System der Vernunft, die Unzulänglichkeit der ganzen Einteilung des Denkbaren in das Sinnliche und das Übersinnliche sich aufdrängt. Die logische Formenwelt wird dem Sinnlichen gegenübergestellt, ohne doch mit dem Übersinnlichen zusammenfallen zu dürfen. Die transzendentale Untersuchung steht dem psychologischen wie dem metaphysischen Erkennen als etwas Drittes gegenüber. Die Selbständigkeit des *Gelten-den* bleibt nicht mehr verborgen. Aber sie vermag vorläufig nur durch Negationen bezeichnet zu werden, durch die bloße Abscheidung der apriorischen Form vom Sinnlichen wie vom Übersinnlichen. In dieser Unfähigkeit, für die transzendentalen Aprioritätsformen eine Unterkunft zu finden, kündigt sich zum erstenmal das Bedürfnis einer Herauslösung der Geltungssphäre zu einem dritten Reich an, bereitet sich ihre spätere Losreißung vor. Allein diese Selbständigkeit des Logischen und der Transzendentalität hat noch ganz den Charakter der völligen Heimatlosigkeit, den sie im gesamten transzendentalphilosophischen Kantianismus des neunzehnten Jahr-[261/262]hunderts solange behalten hat, bis die Einordnung des Transzendentalen in die neue Zweiweltentheorie erfolgte (vgl. oben S. 23 f.).

Daß die transzendentale Form keine Stätte in der Kantischen Zweiweltentheorie findet, muß sich am auffälligsten da verraten, wo *Kant* die Gesamtheit des Wissens erschöpfend einzuteilen sucht. Da muß denn das unterkunftslose Logische bald mehr auf die eine, bald mehr auf die andere Seite geschoben werden. So geht *Kant* auf der einen Seite bis hart an die Grenze des Sensualismus und Naturalismus, bis zur Verleugnung der unsinnlichen Wahrheitsform, bis zu ihrer Zusammenschlagung mit dem Sinnlichen vor. Das »Nichtsinnliche« des transzendentalen Erfahrungsapriori soll wegen seiner Zugeschnittenheit auf das Sinnliche als »noch zum Felde des Sinnlichen, nämlich der Objekte der Sinnen gehörig genannt werden«. Der Abstand zwischen Philosophie und Empirie wird geradezu verwischt, so stark rückt Transzendentalphilosophie und Sinnlichkeitserkennen, »Metaphysik der Natur« und Naturwissenschaft auf der einen Hemisphäre des globus intellectualis zusammen, während erst auf der gegenüberliegenden die eigentliche Spekulation, die des Übersinnlichen, die »Metaphysik der Sitten«, die Lehre von allen Gütern und Werten liegt, wozu die Transzendentalphilosophie, die »Metaphysik der Natur«, d. h. der in erkenntnistheoretische Geltungsprobleme auflösbare Teil der »Metaphysik«, nur die »Propädeutik«, »die Halle oder der Vorhof « ist [231]). Wo aber *Kant* auf der andern Seite die Nichtsinnlichkeit des transzendentalen Apriori, seinen Vernunftcharakter, nun doch nicht zu verleugnen vermag und ihm dementsprechend »Metaphysik« im weitesten Sinne mit Metempirie zusammenfällt, da muß das Transzendentallogische mit dem Metaphysischen zusammenfließen und in ihm verankert sein; da muß nach der Tradition der gesamten vergangenen Zweiweltentheorie das Logische im Metaphysischen untergehen und aus ihm emanieren. Da hört die Isolierung der transzendentalen Sphäre auf, und es münden lauter unterirdische Zugänge von der Metaphysik her in sie hinein. Da besinnt sich *Kant* auf den die Unterschiede innerhalb des Nichtsinnlichen umfassenden, verdeckenden »Ver-[262/263]nunft«-Begriff,

216

auf dessen Einheitlichkeit er öfter hinweist [232]). So scharf er zuweilen die transzendentallogischen Erkenntnisformen gegen das intelligible wie gegen das psychische Ich abgrenzt, es ist doch letzten Endes seine ganze transzendentale Logik, seine Lehre von den transzendentalen Funktionen, durch eine personalistische Metaphysik unterbaut. Die »Spontaneität«, die »reine Tätigkeit« des theoretischen Subjekts, weist – wie bei *Fichte* – auf die übersinnliche »Selbsttätigkeit«, die transzendentale »Intelligenz« auf die intelligible, der »Verstand« auf das Noumenon hin. Die intellektuelle und die intelligible Vernunft rücken dann auf der einen Seite zusammen und stehen gemeinsam der »Rezeptivität« der Sinnlichkeit gegenüber [233]). Nur diesen drei Möglichkeiten ließ die Kantische Philosophie für die Behandlung des Logischen Raum: es mußte entweder ganz heimatlos gelassen oder sensualisiert oder metaphysiziert werden. Es ist dabei nicht ohne terminologischen und problemgeschichtlichen Humor, zu beobachten, wie schwer in der Geschichte des Denkens neben dem Atheoretisch-Übersinnlichen gerade das Intellektuell-Unsinnliche als ein »Intelligibles«, als ein erkennbarer Gegenstand der Philosophie, sich Anerkennung zu verschaffen vermag.

So ist in Kants Kategorienlehre kein Platz für die kategorialen Formen seiner eigenen Spekulation, und der Kritiker der theoretischen Vernunft verleugnet die logischen Bedingungen seiner eigenen Vernunftkritik. Indem aber *Kant* nur gegen die Metaphysik des Übersinnlichen sein vernichtendes Urteil fällt, dagegen eine transzendentalphilosophische Kritik des vom Übersinnlichen ausdrücklich geschiedenen Unsinnlichen selbst als ein legitimes Erkennen gelten läßt und indem vor allem *Kant* der Urheber ist für die Solidarität von Erkenntnisbegriff und Kategorienbegriff, so liegen gerade in seiner theoretischen Philosophie alle Prämissen unsrer die Ausdehnung des Kategorienproblems auf das Nichtsinnliche fordernden These (vgl. oben S. 76 f.). –

Von *Fichte* sei in dieser Skizze nur der Atheismusstreit er-[263/264]wähnt, weil gerade er genau ein reiner Kategorienstreit war, ein Streit um die konstitutive Kategorie fürs Übersinnliche. Die Frage nach der »Existenz« Gottes ist ja die populärste Angelegenheit des ganzen Kategorienproblems. *Fichte* zeigt sich im Atheismusstreit als orthodoxer, die konstitutive Kategorie fürs Übersinnliche leugnender Kantianer. Sein, Existenz, Substantialität und damit alle konstitutive Gegenständlichkeit fällt nach ihm ohne weiteres mit der Gegenständlichkeit des »im Raum und in der Zeit sinnlich existierenden Wesens« zusammen. Wenn er statt dessen zu neuen und, wie er selbst weiß, unzulänglichen Andeutungen für das Wesen des Göttlichen wie »Ordnung« und »Handeln« seine Zuflucht nimmt, so hat er damit allerdings der Sache nach nur andere Ausdrücke an Stelle des »Seins« für die Kategorie des Übersinnlichen vorgeschlagen [234]). Seiner eigenen Absicht nach jedoch gedachte er jede konstitutive Kategorie fürs Übersinnliche abzulehnen, und in den Ausdrücken »Ordnung« und »Handeln« beabsichtigte er Bezeichnungen für das kategorial unbetroffene »unmittelbare« Übersinnliche zu prägen [235]). Nun ist *Fichte* freilich inkonsequent genug, selbst sich nicht der konstitutiv-kategorialen Prädikate für das Intelligible zu enthalten; von der »Realität« des Ewigen und des Unvergänglichen zu reden, den »übersinnlichen Gott« als das hinzustellen, was »allein ist«, in offenbarem Widerspruch mit seinen übrigen Behauptungen, wonach nur dem Sinnlichen das »Prädikat des Seins« zukommt und nur »der Gegenstand der Erfahrung *ist*«. Aber *Fichte* meint, sich wegen der konstitutiv klingenden Termini auf die Mangelhaftigkeit des sprachlichen Ausdrucks berufen zu können, und er will, wiederum in Übereinstimmung mit *Kant*, allen scheinbar konstitutiven Bezeichnungen, sobald sie auf Übersinnliches angewandt werden, eine nur »logische«, aber keine konstitutive, »reelle« Bedeutung beimessen [236]).

Wie in der Antike die Logik der Spekulation selbst erst durch Plotin entdeckt wurde, so mußte in der Spekulation des deutschen Idealismus gegenüber einer in ihrer Kategorienlehre mit der Me-[264/265]taphysik des Übersinnlichen zugleich die Philosophie überhaupt und somit auch die Logik selbst fortdekretierenden Logik die logische Besinnung auf das Wesen der Philosophie erst ausdrücklich wiedererrungen werden. Dieser Prozeß kulminiert in gewisser Hinsicht in *Hegel*, der die Herrschaft der Logik in ihrem ganzen Umfang wiederherstellt. Dagegen führt bei *Hegel* die dialektische Tendenz bereits zu einer Zersetzung und Abweisung des ganzen Kantischen Begriffs der kategorialen »Form«, der ganzen Spaltung in Form und Material, der bloß »formellen« Bedeutung der Kategorie, des ganzen »Formalismus«; und ebenso muß *Hegel* eine Auseinanderhaltung von Sinnlichkeits- und Nichtsinnlichkeitskategorien fernliegen.

Neben der überragenden Erscheinung Hegels jedoch und unabhängig von ihr war es *Krause*, der für die Neuzeit eine Kategorienlehre nach Plotinischem Vorbild entwirft. Ähnlich wie Plotin zu Aristoteles steht *Krause* in der Kategorienlehre zu *Kant* [237]). Er vertritt nicht nur unter beständiger, durch alle seine Werke sich hindurchziehender Ablehnung des Jacobischen und Kantischen

Irrationalismus die Platonische und neuplatonische Gegenüberstellung der sinnlichen und nichtsinnlichen oder der empirisch-historischen und rationalen Erkenntnis, wie er auch in Anlehnung an *Wolff* sich ausdrückt [238]), sondern es ist seine gesamte *Logik* einheitlich auf dieser Ausdehnung des Erkenntnisbegriffs aufgebaut. Er selbst erblickt seine Bedeutung in der Gesamtentwicklung der Logik darin, daß er neben, aber unabhängig von *Hegel* zum erstenmal die Kantische Schöpfung einer »transzendentalen« und »synthetischen« Logik in ihrer ursprünglichen Weite, d. h. vom Übersinnlichkeitserkennen her, fruchtbar gemacht habe [239]), und er bekämpft darum Kants willkürliche Einengung der Kategorien auf das Endliche [240]). Es ist kein Zufall, [265/266] daß er Verständnis für die theoretische Spekulation Plotins und z. B. Campanellas verrät [241]). Genau wie für Plotin sind für ihn die Kategorien des Sinnlichen nur verendlichte Modifikationen der Kategorien des Übersinnlichen. Nur vom wahren Ausgangspunkt aus, von den urbildlichen »Grundwesenheiten Wesens«, von den Kategorien Gottes aus, ergründet sich der gesamte Gliedbau der Grundwesenheiten, den zum erstenmal aufgedeckt zu haben *Krause* zu seinen bedeutendsten Verdiensten rechnet. Mit großer Ausführlichkeit sucht er die Wesenheit Gottes in die »besonderen Teilwesenheiten oder Einzelwesenheiten« wie »Einheit«, Unbedingtheit (»Selbheit«), Unendlichkeit (»Ganzheit«) zu zerlegen, die als einzelne kategoriale »Momente« in dem Kategoriengehalt fürs Übersinnliche enthalten sein sollen [242]). Dabei überträgt er auf die Übersinnlichkeitskategorien die kopernikanische Grundwahrheit, wonach die Kategorien als von gegenständlicher oder konstitutiver Bedeutung ebenso wie logische Momente zugleich reale Wesenheiten des Übersinnlichen sein müssen.

Neben *Krause* wäre außerdem noch *Anton Günther* zu nennen, der eine ganz ähnliche Stellung in der Geschichte der Kategorienlehre einnimmt wie *Krause* [243]). Aber auch der übrige spekulative Theismus in der ersten Hälfte des 19. Jahrhunderts z.B. der eines *Weiße, I. H. Fichte, Ulrici* hat das Verdienst, die Kategorien als Formen »Gottes« wie des »Kreatürlichen«, als »allgemeinste, abstrakteste Bestimmungen der Natur Gottes und der Welt« gefaßt zu haben. Insbesondere durch die ganze Kategorienlehre *Ulricis* zieht sich die systematisch aufgeworfene Frage nach der Anwendbarkeit der Kategorien auf das Absolute. Die Theistenschule ist die einzige philosophische Richtung des 19. Jahrhunderts, die die Tradition einer besonderen Kategorienlehre der Spekulation aufrecht erhält. Überdies hat sie die [266/267] historische Mission erfüllt, dem Hegelschen Panlogismus gegenüber die bloß »formelle«, »ideelle« Bedeutung der Kategorie, auch der auf das Absolute gehenden logischen »Form«, zurückgerettet, den »ideellen« Charakter der logischen Sphäre dem Sinnlich- wie dem Übersinnlich-»Reellen« gegenüber klar herausgestellt, den *Form*begriff als unabtrennlich vom Wesen des Theoretischen erkannt zu haben, wodurch eine Kategorienlehre sinnvoll zu betreiben wieder ermöglicht wird [244]).

Gelegentlich erörtert wird die Frage der Übertragbarkeit der Kategorien auf das Absolute beispielsweise auch von *Trendelenburg* [245]), überdies natürlich von allen denen, die das System eines der vorher genannten Denker zu erneuern suchen [246]).

Der letzte selbständige Versuch einer das ganze Herrschaftsgebiet des Logischen umfassenden Grundlegung der Kategorienlehre, der einzige der Gegenwart, der sich durch Kants irrationalistisches Verdikt nicht hat abschrecken lassen, ist die Kategorienlehre *Hartmanns* [247]). In ihr werden die Kategorien nicht bloß in der »subjektiv idealen« und »objektiv realen«, also [267/268] in der »phänomenalen«, sondern auch in der »metaphysischen« Sphäre behandelt. Auf dieser fast durchweg übersehenen Universalität der Problemstellung beruht vor allem die Bedeutung von Hartmanns logischem Hauptwerk.

Die gesamte übrige theoretische Philosophie des neunzehnten Jahrhunderts steht ganz unter dem Bann des Kantschen Dogmas. In allen Systemen und Entwürfen einer Kategorienlehre sucht man vergebens auch nur das Problem aufgeworfen zu sehen, ob denn der konstitutive Formgehalt mit den Seinskategorien erschöpft ist.

Schluß.

Als Vorläufer der in dieser Abhandlung geforderten Logik der Philosophie konnten nur Vertreter einer Kategorienlehre der Metaphysik, einer Logik des übersinnlichen Gegenstandsgebiets, genannt werden. Aber selbst in der gesamten Entwicklung der Metaphysik, in deren Praxis mit den Kategorien fürs Übersinnliche fortwährend operiert wird, fand eine ausdrückliche Besinnung auf diesen kategorialen Apparat nur selten statt. In der vorangegangenen

Skizze sollten lediglich die Ansätze zu einer in der kategoriallogischen Reflexion, in der logischen Theorie bewußt und ausdrücklich vorgenommenen Befreiung von dem Eingeengtsein auf die Kategorien der Sinnenwelt und der Natur verzeichnet werden.

Die Unterdrückung der Geltungssphäre, die Orientierung ausschließlich an der Alternative des Sinnlichen und des Übersinnlichen, spiegelt sich so am deutlichsten in der Kategorienlehre wieder. Es ist an einer früheren Stelle bereits bemerkt worden, daß dieser die Geltungssphäre außer acht lassenden Gegenüberstellung und parallelen Behandlung ausschließlich des Sinnlichen und des *Über*sinnlichen ein gewisses genaues Sichentsprechen gerade dieser beiden Sphären des Denkbaren zugrunde liegt (oben S. 147 f.). Von ihnen beiden als dem in sich Ruhenden und nicht über sich Hinausweisenden hebt sich das Unsinnlich-Geltende, der Geltungsgehalt, die Form als das Un-[268/269]selbständige und eines Haltes Bedürftige, als das für sich »Leere«, als die »bloße« Form ab. Darauf beruht der tiefere Sinn jener Denkgewohnheit, das Sinnliche und das Übersinnliche über die letzte Kluft des Denkbaren hinweg unwillkürlich zusammenrücken zu lassen, sie als zwei Unterarten einem höheren »Seins«- oder »Realitäts«-Begriff zu unterstellen, und diesen beiden Arten eines »Urmaterials« das Unsinnlich-Geltende als ein bloß »Ideelles« oder »Formelles« gegenüberzusetzen. Wenn aber so im All des Denkbaren die Form zur Bedeutung einer »bloßen Form« herabgedrückt erscheint, so muß die aus dem antiken Intellektualismus und Ästhetizismus hervorgegangene Vergötterung der Form, deren Verabsolutierung zum Übersinnlichen, allmählich verschwinden. Darin besteht doch das Wesen aller Formvergötterung, daß das Geltende und damit die Form und folglich der Strukturtypus nicht nur, wie früher allein berücksichtigt wurde (oben S. 11 f.), des Theoretischen, sondern außerdem des Ästhetischen, zum Strukturtypus zugleich des Übersinnlichen gemacht und so »hypostasiert« wird. Denn das Hypostasieren heißt hierbei immer: Form verselbständigen, sie zum in sich ruhenden – sinnlichen oder übersinnlichen – Urmaterial und Gegenstand machen. Es wäre eine reizvolle Aufgabe, unter diesen Gesichtspunkten die Wandlungen in der Einschätzung des Formbegriffs, das Verblassen des formverabsolutierenden Aristotelismus, in der Weltanschauung der letzten beiden Jahrhunderte zu verfolgen. War früher die Form dazu bestimmt, sich zum All des Nichtsinnlichen zu erweitern, so löst sie sich später als ein »bloß Formelles« vom Übersinnlichen ab, und das Absolute rückt ihr gegenüber – gleich dem Sinnlichen – in die Stellung des Inhalts ein.

So scharf wie es in dieser Abhandlung gefordert wird, pflegt die geltende Form dem Sinnlichen *wie* dem Übersinnlichen gegenwärtig nicht gegenübergestellt zu werden. Entsprechend wird auch noch nirgends streng die gesamte Philosophie in Geltungs- und damit letztlich in Formphilosophie, in Metaphysik des Übersinnlichen und endlich in Lehre von der zum Wert sich verhaltenden Subjektivität (zur letzteren oben S. 10 f.) zerlegt. Auch *Lotze* hat mit seiner in letzter Linie doch aphoristisch [269/270] gebliebenen Behandlung des Geltungsbegriffs nur den Anstoß zu einer solchen Scheidung innerhalb des gesamten philosophischen Problemkreises gegeben. Es fehlt bei ihm die Erkenntnis der Solidarität des Geltungs- und des Formbegriffs, die ausdrückliche Hineinarbeitung einer Geltungssphäre in die Zweiweltentheorie, ihre grundsätzliche Abgrenzung gegen die Region des Übersinnlichen. Immerhin finden sich jedoch bei ihm schon einzelne wertvolle Ansätze zu einer Einordnung der *kategorialen* Begriffe und der *geltenden Wahrheit* gerade als eines bloß *formalen* Gehalts in den Gesamtplan des Alls, wobei gemäß Lotzes der spekulativen Theistenschule im ganzen doch nahestehendem metaphysischen Weltbild der Form den letzten übersinnlichen »Zwecken« und »Inhalten« gegenüber eine abhängige und sekundäre Stellung zuerteilt wird, unter Polemik gegen die »fatalistische« Verabsolutierung der Formenwelt [248]). Daß im übrigen in der Gegenwart noch gar keine sichere Orientierung über den Umkreis der Formprobleme herrscht, dafür ist die Ausdehnung des Apriaritäts- und Formbegriffs unterschiedslos auf alle Wertgebiete ein Zeugnis, die Unbedenklichkeit, mit der das Religiöse dem Theoretischen und Ästhetischen als eine besondere Art des »Apriori«, der »Form« und »Kategorie«, einfach koordiniert wird. Wenn in den Ausführungen dieser Schrift das Reich des Geltens und der Form als etwas Selbständiges und vor der Region des Übersinnlichen gänzlich Abgetrenntes und Isoliertes hingestellt wurde, so geschah das in der Erwägung, daß die Frage nach einem etwaigen Emanieren des Geltenden aus dem Übersinnlichen ebenso wie alle Fragen nach letzten übergreifenden Zusammenhängen zwischen den einzelnen Sphären des Denkbaren, falls sie überhaupt beantwortbar sind, ihre Lösung erst von einer umfassenden Metaphysik des Übersinnlichen erwarten dürfen, vorher aber alles Ineinanderlaufen der Grenzen zwischen ametaphysischer Geltungsphilosophie und Metaphysik des Übersinnlichen nicht zur Vermehrung, sondern nur zur Verunstaltung des Wissens führen könnte. – [270/271]

Doch der Hauptabsicht und Grundforderung dieser ganzen Abhandlung gegenüber haben alle Differenzen *innerhalb* der philosophischen Themata wiederum zurückzutreten. Es kam vor allem darauf an, mit dem Erkenntnis- und Wissenscharakter der Philosophie überhaupt in der denkbar strengsten Fassung, nämlich in der Logik und Kategorienlehre, Ernst zu machen. Erst durch eine Kategorienlehre der Philosophie wird eine Logik ermöglicht, die wirklich in Fühlung tritt mit der *Gesamtheit des Erkennens*, die das All der Wissenschaften ins logische Bewußtsein aufnimmt und legitimiert. Als ein bloßer Ausblick mag hier zum Schluß die Andeutung stehen, daß auch die gesamte Wissenschaftslehre und sogar die Methodologie der »empirischen« Wissenschaften auf das innigste mit dieser erweiterten Lehre vom konstitutiv-logischen Formgehalt verknüpft ist. Denn so wahr die empirischen Wissenschaften irgendwie das *All* des Denkbaren – wenn auch nur innerhalb gewisser methodischer Schranken – unter sich aufzuteilen haben, muß auch der Methodologie eine auf das All des Denkbaren gerichtete Kategorienlehre, eine die schrankenlose Weite der logischen Form zur Anerkennung bringende Logik zugrunde liegen. [271/272]

Anmerkungen zu »Die Logik der Philosophie und die Kategorienlehre.«

{Die folgenden Textanmerkungen von Emil Lask fanden sich in den bisherigen Ausgaben in den Fußzeilen der Seiten. Anmerkungen ohne Stern sind die Anmerkungen der Erstausgabe (1911); Anmerkungen mit Stern geben die Bemerkungen aus dem Nachlaß wieder, die zum ersten Mal in der Ausgabe der Gesammelten Schriften 1923 abgedruckt wurden.}

1) *Plato*, Timäus 37 D, 38 B f., vgl. *Plotin*, Enn. III, 7, c 10 (ed. Creuzer), sempiternitas und aeternitas bei Boëthius unterschieden (s. *Ritter*, Gesch. d. Phil. VI, 590); vgl. ferner *Spinoza*, Eth. I def. VIII expl., *Kant*, Dissertation § 22 schol., Reflexionen (hrsg. v. Erdmann) II, Nr. 389, 1427, 1431, 1432, WW (Hartenstein) VI, 359.

2) Unter Kantianismus im weitesten Sinne werden in dieser Abhandlung alle gegenwärtigen nichtpositivistischen, irgendeine Apriorität, Transzendentalität, Reinheit, Gültigkeit, Norm- und Werthaftigkeit des Theoretischen vertretenden erkenntnistheoretischen Richtungen zusammengefaßt.

3) Die folgende Interpretation von *Kants* Erkenntnistheorie wird durch die historische Behandlung des Schlußkapitels unterstützt.

4)* Dann nicht bloß so hinerlebt, ja *als* Gegenstand, (und) dies *Gedanke*.

5)* Es hat damit seine »Richtigkeit«.

6)* Mehrere Inhalte umgebende Objektivität = objektive Verbundenheit! Umspielend als theoretisch gültiger Gehalt!

7) Es ist nicht zu vergessen, daß der ganzen Absicht dieser Abhandlung gemäß die Erörterung solch fundamentaler logischer Grundbegriffe nur in ganz skizzenhaftem Zustand gelassen werden mußte.

8)* reicht in Gegenstände hinein.

9) Sinn ist hier in einem absoluten Sinne und nicht im Sinne von »Sinn *von*« gebraucht. Bei diesem Sprachgebrauch *wird* wahrer oder theoretischer Sinn im absoluten Sinne erst zum Sinn des Urteils oder Satzes. Über »Sinn« und »Bedeutung« ist *Husserl*, Logische Untersuchungen, II, 1901, zu vergleichen.

10)* Erst durch meine Terminologie (»Wahrheit«, »Sinn«) kommt zum Ausdruck, daß die Kategorien, obwohl *gleich* Gegenstandsform, Gegenständlichkeit *selbst*, doch *spezifische Logizität* sind. Gegenüber aller metaphysischen Kategorienlehre, deren guter Kern das Konstitutive ist!

11) Auf mein Vorhaben, in der Logik das objektive Reich der Sachlichkeit, den von den Erkenntnisakten und sinntragenden symbolischen Zeichen ablösbaren »Sinn« zugrunde zu legen, ist die von *Husserl* ausgegangene, zu einer Revision der logischen Grundbegriffe drängende Anregung von entscheidendem Einfluß gewesen. Darüber wird eine spätere eingehendere Arbeit über die logischen Grundprobleme genauer zu berichten haben.

12)* Theoretischer Formgehalt.

13)* Theoretischer Formgehalt.

14)* ist doch geradezu schief! Ich habe ja gar nicht die Distanz, die zwischen Gegenstand und *immanentem* Reich der geltenden Wahrheit *tatsächlich* besteht, gebührend berücksichtigt, nur so gelegentlich wie z. B. 36 oben. Auch im II. Teil, I. Kap., 2. Abschn. nicht genügend beachtet! Dagegen in Urteilslehre legitimiere ich ausdrücklich das Über-Verhältnis!

15) Lediglich von dem angeblichen Abbildlichkeits-Verhältnis zwischen Sinn und Gegenstand, theoretischer Form und Gegenständlichkeit, ist hier die Rede. Ganz unberührt bleibt dadurch das Verhältnis des erkennenden Subjektsverhaltens zum Sinn oder zum Gegenstand.

16) Es kann darum *Rickert* zugestimmt werden, wenn er zwischen dem Sinn des *Satzes* und dem Gegenstand das »Über«-Verhältnis statuiert: »Ich bilde einen wahren Satz *über* oder *von* einem idealen Sein, aber der Sinn dieses Satzes fällt ebensowenig mit dem idealen Sein selbst zusammen, wie der Sinn eines Satzes über reales Sein mit diesem identisch ist«. *Rickert*, Zwei Wege der Erkenntnistheorie, Kantstudien XIV, 1909, 35/6.

17) Auf diese beispielsweise in *Rickerts* »Gegenstand der Erkenntnis« vertretene Prioritätslehre wird jedoch erst im II. Teil, im 2. Abschnitt des 1. Kapitels eingegangen werden.

18)* {Aus einem Brief Lasks an *Heinrich Rickert* v. 27. Nov. 1910; zuerst als Anmerkung zu dieser Textstelle abgedruckt in Gesammelte Schriften II, 272.}
..... Zunächst ist festzustellen, um eine Priorität *wessen* und um eine Priorität *wem gegenüber* es sich handelt. Es ist nun kein Streit darüber, daß es sich um eine Priorität dem »Sein« *gegenüber* handelt, dem »Sein« gegenüber, das ich terminologisch vom »Seienden«, vom sinnlich-anschaulichen Material unterschieden habe. Um das Sein des Seienden, um die Gegenständlichkeit der Gegenstände handelt es sich stets, wenn von dem die Rede ist, dem *gegenüber* etwas anderes eine Priorität hat, oder »vor« dem es eine Priorität hat. So habe ich stets Ihren Gegenstand der Erkenntnis verstanden. Und so wollen Sie ihn ja auch verstanden haben. Obwohl es überflüssig ist, will ich es doch mit einigen Stichproben bestätigen. S. 119 f. (Gegstd. d. Erk.) wird das Sein, wodurch sich die »seiende Farbe« von der bloß vorgestellten unterscheidet, als das bezeichnet, was von all den einzelnen bestimmten Bewußtseinsinhalten ausgesagt wird, wodurch sie alle als seiend beurteilt werden. Genau dasselbe ist aus S. 148 Abs. 1 zu entnehmen, ferner beispielsweise S. 167 Mitte, wo die »Art ihres Seins« der inhaltlichen Bestimmtheit der einzelnen Wahrnehmungen gegenübergestellt wird. Wie sollte es auch anders sein? Die ganze Schrift handelt vom Gegenstand der Erkenntnis. Und da fragen Sie: was hat es eigentlich für eine Bewandtnis mit der Gegenständlich*keit* dieses Gegenstandes. Wie Sie ja in Ihrem neulichen Briefe (vom 17. November) ausdrücklich schrieben: »Auch ich habe unter Gegenstand stets nur die Form der Gegenständlich*keit* verstanden.« Also diese Gegenständlich*keit* ist es, dieses »Sein«, von dem ich terminologisch das Sinnlich-Anschauliche als »Seiendes« scheide, »vor« dem oder dem gegenüber nach Ihrer Lehre einem Anderen die Priorität zukommt. Und daß nun dieses Andere das »Sollen« ist, brauche ich nicht ausführlich darzutun. Vorbehaltlich genauerer Bestimmung des »Sollens«

ist jetzt also klar, was Sie mit der Priorität des »*Sollens*« vor dem »*Sein*« meinen. [272/273]

Es sind nun genau dieselben Glieder, zwischen denen Sie das Prioritätsverhältnis behaupten und zwischen denen ich es leugne. Daß ich auf S. 38 meiner Abhandlung, wo ich die Priorität zuerst bestreite, unter »Sein« das Sein im Unterschiede zum »Seienden«, die Gegenständlich*keit*, meine, geht aus dem ganzen Abschnitt und aus dem in der gesamten Abhandlung streng befolgten Sprachgebrauch hervor. Nur die Gegenständlich*keit* wird ja ausdrücklich bei mir »dem Logischen überliefert« (vgl. S. 28, 1. Abs.). Nur mit dem Sein des Seienden ist logische Form identisch, ist geltender, wert- und sollensartiger theoretischer Gehalt zusammenfallend. Daß zwischen »Sein« und geltender Form Koinzidenz und deshalb keinerlei »Korrelation« oder sonstige »Beziehung« bestehe, wird hier wie an der späteren Stelle von mir behauptet. Ich leugne ein Prioritätsverhältnis zwischen beiden, ebenso wie ich eine Priorität der Powerteh vor der Armut und umgekehrt ablehne. Die geltende Wahrheitsform steht weder in einem Abbildlichkeits- noch in einem Prioritätsverhältnis gegenüber der Gegenständlichkeit, sondern rückt mit ihr in Eins zusammen. Darin besteht das, was ich – ob nun mit Recht oder mit Unrecht, ist hier gleich – kopernikanische These nenne: daß *jede* Distanz und folglich auch Priorität zwischen beiden aufhört. Deshalb verwerfe ich auch alle die Wendungen des Gegenstandes der Erkenntnis, in denen es heißt: erst muß das Sollen anerkannt werden, dann gibts Sein. Ich sage: Sein ist *identisch* mit dem Sollen, was da anerkannt wird, und nicht ein Posterius ihm gegenüber.

Nun sage ich allerdings in meiner Abhandlung nicht, daß »das Sollen« schlechthin, sondern ich sage, daß ein bestimmtes Sollen, nämlich eine gewisse, auf die Sinnlich-Anschaulichkeit eines Materials zugeschnittene und an ihm den kategorialen Beruf ausübende, gebietskategoriale geltungsartige und damit sollensartige Form mit dem Sein oder der Gegenständlichkeit zusammenfällt. Und nun könnten Sie sagen, es bestehe eben eine Distanz zwischen dem Sollen und dieser »bereits am Seienden haftenden« Seinsform (vgl. z. B. Gegenstand der Erkenntnis S. 175 und vorher). *Diese* Distanz gebe ich natürlich zu. Aber es ist eine Distanz zwischen sollensartigem Gelten überhaupt und der ganz bestimmten sollensartigen Gebietskategorie genannt »Sein«, also zwischen einem reinen und einem getrübten Sollen. Es ist eine Distanz *innerhalb* des Sollens, nicht zwischen Sollen und Sein. Denn mit einem Sollen, nämlich jenem bestimmten gebietskategorialen Sollen, fällt Sein oder Seinsgegenständlichkeit *zusammen*. Diesen Punkt habe ich in meiner Abhandlung S. 100 Abs. 1 mit Hinweis auf die Stelle im Gegenstand der Erkenntnis berücksichtigt und abgewiesen.

..... Und ich glaube nun ferner gezeigt zu haben – diesen Nachweis kann ich hier nicht wiederholen – daß man *nur* durch meine Zerlegung der Geltungssphäre in Kategorie und Material [273/274] in dieser Angelegenheit Klarheit gewinnen kann. Dies ist eine Lösung, die sich vorher *niemand* auch nur hat träumen lassen. Sie ist für mich eine der wichtigsten Proben aufs Exempel gewesen für die Richtigkeit meiner Übertragung des Kategorienproblems auf die Geltungssphäre, der Zerlegung in Gelten und Geltendes usw. Ich glaubte hier einen Fall angetroffen zu haben, in dem es *nur* durch meine erweiterte Kategorienlehre Klarheit und Entwirrung gibt.......

Doch ich will darüber nicht ausführlicher sein, sondern komme zu einem neuen Punkt. Ich habe in diesem Brief bisher angenommen, das, dem gegenüber eine Priorität bestehen soll, sei das »Sein«, die Gegenständlichkeit. In Ihrem Brief aber heißt es: »Ihr ganzer Kampf gegen die »Priorität« kommt auf einen Wortstreit heraus. Auch Sie lehren die logische Priorität des »Seins« vor dem »Seienden«.« Und weiter sagen Sie: »Das »Sein« muß »gelten«, ehe irgend *etwas* »ist«.« Aus dieser Formulierung vermag ich nun vorläufig in keiner Weise eine Priorität herauszulesen. Sie erscheint mir lediglich als eine sprachliche Umwendung des analytischen Satzes, daß man zum »ist«, d. h. zum Sein des seienden Etwas, des Seins, des geltenden Seins bedarf. Wie das Sein das sachliche Prius für das »ist« des Etwas sein soll, ist mir nicht verständlich. In diesem eine Priorität nicht einschließenden Sachverhalt ist allerdings das Gelten nicht zusammenfallend mit Sein. Aber nur wenn man das Gelten als Kategorie faßt im Unterschied zum Geltenden, bekommt man eine solche Distanz heraus, eine Distanz an die Sie erstens im Gegenstand der Erkenntnis nicht gedacht haben und die vor allem zweitens nichts mit Priorität zu tun hat. Denn wie überhaupt das Verhältnis der Form zum Material, so ist auch das Verhältnis der Form der Form (Gelten) zu ihrem formartigen Material (Sein) kein Prioritätsverhältnis (dies auseinandergesetzt bei mir S. 101)......

So wie ich weiter oben die Priorität des Seins vor dem Seienden deutete, war es die Priorität des Seins vor dem Seinsmaterial als einem *Seins*material oder *als* einem *Seienden*, und darin konnte ich keinerlei Priorität entdecken. Denn es schien mir darauf hinauszulaufen, daß der Seinscharakter des Seienden auf Rechnung dieses Seinscharakters kommt. Um aber alle Möglichkeiten zu erschöpfen, komme ich nun auch noch auf den Gedanken, daß Sie mit der Priorität vielleicht das Verhältnis der die gesamte »aposteriorische« Materialsmannigfaltigkeit des Seienden »beherrschenden« »apriorischen« Form zum Seinsmaterial meinen. Sollten Sie das meinen, dann brauchten wir ja *darüber* gar nicht zu streiten. Denn dann handelte es sich ja um eine Beziehung zwischen ganz *anderen* Gliedern, als in der Prioritätslehre des Gegenstandes der Erkenntnis, des gesamten Kantianismus (auf den ja Gegenstand der Erkenntnis S. 168 unten hinweist) und meiner Abhandlung gemeint sind. Denn in dieser [274/275] Prioritätslehre war ja immer das »Sein« und nicht das »Seiende« das, dem *gegenüber* oder *vor* dem einem Anderen Priorität eingeräumt werden sollte, während in der Formulierung Ihres Briefes das Sein gerade das ist, *was vor* einem anderen die Priorität haben soll. Also eine ganz andere Angelegenheit!

M. a. W. Bezeichnen Sie das »Seiende« als das, *gegenüber* dem eine Priorität statthaben soll, so meinen Sie damit entweder Priorität der Form gegenüber dem Material – und darüber besteht kein Streit; oder Sie meinen den Umstand, daß das Sinnlich-Anschauliche *als* »*Sei*endes« (gewissermaßen im Unterschied zu »Sei*endes*«) zu figurieren vermag, dann gibt es nur einen analytischen Satz und keine Priorität. ....

19)* Zum Folgenden ist natürlich zu bemerken, daß ich hier *nur* das *Geltende* und Sinnliche im Auge habe. Es wäre das Argument zu erweitern dahin, daß an *allen* Gegenständen ihre Gegenständlichkeit *logische* Form, also Geltendes ist. Folglich auch das

Übersinnliche nicht ein Gegenstandsreich, sondern nur ein Gegenstands*element* oder *Faktor* sein kann!

20)* Einzufügen: ... nicht Sinngepräge gebend muß ......

21)* Also: nicht formartiges Material.

22) Wobei freilich zu bedenken ist, daß dem Typus aller vergangenen Metaphysik gemäß die geltende Form zugleich zur überseienden gestaltenden Potenz verlebendigt und damit verselbständigt wird; dadurch weicht der metaphysische Formbegriff von unserm Begriff der bloßen unselbständigen Hingeltungsform doch wesentlich ab, vgl. auch unt. II. Teil, 1. Kap. Anf.

23) Das Verhältnis zwischen Andersheit und Negation mag dabei allerdings ganz dahingestellt sein. Überhaupt soll die genauere Fixierung der logischen Eigenart eines solchen philosophischen Charakterisierens des nichtphilosophischen Erkenntnisobjekts hier unterbleiben.

24) Daß man mit ihnen auch den von den Erlebnissubstraten ablösbaren Sinn bezeichnen darf, kommt in diesem Zusammenhang nicht in Betracht.

25) Dieser Ausdruck wird genau in der Erweiterung des von *J. Cohn* geprägten Terminus »denkfremd« gebraucht, s. Voraussetzungen und Ziele des Erkennens, 1908, 106.

26) Es mag hier angemerkt sein, daß dagegen in dem ersten großen System der Zweiweltentheorie, im Platonischen, der eigentliche Gegenpol des Übersinnlichen, das in letzter Linie dem Übersinnlichen gegenüberliegende Prinzip, also keineswegs die γενεσις, sondern das, was an der γενεσις übrig bleibt, wenn von ihr alles abgezogen wird, was an ihr Abbild der Idee ist, mithin das Prinzip der sogenannten »Materie«, nicht als das Wertlose, sondern als das Wert- und Bedeutungsfremde gefaßt wird. Erst aus der Mischung des jenseits von Wert und Unwert liegenden Übersinnlichen und des diesseits von Wert und Unwert liegenden Sinnlichen, entsteht die γενεσις, als die Stätte der Unvollkommenheit und des Gegensatzes von Wert und Unwert. So steht es im Grunde [54/55] auch bei Aristoteles, bei dem es nirgends schöner als im 12. Buch der Metaphysik ausgeführt wird.

27)* Zunächst alogisch = was übrig bleibt nach Abzug der kategorialen Form.

28)* und religiös-übersinnlichen

29)* cf. bereits das kantische aposteriori, *empirisch*, Rezeptivität; cf. impression.

30)* Ad Lehre von Sinn und Bedeutung stehe ich doch R(ickert) sehr nahe!

Ad Sinn: Die einzelnen Wahrheitseinzelheiten derselben Kategorie unterscheiden sich doch qua Zeitlosem gar nicht, sondern sind darin ja identisch, es ist immer *dasselbe* Zeitlose nur hinsichtlich anderer Zeitlichen, also qua *Zeitloses* liegt hier gar keine Vielheit vor (allerdings dies nur für unterstes Stockwerk).

Ad Bedeutung aber gilt schließlich dasselbe. Auch hier die Vielheit der Bedeutungen qua Zeitloses nur scheinbar und sekundär eine Vielheit. Denn es ist ja immer *dasselbe* Gelten, dem man nur um des *Wohin* willen verschiedene Bedeutungen hat anwachsen lassen.

31)* In Form *steckt* das eine Urverhältnis.

32) Dies alles nur, um zu illustrieren!

33)* und beim Urverhältnis überhaupt

34) Über die Schwierigkeit, daß hier, wo es sich doch erst um die Gewinnung der Kategorien handeln soll, trotzdem fortwährend auch bereits auf das Material, sowie auf das »Verhältnis« zwischen Material und Form kategoriallogische Bestimmungen wie »Besonderheit«, »Bestimmtheit«, »Verhältnis« u. a. angewandt werden, wolle man hier noch ganz hinwegsehen. Im II. Teil, im 2. Abschn. des 2. Kap., wird von diesem »Zirkel« die Rede sein.

35) Auch dieser Terminus also wird ebenso wie der des »Sinnes« hier in einem absoluten Sinne gebraucht, wobei jeder Gedanke an ein »Bedeutung von« etwas sein, an ein Bedeutetsein durch hindeutende symbolische Zeichen, z. B. Worte, auszuschalten ist.

36)* *wovon* das Geltende die Form ist!

37) Es ist im Vorangegangenen nur die mit dem Form-Material-Verhältnis zusammenhängende Bedeutungsbelastung berücksichtigt worden. Es gibt aber auch, worauf hier jedoch nicht eingegangen werden kann, eine aus dem Subjekt-Objekt-Verhältnis hervorgehende. Ich führe diese Bedeutungslehre hier überhaupt systematisch nicht weiter aus und verfolge auch nicht, wie durch sie ein Licht darauf fällt, daß fast sämtliche geschichtlich vertretenen Zweiweltentheorien – vorbildlich wieder die platonische, sodann die jüdisch-alexandrinische, die neuplatonische, die neupythagoreische, weithin die mittelalterliche – in eine solche Dreiteilung von vielheitslosem Einen, vielheitlichem Zwischenreich (κοσμος νοητος) und sinnlicher Mannigfaltigkeit (Materie) ausmünden. Der Abstand zwischen dem vielheitlosen Absoluten und der Vielheitlichkeit der intelligiblen Welt hat jedoch nichts mit dem Unterschied zwischen dem Übersinnlichen und dem Unsinnlichen zu tun, den es in der vergangenen Metaphysik vielmehr noch gar nicht gibt. {Der folgende Satz Anmerkung aus dem Nachlaß zur bisherigen Anmerkung 37:} Eigentlich nur *Eines*, und Vielheit nur Ausdrucksweise für Verflochtenheit!

38)* Also nur »an der Hand« des Materials!

39)* gleichsam wie unterirdische Mächte.

40)* Kantianismus und Hegelianismus sind die beiden einzigen konsequenten Ansichten über die Struktur des Logischen an sich!

41)* wobei dieses lediglich als *Beispiel* eines Materials.

42)* Ad Kategorienlehre überhaupt: es gibt nur *zwei* große Ursprünge und Primitivitäten: gebietskategorialen Gehalt und Wesen der Relation, das sind die obersten kategorialen Momente, ersteres aber noch ursprünglicher als letzteres.

43)* Ad 61 f. (Gebietskategorie) und 113 f. Gebietskategorie schon deshalb vernachlässigt, weil nicht Relationskategorie und folglich weil nicht sprachlich deutlich aufdringlich hervortritt. cf. wenn man »weiß« denkt, so in »weiß« *sprachlich* die Gebietskategorie gar nicht angedeutet. Dies nur, wenn Existenzialurteil fällen.

44) Man bemerkt vielleicht, daß gerade in der Gebietskategorie nichts von »Relation« zu finden ist.

45) Worauf es beruht, daß die bestimmten logischen Formen »Kategorien« oder »Prädikate« (»Prädikamente«) genannt werden dürfen, das kann hier nicht auseinandergesetzt werden.

46)* und Alogizität.

47)* eben unerleuchtet.

48)* nur Drüberkommen der Form, nur durch Form hindurch, eben einfach Klarheit über, Bewandtnis *mit.*

49)* Das Verhalten zum Nichtmitteilbaren ist einfach das Verhalten zum Alogischen (= »Anschauung«, sinnliche und unsinnliche).

Das unmittelbare Erleben heißt einfach das unreflektierte Erleben des logisch Nackten. Das nicht unmittelbare das des logisch Umkleideten. Wo also etwas als Material vorkommt, das auch als logisch nackt vor einem *anderen* Erleben stehen kann.

Alles also ist so, wie es ist, und will unmittelbar erlebt sein, das Irrationale wie das Rationale. Aber das unmittelbar erlebbare Rationale ist eben anders als das unmittelbar erlebbare Irrationale. Sein hervorstechender Charakter ist eben die Rationalität = Eindeutigkeit, Fixierbarkeit usw., begriffliche Festlegbarkeit. Dies ist in Wahrheit das einzige Übertragbare und Begreifliche an *allem* überhaupt! Das Betroffene wird immer irrational weitergegeben, aber vom Rationalen *betroffen* wenigstens. Das ist Alles, was es gibt! Wenn wir sagen: unbeschreiblich usw., so sagen wir entweder: es *ist* nicht Logisches, sondern Alogisches, oder es ist bei Betroffenheit undurchdringlich. Das Zweite folgt aus dem ersten. [275/276]

Also: 1. Alogizität, Logosfremdheit, Unmittelbarkeit = das in sich Eingeschlossene, Unmit*teilbar*keit. 2. Unmittelbarkeit = nicht durchs Logische vermittelt, sondern logisch nackt. 3. Evtl. kann man es nur erleben, aber nicht durchdringen; logische Umkleidung ersetzt nicht Erleben.

Das Unbegreifliche ist wenigstens Gott sei Dank umgreiflich, und das umgreiflich Umgriffene halten wir fälschlich für begriffen, begreiflich!

50) Deshalb wende ich mich gegen *Windelbands* und *Rickerts* Behauptung der Irrationalität des Individuellen. Vgl. *Windelband*, Präludien[3], 378 (»Geschichte und Naturwissenschaft«), Gesch. d. neuer. Philos.[4], II, 157 ff. *Rickert*, Grenzen der naturwissenschaftlichen Begriffsbildung, 1902, 236 ff.

51)* geltungsartiges Gebilde ist.

52) Vgl. z. B. *Lotze*, Logik, 1880, 561.

53)* kontemplativ geltungsartiger, objektiver und schattenhafter Sachgehalt.

54)* Ad Gattungs- und Allgemeinheitsproblem ist jedoch zu bemerken, daß wir hierbei nicht nur in die reflexive Gegenständlichkeitssphäre, sondern außerdem wohl auch in die abbildliche, also in die nichtgegenständliche Sphäre hineingeraten. Denn die Gattungsinhalte sind als solche originaliter gar nicht erlebbar, obwohl sie aus Vollinhaltlichkeit kommen! *Muß* nicht, was ein bloßes Geschöpf der Kategorie ist, in der Abbildlichkeitssphäre liegen? Führt also nicht die reflexive Sphäre auf die abbildliche? Aber dann wäre der Begriff der reflexiven Gegenständlichkeit zu beseitigen!

Allgemeines gesondert gibt es nur im Erkennen, aber Erkennen gibt es nicht nur des Allgemeinen!

Gattungsinhalte sind ja niemals logisch nackt zu erleben.

55)* und zwar mit der Struktur des theoretischen Objekts oder Gegenstandes.

56)* Daß Erkennen sich einem Etwas zuwendet = subjektives Korrelat von Betroffenheit.

57)* Erkennen richtet sich auf etwas = *gehabte* Form bemächtigt sich oder = Erleben durch Form hindurch.

58) Was hier unerörtert bleibt, macht eine der vielen Angelegenheiten aus, die im »Satz der Immanenz« durcheinandergemengt werden. {Der folgende Text ist Anmerkung aus dem Nachlaß zur bisherigen Anmerkung 58:} Wenn wir hier das Bedeutungsfremde als das nur »unmittelbar Erlebbare« bezeichnen, so müssen wir wieder daran erinnern, daß wir damit der Entscheidung im engeren Immanenzproblem nicht vorgreifen wollen, d. h. wir lassen es dahingestellt, ob bedeutungsfremd und Erleben sich decken, ob bedeutungsfremde Bestimmtheit in *Erlebens*bestimmtheit *besteht*. Wenn wir uns also so ausdrücken, daß das Bedeutungsfremde etwas ist, *was* erlebt wird, wenn wir von erlittenen Impressionen reden, so haben wir uns noch nicht dahin festgelegt, daß es *innerhalb* des bedeutungsfremden Bereiches diese Trennung des Erlebens und Erlebten gibt, ob es also ein bedeutungsfremdes Erleben gibt, das irgendwie, natürlich anders als das Sachverhalten, als Verhalten zu bedeutungsfremdem Etwas angesehen werden kann, ob es Erleben von Bedeutungsfremdem oder nur bedeutungsfremdes Erleben gibt. Andererseits: wenn wir das Bedeutungsfremde als das hinstellen, was nur »erlebt« werden kann, so ist damit noch nicht gesagt, daß es im Erleben *besteht*, in Seltsamkeiten des Zumuteseins aufgeht. Erleben und alle bloße *Erlebens*bestimmtheit ist stets Bedeutungsfremdes – weshalb die Lehre, daß alles Erlebensstoff ist, zur sensualistischen Leugnung des zweiten Reiches führt –, [276/277] ob aber umgekehrt alles Bedeutungsfremde Erleben ist, das steht noch dahin. Das also ist noch die Frage, ob Bedeutungsfremdes und Bedeutungshaftes sich so unterscheiden, daß das eine das Immanente ist im Sinne des sich im Erleben Auflösens und das andere das Transzendente als das nicht im Erleben Aufgehende. Freilich ist das Transzendente auf jeden Fall das nicht im Erleben Aufgehende. Aber dahingestellt bleibt noch, ob damit der Gegensatz zu *einem* Bedeutungsfremden oder zu *dem* Bedeutungsfremden, also *das* oder *ein* wesentliches Charakteristikum des Geltens ausgedrückt ist. Kurz: das oberste Kriterium für das Nichtgeltende ist uns die Bedeutungsfremdheit, ohne daß wir uns um deren Verhältnis zum Erlebensmoment kümmern. Es genügt uns, die Urdualität als die des Bedeutungsfremden und Bedeutungshaften erfaßt zu haben.

59)* die kategorialen Epitheta darüber zu erfassen.

60)* Soweit Erkennen, soweit Kategorie; soweit Erkenntnistheorie und Kategorienlehre!

61)* Konsequenz, die noch nie gezogen in Gegenwart.

62)* also hauptsächlich auf die unsinnliche, nebenbei übersinnliche Sphäre.

63)* zunächst.

64)* und übersinnliche, der sinnliche und der übersinnliche Gegenstand, die beiden Gebiete *jenseits* aller Kontemplation, die Materie aller kontemplativen Form.

65) Gerade in diesem Punkte zeigt jedoch die Ideenlehre eine tiefgreifende Unausgeglichenheit, die es überhaupt verbietet, etwas Einheitliches unter den platonischen Ideen zu verstehen. Die Ideenwelt beherbergt ungeschieden nebeneinander einerseits gewöhnliche Gattungsbegriffe, d. h. Einzelheiten des *Sinnes* [95/96] mit Gattungsinhaltlichkeit, und andrerseits Wert- und *Form*begriffe, wie die des Schönen, Gerechten,

Heiligen, Guten, wie ferner die theoretischen Formbegriffe, die Begriffe von Kategorien, von »apriorischen Formen«. Nur wenn man diese geradezu entscheidende und von *Plato* nicht bemerkte Inkongruenz beachtet, daß unterschiedslos die Ideen des Blau und des Rot, des Tisches und des Bettes und dann wieder die des Seins, der Selbigkeit, der Andersheit u. a. nebeneinander auftreten, ist eine Würdigung der Ideenlehre möglich.

66)* Aber *Lotze* meint doch das ab- wie nachbildliche Eitelreich und nicht die bloßen Formen! *Insofern* also keine Übereinstimmung.

67)* als Geltendes mitsamt ihrem Gelten.

68)* wie Seiendes und Sein, so Geltendes und Gelten.

69) Der einzige, der, soweit mir bekannt ist, die oben angedeuteten Schwierigkeiten behandelt hat, ist *Kroner*, Über logische und ästhetische Allgemeingültigkeit, 1908. Er erkennt sehr gut das im ästhetischen Erkennen vorliegende Ineinander, und daß erst durch den Hinzutritt des Logischen eine Artikulation theoretischen Sinnes entsteht. »Im logisch-ästhetischen Urteil ist daher die ästhetische Allgemeingültigkeit, wenn auch nicht eine Art der logischen Allgemeingültigkeit, so doch ein Objekt der Bejahung. Erst in dieser Bejahung gewinnt die ästhetische Forderung den Charakter, der sie zum allgemeingültigen Urteil erhebt, durch die Transposition in die logische Sphäre artikuliert sich erst der Sinn des Wohlgefallens«. 93. Dagegen von der Vorstellung der doppelten Gültigkeit und des doppelten Urteilselementes vermag er sich dabei nicht freizuhalten. »Die Bejahung bezieht sich also auf den Sinn einer Billigung, die logische Gültigkeit gründet sich auf die ästhetische«. 90. »Nennen wir diese das *rein-ästhetische*, die logische Anerkennung aber das *logisch-ästhetische* Urteil, so haben wir in diesem letzteren eine Gestalt des Denkens vor uns, die *für das Denken* auf eine Unterordnung des reinästhetischen Urteils unter den logischen Wert hinweist«. 93. Unberechtigt ist auch die Behauptung, 94: »Deshalb ist die Ästhetik der Logik überhaupt untergeordnet [105/106] und wird durch sie erst möglich«. Gestützt soll dieser Satz werden durch den früheren: »Hätte die Norm der Wahrheit oder das logische Sollen nicht unbedingte Geltung, so käme auch dem logisch-ästhetischen Urteil keine logische Gültigkeit zu, und die ästhetische ließe sich nicht zum Problem machen«. Allein dieser Satz krankt an dem unbestimmten Begriff der »ästhetischen Gültigkeit«. Unter »ästhetischer Gültigkeit« darf an dieser Stelle nur das ästhetisch Geltende, also das von der Kategorie Gelten, von der »logischen Gültigkeit« betreffbare ästhetische Material verstanden werden. Dann aber beweist der Satz lediglich Folgendes: hätte die Wahrheit nicht unbedingte Geltung, so käme auch dem Erkennen gerade des Ästhetischen keine Gültigkeit zu, es gäbe kein Wahrheitsproblem hinsichtlich des Ästhetischen, Ästhetisches stände nicht als Erkenntnismaterial in kategorialer Form. Damit ist nicht eine ästhetische Gültigkeit einer logischen »untergeordnet«. Sondern ein ästhetisch Geltendes ist für ein Kategorienmaterial eines logisch Geltenden und zwar der logischen Form, die da »Gelten« lautet, erklärt, auf deren Rechnung der Gültigkeitscharakter des Ästhetischen erst kommt. Bewiesen ist damit nur, daß die Ästhetik als Erkennen abhängig ist vom logischen Formgehalt, mit dem sich das sonst logisch nackt bleibende ästhetische Etwas umkleiden muß.

Aber wie nirgends das Erkennen, so ist damit auch das ästhetische Erkennen der Logik nicht untergeordnet. Es bildet vielmehr lediglich die logische Form des ästhetischen Erkenntnisobjekts ein Erkenntnismaterial für die Logik, nämlich für die in der vorliegenden Abhandlung postulierte Logik der philosophischen Kategorie. Nicht durch die Logik, sondern durch die logische Form wird die Ästhetik erst möglich. – Auf jeden Fall enthält *Kroners* Berücksichtigung des hier vorliegenden logischen Einschlags einen wertvollen Hinweis auf das logische Problem im philosophischen Geltungserkennen.

70) Beiträge zur Lehre vom negativen Urteil. Straßburger Abhandlungen zur Philosophie, 1884, 181 ff., 185 Anm. 1. Vom System der Kategorien. Philosophische Abhandlungen Sigwart gewidmet, 1900, 46.

71) 183 f., vgl. auch: Vom System d. Kat., 47 unten. »Die Kategorie des »Seins« – wie sie in jeder der verschiedenen Arten des Existenzial-Urteils enthalten ist, gleichviel ob sich ein solches auf irgendein »Dasein« oder ein »absolutes Sein« bezieht«. Hier wird somit der oberste Gegenstandsbegriff des »Seins« den beiden Gebietskategorien des Sinnlichen und des Übersinnlichen, dem Dasein und dem absoluten Sein, wie in den »Beiträgen« denen des Sinnlichen und des Unsinnlichen, der Realität und dem Gelten, übergeordnet.

72) 184 u. 185.

73) 184 Anm. 2.

74) Logik 511 f.

75) *Fichtes* Atheismusstreit und die *Kant*sche Philosophie, 1899, 21 und 23.

76) Philosophie des Geldes [2], 1907, 5 ff.

77) Log. Unters. II, 124.

78) Vgl. *Husserl*, Log. Unters., z. B. I, 229, II, 111, 123 ff.

79)* Auch hier gibt es allerdings auch Wahrheit *darüber*, aber Geltungssphäre selbst wieder = originale Wahrheit!

80)* Bezeichnen immer nach Gebietskategorien! Meine Kategorienlehre = Besinnung darauf!

81)* Das tut man in der Logik der Formphilosophie. Formphilosophie *wendet* Form der Form an, Logik der Formphilosophie *weiß* darum.

82)* Ad Identitätskopernikanismus. Gesetze des Müssens *sind* Gesetze des Sollens, sie *werden* Gesetze des Sollens, wenn man sie als normatives entgegengeltendes *Objekt* faßt. Erst bei normativer Wendung gibt es den gegenüberliegenden Schauplatz der gegensätzlichen Subjektivität, die Frage, ob erfüllt wird oder nicht. Gesetze des Müssens also sind sie mit Bezug auf ihr Material, Gesetze des Sollens mit Bezug auf ihr Subjekt. Natürlich sind die Gesetze des Müssens nicht Normen für die müssende Wirklichkeit selbst, sondern für deren Erkennen. Schließt sich an an Sein-Gelten!

Es muß hervorgehoben werden, daß die Identitätsphilosophie natürlich für den gegensatzlosen Sinn gilt, und daß gerade durch die Identitätseinsicht das Sichabheben der gegensätzlichen immanenten Sphäre von der transzendenten um vieles verdeutlicht wird. Wirklichkeit als abzubildende Norm.

Hier muß Verteidigung der Abbildtheorie wieder aufgenommen werden. Abgelehnt wird die Abbildlichkeit des theoretischen Gehalts gegenüber *Gegenständen*. Aber müssen die Abbildungsangelegenheit des theoretischen Gehalts und des Erkenntnis*aktes* unterscheiden, Abbildlichkeit im *Erleben* behaupten wir natürlich oder besser des erlebten mit dem transzendenten Sinn. Also es bleibt dabei, daß die Gegenstände, πραγματα, das Abzubildende sind.

Bolzano – H.(usserl) also dadurch charakterisiert, daß Theoretisches ins Objektive schleudert, trotzdem aber vorkopernikanische Blindheit beibehält. *Kant* hat Kopernikanismus, aber nicht Objektivismus. Man muß Objektivismus und Kopernikanismus vereinigen. Durch Herausschleuderung des Theoretischen ins Objektive bei gleichzeitiger Blindheit hinsichtlich des Kopernikanismus muß ja Themalehre entstehen. [277/278]

Das die ungeheuere Paradoxie, die strenge Durchführung meines Kopernikanismus, daß das Hineingehobensein in die unpersönliche Wahrheitsatmosphäre schon in der vollen lebendigen Wirklichkeit *selbst*, sofern *Wirklichkeit*, sofern vergegenständlicht. *Nicht* so ist eben *bloß* das logisch Nackte!

83)* aber nicht Geltungsgegenstand.

84) So spricht z. B. *Rickert* von der »logischen Priorität des Sollens vor dem Sein«, vom Sollen als der »logischen Bedingung der Wirklichkeit« vgl. Der Gegenstand der Erkenntnis, 2. Aufl., 1904, 148, 150/1, 165, 170, Zwei Wege der Erkenntnistheorie, Kantstudien 1909, 37. Es ist dabei zu beachten, daß ausdrücklich das »transzendente Sollen« und der »transzendente Sinn« bei Rickert in eine Distanz zum Seinsgegenstand gebracht wird. Daß es einen von den Gegenständen unterschiedenen Sinn gibt und dieser, von der Subjektivität aus betrachtet, sich vor den Gegenstand schiebt, ist durch die Bemerkungen oben S. 37 f. zugegeben worden. Allein erstens besteht nicht ein Prioritäts-, sondern höchstens umgekehrt ein Abbildlichkeitsverhältnis dieses Sinnes gegenüber dem Gegenstand. Sodann wird durch die Prioritätslehre der wahre Sachverhalt unterdrückt und geleugnet, daß es *überhaupt* einen mit dem Gegenstand zusammenfallenden theoretischen Sinn gibt. Das Hineinspielen aber einer die Gegenständlichkeit »logisch erzeugenden« transzendentalen Subjektivität vermag erst recht nicht zu irgendeiner Rechtfertigung der Prioritätslehre zu führen.

85) Gstd. d. Erk., 170 ff.

86) Diese Entscheidung trennt den hier vertretenen Standpunkt grundsätzlich und auf das Schärfste von Denkern wie E. v. *Hartmann*, dem an einer späteren Stelle wegen seiner Einsicht in die Weite des Kategorienproblems die größten Verdienste einzuräumen sein werden.

87)* auch *wenn* alle Form in letzter Linie immanent ist; denn Kontemplation schafft nur *Boden*.

88)* Soviel Etwas, soviel Wahrheit darüber.

89) Präludien[3], 460.

90)* Wegen des *dualistischen* Charakters des Materials! Spiegelung des Dualismus! Am klarsten für Gebietskategorie.

91)* Ob denn das Geltende nicht »ist«?

92)* Durch *Ausdehnung* der *spezifischen* Kategorie erst *Weite* der generellen Kategorie.

93)* Ad reflexive Kategorie. Ich habe nicht genügend bedacht, daß es nicht bloß reflexive *Form* gibt, sondern daß Reflexivität eine allerdings von den *Kategorien* aus beginnende immanente Modifikation und Distanzschaffung des *Sinnes* ist. Ganz gleich, ob mit verblassender Abbildlichkeit, die vom Material aus wirkt, zusammenfällt oder nicht.

Lehre von der Reflexivität gehört also eigentlich in die Lehre von den *immanenten Zuständen des Sinnes*, in die der transzendente Sinn hineingerät. *Das* ist der Oberbegriff. *Struktur*immanenz ist nur eine Unterart einer immanenten Zuständlichkeit überhaupt Es ist eine immanente Zuständlichkeit des Sinnes, die zugleich die Form betrifft, die mit Veränderung des Bedeutungsgehaltes der Form verbunden ist!

Gibt es eine rein logische Theorie der reflexiven Kategorie durch Generalisieren gegenüber dem absolut Kontinuierlich-Konstitutiven? Das Vorangegangene ist wohl einzuschränken! Unbestreitbar ist, daß es sich um eine verblassende Modifikation nicht nur der *Form*, mithin des Sinnes handelt. Aber tritt sie denn abbildlich den Gegenständen gegenüber? Ist es nicht lediglich eine Verblassung der Gegenstände selbst, eine nicht gegenübertretende?

94) Vgl. S. 229 Anm. 37.

95) *Lotze*, Logik 3. Buch, 4. Kap. »Reale und formale Bedeutung des Logischen«. *Windelband*, Vom System der Kategorien. Sigwart-Festschrift, 1900.

96) Erst durch eine ausreichend begründete Lehre von der immanenten Bedeutungsbelastung erhält die folgende Theorie der reflexiven Kategorie ihre volle Überzeugungskraft.

97)* bedeutungsbestimmendes Moment ist hier bedeutungsbestimmender Erlebensbestand. Empiristische Tendenz!

98)* Nämlich Schemen des Inhalts überhaupt.

99) Das wäre hier bei der *Ableitung* der ganzen kategorialen Schicht in der Tat ein Zirkel, während sich später zeigen wird, daß und warum die fortwährende Anwendung gerade der hier in Frage stehenden Kategorien auf sie selbst, aus ähnlichen Gründen wie früher bei der Kategorie des Geltens, nicht unstatthaft ist.

100)* Antastung, diminuierende Aktivität, beraubendes Erleben sich vorschweben lassen, darum auch = *nur* vorschwebend.

101)* Darin *dokumentiert* sich Verblassung! *Kann* nicht an sich *stehen*, denn solch ein Material gibt es gar nicht!

102)* Man darf infolgedessen nicht etwa wähnen, bei unmittelbarem Erleben eines spezifisch Sinnlichen oder Nichtsinnlichen schrumpfe dieses zum Irgendetwas zusammen, vielmehr nur beim Erkennen (vgl. S. 116, Anf. d. Abs. schon so formuliert); Unlebendigkeit *muß* sich auf das *ganze* Form-Materialgefüge richten.

Man kann dies vielleicht dahin übertreiben, daß reflexive Kategorie gar nicht selbständige Kategorie, sondern immer etwas an den konstitutiv geformten Gegenständen. Deshalb treten sie ja immer »angewandt« auf.

Ja, es ist vielleicht – das ist der tiefere Sinn der Vermengung – immer die *Fortsetzung* des Abbildlichkeitsprozesses! Auch dann also etwas Neues! Aber dann müßte man schon annehmen, daß es à la Sachverhalt doch wieder in die Gegenstände hineingezeichnet wird! Mit der *Anwendung* auf die spezifischen Inhalte verbände sich also diese Hineinzeichnung. Zu dieser Auffassung könnte vielleicht zwingend die Erwägung hin-[278/279]führen, daß, wenn Reflexivität gewaltet hat, Abbildlichkeit gar keine Stelle mehr findet.

Alle Anwendung von reflexiven Kategorien wäre also nach Vorigem Anwendung nicht auf konstitutiv geformte leibhaftige, sondern auf bereits bedeutende begriffliche Inhalte. Das setzt aber voraus, daß man in der Abbildlichkeitsregion den roten Inhalt und die immanente Formsituation oder Situationsform (nicht Strukturform) der Begrifflichkeit von den Inhalten, also z. B. rot und Rotbedeutung noch unterscheidet! Das identische Rot ist also noch etwas anderes als die identische Rotbedeutung!

Identität scheint von vielen in einem rein polemischen Sinn genommen zu werden, als *Sinn*-beharrung gegenüber Mannigfaltigkeit. Das noch immanenteren Sinnes! Aber setzt doch stets meine *schlichteste* Legitimierung voraus!

Nur *mit sich* identisch!

 a) Nicht Identität der Sache gegenüber Vielheit der Bezeichnungen und vorgestellten Erkennungszeichen; Identität als Folie.

 b) Nicht »reale Identität« Sigwarts. *Sigwart*, I § 14: auf einmaliges Vorstellen ließe sich nicht anwenden.

Konstanz der Bedeutungen.

 c) Nicht Beharren, dann wäre sie spezifische Wirklichkeitskategorie, können sie aber auf alles anwenden!

Keine Relation!

103)* aber nicht koordiniert, denn letzteres ja nur Kunstprodukt!

104)* Identität ist etwas schon *als* bloßes Etwas. Weiß nicht, ob es existiert oder gilt oder überist, aber *irgend* etwas ist es sicher, identisch mit sich sicher!

105) Als Gegenständlichkeit überhaupt ist die Identität besonders von B. *Erdmann* gefaßt worden. »Gegenstand und Identität mit sich selbst ist ein und dasselbe; Gegenstand sein ist nichts anderes als mit sich selbst identisch sein«. Logik I², 242. Ähnlich *Cohn*, Voraussetzungen und Ziele, 83 ff., 109.

106)* Gegenständlichkeit überhaupt also die vierte Gebietskategorie!

107)* transzendent-»geformt« = reflexive Benagung des *Konstitutiven*, wobei Logizität gewahrt.

108)* aber doch hindurchscheinend!

109)* besser: verwischend.

110)* ursprünglich spezifische Inhaltlichkeit und dementsprechend

111) Gegen *Lotze*, Logik, bes. 557 u. 571, und *Windelband*, der das Kriterium des konstitutiven Seins in der »Unabhängigkeit des Inhalts von der Form« erblickt. V. Syst. d. Kat., 47 u. 48. Nicht in der Transzendenz gegenüber der Form, sondern höchstens gegenüber der reflexivlogischen Form, nicht in der Unabhängigkeit vom Logischen, sondern höchstens vom – reflexiven – »Bewußtsein«, nicht im Inhalt, sondern im unverblaßten, bestimmt belasteten Hinweisen der logischen Beziehungsform auf den

Inhalt liegt das Wesen des Konstitutiven. Doch scheint *Windelband* selbst nach den Andeutungen von S. 50 seine vorangegangene Interpretation als unter transzendentalen Gesichtspunkten korrekturbedürftig anzusehen.

112)* also Boden bereitet für etwas, das verwischt und sich hinwegsetzt. Also nicht *vollständige* Verwischung, sondern nur Abschwächung, durch Schleier hindurch.

113)* gewiß alles auf alles beziehbar, aber *an sich stehend*! Nur unbekümmert um Konstitutives!

114)* Ad Gegenständlichkeit des Reflexiven: Die reflexiv geformten Originale sind immanente Originale im Gegensatz zu den konstitutiv geformten, die transzendente Originale sind! Originalität im weitesten Sinne ist Gegenständlichkeit im weitesten Sinne. Original ist unangetastet! *Nicht* immanent in der Hinsicht der Abbildlichkeit (hier gibt es eben noch zweierlei von Original und begleitendem Schatten; Hinweisen: Syllogismus nur Schatten, »Wahrheit«, gar nichts mehr auf »gegenständlicher Seite«).

Aber wie will man hier die Schattenhaftigkeit der Wahrheit erklären, da es ja gar nichts mehr zu verblassen gibt? Oder ist die Fassung als Originale nur dadurch möglich, daß man *heimlich* die Vollgegenstände unterschiebt? Doch dies selbst angenommen, würde zu Unmöglichkeiten führen, da es ja dann darauf hinausliefe, daß Reflexivität dieselbe Wirkung hätte wie Verblassung des Materials! Beides aber ungeheuer verschieden!

Oder man müßte annehmen, wo Reflexivität bereits gewaltet hat, gibt es nicht mehr Originalität. Akzeptiert man das nicht, dann muß Überverhältnis mit Übereinstimmungsverhältnis zusammenfallen! Trotzdem jedoch meine Erklärung der Schattenhaftigkeit als volles Moment hineinzunehmen! Die Überdistanz und die Schattenhaftigkeit sind eben zweierlei an der sekundären Wahrheit! [279/280]

Für *jenen* Zweck, um Formartigkeit des Geltens zu beweisen, genügt ja auch dies eine Moment!

Also drei Gegenstandsbegriffe:

a) im engsten Sinne transzendenter Gegenstände;

b) im weiteren Sinne urbildlicher Gegenstände;

    a) transzendent urbildlich;

    b) immanent urbildlich.

    α) schattenhaft urbildlich;

    β) reflexiv geformt urbildlich.

c) im weitesten Sinne = theoretischer Sinn überhaupt = theoretisches Objekt = »Gegenstand« im Sinne der Gegenstandstheorie!

Generelles Kategorienmaterial gibt es nicht in logisch nacktem Zustande; nur im Gefolge der Kategorie. Gibt kein »Erleben« davon, sondern nur »Denken«!

115) Mit diesem Vorbehalt ist der von *Cohn* gebrauchte Ausdruck »Minimum der Denkfremdheit« zu akzeptieren, vgl. Voraussetzungen und Ziele, 109 f., 169 ff. Das Wesen des materialen Minimums hat unter den gegenwärtigen [149/150] Forschern *Cohn* am klarsten ausgesprochen. Zu *Cohns* Theorie der Zahl, bei der dieser Begriff die Hauptrolle spielt, sei damit noch nicht Stellung genommen. Es kommt hier lediglich auf die Fixierung der reflexiven Inhaltlichkeit überhaupt an. {Der folgende Text ist

Anmerkung aus dem Nachlaß zur bisherigen Anmerkung 115:} Es ist fraglich, ob die Einschränkung gegen *Cohn* am Platze. Dann nämlich nicht, wenn man Kategorienmaterial als Kategorien*ur*material faßt!

116)* Genereller Charakter lediglich Konsequenz des Reflexiven bei dualistischem Material! Verflüchtigende Reflexivität muß bei *dualem* Material *generell* wirken!

117)* Konstitutiv darf *nicht* durch *spezifisch*, sondern nur durch *ursprünglich* definiert werden. Spezifisch setzt bereits die oberste Differenz des Konstitutiven bei dualistischer Weltanschauung voraus!

118)* Für logisch nacktes Sinnlich-anschauliches gibt es kein Analogon!

119) Es sei an dieser Stelle die bloße Versicherung hingesetzt, daß mit Hilfe der hier entwickelten Theorie der generellen Kategorien eine orientierende Kritik aller erdenklichen Aufgaben einer »Gegenstandstheorie« ermöglicht wird. Desgleichen sei lediglich angekündigt, daß die in dieser Schrift vertretene Kategorienlehre eine logische Unterkunft auch für die gesamte Mathematik gewährt. Gerade in der Logik der Mathematik hat sich *Kants* Einengung auf das Sinnlich-Anschauliche schon bisher vielleicht am empfindlichsten bemerkbar gemacht. {Der folgende Text ist Anmerkung aus dem Nachlaß zur bisherigen Anmerkung 119:}

Ad weitesten Begriff des Gegenstandes und der Gegenstandstheorie. Hier sind bekanntlich noch Lücken! In bezug auf die immanenten Gegenstände! Daß die reflexiven Kategorien konstitutive Geltungs- oder Formgegenstände sind, bildet keine Schwierigkeiten. Aber wie steht es mit den immanenten Strukturgebilden? Z. B. dem Sinn eines Satzes? Aber gilt von ihm nicht genau dasselbe? Man muß doch bedenken: das immanente Etwas (z. B. reflexive Kategorie, Urteilssinn) ist stets ganz einseitig ein wert- und geltungsartiges Etwas, nicht etwa ein Etwas überhaupt! Wie das reflexive Kategorien*material*! Außerdem zu bedenken, daß Urteilssinn ein ganz gekünsteltes perverses unsinnliches Etwas! Ob man um deswillen nicht die allgemeine Unsinnlichkeitskategorie sich sollte verzweigen lassen, wäre deshalb der Überlegung wert!

Aber zu bedenken ist doch: der immanente Sinn muß einem Gegenstande äquivalent sein? Verhalten lebt doch stets in Gegenständen? Oder gilt dies für die künstliche Region nicht? Nein! Wohl nicht! Denn hier liegt doch eine ganz andere Strukturform vor! Wie verhält sich dabei Kategorie des Bedeutens zur Strukturform der Begrifflichkeit? Ebenso von ihr zu unterscheiden wie Kategorie des Geltens von Strukturform der Urteilsregion?

Aber in der Kategorie des Bedeutens und Geltens kann doch der Erkennende nicht leben, sondern erst der Erkenntnis*theoretiker*! So lebt doch der Urteilende nicht in der Kategorie des Geltens und des Wertes! Der Erkennende lebt lediglich in dem zusammengeschrumpften immanenten bedeutenden Etwas!

Es ist aus dem Vorangegangenen fraglich, ob man auf den immanenten Sinn überhaupt den Gegenstandsbegriff ausdehnen darf, da ja der immanente Sinn nicht mehr die Kategorie-Kategorienmaterial-Struktur einfach trägt. Aber er trägt sie doch gekünstelt immer noch! Nein! Der Erkennende erlebt die imma-[280/281]nenten Gebilde nicht in der Gegenstandsstruktur, trotzdem gibt es für den Erkenntnistheoretiker immanente Gegenstände!

Gegenstände überhaupt = Sinn ohne Unterschied, d. h. nicht bloß über Sinnstruktur und Unsinnlichkeit, sondern über transzendent und immanent, urbildlich und nachbildlich erhaben.

Engere Bedeutung von Gegenstand überhaupt = transzendente Gegenstände unabhängig von Sinnlichkeit und Nichtsinnlichkeit; weitere Bedeutung = *jeder* Sinn!

120) Vgl. *Gomperz*, Weltanschauungslehre II, 1, 1908, 36 f. *Pichler*, Über Chr. Wolffs Ontologie, 1910, 3 ff., 22 f.

121) Metaphysica[5], 1763, § 8.

122) Vgl. bes. B. (Kr. d. r. V. 2. Aufl.) 346 f., 873.

123) Vgl. z. B. *Bolzano*, Wissenschaftslehre 1837, I, 115, 126, 219, 259, 459 ff. *Drobisch*, Logik[5], 15. *Lotze*, Logik, 189 f., 511 f., 560, 570. *Husserl*, Log. Unters. I, 229, 249, II, 124 f. B. *Erdmann*, Logik, I, 56 f., 223 f. *Cohn*, Vorauss. u. Ziele, 80 f. *Meinong*, Über Gegenstandstheorie (Untersuchungen zur Gegenstandstheorie und Psychologie 1904). Über die Stellung der Ggstdsth. i. Syst. d. Wissenschaften, 1907.

124) In dem Abschnitt über die Amphibolie der Reflexionsbegriffe, vgl. bes. B. 325: »Die Begriffe können logisch verglichen werden, ohne sich darum zu bekümmern, wohin ihre Objekte gehören, ob als Noumena für den Verstand oder als Phänomena für die Sinnlichkeit.« Über *Kants* Stellung zum Umfang der konstitutiven Kategorie handelt das letzte Kapitel.

125) Übrigens darf man die Identität nicht mit dem verwechseln, was in vielen Logiken unter dem Kapitel Identität erörtert wird, wo es sich oft gar nicht um die Kategorie, die reflexive Gegenstandsform, sondern um irgendwelche Postulate der Eindeutigkeit und Konstanz für das Erkennen handelt, die selbst bestenfalls auf verwickelten Umwegen auf den kategorialen Begriff der Identität zurückweisen.

126) Daß abgesehen von all diesen Schwierigkeiten die Vorstellung von einer Relation, deren Glieder Form und Material sein sollen, noch an einer ganz bestimmten Schiefheit leidet, wird im nächsten Abschnitt erwähnt werden.

127)* Darum die Paarigkeit noch *weiter* als bloße Gebietskategorie!

128)* Setzt immer ganze Wissenschaft voraus; nur *Prinzip* muß gesichert werden!

129)* Ein Vorformales gibt es für mich jetzt nicht mehr als Geltendes, sondern nur als Wertmoment überhaupt. Das *Geltende* wird als Form geboren.

130)* Im folgenden natürlich zwischen Formphilosophie und Metaphysik zu unterscheiden.

131)* Ad Strukturform: Die Strukturform ist *eine* Form der Form, aber nicht dasselbe wie Form der Form. Die Strukturform hat allerdings Form zum *Material*; sie ist immer eine Relationsform. Ihre Glieder sind Form und Material. Die Form- und Material*stellung* gehört zur Struktur*form*. Also schon der Formcharakter überhaupt ist Form der Form, besser Form des Formalen (oder noch besser: des vorformalen Geltenden), und seine Glieder sind das Materiale und das Formale. Während die Materials- und die Formstellung bereits Strukturform oder Form der Form sind. Es gibt also keine andere Form als Strukturform. Aber jede Einzelform ist Strukturform eines ihrer Elemente; ebenso jedes Einzelmaterial.

Das ist *Rickerts* Form der Form! Also keine Unterart von Form der Form überhaupt, d. h. von *meiner* Form der Form! *Rickerts* Form des Inhalts ist genau so Form der Form in *meinem* Sinne wie seine Form der Form! Zunächst kann man doch nur sagen: ist genau so Strukturform wie seine Form der Form. Sie gibt es allerdings *nur* im Munde des Logikers, ist also jedenfalls *philosophische* Form! Es ist eben weder Form der Form noch Form des Inhalts, sondern herüber- und hinübergehende Form! Jedenfalls etwas dem Rang nach Einheitliches und zwar einseitig Philosophisches.

Insofern ist *Rickerts* ganze Form der Form- und Form der Inhaltslehre in der Logik der Philosophie bereits behandelt!

Gegenüber der Strukturform des Gegenstandes ist der *ganze* Gegenstand »Material«, Kategorie wie Kategorienmaterial von ihm.

Die *Rickert*sche Form des Inhalts selbstverständlich etwas anderes als mein reflexives Kategorienmaterial.

Es gibt also streng genommen keine andere Form als Strukturform. Insofern kann man gar nicht den Formcharakter Form der Form nennen. Oder besser: man kann Kausalität usw. eigentlich gar nicht Form nennen, denn man nennt dann außer dem unsinnlichen Gehalt immer noch dessen Strukturform mit.

Struktur- oder Sinnprobleme sind immer Probleme der Strukturform! Bei ihnen ist immer auf das Inhaltliche einzugehen. [281/282]

Rickerts Form der Form etwas Einzigartiges *qua* Strukturform, aber nicht qua Kategorie der Kategorie.

Man muß so sagen: Form im Sinne von Gehaltsform ist Material von Strukturform und zwar *bestimmtes* Material der allgemeinen urbildlichen Strukturform!

Es ist dem an dieser Stelle nicht weiter nachzugehen, daß die Strukturform selbst Kategorie und folglich als Strukturform des logischen Kategoriengehalts Kategorie der Kategorie oder, wofern Kategorie als Form bezeichnet wird, Form der Form ist. Philosophische Kategorie und zwar hin- und hergehende Kategorie, d. h. eine Strukturform oder Kategorie, in deren Material sich der unsinnliche logische Gehalt befindet.

132)* Gegenglied.

133) Die Antike durfte das Sinnliche unbedenklich zum Urmaterial machen, da infolge ihrer Verschmelzung des Übersinnlichen und des Geltenden und der daraus hervorgehenden Einsetzung des Übersinnlichen in die Rolle der Form – vgl. S. 228 Anm. 22 – das Übersinnliche als Material gar nicht in ihren Gesichtskreis treten konnte.

134)* Dieses Problem aber lediglich nach der Urgliederung der theoretischen Struktur.

135)* So erhält das sog. Isolieren erst seine wahre Bedeutung.

136) Es ist *Rickerts* Verdienst, auf die vorwissenschaftliche Begriffsbildung hingewiesen zu haben, vgl. z. B. »Geschichtsphilosophie« in der Festschrift »Die Philosophie im Beginn des 20. Jahrhunderts«, 2. Aufl., 1907, 333.

137)* cf. die Bäume beim Spaziergang = *originale Wahrheit*, zu unterscheiden davon das logisch Nackte!

138) Darum ist *Rickerts* Eroberung des wissenschaftlich wie vorwissenschaftlich *unverarbeiteten* sinnlichen Kategorienmaterials (vgl. oben [186/187] S. 67), wie sich hier

von einer neuen Seite her bewährt, eine entscheidende Leistung für die gesamte Fundamentierung der theoretischen Philosophie, für die Möglichkeit, zu ihren schlichtesten und darum schwierigsten Problemen zurückzugehen.

139)* als vortheoretisches Etwas

140) *Fichte*, WW V, 342.

141)* »gegeben« eben = der kontemplativen Form gegeben!

142)* lediglich seine atheoretische *Art* durch Angabe seiner *Stätte*.

143) Eine genauere Auseinandersetzung mit *Windelbands* Theorie des Urteils und der Beurteilung kann erst auf Grund einer eigenen Darstellung der Urteilslehre vorgenommen werden.

144) Die neu zu begründende Erkenntnistheorie der Philosophie hätte sich mit der ganzen Lehre von den »Werturteilen«, insbesondere auch mit *Maiers* Begriff des »emotionalen« Denkens auseinanderzusetzen. *Maier* ist unter den Gegenwärtigen einer der ganz wenigen, die ausdrücklich die Forderung einer Logik der philosophischen Normwissenschaften erhoben haben. »Ist aber die normative Besinnung wissenschaftliche Arbeit, so hat die Logik ihre kritische Reflexion auf sie so gut zu richten, wie auf die Funktionen des historischen und psychologischen Wirklichkeitserkennens.« Psychologie des emotionalen Denkens, 1908, 47.

145)* Philosophie im Unterschiede zur Kulturwissenschaft! Philosophie folglich dem Leben näherstehend!

146) Dies gilt wie für alle philosophische Disziplinen so auch beispielsweise für die Methodologie oder Wissenschaftslehre. Auch deren Aufgabe ist es nicht, bestehende, in gedruckten Büchern niedergelegte, »positive« Wissenschaft logisch zu begreifen, sondern es ist ihr Beruf, über die an sich möglichen und geforderten – wodurch geforderten, mag dahingestellt sein – Richtungen wissenschaftlicher Wahrheitsbemächtigung nachzusinnen. Die mittelalterliche Magdstellung der Spekulation wollen wir nicht nur gegenüber der Theologie, sondern gegenüber der Autorität des wissenschaftlichen Lebens überhaupt aufgehoben wissen.

147)* Leben im Gegensatz zu Erkennen etwas anderes als Leben im Gegensatz zu Kontemplation.

148)* Letzter Grund des Geheimnisses: theoretische Form = Urform, deshalb so schleuniges Sich-einstellen. Unentrinnbarkeit der Kategorie! Glänzender Beweis dafür: Durchsetztheit von Erkennen!

149) Man sollte dessen eingedenk sein, daß bereits die Worte, gegen die sich die Pilatusfrage richtet, nicht ohne die intellektualistische Ausdruckweise der Antike verständlich sind.

150) »Der Schatten des Altertums, seine unheilvolle Überschätzung des Logos, liegt noch breit über uns und läßt uns weder im Realen noch im Idealen das bemerken, wodurch beides mehr ist als alle Vernunft.« *Lotze*, Mikrokosmos, III ^{5}, 244. »Der Intellektualismus wirkt auf uns zunächst in mannigfacher Gestalt von der Geschichte her: er wirkt aus dem Altertum, das Geist und Intellekt als gleichbedeutend zu behandeln pflegt, aus dem christlichkirchlichen Leben, dem der Glaube trotz aller Gegenwir-

kung immer wieder zu einer intellektuellen Funktion sinkt.« *Eucken*, Geistige Strömungen[3], 51.

151) »Schließlich sei noch daran erinnert, daß der Intellektualismus mit seiner Neigung, Denken und Geist einander gleichzusetzen und die Welt hauptsächlich als einen Vorwurf der Betrachtung zu behandeln, tief in die Sprache, namentlich in die der Wissenschaft, eingesickert ist«. *Eucken*, a. a. O. 53.

152)* so selbst bei *Kant* als empirischer *Erkenntnis*faktor.

153) WW (Ak.) V, 168 f., 189 f., 203 f., 211 f., 288 f.

154)* Jede Gegensätzlichkeit, Realrepugnanz, z. B. Konflikt von Pflichten, nennen »Widerspruch« jeden »Wider*streit*«.

155)* oder gar »Logik der Geisteswissenschaften« (*Cohn*: »Logik des Sollens, Logik der Ideen«, *Natorp* »Logik des Handelns«).

156) Dem durch Einführung des Wahrheitsbegriffs seit jeher in der Theologie und Religionsphilosophie eingebürgerten Intellektualismus gewiß nicht in der Sache, wohl aber in der Terminologie sind stets gerade auch die Denker nicht entgangen, die die intellektualistische Gefahr aufs Schärfste bekämpft haben; zum Beweis für den mächtigen, durch die Zeit unverminderten Einfluß der griechischen, intellektualistischen Ausdrucksweise. Der Aufnahme des Wahrheitsbegriffs ins religiöse Objekt entsprechend hat man sich dazu verleiten lassen, das atheoretische religiöse Verhalten zu einem religiösen Erkennen zu stempeln, den Glauben auf »Werturteile« zu gründen (*Ritschl* und seine Schule), aus der Religionsphilosophie eine »Erkenntnistheorie der Religion«, eine Frage »nach dem Erkenntniswert oder dem Wahrheitsgehalt der Religion«, eine »Logik der Religion«, eine »Erkenntniskritik der religiösen Erfahrung« zu machen. Vgl. *Simmel*, Beiträge zur Erkenntnistheorie der Religion, Ztschr. f. Ph. u. phil. Krit. Bd. 119, 1902, *Troeltsch*, Psychologie und Erkenntnistheorie in der Religionswissenschaft, 1905, 17 f., 22 ff., 29 f., *Hinnebergs* Kultur [207/208] d. Gegenwart I, 4, 1906, 415 f., Festschrift »Die Philos. i. Beginn d. 20. Jhdts.«[2], 1907, 471 ff., 475 ff., *Pariser*, Zur Logik der religiösen Begriffsbildung, 1909, *Wobbermin*, Psychologie und Erkenntniskritik der religiösen Erfahrung, in »Weltanschauung«, 1911. – Die intellektualistische Ausdrucksweise hinsichtlich Ethik und Ästhetik z. B. bei *Croce*, Lebendiges und Totes in Hegels Philosophie, deutsche Übers., 1909, 2.

157)* genau so, als wollte man Naturwissenschaft als Erkenntnistheorie des Sinnlichen bezeichnen.

158) Vgl. *Windelband*, Geschichte der Philosophie[5], 481: »supranaturaler Sensualismus«.

159)* Auszugehen von logisch-alogisch, *beides* im *weitesten* Sinne! Das Sinnliche dann nur Unterart vom Alogischen. Die Ismen-Alleinherrschaft des Logisch-Rationalen in diesem *weitesten* Sinne oder des Alogisch-Irrationalen in diesem *weitesten* Sinne.

160)* Alogizität und

161) Vgl. *Lask*, Fichtes Idealism. u. d. Gesch., Werke I[2] (2022), 114 ff., 117 ff.

162) Vgl. dazu *Rickert*, Fichtes Atheismusstreit, 19 ff. *Lask*, a. a. O., 117 ff.

163) *Hamann*, WW VI, 244; *Jacobi*, WW I, 385, 387, IV, 1, 234 ff.

164)* »Gegebenheit« im Gegensatz zu kontemplativ-theoretischer Form!

242

165) Bereits bei *Roger Bacon* verband sich mit der Betonung der Passivität ein zugleich suprasensualer Empirismus; von Mystikern wie *Gerson* wird die Unmittelbarkeit des mystischen Genusses mit der Unreflektiertheit des sinnlichen Genusses verglichen; vgl. *Ritter*, Gesch. d. Phil. VIII, 481 f., 650; vgl. auch *Lotze*, Mikrok. III, 241/2: »Denn freilich zeigten sich die lebendigen Kräfte, die der Glaube in Gott angeschaut hatte, dem Denken ebenso unzugänglich, als die sinnlichen Empfindungen, welche die Wahrnehmung bietet: auch für sie erzeugen wir Namen; ihren Inhalt erleben wir bloß und haben ihn nicht durch Denken. Was gut und böse ist, bleibt ebenso undenkbar, als was blau oder süß ist«. Ferner ebenda 552.

166) Einen solchen Intuitivismus vertritt *Losskij*, der ähnlich wie *Jacobi* den Erfahrungsbegriff auf das Nichtsinnliche ausdehnt, s. Grundlegung des Intuitivismus, 1908, 96 ff., und durch den Gegensatz der sinnlichen und der nichtsinnlichen Erfahrung die Zweiheit sinnlichen und nichtsinnlichen oder spekulativen Erkennens fundiert sein läßt, 311.

167) Freilich kippt eine solche Irrationalisierung des Rationalen nur allzuleicht wieder in Intellektualisierung des Atheoretischen um, insofern man doch nicht umhin kann, »Glaube« und »Gefühl« als Erkenntnisquelle sich gebärden zu lassen; vgl. darüber F. A. *Schmid*, Mönch und Philister, 1909, 113 ff.

168) Dieser Ausdruck bei *Lotze*, Gesch. d. Ästhetik, 1868, 208 und *Windelband*, Präludien, 428.

169) Vgl. besonders V, 208, 265.

170) Die folgende Skizze gibt nur eine vorläufige Zusammenstellung dessen, was sich schon auf den ersten Blick aufdrängt. Das über das Mittelalter Beigebrachte beruht nicht auf Quellenstudium. Am meisten verpflichtet ist dieser kleine historische Abriß gegenüber *E. v. Hartmanns* Geschichte der Metaphysik. Ihr wird insbesondere die Würdigung von Plotins Kategorienlehre verdankt. *Hartmann* ist der einzige, der unter dem Gesichtspunkt der den Grundgedanken der vorliegenden Abhandlung bildenden Universalität des Kategoriallogischen die Geschichte der Kategorienlehre behandelt hat. Seine hierin in vieler Hinsicht bahnbrechenden Anregungen sind in einem nicht entschuldbaren Grade unbeachtet geblieben. Ich bin auf seine Darstellung erst aufmerksam geworden, nachdem ich auf eigenem systematischem Wege zur Überzeugung von der notwendigen Erweiterung des Kategorienproblems gelangt war.

171) Met. VII, 2, 1028 b, 28-31.

172) Met. XII, 1, 1069 a, 30-33, 6, 1071 b, 3-5, 7, 1072 a, 24-26, 1073 a, 3-5. Die Anwendbarkeit der Substanz auf die Gottheit hat ihren allgemeineren Grund darin, daß nach der hier nicht genauer darzustellenden Substanztheorie des Aristoteles auch die bloße Form Substanz ist.

173) Met. XII, 1, 1069 a, 36-b 2, XI, 7, 1064 a, 33-36, b 9-14, 1026 a, 26-29.

174) In der ganzen Literatur finde ich eine Beachtung dieses für den Aristotelischen Substanzbegriff so charakteristischen und problemgeschichtlich so bedeutsamen Punktes nur gelegentlich bei *Trendelenburg* und *Brentano*. Wo *Trendelenburg* auf den Gebrauch der Substanzkategorie von der Gottheit zu sprechen kommt, merkt man ihm die Verlegenheit an, sie in dieser aufs Metaphysische gehenden Bedeutung unterzu-

bringen. »Diese Betrachtung der ουσια geschieht zwar auf der Voraussetzung der Kategorien, aber unterscheidet sich als eigentlich metaphysisch von den allgemeinen Begriffsbestimmungen derselben.« »In diesem Sinn ist sie ein metaphysischer Begriff und kaum noch eine Kategorie«. Gesch. d. Kategorienlehre, 1846, 167 f., 69. Vgl. *Brentano*, V. d. mannigf. Bedeutung d. Seienden nach Aristoteles, 1862, 143.

175) S. Eth. Nic. I, 4, 1096 a, 19 ff., Eth. Eudem. I, 8, 1217 b, 25 ff., Top. I, 15, 107 a, 3 ff., vgl. *Trendelenburg* 175 ff.

176) Es ist dabei, als für die Kategorienlehre allein relevant, das Seiende, dieses πολλαχως λεγομενον, nicht in seiner gesamten Vieldeutigkeit, sondern lediglich das in den Kategorien eingeteilte Sein, das objektiv Reale, zu berücksichtigen, von dem Aristoteles das Wahr- und Falschsein, das Zufällige und das δυναμει und ενεργεια Sein abscheidet, s. Met. VI, 2, 1026 a, 33 ff. Die folgende Darstellung beschränkt sich darum auf die mit den Kategorien nicht nur der Sache nach gleichartigen, sondern auch nach des Aristoteles eigener Meinung jedenfalls dieselbe Sphäre der Objektivität mit ihnen teilenden überkategorialen Prinzipien und hält es nicht für angängig, wie *Hartmann*, sämtliche Aristotelische Grundbegriffe in die erweiterte Kategorienlehre hineinzuziehen.

177) Met. V, 7, 1017 a, 7 ff., X, 2, 1053 b, 1054 a, de interpr. 3, 16 b, 22 ff. vgl. *Trendelenburg*, 66 ff., woselbst auch weitere Stellen.

178) Vgl. *Trendelenburg*, 151, 154 ff.

179) Bes. Met. IV, 1003 a ff.; vgl. *Trendelenburg*, 69: »Da ist die Bedeutung des Seienden voll und groß wenn irgendwo«.

180) Met. IV, 2, 1004 a, 2 ff.

181) S. bes. Met. VI, 1, 1026 a, XI, 7, 1064 a und b.

182) Met. XII, 1075 a f., XIV, 4, 1091 b, 16-20.

183) *Prantl*, der für die »theologischen« Bemühungen der mittelalterlichen Logik und Kategorienlehre, d. h. für den tiefsinnigen Versuch, die der metaphysischen Spekulation zugrunde liegenden eigentümlichen Kategorien in logischer Besinnung ans Licht zu ziehen, nur Spott und Hohn hat – vgl. weiter unten –, hat übersehen, daß, wie Aristoteles eine theologische Metaphysik treibt, so auch das Unheil der theologischen Kategorienlehre durchaus in ihm seinen Urheber hat.

184) Bes. Met. XII, 8, 1074 a, 22-38.

185) Met. IV, 2, 1004 a-1005 a. Eine für die metaphysisch-konstitutive Bedeutung des εν charakteristische, das εν im Sinne der späteren »ungeschriebenen Lehren« Platos gebrauchende Stelle z. B. Met. VIII, 6, 1045 b, 23 (Lesart Cod. A^b).

186) Phileb. 19 C, Tim. 36 C, auch 35 und 37; Met. IV, 2, 1004 a und b, V, 9, 1017 b, 1018 a, X, 3, 1054 a und b.

187) Tim. 35 AB, 37 AB; Met. I, 8, 989 b, 17, IV, 2, 1004 a, 16 ff., V, 9, 1018 a, X, 3, 1054 b; XIV, 1, 1087 b, vgl. *Natorp*, Platos Ideenlehre, 1903, 414 ff.

188) Ausdrücklich hervorgehoben z. B. Met. V, 10, 1018 b, 35-37.

189) Vgl. dazu auch *Schelling* WW, 2. Abt. I, 345-347.

190) Ennead. VI, 3, c. 1.

191) Es ist ein lehrreicher Beleg für die Abhängigkeit philosophiegeschichtlicher For-schung von eigenem systematischem Interesse, daß nicht nur *Prantl* in völliger Ah-nungslosigkeit an Plotins »Schnappen nach den obersten Wesenheiten« vorübergeht – Gesch. d. Log. I, 613 f. –, sondern daß auch der doch unter anderen philosophi-schen Gesichtspunkten forschenden übrigen Geschichtsschreibung die Bedeutung von Plotins Tat verborgen blieb. Dagegen gebührt [236/237] *E. v. Hartmann* das Ver-dienst, in seiner eingehenden Würdigung der Kategorienlehre Plotins ihr als Einziger auch in dieser Hinsicht gerecht geworden zu sein, s. Gesch. d. Met. I, 106-176.

192) Enn. VI, 1, c. 1, vgl. auch c. 2 und 3, c. 1.

193) Ennead. VI, 1, c. 25.

194) Die Erhabenheit der urbildlichen Welt über die Aristotelischen Kategorien und die Herabdrückung dieser zu bloßen für die sichtbare Welt geltenden Abbildern der für die ideale Region zuständigen Ordnungsprinzipien findet sich bereits bei Philo, s. *Neumark*, Gesch. d. jüd. Philos. i. Mittelalter, II, 1, 1910, 438, 458.

195) Vgl. *Hartmann* I, 136 f.

196) Insbesondere in dem durch Gelehrtheit so bewunderungswürdigen Werk *Prantls* fehlt vollständig eine Würdigung dieser für die mittelalterliche Logik entscheidenden Be-ziehung zur Spekulation, vgl. dazu auch Gesch. d. Log., II, 7 ff., 33 f., 72, III, 114. Für *Prantl* ist Autorität und Gesichtskreis des noch dazu ganz einseitig verstandenen Aristoteles kanonischer als für die mittelalterliche Scholastik.

197) Vgl. z. B. *Ritter* VI, 67 ff., *Hartmann* I, 194.

198) *Prantl* IV, 9, 141.

199) *Ritter* VI, 106, 272 ff., 569, VII, 226, 421, 488 f., VIII, 382 ff.; *Kaufmann*, Gesch. d. Attributenlehre i. d. jüd. Religionsphilosoph., 1877, 54 ff.

200) *Trendelenburg*, 245 f.; *Ritter* VII, 710 ff., 726; *Hartmann* I, 213 ff.; *Werner*, Schola-stik d. spät. Mittelalters II, 232 ff.

201) *Prantl* II, 34; *Kaulich*, Gesch. d. schol. Philos. I, 103 f., 145 f.; *Hartmann* I, 204 f.

202) *Prantl* III, 245, 257.

203) *Werner* I, 242 f. Die Transzendentia finden sich ferner z. B. bei Mayron, Armand, Johannes Gerson, Tartaretus, Olivier, bes. bei Duns Scotus und später bei Suarez; bestritten werden sie von Laurentius Valla. *Prantl* III, 286, 289, 310, IV, 144, 205, 234, 162/3, *Werner* IV, 2, 236 ff.; *Hartmann* I, 240

204) *Hartmann* I, 209, 225; *Kaufmann*, 59.

205) *Trendelenburg*, 256; *Hartmann* I, 323.

206) *Ritter* VI, 129.

207) *Stöckl*, Gesch. d. Phil. II, 371.

208) *Stöckl* II, 513; *Werner* I, 102 f.

209) *Werner* I, 33, 102 f., 240 ff., II, 131, IV, 1, 174 ff., 194, IV, 2, 234 ff.

210) *Werner* I, 41 ff., 96.

211) Vgl. B. *Erdmann* i. d. Philos. Monatsh., 1884, XX, 76.

212)* Phänomenalismus und kopernikanische These. Danach Doppeldeutigkeit von trans-zendent: 1. Ding an sich, 2. Logos-transzendenz.

213) Vgl. B 311/12, 343/4, WW (Ak.) V, 409. Dabei hält *Kant* für die Region der übersinnlichen Anschauung bald die Gespaltenheit in Form und Material aufrecht, bald statuiert er dort eine Aufhebung dieser Zweiheit und eine lautere Intelligibilität.

214)* so verteilen sich die theoretischen Unterschiede auf die metatheoretischen.

215) Erst für die praktische Philosophie werden diese anthropologisierenden Einschränkungen ausdrücklich abgelehnt.

216) B 148, 149, 150, WW (Hartenst.) VIII, 528, 533. Das Spielen mit der Variabilität des Sinnlichen hängt mit *Kants* metaphysischem Phänomenalismus zusammen. Es gibt nur *einen* intelligiblen Urgrund, der aber den »mancherlei Weltbeschauern« mannigfach erscheinen mag. WW (Ak.) IV, 451.

217) » ..... eine Verbindung des Mannigfaltigen der Anschauung oder der mancherlei Begriffe, und an der ersteren der sinnlichen oder nicht sinnlichen Anschauung ...« B 130, vgl. B 161. »Daher erstrecken sich die Kategorien sofern weiter als die sinnliche Anschauung, weil sie Objekte überhaupt denken, ohne noch auf die besondere Art (der Sinnlichkeit) zu sehen, in der sie gegeben werden mögen.« B 309. »Das Denken ..... bloß darum, weil es gar keine Rücksicht auf die Art der Anschauung nimmt, ob sie sinnlich oder intellektuell sei.« B 428/9. »Auch theoretisch betrachtet bleibt er immer ein reiner, a priori gegebener Verstandesbegriff, der auf Gegenstände angewandt werden kann, sie mögen sinnlich oder nicht sinnlich gegeben werden.« WW (Ak.) V, 50. » ..... Weil die Kategorien im reinen Verstande unabhängig und vor aller Anschauung, lediglich als dem Vermögen zu denken, ihren Sitz und Ursprung haben, und sie immer nur ein Objekt überhaupt bedeuten, auf welche Art es uns auch immer gegeben werden mag.« Ebenda 136 WW (Hartenst.) VIII, 533. Vgl. *Riehl*, d. phil. Kritizismus, I, 1908, 569. Von reinen »Kategorien«, »reinen Verstandesbegriffen« im Sinne der noch gar nicht auf Sinnlichkeit zugeschnittenen Kategorien der Kategorientafel spricht *Kant* z. B. B 146, 301, 302, A 245, B 304, 305, 307, 487, 527, 595, 629.

218) B 873, vgl. oben S. 130.

219) Vgl. z. B. B 146 Anf. v. § 22.

220) Z. B. B 166 Anm., 186 f., A 242, 245, B 302, 305, 346.

221) Z. B. B 574.

222) Z. B. WW (Ak.) V, 206, vgl. 189.

223) Z. B. B 298, A 252 f., B 309, WW (Ak.) V, 45 f., 54, 55 f., 68, 136.

224) B 672. Sogar die Verbindungslinie zu den transcendentia des Mittelalters kann man dadurch als hergestellt ansehen, daß *Kant* das unum, verum, bonum der Scholastik auf ganz ähnliche regulative Systemprinzipien zurückführt, B 113 ff.

225) B 431 f., 706, 724, 726, WW V (Ak.), 57.

226) B 436.

227) Prolegomena § 58, vgl. VIII (Hartenst.), 541.

228) *Baumgarten*, Metaph. § 826, *Kant*, Reflex. II, 1566, vgl. ferner 1718, 1721, 1725, Vorles. üb. d. Metaph. (Poelitz), 1821, 307 ff., 317.

229) B 431 f., WW (Ak.) V, 5 f., 47 f., 49, 50, 56, 135, bes. 54.

230) Z. B. B 157 f., 410, 429 f.

231) WW (Hartenst.) VIII, 520.

232) Z. B. WW (Ak.) IV, 391, V, 121.

233) B 430, 575, IV (Ak.), 451 f., 458, VIII (Hartenst.), 531 (hier das »logische Ich« als das »Subjekt, wie es an sich ist« bezeichnet, geradezu im Widerspruch mit B 157 und 429, vgl. oben S. 214).

234) Vgl. *Rickert*, Fichtes Atheismusstreit, 21.

235) Vgl. Z. B. V, 263 3. Absatz, 368 f.

236) V, 208, 216, 223 f., 260 f., 263 f., 268 f., 359 ff., 367 ff.

237) Der Einzige, der auf *Krauses* Kategorienlehre hingewiesen hat, ist *Erdmann*, s. Spekulation seit *Kant* II, 654 f., 686, während sie sogar von *Hartmann* in ihrer Bedeutung gar nicht gewürdigt wird, vgl. Gesch. d. Met. II, 313.

238) Z. B. Lehre v. Erk. 1836, 435 ff., 483 f.

239) Ebenda, Vorr. XIX ff., 462.

240) Syst. d. Philos., 1828, 187 f., Grundwahrheiten der Wissenschaft 1829, 372, 378 f.

241) Lehre v. Erk., 462 f., Synthetische Logik (hrsg. v. Hohlfeld und Wünsche, 1884) 9, Grundwahrh. d. Wft., 324.

242) Logik v. 1828, 143 ff., 156, Grundwahrh., 200 ff., Lehre v. Erk., 414 ff., am ausführlichsten i. Syst. d. Philos.

243) Seine Schriften sind mir jedoch bisher unzugänglich gewesen. Ich verweise darum hier auf *Hartmann*, II, 346 ff., der aber unberechtigterweise, weil er *Krauses* Leistung nicht würdigt, *Günther*, das alleinige Verdienst der »neuen Problemstellung« zuschreibt.

244) Anstatt einer eigenen Behandlung dieser Phase in der Entwicklung der Kategorienlehre sei nur auf die Anmerkungen bei *Ulrici*, System der Logik, 1852, 187 ff., 228 ff. und auf die Darstellung in *Hartmanns* Geschichte der Metaphysik hingewiesen.

245) Gesch. d. Kategorienlehre, 373 ff., Logische Untersuchungen [3], II, 1870, 477 ff.

246) Hierbei käme der ganze Hegelianismus in Betracht. So sieht *Croce* (Lebendiges und Totes in *Hegels* Philosophie, 1 f., 88 ff.) in einer Logik der Philosophie das hauptsächlichste Ziel von *Hegels* Spekulation. *Croce* gehört zu den wenigen, die in der Gegenwart die Kritik des philosophischen Erkennens ausdrücklich als Aufgabe der Logik postulieren (vgl. S. 241 Anm. 144). »Es ist seltsam, welchem Widerstreben dieser Begriff begegnet, – der doch so einfach ist und wegen seiner unwiderstehlichen Evidenz angenommen werden müßte, – nämlich der Begriff einer Logik der Philosophie ...... Und umgekehrt wundern sich nur ganz wenige über die Tatsache, daß die Abhandlungen über Logik, während sie den mathematischen, naturwissenschaftlichen und geschichtlichen Disziplinen ein breites Feld einräumen, andererseits die philosophischen Disziplinen gewöhnlich gar nicht hervortreten lassen und sie oftmals direkt mit Stillschweigen übergehen«. A. a. O., 1 f. Nach der Methode der *Hegel*schen Dialektik sucht die *Kant*schen Kategorien auf die philosophischen Themata anzuwenden *Ehrenberg*, Kants Kategorientafel u. d. Begr. d. Philos., Kantstudien, 1909.

247) Kategorienlehre, 1896.

248) Metaphysik v. 1841, 322-329, Mikr. III [5], 582 ff., 618 f., Gesch. d. Ästh. 200 ff. Vgl. dazu über den spekulativen Theismus oben S. 268 f.

Die Lehre vom Urteil.

Vorwort.

Auch diese Abhandlung will ebenso wie die im vorigen Jahr erschienene Schrift »Die Logik der Philosophie und die Kategorienlehre« lediglich als Vorläufer einer umfassenderen und mehr systematisch fundierenden Darstellung der logischen Probleme angesehen werden. Sie gibt in mancher Hinsicht einen Unterbau zu den Positionen der früher erschienenen Schrift, da sie im Verhältnis zur Kategorienlehre zweifellos das logische πρότερον προς ημας behandelt und sich vor allem bemüht, die Beziehungen der Urteilslehre zur transzendentalen Logik aufzudecken.

Indem sie dabei den Begriff des Wertgegensatzes, also ein Problem der allgemeinen philosophischen Wertlehre, in den Mittelpunkt rückt, sucht sie an der von der gegenwärtigen logischen Werttheorie in Übereinstimmung mit allen wirklich philosophischen Logikern der Logik wieder gewiesenen Aufgabe weiterzuarbeiten und wenigstens einen vorbereitenden Beitrag zu der Erkenntnis zu liefern, daß auch die Themata der Logik nur auf dem Grunde einer allesdurchdringenden einheitlichen philosophischen Orientierung zu bewältigen sind. Auch wo darum die vorliegende Abhandlung gerade in der Erörterung des Wertgedankens, insbesondere des Wertgegensatzes, über die bestehende werttheoretische Urteilslehre glaubt hinausgehen zu müssen, tut sie es auf dem durch die Werttheorie der Logik erst geschaffenen Boden. *Windelband* hat in seinen »Präludien« und in dem Aufsatz der Festschrift für *Zeller* »Beiträge zur Lehre vom negativen Urteil« gerade vermittelst der Urteilslehre den entscheidenden Schritt zu tun vermocht, der Logik wieder ihre sachliche Heimat im Ganzen der Philosophie zu bestimmen. *Rickerts* »Gegenstand der Erkenntnis« ist sodann das Grundbuch für alle logischen Untersuchungen der Werttheorie geworden und geblieben.

Heidelberg, Anfang Dezember 1911.

[285/286]

Einleitung.

Kants Kopernikanische Tat bildet den Wendepunkt in der Gesamtentwicklung der theoretischen Philosophie und der Logik. Durch Kants revolutionierende Leistung hat das Theoretische als solches eine ganz andere Stellung im Gesamtbild der Philosophie erhalten. Es ist von der Situation eines bloß nachbildlichen und schattenhaften Korrelats gegenüber den Gegenständen befreit, sein Machtbereich ist mitten in die Gegenstände selbst hineinverlegt. Indem aber so das Logische in die Fläche der Gegenstände selbst als ein konstituierendes Moment hineinrückt, ist ein ganz neues Revier, das früher ins Metalogische zu fallen schien, als eine Domäne der Logik erobert. Jedoch durch den Hinzutritt einer solchen Theorie vom Gegenständlich-Logischen sind all die alten Themata der Logik, die sich auf die nicht in der Gegenstandsregion selbst steckenden, sondern in einem Abstand zu ihr stehenden Phänomene bezogen, keineswegs verdrängt. Nur bringt diese Erweiterung der Logik über ihre früheren Grenzen hinaus allerdings einen ganz neuen Gesamtaufbau mit sich. Denn als eine einzige Wissenschaft hat sie jetzt die Problemgebiete der gegenständlichen und der nichtgegenständlichen theoretischen Bedeutsamkeit zu umspannen. Die Kluft, die früher zwischen dem Gegenstand und dem Logischen bestand, hat sich jetzt in einen alles beherrschenden Abstand *innerhalb* des Logischen verwandelt. Das Nachbildliche und der gegenständlichen Bedeutung Bare macht nicht mehr *das* Theoretische aus, sondern ist zu einer *Art* des Theoretischen geworden. Was früher das All des Theoretischen war, ist jetzt zu einer sekundären Region herabgesunken. Die gesamte Logik muß so ihrer obersten Einteilung nach in eine Lehre von den gegenständlichen und von den nichtgegenständlichen logi-[286/287]schen Phänomenen oder in »transzendentale«, »erkenntnistheoretische«, »materiale« Logik einerseits und in »formale« Logik andererseits zerfallen. In der »formalen Logik« müssen sich all die logischen Phänomene zusammenfinden, die in einer Distanz von den Gegenständen stehen und deshalb der gegenständlichen Bedeutung entbehren.

Damit ist aber zugleich über die Richtung und Rangordnung im Reiche des Logischen entschieden. Die Region des Gegenständlich-Logischen wird das Ursprüngliche, das Primäre, das von der Subjektivität gänzlich Unangetastete und also im höchsten Sinne Objektive, das eigentlich letzte Ziel auf theoretischem Gebiet, dagegen die des Nichtgegenständlich-Logischen ein sich in dienender Stellung dazu Verhaltendes, ein irgendwie von der Subjektivität gehandhabtes Mittel der Gegenstandsbemächtigung, kurz ein Sekundäres und Nachträgliches, darstellen müssen. So scheiden sich bei solcher Orientierung der Logik in letzter Linie logische Gegenstandsphänomene und bloße sekundäre logische Bemächtigungsphänomene. Mögen diese letzteren auch das πρότερον πρὸς ἡμᾶς abgeben, an sachlich erster Stelle stehen die Konstituentien der Gegenstandsregion. Als solche gegenständlich-logischen Momente figurieren seit Kant die »Kategorien«. Indem diese sich nun als ein »Material« zur Gegenständlichkeit erhöhende »Formen« erweisen, so ist in der kategorialen Form das logische Urphänomen, in der Gespaltenheit in Kategorie und Kategorienmaterial, in dieser Artikulation der Gegenstände, die logische Urstruktur zu erblicken. So ist von allen Teilen der Logik die Erforschung der Gegenstandsstruktur und die Kategorienlehre dazu berufen, zum Urphänomen vorzudringen, während ihr gegenüber »formale Logik« und »Methodologie« in letzter Linie eine dienende Haltung einnehmen.

Ist dies einmal erkannt, so ist damit ein fester Orientierungspunkt für die Rangierung sämtlicher logischer Themata gewonnen. Die Messung an der gegenständlich-logischen Region, die Vergleichung mit dem Urphänomen, muß den einheitlichen Maßstab für die Einordnung aller logischen Phänomene abgeben. Für eine Logik im Zeitalter des Kantianismus, für eine die »transzendentalen« und die »formallogischen« Probleme zu einer übergreifenden Einheit zusammenfassende Logik, muß es deshalb auch bei der Urteils-[287/288]lehre geradezu zur obersten Aufgabe werden, das Verhältnis des Urteils zur gegenständlich-logischen Region klarzustellen. In diesem Sinne setzt sich die folgende Untersuchung zum Ziel, die Lehre vom Urteil zu den Grundbegriffen der theoretischen Philosophie in Beziehung zu setzen, *der Urteilsregion durch ihre Messung an der transzendentallogischen Urstruktur ihren absoluten Ort im Gesamtzusammenhang der Logik zu bestimmen.* Nicht wie sich das Urteil zu »Begriff« und »Schluß« verhält, ist im Zeitalter der Kantianistisch orientierten Logik die wichtigste Angelegenheit. Sondern das fundamentale Problem liegt darin, den Abstand zum Bereich der transzendentalen Logik zu kennzeichnen.

Es ist demgemäß die Hauptangelegenheit dieser Abhandlung, die mit der transzendentalen Erweiterung der Logik verbundene Herabdrückung der nichtgegenständlichen Gebilde in der Lehre vom Urteil hervortreten zu lassen. Mit äußerster Schärfe muß zum Bewußtsein gebracht werden, daß im Gesamtaufbau der logischen Phänomene das Urteil der sekundären, der nichtgegenständlichen Region angehört. Diese Einsicht droht durch die noch gegenwärtig weit verbreitete Ansicht fortwährend verdunkelt zu werden, wonach das Urteil die letzte selbständige Einheit im gegliederten Bau theoretischer Strukturgebilde, die Zelle des theoretischen Organismus, bildet, und wonach vom Urteil als dem wahren logischen Mittel- und Orientierungspunkt die Gesamtheit der logischen Probleme einheitlich beherrscht wird. Allein nur der Vorkantianismus in der Logik hätte ein Recht, das Urteil an die sachlich höchste Stelle zu setzen. Wie sich denn in der Tat nicht bestreiten läßt, daß dem Urteil innerhalb des *nicht* gegenständlich-logischen Bereiches die Vorherrschaft gebührt. Aber dieser ganze Bereich selbst sinkt eben vor dem das Kantianistisch gedachte Ganze der logischen Probleme überschauenden Blick zu einer niederen Region herab. Nicht gegen das Ausgehen vom Urteil als einem πρότερον προς ημας richtet sich die folgende Darstellung, wohl aber gegen das Stehenbleiben bei ihm als bei einem Höchsten und Letzten. Sie hat darzutun, daß das Urteil, als ein der gegenständlichen Bedeutung entleertes Strukturgebilde, unvermeidlich [288/289] über sich hinausweist. Sie sucht die Urteilsregion aus ihrer Isolierung herauszulösen und in die größeren Zusammenhänge der erweiterten Logik hineinzustellen.

Daß das Urteil im Verhältnis zu den Gegenständen in einem Abstand der Nachbildlichkeit steht, konnte nun allerdings von der vorkantischen Logik nicht verkannt werden. Aber nicht ebenso klar wurde in der Kantischen Epoche durchschaut, daß die Distanz des Urteils von den transzendental-logischen Momenten, in die sich nach der Kopernikanischen These die Gegenständlichkeit auflöst, eine gleich große geblieben ist. Die Verführung lag nahe, in das Gegenständlich-Logische fälschlich den ehemaligen vorkantischen Repräsentanten des Logischen überhaupt, das Urteilsartig-Logische, hineinzudeuten. Dann nahm also trotz der Kopernikanischen These das Urteil wie im Vorkantianismus den obersten Rang in der Logik ein, erhielt aber dadurch eine noch viel höhere, bis in die Gegenstandsregion selbst hineinreichende Bedeutung. So wurde denn bisher dem Urteil innerhalb der Logik die höchste Stelle zuerkannt, entweder weil vorkopernikanisch der Gegenstand, von dem es als durch eine Distanz geschieden erkannt war, gar nicht mehr im Bereich des Logischen zu liegen schien, oder weil bei Kopernikanischer Hineinziehung der Gegenstände ins Logische der Abstand des Urteils vom Gegenständlich-Logischen sich verdeckte. Wo überhaupt in der Kantianistisch beeinflußten Logik auf das

Verhältnis zwischen Urteil und transzendentalem Problemgebiet eingegangen wird, findet man nirgends die Grenzen zwischen Urteils- und Kategorienregion beobachtet. Demgegenüber wird in den folgenden Ausführungen zu zeigen sein, daß dem Urteile jedwede transzendentale und gegenständliche Bedeutung abzusprechen ist. Das Urteil ist aus dem Bereich der transzendentalen Logik gänzlich herauszuweisen, ist durch eine Kluft von ihm geschieden und muß deshalb durchaus als ein Gebilde von lediglich »formallogischer« Relevanz begriffen werden.

Doch diese ganze Rede von der Herabdrückung des Urteils darf nur als der negative und destruktive Ausdruck dafür angesehen werden, worauf es hierbei hauptsächlich ankommt, nämlich für das Ergebnis, daß das Hinausgehen über die Schranken der Urteilsregion, deren Einordnung in umfassendere Zusammenhänge, von [289/290] prinzipieller Bedeutung für die Gliederung der gesamten Logik ist. Denn gerade weil *innerhalb* des Nichtgegenständlichen das Urteil die erste Stelle [1]) einnimmt, so befindet man sich bei ihm genau an der Grenze zwischen den beiden Reichen des Logischen, an dem entscheidenden Punkte des Überganges vom Gegenständlichen zum Nichtgegenständlichen. Gerade hier liegt deshalb auch der geeignete Ort, Klarheit über die Distanz der beiden Regionen zu verbreiten. Ist einmal die Stellung des Urteils richtig gekennzeichnet, dann erleuchtet sich von da aus schließlich der gesamte übrige Stufenbau der logischen Erscheinungen.

Wenn hier die gegenständlicher Relevanz entbehrenden Phänomene in eine niedere und abhängige Region verwiesen werden, so reiht sich dieses Unternehmen den auf die transzendentale Logik Kants zurückgehenden Versuchen ein, die sog. »formale Logik« ihrer angemaßten Selbständigkeit zu berauben und die ihr angehörenden logischen Erscheinungen nicht anders als durch Angliederung an die Phänomene von »sachlicher«, d. h. konstitutivlogischer oder gegenständlicher Bedeutsamkeit zu begreifen. Der so behauptete Primat des Konstitutiv-Logischen läßt sich zunächst sogar innerhalb der Kategorienlehre selbst vertreten [2]). In der folgenden Untersuchung wird diese durch die Kopernikanische Umwälzung hervorgebrachte Rangordnung innerhalb des Logischen an dem dafür maßgebenden Kapitel der Urteilslehre erprobt. Doch ist es dabei nicht etwa auf eine konstitutive Umdeutung des Urteils abgesehen. Es soll ja im Gegenteil das Urteil vielmehr als ein konstitutiven Gewichts entbehrendes Gebilde hingestellt werden. Dabei wird sich herausstellen, daß, wie bereits innerhalb der Kategorienlehre zutage tritt, alle Entfernung logischer Phänomene von der konstitutiven Urregion, von diesem Maximum an Objektivität, auf einem Hineinspielen der Subjektivität beruht.

Aber bei diesem allgemeinen Postulat einer Orientierung und Messung des Urteils an der gegenständlich-logischen Urregion darf nicht stehen geblieben werden. Es ist ja das Urteil auf den Gegenstand, von dem es durch einen Abstand geschieden sein soll, [290/291] doch offenbar zugleich irgendwie gerichtet. Es wird irgendwie als ein Mittel nachbildlicher Gegenstandsbemächtigung zu fassen sein. Es wird im Urteil irgendwie mit den Gegenstandselementen geschaltet werden, der Gegenstand irgendwie in das Urteilsgebilde hineingearbeitet sein. Die im Vorangegangenen dem Urteil nachgesagte nichtgegenständliche Relevanz wird mit einer derartigen Einverleibung des Gegenstandes in die Urteilsgebilde nur so in Einklang zu bringen sein, daß das Wesen des Urteils in einer solchen Entfernung vom Gegenstand besteht, die auf eine gleichsam entstellende Verarbeitung oder Umformung des Gegenstandes hinausläuft. Es wird sich in der Tat als das Charakteristische des Urteils der Hinzutritt einer *künstlichen Strukturkomplikation* zur schlichten gegenständlichen Urstruktur herausstellen. Gerade diese Künstlichkeit wird sich als das unvermeidlich über die Urteilsregion hinaustreibende Moment erweisen.

Die Feststellung der spezifischen Urteilsstruktur wird darum gar nicht möglich sein, ohne die Zugrundelegung der Gegenstandsstruktur, also dessen, was die Komplikation und Umbildung erfährt. Die gegenständliche Struktur wird so den Richtpunkt auch für die *Struktur*forschung abgeben müssen. Das heißt aber: *die transzendentale Logik Kants, die Zerlegung des Gegenstands in kategoriale Form und in Kategorienmaterial, wird bestimmend hineinragen in die Strukturgliederung des Urteils.* Daraus wird sich dann die einzig mögliche, von der Grammatik emanzipierte, also metagrammatische Subjekts-Prädikatstheorie ergeben. Indem so die Urteilsstruktur mit der Gegenstandsstruktur konfrontiert und die Mission erkannt wird, die der Kategorie innerhalb des Urteilsgefüges zugewiesen ist, wird eine Brücke hergestellt zwischen der Strukturlehre des Urteils auf der einen und der transzendentalen Logik sowie insbesondere der Kategorienlehre auf der andern Seite. Auch in dieser Hinsicht der Struktur darf die Urteilslehre nicht unverbunden neben der transzendentalen Logik stehen, muß sie aus ihrer Isolierung befreit, müssen die Zugänge zum transzendentalen Teil der Logik offen gehalten werden. [291/292]

Die Lehre von der Struktur des Urteils kann man auch als Lehre vom »*Sinn*« des Urteils bezeichnen. Denn unter den Einheiten oder Ganzheiten des

Sinnes ist nichts anderes als das aus gewissen logisch relevanten Elementen sich aufbauende Strukturgefüge zu verstehen. Wenn im Sprachgebrauch der Logik meist an Stelle der Einheiten des Sinnes gewisse Inbegriffe von Akten oder Funktionen figurieren, so kann in einer *logischen* Theorie solcher Akte nicht gut die bloße Aktivität als solche gemeint sein, sondern höchstens mit Rücksicht auf die irgendwie mit ihr verknüpften logisch relevanten Momente. Insofern in der bloßen Aktivität als solcher keine logische Bedeutsamkeit liegen kann, muß sich das logisch Bedeutsame von den Akten unterscheiden und als »Sinn« solcher Akte von ihnen als den bloßen Trägern des Sinnes abheben lassen. Für die Klärung der logischen Grundbegriffe ist darum die Einsicht erforderlich, daß die logische Urteilstheorie es zum größten Teil mit der Struktur eines von den Akten ablösbaren Sinnes zu tun hat. Diese Auffassung, die der gegenwärtigen Forschung durch *Husserl* zum Bewußtsein gebracht worden ist, liegt der in dieser Abhandlung vertretenen Urteilslehre durchweg zu Grunde. Die Akte selbst kommen nach dieser Anschauung nur in ihrer Leistung als Substrat des Sinnes, nach ihrer Trägerschaftsrolle dem Sinn gegenüber, in Betracht. Man kann sagen, die meisten logischen Untersuchungen, die nicht der transzendentalen Logik angehören und nicht der Ergründung des kategorialen Formgehalts gewidmet sind, befassen sich mit der Struktur, mit der Zusammensetzung gewisser theoretischer Gebilde, Einheiten, Gefüge, beispielsweise mit der Gliederung von Begriff, Urteil und Schluß. Nach den vorher gemachten Bemerkungen muß es die Tendenz dieser Abhandlung sein, *die Lehre vom theoretischen Sinn von der transzendentalen Urgliederung nach Kategorie und Kategorienmaterial beherrscht sein zu lassen.*

Nun war alle bisherige Logik des Sinnes Logik des nichtgegenständlichen Sinnes, weshalb der »Sinn« – z. B. des Urteils – stets dem »Gegenstand« gegenübergestellt zu werden pflegt. Die Überbrückung, von der vorher gesprochen wurde, erscheint darum jetzt als eine Inbeziehungsetzung zwischen der Lehre von der nicht-[292/293]gegenständlichen *Sinn*struktur auf der einen, und der Lehre von der gegenständlichen Struktur sowie der kategorialen *Form* auf der andern Seite.

So können durch die Urteilslehre die Verbindungslinien gezogen werden, wie zwischen Nichtgegenständlichkeit und Gegenständlichkeit der Phänomene, so auch zwischen Struktur und kategorialem Formgehalt, und d. h. zwischen den Gliedern der beiden Begriffspaare, die sich in einer systematischen

Darstellung als die einander kreuzenden Hauptunterschiede der Logik herausstellen würden.

Es erweist sich aber als solidarisch verbunden mit der besonderen Strukturkünstlichkeit des Urteils ein ganz bestimmtes Phänomen, nämlich das der *Gegensätzlichkeit* des Sinnes. Auch hierauf muß in der Einleitung mit einigen kurz andeutenden, lediglich präludierenden Bemerkungen hingewiesen werden. Da in der Strukturlehre niemals der Umkreis der Urteilsregion überschritten wurde, konnte auch an dieser Erscheinung der Gegensätzlichkeit niemals gerüttelt werden. Es ist die Jahrtausende alte Tradition der Logik gewesen, die theoretischen Strukturgebilde durch die Gegensätze des »Wahren« und des »Falschen«, des Positiven und des Negativen, zu bestimmen. In der Lehre vom Sinn ist die Logik wie niemals über den nichtgegenständlichen, den von Sätzen, Aussagen, Urteilen ablösbaren, so auch niemals über den gegensätzlich gespaltenen Sinn, über das, »was wahr oder falsch sein kann«, hinausgegangen. Dementsprechend ist auch niemals die von Aristoteles begründete Gliederung der Urteilsstruktur nach Subjekt, Prädikat, Kopula einerseits und dem gegensätzlichen Moment der Bejahung und Verneinung, also der »Qualität« andererseits, als wegen ihrer Künstlichkeit über sich hinausweisend durchschaut worden.

Wird nun mit dem Stehenbleiben bei der nichtgegenständlichen Strukturkünstlichkeit ein Ende gemacht, so zieht das sogleich ein Hinausschreiten über die Region der Gegensätzlichkeit nach sich. Es wird darum dem gegensätzlich gespaltenen Strukturgefüge des Satz- oder Urteilssinnes, der »wahr« *oder* »falsch« sein kann, in der transzendentallogischen Region ein gegensatzloses Urbild gegenüberzustellen sein. Und zwar wird sich für diesen Schritt zur [293/294] Gegensatzlosigkeit die Reflexion auf die Komplikation der *Struktur* als der einzige exakte Weg erweisen. Auf dieses Orientiertsein des ganzen Gegensatzproblems am Gradmesser der Struktur ist das größte Gewicht zu legen.

Besondere Konsequenzen hat das Hinausgetriebenwerden über die Gegensätzlichkeit für die am *Geltungs-* und *Wert*begriff orientierte Logik. Das Stehenbleiben beim Urteil, beim Entweder-Oder eines Verhaltens, mußte zu einer Verschlingung des Geltungs- und Wertmoments mit dem Gegensatzmoment, mit der Alternative von Gültigkeit und Ungültigkeit, von Wert und Unwert, führen. So hat denn auch von der Urteilslehre die gesamte logische Geltungs- und Werttheorie das Gepräge erhalten. Die Gegensätzlichkeit gilt ihr für das Urphänomen des Geltungs- und Wertmoments und beherrscht die gesamte Theorie. Überall ist es die Ganzheit und Abgeschlossenheit von Satz und Urteil, die als die eigentliche Geltungs- und Werteinheit, als das den Gegensatz von Wert und Unwert aufweisende Gebilde, zugrunde gelegt wird.

Durch das Hinausgehen über die Urteilsregion wird somit auch die Problemverschlingung des Geltungs- und Wertbegriffs mit der Gegensätzlichkeit beseitigt. Über den Gegensatz von Gültigkeit und Ungültigkeit wird das gegensatzlose Gelten, über den Gegensatz von Wert und Unwert der gegensatzlose Wert zu stellen sein. Und es wird sich die absolute Unumgänglichkeit eines gegensatzlosen Geltens und Wertes dadurch zu bewähren haben, daß man ohne sein Bestehen gewissen bedeutsamsten Phänomenen der Logik, wie den Kategorien, in völliger Zwiespältigkeit und Ratlosigkeit gegenübersteht.

Auch hier erweist sich freilich die Gegensätzlichkeit als das berechtigte προτερον προς ημας. Von der Geltungs- und Wert*gegensätzlichkeit* aus wurde Licht über den Sinn der ganzen logischen Forschung verbreitet. Das Ausgehen vom Urteil hat zur Entdeckung des Geltungs- und Wertcharakters für die gesamte Logik verholfen. Gerade die logische Geltungs- und Werttheorie hat die Mission erfüllt, erst die Einordnung der Logik in die Reihe der philosophischen Disziplinen begreiflich zu machen. Im Bejahen und Verneinen, im Anerkennen und Verwerfen, im alternativen Stellungnehmen, im Entscheiden und Richten über Wahr-[294/295]heit und Unwahrheit, in der »Qualität« des Urteils, tritt das in andern Objekten der logischen Forschung, z. B. in den gegensatzlosen kategorialen Formen, verborgene Geltungs- und Wertgepräge auch der theoretischen Sphäre offen zutage.

Wenn darum in dieser Abhandlung zur Gegensatzlosigkeit von Gelten und Wert fortgegangen wird, so kann doch dieser Schritt nur so erfolgen, daß zunächst der Standpunkt bei der gegensätzlichen Wertartigkeit genommen wird, also bei der Region, deren Herausarbeitung der Werttheorie des Urteils verdankt wird. Diese gesamte Abhandlung gibt sich somit ganz und gar als ein Weiterschreiten in den durch jene Theorie vorgezeichneten Bahnen.

Auf das, was vorher über die Möglichkeit einer Überbrückung zwischen den verschiedenen Partien der Logik angekündigt wurde, läßt sich jetzt noch das Begriffspaar der Gegensätzlichkeit und Gegensatzlosigkeit anwenden. Indem sich die Besinnung darauf richtet, welche Rolle der gegensatzlosen Gegenstandsstruktur und der gegensatzlosen kategorialen Form im Rahmen des nichtgegenständlichen gegensätzlich gespaltenen Strukturgefüges zukommt, und indem sodann die Gegensätzlichkeit des Urteilssinnes durch eine Lehre von der in der transzendentalen Urregion liegenden Gegensatzlosigkeit überbaut wird, bietet sich ein Mittel dar, die Kluft zwischen den gegensätzlichen und den gegensatzlosen Phänomenen der Logik zu überbrücken. –

Aus den vorangegangenen Andeutungen ist so viel ersichtlich geworden, daß die ganze folgende Urteilslehre eine Umkehrung der üblichen Betrachtungsweise zur Voraussetzung hat. Sie kann die Urteilsstruktur nicht als ein Letztes und Irreduzibles hinnehmen, sondern muß sie als ein allzutief in die Subjektivität Verstricktes, der Erklärung und Ableitung aus primitiveren Phänomenen höchst Bedürftiges ansehen.

Es ist aber außerdem soeben angekündigt worden, daß bei dem Schritt zur Gegensatzlosigkeit der Ausgangspunkt des Suchens und Findens das προτερον προς ημας, also die uns zunächst liegende Erkenntnisetappe, sein muß, und d. h. die gegensätzlich differenzierte alternativ sich verhaltende Urteilsentscheidung. Es soll denn auch in der Tat von der gegensätzlichen Region ausgegangen und dabei gezeigt werden, daß sich bei ihr nicht ruhen [295/296] läßt, sondern man unvermeidlich zu einer gegensatzlosen Region weitergetrieben wird. –

Indessen, es gibt noch innerhalb der gegensätzlichen Urteilsregion zwei verschiedene Etappen, und ihnen entspricht eine Doppeltheit der Gegensatzpaare. Um sich nämlich des theoretischen Gegensatzproblems zu bemächtigen und von vornherein einen Überblick über die ganze Untersuchung darüber zu gewinnen, ist es unerläßlich, sich auf den fast nirgends gebührend beachteten Umstand zu besinnen, daß es durchaus der Aufstellung *zweier Gegensatzpaare* bedarf. Das ist eine völlig innerhalb der Gegensatzregion spielende Angelegenheit, die ganz unabhängig vom Problem der Gegensatzlosigkeit und der Überschreitbarkeit der Gegensätze besteht.

Wenn nun die folgende Untersuchung von der Gegensatzregion ausgeht, so ist es ratsam, innerhalb ihrer nicht das uns nächstliegende, sondern das dort sachlich frühere Gegensatzpaar zum Ausgangspunkt zu wählen. Da nämlich das uns zuallernächstliegende mit noch größerer Komplikation und Künstlichkeit behaftet ist, so ist es erforderlich, zur Ergründung der Gegensätzlichkeit überhaupt sich an das sachlich erste Gegensatzpaar zu halten. Es kommt also nicht darauf an, daß vom πρωτον προς ημας, sondern es ist ebenso notwendig wie ausreichend, wenn nur überhaupt vom προτερον προς ημας, d. h. von der gegensätzlichen Struktur, ausgegangen wird.

Dessen ungeachtet soll, wenn auch nicht in der späteren Darstellung, so doch jetzt in der Einleitung kurz der Weg angedeutet werden, der von der uns zuallernächstliegenden zu der sie bedingenden Etappe führt. Es ist dabei durch vorläufige Hinweise plausibel zu machen, daß das eine Gegensatzpaar der Urteilsregion nicht für sich allein bestehen kann, sondern ein zweites zu seiner Voraussetzung hat. Da dieses zweite, also das sachlich frühere, das Thema des ersten Kapitels bildet, so muß in dem jetzt folgenden letzten Teil der Einleitung der Ort dieses Gegensatzpaares, soweit es für eine vorläufige Orientierung erforderlich ist, kenntlich gemacht werden.

Das uns zunächstliegende, geläufigste und fast ausschließlich der Untersuchung zugrunde gelegte Gegensatzpaar wird der alter-[296/297]nativen Urteilsentscheidung entnommen. Innerhalb seiner ist aber noch zweierlei auseinanderzuhalten. Zunächst der Wertgegensatz des urteilenden Stellungnehmens selbst, der Wert des Treffens und der Unwert des Verfehlens oder Irrens, also der Gegensatz von *Zutreffendheit* (in Ermanglung eines passenderen Ausdrucks) und *Irrigkeit* oder Irrtum. Davon zu unterscheiden ist der Gegensatz dessen, *was* geurteilt wird, also der Gegensatz des im Urteil »Gedachten«, »Gemeinten«, »Ausgesagten«, d. h. der im *Sinn* des Urteils sich ausprägende Gegensatz. Dieser Gegensatz des vom Urteil ablösbaren Sinnes mag als der von *Richtigkeit* und *Falschheit* bezeichnet werden. Es gibt richtige und falsche Urteile und Sätze im logischen Sinne, »Wahrheiten an sich« (Richtigkeiten) und »Falschheiten an sich«, d. h. richtige und falsche Gefüge von Urteilselementen oder Einheiten des Sinnes.

Diese Gegenüberstellung einer Gegensätzlichkeit des Verhaltens und einer solchen des Urteilssinnes ist die einzige Unterscheidung von Gegensatzpaaren, die vorgenommen zu werden pflegt [3]).

Demgegenüber ist nun zu erkennen, daß Richtigkeit und Falschheit des Sinnes von einem andern und zwar von einem als Maßstab fungierenden Gegensatzpaar abhängt und ohne dieses gar nicht verstanden werden kann, die übliche, dies ignorierende Betrachtungsweise aber einen Zirkel einschließt.

Das wesentliche Argument ist folgendes: das richtige und falsche [297/298] Gefüge des Urteilssinnes gibt es gar nicht unabhängig von der Urteilsentscheidung; es ist ein von der Urteilsentscheidung ablösbares oder, wie in einem späterer Erläuterung noch bedürftigem Sinne vorläufig formuliert werden mag, ein erst in und mit der Urteilsentscheidung entstehendes Gebilde. Zur Erkenntnis davon ist lediglich folgendes in Erwägung zu ziehen. Der richtige und falsche Urteilssinn ist nicht als ein Gefüge mit einfacher Wertigkeit oder Unwertigkeit zu verstehen. Urteilen ist doch Bejahen oder Verneinen, d. h. ein etwas für wertig oder für unwertig Erklären, sich über Wert oder Unwert von etwas Entscheiden; der Urteilssinn ist entsprechend ein positiver oder ein negativer, ein mit dem Ja oder Nicht behafteter Sinn, d. h. ein Gebilde, in dem ein Gefüge als mit Wert oder Unwert ausgestattet erscheint. Es ist somit das Gefüge, *worüber* entschieden, *wem* Wert oder Unwert als zukommend erachtet wird, von dem komplizierteren Gebilde zu unterscheiden, das sich aus eben diesem Gefüge und der von ihm getrennten und ausdrücklich ihm in der Urteilsentscheidung erst noch zudiktierten Wertqualität zusammensetzt, kurz, es ist zu unterscheiden zwischen dem, *worüber* geurteilt wird, und zwischen dem, *was* geurteilt wird, zwischen dem, was die Unterlage und zwischen dem, was das ganze Objekt der Urteilsentscheidung, also das dabei im ganzen »Gedachte« oder »Gemeinte«, ausmacht. Es gibt nun die mit Wert oder Unwert als ausgestattet hingestellten und folgeweise mit dem Ja oder Nicht behafteten Gefüge des Urteilssinnes nirgends anders als in der Urteilsentscheidung. Dagegen die Gefüge, *denen* dabei Wert oder Unwert zuerteilt wird, müssen offensichtlich unabhängig vom urteilenden Stellungnehmen bestehen, ja unabhängig von ihm Wert oder Unwert aufweisen. Nach ihnen richtet sich doch Richtigkeit und Falschheit der in der Urteilsentscheidung vorschwebenden Sinngefüge. Es bestimmt sich ja die Richtigkeit und Falschheit der Gebilde, in denen einem gewissen Gefüge durch das Ja der Wert oder durch das Nicht der Unwert zuerteilt wird, danach, ob diesen Gefügen unabhängig vom urteilenden Meinen und Sichentscheiden *an sich* Wert oder Unwert *zukommt*. Die von der Urteilsentscheidung ablösbaren und mit ihr solidarischen, als mit Wert oder Unwert versehen vorschwebenden Gebilde mögen stets kurz [298/299] als Urteilsinn, als Sinn der Urteile und Sätze, bezeichnet werden [4]). Wenn sie das unmittelbare Objekt bei der Urteilsentscheidung, das im ganzen dabei »Gedachte«, bilden, so geben doch die Gefüge, *über* deren Wert oder Unwert dabei gerichtet wird, also die Unterlagen der Urteilsentscheidung, als das, worüber entschieden wird, die *primären Objekte* der Urteilsentscheidung ab. Sie mögen im folgenden auch einfach als die »Objekte der Urteilsentscheidung« bezeichnet werden.

Der Ursprung der Gegensätzlichkeit liegt somit eine Stufe weiter zurück als in der Urteilslehre gemeinhin angenommen wird. Den Gegensatz überhaupt bringt nicht erst das urteilende Stellungnehmen dadurch mit sich, daß es sich mit alternativer Qualitätsentscheidung auf eine bloße wertindifferente »Vorstellungsbeziehung« richtet, und ebensowenig baut sich der von der Urteilsentscheidung ablösbare Sinn auf einer wertindifferenten »Materie« auf, wie in fast sämtlichen Urteilstheorien gelehrt wird. Vielmehr gerade bereits in der »Materie« oder dem Substrat der Urteilsentscheidung steckt der primäre Wertgegensatz, der Ursprung des Qualitätsgegensatzes im Urteil. Um das einzusehen, ist eben lediglich die Besinnung darauf erforderlich, daß die Übereinstimmung oder Nichtübereinstimmung der einem gewissen Gefüge im Urteil als zukommend erachteten Wert- oder Unwertqualität mit der diesem Gefüge an sich zukommenden Qualität den Maßstab für Richtigkeit und Falschheit des Urteilssinnes abgibt. In jedem Gefüge des Urteilssinnes stecken *zwei* positive oder negative Wertbestimmtheiten, von denen die eine durch Bejahung oder Verneinung bezeichnet ist, die andere im primären *Objekt* der Bejahung und Verneinung liegt. Es bedarf also nicht etwa bloß das Treffen und Verfehlen, sondern auch der Sinn des Urteils eines Maßes. Und an diesem Maß wird mit einem Schlage Richtigkeit und Falschheit des Sinnes wie Zutreffendheit und Irrigkeit des Verhaltens gemessen. Denn theoretisches Treffen ist nichts anderes als einen mit dem Objekt der Urteilsentscheidung übereinstimmenden, d. h. richtigen Sinn sich vorschweben lassen, also [299/300] über ein vorliegendes Gefüge richtig entscheiden und Irren nichts anderes als falsch entscheiden. Umgekehrt fällt richtiger und falscher mit dem vom treffenden und irrigen Verhalten ablösbaren Sinn zusammen.

Das bisher gewonnene Ergebnis lautet: es muß ein Gegensatzpaar geben, das vom treffenden und verfehlenden Verhalten ebenso wie von Richtigkeit und Falschheit des Urteilssinnes nicht abhängig ist, vielmehr umgekehrt den Maßstab und die Voraussetzung dafür bildet. Der Beweisgang war einfach folgender: das Entscheiden über ein Gefüge macht erst das treffende oder irrende Urteilsverhalten aus; ebenso besteht erst im Behaftetsein eines Gefüges mit ihm zuerteiltem Wert oder Unwert das Wesen des Urteilssinnes. Das Gefüge, *worüber* im Urteil entschieden, was mit der Wertqualität ausgestattet im Urteilssinn vorliegt, kann nicht selbst bereits von einer Urteilsentscheidung ablösbarer Sinn sein, wie ja auch offenbar das Urteilen nicht als ein Urteilen über ein Urteilen definiert werden darf. Es mag nun dieser primäre, vom Urteilsgegensatz unabhängige und ihm zugrunde liegende Gegensatz, also der Gegensatz von Wert und Unwert, der dem primären Objekt der Urteilsentscheidung an sich zukommt und entsprechend in der Urteilsentscheidung als zukommend beigelegt werden soll, als der Gegensatz von *Wahrheit* und *Wahrheitswidrigkeit* bezeichnet werden. Die Voraussetzung für die richtigen und falschen bilden somit die wahren und die wahrheitswidrigen Gefüge. Auch sie stellen wertartige Ganzheiten von Elementen und folglich Gebilde des »Sinnes« dar.

Im Urteilen wird demnach über Wahrheit und Wahrheitswidrigkeit eines an sich wahren oder wahrheitswidrigen Gefüges entschieden. Wahrheit für Wahrheit, aber auch Wahrheitswidrigkeit für Wahrheitswidrigkeit halten bringt Richtigkeit, Wahrheitswidrigkeit für Wahrheit, aber auch Wahrheit für Wahrheitswidrigkeit halten Falschheit mit sich. Theoretisches Anerkennen oder Fürwahrhalten heißt Bejahen, theoretisches Verwerfen oder Für-wahrheitswidrighalten heißt verneinen. Bejahen des an sich wahren und Verneinen des an sich wahrheitswidrigen Gefüges führt zur Richtigkeit, dagegen bejahte Wahrheitswidrigkeit und verneinte Wahrheit zur Falschheit. Es gibt richtige und falsche Fürwahr-[300/301] wie Fürwahrheitswidrighaltungen. So kreuzen sich die beiden Gegensätze der Bejahung und Verneinung oder der Fürwahr- und Fürwahrheitswidrighaltung und der Richtigkeit und Falschheit. In diesem Nebeneinanderbestehen der beiden Paare dokumentiert sich die Doppeltheit der Gegensätze.

Es gibt also neben dem Gegensatz von Treffen und Verfehlen zwei Gegensatzpaare des Sinnes: das von Wahrheit und Wahrheitswidrigkeit und das von Richtigkeit und Falschheit.

Es ist jedoch das größte Gewicht darauf zu legen, daß die ganze zu einem zweiten selbständigen Gegensatzpaar führende Argumentation für die unwertigen Gebilde genau ebenso zutrifft wie für die wertigen. Es gibt nicht etwa nur den von Treffen und Richtigkeit unabhängigen Wert der Wahrheit, sondern auch den von Verfehlen und Falschheit unabhängigen Unwert der Wahrheitswidrigkeit. Es gibt ebenso an sich verneinungswürdige wie an sich bejahungswürdige Gebilde. Da eine vom Irrtum unabhängige Unwertigkeit oder Verneinungswürdigkeit auf den ersten Blick weniger einleuchtet, so bedarf es einer ausdrücklichen Anwendung der vorangegangenen allgemeinen Argumentation auf den Fall des Verfehlens [5]. Verfehlen besteht doch immer darin, daß an Stelle dessen, was erfaßt werden sollte, etwas anderes im Meinen vorschwebt und – »irrtümlich« – für jenes gehalten wird. Aber nicht ein beliebiges Verwechseln, sondern nur die Vertauschung von Wertgegensätzlichem ergibt den Unwert der Täuschung oder des Irrtums. Es muß Wertiges für Unwertiges oder Unwertiges für Wertiges genommen werden. Damit es überhaupt zum Verfehlen kommen soll, müssen bereits unabhängig vom Verfehlen Wert- und Unwertgebilde als ein mit einander Verwechselbares sich darbieten. Es muß eben bedacht werden: Irren ist nicht einfach ein Abirren oder Abweichen von der Wahrheit, ist auch nicht einfach ein Anstiften willkürlicher, unwertiger Gebilde. Zum Irren wird das Verhalten höchstens erst, wenn unwertige Gebilde *für* wertige gehalten werden. Der Unwert des Irrens setzt also einen Wertgegensatz und somit einen vom Irren und der Falschheit unab-[301/302]hängigen Unwert voraus. Mag es darum auch die Subjektivität selbst sein, die die unwertigen Gebilde irgendwie erzeugt. Woher sie stammen, darnach wird hier noch nicht gefragt. Es genügt, daß sie irgendwie vorhanden sein, dem urteilenden *Stellungnehmen* wenigstens von anderwärts her irgendwie präsentiert sein müssen, soll es überhaupt zum Irrtum kommen. Mag sonach an dem Zustandekommen dieser gewillkürten Gebilde die Subjektivität irgendwie schuld sein, nur darauf kommt es hier an, daß sie jedenfalls dem *Verfehlen* gegenüber als ein davon Unabhängiges und Selbständiges bestehen. Es ist darum auch nicht zu befürchten, daß die Annahme an sich bestehender, vom Irrtum unabhängiger unwertiger Sinngebilde zu einer metaphysischen Verabsolutierung des Negativen führen muß. Denn es ist ja bereits angedeutet worden, daß die Subjektsaktivität hierbei gar nicht als unbeteiligt ausgeschaltet werden soll. Erst in der später ausgeführten Theorie wird sich zeigen, wie diese Andeutungen sich bewahrheiten, wie auf einem von der Subjektivität zwar bereiteten Boden dennoch sinnartige, in sich unwertige Gebilde bestehen können.

Es geht darum nicht an, wozu eine hartnäckige Gewohnheit verleiten möchte: das Verneinungswürdige als durch den Irrtum geschaffen anzunehmen. Macht doch vielmehr umgekehrt das Bestehen verneinungswürdiger Gebilde den Irrtum erst möglich. Da dies nicht bedacht, der primäre Unwert nicht in die der Entscheidung sich darbietenden und von ihr unabhängigen Objekte hineinverlegt wurde, mußte die verneinungswürdige Wahrheitswidrigkeit stets auf Rechnung des Verfehlens gesetzt, mit der Falschheit verwechselt und so die ganz grundlegende und unvermeidliche Doppeltheit der Gegensatzpaare übersehen werden. Es mußte der Wahn entstehen, daß das Verneinen, das Für-wahrheitswidrighalten, gleichbedeutend sei mit für falsch, für irrtümlich Erklären, auf die Ablehnung eines irrtümlichen Urteils hinauslaufe. Allein es mag allerdings das Verneinen, das *Kennzeichnen* der Wahrheitswidrigkeit als solcher um des drohenden Irrtums *willen* stattfinden. Dagegen das, worüber im Verneinen entschieden, was dabei als Unwert hingestellt wird, ist nicht Irrtum und Falschheit, sondern die vom Irrtum unabhängige Wahrheitswidrigkeit, deren [302/303] irrtümliche Verwechslung mit der Wahrheit abgewehrt werden soll. In der Verneinung wird die Wahrheitswidrigkeit als solche bloßgestellt, weil *hinsichtlich* ihrer der Irrtum droht.

Doch es muß dies übliche Sichbegnügen mit nur einem Unwertbegriff noch schärfer als völlig zirkelhaft gekennzeichnet werden. Jedes falsche Urteil setzt voraus, daß ein Wertiges für ein Unwertiges oder umgekehrt gehalten wird. Wird nun ein von der Falschheit unabhängiger Unwert geleugnet, so gibt es ein Unwertiges nur als ein vom irrigen Verhalten ablösbares falsches Gefüge. Danach müßte jegliches falsche Urteil als ein Urteil über ein Urteil und zwar über ein falsches Urteil interpretiert werden. Aber es muß doch offenbar das, in der Nichtübereinstimmung womit *jegliche* Falschheit erst besteht, eine von der Falschheit unterschiedene Unwertigkeit darstellen. Es läßt sich die Falschheit eben nicht so begreifen, daß immer wieder nur die Falschheit vorausgesetzt wird. Gewiß ist der Unwert und so auch die Falschheit etwas Irreduzibles. Aber darum handelt es sich hier gar nicht, vielmehr darum, daß übersehen wird, wie die Falschheit auf einen davon unterschiedenen anderen Unwert hinweist. Dies zu ignorieren heißt allerdings, einen Zirkel begehen.

Da man bei gegensätzlich gespaltenen Sinngefügen ausschließlich gewöhnt ist, an den richtigen und falschen Sinn des positiven oder negativen Urteils zu denken, so bedarf es der ausdrücklichen Warnung, das, was hier als wahres und wahrheitswidriges Gefüge bezeichnet wird, mit dem Sinn der ganzen Urteile und Sätze zu verwechseln [6]). Die wahren und wahrheitswidrigen Gefüge sind ja lediglich etwas, was dem Urteilssinn als »Materie« zugrunde liegt und darum irgendwie in ihn eingeht. Spricht man darum von wahren und falschen Urteilen und Sätzen, so wird dabei unter Wahrheit und Falschheit das verstanden, was nach der Terminologie dieser Abhandlung Richtigkeit und Falschheit heißen muß. Und umgekehrt: wird in den folgenden Ausführungen von Wahrheit und Wahrheitswidrigkeit geredet, so muß stets bedacht werden, daß es sich dabei keineswegs um Wert und Unwert handelt, [303/304] der Urteilen und Sätzen zukommt. Ihre Wertgegensätzlichkeit darf nicht dazu verleiten, diese Gefüge bereits für ganzen Urteilssinn zu halten. Will man aber Wahrheit und Wahrheitswidrigkeit in *Beziehung* zu einem Gegensatz des ganzen Urteils bringen, so kann es höchstens der von Bejahung und Verneinung sein. Denn Wahrheit und Wahrheitswidrigkeit sind das Bejahungs- und Verneinungswürdige oder die Objektskorrelate richtiger Bejahung und Verneinung.

Unter den Objekten der Urteilsentscheidung oder den wahren und wahrheitswidrigen Gefügen darf somit nicht das verstanden werden, was bei *Mehmel* und *Gerlach* Urteil und Satz »im objektiven Sinne«, bei *Bolzano* »Satz an sich«, bei *Herbart* und *J. Bergmann* das »Gedachte« im Unterschiede zu den Akten des Denkens, bei *Husserl* »Sinn« des Urteils oder »ideale Aussagebedeutung«, bei *Rickert* »transzendenter Sinn«, bei *Brentano, Marty, Husserl* »Urteilsinhalt«, bei *Meinong* »Objektiv« oder »Urteilsgegenstand«, bei *Stumpf* »Sachverhalt«, bei *H. Gomperz* »Gedanken im objektiven Sinne«, »Aussageinhalt« und »Tatbestand« genannt wird [7]). Denn hierbei wird durchgehends an nichts anderes als an den von Sätzen und Urteilen ablösbaren Sinn, an das bei der Urteilsentscheidung im ganzen Gemeinte und objektartig Vorschwebende, gedacht [8]). Freilich gehören die primären Objekte der Urteilsentscheidung der Region des von den Gegenständen wie den Subjektsakten unterschiedenen »Sinnes« an, aber nicht als Sinnganzheiten, sondern, wie sich im zweiten Abschnitt des dritten Kapitels zeigen wird, als irgendwie eingegliederte Bestandteile. So fallen sie weder [304/305] mit all den soeben angeführten Sinn- und Objektsbegriffen – denn in diesen wird bereits zuviel gemeint –, noch mit einer wertindifferenten »Materie« des Urteils zusammen –, denn in ihr wird wieder zu wenig gemeint, da ihr die gegensätzliche Wertqualität fehlt. Was unter den wahren und wahrheitswidrigen Gefügen zu verstehen ist, darf somit, will man Verwechslungen entgehen, mit keinem der in der Logik üblichen Begriffe gleichgesetzt werden. Hinzuweisen ist schließlich auch noch darauf, daß diese primären Objekte der Urteilsentscheidung auch nicht mit den Gegenständen selbst, die doch gleichfalls in einem gewissen Sinne das »Objekt« des Erkennens bilden, zusammenfallen können. Die Gegenstände liegen vielmehr noch eine Stufe weiter zurück. Von ihnen müssen die Objekte der Urteilsentscheidung, als bereits dem künstlichen Bereich der Gegensätzlichkeit angehörend, durch die Kluft der Nichtgegenständlichkeit geschieden sein. Stellen sie doch etwas dar, worüber nicht anders als alternativ befunden werden kann. So nehmen sie denn eine Mittelstellung ein zwischen den gegensatzentrückten Gegenständen und der künstlichsten, uns zunächst liegenden Gegensätzlichkeit, der des Urteilssinnes [9]).

Der Einzige, der gegenwärtig auf die Unvermeidlichkeit doppelter Gegensatzpaare gestoßen ist, scheint *Bergmann* zu sein, obgleich sie freilich auch bei ihm nur gelegentlich hervortritt. »Die Definition des Urteils, daß es sei eine Vorstellung (Prädizierung) verbunden mit einer Entscheidung über ihre Geltung bezieht auf die bloßen Vorstellungen den Gegensatz von Gültigkeit oder Richtigkeit und Ungültigkeit oder Unrichtigkeit. Dieser Gegensatz bildet die Voraussetzung des die Urteile betreffenden von Wahrheit und Unwahrheit (Falschheit, Irrtum). Denn ohne Zweifel werden wir ein Urteil wahr nennen, wenn die Vorstellung, über welche es entscheidet, die Geltung, den theoretischen Wert besitzt, den es ihr beimißt. Da die in einem *wahren* Urteile enthaltene Vorstellung *unrichtig* und die in einem *unwahren* enthaltene *richtig* sein kann, wenn nämlich das Urteil ver-[305/306]neinend ist, also die in ihm enthaltene Vorstellung verwirft, so ist es von Wichtigkeit, jenen auf die bloßen Vorstellungen und diesen auf die Urteile als solche bezüglichen Gegensatz zu unterscheiden, und daher auch angemessen, sie verschieden zu benennen, und so soll denn hier eine Vorstellung in der Regel nicht *wahr* oder *unwahr*, sondern *richtig* oder *unrichtig* oder auch gültig oder ungültig, ein Urteil nicht richtig oder unrichtig, sondern wahr oder falsch genannt werden [10]).« Vielleicht lassen sich jedoch Ansätze für die Einsicht in die notwendige Doppeltheit der Gegensätze von αληθες und φευδος bereits in der alle Folgezeit beherrschenden Urteilstheorie, in der Aristotelischen, finden. Darauf soll im ersten Abschnitt des ersten Kapitels noch einmal eingegangen werden. Eine auf dasselbe hinauslaufende Doppeltheit des Gegensatzes von Wahrheit und Falschheit bei *Descartes* will *Christiansen* gefunden haben, der auch in systematischer Absicht auf die Doppeldeutigkeit der »Wahrheit« hingewiesen hat, die einmal den »Objektsynthesen«, das andere Mal den »Beurteilungen« zukomme [11]). Überall jedoch tritt diese Doppeltheit der Gegensatzpaare nur gelegentlich auf.

Es muß freilich der ganzen folgenden Darstellung überlassen bleiben, die Überzeugung von ihrer Unvermeidlichkeit zu befestigen. –

Nachdem die Einleitung jetzt mit ihren andeutenden Ausführungen vom πρωτον προς ημας, von der Urteilsentscheidung, bis zum sachlich früheren Gegensatzpaar hingeführt hat, kann die Darstellung im ersten Kapitel an diesem Punkte, also bei den irgendwie als Bestandteile in die Endgebilde des Urteilssinnes eingehenden Objektgefügen, beginnen. Von dort setzt das zweite

Kapitel den Weg nach oben fort und tut den entscheidenden Schritt zur gegensatzlosen Region. Wenn so der höchste Punkt erreicht ist, legt das dritte Kapitel gleichsam den Weg nach unten zurück, indem es durch das Eintreten der Subjektivität die Gegensätzlichkeit her-[306/307]vorgehen läßt. Dabei gelangt es in seinem ersten Abschnitt zur primären Gegensätzlichkeit, im zweiten vollendet es den Abstieg und mündet im eigentlichen Bereich der Urteilsentscheidung.

Wodurch es aber überhaupt zu dieser ganzen von den transzendentallogischen Phänomenen und den Gegenständen durch einen Abstand geschiedenen Region gegensätzlicher Strukturgebilde kommt, soll vorläufig noch ganz im Dunkeln gelassen werden und erst im letzten Kapitel sich enthüllen.

Erstes Kapitel.

Der Gegensatz von Wahrheit und Wahrheitswidrigkeit in den primären Objekten der Urteilsentscheidung.

Das erste Kapitel sollte beim primären Gegensatzpaar einsetzen, also zum primären Objekt, zur Unterlage der Urteilsentscheidung, mithin bis zu einer Stelle vordringen, an der eine Gegensätzlichkeit gewöhnlich gar nicht gesucht, sondern statt dessen eine gegensatzindifferente »Materie« angenommen zu werden pflegt. An dieser höchsten Stelle innerhalb der Gegensatzregion, wo in der Distanz zu den Gegenständen die Gegensätzlichkeit als solche beginnt, ist das Wesen der theoretischen Gegensätzlichkeit überhaupt zu studieren. Diese Gegensätzlichkeit sollte aber eine solche von sinnartigen Strukturgebilden, d. h. von wertigen und unwertigen Elementengefügen, sein. Es wird darum dabei über die Stellung von Wert und Unwert gerade in sinnartigen Strukturganzheiten gehandelt werden müssen (1. Abschnitt). Indem sich hierbei herausstellt, daß die gegensätzliche Wertqualität sich irgendwie auf dem Zusammenspiel der übrigen, der gegensatzindifferenten Elemente aufbaut, wird die Untersuchung dazu gedrängt, sich auf die Urgliederung und die letzten Strukturelemente der primären Objektsgefüge zu besinnen. Hierbei wird der in der Einleitung angekündigte Anlaß hervortreten, die in den Urteilsgefügen irgendwie verarbeitete urteilsjenseitige gegenständliche Urstruktur als den

Richtpunkt für alle Strukturorientierung herbeizuziehen (2. Abschnitt). Dann braucht nur noch das im ersten Abschnitt ausgemachte Kriterium der Gegensätzlichkeit auf die dem zweiten [307/308] Abschnitt gemäß nach den echten Urbestandteilen gegliederten Sinngefüge angewandt zu werden (3. Abschnitt).

Erster Abschnitt.

Das Kriterium der Wertgegensätzlichkeit.

Zwar pflegt die Wertgegensätzlichkeit nicht unter ausdrücklicher Auseinanderhaltung zweier verschiedener Gegensatzpaare abgehandelt und vor allem nicht schon in der Unterlage für die Wertentscheidung aufgesucht zu werden. Aber wofern irgendwelche Grundanschauungen über die Gegensätzlichkeit von Sinngefügen überhaupt auf theoretischem Gebiet bestehen, so müssen sie auch auf die primären Objekte der Urteilsentscheidung eine Anwendung gestatten.

Denn es kommt lediglich darauf an, daß auch die wahren und wahrheitswidrigen Gebilde jedenfalls nicht ungegliederte homogene Bestände, sondern zusammengesetzte Ganzheiten, Gefüge darstellen. Darauf nämlich ist jetzt die Besinnung zu richten, daß es sich in der Logik und so auch in der Urteilslehre stets um die Gegensätzlichkeit sinnartiger Ganzheiten handelt. Es lautet aber über den Wertgegensatz gegliederter Ganzheiten seit jeher der Leitsatz folgendermaßen: das gegensätzliche Wertmoment ruht nicht in den einzelnen Elementen für sich genommen, sondern lediglich in ihrer Verbindung, in ihrer Anordnung, in ihrem Verhältnis zu einander. Daraus ergeben sich all jene seit alters aufgestellten Theorien, wonach die einzelnen, isolierten Elemente nicht wahr oder wahrheitswidrig, richtig oder falsch sind, Wert und Unwert vielmehr erst in ihrer Vereinigung hervortreten können. Von Anfang an, so z. B. bei *Plato*, verbindet sich mit dieser Ansicht leicht die Fahndung nach den einfachsten, unzusammengesetzten und darum aller Verfehltheit entrückten Urbestandteilen (στοιχεια) des Denkbaren, in deren Kombinationen erst aller Unwert sich einzunisten vermag [12]). So kann nach dieser Grundanschauung die Wertgegensätzlichkeit von Verbindungen, von gegliederten Gefügen, in nichts anderem als im Zusammengehören und Nichtzusammengehören, Zusammenpassen und Nichtzusam-[308/309]menpassen, in der Vereinbarkeit und Unvereinbarkeit, Harmonie und Disharmonie seiner Strukturelemente bestehen [13]). Freilich ist mit dieser Bestimmung das Geheimnis der Wertgegensätzlichkeit des Sinnes nicht aufgedeckt. Aber es soll damit ja auch lediglich eine bloße Umschreibung der Wertigkeit und Unwertigkeit gerade von Sinngefügen gegeben sein, gleichsam eine strukturmorphologische Angabe der Stelle, an der der Sitz des Wertgegensatzes gerade von solch gegliederten Ganzheiten zu suchen ist. Diese Charakterisierung der Wertgegensätzlichkeit ist in der Tat zwingend, sobald bedacht wird, daß in die unwertigen Gebilde genau die gleichen Elemente eingehen, aus denen sich auch die positivwertigen zusammensetzen. Dann kann das unwertige Gefüge sich nur durch eine Verschobenheit der Bestandteile, durch eine Verbundenheit des Nichtzusammengehörigen, vom positivwertigen unterscheiden [14]). Wendet man dies auf die Urteilslehre an, so ergibt sich: nicht mit den einzelnen Bestandteilen, sondern nur mit ihrer Verbindung (συμπλοκη, συνθεσις) kann sich die positive oder negative Wertqualität verknüpfen. Nur das einheitliche Ganze des Sinnes vermag Träger von »Wahrheit« und »Falschheit« zu sein [15]). Dieser Leitsatz der Aristotelischen Urteilstheorie bleibt maßgebend für die ganze Lehre von der Gegensätzlichkeit theoretischer Strukturganzheiten.

Aber nur danach, worin diese wertgegensätzlichen Gefüge ihrer Struktur nach *bestehen*, nicht wie sie etwa *entstehen* mögen, ist vorläufig die Frage.

Für die Werttheorie, die in der Gegensätzlichkeit mit Recht [309/310] Wertgegensätzlichkeit sieht, den Wert aber nur als gegensätzlichen Wert kennt, folgt aus der Gegensatzindifferenz auch die Wertindifferenz oder Neutralität der einzelnen Strukturelemente, aus der Gegensätzlichkeit ausschließlich der Ganzheiten des Sinnes auch deren alleinige Wertartigkeit.

Haben sich so die primären Objekte des urteilenden Stellungnehmens, über deren positive oder negative Qualität in der Urteilsentscheidung befunden wird, als ein Zusammengehören und Nichtzusammengehören von Elementen erwiesen, so zeigt sich schon jetzt, daß das Urteilen in nichts anderem als in einem Richten über Zusammengehörigkeit und Unzusammengehörigkeit von Bestandteilen eines Gefüges bestehen kann. Und zwar muß das Bejahen auf ein die Bestandteile für zusammengehörig, das Verneinen auf ein sie für unzusammengehörig Erklären hinauslaufen.

Obwohl diese so simpel erscheinende Lehre von den harmonischen und disharmonischen Gefügen stillschweigend und der Sache nach der Urteilslehre stets zugrunde gelegen hat, so ist sie dennoch in der Logik ganz selten ausdrücklich formuliert worden. Daß bereits den einzelnen Gefügen, also der »materialen Wahrheit«, ein Zusammenpassen und Nichtzusammenpassen der Elemente zugrunde liegt, verbirgt sich darum leicht, weil diese Ausdrücke so sehr in die Nähe einer ganz besonderen Harmonie und Disharmonie zu kommen scheinen, nämlich der »Verträglichkeit« und »Unverträglichkeit« der Wahrheiten *unter*einander, bei der es sich also um die sog. »formale Wahrheit« handelt. Nun ist das Zusammengehören und Nichtzusammengehören der Strukturelemente im einzelnen Gefüge freilich ganz anderer Art als Verträglichkeit und Unverträglichkeit, wie denn offensichtlich das Zusammengehören mehr ist als die bloße Verträglichkeit. Es ist aber bisher allerdings noch völlig unbestimmt gelassen, in welchem Sinne im einzelnen Gefüge von einem Zusammengehören und Nichtzusammengehören der Elemente die Rede sein soll.

Einen Aufschluß darüber gewinnt man dadurch, daß man sich der nachbildlichen Stellung erinnert, die die gesamte Urteilsregion einschließlich ihrer primären Objekte den *Gegenständen* gegenüber einnimmt. Es gibt in der Tat kein anderes Kriterium für Wert und Unwert der primären Objektsgefüge als ihre Messung an [310/311] den Gegenständen. Nach Übereinstimmung und Nichtübereinstimmung mit den Gegenständen bestimmt sich, einer uralten, von *Kant* ebenso wie von der Antike geteilten Denkgewohnheit gemäß, die »materiale Wahrheit«. Das ist eine Voraussetzung, die durch den Gegensatz zwischen »Dogmatismus« und »Kritizismus« gar nicht tangiert wird. Wie im nächsten Kapitel nachzuweisen ist, muß auch nach der Kopernikanischen Lehre, die den Gegenstand in den Herrschaftsbereich des Theoretischen, des Logischen, hineinstellt, dennoch der sekundär- und nachbildlich-theoretischen, der *Urteils*region gegenüber der Gegenstand als Urbild und Maßstab anerkannt werden. Wie Richtigkeit und Falschheit des Urteilssinnes gemäß den Andeutungen der Einleitung ihr Maß an der Wertartigkeit der primären Objekte findet, so bildet für diese wiederum das letzte Maß der Gegenstand. Diese Objekte der Urteilsentscheidung sind primär gegenüber dem Urteilssinn, aber sekundär gegenüber dem Gegenstand. Durch diese doppelte Maßstabs- und Übereinstimmungsdistanz ist ihre Stelle nach oben und nach unten fixiert, ist ihre in der Einleitung hervorgehobene Zwischenstellung zwischen Gegenstand und Region der Urteilsentscheidung jetzt bereits um ein weniges genauer gekennzeichnet. Das Zusammengehören und Nichtzusammengehören der Elemente in den primären Objekten bestimmt sich also ganz und gar als deren Übereinstimmung oder Nichtübereinstimmung mit den Gegenständen. Kann sich doch auch umgekehrt ein Übereinstimmen und Nichtübereinstimmen gerade von gegliederten Gefügen mit den Gegenständen gar nicht anders dokumentieren als in einem Zusammenstimmen [16]) und Nichtzusammenstimmen von deren Bestandteilen untereinander. Der Gegenstand ist der Maßstab dafür, welches Element welchem andern Element *an sich und unabhängig von der Entscheidung darüber* »zukommt« *oder nicht zukommt*. Das Einander-»Zukommen« von »Subjekt« und »Prädikat«, also der Elemente im einzelnen Urteilsgefüge, ist noch der geläufigste Ausdruck für das Ansich-Zusammengehören der Bestandteile in den Objekten der Urteilsentscheidung. [311/312]

Auf den Verhältnissen des Zusammengehörens und Nichtzusammengehörens in den einzelnen Gefügen wird sich die Verträglichkeit und Unverträglichkeit der Gefüge, »Urteile«, »Wahrheiten« untereinander erst irgendwie aufbauen. Es darf darum nicht etwa umgekehrt das »materiale« Zusammenstimmen und Nichtzusammenstimmen der *Elemente* durch die »formale« Verträglichkeit und Unverträglichkeit der *Gefüge* interpretiert werden. Freilich läßt sich diese ganze Unterscheidung überhaupt nur dann aufrecht erhalten, wenn als Einzelgefüge wirklich einzelne Gefüge im strengen Sinne, d. h. solche, die aus letzten unzusammengesetzten Bestandteilen gebildet sind, fungieren. Andernfalls würden die einzelnen Elemente bereits selbst verkappte Gefüge und die angeblichen Einzelgefüge in Wahrheit Gefüge von Gefügen darstellen. Zusammenstimmen und Nichtzusammenstimmen innerhalb *solcher* Gefüge wäre allerdings den »formalen« Beziehungen der Sinnganzheiten untereinander äquivalent, zwischen »Subjekt« und »Prädikat« solcher Gebilde bestünde allerdings »Verträglichkeit« und »Widerstreit« [17]).

Besteht das Urteil in einem Richten über das Einander-Zukommen der Elemente und ist ferner dies Zusammengehören und Nichtzusammengehören der Bestandteile unabhängig vom urteilenden Stellungnehmen an den Gegenständen meßbar, so ist damit so viel erreicht, daß sich jetzt die in der Einleitung behauptete Doppeltheit der Gegensatzpaare bereits etwas genauer, nämlich mit Einsetzung des Kriteriums der Wertgegensätzlichkeit, vertreten läßt. –

Es ist nunmehr noch besonders darauf einzugehen, daß das primäre Objekt, also das, was der Qualitätsentscheidung unterworfen wird, unabhängig vom urteilenden Befinden darüber die Ge-[312/313]*gensätzlichkeit* bereits in sich trägt und nicht eine indifferente »Materie« der Urteilsentscheidung darstellt. Mögen doch – worauf es vorläufig ja noch gar nicht ankommen soll –

die wahren und wahrheitswidrigen Gefüge erst irgendwie durch ein Schalten, ein Zusammenfügen von seiten der erkennenden Subjektivität zustande kommen, so haftet doch dem, was derart zustande gebracht wird, unabhängig jedenfalls von der *Entscheidung* darüber, an sich die Wert- oder Unwertqualität an (vgl. oben S. 263 f.). Die Urteilsentscheidung bringt nicht die Qualität erst hinzu, sie macht lediglich den Versuch, die dem Gefüge an sich gebührende Qualität ihm auch zuzuweisen.

Freilich läßt sich leicht begreifen, wodurch die Urteilslehre zum Begriff der indifferenten »Materie« gedrängt wurde. In dem nämlich, was an den der Entscheidung unterliegenden Objekten dem erkennenden Verhalten *vor* der hinzutretenden Urteilsentscheidung vorschwebt, *fehlt* allerdings noch die gegensätzliche Wertqualität. Da ist es bloß bis zur Zusammenfügung der Elemente, zur Beziehung des »Subjekts« und des »Prädikats« aufeinander, bei noch unentschieden gelassener Qualität gekommen. Da gibt es als Objekt ein gegensatz- und wertindifferentes Gefüge, eine gegen Zusammengehörigkeit und Nichtzusammengehörigkeit noch gleichgültige bloße Bezogenheit, eine bloße »Vorstellungsbeziehung«, z. B. zwischen Erde und Sichbewegen, die erst durch die sich darauf richtende Bejahung oder Verneinung als wahr oder wahrheitswidrig hingestellt wird. Aber es ist unbestreitbar, daß es dieses qualitätsberaubte Gebilde *nur* in den Augen der Subjektivität, aber nicht an sich gibt. Will man darum bestimmen, worin das Objekt der Urteilsentscheidung besteht, so muß man unterscheiden zwischen dem, was dieses Objekt an sich ist, und zwischen dem, als was es der Subjektivität erscheinen muß [18]). Die Urteilstheorie hat mit Vorliebe ausschließlich auf das Letztere geachtet, und so kam es bei ihr nur zu dem Begriffe einer bloßen qualitäts- und wertbaren »Vorstellungsbeziehung«, die als [313/314] Substrat der Urteilsentscheidung auch als deren indifferente »Materie« bezeichnet wird, aber nicht zu dem Begriff eines wertgegensätzlich gespaltenen primären Objekts [19]).

Dieses zur Verkennung der doppelten Gegensatzpaare führende Verhalten der Logik dokumentiert sich denn auch in der fundamentalen Gliederung des der Qualitätsentscheidung unterliegenden Bestandes. In ihm lassen sich nach der vorangegangenen Darstellung die Elemente als die Beziehungsglieder der harmonischen und disharmonischen Gefüge und die sich auf ihnen aufbauende gegensätzlich gespaltene Verbundenheit oder Bezogenheit selbst einander gegenüberstellen. Es ist also gerade das *Beziehungsmoment*, das sich als der das Wertgepräge verleihende Faktor von den gegensatz- und wertindifferenten

Elementen abhebt. Wie sich darum die Logik zu den Objekten der Wertentscheidung verhält, ob sie sie an sich für wertgegensätzlich oder für gegensatzindifferent erachtet, das muß darin zum Vorschein kommen, wie sie über deren Beziehungsmoment denkt. Dieses muß von ihr entweder als ein gegensätzliches oder als ein neutrales angesehen werden. Dementsprechend ist nun in der Logik die Einteilung der Entscheidungsobjekte in gegensatzindifferente Beziehungselemente und in eine nicht etwa gegensätzlich differenzierte, sondern gleichfalls indifferente und neutrale Verbundenheit üblich. Die letzten Elemente (ὅροι, termini) der Beziehung sind Subjekt und Prädikat, ihre indifferente Bezogenheit, das die Elemente umspannende Band, ist die Kopula. So mußte die Logik stets dazu kommen, den nach Abzug der gegensätzlichen Qualität übrigbleibenden qualitätsindifferenten Bestand nach Subjekt, Prädikat und Kopula zu gliedern. Denn auch die Kopula mußte ja nach ihrer Ansicht noch in den Bereich der in-[314/315]differenten Bestandteile fallen [20]). Hingegen mit der Erkenntnis, daß die Objekte der Urteilsentscheidung an sich gar nicht indifferent sind, fällt auch die wertindifferente Kopula als eine an sich bestehende Bezogenheit fort. Die vom gegensätzlich ausgeprägten Zusammengehören und Nichtzusammengehören unterschiedene bloße Kopula stellt sich vielmehr als ein Geschöpf lediglich der mit der Qualitätsentscheidung noch zurückhaltenden und dadurch die Qualität vom ganzen Gefüge künstlich loslösenden Subjektivität heraus [21]). Die Kopula ist in Wahrheit nichts weiter als ein verselbständigtes Abstraktionsgebilde, nämlich das dem unspaltbaren Zusammengehören und Nichtzusammengehören der Elemente gemeinsame Partikelchen einer Verbundenheit überhaupt, das farblose Residuum einer Verklammerung von Elementen, das übrig bleibt, wenn vom harmonischen und disharmonischen Charakter des Gefüges abgesehen ist. Ist doch die Kopula per definitionem dazu ausersehen, den Zusammenhalt gerade zwischen *den* Elementen herzustellen, über deren Zusammengehören oder Nichtzusammengehören in der Urteilsentscheidung befunden wird, weshalb man sie auch als Objekt der Position und Negation bezeichnet hat. Man muß sich aus diesem Grunde auch hüten, in die Kopula irgend eine Vielgestaltigkeit, irgend einen erdenklichen besonderen logischen Bedeutungsgehalt hineinzulegen. Es ist bei ihr nicht an irgendwelche sonstigen Relationen zu denken, sondern lediglich an das ganz unvergleichliche, einförmige Zusammengehören und Nichtzusammengehören der Elemente, dessen Wert- und Unwertqualität überdies noch getilgt zu denken ist. Was dann als neutraler, überall gleicher namenloser

Rest einer Bezogenheit überhaupt übrig bleibt, das und nichts anderes ist die Kopula. Genau dasselbe Produkt einer künstlichen Depotenzierung stellt die in der neueren Urteilstheorie übliche »Vorstellungsbeziehung« dar. Sie ist weiter nichts als eine Umschreibung der traditionellen Kopula. Nachdem dies hier über die Kopula einmal festgestellt ist, wird [315/316] im folgenden lediglich zum Zweck der Abkürzung mit dem Ausdruck Kopula, der immerhin mit einem einzigen Wort die harmonische oder disharmonische Verbundenheit der Glieder im Objekt der Urteilsentscheidung bezeichnet, gelegentlich operiert werden.

Der hier vertretene Standpunkt läßt sich auch so formulieren: durchschaut man die künstliche Neutralisierung der primären Objekte, so darf man gar nicht eine neutrale, sondern nur eine wertgegensätzlich ausgeprägte »Kopula« anerkennen. Nun wird aber unter Anknüpfung an Aristotelische Andeutungen nach scholastischem Sprachgebrauch das die Elemente zu einer geschlossenen Einheit verknüpfende kopulative Moment als »Form«, der zu kopulierende Elementenbestand als »Materie« bezeichnet. Es ist sonach die »Form« der Urteilsobjekte nicht als eine indifferente, sondern als eine gegensätzlich differenzierte anzusehen.

Hier zeigt sich jedoch bereits, daß man in der Strukturlehre des Urteils mit einem ganzen Stufenbau von Form- und Materiebegriffen zu rechnen haben wird. Nach der neuerdings, z. B. von *Husserl* verwendeten Terminologie sollen die ganzen Objekte, also die Unterlagen der Urteilsentscheidung, im Verhältnis zu dieser und damit zum Urteilssinn die Stellung einer – freilich als gegensatzindifferent gedachten – »Materie« einnehmen. Die Berechtigung davon läßt sich daraus entnehmen, daß nach einer früheren Andeutung (oben S. 265 f.) die Unterlagen der Urteilsentscheidung als die zu beurteilenden Gefüge irgendwie in den ganzen Urteilssinn als Bestandteile, mithin als »Materie«, eingehen. Aber innerhalb dieser Entscheidungsmaterie soll sich außerdem nach dem scholastischen Sprachgebrauch noch einmal Form und Materie auseinanderhalten lassen. Das deutet auf den später sich bewahrheitenden Umstand hin, daß entsprechend, wie die primären Objekte in das Gefüge des Urteilssinns, so die Gegenstände in die primären Objektsgefüge als Materie hineingearbeitet sind. So ist auch diese im weiteren Verlauf der Untersuchung noch wiederkehrende Vielheit der Materiebegriffe wieder ein Anzeichen dafür, daß es sich in der Urteilslehre um eine Mehrheit, einen ganzen Aufbau von Komplikationsstufen, von Distanzen, von Gegensatzpaaren handelt. – [316/317]

Es wurde bereits in der Einleitung bemerkt, daß sich in der Geschichte der Logik Ansätze zu einer Lehre von gegensätzlich gespaltenen Objekten der Urteilsentscheidung fast nur bei *Aristoteles* finden. Den Anlaß zur Ausbildung dieser Lehre kann immer die Besinnung auf das Sichkreuzen der Gegensätze von Bejahung und Verneinung und von Richtigkeit und Falschheit darbieten. Es braucht dann bloß noch die Einsicht hinzuzukommen, daß die das Maß für Richtigkeit und Falschheit abgebende Bejahungs- und Verneinungswürdigkeit nicht selbst wiederum Richtigkeit und Falschheit sein kann. Nun spricht allerdings Aristoteles das Sichkreuzen der Gegensätze von Bejahung und Verneinung und von Richtigkeit und Falschheit in einer Zuspitzung aus, die dazu führt, das Maß für Richtigkeit und Falschheit der bejahenden und verneinenden Urteile, mithin das objektive Korrelat der richtigen Bejahung und Verneinung, weit über alle nichtgegenständliche gegensätzlich gespaltene Region hinaus, unmittelbar in die Gegenstände selbst zu verlegen. Richtigkeit besteht ihm demgemäß darin, das Zusammenbestehende (συγκειμενον) für zusammenseiend und das Getrennte (διηρημενον) für getrennt zu erachten, Falschheit in dem dazu gegenteiligen Verhalten[22]). Hiernach scheint also als Maß von Richtigkeit und Falschheit und als Objektskorrelat von Bejahung und Verneinung nicht ein primäres Gegensatzpaar, sondern ein verschiedener gegenständlicher Sachverhalt angenommen zu sein, der Gegensatz von Bejahung und Verneinung in den Gegenständen selbst zu wurzeln, eine metaphysisch-ontologische Bedeutsamkeit zu erhalten[23]). Doch es hat stets für die Aristoteles-Forschung zu den quälendsten und unbegreiflichsten Widersprüchen gehört, daß im unversöhnbaren Gegensatz dazu Aristoteles jegliche Gegensätzlichkeit ausdrücklich aus dem Bereiche des das Objekt der Metaphysik bildenden eigentlichen Seins (κυριως ον) ausschließt und in eine niedere, erst auf dem Boden des Denkens (εν τη διανοια) entstehende Region verweist[24]). Nur dann eröff-[317/318]net sich jedenfalls eine Aussicht, diesen noch niemals geschlichteten Widerstreit in den Lehren des Aristoteles zu lösen, wenn es möglich sein sollte, das von ihm für Bejahung und Verneinung statuierte Objektskorrelat nicht als einen gegenständlich-metaphysischen Maßstab, sondern im Sinne einer gegensätzlich gespaltenen Gültigkeits- und Ungültigkeitsnorm, also eines einen Maßstab für Richtigkeit und Falschheit bildenden, von der Entscheidung darüber unabhängigen Zusammengehörens und Nichtzusammengehörens, Zukommens und Nichtzukommens, zu deuten, mithin darin in letzter Linie nur den Ausdruck für eine dem subjektiven Belieben als Richtpunkt gegenübergestellte objektive Gültigkeit zu erblicken.

Nun steht zunächst soviel außer Zweifel, daß Aristoteles ein Urbild für Bejahung und Verneinung mit der ausdrücklichen Absicht aufstellt, der Willkürlichkeit des Meinens einen absolut gültigen Maßstab entgegenzuhalten [25]). Aber sollte nicht außerdem das Sichzusammenbefinden und Getrenntsein doch im Grunde wertgegensätzlich gespaltene Gebilde bedeuten und so genau die Zwischenstellung einnehmen, die den wahren und wahrheitswidrigen Gefügen zukommt? Dann müßte es als das Ansich eines maßstabartigen Zukommens und Nichtzukommens, das »Zusammenliegen« als die Gültigkeit oder Notwendigkeit eines Zusammengehörens, das Getrenntsein als die Ungültigkeit, als das Nichts-Miteinander-Zutunhaben des Nichtzusammengehörigen gedeutet werden. Nichts [318/319] steht dieser Interpretation im Wege, und so ist es von größtem Interesse, daß sie dementsprechend denn auch unbedenklich vertreten wird [26]). Der tiefere Sinn der Koordination von Bejahung und Verneinung bei Aristoteles läge dann darin, daß sich beide nachbildlich einem urbildlichen Korrelat gegenüber verhielten, auch die Verneinung; daß dieses Urbild aber bei beiden noch in einer Distanz zu den Gegenständen selbst stände. Eine metaphysische Verabsolutierung der Negativität wäre dann vermieden [27]). [319/320]

Genau dieselbe von der metaphysischen Seinsregion unterschiedene Stellung wie diese Maßstabsgebilde müßte das mit Zusammenbestehen und Getrenntsein, mit Zukommen und Nichtzukommen (υπαρχειν und μη υπαρχειν) gleichbedeutende Sein und Nichtsein (ειναι und μη ειναι) einnehmen [28]). Grade das Seiende als das Wahre und das Nichtseiende als das Falsche (ον ως αληθες und μη ον ως φευδος) wird ja ausdrücklich als einer niederen Sphäre des »Seins« angehörend, dem eigentlichen gegensatzlosen metaphysischen Sein gegenübergestellt [29]). Es ist somit zwischen einem gegensatzlosen Sein und einem positiven Sein, das einen Gegensatz zuläßt und in einer ganz andern Sphäre liegt, zu unterscheiden. Das Sein in der letzteren Bedeutung ist gleichbedeutend mit dem Wahren, mit dem in Wahrheit »Zukommen« oder »Stattfinden«, kurz, es ist lediglich ein Ausdruck für die Positivität als das eine Glied des Gegensatzes. Dieses Sein und Nichtsein ist zugleich das der Kopula. Wie denn hervorgehoben werden muß, daß Aristoteles die Kopula immer als eine gegensätzlich gespaltene und nicht als eine neutrale

Verbundenheit auftreten läßt, ohne sie freilich als bereits den primären Objekten angehörend zu behandeln [30]). [320/321]

Allerdings ist zu allem Vorausgegangenen schließlich zu bemerken, daß Aristoteles immer wieder den Abstand zwischen dem logisch-gegensätzlichen und dem metaphysisch- und metalogisch-gegensatzlosen Sein verwischt und entsprechend auch im Zukommen (υπαρχειν) die bloße Positivität des Zusammengehörens und das reale Verhältnis des Inhärierens ineinandergeschoben hat [31]). Als eklatantestes Symptom ebendafür erweist sich die Tatsache, daß er den auf dem Wesen der Gegensätzlichkeit beruhenden Satz vom Widerspruch zu den metaphysischen Prinzipien zählt. Doch das hängt mit dem allgemeinsten und schwierigsten Streitpunkt der Aristotelischen Logik überhaupt, mit ihrem schwer bestimmbaren Verhältnis zur Metaphysik, zusammen.

Zweiter Abschnitt.

Die metagrammatische Subjekt-Prädikats-Theorie.

Als spezifisches Phänomen der Urteilsregion ist in der Einleitung die Gegensätzlichkeit bezeichnet worden. Jetzt aber hat sich herausgestellt, daß die Gegensätzlichkeit sich als Beziehungsmoment, als »Form«, auf einem gewissen Elementenbestand aufbaut. Will man nun, wie es die Absicht dieser Abhandlung ist, der Urteilsregion ihre Stellung innerhalb der Gesamtheit der logischen Phänomene anweisen, so wird es darauf ankommen müssen, zu ergründen, *worauf* sich denn die spezifische »Form« der primären Urteilsgefüge aufbaut, d. h. wie sich der die »Materie« im scholastischen Sinne bildende gegensatzindifferente Elementenkomplex gliedert. In ihm wird offenbar der urteilsjenseitige Bestand zu suchen sein, der in die eigentümliche »Form« und Strukturkomplikation [32]) der primären Objekte und damit der Urteilsregion überhaupt eingeht. Denn ist auch das Urteil ein nichtgegenständliches Phänomen, als ein Mittel der Gegenstandsbemächtigung *enthält* es doch in irgendwelcher Verarbeitung den Gegenstand. Es wird sich also darum handeln müssen, daß in die [321/322] Zwischenregion, in die der primären Objektsgefüge, die oberste Region, die Region der Gegenstände, hineingearbeitet ist.

Für die Orientierung innerhalb dieses Elementenbestandes bietet die traditionelle Logik die Scheidung nach »*Subjekt*« und »*Prädikat*« dar [33]). Es fragt sich jetzt, was es mit dieser Gliederung für eine Bewandtnis hat.

An diesem Punkte sieht sich jedoch die logische Forschung vor eine letzte Alternative gestellt. Es kommt alles darauf an, ob der Gliederung nach Subjekt und Prädikat eine bloß psychologisch-grammatische oder eine sachliche und logische Bedeutung zukommt. Nur im letzteren Falle wird für die Logik überhaupt ein Anlaß vorliegen, für die Gliederung der Urteilsstruktur sich um die urteilsjenseitige Region zu bekümmern, während die grammatisierenden Theorien solcher Kriterien für die Auseinanderhaltung von Subjekt und Prädikat gar nicht bedürfen.

Bis zu einem gewissen Grade decken sich noch fraglos die sprachlichen Ausdrucksmittel und die Einheit des logischen Sinnes. Es korrespondiert nämlich dem geschlossenen Ganzen des harmonischen oder disharmonischen und folgeweise des kopulativ verknüpften Sinngefüges das geschlossene Ganze des Satz- oder Aussage- oder Prädikationsgefüges. Dem logischen Sachverhalt des Zusammengehörens oder Nichtzusammengehörens irgendwelcher Bestandteile entspricht die sprachliche Formulierung, daß irgend ein Element irgend einem andern Element als zukommend ausgesagt oder irgend Etwas von irgend Etwas prädiziert wird. Es ist darum eine noch ganz harmlose und zutreffende Ausdrucksweise, wenn man im primären Objekt der Urteilsentscheidung oder der »Aussage« ein Element, von dem etwas, und ein Element, das von jenem ausgesagt wird, auseinanderhält.

Allein in den Termini Subjekt und Prädikat (υποκειμενον, κατηγορουμενον) ist die Einsinnigkeit, die bestimmte Richtung einer Beziehung, angedeutet, also zum Ausdruck gebracht, daß die beiden Glieder innerhalb des Gefüges ganz bestimmte, unver-[322/323]wechselbare Funktionen zu erfüllen haben. Das eine Element wird ja als das zugrundeliegende, das andere als das hinzutretende, in der Aussage dem andern erst zuerteilte, hingestellt. Es erhebt sich nun erst die entscheidende Frage, ob diese Einsinnigkeit der Beziehungsrichtung, die charakteristische Verschiedenheit in der Stellung der beiden Glieder, in einem grammatischen oder metagrammatischen Sinne vorliegt.

Die eine Möglichkeit bestände nämlich darin, daß die Subjekts- und Prädikatsstellung lediglich von der zeitlichen, psychologisch-grammatischen Reihenfolge abhängt, von dem Weg, den das urteilende Aussagen nun einmal einschlägt, so daß jedes beliebige Element unterschiedslos in die Situation des

Subjekts wie des Prädikats geraten kann. Dann würde diese Reihenfolge des Aufgreifens und Angliederns der Elemente als bestimmend dafür anzusehen sein, was als Subjekt und Prädikat zu gelten hat. Subjekt wäre stets das Element, das vom Erkennen zum Ausgangspunkt der Aussage gewählt und in diesem Sinne als Anknüpfungspunkt und Unterlage zugrunde gelegt, Prädikat stets dasjenige, das zu jenem sodann in Beziehung gesetzt wird. In diesem Fall wäre lediglich eine auf ein logisches Minimum sich bescheidende Theorie verstattet. Das logisch Relevante im Aussagegefüge reduzierte sich auf eine Verbundenheit von Gliedern überhaupt. Obwohl also unter dieser Voraussetzung logische Sinngefüge und sprachliche Satzgefüge in ihrer Ganzheit sich decken, so wäre es trotzdem immerhin noch gerechtfertigt, scharf herauszuarbeiten, welches dem Sinn nach die aufeinander bezogenen Glieder sind, dies der sprachlichen Formulierung gegenüber klarzustellen und so, wie es z. B. *Erdmann* tut, grammatisches und logisches Subjekt und Prädikat immer noch auseinander zu halten [34]). Allein die Entscheidung darüber, welches von den Gliedern als Subjekt und welches als Prädikat anzusehen ist, entnimmt man auch dann stets nur der von Element zu Element hinführenden Richtung des Erkenntnisverlaufs. Ein von dieser Bemächtigung des Erkennens unabhängiges, in den Elementen selbst liegendes Kriterium gibt es nicht. Es bleibt immer denkbar, daß je nach dem vom aussagenden Ver-[323/324]halten eingeschlagenen Weg ein jetziges Prädikat in einem anderen Zusammenhang Subjekt wird und umgekehrt.

Eine darüber hinausgehende wahrhaft sachliche Bedeutung würden Subjekt und Prädikat erst dann erhalten, wenn der Inbegriff des Denkbaren in zwei Arten von Bestandteilen zerfiele, die ihrem eigenen Wesen und Gehalt nach – ganz unabhängig von ihrer Verwendung durch das Erkennen im Einzelfall, von der Reihenfolge des Denkfortschritts – gleichsam geborene oder prädestinierte Subjekte und Prädikate darstellten. Dann wäre auch die der Subjekt-Prädikatsbeziehung eigentümliche Einsinnigkeit der Richtung lediglich durch das Wesen dieser Bestandteile bestimmt.

In allen einzelnen Aussagegefügen würde immer als das eigentliche Subjekt und Prädikat unabhängig von der psychologisch-grammatischen Anordnung das seinem Wesen nach dazu Berufene anzusehen sein. Danach und danach allein würde sich unverrückbar bestimmen, was in allen einzelnen Aussagen das der Sache nach Zugrundeliegende ist, das, *von* dem, und, was das Hinzutretende ist, das, *was* ausgesagt wird.

Unter dieser Voraussetzung würde die Lehre, daß das Objekt der Urteilsentscheidung, das Aussagegefüge, aus Subjekt und Prädikat bestehe, ein ganz anderes Gewicht erhalten. Diese Lehre würde dann als im Wesen des Aussagegefüges liegend, fordern, nicht etwa nur, daß in ihm ein Zweierlei von irgendwelchen zu kopulierenden und von einander auszusagenden Elementen vorkommt, sondern daß gerade jene zwei dem Gehalt und der Art nach unterschiedenen Bestandteile in ihm vertreten sein müssen und daß gerade zwischen ihnen das Zusammengehören und Nichtzusammengehören statthat [35]).

Wenn aber derart die psychologisch-grammatische und die sachliche Zweigliedrigkeit der Aussagegefüge gänzlich auseinanderfielen, so könnte es als zweifelhaft erscheinen, ob es dann überhaupt noch berechtigt ist, sie beide mit demselben Namen des Subjekt-Prädikats-Verhältnisses zu bezeichnen. Allein es haben [324/325] in der logischen Theorie zu allen Zeiten die beiden verschiedenen Bedeutungen der Subjekts- und der Prädikatsstellung durcheinandergespielt; und es haben sogar auch die grammatisch orientierten Gliederungsversuche den Anspruch erhoben, zugleich einen metagrammatischen Sachverhalt abzubilden.

Für eine vom Psychologisch-Grammatischen sich emanzipierende Subjekts- und Prädikatstheorie besteht aber noch eine weitere und zwar grundlegende Vorfrage. Die Elemente des Aussagegefüges sind nicht einfachste, sondern selbst schon zusammengesetzte Bestandteile, »Begriffe«, also »Merkmalskomplexe«. Hier steht die Forschung wiederum vor zwei Möglichkeiten. Entweder wird die Komplexität der Begriffe [36]) als toto genere von der Zusammengefügtheit der Aussageganzheiten unterschieden angesehen. Dann fällt die Lehre von der Zusammengesetztheit der Begriffe ganz aus dem Bereich der Urteilslehre heraus, und die begrifflichen Aussagebestandteile sind innerhalb der Urteilslehre als ein Unauflösliches, als relative Elemente, anzusehen. Die Aussageelemente sind dann κατα μηδεμιαν συμπλοκην λεγομενα, insofern als unter συμπλοκη die ganz spezifische, von der Komposition der Begriffe unterschiedene συμπλοκη der Aussage-Zusammenfügung verstanden wird. Das ist der Aristotelische Standpunkt, nach dem in der Urteilssynthese mit den Gliedern eines festen Begriffssystems gearbeitet wird. Oder aber es herrscht die Auffassung, daß in der Zusammengesetztheit der Begriffe nichts anderes als die aussagende Zusammenfügung niedergelegt ist, die Begriffe nichts anderes als einen festgewordenen Aussage- und Urteilsniederschlag repräsentieren. Dann sind die Schranken zwischen Begriff und Urteil niedergerissen, und die Verschiedenheit beider wird in letzter Linie als genau ebenso psychologisch-grammatische Angelegenheit der Reihenfolge des bald dieses bald jenes gerade aufgreifenden und entsprechend bald dieses bald jenes als bereits »begriffen« voraussetzenden Erkenntnisprozesses durchschaut, wie die grammatische Scheidung von Subjekt und Prädikat [37]). Mit [325/326] einer solchen Nivellierung von Begriff und Urteil sind die Vorbedingungen gegeben zu einer Tendenz radikaler, bis zu den einfachsten Elementen vordringender Auflösung. Da unterschiedslos hinter jeder Zusammengesetztheit Aussage-Zusammenfügung steht, so können als die echten Aussageelemente nur die Urbestandteile überhaupt angesehen werden. Es muß sich dann des Weiteren fragen, welches die στοιχεια gerade im logischen Sinne sind, d. h. wie die keinerlei Verbundenheit in sich bergenden Elemente ihrer letzten logisch relevanten Diskrepanz nach und darum im Sinne einer wahrhaft logischen Subjekts- und Prädikatstheorie gegen einander abzugrenzen sind.

Doch von dieser Angelegenheit der Auflösbarkeit in letzte Elemente soll vorläufig abgesehen und zunächst nur der metagrammatische Charakter einer Subjekt-Prädikatstheorie ins Auge gefaßt werden. Er wird sich in dem Versuch dokumentieren müssen, die Struktur der Urteilsgefüge der Gliederung des urteilsjenseitigen Bestandes, also den Gegenständen selbst, zu entnehmen.

Maßgebend für die ganze Folgezeit hat Aristoteles diesen sachlichen Hintergrund in der theoretischen Strukturlehre hervortreten lassen. Er hat die Grundeinteilung des im eigentlichen und metaphysischen Sinne Seienden nach den Kategorien als den »Gattungen der Aussage« vorgenommen und damit schon terminologisch die höchste sachliche Gliederung zur Gliederung des Aussagebestandes in Beziehung gebracht; er hat die kategorialen Bestimmungen als Aussageelemente, als κατα μηδεμιαν συμπλοκην λεγομενα, charakterisiert [38]), also allem Anschein nach von den Aussagebestandteilen ausgehend, in ihnen einen »Leitfaden zur Entdeckung der Kategorien« finden zu können gemeint [39]). Er hat [326/327] ferner die Scheidung nach Subjekt und Prädikat von einer gegenständlich-kategorialen Rangordnung in Abhängigkeit gebracht, indem er für das wahre Subjekt der eigentlichen und ursprünglichen Aussage das seiner metaphysischen Wesenheit nach Zugrundeliegende, die Substanz, für die wahren Prädikate das der Sache nach den Substanzen Anhängende, die Akzidenzen, erklärt [40]). Damit ist Aristoteles das Vorbild aller späteren metagrammatischen Subjekts- und Prädikatstheorien geworden. Nur muß man sich gegenwärtig halten, daß die übliche Formel, nach der das Subjekt in letzter Linie auf das »Ding«, das Prädikat auf »Eigenschaft« und »Tätigkeit« zurückweist, lediglich einen schwächlichen Nachklang der Aristotelischen Auffassung gibt, da mit ihr eine Bornierung der kategorialen Ordnung auf die sinnlich-anschauliche, räumlich-zeitliche Wirklichkeit verbunden zu sein pflegt, die dem Aristoteles völlig fernlag [41]). Andernfalls müßte seine Substanz-Akzidenz-Theorie ja auch ganz ratlos vor den doch gleichfalls aus Subjekt und Prädikat bestehenden Urteilen stehen, die das philosophisch-metaphysische Erkennen zu fällen hat. Für all die das Subjekt-Prädikats-Verhältnis auf die Gliederung der Sache selbst zurückführenden Theorien besteht nun die Notwendigkeit, zwischen einem grammatischen und einem metagrammatischen Subjekts- und Prädikatsbegriff zu unterscheiden und überall das sachliche Subjekt und Prädikat durch Umformung des sprachlichen Ausdrucks als vorliegend nachzuweisen, wie es vorbildlich bereits bei Aristoteles geschehen ist [42]).

Doch bei diesem Unternehmen, die theoretische Sinnstruktur auf die Konstitution der Gegenstände zurückzuführen, muß sich die ganze Kluft zwischen der vorkantischen und der Kantischen Orientierung in der Logik bemerkbar machen. Für den Vorkantianismus der Logik muß die Gegenstandsstruktur ins Metalogische fallen, kann sie eine Angelegenheit gar nicht der Logik, sondern nur der Metaphysik, d. h. der Metalogik, sein. Die Aussage- und Urteilsstruktur an die Gegenstandsstruktur anknüpfen, das [327/328] heißt im vorkantischen Zeitalter der Logik so viel wie: das Metalogische ins Logische hineinragen lassen. Denn dort fällt das Urteilsjenseitig-Gegenständliche, das übers Urteilsartig-Theoretische Hinausliegende sofort ins Metatheoretische überhaupt. So krankt diese Aristotelische metagrammatische Subjekts- und Prädikats-Theorie am Übel der Metalogizität. Es ist gar nicht einzusehen, warum es sich bei ihr um eine überhaupt die Logik interessierende Angelegenheit handelt. Zugegeben einmal, daß mit der Scheidung in Substanz und Akzidenz die Urgliederung aller Gegenständlichkeit enthüllt ist, und desgleichen, daß es die Bestimmung des Erkennens und der theoretischen Sinngefüge ist, mit den Gegenständen übereinzustimmen, so muß sich die höchste gegenständliche Gliederung allerdings im Erkennen und in den theoretischen Aussagegefügen wiederfinden lassen. Aber in gar keinem andern Sinne, als sich jegliche Mannigfaltigkeit der Gegenstände beliebig weit ins Einzelne hinein im Erkennen widerspiegeln kann [43]). Denn eine genau so metalogische Bewandtnis hat es mit dieser höchsten gegenständlichen Gliederung wie mit jeder beliebigen Inhaltlichkeit der Gegenstände. Es geschieht darum nur per nefas, wenn dennoch, wie jene Theorie es unternimmt, von diesen metatheoretischen Gegenstandsunterschieden eine spezifisch und intern theoretische Angelegenheit, die Gliederung der Sinnstruktur, abgelesen wird.

Dagegen zeigt sich hier nun die umwälzende Bedeutung von Kants Kopernikanischer Tat für die ganze Lehre von der Gliederung der theoretischen Sinngefüge. Indem *Kant* die Gegenstände selbst vom Logischen, Theoretischen, Erkenntnisartigen durchdrungen sein läßt, schafft er die Möglichkeit, die Gliederung der Gegenstände doch zugleich als eine ureigene Wesenseigentümlichkeit des Logischen zu begreifen. Jetzt erst wird die Berechtigung dafür gewonnen, die Sinnstruktur der Urteilsregion an die urteilsjenseitige Gegenstandsstruktur anzuknüpfen, ohne doch den Herrschaftsbereich des Logischen zu verlassen. Jetzt erst sind die Vorbedingungen für *eine an den urteilsjenseitigen* [328/329] *Gegenständen orientierte metagrammatische und dennoch innerlogisch bleibende Theorie gegeben. –*

Aus der Eigenart des Logischen überhaupt also muß die Gespaltenheit in Subjekt und Prädikat sich verstehen lassen. Und wenn es sich doch dabei um die grundlegende Scheidung der nach Abzug des Gegensatzmoments übrigbleibenden eigentlichen Elemente des Aussagebestandes, um den entscheidenden Einschnitt in der Struktur der theoretischen Gefüge, handeln soll, so muß hierbei der von der psychologisch-grammatischen Richtung unabhängige letzte Sinn des theoretischen Gebiets überhaupt bestimmend sein. Die Einteilung nach Subjekt und Prädikat verliert entweder ihren Anspruch auf wahrhaft logische Bedeutsamkeit, oder aber das Erkennen muß sich so interpretieren lassen, daß es seinem logischen Sinn nach auf das Ausstatten eines Subjekts mit einer prädikativen Bestimmung hinausläuft, die Einsinnigkeit der Subjekt-Prädikatsrichtung sich auf eine durch den Sinn des Theoretischen bestimmte Stellung der Glieder zurückführen läßt.

Worin besteht aber die über das theoretische Gebiet herrschende Urgliederung?

Es kann nun keine fundamentalere Entscheidung darüber geben, als wenn das Logische, das Theoretische überhaupt und als solches, wenigstens das Theoretische in seiner ursprünglichen Gestalt – und als solches sollte es nach den Bemerkungen der Einleitung die Gegenstandsregion selbst beherrschen –, als wenn der logische Feingehalt am All des Denkbaren sich zu einem gesonderten Phänomen verdichtete und dann seinem gleichsam funktionellen Wesen nach in einer ganz bestimmten charakteristischen Situation zu allem Denkbaren stünde und darum umgekehrt alles Denkbare in einer ganz bestimmten Stellung gegenüber dem Logischen. An das Auftreten dieses theoretischen Grundphänomens wäre dann das Wesen alles Erkennens gebunden, auf das Verhältnis alles Denkbaren zu ihm gründete sich die letzte Gliederung auf theoretischem Gebiet.

Es muß einer umfassenderen Darstellung der Nachweis vorbehalten bleiben, wie eine systematisch unternommene Behandlung der logischen Probleme in ihrem grundlegenden Teil sich des in den [329/330] Gegenständen selbst liegenden logischen Urphänomens zu bemächtigen hätte [44]). Dort wäre allen möglichen Angriffen gegenüber der Satz sicherzustellen der an der Spitze der gesamten theoretischen Philosophie zu stehen hat: der Satz vom *Form*charakter des logischen Gehalts. Im Hinweisungscharakter, in der Ergänzungs- und Erfüllungsbedürftigkeit, kurz in der Formartigkeit, ist die funktionelle Eigenart des Logischen aufgedeckt. Danach bestimmt sich die höchste, die alles beherrschende Artikulation im Reiche theoretischer Sachlichkeit: die Gespaltenheit in Form und Inhalt. Form ist *hin*weisend zum Material, und das Material steht *in* der Form. In der Form-Material-Duplizität, in der Umschlossenheit und Betroffenheit des Materials durch die Form, liegt die Urgliederung der gesamten theoretischen Struktur, die nach Kopernikanischer Voraussetzung mit der Gegenstandsstruktur zusammenfällt, und damit jene letzte Situationsbestimmtheit, die zwischen dem Logischen überhaupt und dem All des Denkbaren statthat. Am Gesamtbestand des Denkbaren nimmt der eigentlich logische Gehalt davon, der für das theoretische Gebiet geprägeverleihende Faktor, ohne den es nur eine logisch amorphe Masse gäbe, die Stellung einer für sich leeren Form ein, und ihm gegenüber steht jegliches Etwas in der Situation des Materials. Die logische Einzelform aber soll als *Kategorie* bezeichnet werden.

Da jedoch vorher, als von der »Form« der Objektsgefüge des Urteils im Gegensatz zu ihrer »Materie« die Rede war (oben S. 275), von dem Begriff der »Form« bereits ein anderer Gebrauch gemacht wurde, so ist ausdrücklich darauf hinzuweisen, daß seit dem Hineinspielen des Kantischen Begriffs der kategorialen Form ganz verschiedene Formbegriffe in der Logik durcheinandergehen. Die »Form« z. B. des Urteils, des Begriffs, des Schlusses usw. ist ganz etwas anderes als die Form im Sinne der Kategorie. Man unterscheidet beide Formarten am besten als Strukturform und Gehaltsform. Denn bei der Kategorie handelt es sich nicht um die die Struktur eines Gefüges ausmachende Bezogenheit und Gefügt-[330/331]heit von Elementen, sondern um ein Element selbst, nämlich um das logische Element, das nur in seiner ganz bestimmten Situation einem andern Element gegenüber, nämlich um jener ganz eigentümlichen Hingewiesenheit und Ergänzungsbedürftigkeit willen, »Form« genannt wird. Eine bestimmte kategoriale Einzelform, wie Identität oder Kausalität, bedeutet also einen *in* der Formstellung stehenden bestimmten logischen Gehalt. Sein *Form*charakter allerdings stellt eine eigentümliche Bezogenheit zwischen Elementen und insofern eine eigentümliche Struktur oder Strukturform, nämlich die für das der Gegenstandsregion angehörende logische Urphänomen charakteristische Strukturform, also die logische Urstruktur dar, im Unterschied zu den komplizierteren Strukturformen, die in der Region der nichtgegenständlichen sekundären logischen Phänomene herrschen. So deutet der Formcharakter der Kategorie auf eine besondere Strukturform hin. Spricht man aber von einer Kategorie oder kategorialen Form, so meint man den *in* der Formsituation und damit in dieser eigentümlichen gegenständlich-logischen Strukturform stehenden bestimmten logischen Gehalt, also *mehr* als eine bloße Strukturform, nämlich diese mitsamt ihrer logischen »Materie«, d. h. mitsamt eines in ihr stehenden bestimmten, beispielsweise des in Identität oder Kausalität steckenden, logischen Bedeutungsgehalts. Aus diesem Grunde soll die Kategorie als Gehaltsform ausgezeichnet werden.

Damit wird der Begriff der kategorialen Form zum Grundbegriff der gesamten Logik. Indem nun die Untersuchung der Urteilsstruktur unmittelbar bis zur theoretischen Urgliederung hingeführt hat, so ist darin der Beginn des in der Einleitung erwähnten Versuchs zu erblicken, die gesamte theoretische Sinnstruktur am Urphänomen theoretischer Struktur einheitlich zu orientieren. Sobald einmal die als fundamental erkannte Form-Material-Duplizität in der theoretischen Philosophie aus ihrer Isolierung befreit wird, muß in der Tat der Entwurf einer absolut einheitlichen Logik vorschweben, in der nur ein einziges theoretisches Phänomen als ursprünglich anerkannt wird, alle übrigen logischen Erscheinungen dagegen, und so auch die Urteilsstruktur, irgendwie als Derivate und Komplikationen des Grundphänomens zu begreifen sind.

Wenn so die Gespaltenheit in Kategorie und Kategorienmaterial [331/332] zu höchst bestimmend für das theoretische Gebiet wird, so ergibt sich daraus auch eindeutig der eigentliche transzendentallogische und urteilsjenseitige Urbegriff des Erkennens, aus dem sich nunmehr das Subjekt-Prädikatsverhältnis wird entnehmen lassen müssen. Ist Erkennen die spezifisch-theoretische Subjektsaktivität, so ist seine Aufgabe darin beschlossen, jegliches Etwas als ein Kategorienmaterial und d. h. in seiner Betroffenheit durch logische oder kategoriale Form aufzusuchen. Schon liegen ja die mannigfachsten Ansätze dazu vor, die Eigenart des Erkennens in der Bewältigung eines Erkenntnismaterials durch kategoriale Erkenntnisformen zu erblicken. Erkennen läuft in der Tat darauf hinaus, ein Material in die Gewalt des Logischen zu bringen, ein der theoretischen Objektivität Entblößtes theoretisch zu objektivieren. Ist nun einmal mit dem Theoretischen als solchem der Formcharakter unabtrennlich verknüpft, so muß mit dem spezifisch-theoretischen Verhalten, also mit jeglichem, mit dem systematisch vollendetsten wie mit dem flüchtigsten und primitivsten Erkennen, mag man es nun Forschen, Untersuchen, Begreifen, Erklären oder Reflektieren, Betrachten, Nachdenken, Ergründen, Grübeln, Sichbesinnen, empirisches oder philosophisches Wissen nennen, eine wenn auch noch so summarische Umklammerung eines Materials durch kategoriale Form dem Sinn nach solidarisch sein, ganz gleich, ob nun diese Sachlage in Worten ihren adäquaten Ausdruck findet oder nicht [45]). Durch das Erkennen wird die logische »Materie«, das »Chaos« in logischer Hinsicht, in ein formgeprägtes Ganzes umgewandelt, das logisch Dunkle in rationale Klarheit hineingestellt. Was *Kant* für das sinnlich-anschauliche Gebiet gezeigt hat, wie sich dort ein »Gewühl« von Empfindungen zu einer kategorial disziplinierten Welt von Dingen und Geschehnissen erhöht, das ist auf die Gesamtheit der theoretisch unberührten Inhaltlichkeit, insbesondere auf das philosophische Erkenntnismaterial, auszudehnen. Dadurch erst wird der durch *Kants* transzendentallogischen Formbegriff bestimmte Urbegriff des Erkennens in seiner wahren Einheitlichkeit und Weite zur Anerkennung gebracht [46]). [332/333]

Bei diesem Erkenntnisbegriff nimmt nun das in der kategorialen Form stehende Material die Stellung von etwas ein, was auch unabhängig von kategorialer Umschlossenheit als kategorial unbetroffen vorkommen und demgemäß einem theoretisch unberührten »unmittelbaren Erleben« zugänglich sein kann. Mit dem Erkennen verbindet sich einzig und allein der Hinzutritt logischer Form zur logisch amorphen Materialsmasse. Das Material ist darum für das Erkennen das Zugrundeliegende, das ihm »Gegebene«, die Unterlage des Erkennens, das, woran es seine Leistung zu verrichten hat. Die Kategorie dagegen stellt den bloßen logischen Zusatz, das zum materialen Substrat Hinzutretende dar. Das wahre »Subjekt« ist mithin das Material, das wahre »Prädikat« – die »Kategorie«! Erkennen ist logisches Bestimmen, logisches Registriern und Charakterisieren, ist Ausstatten des logisch Nackten mit kategorialen Prädikaten. Indem das Erkennen das Material in die kategorialen Bestimmungen hineinstellt, in denen es an sich steht, ihm die theoretische Weihe zuteilt, die ihm gebührt, es mit den ihm zustehenden kategorialen Epitheta legitimiert, legt es dem Subjekt das ihm »zukommende« Prädikat bei. Kategorie und Kategorienmaterial und nichts anderes sind in letzter Linie die Elemente, die in den Urteilsgefügen einander »zukommen« und nicht zukommen. Das Material ist das, *worum* oder *worüber* gewußt wird, die Kategorie das, *was* das Erkennen darüber weiß und »auszusagen« hat. Das in Angriff zu nehmende Material bildet die zu bearbeitende »Materie«, den »Stoff«, an dem die Erkenntnisaufgabe bewährt werden soll, gibt das »Sujet« ab; der darauf angewandte kategoriale Apparat enthält die eigentliche Durchführung und Leistung dieser Aufgabe [47]).

Damit sind die Bedingungen erfüllt, die früher gefordert wurden. Das Erkennen läßt sich seinem Wesen und der Sache nach als ein Prädizieren auffassen, als ein Prädizieren des kategorialen Prädikats vom materialen Subjekt. Hier ist eine wirklich deduzierbare, aus dem theoretischen Grundphänomen ableitbare Zweigliedrigkeit des theoretischen Strukturbestandes nachgewiesen und daraus auch [333/334] die Einsicht in die Einsinnigkeit des Subjekt-Prädikatsverhältnisses, in die Unvertauschbarkeit der beiden Glieder, gewonnen.

Daß sich aber auch in jedem Einzelfalle der Aussage die beiden Strukturbestandteile, die sich aus dem Wesen des Erkennens überhaupt ergaben, fraglos müssen antreffen lassen, darüber ist gleichfalls bereits die Entscheidung gegeben. Soll in irgend einem Einzelfall eines »Aussagens« oder »Urteilens« mit Recht von »Erkennen«, also von theoretischem Verhalten, die Rede gewesen sein, so tritt hier das früher erwähnte Argument in Kraft, daß dann ganz unabhängig von der Angelegenheit des sprachlichen Ausdrucks dem »Sinn« und der Sache nach eine theoretische Kategorialform vorliegen muß. Mit dem Erkennen ist die Kategorie solidarisch verknüpft (vgl. oben S. 287). So wahr aber Form vorliegt, bedarf sie um ihrer Ergänzungsbedürftigkeit willen der inhaltlichen Erfüllung. Mit dem einen Strukturelement ist das andere und damit das ganze Gefüge eindeutig festgelegt. Freilich sind hier Kategorienmaterial wie kategoriale Form in ihrem ganzen Umfang zu nehmen und nicht auf die sinnlich-anschauliche Sphäre einzuschränken. Andernfalls wäre es gewiß ein Leichtes, unter Hinweis auf philosophischen Aussagebestand die Unzulänglichkeit der auf die Form-Material-Duplizität gestützten Prädikationstheorie zu erweisen. Die Erweiterung der kategorialen Form über das sinnlich-anschauliche Anwendungsgebiet hinaus erweist sich als eine notwendige Voraussetzung und Stütze für die hier aufgestellte Prädikationstheorie. Umgekehrt gilt: wer diese Prädikationstheorie akzeptiert, muß, da auch die Sätze des philosophischen Erkennens sich nach Subjekt und Prädikat gliedern, die Strukturspaltung in Kategorie und Kategorienmaterial auch für das philosophische Erkenntnisgebiet zugeben.

Es ist jedoch mit der hier vorgenommenen Deutung zugleich eine gewisse zunächst vielleicht bedenklich erscheinende Rangumkehrung von Subjekt und Prädikat verbunden. Das Zugrundeliegende, die breite Basis, der Träger der kategorialen Form, ist die Unterlage zugleich im Sinne eines den logischen Bestimmungen Unterliegenden, Unterstehenden, Unterworfenen, eines »sujet« in diesem Sinne. Und die dem Subjekt prädikativ zukommende Bestimmung ist ein Hinzukommendes zugleich im Sinne eines Be-[334/335]stimmenden, Gepräge Verleihenden. Allein zu allen Zeiten in der Geschichte der Logik ist das Verhältnis zwischen Subjekt und Prädikat ein in dieser Weise labiles gewesen. Zieht man die zwischen Allgemeinheit und Logizität statthabende Problemverschlingung in Rücksicht [48]), so kann man sagen: die metaphysische Prävalenz des Aristotelischen substanziellen Einzelsubjekts mußte immer wieder – und bereits bei Aristoteles selbst – der logisch-metaphysischen Vorherrschaft des allgemeinen Prädikats weichen. Daß im Prädikat das allgemeine und darum – im Sinne dieser Problemverschlingung – das einzig logische Moment, der logische Schwerpunkt des theoretischen Gefüges liegt [49]), bringt von Anfang an die Subsumtionstheorie des Urteils zum Ausdruck. Auch sie nimmt das Subjekt als subjectum zugleich im Sinne des subsumtum, im Sinne des Untergeordneten, und sie führt dazu, auf Subjekt und Prädikat das Alogische und das Logische zu verteilen. Urteilen bedeutet nach ihr in letzter Linie das Hineinstellen des Unbegrifflichen ins Begriffliche [50]). Noch näher aber kommt der kategoriallogischen Prädikationslehre die transzendentale Anwendung der Subsumtionstheorie bei *Kant*. Besteht doch nach ihm die Funktion der »Urteilskraft« in transzendentaler Hinsicht in der »Subsumtion« des sinnlich-anschaulichen Materials unter die kategorialen Verstandesbegriffe, so daß die Kategorien als die transzendentalen Prädikate erscheinen [51]). [335/336]

Allein, es läßt sich historisch noch ein Schritt weiter gehen und feststellen, daß die hier unternommene kategoriallogische Prädikationstheorie schließlich der Kategorie die ursprüngliche, die ihr von Aristoteles zugedachte Funktion wieder zuweist. Denn wenn auch bei Aristoteles zweifellos innerhalb der Kategorienreihe sich die übrigen Kategorien zur Substanz wie Prädikate zum Subjekt verhalten, so nehmen doch die Kategorien insgesamt und unterschiedslos die Stellung von κατηγορουμενα, von Prädikaten des Seienden, von höchsten und geborenen Prädikaten, ein [52]). Man kann dies Hinausgehen über die bloße Gegenüberstellung von Substanz und Akzidenz so deuten, daß zu dieser einen Auseinanderhaltung von Subjekt und Prädikat sich noch eine weitere Auflösung hinzugesellt. Dann muß auch das in letzter Linie nur relative Subjekt, die Substanz (ουσια) sich in ein substanzielles Subjekt (τοδε τι) und in ein substanzielles kategoriales Prädikat (τι εστιν) spalten lassen [53]). So ergibt sich eine Lehre von einem metagrammatisch gefaßten Stufenbau prädikativer Bestimmung. Das kategorial ganz unbestimmte Seiende ist absolutes Subjekt im Verhältnis zu sämtlichen, das substanziell bestimmte Seiende relatives Subjekt im Verhältnis zu den übrigen kategorialen Bestimmungen [54]). Die auf die Gliederung nach Substanz und Akzidenz aufgebaute Theorie aber würde dadurch den Charakter einer nur vorläufigen und relativen Bestimmung von Subjekt und Prädikat erhalten.

Es muß hier jedoch wieder daran erinnert werden, daß für Aristoteles die gegenständlich-kategorialen Momente metalogischer Natur sind. Wenn früher bemerkt wurde, daß es für die vor-[336/337]kopernikanische Auffassung unstatthaft ist, die theoretischen Aussagebestandteile nach der Gliederung der gegenständlichen Region zu bestimmen (oben S. 283 f.), so ist jetzt ersichtlich, daß solches von ihr dennoch geübte Verfahren wider den Geist der dort herrschenden erkenntnistheoretischen Grundauffassung heimlich durch die Gewalt der Sache geleitet wird. Nur aus diesem Grunde vermag bereits die vorkantische Kategorienlehre bestimmend in die logische Strukturlehre hineinzuragen. Und man darf darüber nicht vergessen, daß in ihr die Kategorien gerade um ihrer Gegenständlichkeit willen eine metalogische Bedeutung haben, dagegen alle logischen Phänomene die Gegenständlichkeit höchstens zu spiegeln vermögen. Erst *Kant* hat die Kategorien zu »Verstandes«-Formen gemacht, sie aus der Metaphysik in die Logik hinübergenommen. Darauf beruht im Grunde der tiefste Abstand zwischen der Aristotelischen und der Kantischen Kategorienlehre. Gegenständliche Kategorien und logische Formen gab es vor *Kant*, aber nicht, daß die gegenständlichen Kategorien selbst als logische Formen galten. Unter diesem Gesichtspunkt fehlt der Kategorienlehre eine einheitliche Entwicklung: vielmehr bei *Kant* angelangt, begeht sie auf einmal eine μεταβασις εις αλλο γενος. Erst der als logisch gedachten Kategorie im Sinne *Kants* darf mit Fug die logische Mission des Prädikats zugewiesen werden. –

Es liegt, wie bereits einmal bemerkt worden ist (oben S. 282/283), im Wesen jeder metagrammatischen Prädikationstheorie, daß die von ihr erkannte Urgliederung der Struktur durch den psychologisch-grammatisch sich gliedernden Aussagebestand schrankenlos durchkreuzt und verwischt wird. Eben daraus wird verständlich, daß die herkömmlichen Subjekts- und Prädikatstheorien gewöhnlich nur eine den wahren logischen Struktureinschnitt verdeckende Zerlegung der Bestandteile vorzunehmen in der Lage sind und daß mit ihrem Subjekt und ihrem Prädikat sich nur gelegentlich und zufällig die wahren Bestandteile des Sinnes decken können. Es bedarf deshalb fortwährend einer Übertragung der psychologisch-grammatischen Interpretation in die Sprache der metagrammatischen Theorie. Immer gilt es dabei, in jedem tatsächlichen Aussagebestand den Typus des aus Kategorie und Kategorienmaterial sich zusammensetzenden Gefüges hervortreten zu lassen. [337/338] Bei dieser Umformung kann zunächst einmal mit der Fiktion operiert werden, daß die kategorialen und die materialen Bestandteile sich in einer schematisch vereinfachten Verteilung antreffen lassen, d. h. es kann von der Zusammengesetztheit oder dem »Begriffs«-Charakter der Aussageelemente, also von jener früher (S. 281 f.) erwähnten Angelegenheit einer Auflösbarkeit in letzte, unzusammengesetzte Bestandteile, vorläufig noch abgesehen werden.

In den Gefügen »a ist verschieden von b« oder »a ist Ursache von b« nimmt nach der grammatisch orientierten Theorie a die Subjekts- und »verschieden von b sein«, »Ursache von b sein« die Prädikatsstellung ein. Die wahre Gruppierung jedoch verlangt, das Material, also a *und* b, auf der einen Seite zusammenzunehmen und die kategoriale Form, also Verschiedenheit, Ursächlichkeit, auf die andere Seite zu schlagen. Dem – durch die sprachliche Formulierung verborgenen – logischen Sinn nach wird vom Kategorienmaterial a, b das Stehen in der kategorialen Form, in der »Relation« Verschiedenheit oder Kausalität, als ihm »zukommend« ausgesagt. Zuweilen fallen freilich Subjekt und Prädikat nach der grammatisierenden und nach der wahren Gliederung zusammen. In solchen Sätzen nämlich wie: a existiert, a gilt, a ist identisch (mit sich). Hier stimmt zufällig das grammatische Prädikat mit dem echten Prädikat, mit der Kategorie Existenz, Gelten, Identität überein. Hier verbindet in der Tat die Kopula, die Urteilssynthese, die Urteilsrelation, die in

Wahrheit zu kopulierenden Glieder: Kategorie und Kategorienmaterial. Diese günstigen Sonderfälle werden dem Umstand verdankt, daß in ihnen die Kategorie ausnahmsweise nicht Relation ist [55]). In diesem Falle, wenn nämlich das Kategorienmaterial eingliedrig ist, macht auch die grammatisierende Theorie das ganze Kategorienmaterial zum einen Urteilsglied, zum Subjekt. Wenn jedoch die Kategorie relationsartig, das Kategorienmaterial mithin zweigliedrig ist, pflegt die grammatisch orientierte Theorie die kategoriale Relation und die Subjekt und Prädikat kopulierende Urteilsrelation miteinander zu verquikken. Nicht, wie erforderlich wäre, das ganze Kategorien-[338/339]material (im Beispiel: a, b), sondern nur das eine Glied der kategorialen Relation (a), macht sie zum Subjekt, zum einen Glied der kopulierenden Synthese. Das andere Glied der kategorialen Relation (b) amalgamiert sie mit dieser Kategorie selbst (im Beispiel: Verschiedenheit, Ursache) zum zweiten Relationsglied der Kopulation, zum Prädikat. Der dabei begangene Fehler besteht somit nicht in einer einfachen Gleichsetzung, sondern nur in einer partiellen Durcheinanderschiebung von kategorialer und kopulierender Relation. In Wahrheit findet die kopulierende Relation stets zwischen Kategorienmaterial und kategorialer Form statt. Ist nun die kategoriale Form eine Relation, so besteht sie in einer Relation zwischen Kategorienmaterial und kategorialer Relation. Sprachlich läßt sich der wahre Sachverhalt stets durch eine Umformung zum Ausdruck bringen, in der genau wie im Existentialsatz die Kategorie auch zum grammatischen Prädikat gemacht wird, also etwa durch die Formulierung: a und b stehen im Kausalverhältnis. So entspricht in den verschiedenen Fällen, in denen die Kategorie entweder relationsartig ist oder nicht, dem, was in grammatischer Hinsicht gleichmäßig Prädikat ist, in logischer Hinsicht etwas ganz Verschiedenes, und umgekehrt erhält dabei das logisch Gleichartige einen ganz verschiedenen grammatischen Ausdruck.

Dieser Korrektur des grammatisierenden Verfahrens liegt lediglich das Hauptargument aller metagrammatischen Theorien zugrunde, wonach der Struktureinschnitt, wenn doch nun einmal überhaupt eine Gegliedertheit und Gefügtheit vorliegt, sich in letzter Linie allein nach den sachlich relevanten Unterschieden bestimmen kann.

Läßt man es jedoch bei der soeben absichtlich vorgenommenen schematischen Vereinfachung sein Bewenden haben, so ist diese ganze Prädikationstheorie vorläufig noch den einfachsten Einwänden schutzlos ausgesetzt. Wenn man nämlich auch, der hier aufgestellten Forderung gehorchend, das theoretische Gefüge nach seinen formalen und materialen Bestandteilen auseinander zu wirren sucht, so wird man noch gar nicht imstande sein, im tatsächlichen Aussagebestand sich zurechtzufinden. Denn niemals lassen sich nach vorgenommener Zerlegung die echten Urbestandteile [339/340] in so einfach angeordneter Verteilung herausfinden, wie vorher angenommen wurde. Niemals wird ein grammatisches Subjekt (wie a in den obigen Beispielen) bloßes kategorial unbetroffenes Material enthalten. Es muß darum zunächst der Anschein entstehen, als ob die Einteilung nach Kategorie und Kategorienmaterial gar nicht zur Bewältigung des tatsächlichen Befundes ausreicht.

Um die letzten Bedenken zu beheben, muß jetzt noch die vorher (S. 281 f.) besprochene Auflösbarkeit der zusammengesetzten Gefüge in ihre einfachsten Bestandteile hinzutreten. Denn die vorläufig noch bestehende Unbeherrschbarkeit des tatsächlichen Aussagegefüges hat ihren Grund darin, daß man beim Versuch einer Zerlegung in Kategorie und Kategorienmaterial zwar wohl auf die isolierbaren und auf die eine Seite sich bringen lassenden kategorialen Prädikate, niemals aber auf die ebenso isolierbaren Ursubjekte, auf bloßes kategorial unbetroffenes Material, stößt. An Stelle logisch nackten Materials finden sich vielmehr als gesonderte Aussagebestandteile immer nur »Begriffe« vor. Doch dieser Umstand bedeutet eben nichts anderes als die Aufforderung, auf diese »Begriffe«, auf das als begriffen Niedergelegte, auf diese festgewordenen Produkte ehemaligen Aussagens, nach der früher im allgemeinen erörterten Auflösungstendenz dieselbe Scheidung wie auf die Aussagegefüge überhaupt, und d. h. die Zerlegung in Kategorie und Kategorienmaterial, anzuwenden.

Stellt man sich auf den Standpunkt der konsequenten Auflösungstheorie, so kann man in der Tatsache, daß im Aussagebestand sich niemals bloßes kategorial unbetroffenes Material [56]) vorfindet, in letzter Linie wieder nur eine lediglich psychologisch-grammatische Angelegenheit finden. Sie scheint sich auf den ersten Anblick nur so deuten zu lassen, daß die primitivsten, vom materialen Ursubjekt prädizierenden Aussagen sich nicht in ihrem ausdrücklichen Vollzuge, sondern immer nur im Zustande der Abgeschlossenheit und »Begriffenheit« antreffen lassen. Denn daß überhaupt in diesen »Begriffen«, sofern ja in ihnen kategorial umgriffenes, [340/341] also »begriffenes« Material steckt, Prädikationen investiert sind, steht außer Zweifel. Liegt doch nun einmal hier ein Material vor, dem irgendwie kategoriale Bestimmungen zudiktiert sind. Bezeichnet man ein solches mit einem Minimum kategorialer Form bereits umschlossenes Material als Urbegriff, so kann man sagen: es fungieren als Aussageelemente niemals bloße Materialstücke, sondern mindestens stets Urbegriffe [57]). Um sich also der Unmöglichkeit des Auftretens von bloßem Material in der Rolle des Subjekts zu vergewissern, darf man sich nicht beispielsweise auf zusammengesetzte Ding- oder Geschehensbegriffe berufen. Denn was *hier* im Stadium des Begriffs zusammengedrängt vorliegt, läßt sich immer noch in eine Reihe von Aussagen auflösen. Man muß vielmehr bis zu den einfachsten, gar nicht mehr kategorienhaltigen, pures Material repräsentierenden Inhalten zurückgehen und sich die reinen Fälle eines Ursubjekts zu konstruieren suchen, wie sie etwa durch Sätze wie »es gibt rot (= rot existiert)«, »es donnert (= Donnern geschieht)« angedeutet sein mögen [58]). Von diesen Fällen ist dann einzusehen, daß sogar sie nicht logisch nacktes sinnlich-anschauliches Impressionsmaterial als Subjekt aufweisen, vielmehr auch in diesen extremen Fällen, was hier freilich nicht genauer auszuführen ist, im Subjekt das Urmaterial schon irgendwie kategorial umhüllt vorliegt, immer irgend eine logische Form dabei sich vordrängt. [59])

Diese ganze Sachlage ist nun zuzugeben, erschüttert aber nicht im mindesten die hier vertretene Prädikationstheorie. Zunächst würde sich ja jetzt lediglich die Hinsicht genauer bestimmen lassen, in der es von bloß psychologisch-grammatischer Relevanz sein soll, wenn im Aussagegefüge nie materiale Ursubjekte, sondern höchstens Urbegriffe auftreten. Der Sache nach ist eben schon das Zustandekommen der Urbegriffe als Prädikationsleistung des Erkennens anzusehen. Vergleicht man den Bestand von Urbegriffen beispielsweise mit dem, was beim bloß impressionalen sinnlichen Erleben vorliegt, so erweist er sich bereits als Ergebnis [341/342] theoretischer Prädikationsfunktion. Nur zu dem Zugeständnis wäre man eventuell genötigt, daß alles Aussagen im psychologisch-grammatischen Stadium der Aktualität immer bereits die fixierten Produkte der urbegrifflichen Prädikation als Unterlage voraussetzt.

Allein als Unterlage in welchem Sinne? Sollen die urbegrifflichen Gefüge als Subjekte im richtig interpretierten Aussagebestand, also als das dort durch das kategoriale Prädikat geforderte Korrelat, angesehen werden? Beim Aufwerfen dieser Frage bemerkt man sofort, daß diese Deutung unstatthaft wäre. Die im Aussagebestand als Prädikat auftretende Kategorie fordert als Kategorie eindeutig und fraglos das, worauf sie in ihrer Formartigkeit hinweist, somit ein Material und nichts als ein Material. Nicht der ganze Urbegriff, das ganze urbegriffliche Form-Material-Gefüge, sondern *an* ihm lediglich sein materialer

Bestand, kann im Aussagegefüge das Subjekt der Kategorie repräsentieren. Es kann sich darum gar nicht anders verhalten, als so, daß das im Urbegriff enthaltene Material nach zwei Seiten hin als Subjekt fungiert. Einmal gegenüber der Kategorie, die es innerhalb des Urbegriffs vom bloßen Material zum Begriff erhöht hat, und sodann gegenüber der in der Aussage ihm zuerteilten Kategorie. Genauer ausgedrückt: *am* materialen Bestand des Urbegriffs sind gewisse Momente für die Zuerteilung der einen, gewisse für die der andern Kategorie bestimmend. Also keineswegs ist das urbegriffliche Form-Material-Gefüge Subjekt für das Prädikat des aktuellen Aussagegefüges. Vielmehr es liegen zwei Aussagegefüge vor, eins im Zustand der Begriffenheit, das andere in dem der Aktualität. Aus den materialen Subjekten beider setzt sich das Gesamtmaterial des Urbegriffs zusammen, das somit in seiner Gesamtheit nach der einen wie nach der andern Seite einen überschüssigen Teil aufweist. Von der Kategorie aus angesehen, stellt sich dies so dar, daß jede der beiden Kategorien unbekümmert um die konkurrierende Kategorie auf das Material hinzielt.

Was hier vom Urbegriff ausgemacht wurde, gilt allgemein für alle begrifflich oder kategorial bereits geformten Aussageelemente. Es mag darum derselbe Sachverhalt andeutungsweise an einem etwas zusammengesetzteren Fall bestätigt werden. Wiederum nämlich läßt sich beispielsweise nicht bestreiten, daß in einem [342/343] Kausalgefüge nach Abzug der Kausalrelation nicht bloße Materialsstücke, sondern höchstens »Begriffe«, Dinge und Ereignisse, also ihrerseits selbst bereits kategorial geprägte Bestände, übrig bleiben. Es wird nun wiederum das Material a, b, ungeachtet seiner anderweitigen, nämlich »begrifflich«-kategorialen, also etwa dingartigen Umschließung, unmittelbar von der Kausalkategorie betroffen. Und wiederum wird *an* diesem Material gewissen Momenten die Ding-, gewissen andern die Kausalkategorie »zukommen«. Es greift die Kausalkategorie gleichsam durch die in den »Begriffen« a und b vorliegende kategoriale Umhüllung der Dinghaftigkeit hindurch und schließt am a- und b-Material lediglich das dortige Kausalmaterial kausalartig zusammen. Das Material und folglich das Strukturkorrelat der Kausalkategorie vermag wiederum nicht ein bereits »begrifflich« geformtes, sondern nur das sinnlich anschauliche Urmaterial abzugeben.

So gibt es ganz allgemein, ungeachtet aller erdenklichen sonstigen »begrifflichen«, kategorialen Geprägtheit, immer ein bestimmtes bloßes Material und eine bestimmte Kategorie, die sozusagen im Vordergrunde steht und worauf allein im Einzelfalle der aktuellen Aussage die Kopulation es abgesehen hat. In jeder Aussage wird ein Teil der Erkenntnisgegenstände als bereits »begriffen« vorausgesetzt, d. h. es wird etwas von der theoretischen Gesamtaufgabe, also von der kategorialen Bewältigung des Materials, als schon geleistet angesehen. An diesen Ertrag knüpft jede Aussage an und sucht durch einen weiteren Beitrag die Arbeit des Erkennens fortzusetzen. Es ist der tiefere Sinn der psychologisch-grammatischen Prädikationstheorie, daß sie das Geleistete als Ausgangspunkt und Unterbau und darum als Subjekt, die Weiterführung des theoretischen Werkes als Prädikat betrachtet.

Es soll hier nicht untersucht werden, ob die Bestimmtheit des Materials es vielleicht fordert, eine gewisse Schichtung, einen Stufenbau kategorialer Form nach dem Muster der Einteilung in Substanz und Akzidenz, anzunehmen, wonach beispielsweise die Kausalrelation etwa die Dingrelation der Sache nach voraussetzte. Das Bestehen eines solchen Aufbaus würde jedenfalls die hier vertretene Grundanschauung nicht umstürzen. Das Hindurchgreifen der Kategorie bis zum Material hin bliebe unangefochten, [343/344] es fände dann eben nur nach einer sachlich bestimmten Ordnung statt.

So läßt sich denn auch der verwickeltere Sachverhalt des tatsächlichen Aussagegefüges von der hier aufgestellten Prädikationstheorie aus einheitlich bewältigen. Was nicht aus bloßer Form und aus bloßem Material besteht, darin sind irgendwie Form-Material-Gefüge investiert. Damit erweisen sich die Aussagegefüge als in jeder Hinsicht in die beiden Urglieder der Prädikation auflösbar. Der grammatisierenden Theorie mußte diese Interpretation der Begriffe ebenso fern liegen, wie die sachliche Scheidung der Elemente überhaupt. Daß von den zusammengesetzteren Gliedern gerade auf die beiden Urglieder zurückzugehen ist, konnte nicht in ihren Gesichtskreis treten.

Durch diese metagrammatische Prädikationstheorie werden nicht nur die Schranken zwischen Urteil und Begriff aufgehoben, sondern es wird auch ermittelt, worin in letzter Linie die Gebilde bestehen, die in beiden gleichmäßig enthalten sind [60]). – [344/345]

Es mag verwunderlich erscheinen, daß in den vorangegangenen Ausführungen die Hineinarbeitung der Kategorienlehre in die Urteilstheorie als ein Desiderat erschien, während es doch seit *Kant* geläufig geworden ist, die kategorialen Formen zum mindesten unter dem Kapitel »Relation des Urteils« abzuhandeln. So wertvoll es nun auch ist, die kategoriale »Synthesis« überhaupt als eine in das urteilende Erkennen eingegliederte Funktion hervorzuheben, so bedarf es dagegen einer ausdrücklichen Prüfung, in was für einer bestimmten Beziehung die Kategorie zur Struktur des Urteilsgefüges stehen soll. Es gibt nämlich Versuche, die kategoriale Relation mit der kopulierenden Urteilssynthese, mit der Subjekt-Prädikats-Relation, also mit der Struktur des Urteilsgefüges, in Eins zu setzen. Mindestens ganz nahe kommt dieser Auffassung bereits *Kant* selbst, wenn er das objektiv gültige »Verhältnis« der im Urteil »enthaltenen Begriffe« in die transzendentale Einheit der Apperzeption und damit in die kategoriale [345/346] Synthesis verlegt. Die kategoriale Relation fällt ihm mit der Kopula, deren Glieder mit den im Urteil verbundenen »Begriffen«, also mit Subjekt und Prädikat, zusammen. Urteilsform und Urteilsmaterie nach der scholastischen Abgrenzung decken sich mit kategorialer Form und Kategorienmaterie. Wie denn *Kant* mit dem scholastischen Terminus »Form des Urteils« sich einverstanden erklärt und genau das damit Gemeinte mit der Einheit der Apperzeption gleichsetzt [61]). Bei einer solchen Identifizierung von Kopula und kategorialer Relation sind sodann Theorien [62]) denkbar, die das Verhältnis zwischen Subjekt und Prädikat auf gewisse besondere kategoriale Bestimmungen zu reduzieren suchen, wie es der Sache nach z. B. die Identitäts- und Subsumtionstheorien des Urteils tun, und weiterhin andere Theorien, die die kopulative Beziehung als so vielgestaltig annehmen, wie die kategoriale Relation sein soll, die vermeintlich zwischen Subjekt und Prädikat statthat [63]).

Allein dieser ganzen Auffassung gegenüber ist daran zu erinnern, daß in die kopulative Verbundenheit der Aussagegefüge keinerlei bestimmter Bedeutungsgehalt und so insbesondere keinerlei bestimmte kategoriale Gehaltsform hineinzulegen ist, die Kopula vielmehr nichts anderes als jene einförmige Bezogenheit darstellt, die sich als indifferente Unterlage des eigentümlichen, aber überall gleichen und einförmigen Zusammengehörens und Nichtzusammengehörens der Strukturelemente erwiesen hat (vgl. oben S. 273 f.). Die Kategorien und also auch die kategorialen Relationen sind unzweifelhaft zu den zu kopulierenden *Elementen* zu zählen [64]). Sie sind nicht zur »Form«, sondern zur »Materie« in der Struktur der Urteilsobjekte zu rechnen. Wie sie denn auch dementsprechend der urteilsjenseitigen Gegenstandsregion angehören, auf der sich erst durch eine besondere Strukturkomplikation die »Form« der Urteilsobjekte aufbaut. Die Strukturrelation der Urteilsgefüge und die kategorialen Relationen sind somit durch die [346/347] fundamentale Kluft, die zwischen den beiden Regionen logischer Phänomene besteht, geschieden. Doch der Nachweis davon, daß innerhalb der Aussagestruktur die Kategorien nur die Rolle von Elementen spielen können, wird im zweiten Kapitel fortgesetzt werden.

Sieht man aber auch ganz von dem soeben angedeuteten Argument ab, so steht und fällt die der Kategorie die Kopulationsfunktion zuerteilende Theorie außerdem noch mit der ihr eigentümlichen Voraussetzung, es müsse die kategoriale Form unbedingt in einer »Synthesis«, in einer Relation, bestehen. Gibt es nämlich nichtrelationsartige Kategorien, so kann offenbar nicht der Kategorie als solcher die Funktion der Kopula zugedacht werden. Vielmehr muß dann deutlich zum Vorschein kommen, daß die Kategorie als solche und überhaupt nicht als Verbindung, sondern als eines der zu verbindenden Glieder fungiert. Nun arbeitet aber das Erkennen fortwährend mit nichtrelationsartigen Kategorien, von denen hier nur an die der Existenz erinnert sei [65]). Für die sog. »Existentialsätze« läßt sich gar nicht leugnen, daß in ihnen jedenfalls die kopulierende Synthese von der kategorialen Form verschieden ist und die Kategorie zum einen der Elemente gemacht wird. So versagt diese Theorie gerade in den Fällen, in denen die grammatische Interpretation zufällig mit der richtigen Deutung zusammentrifft (vgl. oben S. 291).

Gerade die soviel umstrittenen Existentialurteile [66]) sind nach der wahren Prädikationstheorie auf das einfachste zu interpretieren [67]). Freilich muß dabei eingesehen werden, daß es sich auch hier um das Zusammengehören, Einander-»Zukommen« eines materialen Subjekts und eines kategorialen Prädikats handelt. Dazu aber ist vor allem erforderlich, daß das »Existieren« als gegensatz-jenseitige gegenständliche Kategorie erkannt und nicht mit dem einen Gegensatz zulassenden »Sein«, also mit dem Objektskorrelat der richtigen [347/348] Bejahung, mit gegensätzlicher Wertpositivität, mit der positiven Kopula, vermengt wird. Genau diesen Fehler begeht aber *Brentano*. Das verleitet ihn dazu, in den Existentialsätzen eine Gegeninstanz gegen die uralte Theorie zu erblicken, nach der es sich bei der Urteilsentscheidung stets um Anerkennung oder Verwerfung gerade von »Verbindungen« und »Trennungen« handelt [68]). Indem er bei den sog. »Existenzial«-Sätzen unter der »Existenz« das kopulative und zwar positiv gedachte »Sein«, den Ausdruck für die Anerkennungs- oder Bejahungswürdigkeit, das »ον ως αληθες«, unter Existenz und Nichtexistenz »Korrelate« »der wahrhaft affirmativen und negativen Urteile«, nicht aber das versteht, was er das »Sein« »im Sinne der Realität«, das »ον im Sinne des Dinglichen (Wesenhaften)«, nennt [69]), verschließt sich ihm der wahre Sachverhalt, daß die Bejahungswürdigkeit sich auch hier auf eine Zweiheit von Elementen aufbaut, auf einem Zusammengehören beruht, nämlich auf dem Zusammengehören der Kategorie Existenz (nach Brentanos Terminologie »Realität«) und des dazu gehörigen Materials, dem die Existenz zukommt. Nicht die Existenz und auch nicht das, dem die Existenz zukommen soll, sondern das Zukommen der Existenz oder Realität ist es, was bejaht wird. Die Existenz stellt das gegensatzlose Moment dar, das zu einem Strukturelement im wertigen oder unwertigen, harmonischen oder disharmonischen, ein ον ως αληθες oder μη ον ως φευδος enthaltenden Gefüge wird. Das »Sein« oder »Nichtsein« der Kopula *tritt* stets zur Existenz oder Realität *hinzu*. Steckte freilich, wie *Brentano* meint, in der Existenz das Moment der Positivität, dann könnten allerdings nicht nur Verbindungen, sondern auch Einzelinhalte mit der Wertpositivität ausgestattet sein und das Bejahungsobjekt darstellen.

Die Umwandelbarkeit aller Urteile in Existentialsätze, die *Brentano* geltend macht, beweist gar nichts für ihn [70]). Sie bedeutet lediglich eine Umformbarkeit aller sonst irgendwie formulierten Urteile in solche Sätze, bei denen – der wahren Prädikationstheorie gemäß – die *Kategorie* als eins der Elemente im bejahungs-[348/349] oder verneinungswürdigen Gefüge auch in der sprachlichen Formulierung deutlich hervortritt. Daß aber innerhalb der Kategorien gerade die Existenz ausnahmslos in dieser Rolle zu fungieren vermag, liegt daran, daß sie als die höchste, die Gesamt-, die Gebietskategorie, für alle übrigen einzutreten vermag [71]). Aus diesem Grunde kann *jegliches* Zurechtbestehen und Zusammenstimmen, d. h. die positive Wahrheit überhaupt und als solche, grade als ein Zusammenstimmen von Inhalten mit der Existenz ausgesprochen werden, wie ja auch die Positivität ganz allgemein die Übereinstimmung mit den »existierenden« Gegenständen ausdrückt. Man kann deshalb sagen: weil nach der metagrammatischen Prädikationstheorie in allen Urteilen ein kategoriales Prädikat vorkommen muß, müssen sich alle Urteile als Existentialsätze aussprechen lassen [72]).

Dritter Abschnitt.

Die Anwendung des Kriteriums der Gegensätzlichkeit auf die echten Strukturelemente.

Nunmehr braucht bloß noch das im ersten Abschnitt festgestellte Kriterium der gegensätzlichen Wertqualität auf die jetzt in ihrer wahren Gliederung begriffenen theoretischen Gefüge angewandt zu werden. Bei Einsetzung der echten Strukturelemente erweist sich dann die Wahrheit und Wahrheitswidrigkeit der primären Objekte als ein Zusammengehören und Nichtzusammengehören gerade von Kategorie und Kategorienmaterial.

Die Voraussetzung für das Zustandekommen einer Verschiebung von Kategorie und Material gegeneinander bietet dabei offensichtlich die Vielheit der kategorialen Einzelformen dar. Denn wenn man sich die Kategorie undifferenziert gelassen denkt, so ist entweder nur die Unbetroffenheit von jeglichem Etwas oder seine Be-[349/350]troffenheit durch die eine einzige kategoriale Form möglich. Für irgendwelches Nichtzusammenstimmen wäre bei der gänzlichen Uniformität des kategorialen Prädikats kein Spielraum da. Erst die Vielheit logischer Formen bietet die Gelegenheit zu einer Durcheinanderwerfung der Elemente. Aller Unwert muß auf einer Verschobenheit der Kategorie gegen das Material oder des Materials gegen die Kategorie, auf dem disharmonischen Verhältnis beruhen, das zwischen einem Material und einer solchen Einzelform stattfindet, in der das Material in Wahrheit nicht steht. Wo sollte auch sonst in das Kopulationsgefüge »a ist die Ursache von c« die Wahrheitswidrigkeit sich einnisten? Man zerlege richtig in die Bestandteile, also in a, c auf der einen und in die Ursachenkategorie auf der andern Seite. Weder das materiale Moment a, c noch das kategoriale Moment kann Wahrheitswidrigkeit bergen. Diese steckt vielmehr lediglich in der Disharmonie zwischen Kausalität und dem Material a, c, das in Wahrheit nicht in der Relation der Ursächlichkeit, sondern nur in der dinghaften oder in einer sonstigen irgendwie verwickelteren Relation steht.

Alle Ausgeburten des Wahns und des Traums, alle Mythen und dichterischen Phantasieprodukte enthalten – rein theoretisch angesehen – lauter Gebilde wahrheitswidrigen Sinnes, disharmonischer Zusammengefügtheit von Form und Material. So sind – um grob zu exemplifizieren – im Zentaur weder

Pferdeleib noch Menschenoberkörper ersonnen; es wird vielmehr hier nur der die materialen Elemente umspannenden Dingheitskategorie ein unpassendes Material geboten. Wiederum also darf nicht von der Unzusammengehörigkeit zwischen irgendwelchem Material auf der einen und irgendwelchem Material auf der andern Seite geredet, sondern es muß wie stets der Gesamtbefund so zerfällt werden, daß ein Nichtzusammenpassen des auf die eine Seite gebrachten Materials und der auf die andere Seite geschlagenen Kategorie herauskommt. Die eigentlichen Elemente können ebensowenig jemals ersonnen wie unwertig sein. Es braucht nach den Ausführungen des vorigen Abschnitts nicht umständlich ausgeführt zu werden, daß jede erdenkliche Wahrheitswidrigkeit sich so umformen läßt, daß sie als ungehörige Zusammensetzung gerade von Kategorie und Kategorienmaterial kenntlich wird. Zu allen Zeiten [350/351] sind Versuche gemacht worden, zu den der Verfehltheit entnommenen, »einfachsten« Elementen vorzudringen, aus deren Verbindung erst aller Unwert entspringt. Nur, *welche* diese Elemente sind und daß sie – von den Problemen des theoretischen Sinnes aus betrachtet – nichts anderes als Kategorie und Kategorienmaterial sein können, ist das, worauf hierbei alles ankommt.

Insofern für die Geltungs- und Werttheorie Gelten und Wert an Gegensätzlichkeit gebunden, folglich Gegensatzindifferenz mit Geltungs- und Wertindifferenz zusammenfällt (vgl. oben S. 268), ergibt sich für sie noch die besonders bemerkenswerte Konsequenz, daß ebenso wie die materialen Bestandteile auch die Kategorien als Elemente und d. h. als gegensatzindifferent, als geltungs- und wertindifferent, als neutral angesehen werden müssen. Gültigkeit und Ungültigkeit, Wert und Unwert sind eben nicht anders denn als ein harmonisches oder disharmonisches »Verhältnis« *zwischen* den Elementen zu denken. Es gibt auch offenbar nicht wahre und wahrheitswidrige, positive und negative Kausalität oder Dingheit oder Unterschiedenheit usw., sondern nur an wahrer oder verkehrter Stelle stehende, mit wahrem oder unpassendem Material verbundene, kurz harmonierende oder disharmonierende Kausalität oder Dingheit oder Unterschiedenheit usw. Die Kategorien sind nur Glieder, nur Bausteine einer unteilbaren, ihre Elemente umschlingenden Ganzheit des Sinnes, die allein der Alternative von Wahrheit und Wahrheitswidrigkeit unterliegt. Will nun die Werttheorie, ohne die übliche Verschlingung von Wertartigkeit und Gegensätzlichkeit preiszugeben, dennoch an der Wertartigkeit der Kategorie festhalten, so bleibt ihr, wie sich im zweiten Kapitel zeigen wird, nur der andere, ebenso verfehlte Ausweg übrig, in das urteilsjenseitige gegenständlich-logische Phänomen der Kategorie die gegensätzliche Wertqualität der Urteilsregion hineinzuverlegen. –

Als Ertrag dieses Kapitels hat sich ergeben, daß ungeachtet der bloß »formallogischen« und nichtgegenständlichen Bedeutsamkeit von Struktur und »Form« des Urteils dennoch die Gliederung seiner »Materie« nicht ohne Anknüpfung an die transzendental-logische und gegenständliche Urstruktur vorgenommen werden kann. [351/352]

Zweites Kapitel.

Die Übergegensätzlichkeit.

Bisher ist eine Beziehung zwischen der nichtgegenständlichen Urteilsregion und den gegenständlich-logischen Phänomenen nur soweit verfolgt worden, daß die Rolle hervortrat, die der Kategorie in der Struktur der Urteilsobjekte zufällt. Nur um das Eingegliedertsein des Gegenständlichen ins Nichtgegenständliche handelte es sich dabei. Jetzt dagegen soll sich die Untersuchung auf den *Abstand* richten, der zwischen den Urteilsobjekten und der Gegenstandsregion besteht.

Dabei wird sich das Phänomen der Gegensätzlichkeit in der Urteilsregion als das Symptom ihrer Nachbildlichkeit und sekundären Stellung erweisen. In diesem Punkte die Urteilsregion an den Kopernikanisch interpretierten, in ihrer Logizität durchschauten Gegenständen messen, das heißt, ihr die ihr gebührende Stelle in der Gesamtheit der logischen Phänomene anweisen. Nur durch das Fortschreiten zu einem urteilsjenseitigen Maßstab läßt sich die Urteilsregion selbst erkennen.

Es erhebt sich darum zunächst die Frage, ob nicht ein genaueres Eindringen in das Wesen jenes Zusammengehörens und Nichtzusammengehörens der Strukturelemente, auf dem die gegensätzliche Wertqualität beruht, zu einer Erschütterung der ganzen Gegensatzregion führen muß (1. Abschnitt). Sodann ist das Hinausgetriebenwerden über die Gegensätzlichkeit in seinen Konsequenzen für das Wertproblem zu untersuchen (2. Abschnitt).

Erster Abschnitt.

Die Künstlichkeit der Urteilsstruktur und ihr Abstand von der gegenständlich-logischen Region.

Wie bereits in der Einleitung erwähnt wurde (S. 251), droht die Aufgabe einer Messung der Urteilsregion an einem urteilsjenseitigen Maßstab gerade durch die Kopernikanische Umwälzung in der Logik wieder erschwert, die Distanzstellung der Urteilsregion gegenüber den Gegenständen wieder verdunkelt zu werden. Indem nämlich durch die Kopernikanische These der Herrschaftsbereich [352/353] des Logischen bis in die Gegenstände hinein ausgedehnt wird, erwächst die Gefahr, in die Gegenstände den vorkantischen Typus des Theoretischen und so das Urteilsartig-Theoretische hineinzuverlegen. Es muß darum der Nachweis erbracht werden, daß die Urteilsregion auch von den Kopernikanisch interpretierten, in den Bereich des Logischen hineingezogenen Gegenständen durch die ganze Kluft der Künstlichkeit und Nachbildlichkeit geschieden ist; die Gegenstände, obgleich nicht mehr als metalogisch, dennoch nach wie vor als urteilsjenseitig anzusehen sind.

Zunächst soll dabei kurz skizziert werden, wie sich für die vorkopernikanische Auffassung die Distanz zwischen urbildlicher und nachbildlicher Region ausnimmt.

Für den vorkopernikanischen Standpunkt muß der Abstand zwischen der Urteilsregion und den Gegenständen einfach deshalb unverkennbar sein, weil er sich dort als Distanz zwischen dem Theoretischen und dem Metatheoretischen aufdrängt. Denn das Theoretische als solches steht dort im Abstand der Nachbildlichkeit von den Gegenständen. Es unterscheidet sich vom gegenständlichen Urbild durch das Auftreten gewisser in den Gegenständen selbst fehlender und deshalb gegenständlicher Bedeutung barer Strukturkomplikationen, die mit den der Gegenstandsregion entnommenen Elementen vorgenommen werden und zur gegenständlichen »Materie« als spezifische »Form« des Theoretischen hinzutreten. Danach stehen sich denn auch in der vorkantischen Philosophie die beiden im gegenständlichen Urbild und im theoretischen Nachbild forschenden Wissenschaften der Metaphysik und der Logik gegenüber.

Geradezu das Wesen und der Ursprung des Theoretischen liegt nach der vorkopernikanischen Ansicht im Spezifischen der Nachbildlichkeit, im Übereinstimmen und Nichtübereinstimmen. Das Theoretische läßt sich geradezu definieren durch seine Vergleichbarkeit mit den Gegenständen, sein Übersichhinausweisen auf ein Urbild. Es entspringt dadurch allererst das »Wahrheits«-Moment, dessen Kriterium von jeher in dem Übereinstimmungsverhältnis zum Gegenstand gefunden wurde. Damit ist in der vorkantischen Logik zugleich bereits darüber entschieden, daß auch das mit dem Wahrheitscharakter verbundene Geltungs- und Wert-[353/354]moment einzig und allein aus dem Wesen der Nachbildlichkeit stammt, sich ganz ausschließlich nach dem den theoretischen Gebilden innewohnenden einheitlichen Sinn und Zweck der Übereinstimmung bestimmt. So bildet der Wertcharakter gleichsam das Äquivalent für die Künstlichkeit der theoretischen Strukturphänomene und ihren Mangel an gegenständlicher Bedeutung. Dem Nichtgegenständlichen eignet wenigstens wertartiges Gelten.

Diesem über die Distanz hinwegreichenden Hinweisungsverhältnis entspricht die bekannte Formulierung, die die theoretische Region als eine Region der Wahrheiten »über« die Gegenstände bezeichnet, wobei das »Wahrheit über« die vox media für Übereinstimmung und Nichtübereinstimmung bedeutet. Das »Über«-Verhältnis ist der Ausdruck für die durch den Abstand hindurch bestehende Zugeordnetheit des Nachbilds zum Urbild.

Die eigentümlichen theoretischen Phänomene machen den zum Anteil der Gegenstände von seiten des Theoretischen hinzugebrachten Beitrag aus. Das letzte Ziel des Erkennens sind die Gegenstände. Aber bei Gelegenheit ihrer Bemächtigung schieben sich diese aus einem Schalten mit den Gegenstandselementen hervorgegangenen Phänomene dazwischen. Sie stehen ganz im Dienst der Erreichung des gegenständlichen Urbilds. In ihnen und mittelst ihrer wird das Erkennen der Gegenstände habhaft.

Nur beiläufig ist hierbei anzumerken, daß die nachbildliche Region der einzelnen Wahrheits- und Urteilsgefüge, der »materialen Wahrheit«, lediglich die erste Stufe der theoretischen Strukturkomplikationen repräsentiert. Es gibt noch das weitere Strukturphänomen der »formalen Wahrheit«, der auf den einzelnen Wahrheitsgefügen sich aufbauenden Wahrheitszusammenhänge. Daß dieses Phänomen erst recht der gegenständlichen Bedeutung entbehrt, leuchtet ein. Fehlt doch diesen logischen Gebilden sogar die Meßbarkeit und Nachbildlichkeit gegenüber den Gegenständen. Es dreht sich bei ihnen alles um das Verhältnis der Wahrheiten »untereinander«, aber nicht zum Gegenstand. Wie die Wahrheiten im Dienste der Gegenstandserfassung, so stehen diese Phänomene im Dienste der Wahrheitserfassung. Es fällt deshalb, wie sich schon früher zeigte (oben S. 268 ff.), das Zusammengehören und Nichtzusammengehören der Elemente im einzelnen Urteilsgefüge, so [354/355] sehr es auch ein nichtgegenständliches Phänomen darstellt, weder mit einem »bloß logischen« Widerstreit, noch mit einer »Realrepugnanz« zusammen, sondern es steht in der Mitte zwischen beiden. So zerfallen die spezifisch theoretischen Gebilde im ganzen in solche mit und ohne Meßbarkeit. Sie alle aber stellen sich im weitesten Sinne als Werkzeug der Gegenstandserfassung, als »Organon«, dar.

Damit enthüllt sich auch der tiefere Sinn der Aristotelisch-scholastischen Unterscheidung von »Form« und »Materie« der theoretischen Gebilde. Die Materie ist der den Gegenständen selbst entnommene Bestand, dem die gegenständlichen Elemente Subjekt und Prädikat angehören. Die Form dagegen besteht in den besonderen Strukturkomplikationen, denen die Gegenstände in der theoretischen Region unterworfen werden. Die Gegenstände stellen den Rohstoff oder das Bewältigungsmaterial, die theoretischen Strukturphänomene die Formen der werkzeugmäßigen Umgestaltung und Verarbeitung, die den Gegenständen fremden, ureigenen Formen des »Denkens« und »Erkennens« dar, in die die Gegenstände im theoretischen Prozeß hineingeraten.

Es nimmt aber das theoretische Strukturphänomen die Rolle der »Form« ein, außer im Sinne der Umgestaltung des Gegenstandes zugleich auch im Sinne der Allgemeinheit gegenüber der variierenden Gegenstandsmasse. Denn das Gegenstandsmaterial bildet die grenzenlose Mannigfaltigkeit, beispielsweise der Urteilsmaterie, des Subjekts und Prädikats; das theoretische Strukturphänomen dagegen, beispielsweise die Urteilsstruktur mit ihrem Geltungs- und Wertcharakter, ihrer positiven und negativen Qualität und folgeweise ihrer Kopula, mit der Zweigliedrigkeit ihres Elementenbestandes, repräsentiert das überall gleiche Gepräge. Die Unermeßlichkeit der Gegenstände fügt sich so in einige wenige Formen hinein. Innerhalb der theoretischen Form aber kann sich, entsprechend wie vorher die Strukturkomplikation, so auch das Formverhältnis wiederholen. Es ist darum die Strukturform der Wahrheitszusammenhänge »formal« noch gegenüber der »materialen Wahrheit«, die selbst schon in Wahrheits- oder Urteilsform und in Urteilsmaterie zerfällt. –

Dieses vorkopernikanische Gesamtbild wird nun von der Ko-[355/356]pernikanischen Lehre gänzlich zerstört. Allein jetzt kommt es darauf an, zu begreifen, daß es nur als erkenntnistheoretisches Gesamtbild verworfen, daß nichtsdestoweniger aber eine Distanz und Nachbildlichkeitssituation der Urteilsregion aufrecht erhalten werden muß. Verworfen nämlich wird die Stellung der Nachbildlichkeit nur für das Theoretische *als solches* und *überhaupt*, nicht aber für die Urteilsregion. Was im Abstand zu den Gegenständen steht, ist fortan nicht mehr *das* Theoretische, sondern *ein* Theoretisches. Und die Funktion des Urbilds nimmt nicht mehr eine metatheoretische, sondern eine gleichfalls theoretische Region ein. Es bleibt somit alles von der vorkantischen Logik über die Urteilsregion Ausgemachte bestehen, bloß daß darin jetzt nicht mehr das Wesen des Theoretischen überhaupt getroffen wird. Urbildliche und nachbildliche Region stehen sich nicht mehr als gegenständliche und theoretische, sondern als gegenständlich- oder urbildlich-theoretische und als nichtgegenständlich- oder nachbildlich-theoretische gegenüber. Nicht die Distanz- und Übereinstimmungstheorie überhaupt ist das exklusive Charakteristikum des »dogmatischen« Standpunkts, nicht sie ist es, was mit ihm steht und fällt, vielmehr nur diese Theorie bei gleichzeitiger Behauptung der Metalogizität für das gegenständliche Urbild.

Jetzt erst hat sich die Darstellung der Untersuchung zuzuwenden, worin denn überhaupt der »Abstand« zwischen den beiden Regionen und die Künstlichkeit der nachbildlichen Region besteht. Dabei wird zugleich das Vorgehen des ersten Kapitels, die Übereinstimmungs- und Nachbildtheorie vom dogmatischen Standpunkt einfach zu übernehmen, seine nachträgliche Rechtfertigung erhalten.

Auszugehen ist bei diesem Nachweis von dem Umstand, daß auch für die Kopernikanische Auffassung das Spezifische der Urteilsregion in der Gegensätzlichkeit gegliederter Ganzheiten und d. h. im Zusammengehören und Nichtzusammengehören von Elementen besteht. Dadurch lassen sich aber für das Problem der Urteilsgegensätzlichkeit gewisse allgemeine, aus dem Begriff des Zusammengehörens und Nichtzusammengehörens von Elementen ableitbare Sätze gewinnen, die, für sich von den spezifischen Vor-[356/357]aussetzungen der Kopernikanischen Ansicht unabhängig, doch ohne weiteres auch auf diese die Anwendung gestatten und fordern.

Zunächst gilt es, sich darauf zu besinnen – was im ersten Kapitel bei der Darstellung der Übereinstimmungstheorie bereits implicite enthalten war –,

306

daß mit dem Gedanken eines Zusammengehörens und Nichtzusammengehörens von Elementen die Vorstellung einer Distanz zwischen zwei Regionen unabtrennlich verknüpft ist. Das für die Struktur der Objektsgefüge des Urteils charakteristische Zusammengehören und Nichtzusammengehören der Elemente bedarf eines außerhalb seiner selbst liegenden Maßes, einer Messung am Gegenstande. Dadurch gerade unterscheidet sich ja die »materiale« Wahrheit von der sog. »formalen«. Während bei dieser das Kriterium in einer unabhängig von aller Messung an den Gegenständen konstatierbaren Übereinstimmung und Nichtübereinstimmung der Sinngefüge *untereinander* liegt und es infolgedessen hierbei gar nicht erforderlich ist, über die Region dieser theoretischen Sinngefüge selbst hinauszugehen, weist die Wahrheit und Wahrheitswidrigkeit des einzelnen Gefüges über sich hinaus auf einen Maßstab, von dem aus allein sie beurteilbar wird. Wenn darum früher gesagt wurde, das Übereinstimmen und Nichtübereinstimmen von gegliederten Ganzheiten mit den Gegenständen führe zur Vorstellung des Zusammenstimmens und Nichtzusammenstimmens der Glieder innerhalb der einzelnen Gefüge (oben S. 271), so muß jetzt schärfer umgekehrt ausgemacht werden: dies Zusammengehören und Nichtzusammengehören ist von vornherein ein solches, das auf der Meßbarkeit dieser gegliederten Einheiten an einer ihnen jenseitigen Region beruht. Nur um ein derartiges Zusammengehören und Nichtzusammengehören handelt es sich hier überhaupt.

Nun kann es offenbar von den besonderen Phänomenen, auf denen die Distanz einer meßbaren Region gegenüber ihrer Maßstabsregion beruht, in dieser selbst noch keine Spur geben [73]). Es bildet aber gerade das Zusammengehören und Nichtzusammengehören von Bestandteilen das spezifische Moment, das über sich selbst [357/358] auf einen Maßstab hinausweist und also diese gegensätzliche Region zu einer nachbildlichen stempelt. Daraus folgt, *daß es im gegenständlichen Urbild ein Zusammengehören und Nichtzusammengehören von Elementen gar nicht geben kann.* Und zwar liegt der größte Anlaß vor, mit besonderem Nachdruck hervorzuheben, daß das Zusammengehören der gegenständlichen Region ebenso fremd und daß es ebenso ausschließlich auf das Nachbild eingeschränkt ist wie das Nichtzusammengehören. Daß also auch das übereinstimmende Nachbild nicht etwa dem Gegenstand gleicht, vielmehr durch dieselbe Kluft der Nachbildlichkeit von ihm geschieden ist wie das von ihm abweichende. Die positive Wertigkeit in der nachbildlichen Region steht, was die spezifischen Nachbildlichkeitsphänomene anlangt, der gegenständlichen Region ebenso fern wie die Unwertigkeit.

Der Nachweis hierfür wird bei Zugrundelegung der echten Strukturelemente und unter der Voraussetzung der Kopernikanischen These zu führen sein. Ermangeln auch im Lichte der Kopernikanischen Interpretation die Gegenstände des Phänomens der Zusammengehörigkeit ebenso wie der Nichtzusammengehörigkeit, dann ist außer Zweifel gestellt, daß auch die Kopernikanisch interpretierten Gegenstände urteilsjenseitig zu denken sind.

Hier zeigt sich nun sofort, wie sehr gerade die Kopernikanische Auffassung dazu verführt, mit dem Gedanken der Zusammengehörigkeit das Urteilsartig-Theoretische in die Gegenstände hineinzuverlegen. Denn was sollen, so meint man, die die Gegenständlichkeit und Objektivität konstituierenden kategorialen Relationen anderes sein, als notwendige und allgemeingültige Zusammengehörigkeiten, was die Ding- und Kausalrelation anderes als ein in Wahrheit »Zusammen*gehören*« (Lotze)? So droht die Kopernikanische Konstituierung des Gegenstandes durch das Logische immer in eine Konstituierung durch das Gegensätzlich- und Urteilsartig-Logische umzuschlagen. Bevor deshalb der Hauptnachweis geführt wird, daß die ganze Gegenstandsregion oder die gegenständliche *Struktur* jenseits der Strukturphänomene des Zusammengehörens und Nichtzusammengehörens liegt, muß erst dem Mißverständnis vorgebeugt werden, das die Zusam-[358/359]mengehörigkeit in den Kategorien, also in einem der *Elemente* des Gegenstandsbereichs, finden will [74]).

Es ist früher bereits im allgemeinen die Ansicht abgewehrt worden, daß das eigentümliche Zusammengehören und Nichtzusammengehören mit irgend einem bestimmten Bedeutungsgehalt, insbesondere dem der Kategorien, zusammenfällt (vgl. oben S. 274 u. 297). Aber zur genaueren Kenntnis davon bedarf es jetzt der erneuten Besinnung darauf, daß in den harmonischen und disharmonischen Gefügen wie alle Kategorien so auch die kategorialen *Relationen* nur auf seiten der harmonierenden oder disharmonierenden *Elemente* stehen können. Was besagen denn die eine kategoriale Relation enthaltenden Urteilsgefüge? Was bedeutet es, wenn gesagt wird, daß in dem der urteilenden Stellungnahme vorliegenden Objekt a und c kausal nicht zusammengehören, also ein wahrheitswidriges Kausalgefüge vorliegt? Nicht Unzusammengehörigkeit überhaupt soll doch zwischen den beiden Inhalten bestehen, sondern nur gerade kausal sollen sie nicht zusammengehören. Das heißt aber nichts

308

anderes, als daß eine Unvereinbarkeit zwischen der *Kausalität* auf der einen und dem Material a, c auf der anderen Seite vorliegt, die Kausalität an verkehrter, an wahrheitswidriger Stelle steht. Von einer Nichtzusammengehörigkeit zwischen a und c ist hierbei gar nicht die Rede [75]). Ebenso wäre es unsinnig, zu meinen, daß die Kausalität außer als Kausalrelation als Nichtzusammengehörigkeit die beiden Inhalte a und c umspanne. Genau dasselbe gilt aber offenbar von der Zusammengehörigkeit. Daß zwei Inhalte a und b kausal zusammengehören, ist eine abgekürzte Redewendung dafür, daß *zwischen* Kausalität und a, b Zusammengehörigkeit besteht. Also keineswegs stellt die Kausalität eine Zusammengehörigkeit dar. Vielmehr in einem Gefüge kausaler Zusammengehörigkeit bildet die Zusammengehörigkeit ein von der Kausalität unterschiedenes und die Kausalität als eins ihrer Elemente umfassendes Verhältnis. Sie tritt zur Kausalität hinzu. Eine kausale Zusammengehörigkeit, die Kausalität als eine Art [359/360] von Zusammengehörigkeit, ist ein Unding. Weder Zusammengehörigkeit noch Nichtzusammengehörigkeit kann ja die Kausalität sein. Sie ist und bleibt, was sie bedeutet: die gegensatzlose Kausalität; und auch im wahren und wahrheitswidrigen Kausalgefüge [76]) fungiert sie immer nur als solche, ohne im geringsten ihren Sinn zu ändern, ohne im einen Fall zur Zusammengehörigkeit, im andern zur Nichtzusammengehörigkeit zu werden. Die Kausalität als eine Art von Zusammengehörigkeit hinzustellen, ist genau so verkehrt, wie sie für eine Art von Nichtzusammengehörigkeit zu erklären. Nur eins der *Glieder* also kann die Kausalität für die Zusammengehörigkeit genau so wie für die Unzusammengehörigkeit abgeben. [77])

So ist die Zusammengehörigkeit, dieser Ausdruck für die gegensätzliche Wertpositivität, gänzlich aus dem Bedeutungsgehalt einer Kategorie herauszuweisen. Ebenso wie von der Kausalität die Zusammengehörigkeit, so ist beispielsweise von dem »Inhärenz«-Verhältnis zwischen Ding und Eigenschaft – diese Kategorie einmal unbesehen vorausgesetzt – der Nebengedanke des »Zukommens« fernzuhalten, wofern darunter wiederum die gegensätzliche Wertqualität verstanden wird. Das »Inhärieren« der Eigenschaft, ihr Einwohnen, Anhaften oder Eignen, das »Haben« der Eigenschaft von seiten des Dinges, steht ebenso jenseits des Gegensatzes von Zukommen und Nichtzukommen, wie beispielsweise die Kausalität jenseits des Gegensatzes von Zusammengehörigkeit und Unzusammengehörigkeit. Nur wer wie *Lotze* die in Wahrheit gegensatzlose kategoriale Relation die Funktion der Kopula übernehmen, die Verbindung der Urteilsstrukturelemente durch sie herstellen läßt (vgl. oben S. 297), muß in den Fehler verfallen, die kategoriale Relation als eine »Zusammengehörigkeit«, die nur Sinn hat als Gegensatz zur »Zusammengeratenheit«, zur Unzusammengehörigkeit, zu fassen. Man [360/361] muß sich daran gewöhnen, aus dem schlichten Bedeutungsgehalt der den Gegenstand konstituierenden kategorialen Relation diesen urteilsmäßig beteuernden Nebengedanken der »Zusammengehörigkeit« ganz auszuschalten. Mit dieser Entrückung der Kategorien über den Gegensatz von Zusammengehörigkeit und Nichtzusammengehörigkeit schließt sich zugleich der früher begonnene Nachweis davon ab, daß ihnen nicht die Funktion der Kopula zuzumuten ist (vgl. oben S. 297).

Bisher ist jedoch lediglich dargetan, daß der Typus der gegensätzlichen Verbundenheit nicht in den kategorialen *Elementen* der Gegenstandsregion vertreten ist. Es fehlt noch der Hauptnachweis: daß es solche gegensätzliche Gefügtheit in den Gegenständen überhaupt nicht gibt, oder genauer: daß sie in der gegenständlichen *Struktur* nicht vorkommen kann. Denn das der gegenständlichen Region exklusiv Angehörende, ihre Distanz und Maßstabsstellung gegenüber der nachbildlichen Begründende, kann allein in ihrer Struktur liegen, da doch ihre Elemente auch in der nachbildlichen Region vorkommen und dort mit ihnen geschaltet wird. Nicht die Elemente der gegenständlichen Region können es sein, denen das Strukturphänomen des Zusammengehörens und Nichtzusammengehörens gegenübersteht, sondern lediglich an der gegenständlichen Struktur, an der in der Gegenstandsregion herrschenden Verschlungenheit der Elemente, wird die nachbildliche Struktur gemessen werden können.

Hier läßt sich nun ganz allgemein aus dem Begriff des Zusammengehörens und Nichtzusammengehörens von Elementen deduzieren. Wie sich bereits aus dem Vorangegangenen entnehmen läßt, gibt es gar nicht ein Zusammengehören zweier Inhalte *überhaupt*, sondern immer nur mit Rücksicht auf eine ihnen zugemutete Relation, die dann selbst jenseits von Zusammengehörigkeit und Nichtzusammengehörigkeit stehen muß. Solche harmonischen und disharmonischen Gefüge lassen sich sodann in eine Zusammengehörigkeit und Nichtzusammengehörigkeit zwischen der eigentümlichen gegensatzlosen Relation auf der einen und ihren beiden Relationsgliedern auf der andern Seite umformen.

Daraus aber ergibt sich nunmehr, was es überhaupt mit dem Harmonieren und Disharmonieren für eine Bewandtnis hat und [361/362] warum es in den

310

Gegenständen selbst keine Stätte haben kann. Ein Zusammengehören und Nichtzusammengehören, beispielsweise zwischen der Kausalrelation und zwei Inhalten, setzt die *Verschiebbarkeit* und Beweglichgewordenheit der Kausalrelation gegen ihre Glieder, die *Auseinanderreißung* von Kausalverhältnis und Kausalgliedern, die Entwurzelung der Kausalrelation, voraus [78]). Zwar kommt die gegensatzlose Relation hierbei immer noch vor, aber als losgerissen von ihren Gliedern und als in dieser Losgelöstheit auf die eine Seite geworfenes harmonierendes oder disharmonierendes Element. Es baut sich somit der ganze Begriff des Zusammengehörens und Nichtzusammengehörens auf einer Zerbrechung und Verrenkung der gegenständlichen Region auf, die in ihr selbst unmöglich liegen kann, die vielmehr irgendwie einen antastenden Eingriff verrät, der von anderwärts her an ihr vorgenommen sein muß. Woher diese künstliche Auseinanderspaltung stammt, soll vorläufig noch außer Betracht bleiben. Doch man wird sich schon jetzt der Beantwortung kaum erwehren können, daß hier irgendwie die erkennende Subjektivität dahinter stehen muß, der ein Erfassen des ganzen und unzerstückelten gegenständlichen Sachverhalts nicht vergönnt ist, die sich vielmehr das, was ihr als Fertiges nicht gegeben ist, überall erst aus den isolierten Teilen stückweise aufbauen muß. Für die Subjektivität, die nicht anders als durch Unkenntnis und Schwanken hindurch an den gegenständlichen Sachverhalt herankommt, mag ein Anlaß vorliegen, stets »in Gedanken« die zu einander gehörenden Glieder, oder, was ja auf dasselbe hinausläuft, die Relationen und die dazu passenden Relationsglieder zu isolieren und gegen einander zu verselbständigen. Im jetzigen Zusammenhange interessiert lediglich das Ergebnis, daß jegliches Zusammengehören und Nichtzusammengehören auf einer Ablösung der Relationen von den Relationsgliedern sich aufbaut.

Besonders hervorzuheben ist dabei wiederum, daß dies von der Zusammengehörigkeit ebenso gilt wie von der Unzusammengehörigkeit. Zusammengehörigkeit ist immer das Zusammenpassen des Zerstückelten. Man braucht bloß daran zu denken, daß [362/363] die Zusammengehörigkeit als etwas Neues zur gegensatzlosen Relation hinzutritt, also eine Komplikation gegenüber dem gegensatzlosen Sachverhalt mit sich bringt und zwar eine solche, die ebenso wie bei der Unzusammengehörigkeit auf einer Losreißung der gegensatzlosen Relation von ihren Gliedern beruht. Das wahre, das übereinstimmende Gefüge ist ebensoweit vom gegenständlichen Urbild entfernt, wie das wahrheitswidrige, das nicht übereinstimmende. Auch das übereinstimmende Gefüge ist nicht ein bloßes wiederholendes Abbild des Gegenstandes, sondern eben ein bloßes »Nachbild«, mit einem Phänomen belastet, das im Urbild gar kein Original hat. Es steht darum die Positivität genau auf demselben Boden der Künstlichkeit wie die Negativität. Die Region der Nachbildlichkeit als *solche* und nicht etwa bloß die Negativität ist vom Unzerstückelten und Unverkünstelten der Gegenstände durch eine Distanz geschieden. Daß dieser Abstand immer nur gerade an der Negativität hervorgehoben wird, ist das untrügliche Anzeichen dafür, daß die Strukturkünstlichkeit der ganzen Urteilsregion als *solcher* gar nicht durchschaut wird. Gewiß steht das übereinstimmende Gebilde als übereinstimmend dem Urbild näher als das abweichende. Aber es kommt geradezu alles auf die Koordinierung von Positivität und Negativität in Hinsicht auf *Strukturkünstlichkeit* und Abstand von den Gegenständen an. Beim Fehlen dieser Einsicht muß man unvermeidlich, geblendet durch den zweifellosen Vorrang der Wahrheit vor der Wahrheitswidrigkeit, die Wahrheit als das einzig Ungekünstelte und die Wahrheitswidrigkeit als das Gekünstelte, nämlich als die Verzerrung der Wahrheit, ansehen.

Jetzt erst zeigen sich die wahren und wahrheitswidrigen Objekte als das, was sie sind: als lauter zusammengestückelte Gefüge der aus der Gegenstandszerstückelung hervorgegangenen, künstlich auseinandergerissenen Bestandteile.

Sowahr nun diese Zerreißung in den unangetasteten Gegenständen selbst nicht liegen kann, ist jetzt dargetan, daß die auf solcher Unterwühlung der Gegenstandsregion basierenden Phänomene des Zusammenstimmens und Nichtzusammenstimmens ausschließlich der nachbildlichen und gar nicht der urbildlichen Region angehören. Ja, es besteht nicht einmal ein friedliches Nebeneinander der beiden Regionen; die eine erhebt sich vielmehr auf der [363/364] Zerstörung der andern und gibt sich dadurch im Vergleich mit ihr als ein geradezu gekünsteltes Gebilde zu erkennen. Der Abstand zwischen der meßbaren und der Maßstabsregion hat sich als eine Distanz zwischen einem Zerstückelten und einem Unzerstückelten erwiesen. In den Gegenständen selbst gibt es nur zunächst die bestimmten gegensatzlosen kategorialen Relationen. Und es kann des weiteren keine Rede davon sein, daß dort zwischen diesen Relationen und ihrem Relationsmaterial eine Zusammengehörigkeit besteht. Das würde ja sofort die künstliche Auseinandergerissenheit von Relation und Relationsgliedern voraussetzen. Es gibt darum dort nur ein schlichtes, durch keinerlei Antastung hindurchgegangenes Stehen der Inhalte in ihren Relationen. *Es muß deshalb dies gegenständliche Ineinander von Kategorie und Kategorienmaterial ausdrücklich als ein der Zerstücklung und darum der Zusammengehörigkeit entrücktes, folglich als ein über den Gegensatz von Wert und Unwert erhabenes, also gegensatzloses Verhältnis bezeichnet werden.* Nicht nur die kategoriale Relation, sondern auch das die gegenständliche Struktur ausmachende Verhältnis, die Verklammerung von Kategorie und Kategorienmaterial, hat sich als gegensatzlos erwiesen.

Doch genau genommen bedarf es jetzt erst noch einer Anwendung der allgemeinen Argumentation für die Gegensatzlosigkeit des Strukturverhältnisses auf die eigentlichen Elemente der Gegenstandsregion. Denn dort sind ja die »*Inhalte*«, um deren Harmonieren oder Disharmonieren es sich handelt, nicht a, b oder a, c, also beispielsweise Kausalinhalte, sondern der eine Inhalt wird durch die Kategorie und der andere durch das Kategorienmaterial repräsentiert. Auch die kategorialen Relationen, beispielsweise die Kausalität, gehören dort zu den Elementen. Und es können dann wiederum diese Elemente oder Inhalte nicht überhaupt zusammengehörig oder unzusammengehörig sein, sondern nur mit Rücksicht auf die zwischen *ihnen* bestehende Beziehung, d. h. aber mit Rücksicht auf die zwischen Kategorie und Kategorienmaterial bestehende Verklammerung. Im einzelnen harmonischen [364/365] oder disharmonischen Objektgefüge ist als die entwurzelte Relation das eigentümliche Ineinander von Kategorie und Kategorienmaterial anzusehen, und losgerissen ist diese Relation von ihren Relationsgliedern, d. h. von dem bestimmten Material und der bestimmten Kategorie, die meist selbst eine Relation darstellt. Diese Verschlungenheit von Kategorie und Kategorienmaterial ist die gegensatzlose Relation der Gegenstandsregion, um deren Lockerung von ihren Gliedern, um deren Verschiebbarkeit gegen sie, es sich handelt. Jetzt erst ist in Schärfe bestimmbar, worin eigentlich *die gegenständliche Urstruktur* besteht, die nach der Kopernikanischen These für die metalogisch gedachten Gegenstände einzusetzen ist. Sie erweist sich jetzt als das schlichte, durch keinerlei Zerreißung hindurchgegangene Stehen der dortigen Elemente, d. h. der bestimmten Kategorie und des bestimmten Materials, in der sie umspannenden Relation, d. h. in der eigentümlichen Verklammerung, die zwischen Kategorie und Kategorienmaterial besteht. Aber die Verschiebung der eigentümlichen Verschlungenheit zwischen Kategorie und Kategorienmaterial gegen ihre Glieder läßt sich äquivalent umformen in die Verschiebung der Kategorien gegen ihr Material. Und so läßt sich die gegenständliche Urstruktur sprachlich weniger umständlich, allerdings nur in abgekürzter Redeweise, auch als das schlichte Stehen des Kategorienmaterials in den Kategorien aussprechen.

Um diese Struktur eines durch keine Entwurzlung angetasteten Ineinanders handelt es sich hier. Sie stellt das dar, woran der Sachverhalt der nachbildlichen Zerstücklung zu messen ist.

Es richtet sich aber offenbar auch in jedem Einzelfall die Wahrheit und Wahrheitswidrigkeit beispielsweise eines Kausalgefüges danach, ob sich ein schlichtes gegensatzloses Stehen der betreffenden Elemente in der Kausalrelation als Urbild aufzeigen läßt oder nicht. So enthält das wahre Gefüge (z. B. a Ursache von b oder Ursachenrelation zusammengehörig mit a, b) wenigstens dieselben Elemente, die im Gegenstand gegensatzlos miteinander verbunden sind, wenn auch in künstlicher Auseinandergerissenheit und mit der dort gar nicht vorkommenden Komplikation eines Zusammenstimmens behaftet. Im wahrheitswidrigen Gefüge (z. B. a Ursache [365/366] von c) dagegen liegen nicht einmal die im Urbild gegensatzlos mit einander verknüpften Gegenstandselemente vor.

Im ersten Kapitel, wo es lediglich auf das bloße Hineinragen der gegenständlichen Elemente in die nachbildliche Region ankam, wurde auf den Abstand zwischen den beiden gleichmäßig nach Kategorie und Kategorienmaterial gegliederten Regionen, also auf die Distanz zwischen dem schlichten Urzustand der Urbestandteile und ihrem gelockerten, die gegensätzlichen Gefüge ermöglichenden künstlichen Nachbildlichkeitszustand, noch gar nicht Acht gegeben.

Der Ausdruck »Nachbildlichkeit« bedarf somit, um richtig verstanden zu werden, eines wesentlichen Vorbehalts. Er bezeichnet nur die Meßbarkeit an, die Abhängigkeit von, die Zugeordnetheit gegenüber den Gegenständen. Er darf nicht darüber hinwegtäuschen, daß diese auf ein Urbild hinweisende Nachbildlichkeit nur bei gleichzeitigem Hinzutritt neuer, eines urbildlichen Repräsentanten entbehrender Strukturphänomene stattfindet.

Jetzt ist der Nachweis erbracht, daß auch unter den Voraussetzungen der Kopernikanischen Lehre gerade das, was der Urteilsregion das Gepräge gibt, nicht in die Gegenstände hineinverlegt werden darf. Auch die Kopernikanisch interpretierte Gegenstandsregion, die gegenständliche Urstruktur, das Ineinander von Kategorie und Kategorienmaterial, steht als übergegensätzlicher Maßstab den spezifischen Phänomenen der Urteilsregion gegenüber. –

Es ist bisher das allgemeine Argument für die Künstlichkeit des Zusammengehörens und Nichtzusammengehörens einfach auf die echten Strukturelemente, auf Kategorie und Kategorienmaterial, angewandt worden. Allein ein Zusammengehören gerade zwischen Kategorie und Kategorienmaterial bringt noch eine ganz besondere, bisher gar nicht berücksichtigte Steigerung der Künstlichkeit mit sich. Zum Verständnis davon muß noch genauer untersucht werden, was es mit dem im Mittelpunkt der Argumentation stehenden »Verhältnis« zwischen diesen beiden Strukturelementen für eine Bewandtnis hat.

Zunächst ist vor dem Irrtum zu warnen, Kategorie und Kategorienmaterial selbst, so wie sie bisher auftraten, zu den Gliedern eines zwischen ihnen bestehenden Verhältnisses, zu den Bestand-[366/367]teilen einer sie umspannenden Struktureinheit, zu machen [79]). Freilich liegt eine Bezogenheit, ein Zusammenschluß verschiedener Elemente, eine Strukturgefügtheit überhaupt, hier vor. Aber als diese Elemente dürfen nicht Kategorie und Material genannt werden. Denn es ist zu bedenken, daß kategoriale »Form« bereits den Ausdruck für ein Hinweisen, Material bereits den Ausdruck für eine Betroffenheit enthält. Ist die Form etwas Hinweisendes, bereits auf ein anderes Bezogenes, so muß ein von der Formsituation noch unabhängiges, gleichsam vorformales Etwas gedacht werden, dessen Verflochtensein mit einem andern erst den Formcharakter ergibt [80]). Insofern der logische Formgehalt unsinnlich ist im Unterschied zum sinnlich-anschaulichen Material, darf auch jenes vorformale Etwas als unsinnlich bezeichnet werden. In der kategorialen Form hat somit eine Relation bereits ihren Ausdruck gefunden. Form ist ja ein »Hin«, eine Relation oder genauer das eine Relationsglied, nämlich das vorformale Unsinnliche mitsamt der zum Gegenglied hingehenden Relation oder mitsamt ihrer Stellung innerhalb der gegenständlichen Struktur. Nicht die Form, sondern das vorformale Unsinnliche ist das eine Relationsglied, die Form aber schon mehr als ein bloßes Relationselement (vgl. auch oben S. 286). Genau dasselbe aber gilt vom Material. Auch in ihm ist das Stehen in einem gewissen Verhältnis schon angedeutet und mitgemeint. Material schließt schon die Betroffenheit eines Etwas, mithin gleichfalls seine Stellung innerhalb der gegenständlichen Struktur, mit ein. Nicht das Material, sondern das von der Materialssituation noch unabhängige, das gleichsam vormateriale, noch unbetroffen zu denkende Etwas ist das einzige Gegenglied der Relation. Die wahren Elemente sind das vormateriale Unsinnliche und das vormateriale Etwas. Zwischen ihnen allein besteht das Urverhältnis, um das sich hier alles dreht, sie allein sind die Elemente, die hier von einem Einheitsband umspannt werden. Dagegen in die bloße Form und in das bloße Material ist bereits die die wahren Urglieder umschließende Einheit [367/368] mit hineingenommen. Es ist darum eine unsinnige Überflüssigkeit und eine pleonastische Verschrobenheit, neben der in Form und Material bereits steckenden, zwischen den letzten Gliedern bestehenden Urrelation noch eine neue Beziehung zwischen Form und Material sich stiften zu lassen. Im Unterschied zur leeren Form tritt in der inhaltlich erfüllten, im Vergleich mit dem bloßen Material tritt im ganzen Form-Material-Gefüge nicht etwa der Zusammenschluß der Elemente, sondern lediglich das eine der beiden zusammenzuschließenden Glieder noch hinzu. Immerhin jedoch fehlt also im Vergleich zum ganzen Gefüge der bloßen Form und dem bloßen Material noch die Ergänzung durch das Gegenglied des Urverhältnisses. Das Zusammen von Form und Material macht darum allerdings erst die Vollständigkeit und Abgeschlossenheit dieses Beziehungsganzen aus.

Was hier von Form und Material überhaupt ausgemacht wurde, muß sich jetzt auch an der Einzelform und am Einzelmaterial bestätigen. Auch bei ihnen muß auf die dahinter stehenden wahren Elemente des dabei vorliegenden Strukturverhältnisses zurückgegangen werden.

Dazu bedarf es jedoch zunächst einer Verständigung über das Prinzip der kategorialen *Differenzierung* [81]). Zugrundegelegt wird hier eine Ansicht, nach der die Zerspaltung in die Mannigfaltigkeit der Einzelformen ganz und gar vom Material herstammt. Wie Formartigkeit überhaupt das mit einem Hinweisungssymptom überhaupt versehene Unsinnliche darstellt, so repräsentiert die bestimmte Einzelform das mit einem Hinweis sogar auf bestimmtes Einzelmaterial bereicherte Unsinnliche. Die Bestimmtheit der Einzelform ist lediglich als eine Abbreviatur für den Sachverhalt anzusehen, daß das Unsinnliche zu ganz bestimmtem Material hingeltend gedacht werden soll, enthält also lediglich den Ausdruck für die Eingeengtheit und Zugespitztheit der Form überhaupt auf ganz bestimmtes Material. Beispielsweise und lediglich um zu illustrieren: statt umständlich zu sagen: theoretische Form, insoweit sie gerade bestimmtgeartetes koexistierendes sinnliches oder insoweit sie gerade bestimmtgeartetes sukzedierendes [368/369] sinnliches Material betrifft, bedienen wir uns der Abkürzungen »Dingheit« oder »Kausalität«. Wie in der Formartigkeit als solcher die Bezogenheit überhaupt, so hat in einer bestimmten Kategorie die Bezogenheit des Unsinnlichen auf ganz bestimmtes, auf gerade dies und dies und kein anderes Material einen Ausdruck gefunden. Die Bestimmtheit der Form soll Form*gehalt* oder »*Bedeutungs*bestimmtheit«, diejenige Besonderheit am Material, auf die zugespitzt, die Form zum bestimmten Gehalt sich spezialisiert, bedeutungsbestimmendes Moment genannt werden. Obwohl in der Sphäre der Form liegend, enthält die Bedeutungsschicht doch bereits einen von außen her stammenden Widerschein, d. h. obwohl es das Unsinnliche ist, das hier in Beziehung stehend gedacht wird, spielt doch bereits das Material mit hinein, als das, dem gegenüber die Bezogenheit stattfindet.

Hat man einmal das letzte Geheimnis, das sich im Hinsichtlichkeitscharakter des Unsinnlichen kundtut, hingenommen, so gibt die Zerspaltung in die Einzelformen kein neues Rätsel mehr auf. Es liegt immer dasselbe, überall sich wiederholende Grundverhältnis zwischen dem Unsinnlichen und der Form überhaupt auf der einen und dem bestimmten Material auf der andern Seite vor, jenes eine Urverhältnis, das nur infolge der Variabilität des materialen Verhältnisgliedes die Vielheit der Formen ermöglicht, in denen ja lediglich das Betroffensein all des mannigfaltigen Materials durch das Eine – hierbei Form werdende – Unsinnliche einen Ausdruck findet.

Es muß aber noch besonders berücksichtigt werden, daß das bedeutungsbestimmende Moment am Material und das Material in seiner ganzen konkreten Fülle nicht zusammenfällt. Läßt man nämlich das Material nicht bis in alle Unendlichkeit seiner konkreten Individualität als bedeutungsbestimmend fungieren, dann bildet der bedeutungsbestimmende Faktor nur ein abstraktes Moment, eine gattungsmäßige Bestimmtheit am Material. So ist z. B. bedeutungsbestimmend für die »Gebietskategorie« des Realseins die unterschiedslos allen sinnlich-anschaulichen Inhalten anhaftende sinnliche Anschaulichkeit überhaupt und nichts anderes weiter, weshalb ungeachtet aller sonstigen Verschiedenheit alles Sinnlich-Anschauliche schon als solches, um seiner allgemei-[369/370]nen sinnlichen Anschaulichkeit willen, als ein Seiendes bezeichnet werden muß. Realsein ist zwar gewiß eine Kategorie, in der die individuellen sinnlich anschaulichen Konkretissima stehen, aber bedeutungsbestimmend ist an diesen nur ihre sinnliche Anschaulichkeit überhaupt. Ebenso muß z. B. das bedeutungsbestimmende Moment für die Kategorie der Kausalität in jener ganz allgemeinen Eigentümlichkeit des anschaulichen Vollmaterials gelegen sein, die schuld daran ist, daß all die unzähligen konkreten individuellen Kausalzusammenhänge gleichmäßig *Kausal*zusammenhänge sind. Dasjenige, um dessen willen a, b in der Kausalrelation steht, kann doch nur das sein, um dessen willen es mit allem übrigen Kausalmaterial übereinstimmt. Im Inbegriff des Kausalmaterials, in diesem Herrschaftsbereich der Kausalität, ist bedeutungsbestimmend für Kausalität nur die allen Einzelheiten des Bereichs zukommende Gruppenbestimmtheit. In diesem Falle, in dem das bedeutungsbestimmende Moment verschwindend ist gegenüber der unendlichen Fülle des Materials, »herrscht« die kategoriale Einzelform über eine Unzahl von Materialseinzelheiten. Der Formgehalt zersplittert sich nicht in eine Unendlichkeit von formalen Einzelgestaltungen, sondern läßt sich in einigen wenigen alles Material durchsetzenden Grundformen sammeln. Da nur dieser Fall für die »apriorische Form« berücksichtigt zu werden pflegt, so verbindet sich für uns wie selbstverständlich mit der transzendental-logischen Formartigkeit, d. h. mit der Hinsichtlichkeit und Erfüllungsbedürftigkeit des Unsinnlichen, der Charakter der über den Materialsbereich herrschenden Allgemeinheit [82]).

So steht das Material, gleichsam in Bereiche zerfallend, in den Kategorien. Und zwar stehen innerhalb der Bereiche die Materialseinzelheiten um ihres bedeutungsbestimmenden Gruppencharakters willen in der bestimmten Kategorie. Damit aber ist ausgemacht, daß im Bedeutungsgehalt der Kategorie wie über die Hingewiesenheit auf das bedeutungsbestimmende Moment und den ganzen Materialsbereich, so auch mit einem Schlage über die Bezogenheit auf alle Gruppen*einzelheiten* entschieden ist. Und ebenso ist umgekehrt mit einer beliebigen Materialseinzelheit [370/371] durch das bedeutungsbestimmende Moment hindurch die sie betreffende Kategorie bereits festgelegt. Wenn darum hier gezeigt wurde, daß in der Einzelkategorie das Verhältnis zum Einzelmaterial bereits einen symptomatischen Ausdruck gefunden hat, so ist dabei unter Einzelmaterial nicht bloß der bestimmte Materialsbereich im ganzen, sondern ohne weiteres auch jede letzte Materialseinzelheit zu verstehen.

Es hat sich somit ergeben, daß wie im Formcharakter überhaupt die Bezogenheit des Unsinnlichen zum materialen Gegenglied überhaupt, so in der Einzelform die Hingewiesenheit sogar zum besonderen Material bereits niedergelegt ist. Daraus folgt nun wiederum: genau so unsinnig, wie von einer besonderen Beziehung zwischen Form und Material zu reden, ist es auch, eine Beziehung zwischen einzelner Kategorie und einzelnem Material sich stiften zu lassen. Denn wie in die Form das Verhältnis zum Material überhaupt, so ist ja in die Einzelform die Beziehung zum besonderen Material bereits hineingenommen. Und ebenso verhält es sich, vom Material aus angesehen. Man kann ein bestimmtes Etwas entweder kategorial unbetroffen oder betroffen denken. Aber *wenn* man es einmal betroffen denkt, dann ist über die bestimmte Kategorie, um die es sich allein handeln kann, bereits entschieden, was man gewöhnlich auch so ausdrückt, daß bestimmtes Material eine bestimmte und keine andere Kategorie »verlange«. Durch die Bestimmtheit des materialen Etwas und die theoretische Form überhaupt, in die es durch die Angabe »Material« schon hineingestellt wird, ist die betreffende Kategorie bereits eindeutig fixiert. Auch hierfür gilt: die eigentlichen Beziehungsglieder und Strukturelemente sind nicht Einzelform und bestimmtes Material, sondern Unsinnliches überhaupt und bestimmtes Etwas.

Will man ungekünstelt und dem wahren Sachverhalt entsprechend das Kategorie und Kategorienmaterial zugrundeliegende Einheitsgefüge erfassen, so muß man sich jeden Augenblick an den wahrhaft letzten Gliedern des dahinterstehenden Urverhältnisses orientieren. So lange man in dieser Urregion verharrt, ist die Vorstellung eines Zusammenpassens und Nichtzusammenpassens der Glieder noch ganz unbegreiflich. Erst die verschrobene [371/372] Übertragung des Strukturverhältnisses auf Kategorie und Kategorienmaterial schafft die Vorbedingung dafür, daß die Urbestandteile der theoretischen Struktur überhaupt mit in die Reihe solcher Elemente eintreten, bei denen von Zusammengehörigkeit und Unzusammengehörigkeit, von einer Auseinanderreißung der Relationen und der Relationsglieder, die Rede sein kann.

In der Urregion nämlich gibt es nur das Hinweisen des Einen noch undifferenzierten Unsinnlichen auf das – dadurch zum Material werdende – mannigfaltige Etwas oder die Betroffenheit dieses Etwas durch das Eine Unsinnliche. In diesem Strahlenbüschel von Relationen findet sich nirgends der geringste Ansatzpunkt für ein Harmonieren und Disharmonieren von Elementen. Der *Schein* einer Berechtigung dieser ganzen Vorstellung tritt erst hervor, wenn der Sachverhalt der Urregion in der Sprache der kategorialen Bedeutungsdifferenzierung ausgedrückt wird. Für das Hinweisen des Unsinnlichen zu bestimmtem Material, für die Betroffenheit einer einzelnen Materialsbestimmtheit durch das Unsinnliche, also für die einzelnen Beziehungslinien aus jenem Strahlenbüschel, wird dann je eine bestimmte Kategorie geprägt. Dann gibt es nicht mehr bloß das Eine Unsinnliche und die Mannigfaltigkeit des Materials, sondern außerdem soviel Kategorien, als man Momente am Material hat bedeutungsbestimmend werden lassen.

Dadurch sind die Vorbedingungen für eine Verdunklung der Verhältnisse in der Urregion gegeben. Zunächst nämlich wird vergessen, daß die Kategorie nichts anderes ist als der Ausdruck für eine jener Beziehungslinien (des Strahlenbüschels), daß somit in ihrem bestimmten Bedeutungsgehalt nicht nur der im Unsinnlichen liegende Anfangspunkt der Linie enthalten, sondern auch ihr materialer Endpunkt andeutungsweise und symptomatisch bereits eindeutig festgelegt ist. Es wird der Anschein erweckt, als bedeuteten Kategorie und Bezogenheit zu einem bestimmten Material etwas Verschiedenes; es wird ignoriert, daß die ganze Bezogenheit, die Richtung der Beziehungslinie, schon ganz und eindeutig in der Kategorie liegt, im Bedeutungsgehalt der Kategorie deren materiale Erfüllung gleichsam vorgezeichnet und besorgt ist. So wird die Möglichkeit geschaffen, zwischen Kategorie und Ma-[372/373]terial noch eine Beziehung zu statuieren. Jetzt braucht bloß noch in Rücksicht gezogen zu werden, daß es eine *Vielheit* von Kategorien entsprechend der Vielheit der bedeutungsbestimmenden Momente gibt. Eine solche Vielheit von Kategorien aber, von denen jede losgelöst gedacht wird von der in ihr eindeutig festgelegten, zum Material hinführenden Strahlenrichtung, eine Vielheit also von gleichsam in ihrer Richtung zum Material verschiebbar oder beweglich gewordenen Kategorien, ermöglicht nunmehr auch die Vorstellung, daß zwischen den selbständig gewordenen einzelnen Kategorien und den einzelnen Materialsbestimmtheiten allerlei Beziehungen feindlicher und freundlicher Art bestehen.

Genau dieselbe Argumentation ergibt sich, wenn man dies Harmonieren und Disharmonieren vom Material aus betrachtet. Durch die Angabe eines bestimmten Materials *als* »Materials«, also durch die Angabe seiner Betroffenheit durch das Unsinnliche überhaupt, ist wiederum über die Strahlenrichtung und d. h. über die Kategorie genau so entschieden wie vorher durch Angabe der Kategorie über das Material. Man muß sich auch hier wieder erst eine Nichtdeterminiertheit vortäuschen, will man die ganze Redeweise vom Zusammengehören und Nichtzusammengehören verstehen.

Das angebliche Harmonieren wie das Disharmonieren beruht also auf einer künstlichen Auseinanderreißung von Kategorie und Kategorienmaterial einerseits und der in ihnen bereits festgelegten Beziehungsrichtung andererseits oder, was auf dasselbe hinausläuft, auf einer künstlichen Auseinanderreißung von bestimmter Kategorie und bestimmtem Material. Es wird der Schein erweckt, als wäre es eine sinnvolle Frage, welche Gegenglieder in den Beziehungsgefügen zu einzelnen Kategorien und einzelnen Materialsstücken passen oder nicht passen.

Jetzt ist angegeben, welche besondere Künstlichkeit noch dann hinzutritt, wenn es sich – und gerade das geschieht ja der Sache nach stets – um das Zusammengehören und Nichtzusammengehören gerade von Kategorie und Kategorienmaterial handelt. Zu der Verschiebung der Elemente gegeneinander, der Beweglichmachung der Relationen und ihrer Glieder, kommt dann noch die Ignorierung des Umstandes hinzu, daß in jedem dieser Elemente das bestimmte Gegenglied bereits festgelegt ist. [373/374]

Unsrer in die Gegensätzlichkeit eingelebten Denkweise fällt es immer äußerst schwer, den Sachverhalt der gegensatzlosen Urregion, wo schlecht und recht nur ein Hinweisen und eine Betroffenheit vorkommt, in seiner ursprünglichen Unverdorbenheit stehen zu lassen. Wir können kaum umhin, ihn mit Glossen zu versehen, die gerade das zerstören, worauf es ankommt. Der Versuchung läßt sich schwer widerstehen, in das schlecht und recht bestehende Verhältnis eine gegensätzliche Richtigkeit, Wahrheit, Gültigkeit hineinzufälschen, also die Positivität in die Gegenstandsregion hineinzuverlegen. Man meint, das Material stehe doch in »seiner« Kategorie, die Kategorie erfasse »ihr« Material. »Seine« Kategorie und »ihr« Material erscheinen dann als das, was dem betreffenden Element in Wahrheit, gültiger oder richtiger Weise, zukommt, als die gebührenden oder geforderten Gegenglieder.

Es darf somit gegen die Gegensatzlosigkeit der urbildlichen Region kein Einwand aus dem Umstand hergenommen werden, daß das Erkennen, sobald es sich die gegenständlichen Relationen zu vergegenwärtigen sucht, immer versucht ist, sie durch die gegensätzliche Positivität zu umschreiben. Es ist eben eine Bemächtigung der Gegenstände stets verbunden mit einer Auseinanderreißung und einer nachträglichen Zusammenpassung der zerstückelten Elemente. Die Gegenstände werden zu Urteilsobjekten *umgearbeitet*, d. h. zu Gebilden, über deren positive oder negative Qualität eine Entscheidung aussteht. Aber ist dies einmal durchschaut, so ist eine Wiederherstellung der ursprünglichen gegensatzlosen Struktur als des Maßstabes der Urteilsobjekte jederzeit möglich. Die *unmittelbaren* »Objekte« alles Urteilens sind niemals die »Gegenstände« selbst, sondern Gebilde, in denen die Gegenstände bereits mit entstellenden Strukturzusätzen überdeckt sind [83]. –

Wenn in der Einleitung die Behauptung aufgestellt wurde, daß durch den Abstand zwischen den gegenständlichen und den nichtgegenständlichen logischen Phänomenen sich die fundamentale Gliederung der gesamten Logik bestimmt, so ist jetzt das Wesen [374/375] der die Nichtgegenständlichkeit verschuldenden Künstlichkeit genauer gekennzeichnet worden. Nunmehr läßt sich auch das Verhältnis zwischen der Urteilsregion und den transzendentallogischen Phänomenen noch weiter verfolgen.

Erst wenn diese Künstlichkeit der nachbildlichen Region durchschaut ist, läßt sich eine Klarheit darüber gewinnen, in welchem Sinne die nichtgegenständliche »Form« des Urteils der gegenständlichen »Materie« gegenübersteht. Denn es hat sich ja ergeben, daß zwar freilich die Elemente der Gegenstandsregion in die Urteilsstruktur hineingearbeitet werden, aber doch bei gleichzeitiger Zerstörung der gegenständlichen Urstruktur. Nicht unversehrt, sondern zerstückelt, nur mit ihren isolierten Elementen, bilden die Gegenstände die »Materie« für die »Form« des Urteils. Die nachbildliche Struktur ist »Form« im Sinne der *Um*formung. Gibt man dem scholastischen Begriffspaar »Form« – »Materie« des Urteils diese besondere Nebenbedeutung, denkt man dabei die »Form« als die zerstückelnde Umgestalterin, die »Materie« als den zu verarbeitenden Gegenstand, faßt man also dies Begriffspaar mit einem erkenntnistheoretisch-prägnanten Beigeschmack und reflektiert man nicht nur auf die Allgemeinheit der Form gegenüber der Variabilität der individualisierenden Materie (vgl. oben S. 305), dann läßt sich verstehen, daß bei Kopernikanischer Orientiertheit der Logik die »formale« und die »materiale« Logik sich auf die nichtgegenständliche und die gegenständliche Region verteilen müssen.

Erst seit Kant kann es jedoch den Begriff der formalen Logik überhaupt geben, d. h. kann die gesamte vorkantische Logik *als* formal durchschaut werden. Seit der Kantischen Revolutionierung ist das »Formale« nicht mehr *das* Logische, sondern *ein* Logisches, und das Gesamtgebiet der Logik zerfällt in das Formallogische und das Materiallogische. Freilich ist damit ein ganz bestimmter Begriff des Formallogischen fixiert, der eben einfach mit dem Nichtgegenständlichen zusammenfällt. Doch für den genaueren Sinn dieser Nichtgegenständlichkeit muß streng am Primat des Gegenständlich-Logischen festgehalten werden. Die Nichtgegenständlichkeit bedeutet eine Distanz gegenüber den Gegenständen nicht im Sinne einer Erhabenheit über sie, sondern [375/376] eines Nichtheranreichens an sie. Das Formallogische darf nicht etwa so gedacht werden, daß es über dem Transzendentallogischen als eine höhere logische Region des noch gar nicht auf Gegenstände gehenden, um Gegenstände noch unbekümmerten »reinen« Logos schwebte, die sich dann erst durch Hineinnahme der Gegenstände, durch Anwendung auf sie, zum Materiallogischen verengerte. Vielmehr hat sich umgekehrt das Formallogische als ein theoretisches Organon herausgestellt, das sich in der theoretischen Gesamtökonomie nur in seiner Dienst- und Mittelstellung den Gegenständen gegenüber begreifen läßt. Seine angeblich davon unabhängige Selbständigkeit und Verständlichkeit wird nur durch die Hartnäckigkeit eines Abstrahierens von den Gegenständen vorgetäuscht, auf deren Basis es sich erst als eine mit deren Elementen wirtschaftende Komplikation aufbaut. Allerdings sind die Phänomene der formalen Logik – z. B. Begriff, Urteil, Schluß – durch eine alles beherrschende Allgemeinheit ausgezeichnet. Aber es sollte bedacht werden, daß diese Allanwendbarkeit der formallogischen Phänomene lediglich dem Umstand verdankt wird, daß sie an die auch über die letzten Unterschiede innerhalb der Gegenstände erhabene gegenständliche Urstruktur, die Gespaltenheit in Kategorie und Kategorienmaterial, anknüpfen, und als nachträgliche Komplikationen gerade von dieser samt und sonders zu verstehen sind. In diesem Sinne, das kann nunmehr festgestellt werden, gehört die Urteilslehre eindeutig der »formalen Logik« an. Denn nach der hier vertretenen Auffassung gehören ja in deren Bereich alle nichtgegenständlichen logischen Phänomene und nicht etwa nur die Gebilde der sog. »formalen Wahrheit« [84]).

Es muß aber der Primat des Gegenständlich-Logischen mit der Zuspitzung verfochten werden, daß in der gegenständlichen Region nicht nur das logische Urphänomen liegt, sondern daß geradezu das Spezifische des Theoretischen, das dem theoretischen Gebiet überhaupt das Gepräge Gebende und es von allem Atheoretischen Unterscheidende *ausschließlich* dort seinen Sitz hat. Die Kategorien bergen den spezifisch theoretischen Gehalt. In die Kate-[376/377]gorien muß sich versenken, wer den eigentümlichen Bedeutungsgehalt des Theoretischen kennen lernen will. Er fehlt geradezu in all den Strukturkomplikationen, wie »Begriff«, »Urteil« und »Schluß«, also in der eigentümlichen »Form« all der Gebilde, in denen die vorkantische Logik ganz eigentlich *das* Theoretische verkörpert sehen mußte. Die Eigentümlichkeit dieser sekundären theoretischen Phänomene besteht doch gerade darin, daß ihr Sinn, nämlich ihre Struktureigentümlichkeit als solche, also ihr »formales« Wesen, mit völligem Absehen von allem »Inhalt« und d. h. von allem gegenständlichen und d. h. nach der Kopernikanischen Interpretation sogar von allem kategorialen, also spezifisch theoretischen Gehalt sich verstehen läßt. In der Tat, der für die Urteilsregion maßgebliche Gegensatz der Qualität repräsentiert gar nicht ein spezifisch theoretisches, sondern ein allgemeinstes Geltungs- und Wertphänomen. Ihren spezifisch theoretischen Einschlag aber erhält die Wahrheit und Wahrheitswidrigkeit und so auch das Ja und das Nein, nicht durch ihre Struktureigentümlichkeit als solche, sondern dadurch, daß die Struktur*elemente* die spezifisch theoretischen, nämlich nichts anderes als gerade Kategorie und Kategorienmaterial sind. Dadurch erst wird die Gegensätzlichkeit überhaupt zur theoretischen Gegensätzlichkeit. So stammt ganz allgemein das spezifisch theoretische Gepräge der Strukturphänomene stets aus den Elementen, mit denen bei ihnen operiert wird, also aus ihrer »Materie«, nicht aus ihrer »Form«. Gerade das, was das einzige Thema der vorkantischen Logik bildete, erweist sich somit jetzt als ein Umkreis von Phänomenen, in denen die eigentlich theoretische Bedeutsamkeit gar nicht kenntlich hervortritt.

Mit der Nichtgegenständlichkeit der Urteilsstruktur widerstreitet es nicht, daß ihr in ihrer Materie ein, wenn auch innerhalb des Urteilsgefüges seine eigene Struktur einbüßender, gegenständlicher Bestand, nämlich die gegenständliche Urstruktur, eindeutig korrespondiert. Andernfalls wäre nicht einmal eine Angliederung der Urteilsstruktur an die transzendentallogische Region und damit die ganze metagrammatische Prädikatstheorie möglich gewesen. Diese Einsicht, daß so einerseits die Elemente des gegenständlichen Urbilds in die Urteilsstruktur hineinragen, aber doch so, daß sie hier-[377/378]bei unter Preisgabe der urbildlichen in eine nachbildliche Struktur eingehen, gestattet noch ein Nachwort zur metagrammatischen Prädikationstheorie. Kategorie und Kategorienmaterial stellen sich zwar als die echten, den Gegenständen entnommenen Urbestandteile aller theoretischen Strukturgliederung dar, aber *als* »Subjekt« und »Prädikat« sind sie bereits in den nachbildlichen Strukturzustand versetzt gedacht; sind sie, obwohl der urteilsjenseitigen Region entnommen, doch bereits nach ihrer Stellung innerhalb der Urteilsstruktur gekennzeichnet. Denn ihr Subjekts- und Prädikatscharakter, wonach die Kategorien als ein ausdrücklich *Prädiziertes* charakterisiert sind und es sich um ein Hinein*stellen* des Materials in die Form handelt, setzt die Künstlichkeit, nämlich offenbar eine Zerstörung des Urzustandes, in dem es ja nur das schlichte *Stehen* des Materials in der Kategorie gibt, setzt das nachträgliche Zusammenstückeln und Aufbauen dessen voraus, was an sich in fertiger unzerstückelter Ganzheit besteht [85]. Es ist deshalb unstatthaft, die Bezeichnungen Subjekt und Prädikat für Kategorie und Kategorienmaterial im gegenständlichen Urzustand zu gebrauchen. Dort gibt es vielmehr lediglich solche Bestandteile, die *nach* der Zerstücklung als Subjekt und Prädikat zu fungieren berufen sind, an sich aber in den Gegenständen ein vorsubjektsartiges und vorprädikatives Dasein führen.

In genau derselben Distanz zum Gegenstand aber wie das Urteil steht der in dieser Hinsicht mit dem Urteil völlig zusammenfallende »Begriff« (vgl. oben S. 281 f. u. 293 ff.), während der »Schluß« und die sonstigen Gebilde der »formalen Wahrheit« in einem noch größeren Abstand der Nichtgegenständlichkeit sich befinden.

Freilich ist es allbekannt, daß gerade in dem hier festgestellten Sinn der Nichtgegenständlichkeit die vorkantische Logik in ihren höchsten Ausprägungen nicht als »formale Logik« angesehen werden will. Allein insofern in der gesamten theoretischen Philosophie vor Kant die Gegenstände als dem Logischen jenseitig gelten, kann der Sache nach das Logische nur als nichtgegenständlich und [378/379] folglich in diesem Sinne als einer bloß formalen Bedeutung fähig genommen worden sein. Wenn trotzdem von seiner ontologisch-metaphysischen Bedeutung geredet wird, so kann dies zunächst einmal in einem Sinne gemeint sein, der mit der zweifellosen Logosjenseitigkeit der Gegenstände und Gegenstandsdiesseitigkeit des Logischen versöhnbar ist. Auf dem Boden der vorkantischen Grundanschauung vermag nämlich eine noch so hohe gegenständliche Bedeutung des Logischen der Sache nach letzten Endes immer nur auf das Hineinragen der eben logosfremden Gegenstände in die für sich eben doch nichtgegenständlich bleibende logische Region hinauszulaufen. Das heißt aber nichts anderes, als daß ungeachtet aller auf der theoretischen Seite neu hinzutretender Strukturphänomene und durch sie hindurch wenigstens ein weitestgehendes treues Widerspiegeln der Gegenstände und der gegenständlichen Gliederung verstattet ist. So korrespondiert ja, wie sich herausgestellt hat, dem Urteilsgefüge eindeutig die gegenständliche Urgliederung, aber doch eben nur als deren bloße noch überdies umgestaltete »Materie«, ohne daß die eigentümliche »Form« des Urteils etwas von Abbildlichkeit aufwiese. Ähnliches könnte vielleicht auch für die Wahrheitszusammenhänge wie den Syllogismus angenommen werden. Auch hier würde, falls dies überhaupt berechtigt sein sollte, die ontologische Bedeutung nicht dem syllogistischen Phänomen selbst zukommen, sondern lediglich wiederum der »Materie«, die in ihm Aufnahme zu finden vermag. Wollte man die gegenständliche Relevanz herausfinden, so würde man sich wie dort an einen metagrammatischen und urteilsjenseitigen so hier an einen metasyllogistischen und in den Syllogismus bloß hineinverarbeiteten Bestand zu halten haben.

Allein es ist zuzugeben, daß mit einem solch bescheidenen Maß von gegenständlicher Bedeutung des Logischen die vorkantische Logik, m. a. W. Aristoteles, sich nicht begnügt hat. Die in Wahrheit auf einer in den Gegenständen gar nicht vorkommenden Strukturkomplikation beruhenden nachbildlichen Phänomene sollen dennoch gleichzeitig die Konstitution der Gegenstände abbilden. In diesem Sinne sollen bei Aristoteles substantielles Wesen und Begriff, Inhärenzverhältnis und Urteilsgefüge, metaphysisch-reale und logische Gegründetheit einander korrespondieren. Doch eben [379/380] darum würde sich letzten Endes herausstellen müssen, daß hier der Versuch gemacht wird, in Eins zusammenrücken zu lassen, was sich nicht zusammenzwingen läßt. Deshalb herrschen denn auch die verschiedensten Ansichten über das Verhältnis der Aristotelischen Logik zu seiner Metaphysik. Aus demselben Grunde konnte sich auf ihn ebenso die formale Logik berufen, wie es andererseits zweifellos ist, daß er selbst nicht formale Logik zu treiben gedachte.

Es verdient sodann besonders hervorgehoben zu werden, daß bei Kant selbst das Verhältnis der formallogischen und der transzendentallogischen Sphäre anders bestimmt wird, als es hier geschah. Zwar das steht auch für Kant außer Zweifel, daß die beiden Regionen sich wie zwei Inbegriffe nichtgegenständlicher und gegenständlicher Momente gegenüberstehen, und daß die Schöpfung der transzendentalen Logik in der Eroberung eines neuen, in die Gegenstände selbst sich hineinerstreckenden Reviers der Logik besteht. Aber ungeachtet ihrer zweifellos bloß formallogischen Relevanz und Nichtgegenständlichkeit soll doch die Reihe der nichtgegenständlichen Formen so geartet sein, daß sie immerhin als »Leitfaden« zur Entdeckung der gegenständlichen Kategorien zu dienen vermag. Für Kant sind die beiden verschiedenen logischen Sphären nicht so voneinander geschieden, daß in der einen Strukturkomplikationen auftreten, von denen es in der andern keine Spur gibt, und daß entsprechend die gegenständlichen Momente in den formallogischen Phänomenen kein abbildliches Korrelat finden; aber auch nicht so, daß die transzendentallogischen Momente [86]) als Materie in die nichtgegenständlichen Formen hineingearbeitet und etwa aus diesem Grunde aus ihnen wieder herauserkennbar wären. Mit seiner Urteils- und Kategorientafel unternimmt Kant vielmehr einen Entwurf logischer Momente mit einem genauen Parallelismus zwischen analytischen und synthetischen Einheitsformen. Man braucht angeblich die ersteren bloß auf Gegenstände überhaupt zu beziehen, dann entspringen die Kategorien. Anstatt der gegenständlichen Gliederung gegenüber einen Strukturüberschuß aufzuweisen, treten die formallogischen Phänomene vielmehr als die ausgehöhlten und verblaßten Doppelgänger der gegenständ-[380/381]lichlogischen Formen auf. Die Ansicht, daß die formallogische Region ein abbildliches Analogon der Gegenständlichkeit repräsentiert, ist hier konsequent durchgeführt. Daraus muß sich folgendes Resultat ergeben. Sieht man von den Fällen ab, in denen die Urteilstafel heimlich schon etwas auf die Kategorientafel zugestutzt ist, und nimmt man einmal an, daß sie durchweg echt formallogische Phänomene enthält, so gibt es für die »Ableitung« der Kategorien aus ihr offenbar zwei Fälle. Entweder die Kategorien sind echte Kategorien. Dann sind sie nur scheinbar aus der Urteilstafel abgeleitet. Denn aus echt formallogischen Strukturkomplikationen, aus denen also gerade aller gegenständliche Gehalt herausgefallen sein muß, *können* gegenständliche Formen gar nicht abgeleitet werden. Dieser Fall trifft besonders für die Kategorien der »Relation« zu. Die andere Möglichkeit besteht darin, daß die Kategorien gar nicht echte gegenständliche Formen, sondern lediglich das Produkt einer unberechtigten Projizierung formallogischer Phänomene ins Gegenständliche sind. Dieser Fall liegt hinsichtlich der Qualität und der Modalität vor. Als für das Thema dieser Abhandlung besonders interessant sei hervorgehoben, daß der Bejahung und Verneinung in Position und Negation gegenständlich kategoriale Repräsentanten zugeordnet werden. Hierdurch gesellt sich Kant, worauf merkwürdig selten geachtet wird, der Reihe derer zu, die der Negation (und der Position) eine gegenständliche Bedeutung geben. So beherbergt Kants Kategorientafel logische Gebilde aus den verschiedensten logischen Regionen.

Das Kriterium der Zugehörigkeit zu den Kategorien muß jedenfalls auf einem ganz andern Wege gewonnen werden. Ihr logischer Ort ist aber jetzt wenigstens prinzipiell auf das Schärfste markiert. Die Kategorie ist als die der gegenständlichen Region angehörende Gehaltsform zu bezeichnen. Ihre Stellung bestimmt sich so einerseits durch ihre gegenständliche Bedeutung, also durch den Abstand gegenüber der nichtgegenständlichen Region, und sodann durch den Unterschied der Gehaltsform von der Strukturform.

Indem die transzendentale Logik Kants die Kategorie erstmalig in die Domäne der Logik hineinzieht, bringt sie die ungeheure Neuerung mit sich, überhaupt über alle *Struktur*logik hinausgegangen zu sein. Damit entdeckt sie nichts Geringeres als den [381/382] Gehalt des Logischen, der ja, wie vorher bemerkt wurde (vgl. oben S. 322), ausschließlich in der gegenständlichen Region seinen Sitz hat. Das ist der tiefste Sinn ihres »materialen« Charakters gegenüber aller Strukturlogik, die es immer nur mit Gefügtheiten, Gegliedertheiten, Situationen, zu tun hatte.

Durch Aufdeckung der Logizität in der Gegenstandsregion selbst leistet die Kopernikanische Tat zweierlei. Sie enthüllt eine neue, nämlich die in der Gegenstandsregion herrschende Strukturform, das schlichte Aufeinanderangewiesensein der Urbestandteile, und sie dringt ferner zum logischen Gehalt vor, dem sie innerhalb der gegenständlichen Strukturform die transzendentallogische Formstellung zuweist (vgl. oben S. 286). Damit ist in das, was für die vorkantische Logik die Materie abgab, nämlich in die Gegenstände, in doppelter Hinsicht die Scheidung in ein formales und ein materiales Moment hineingetragen. Erstens sind die Gegenstände jetzt in eine Strukturform (schlichtes Ineinander von Kategorie und Kategorienmaterial) und in eine Strukturmaterie (Kategorie und Kategorienmaterial) zerlegbar. Unter diesem Gesichtspunkt bilden nicht die Gegenstände, sondern die gegenständlichen Strukturelemente als gegenständliche Strukturmaterie, somit Kategorie und Kategorienmaterial, die letzte Materie. Sodann aber stehen sich in anderer Hinsicht die gegenständlichen Strukturelemente *innerhalb* ihrer Strukturform als Form und Material gegenüber. In dieser Hinsicht bildet das Kategorienmaterial das letzte und äußerste Material.

Es gibt also zwei Begriffe von formalen und materialen Faktoren: den von Strukturform und Strukturmaterie und den von Kategorialform und Kategorienmaterial. Berücksichtigt man nun für einen Augenblick unter Strukturform nur die nichtgegenständliche Strukturform, so verteilen sich die beiden Begriffspaare auf die beiden Zeitalter der Logik. Immer aber ist dabei die Form solidarisch mit dem Spezifischen des Theoretischen, mit der Funktion des Erkennens. Es bleibt jedoch wieder im Kopernikanischen Zeitalter wie das Sekundär-Theoretische neben dem Gegenständlich-Theoretischen so auch der vorkopernikanische Formbegriff neben dem kategorialen unbehelligt bestehen. Entsprechend bleiben zwei verschiedendeutige Erkenntnisbegriffe nebeneinander in [382/383] Kraft. Jedesmal aber ist es der Sinn des theoretischen Gebiets und des Erkennens, das theoretische oder Erkenntnismaterial in die Gewalt der theoretischen oder Erkenntnisform zu bringen. Je nach dem Form-Material-Begriff bedeutet nämlich das Erkennen entweder die Hineinhebung des kategorial unbetroffenen, also gleichsam vorgegenständlichen Materials in die es zum Range der Gegenständlichkeit erhöhende kategoriale Form, wodurch sich also das erst konstituiert, was nach der andern Bedeutung die Materie ausmacht: der Gegenstand. Erkennen in diesem früher der metagrammatischen Prädikationstheorie zugrundegelegten transzendentallogischen Sinne heißt: das kategorial Unbetroffene in die Gewalt der logischen Kategorialform bringen. In einem zweiten Sinne aber bedeutet das Erkennen die Hineinarbeitung der Gegenstände als eines Rohmaterials in die es umgestaltenden theoretischen Strukturformen. Dem Sekundär-Logischen gegenüber bilden ja auch in der Tat die den primärlogischen Kategoriengehalt bergenden Gegenstände ein jenseitiges Angriffsmaterial. Im Gesamterkennen aber vereinigt sich beides, da fungiert die Bewältigung der Gegenstände durch die nachbildliche Erkenntnisform als ein Werkzeug der Hineinstellung des Kategorienmaterials in die Kategorialform.

Bei der Doppeldeutigkeit des Formbegriffs kann man geradezu alle logischen Phänomene nach Gehalts- und Strukturformen klassifizieren. Nur bei Auseinanderhaltung dieser beiden Formarten gibt es eine Orientierung in der Logik. Alle Redewendungen dagegen, in denen der Formbegriff irgend eine Rolle spielt, müssen ohne diese Scheidung an der gleichen Zweideutigkeit leiden. Bei allen Gegenüberstellungen des rationalen und des empirischen Erkenntnisfaktors, bei aller Abgrenzung des Denk- und Erkenntnis-»Anteils«, der »Formen des Wissens«, werden die kategorialen Gehaltsformen und die sekundären Strukturphänomene durcheinandergeworfen.

Es fällt aber, wie jetzt ausdrücklich nachgetragen werden muß, die Scheidung der beiden Formarten gar nicht mit der von gegenständlichen und nichtgegenständlichen Phänomenen zusammen, sondern kreuzt sich mit ihr. Erstlich gibt es ja eine Strukturform auch in der Gegenstandsregion. Umgekehrt sind in der nichtgegen-[383/384]ständlichen Region außer Strukturphänomenen auch kategoriale Formen vertreten. Was Kant fälschlich von den Strukturkomplikationen statuierte (vgl. oben S. 325), das gilt von diesen nichtgegenständlichen »reflexiven« Kategorien: daß sie verblaßte Parallelerscheinungen gegenständlich logischer Phänomene sind [87]). Um ihrer Nichtgegenständlichkeit willen konnten diese logischen Formen, obgleich kategoriale Gehaltsformen darstellend, auch von der vorkopernikanischen Logik in den Bereich des Logischen gezogen werden, wie sie denn in der Tat auch als nichtgegenständliche logische Momente der »formalen Logik« zuzuweisen sind. Nun war aber die vorkantische Logik ganz und gar an den Strukturkomplikationen, also an den Strukturformen, orientiert, und erst die Kopernikanische Tat führte zur Entdeckung eines eigenen Gehalts des Logischen. Nur von den konstitutiven Gegenstandskategorien aus sind darum die reflexiven als deren niedere Ableger zu verstehen. Die vorkantische Logik muß ihnen eben darum ratlos gegenüberstehen und kann ihre Sonderstellung als logische Gehaltsformen nicht durchschauen. Es ist deshalb äußerst charakteristisch, daß sie sie in den Strukturphänomenen Unterschlupf finden läßt und so die Identität mit dem Widerspruch, die Andersheit mit der Negation, das Subsumtionsverhältnis des Besondern zum Allgemeinen mit dem Urteil und dem Syllogismus in Zusammenhang bringt. Auch bei Kant finden die reflexiven Kategorien keine besondere Stätte neben den übrigen formallogischen Phänomenen, und wo, wie z. B. bei *Lotze*, die bloß »formale Bedeutung« des Logischen gezeigt werden soll, da werden gleichfalls reflexiv-kategoriale und Strukturphänomene unterschiedslos nebeneinander behandelt [88]) [89]).

Die Durcheinandermengung von Gehalts- und Strukturform ist aber auch für die Kategorienlehre selbst verderblich geworden, indem die Gepflogenheit aufkam, nun umgekehrt jedes erdenkliche gegenständliche wie nichtgegenständliche, gehalts- wie strukturartige Phänomen als Kategorie auszuzeichnen. Dieser Fehler der Einordnung von Strukturphänomenen in die Reihe der Kategorien [384/385] haftet allerdings auch der Kantischen Kategorientafel an und ebenso vielen Entwürfen einer Kategorienlehre vor und nach ihm.

Historisch ist gerade die Kantische Philosophie der Schauplatz des doppelten Formbegriffs geworden, zum Zeichen dessen, wie im Kopernikanischen Zeitalter der Logik der alte und der neue Formbegriff nebeneinander Platz haben. Wo Kant den Begriff der »formalen« Logik festsetzt, da steht für ihn der nichtgegenständlichen »bloßen Form des Denkens«, der »Verstandesform« als »Inhalt« oder »Materie« immer gerade der »Gegenstand« oder das »Objekt« gegenüber, weshalb denn auch die bloß analytischen Einheitsmomente für sich als »bloß logische Formen«, »logische Funktionen« »ohne allen Inhalt«, d. h. ohne Beziehung auf den Gegenstand, bezeichnet werden, und die formale Logik als ebenso unbekümmert um allen Unterschied der Objekte wie um deren etwaige »empirische« oder »transzendentale« Bestandteile charakterisiert wird [90]). Allerdings hat Kant die Tendenz, diese »Form des Denkens überhaupt«, die »bloße Form des Erkennens«, »die allgemeinen und formalen Gesetze des Verstandes und der Vernunft« zur »Form der Wahrheit« oder »formalen Wahrheit«, zur »logischen Form im Verhältnisse der Erkenntnisse aufeinander«, also zu jener Region der Wahrheitszusammenhänge, über die nach seiner Ansicht als oberstes Prinzip der Satz des Widerspruchs herrscht, zu verengern; wie er denn überhaupt geneigt ist, die nachbildliche »Form« des Urteils in die »formalen« Beziehungen der Urteile untereinander, also in das »Analytische« in diesem engsten Sinne des Ineinanderenthaltenseins, aufzulösen (vgl. oben S. 272) [91]). Im Unterschiede zu diesem formallogischen Formbegriff macht es nun aber geradezu die ganze Absicht der Vernunftkritik aus, einen neuen Formbegriff einzuführen, in den »Inhalt« des Formallogischen, d. h. in den »Gegenstand«, noch einmal die Zerlegung in Materie und Verstandesform hineinzutragen. Dieser transzendentale Formbegriff beherrscht denn auch die ganze Kritik der reinen Vernunft. [385/386]

So ist bisher eine ganze Mannigfaltigkeit von Formbegriffen aufgetreten. Ihre oberste Einteilung ist die in Gehalts- und Strukturformen, die wiederum in nichtgegenständliche und gegenständliche zerfallen. Die nichtgegenständlichen Strukturformen scheiden sich in solche von nicht einmal nachbildlicher (»formale Wahrheit«) und in solche von nachbildlicher Bedeutung. Die letzteren gehören der Urteilsregion an. Daß es innerhalb ihrer wiederum einen Aufbau von Form-Materie-Verhältnissen gibt, ist bereits früher zur Sprache gekommen (oben S. 275) [92]), soll jedoch erst im zweiten Abschnitt des dritten Kapitels genauer behandelt werden.

Zweiter Abschnitt.

Die Übergegensätzlichkeit als Wertmaßstab der Gegensätzlichkeit.

Es bedarf jetzt noch eines entscheidenden Schrittes über das bisher gewonnene Ergebnis hinaus. Erst dann findet die Gegenüberstellung der urbildlichen und der nachbildlichen Region ihren Abschluß.

Es ist nämlich bloß noch erforderlich, die letzten Konsequenzen aus dem Begriff der Meßbarkeit und des Maßstabs zu ziehen. Der Grundgedanke ist einfach folgender. Wenn alle Nachbild- und Übereinstimmungstheorien die Gegenstände als das Urbild von Wahrheit und Wahrheitswidrigkeit, von Gültigkeit und Ungültigkeit, hingestellt haben, so fehlte fast stets die entscheidende Besinnung darauf, daß das, *woran* Gültigkeit und Ungültigkeit, Wert und

Unwert, gemessen werden, nicht jenseits von Gelten und Wert überhaupt liegen kann. Anders ausgedrückt: der Wert der Übereinstimmung und der Unwert der Nichtübereinstimmung kann nicht aus dem bloßen Übereinstimmen und Nichtübereinstimmen als solchem stammen. Warum soll denn auch durchaus mit etwas übereingestimmt und nicht davon abgewichen werden? [386/387] Doch nur darum, weil in dem, *womit* übereingestimmt und nicht übereingestimmt wird, der Wert bereits liegt [93]). Andernfalls könnte auch den übereinstimmenden und nicht übereinstimmenden Gebilden keinerlei Wert zukommen [94]). Es muß also der Maßstab und das Urbild von Wert und Unwert maßstäblicher und urbildlicher Wert sein.

Nur positiver Wert und Unwert, aber nicht der Wert überhaupt, kann in der nachbildlichen Region seinen Ursprung haben, und der in ihr vorkommende Wert kann nicht *der* Wert, sondern nur ein nachbildlicher und abgeleiteter Wert sein. Nicht Gelten und Wert überhaupt, sondern nur Geltungs- und Wert*gegensätzlichkeit* bildet das Spezifikum der nachbildlichen Region, wovon es in der urbildlichen keine Spur gibt. So muß der Unterschied von Gegensatzlosigkeit und Gegensätzlichkeit auch in das Geltungs- und Wertproblem eingeführt werden. Mit der Gegensatzjenseitigkeit der Gegenstände kann sich nicht Geltungs- und Wertjenseitigkeit verbinden. Wenn man sich recht besinnt, so findet man vielmehr, daß die Geltungs- und Wertgegensätzlichkeit so auf ein Jenseits hinweist, daß dieses geltungs- und wertartig *überhaupt* geradezu sein *muß*. Von der zugestandenen Wertartigkeit der Urteilsgegensätzlichkeit führt der Weg unvermeidlich zum Gedanken des gegensatzlosen Wertes. Denn ohne den gegensatzlosen Wert sind positiver Wert und Unwert gerade von gegliederten Sinnganzheiten – und um derartige Wertgegensätzlichkeit handelt es sich hier allein – unbegreiflich [95]).

Dieses Argument von der Geltungs- und Wertartigkeit des gegenständlichen Urbilds ist der Sache nach für alle Nachbild- und Übereinstimmungstheorien zwingend. Aber erst auf dem Boden der Kopernikanischen Lehre kann mit ihm ernst gemacht werden. Die Hineintragung der Logizität in die Gegenstände ermöglicht auch die Hineinverlegung der Geltungs- und Wertartigkeit in sie. [387/388] So wird durch die Kopernikanische Lehre nicht nur das Logische, sondern auch das Geltungsartige in eine ganz neue Fläche, in die der Gegenstände [96]) selbst, hineinversetzt. Und zwar muß das urbildlich gegenständliche Gelten wiederum das ursprüngliche sein, während den positiv gültigen und ungültigen Urteilsgebilden nur um des gegensatzlos-urbildlichen Geltens willen ein sekundärer Geltungs- und Wertcharakter innewohnt. Die Urteilsregion ist keineswegs die Ursprungsstätte der Geltungs- und Wertartigkeit.

Ist die Verschlingung des Geltungs- und Wertbegriffes mit dem Gedanken der Gegensätzlichkeit zerstört, so hört die ausschließliche Messung der Unwertigkeit an der positiven Wertigkeit auf. Es kann die positive Wahrheit nicht mehr der höchste Maßstab, nicht mehr ihre eigene Norm und die Norm der Wahrheitswidrigkeit sein. Anstelle dessen tritt vielmehr die Messung gleichmäßig der positiven Wahrheit und der Wahrheitswidrigkeit am höchsten Maß, am gegensatzlosen Urbild der Wahrheit, des Geltens und des Wertes. Das Nichtstehenbleiben bei der Gegensätzlichkeit führt innerhalb des Geltungs- und Wertgedankens zu einem Nichtstehenbleiben bei der Geltungs- und Wertgegensätzlichkeit.

Auf eine Auseinanderhaltung zwischen Geltungs- und Wertbegriff wird hier nirgends Gewicht gelegt. Es mag darum lediglich angedeutet werden, daß die Wertartigkeit eine bestimmte Bedeutungsnuance ist, die am Gelten erst dann hervortritt, wenn dieses auf die ihm gebührende Anerkennung von seiten der Subjektivität bezogen wird. Geltungsartigkeit erscheint dann als Anerkennungswürdigkeit, als Wert [97]).

Aber wenn schon die Kopernikanische Hineintragung des Logischen in die Gegenstände zu einer Projizierung des Gegensätzlich-Logischen in sie zu verleiten geeignet war (vgl. oben S. 303 und 308), so ist die Versuchung noch stärker, mit der Geltungsartigkeit die Positivität für solidarisch verbunden zu halten. So mußte sich am meisten gerade für die logische Geltungs- und Werttheorie die Übergegensätzlichkeit der Kopernikanisch interpretierten Gegenstände verbergen. Dies zeigte sich gelegentlich schon bei der Hinein-[388/389]legung des Gedankens der Zusammengehörigkeit in die kategoriale Relation (vgl. oben S. 307). Gerade um ihres *Geltungs*- und *Wert*charakters willen scheinen die kategorialen Relationen das emphatische Epitheton der »Zusammen*gehörigkeit*« zu verdienen. Demgegenüber gilt es, die Geltungs- und Wertbetontheit der Kategorien gleichzeitig mit ihrer der Alternative von Zusammengehörigkeit und Unzusammengehörigkeit entrückten Übergegensätzlichkeit aufrechtzuerhalten. Ja, es erhält die Kopernikanische These geradezu erst ihre Stütze durch die Hervorhebung des zwischen den verschiedenen Regionen der Geltungsartigkeit bestehenden Abstandes. Nur dann läßt sich mit Fug die Kategorie als die den Gegenstand konstituierende logische Geltungsform in die Gegenstandsregion versetzen, wenn sie als von einer der gegensätzlich nachbildlichen Geltungsregion überlegenen Dignität eingesehen wird. Nur durch den Gedanken des übergegensätzlichen Wertes läßt sich überhaupt die Wertartigkeit der Gegenstandsregion mit gutem Gewissen vertreten, nämlich ohne daß sie dabei auf das Niveau der nachbildlichen Wertpositivität herabgezogen wird.

Die zu Ende gedachte Kopernikanische Lehre, d. h. die Hineinverlegung gerade von Gelten und Wert in die Gegenstände selbst, macht überhaupt erst Aufgabe und Ziel des Erkennens verständlich. Gerade alle Nachbild- und Übereinstimmungstheorien, die man gewöhnlich als für die vorkantische Erkenntnistheorie charakteristisch ansieht, werden erst unter der Kopernikanischen Voraussetzung gerechtfertigt, ja überhaupt begreiflich. Denn nur unter der Bedingung können die Gegenstände das letzte Ziel der erkennenden Bemächtigung, können sie das sein, dessen in und mit seinen nachbildlichen Wahrheiten das Erkennen habhaft zu werden sucht, wenn in ihnen selbst bereits Gültigkeit und Wert steckt. Wenn die nachbildlichen Wahrheiten über sich hinausweisen auf den Gegenstand, so zeigt sich jetzt, daß diese gültigen Wahrheiten erstrebenswert nur sind um der geltungshaltigen Gegenstände willen.

Der Gedanke des Wertmaßstabs ist uralt. Aber als Wertmaßstab fungierte meist der positive Wert. Und uralt ist auch die Gewohnheit, in Wahrheit und Wahrheitswidrigkeit Übereinstimmung und [389/390] Nichtübereinstimmung mit den als Urbild gedachten Gegenständen zu sehen. Daß aber dies beides, Wertmaßstab und Gegenstand, zusammenfällt, das ist es, worauf alles ankommt. So läßt sich denn die uralte Übereinstimmungstheorie aufrecht erhalten. Aber ohne die Einsicht in ihre Geltungs- und Wertartigkeit wird die Übergegensätzlichkeit der Gegenstände, ihre Erhabenheit über Wert und Unwert, lediglich ihrer vermeintlichen Metalogizität, ihrer Gegensatz- und Wert*fremdheit* [98]), verdankt. Als jenseits des Wert*gegensatzes* scheinen die Gegenstände dann lediglich wegen ihrer vermeintlichen Wertjenseitigkeit zu stehen.

So sind denn im Begriff des Gegenstandes unausweichlich diese beiden Momente mit einander zu verbinden: die im vorigen Abschnitt dargetane Unberührtheit durch den Gegensatz von Positivität und Negativität und die durch die Argumentation dieses Abschnitts gesicherte Geltungs- und Wertartigkeit. Es ist die Geltungsartigkeit der Gegenstände als eine nicht positive, sondern gegensatzjenseitige, ihre Gegensatzlosigkeit als eine nicht wertneutrale, sondern übergegensätzlich-wertartige zu begreifen. Es liegen ja eben die Gegenstände, wie nachgewiesen worden ist, in einer ganz andern Ebene als *sowohl* die Positivität wie die Negativität. In ihnen die Negativität und die gegensätzliche Gespaltenheit anzunehmen, ist sinnlos. Eben darum fallen sie aber auch nicht mit der Positivität zusammen. Denn es ist hinlänglich gezeigt worden, daß die positive Wertigkeit genau derselben Region angehört wie die Unwertigkeit, so daß der Satz gilt: nur da, wo es auch Negativität gibt, gibt es Positivität.

Dieser Abstand zwischen der gegenständlichen Übergegensätzlichkeit und der gegensätzlichen Positivität pflegt immer wieder verkannt zu werden. Die Verwirrung dokumentiert sich am deutlichsten in der tief eingewurzelten Denkgewohnheit, der gemäß dem Negativen nichts anderes als immer nur das Positive gegenübergestellt wird. So ist man stets geneigt, den zur Täuschung verführenden wahrheitswidrigen Objektsgefügen die Wirklichkeit oder Realität als ihren Gegenpart, den wirklichen Tatbestand als die [390/391] positive Wahrheit, entgegenzusetzen. Damit ist aber innerhalb des Nichtnegativen das Positive und das Übergegensätzliche vermengt. Es steht den unwirklichen oder irrealen Gebilden die Wirklichkeit oder Realität urbildlich, dagegen gegensätzlich nur das Reich der mit den Gegenständen, mit der Wirklichkeit, *übereinstimmenden* Objektsgefüge gegenüber. Man gebraucht Wirklichkeit oder Realität offensichtlich stets in einer doppelten Bedeutung: einmal im Sinne einer Realität, von der es keinen Gegensatz gibt, und dann im Sinne der gegensätzlichen Wirklichkeit oder Realität, also des Aristotelischen ον ως αληϑες [99]). Dieses gegensätzliche Sein ist gar nicht die Wirklichkeit oder Realität an sich, sondern immer nur das künstlich umgearbeitete Strukturgebilde, wie es als Objekt der Urteilsentscheidung vorschwebt, ist lediglich das Zusammengehörigkeits- oder Zukommensgefüge, ein Ausdruck für die positive Wertigkeit. Und es ist hinlänglich gezeigt worden, daß es von diesem »Sein« in den Gegenständen selbst ebensowenig eine Spur gibt wie von dem entgegengesetzten Nichtsein. Man darf die in der Beteuerung gebrauchte »Wirklichkeit« der bloßen Wahrheitspositivität nicht mit der gegensatzjenseitigen Gegenständlichkeit verwechseln [100]).

Ein weiteres Dokument für die Vieldeutigkeit von Sein, Realität, Gegenstand und »Sache« liefert der Begriff des »Sachverhalts«. Er scheint zunächst ganz der Region des Sinnes und zwar des ganzen Urteilssinnes, des im Urteil Gemeinten, anzugehören, wofür die Gegensätzlichkeit positiver und negativer Sachverhalte, des Seins und des Nichtseins, des Sichverhaltens und Sichnichtverhaltens, der »Tatsache, daß« und »daß nicht«, das entscheidende Kriterium abgibt [101]). Und doch befindet er sich nicht in einer so klaren Distanz vom Gegenstand wie der Sinn des Urteils und Satzes. Er stellt vielmehr ein in dieser Hinsicht als solches meist nicht scharf [391/392] gekennzeichnetes Zwischengebilde [102]) zwischen Gegenstand und Sinn dar: eine Hineintragung der Gliederung des gegensätzlichen Sinnes in die Gegenstände, eine Interpretation der Gegenstände durch die Positivität und Negativität des Sinnes, die Gegenstände bereits in der Überarbeitung durch die gegensätzliche Sinnstruktur (vgl. dazu auch oben S. 321) [103]). Von diesem schillernden Begriff des Sachverhalts aus wird darum auch am leichtesten das Hinübergleiten in die metaphysische Verabsolutierung des Positiven und des Negativen verständlich [104]).

Der Grund für die Zusammenwerfung des Gegensatzlos-Gegenständlichen und des Positiven liegt auf der Hand. Das Positive ist eben das mit dem Gegenstand Übereinstimmende; das positive und nur das positiv wahre Sinngefüge *enthält* doch wenigstens, wenn auch mit einer entstellenden Komplikation behaftet, den Gegenstand (vgl. oben S. 313/314), und man gelangt ferner auch gar nicht anders an den Gegenstand heran als vermittelst der sich dazwischenschiebenden Positivität. Wie sich also aus der positiven Wertigkeit und nur aus ihr der Gegenstand rekonstruieren läßt, so schiebt man umgekehrt dem Gegenstand auch die Positivität unter. Man begeht somit unreflektiert immer jenen durch die Kopernikanische These begünstigten Fehler, in den Gegenstand die Positivität hineinzulegen.

Freilich ist nicht nur das Seiende, Wirkliche und Reale, sondern in einer andern Hinsicht auch das Nichtseiende, Unwirkliche und Irreale mit einer Doppeldeutigkeit behaftet, die alle Versuche einer Logik des Nichtseienden und Unwirklichen leicht in Verwirrung bringt. Es kann nämlich unter dem Seienden, Wirklichen, Realen ein bestimmter Ausschnitt der Gegenstände, etwa der sinnlich-anschauliche Gegenstandsbereich, und dann unter dem Nichtsinnlichen, Unwirklichen, Irrealen nicht, wie soeben angenommen wurde, ein unwertiges Gebilde aus diesem Gegenstandsbereich, sondern ein *anderer*, davon verschiedener Gegenstandsbereich [392/393] gemeint sein. Dann handelt es sich gar nicht um etwas Unwertiges und Negatives, sondern die Negation ist nur Umschreibung für die Andersheit eines davon verschiedenen Nichtnegativen. In diesem Sinne ist z. B. das, was »gilt«, ein Nichtseiendes, nämlich ein nicht sinnlich Existierendes, ganz im Unterschiede zum nicht existierenden Zentauren, dessen materiale und kategoriale Elemente gerade innerhalb des sinnlichen Existenzbereichs liegen und dessen »Nicht-Existenz« lediglich auf dem Unwert eines kopulativen Objektsgefüges, also auf der Nichtübereinstimmung mit dem Gegenstand, auf der unwertigen Abweichung vom »Existierenden« beruht. Die Nichtwirklichkeit bedeutet also das eine Mal die Verschiedenheit eines Außerwirklichen von dem Wirklichkeit genannten Gegenstandsbereich, das andere Mal die Abweichung des Wirklichkeitswidrigen von der Wirklichkeit als seinem Urbild. Das eine Mal ist das Nichtwirkliche selbst ein anderer gegensatzloser Gegenstand, das andere Mal gehört es der künstlichen Zwischenregion der gegensätzlichen Urteilsobjekte an [105]). –

Mit der jetzt vorgenommenen Übertragung nicht nur der Logizität, sondern auch der Geltungs- und Wertartigkeit von der nachbildlichen in die urbildliche Region wird es erforderlich, noch andere Begriffe bis ins gegenständliche Urbild zurückzuschieben. Das in sich abgeschlossene wertartige Ganze von Strukturelementen wurde als »Sinn« bezeichnet; entsprechend erschienen bisher alle Sinngebilde als in einem Abstand von den Gegenständen stehend und auf die nachbildliche Region eingeschränkt. Allein für den Sinn trifft nunmehr dieselbe Argumentation zu, wie für das Logische und den Wert. Die nachbildliche ist nicht *die*, sondern *eine* Region des Sinnes. Das schlichte Urgefüge der echten Strukturelemente als Stätte von Gelten und Wert, als geltungs- und wertartiges Beziehungsganzes oder Strukturgebilde, erweist sich jetzt auch als Urbild des Sinnes. *Woran* die Künstlichkeit eines Sinn*ganzen* als eines solchen, als eines Einheitsgefüges, sich [393/394] messen läßt, das muß selbst bereits die Einheit und Ganzheit des Sinnes aufweisen. Das gegensatzlose Urverhältnis, also nichts weiter als die schlichte Verklammerung der beiden echten Urbestandteile, die Gegenstände in ihrer Urstruktur, repräsentieren das vollständige schlichte Urbild des Sinnes. Als wertartiges, in sich abgeschlossenes Ganzes von Strukturelementen erfüllt es alle Erfordernisse des Sinnbegriffs. Damit rückt, wie das Logische und das Geltende so auch der urbildliche Sinn in den Gegenstand ein. Der Abstand zwischen gegenständlicher und nachbildlicher Region ist als eine Distanz nicht mehr zwischen Gegenstand und Sinn, sondern zwischen urbildlichem und nachbildlichem Sinn anzusehen.

Wenn hier die Gegenstände selbst als urbildlicher theoretischer Sinn bezeichnet werden, so ist es allerdings auf den ersten Anblick denkbar, terminologisch daran Anstoß zu nehmen. Es scheint zweckmäßig zu sein, den Terminus »Sinn« auf die Gebilde der nachbildlichen Urteilsregion einzuschränken. Diese entstehen erst – wie bereits angedeutet wurde – auf dem Boden der Subjektivität. Eben darum scheint nur auf sie der Ausdruck »Sinn« zu passen, indem Sinn immer »Sinn *von*«, d. h. ein von einem Substrat, so insbesondere von Subjektsakten, Ablösbares, ein in der Subjektivität Antreffbares, bedeutet. Allein zunächst steht – wie hier freilich nicht näher zu begründen ist – sprachlich dem nichts im Wege, den Ausdruck »Sinn« ebenso wie den Terminus »Bedeutung« in einem absoluten und nicht nur in einem auf ein Substrat hinweisenden Sinne zu gebrauchen. Sodann aber ist es terminologisch von höchstem Wert, der mit seiner Logizität und Geltungsartigkeit sich verbindenden Maßstabsstellung des Gegenstandes dem nachbildlichen Sinn gegenüber, der Möglichkeit, den Urteilssinn und den Gegenstand auf diesen gemeinsamen Nenner des Sinnes zu bringen, einen markanten und auffälligen sprachlichen Ausdruck zu verleihen [106]).

Dasselbe wie vom Sinn gilt aber auch vom Ausdruck »Wahrheit«, wofern man unter »Wahrheit« (im »objektiven« Sinne) das Ganze theoretischen Sinnes verstehen darf. Die Geltungsregion des gegensatzlosen Sinnes darf dann als Region gegensatzloser »Wahrheit« [394/395] bezeichnet werden. Die nachbildliche, die im Abstand von den Gegenständen stehende Wahrheit, die »Wahrheit *über*« sie, ist dann wieder nicht *die*, sondern nur *eine* Art der Wahrheit, und es gibt jenseits von positiver Wahrheit und Wahrheitswidrigkeit die gegensatzlose urbildliche Wahrheit, die mit dem Gegenstand zusammenfällt [107]).

Um nun diesen Ertrag der bisherigen Untersuchung, daß die positive Wahrheit an einer gegensatzlosen ihr Urbild hat, daß nicht die positive, sondern die gegensatzlose Wahrheit den höchsten Punkt im theoretischen Gesamtgebiet einnimmt, zu einem sprachlichen Ausdruck zu bringen, mag die urbildliche Wahrheit als Wahrheit ohne Beinamen bezeichnet, die positive Wahrheit aber – zum Zeichen ihrer nachbildlichen Stellung – als »Wahrheitsgemäßheit« davon unterschieden werden. Es stehen darum Wahrheitsgemäßheit und Wahrheitswidrigkeit zu einander im Verhältnis des Gegensatzes, dagegen Wahrheit und Wahrheitsgemäßheit ebenso wie Wahrheit und Wahrheitswidrigkeit im Verhältnis des Abstandes zwischen Urbild und Nachbild oder zwischen Maß und Gemessenem. Und es ist überhaupt das Abstands- oder Meßbarkeits- und das Gegensatzverhältnis klar auseinanderzuhalten. Nach der neuen Terminologie bedeutet somit in dem Terminus »Wahrheitswidrigkeit« das Wort »Wahrheit« das gegensatzlose Urbild, nicht aber die positive Wahrheit; mithin das, wozu die Wahrheitswidrigkeit im Abstand, und nicht das, wozu sie im Gegensatz steht. »Widrigkeit« drückt mithin von jetzt an nicht das Gegensatz-, sondern ebenso wie Gemäßheit das Abstandsverhältnis aus.

Für den Standpunkt der Verabsolutierung des Gegensatzes, der Bindung des Wertes an die Gegensätzlichkeit, kann alle Nichtgegensätzlichkeit nicht als Gegensatzjenseitigkeit, sondern nur als Gegensatz- und Wertdiesseitigkeit, nicht als Über-, sondern nur als Untergegensätzlichkeit, als Gegensatzindifferenz und Wertneutralität, erscheinen. Zum Gedanken der Gegensatzjenseitigkeit im Sinne der Übergegensätzlichkeit kann es da noch [395/396] gar nicht kommen. Neben dem Wertgegensatz gibt es nur Wertgegensatzdiesseitigkeit im Sinne der Nichtwertartigkeit, aber nicht Wertgegensatzjenseitigkeit im Sinne der übergegensätzlichen Wertartigkeit.

Der Begriff des übergegensätzlichen Sinnes muß nun aber auch Konsequenzen für den Erkenntnisbegriff nach sich ziehen. Insofern Erkennen das Subjektskorrelat des Sinnes ist, muß dem gegensätzlich gespaltenen Sinn ein gegensätzlich gespaltenes, ein urteilendes Erkennen, dagegen dem übergegensätzlichen Sinn ein übergegensätzliches, überurteilsartiges Erkennen korrespondieren. Ein solches Erkennen wäre als Subjektskorrelat der durch die Strukturkomplikationen hindurch wieder hergestellten schlichten Urstruktur, somit als schlichte Hingabe an das kategorial betroffene, an das in der Gewalt der logischen Form stehende Material, an das urbildliche Strukturgefüge der mit dem unzerstückelten Gegenstand zusammenfallenden gegensatzlosen Wahrheit, somit als Prädizieren im ursprünglichen metagrammatischen Sinne, freilich noch ohne Prädikationscharakter (vgl. oben S. 324), zu denken. Ein solches Erkennen darf nur als Empfängerin des Gegenstandes, aber nicht als irgendwelches Schalten mit seinen isolierten Elementen, darum nicht als Aktivität eines Prädizierens, eines Hineinstellens in die kategoriale Form, einer formenden Funktion, angesehen werden. Es erfaßt das unzerstörte oder wiederhergestellte Urbild, in dem es nur ein schlichtes Stehen der Inhalte in den Kategorien gibt. Nicht, wie die Urteilsentscheidung auf gegensätzlich gespaltene Objekte, sondern auf den gegensatzlosen Gegenstand selbst ist es gerichtet. Damit ist als Korrelat der gegensatzjenseitigen transzendentallogischen Gegenstandsstruktur ein urteilsjenseitiger und transzendentallogischer Erkenntnisbegriff aufgestellt [108]). –

Bisher ist soviel erreicht worden, daß das gegenständliche Urgefüge in seiner Ganzheit und Einheit als übergegensätzliches Urbild des Wertes und des

Sinnes anerkannt werden muß. Aber jetzt [396/397] fragt es sich, ob das Urgefüge als Ganzes oder ob eines seiner Elemente der eigentliche Sitz des Wertes ist. Verlegt man den Wert in das Urgefüge als Ganzes, so müßte er auf dem Urverhältnis beruhen. Allein in diesem Verhältnis, das ja kein »harmonisches« und also kein irgendwie wertbetontes ist, im bloßen Hinweisen und in der Betroffenheit, kann der Wertcharakter nicht liegen. So muß er denn in den Elementen selbst stecken. Aber offenbar nicht im beliebigen Irgendetwas, das dem Theoretisch-Unsinnlichen gegenüber in der Situation der Betroffenheit zu stehen vermag. Kann doch das Material beispielsweise sinnlich-anschaulicher und d. h. wertfremder Art sein. Vielmehr nur im Unsinnlichen selbst, das, zur Form werdend, über sich hinausweist, also auf Seiten des spezifisch logischen Feingehalts, der dem ganzen Gebiet das Gepräge gebenden Wahrheitsform, kann die Wertartigkeit gelegen sein. Das Unsinnliche und das Unsinnliche allein ist die Stätte der Geltungs- und Wertartigkeit [109]).

Damit erhält erst der Geltungs- und Wertbegriff seinen Ort in den Grundbegriffen der gesamten Geltungsphilosophie. Das Gesamtbild von der Struktur des Geltungsartigen erhält damit seine wesentlichste nachträgliche Ergänzung. In die frühere Zeichnung von der theoretischen Urstruktur und ebenso in die ganze Bedeutungsdifferenzierungslehre ist diese Wertfärbung jetzt einzutragen. Mit dem Einen schlechthin reinen und mannigfaltigkeitslosen Unsinnlichen fällt auch Gelten und Wert zusammen. Und die Vielheit der Formbedeutungen erweist sich jetzt als ein Strahlenbüschel wertartigen Hingeltens. Das Unsinnliche und damit das wertartige Gelten zerlegt sich in eine Vielheit geltungs- und wertartiger Formen. In ihnen allen steckt das schlechthin mannigfaltigkeitslose wertartige Gelten überhaupt, dem sich in jeder Einzelform als Symptom des Hinweisens auf bestimmtes Material der trübere Bedeutungsgehalt ansetzt. Das Bedeutungsmoment erweist sich als das principium individuationis des Geltungsartigen. Das Unsinnliche und entsprechend jede Einzelform darf nun nicht mehr etwa als ein untergegensätzlich und unterwertig Neutrales an-[397/398]gesehen, sondern muß als übergegensätzlich Geltungs- und Wertartiges begriffen werden. Was vorher von der Übergegensätzlichkeit der urbildlichen Region ausgemacht wurde, überträgt sich ja jetzt gerade und ausschließlich auf die kategoriale Formenwelt. Der besondere Bedeutungsgehalt der Einzelform, als eine Belastung, die sich dem Einen Geltungs- und Wertmoment überhaupt anhängt, ist freilich, als auf der gegensatzlosen Urrelation zum Material beruhend, *an* der geltungs- und wertartigen Form der geltungs- und wertindifferente Faktor. Das Geltungs- und Wertartige überhaupt ist als das Unsinnliche überhaupt ein schlechthin einfaches Moment. Schon um dieser Einfachheit willen kann das Urphänomen von Gelten und Wert nicht ein gegensätzlich Gespaltenes, sondern nur ein Einheitlich-Eines sein.

Indem so der Wert in letzter Linie in ein schlechthin einfaches Moment verlegt wird, ist gänzlich mit jener der Verabsolutierung des Gegensatzes der Sache nach stets zugrundeliegenden Anschauung aufgeräumt, nach der der Sitz des Wertes sinnartiger Gefüge im Verhältnis der selbst wertindifferenten Elemente zueinander gesucht wird. Vielmehr in einem einzelnen *Element* des Urgefüges, in einem Element des Denkbaren überhaupt, steckt, wie sich jetzt herausgestellt hat, ursprünglich der Wert. Als geltungs- und wertartig erscheinen der gewohnten Betrachtungsweise immer nur die wertigen und unwertigen Urteilsgefüge, die Einheiten und Ganzheiten des nachbildlichen Sinnes. Jetzt wird eingesehen, daß der Ursprung des Geltungs- und Wertcharakters nicht nur ins gegensatzlose Urgefüge zurückzuschieben ist, sondern dieses selbst als Ganzes seine Geltungs- und Wertartigkeit nur seinem unsinnlichen Bestandteil verdankt, das materiale Moment dagegen von dessen Glanz lediglich betroffen wird, ohne selbst etwas zur theoretischen Geltungsartigkeit beizutragen [110]). Um wieviel mehr muß als vom ursprünglichen Sitz des Geltens und des Wertes abliegend jetzt das erkannt werden, was in der Logik als die einzig abgeschlossene Geltungseinheit aufzutreten pflegt, nämlich das Ganze der nachbildlichen Struktur [111]). [398/399]

Es zeigt sich ferner jetzt, daß die Verabsolutierung der Gegensätzlichkeit, indem sie den Wert ins harmonische und disharmonische Verhältnis rücken läßt und so konsequenterweise die Elemente zu wertindifferenten Bestandstücken herabsetzt, dazu kommen muß, gerade das ursprünglich Wertartige zu neutralisieren und zu entwerten. Die kategorialen Formen, die weder positiv wahr noch wahrheitswidrig sein können, müssen für diese Auffassung als indifferent im Sinne der untergegensätzlichen Neutralität gelten. Das aufdringlichst Wertartige, das πρoτερoν πρoς ημας des Wertes, das Wertgegensätzliche, stellt geradezu den ursprünglichen, den übergegensätzlichen Wert in Schatten. Ruht das Wertmoment gerade und ausschließlich in der Positivität oder Negativität der Gefüge, in denen die Kategorien als Elemente auftreten, dann muß sich deren gegensatzlose Gültigkeit geradezu verdecken. Als Formen unsinnlichen Bedeutungsgehalts können sie sich zwar auch für diese Auffassung von der sinnlich anschaulichen Materialmasse abheben, aber des

Wertcharakters müssen sie entbehren. Nun ist freilich die frühere Argumentation streng aufrecht zu erhalten, daß, wenn es positive Wahrheit und Wahrheitswidrigkeit geben soll, dies nur aus dem Zusammenspiel für sich wertindifferenter Elemente zu erklären ist. Aber daraus folgt, daß es eben positive Wahrheit und Wahrheitswidrigkeit gar nicht in der urbildlichen, sondern nur in der gekünstelten Region überhaupt gibt. Gegensätzliche Wahrheit und Wahrheitswidrigkeit besteht nur durch Verdrängung und Verleugnung des ursprünglich Wertartigen. Freilich gibt es keine wahren und wahrheitswidrigen, keine positiven und negativen Kategorien. Daß aber diese Indifferenz gegen Wahrheit und Wahrheitswidrigkeit nicht auf einer Diesseitigkeit, sondern auf einer Jenseitigkeit gegenüber diesem Gegensatz, nicht auf einer Unter-, sondern auf einer Übergegensätzlichkeit beruht, mußte bei der Gleichsetzung von Wert und Wertgegensatz verborgen bleiben. Diese Schwierigkeiten lösen sich eben nur durch die Einsicht auf, daß verschiedene Regionen der Wertigkeit übereinander bestehen und daß in der niederen die Wertartigkeit der höheren verwischt wird, wie umgekehrt in der höheren von der niederen noch keine Spur anzutreffen ist. Somit büßen die Gegenstände bei ihrem Eingehen in die nachbildlichen [399/400] Strukturgefüge außer ihrer Urstruktur auch die gegensatzlose Wertartigkeit ihres kategorialen Elementes ein. So führen die Grundanschauungen der gesamten bisherigen, irgendwie mit dem Geltungs- und Wertbegriff operierenden Logik unabweislich zur Entwertung und Neutralisierung der Kategorien. Und doch konnte wiederum gerade die Geltungs- und Wertlogik bei diesem Ergebnis sich niemals beruhigen. Denn das Logische und Theoretische überhaupt sollte als ein »Vernunft«-Gebiet und damit auch die kategoriale Form als mit dem Wert der Transzendentalität bekleidete Verstandesform, als allgemeingültige und notwendige Apriorität, als überempirischer Gehalt, begriffen werden. So blieb denn, um ihnen diese Dignität zu erhalten, nichts anderes übrig, als doch wiederum Geltungsartigkeit, damit aber zugleich gegensätzliche Positivität, in sie hineinzulegen.

Nur durch den Begriff der übergegensätzlichen Geltungs- und Wertartigkeit ist es überhaupt möglich, der kategorialen Form und der ganzen durch *Kant* geschaffenen gegenständlich-logischen Region ihre Stelle im System der Logik anzuweisen. Ohne ihn muß entweder die unbestreitbare Gegensatzindifferenz oder aber die Geltungsartigkeit der Kategorie preisgegeben werden. Hier zeigt sich die absolute Unentbehrlichkeit des Begriffs der Übergegensätzlichkeit für die Grundbegriffe der Logik. Die durch das Fehlen dieses Begriffs verschuldete unvermeidliche Unausgeglichenheit der bisherigen Transzendentalphilosophie wird am Schluß dieses Abschnittes noch eingehender vor Augen geführt werden.

Daß aber der Ausweg, eine Geltungs- und Wertneutralität der Kategorien zu vertreten, gänzlich versperrt ist, folgt aus dem zu Beginn dieses Abschnittes angeführten Maßstabsargument. Wer die Wertgegensätzlichkeit der Urteilsgefüge zugibt, muß auch den gegensatzlosen theoretischen Wert der Gegenstände anerkennen. Dieser aber kann lediglich in dem die Gegenständlichkeit konstituierenden Moment der Kategorie seinen Sitz haben. Gegensätzlichkeit und untergegensätzliche Neutralität machen eben nicht die einzigen Möglichkeiten des Wertmoments aus. Es ist ihnen als dritte die Übergegensätzlichkeit anzureihen. –

Der sekundäre Charakter des gegensätzlichen Wertes und Unwertes läßt sich auf den radikalsten und scheinbar paradoxesten [400/401] Ausdruck bringen, wenn ausgemacht wird, daß es sich beim Wertgegensatz gar nicht mehr um eine reine Wert-, sondern lediglich um eine Bedeutungs-Angelegenheit handelt. Gegenüber dem gegensatzlosen Wert stellt sich der Wertgegensatz bereits als eine Bedeutungsspaltung dar [112]. Wie könnte es sich auch anders verhalten? Das Wertmoment ist ein schlechthin einfaches und vielheitsloses. Nur die gegensatzlose Wertartigkeit kann schlechthin reines Wertmoment sein. Dagegen die *Zweiheit* von Wert und Unwert muß bereits eine Mehrheit von Wert*bedeutungen* darstellen, wofern Ernst mit der Mannigfaltigkeitslosigkeit des Wertes gemacht wird. Das Wertmoment überhaupt muß wie über alle Unterschiede, so auch über den Gegensatz von positivem Wert und Unwert erhaben sein. Nach den Prinzipien der Bedeutungslehre muß in der positiven Wertqualität die Positivität des Wertes als ein zur Wertartigkeit überhaupt hinzutretendes, die ursprüngliche Wertartigkeit freilich dabei verdrängendes (vgl. oben S. 341 f.), ganz ausgezeichnetes und unvergleichliches Bedeutungsmoment gefaßt worden. Nur das Hinnehmen des gegensätzlichen Wertes als eines Letzten und Unzerlegbaren kann über diese Spaltbarkeit des positiven Wertes hinwegtäuschen. Dasselbe gilt nun aber auch für die Unwertigkeit. Sie ist in demselben Sinne eine Resultante aus Wertartigkeit überhaupt und Negativität des Wertes.

Bedeutungsbestimmend für die ganz eigentümlichen Wertbedeutungen des Gegensätzlichen sind die auseinandergerissenen Elemente des nachbildlichen Gefüges. Darauf beruht das Auszeichnende dieser Bedeutungsdifferenzierung, darauf beruht auch der Umstand, daß sie sich mit der Zerspaltung in die kategorialen Einzelformen kreuzen muß. Diese beiden verschiedenen Bedeutungsdifferenzierungen spielen sich eben in den beiden durch den Abstand voneinander getrennten Regionen des Sinngefüges ab, beruhen auf den verschiedenen, für diese beiden Regionen charakteristischen Strukturrelationen [113]). Materiale Wahrheitsgemäßheit und Wahrheitswidrigkeit ist eine Angelegenheit lediglich der materialen [401/402] Einzelheiten des theoretischen Sinnes. Aber darum bildet keineswegs die materiale Einzelheit für sich schon das ausreichende bedeutungsbestimmende Moment dafür. Denn in der urbildlichen Region steht auch alles Einzelne an sich in der kategorialen Form. Nicht als Material der Sinn*einzelheit*, sondern als der *künstlichen* Region angehörendes losgerissenes Strukturelement, als ein nicht im Urverhältnis des Urgefüges, sondern im künstlich komplizierten nachbildlichen Gefüge stehendes Glied ist das Material bedeutungsbestimmend für das gegensätzliche Wertmoment. Aber in der künstlichen Region erweist sich als ebenso bedeutungsbestimmend dafür auch der kategoriale Bestandteil. Das Wertmoment hat sich ja hier von seiner ursprünglichen Stätte, nämlich der hingeltenden Form, losgelöst und ist auf das ganze Beziehungsgefüge übergegangen.

Die nach Verdrängung des urbildlichen Wertmoments in der gekünstelt-nachbildlichen Region übrigbleibende gemeinsame Wertartigkeit, um deren willen Wert und Unwert beide in weiterem Sinne Wert, Wahrheitsgemäßheit und Wahrheitswidrigkeit, Sinn und Widersinn, beide in einem weiteren Sinne Sinn darstellen, die positiven und die negativen Phänomene somit jedenfalls beide nicht in die Sphäre des Wertfremden, sondern in die Wert- und Sinnsphäre gehören [114]), darf nicht mit der urbildlichen Übergegensätzlichkeit verwechselt werden. Auch mit dieser gemeinsamen Wertartigkeit wird allerdings ein gegensatzloser Wert- und Sinnbegriff der positiven und negativen Ausgeprägtheit gegenübergestellt. Aber der Gedanke einer urbildlichen Gegensatzlosigkeit jenseits von Wert und Unwert wird dabei gar nicht gestreift. Es handelt sich bei einem solchen umfassenderen Wertbegriff um Gegensatzlosigkeit lediglich im Sinne der Indifferenz und der nachträglichen Abstraktion, um Gemeinsamkeit lediglich im Sinne der Unbestimmtheit. Zur gegensatzlosen Region wird dabei gar nicht fortgeschritten, vielmehr gerade ausdrücklich im Gesichtskreis der Gegensätzlichkeit verharrt. Aus *ihrem* Bereich wird durch bloße Vernachlässigung der Gegensätze, durch Absehen von der charakteristischen Wertigkeit und Unwertigkeit, die dabei als [402/403] letzte, unzerlegbare Phänomene bestehen bleiben, das gattungsmäßig Allgemeine, die unbestimmte Mitte, die Durchschnittlichkeit eines Wertes und Sinnes überhaupt, gewonnen, ein Oberbegriff im Sinne der vox media gebildet. Der gegensatzlose Wert der ursprünglichen Region ist das Eine und schlechthin Reine, das Undifferenzierte und Schlichte *vor* der Differenzierung in die Gegensätze; der gegensatzlose Wert im Sinne der vox media ist die nachträgliche und nivellierende Abstraktion aus den bereits gegensätzlich gespaltenen Phänomenen. Die vox media steht nicht über den Gegensätzen, denn die Gegensatzregion wird gar nicht verlassen; aber auch nicht unter den Gegensätzen, denn sie umfaßt ja gerade die ganze Gegensatzregion: sie steht vielmehr zwischen den Gegensätzen als ihr Durchschnitt. Es gibt somit Gegensatzlosigkeit im Sinne der Untergegensätzlichkeit, der Zwischengegensätzlichkeit und der Übergegensätzlichkeit [115]. –

So häufig auch der Gedanke der Übergegensätzlichkeit in der Geschichte der gesamten Philosophie, insbesondere der Metaphysik, vorkommt, in der Logik selbst ist merkwürdig selten gerade vom Problem der Urteilsgegensätzlichkeit aus der Begriff der ebenso suprapositiven wie supranegativen theoretischen Gegensatzlosigkeit gewonnen worden. Es wurde indessen bereits hervorgehoben, daß für die vorkopernikanische Nachbildtheorie des Erkennens mit ihrer Verlegung der Gegenstände ins Metatheoretische deren Erhabenheit über die Positivität ebenso wie über die Negativität sich viel mehr aufdrängen mußte (300 ff.). Und doch findet sich eine ausdrückliche Reflexion auf diese allen Übereinstimmungstheorien zugrundeliegende Gegensatzentrücktheit der Gegenstände nur in dem ersten großen vorbildlichen Ausbau der Übereinstimmungstheorie, bei *Aristoteles*. Es wurde bereits früher erwähnt, daß bei ihm die gegensätzlich gespaltenen Sinngefüge des Einander-Zukommens eine Zwischenstellung einnehmen zwischen der bloßen Subjektivität und der von aller Subjektivität unberührten Gegen-[403/404]ständlichkeit (273 ff.). Die für den Gedanken der Übergegensätzlichkeit entscheidende Tat des Aristoteles besteht darin, daß er das im eigentlichen Sinne Seiende (κυριως οντα) über die der Subjektivität, dem »Denken« (διανοια), angehörenden gegensätzlich gespaltenen Aussagegefüge heraushebt, wobei er gleichzeitig die Positivität und die Negativität aus der Metaphysik verweist, in die nach ihm nur das in die Kategorien eingeteilte übergegensätzliche eigentliche Sein gehört [116]. Allerdings behandelt er dabei ohne eigentliche Abgrenzung gegeneinander die gute und die schlechte Gegensatzlosigkeit, also die Übergegensätzlichkeit einerseits und die Gegensatzindifferenz der einzelnen, aus dem Kopulationsgefüge (συμπλοκη) herausgenommenen Elemente andererseits [117]). Immerhin stellt er deutlich den Begriff des übergegensätzlichen Erkennens auf, freilich als ein Korrelat nicht der gegenständlichen Urteilsjenseitigkeit als solcher, sondern einer besonderen, nämlich der unzusammengesetzten und darum gar keinen Grund für ein gegensätzlich geteiltes Urteilsverhalten darbietenden Unterart der Gegenstände, und ohne auch hier wieder zwischen der Gegensatzdiesseitigkeit der bloßen Wahrnehmung und der Gegensatzjenseitigkeit eines der Gegensätzlichkeit entrückten reinen Denkens einen Unterschied zu machen [118]).

Gerade das, was dem Aristoteles zum Vorwurf gemacht wird und was aus dieser gleichmäßigen Messung der Positivität und der Negativität an den Gegenständen folgt, nämlich die ungeachtet aller Hervorhebung eines Vorrangs der Positivität vorherrschende Koordinierung des Positiven und des Negativen, macht das Tiefste und Berechtigtste seiner ganzen Urteilstheorie aus und bezeichnet den Punkt, in dem fast die gesamte nachfolgende Urteilstheorie wieder unter ihn herabgesunken ist. Denn so unbestreitbar aller-[404/405]dings der Vorrang des Positiven vor dem Negativen auch ist, so bildet doch die unerläßliche Vorbedingung für die Orientierung über den logischen Ort der ganzen, Positivität und Negativität gleichmäßig umfassenden Urteilsregion die Einsicht in ihre gemeinsame Distanz gegenüber einem urbildlichen Maßstab. Diese richtige Einordnung in das Ganze der theoretischen Philosophie ist gleich dringlich für *jede* Urteilstheorie, mag sie auf vorkopernikanischem oder auf kopernikanischem Standpunkt stehen. So kann man sagen, daß der erste große Entwurf einer Urteilslehre auf einer nachher nicht mehr erreichten Höhe steht.

Freilich vermag Aristoteles, wie früher bereits bemerkt wurde, die nichtmetaphysische Relevanz der theoretischen Gegensätzlichkeit nicht konsequent aufrecht zu erhalten, wie sich denn überhaupt bei ihm das Verhältnis zwischen der logischen und der metalogisch-metaphysischen Seinssphäre schwer bestimmen läßt (vgl. oben S. 278 u. 325 f.).

Problemgeschichtlich wäre es nun die bedeutsamste Frage, ob bei Kant und dem Kantianismus, also da, wo die theoretische Gültigkeit in die Gegenstände hineinverlegt wird, die daraus folgende Konsequenz einer gegensatzlosen theoretischen Geltungsartigkeit gezogen wird. Allein hier zeigt sich der auffällige Umstand, daß auch in der transzendentalphilosophischen Logik die

Reflexion fast niemals ausdrücklich auf diesen Punkt gerichtet wurde [119]. Und [405/406] es ist bereits vorher darauf hingewiesen worden, daß sich in der bisherigen Transzendentalphilosophie die Spuren jenes durch das Fehlen des Übergegensätzlichkeitsbegriffs veranlaßten Dilemmas zeigen mußten, entweder auf die Geltungsartigkeit oder auf die Gegensatzentrücktheit der transzendentallogischen Region zu verzichten (vgl. oben S. 342).

Der Sache nach müssen freilich in jeder Kantianistischen Transzendentalphilosophie die transzendentallogischen Geltungsbegriffe, also die Begriffe der kategorialen Form, der kategorialen Synthese, und alle transzendentallogischen Subjektsrepräsentanten wie das Bewußtsein überhaupt, die transzendentale Apperzeption, das reine Ich, die ja einfach für das gegenständliche Urbild selbst einzutreten haben, im Sinne übergegensätzlicher Geltungsartigkeit gedeutet werden. Und wie die gegenständlichen Kategorien übergegensätzliche Formen, so müssen die Gegenstände selbst eine übergegensätzliche Verklammerung von Kategorie und Kategorienmaterial darstellen. Man vergegenwärtigt sich den ganzen Abstand zwischen der transzendentalen und der vorkantischen Logik, wenn man bedenkt, daß die Aristotelische »Synthesis« des Aussagegefüges, des λογος, und die transzendentale »Synthesis« der Kategorie nichts miteinander zu tun haben, daß der λογος im Sinne der antiken Logik kein Orientierungspunkt für die transzendentallogische Region zu sein vermag.

Doch findet man nirgendwo einer übergegensätzlichen Geltungsartigkeit irgendwie Erwähnung getan. Vielmehr verleitet die Kantische Darstellung fortwährend dazu, die Gültigkeit, wo auch immer sie eine Rolle spielt, im Sinne der positiven Gültigkeit zu verstehen. Wo Kant der »objektiv gültigen« Einheit und Synthesis gedenkt, da stellt er sie den assoziativ veranlaßten nur »subjektiv gültigen«, den willkürlichen und relativen, den unwertigen, negativen Synthesen gegenüber [120]. Aber die negativen, ungültigen Synthesen repräsentieren, wie sich herausgestellt hat, Gefüge *zwischen* kategorialer Relation und Material (vgl. oben S. 307 ff.). Kann man sich nicht des Eindrucks schwer erwehren, daß die ihnen gegenübergestellten objektiv gültigen Synthesen positiv gültige Gefüge [406/407] zwischen Kategorie und Kategorienmaterial, also Zusammengehörigkeiten, sein sollen, mithin das, was anstatt im Abstand im Gegensatz zu den ungültigen Gefügen steht? Es wird jedenfalls ohne irgendwelche Berücksichtigung der zwischen den gegenständlichen Geltungsgebilden und den positiv gültigen Gefügen bestehenden Strukturdistanz lediglich die objektive Gültigkeit der Willkürlichkeit und Subjektivität gegenübergestellt. Es wird nirgends irgendwie zum Ausdruck gebracht, daß doch die kategorialen Synthesen, auf deren Rechnung die Erhöhung des sinnlichen Impressionsmaterials zur Gegenständlichkeit kommt, in den ungültigen Gebilden ganz ebenso als Elemente vertreten sind, wie in den positiv gültigen und den gegensatzlosen Strukturanzheiten. Es wird nirgends darauf Rücksicht genommen, daß es infolgedessen ganz schief ist, die kategorialen Synthesen und die ungültigen Gefüge einander gegenüberzustellen. Daß das transzendentale Gegenstandsproblem gar nicht durch diese Entgegensetzung, sondern allein durch den Hinzutritt des gegensatzlos Geltungsartigen zum geltungsfremden sinnlichen Impressionsmaterial getroffen wird.

Dazu kommt noch, daß Kant ausdrücklich die transzendentallogische Einheit der Apperzeption mit der ausschließlich der nachbildlichen Urteilsstruktur angehörenden Kopula verquickt und ferner aus Positivität und Negativität gegenständliche Kategorien macht (vgl. oben S. 297 u. 327).

Wäre das Problem der Gegensatzlosigkeit nur irgendwie in den Gesichtskreis der transzendentalphilosophischen Erörterung getreten, so hätte das Bewußtsein überhaupt und der ganze transzendentalphilosophische Subjektsapparat ausdrücklich als Repräsentant des gegensatzlosen Stehens der Inhaltlichkeit in der transzendentalen Form ausgezeichnet werden müssen. Ausdrücklich in eine Distanz dazu wäre das gegensätzlich gespaltene Urteilen zu bringen gewesen, als ein auf Zerstücklung des Urbilds beruhendes Stellen, »Bringen«, »Subsumieren« des Materials unter die kategorialen Einheitsmomente, als ein fortwährendes Versuchen, mit dem transzendentalen Urbild übereinzustimmen. Urteilsartig darf nicht das transzendentale Ich und der transzendentale Verstand, sondern nur das nachbildliche »empirische« Erkennen ge[407/408]dacht werden. Sonst droht das Bewußtsein überhaupt anstatt übergegensätzliches theoretisches Urbild, anstatt ein Erkennen im echt transzendentallogischen, der gegenständlichen Urstruktur entsprechenden Sinne zu sein, nur wie das Idealbild der uns als Ziel vorschwebenden Erfüllung des Positivgültigen, also nur wie ein Vorbild des Urteilens, zu erscheinen; anstatt den logischen Ort für die gegensatzlose Wahrheit abzugeben, sich nur wie die Verkörperung der Wahrheitsgemäßheit auszunehmen.

Es könnte auf den ersten Anblick zugunsten einer Interpretation der gesamten Kantianistischen Lehre vom Bewußtsein überhaupt im Sinne der Übergegensätzlichkeit darauf hingewiesen werden, daß das Bewußtsein überhaupt doch offenbar als ein höchstes und einheitliches, nicht aber als ein gegensätzlich gespaltenes und dementsprechend denn auch als ein nur bejahendes, nicht aber als ein der Alternative von Bejahung und Verneinung unterliegendes gedacht werde. Es entspreche nun dieser Ausschließlichkeit der Bejahung eine Alleinherrschaft der positiven Wahrheit. Dadurch aber werde eine unspältige Positivität über die ganze Region emporgehoben, in der es die Zwiespältigkeit von Positivität und Negativität gibt. Doch dem ist entgegenzuhalten: mit einer solchen bloßen Entrückung einer Positivität über den Gegensatz von Positivität und Negativität ist noch gar keine Garantie dafür gegeben, daß die Verabsolutierung der Gegensätzlichkeit, die ja stets mit einer Bevorzugung der Positivität verbunden ist, vermieden wird. Dazu nämlich genügt keineswegs schon jede These, die irgendwie oberhalb der Spaltung in die Gegensätze eine Aufgehobenheit der Gegensätzlichkeit statuiert. Denn es könnte damit lediglich die Gegensätzlichkeit als Begleiterscheinung eines der Zweiheit von Treffen und Verfehlen, die Gegensatzlosigkeit aber als Objektskorrelat der Unfehlbarkeit eines Subjektsverhaltens gedacht werden sollen. Einer solchen Auffassung gegenüber würde sich aber erst die entscheidende Frage erheben, ob hierbei die gegensatzlose und die gegensätzliche Wahrheit nicht ihrem Wesen nach *dieselbe* sei, bloß in beiden Fällen auf verschiedene Regionen des Subjektsverhaltens bezogen: ob nicht hierbei dieselbe, nämlich die positive Wahrheit, zweimal auftritt; nämlich einmal, wie sie *vor* dem Danebentreten der Wahrheitswidrigkeit, also gleichsam noch [408/409] konkurrenzlos und lediglich in diesem Sinne »gegensatzlos« dasteht, und sodann als der Widerpart der Wahrheitswidrigkeit. Dann gäbe es dem *Wesen* nach eben doch nichts anderes als allein die positive Wahrheit. Das einzig maßgebende Kennzeichen besteht nämlich darin, daß die gegensatzlose Region unabhängig von allen sonstigen Angaben in sich selbst, ihrem eigenen Wesen, d. h. ihrer eigenen sinnartigen *Struktur* nach, als etwas Ausgezeichnetes charakterisiert und der Wahrheitswidrigkeit die gegensatzlose Wahrheit übergeordnet, die positive Wahrheitsgemäßheit aber – wenigstens gerade der Struktur nach – beigeordnet wird. Durch den unverkennbaren Abstand von Unzerstückeltheit und Zerstückeltheit, durch diese unübersehbare Distanz der Struktur geschieden, steht dann die übergegensätzliche Region nicht nur der Wahrheitswidrigkeit, sondern auch der Wahrheitsgemäßheit gegenüber. Nur so läßt sich der Abstand zwischen den beiden Regionen einer exakten Erforschung unterwerfen [121]).

Auch in der modernen logischen Werttheorie sind niemals die verschiedenen Regionen der Wertartigkeit bei Wahrung der zwischen ihnen bestehenden Distanz zu einem einheitlichen Gesamtbild zusammengearbeitet worden. Vielmehr zeigt sich auch hier das Schwanken zwischen den bei der Verabsolutierung der Gegensätzlichkeit einzig übrigbleibenden beiden Möglichkeiten, zwischen der Neutralisierung der transzendentallogischen Gegenstandsregion und der Hineinverlegung des positiven Wertes in sie.

Windelband hat Kants kategoriale »Regel der Vorstellungsverbindung« als Wahrheitsnorm gedeutet und das Urteil als ein alternatives Verhalten zum Wahrheitswert gefaßt [122]). Hier scheint ein gegensatzloses Reich von Formen und Normen der Wertgespaltenheit des urteilenden Verhaltens als Maßstab gegenübergestellt zu sein. Aber abgesehen davon, daß der Normbegriff den Gedanken der Übergegensätzlichkeit gar nicht einschließt, was [409/410] später noch gezeigt werden soll, steht hier die Wertartigkeit der Kategorie noch unverbunden neben der Wertartigkeit der Urteilsregion. Die Urteilstheorie drängt aber zur Entwertung der Kategorie, und dieser Konsequenz hat *Windelband* nachgegeben, indem er die Kategorien als Arten der »Relation« in die wertindifferente Region der bloßen »Vorstellungsbeziehung« hineinverweist [123]). Dieselbe Notwendigkeit, die Kategorien dem Bereich der »Vorstellung« zuzuerteilen, hatte sich vorher bereits bei *Bergmann* herausgestellt [124]). Überhaupt muß überall im Rahmen der werttheoretischen Logik sich die Neutralisierung des Transzendentallogischen darin dokumentieren, daß die Kategorien unter den Sammelnamen des bloß »Vorstellungsmäßigen« rubriziert werden.

Den Versuch, die Probleme der Urteilslehre ausdrücklich und systematisch mit dem transzendentallogischen Prinzip der Kategorie in Verbindung zu bringen, hat *Rickert* gemacht. Er hat die von den meisten Logikern vernachlässigte Überbrückung der zwischen Kategorienlehre und Urteilslehre bestehenden Kluft in Angriff genommen. Bei ihm werden darum die Fundamente gelegt zu einer einheitlich gedachten, die Kantischen und die vorkantischen Partien der Logik umspannenden Theorie. Aber bei ihm steht denn auch diese Einheitlichkeit unter dem Zeichen des dadurch erst voll zum Durchbruch gelangenden und die gesamte Logik durchherrschenden Primats der Urteilslehre und folgeweise der Wertgegensätzlichkeit.

Im »Gegenstand der Erkenntnis« wird die Kategorie noch einfach als nichtvorstellungsmäßiger Bestand und als Urteilsform gefaßt [125]). Doch das widerstreitet zu offenbar den Voraussetzungen der Urteilstheorie. Kommt doch die Kategorie in der Frage ebenso wie in der Bejahung und Verneinung vor. Sie muß offensichtlich dem »vorstellungsmäßigen« Bestand zugewiesen werden. Soll nun trotzdem die Wertartigkeit der Kategorie festgehalten und mit den aus der Urteilstheorie sich ergebenden Konsequenzen der Neutralisierung in Einklang gebracht werden, so kann es nicht die ganze [410/411] Kategorie sein, die im wertindifferenten vorstellungsmäßigen Bestand vertreten ist, sondern *von* ihr nur ein bloß vorstellungsmäßiger Gehalt, ein bloßes Kategorienfragment. Die in der Urteilsentscheidung hinzutretende Wertqualität ergänzt dann erst das Kategorienfragment zur vollen Kategorie. So ist die Position aufrecht erhalten, daß die Wertqualität des Urteils der kategorialen Form zuzuerteilen ist und doch gleichzeitig dem Umstand Rechnung getragen, daß die Kategorie schon im bloß vorstellungsmäßigen Bestand vorkommt. Es ist eben die Form in ihren wertfreien Vorstellungsgehalt, d. h. – nach der Terminologie dieser Abhandlung – in ihren neutralen »Bedeutungsgehalt« und in ihr Wertmoment zu zerlegen [126]). Das Wertmoment der Kategorie aber ist Urteilsmoment, urteilsmäßiges gegensätzliches Jamoment.

Aber ist es denn auch berechtigt, dieses Jamoment als das gegensätzliche Wertmoment zu fassen? Jedenfalls findet sich von dem einzigen Probierstein einer ausdrücklichen Orientierung an der Gegensatzlosigkeit, von der Angabe der Strukturdistanz, auch hier keine Spur. Die Bejahung, von der allein geredet wird, ist die auf der Auseinanderhaltung der vorstellungsmäßigen und der urteilsmäßigen Bestandteile begründete Urteilsentscheidung und somit das durch die Unkenntnis und die Zerstückelung des gegenständlichen Urbilds, das durch die Frage hindurchgegangene positive Verhalten. Es ist das Bejahen, neben dem es das Verneinen gibt. »Von den negativen Urteilen sehen wir, nachdem dies festgestellt ist, ab.« »Im übrigen können wir uns auf die Bejahung beschränken [127]).« Nirgends wird hervorgehoben, daß das in der Kategorie liegende Jamoment, als aus dem Bewußtsein überhaupt stammend, sich von diesem gegensätzlichen Ja unterscheiden soll. Aber ergänzt man auch die Darstellung in diesem Punkte, so ist vorher bereits festgestellt worden, daß auch eine Alleinherrschaft des Ja im Bewußtsein überhaupt, die Emporhebung der Bejahung über den Gegensatz von Bejahung und Verneinung, gar keine Bürgschaft für den Gedanken der Übergegensätzlichkeit darbietet. Überdies aber werden ganz ausdrücklich die Probleme der kate-[411/412]gorialen Form, die doch jenseits des Gegensatzes von positivem Sinn und Unsinn stehen, gerade zum positiven Wert, insofern er im Gegensatz zum Unwert steht, in eine ausschließliche Beziehung gebracht. Nachdem vom Gegensatz zwischen Wert und Unwert die Rede war, heißt es: »Die allgemeinste Form fällt dann mit dem Begriff des positiven Sinnes überhaupt zusammen und ist der allgemeinste theoretische Wert. ... Die weitere Untersuchung ist dann darauf zu richten, welche Formen im besonderen der Sinn haben muß, um positiver Sinn und nicht Unsinn zu sein, und diese Formen sind wieder durchweg Werte, die den Begriff des positiven Sinnes überhaupt konstituieren, wie z. B. die Widerspruchslosigkeit, die Identität usw.« [128]). In Übereinstimmung damit wird ausgemacht, daß die Logik mit dem »Formproblem des Erkennens« die Voraussetzungen des wahren und nicht des falschen Urteils sucht [129]).

Wo der entscheidende Gesichtspunkt der Struktur nicht bestimmend ist, da kann auch die »Transzendenz« nicht als Strukturjenseitigkeit gefaßt werden. Aus demselben Grunde enthält, wie später noch zu zeigen sein wird (im 2. Abschn. d. III. Kap.), der Normbegriff aller Normtheorien, mit dem ein einheitlicher Maßstab der Zweiheitlichkeit des Befolgens und Überschreitens gegenübergehalten wird, nicht das geringste Kriterium für den Begriff der Gegensatzlosigkeit. Kann doch der Gegensätzlichkeit des Treffens und Verfehlens immer auch die gegensätzliche Positivität, die Wahrheitsgemäßheit und sogar die Richtigkeit als Maßstab und Vorbild gegenübergestellt werden. Norm heißt dann immer nur absolute Bejahungswürdigkeit. Ebenso wird bei diesen Voraussetzungen unter »Transzendenz« nichts anderes verstanden, als einerseits die Absolutheit des Wertes, die Unabhängigkeit von der Subjektivität in dieser Hinsicht [130]), und andererseits die Loslösbarkeit des Sinnes, seine Heterogeneität im Vergleich mit seinen realen Substraten [131]).

Einen ähnlichen Versuch, die beiden Konsequenzen, zu denen [412/413] die Verabsolutierung der Wertgegensätzlichkeit führen muß, nämlich die Neutralisierung der kategorialen Gegenstandsformen und die Hineinverlegung der Wertpositivität in den Gegenstand, in die »Realität« oder »Wirklichkeit« in concreto, zu vereinigen, hat im Anschluß an *Rickerts* Lehre *Christiansen* unternommen. Hier wird mit unzweideutiger Entschiedenheit der »Wirklichkeit«, der im Gegensatz zur »Irrealität« stehenden »Ja-Realität«, dem Objekt der »Realbejahung«, der »Erfahrung« als »wertpositiver Synthesis«, also all diesen zur transzendentallogischen Region gerechneten Gebilden, die Bejahung heischende Wert*positivität* zugewiesen und der Begriff eines »besonderen Erkenntniswerts Realität, der in positiven Erfahrungsurteilen den Objektsynthesen zugesprochen wird«, herausgearbeitet. Ihm gegenüber muß die kategoriale

Gegenstandsform zur bloßen indifferenten Voraussetzung einer »Wertungsmöglichkeit«, zur bloßen »konstituierenden« Bedingung der »Struktur« des bewertbaren Objekts, herabgedrückt werden, zur »wertneutralen Regel der Objektsynthese«, die »dem Ja des Wertes nicht näher steht als dem Nein, und ihren Ort hat genau an dem Kreuzwege, wo Ja und Nein auseinandertreten« [132]). Hier zeigt sich mit ausgezeichneter Klarheit, daß die bisherige Wertlehre nur die Alternative von Wertgegensätzlichkeit und untergegensätzlicher Wertneutralität kennt.

Drittes Kapitel.

Die Subjektivität als Entstehungsgrund der Gegensätzlichkeit.

Erster Abschnitt.

Der immanente Ursprung von Wahrheitsgemäßheit und Wahrheitswidrigkeit.

Es ist bisher noch ganz unentschieden gelassen, wie es zu jener künstlichen Zwischenregion zwischen den Gegenständen und der Urteilsentscheidung, zu den gegensätzlichen Strukturgebilden des [413/414] nachbildlichen Sinnes, überhaupt kommen kann. Allein wenngleich bisher im ganzen lediglich eine bloße vergleichende Deskription der urbildlichen und der nachbildlichen Region gegeben wurde, so hat es sich doch bereits als unabweisbar aufgedrängt, daß an dem Zustandekommen der nachbildlichen Gefüge nichts anderes als der antastende Eingriff der Subjektivität Schuld sein kann (vgl. oben S. 311). Denn zu deutlich tragen diese dem unzerstückelten gegenständlichen Urbild gegenüber den Stempel der Gewordenheit und Geschaffenheit an sich. Erst durch Berücksichtigung davon wird nunmehr die Betrachtung in das Wesen der gekünstelten Region eindringen können.

Das macht es erforderlich, das Subjekt-Objekt-Verhältnis in die Darstellung hineinzuziehen. Macht doch das Subjekt-Objekt-Verhältnis, die Erlebbarkeit des Gegenstandes und des Sinnes überhaupt, sein Hineingebanntsein in die ihm einen Schauplatz gewährende Subjektivität, wie im allgemeinen Teil der Logik genauer darzutun wäre, eine Urtatsache aus, mit der auch alle Logik des Sinnes zu rechnen hat.

Die Situation der Vorgefundenheit in den Subjektsakten, des dem Erleben Vorschwebens, der Eingeschlossenheit ins Erleben, mag wie als Objektgewordenheit so auch als Immanentgewordenheit, der Zustand unabhängig von dieser Situation der Erlebtwerdung entsprechend als Transzendenz bezeichnet werden. Bei Zugrundelegung dieser Terminologie wird nicht etwa ein Standpunkt der Erlebens- oder Bewußtseinsimmanenz, sondern ein Standpunkt der Transzendenz vertreten [133]). Die Immanentwerdung dessen, worauf das Subjektsverhalten gerichtet ist, erscheint lediglich als ein äußeres Schicksal, als eine zufällige Situation, in die das davon unabhängige Transzendente, also der Gegenstand oder der urbildliche Sinn, gerät. Die Immanentwerdung des in einem solchen Sinne Transzendenten enthält deshalb gar keinen Widerspruch. Sie besagt lediglich das Hinübergeraten in eine andere [414/415] Situation. Insofern hierbei die Situation der Transzendenz eingebüßt wird, involviert ein immanentes Transzendentes allerdings einen Widerspruch. Aber gemeint wird eben mit der Rede von der Immanentwerdung des Transzendenten, daß nur die Situation, nicht aber irgendwie Bestand oder Struktur des Transzendenten aufgehoben wird. Genau der transzendente Bestand ohne jeden Abbruch ist es, der auch immanent werden kann. Läßt man so das Verhalten der Subjektivität darin beschlossen sein, dem Sinn eine Stätte darzubieten, so besteht die Transzendenz lediglich in der bloßen Nichterlebtheit, im bloßen Stehen außerhalb der Subjekt-Objekt-Relation.

Allein die Rolle der Subjektivität erschöpft sich keineswegs damit, eine geduldige Empfängerin, ein bloßer Schauplatz des transzendenten Gegenstandes [134]), das eine Glied des Subjekt-Objekt-Verhältnisses, zu sein. Dementsprechend darf sich die Gegenüberstellung von Transzendenz und Immanenz nicht lediglich auf einen so einfachen Sachverhalt stützen. Sie bedarf einer Erweiterung. Und dazu fordert vor allem gerade die Tatsache der gekünstelten nachbildlichen Sinnstruktur auf. Denn gerade für sie soll ja, wie angedeutet wurde, die Subjektivität verantwortlich gemacht werden. Damit aber bekommt der Abstand zwischen Transzendenz oder Unabhängigkeit von der Subjektivität und Immanenz oder Eingeschlossenheit in den Bereich der Subjektivität einen viel eminenteren Charakter. Er muß so gedacht werden, daß er jene Kluft zwischen Ungekünsteltheit und Gekünsteltheit verständlich zu machen

geeignet ist. Wie nun die nachbildliche Sinnstruktur nicht in ihrer Gekünsteltheit erkannt zu werden pflegt, so mußte entsprechend auch die Subjektivität in
ihrer Rolle gerade als Antasterin der Ungekünsteltheit und als Anstifterin der
Gekünsteltheit unberücksichtigt bleiben. Diese prägnante Bedeutung der Immanenz als der *Struktur*angetastetheit und die prägnante Bedeutung der Transzendenz als der entsprechenden Unangetastet-[415/416]heit mußte ganz zurücktreten. Die bisherige Fassung des Transzendenzbegriffs erweist sich somit als
unzureichend. Wenn in den folgenden Ausführungen der Begriff der Unangetastetheit in den Vordergrund rückt, so wird damit der Versuch gemacht, die in
der Metaphysik so geläufige Unterscheidung zwischen dem, was an sich besteht, und dem, was auf Rechnung subjektiver Unzulänglichkeit kommt, in
viel höherem Umfang, als es zu geschehen pflegt, auf die Logik zu übertragen.

Die Voraussetzung für eine antastende Betätigung der Subjektivität wird
nun offenbar nur durch die Urtatsache dargeboten, daß beim Erleben des mit
dem gegenständlichen Urbild zusammenfallenden transzendenten Sinnes sich
Abweichungen von ihm einstellen, genauer, daß der von der Subjektivität in
jeder Hinsicht unabhängige, also der transzendente Sinn oder der Gegenstand,
nicht glatt und unverändert ins Erleben eingeht, das Erleben, anstatt den Gegenstand in seine Gewalt zu bekommen, mit einem in seinem Bestande irgendwie veränderten Sinn vorlieb nehmen muß. Von all solchen durch die
Subjektivität etwa verschuldeten Abänderungen kommt hier allein die Fähigkeit der Subjektivität in Betracht, zerstörend in die *Struktur* des Sinnes ein-
zugreifen. Die im vorigen Kapitel erörterte gegensatzlose Ursprünglichkeit
und Urbildlichkeit erscheint dann als eine ganz besondere Art von Transzendenz oder Unberührtheit durch die Subjektivität, nämlich als Unangetastetheit
in einer ganz bestimmten Richtung und zwar speziell gegenüber den auf
Rechnung der Subjektivität kommenden Eingriffen in die Struktur. Es soll
aber, was derart seinem angetasteten Bestand nach nur als Objekt, als der Subjektivität vorschwebend vorkommen kann, von jetzt an kurz als ein
»*Immanentes*« im Unterschied zu der bloßen »Immanentgewordenheit« des
unangetastet bleibenden Transzendenten bezeichnet werden.

Die Subjektivität lernt man hierbei erst in ihrer wahren Bedeutung, in ihrer ganzen Selbständigkeit und Eigenmächtigkeit, kennen. Sie erscheint nicht
mehr in der Stellung bloßer Hingabe, sondern in ihrer Veränderungen anstif-
tenden, den transzendenten Bestand antastenden, etwas Neues schaffenden und
insofern aktiven Leistung. [416/417]

Worin vermag sich nun aber diese fatale Aktivität des Erlebens zu betätigen? Was soll es überhaupt heißen, daß die Subjektivität zur Urheberin wird für ein neues Reich des Sinnes neben der gegenständlichen Region? Sind denn nicht die Geltungsgebilde des Sinnes dem Entstehen und Vergehen, der Erschaffbarkeit und Zerstörbarkeit entrückt? Kann bei der gänzlichen Heterogeneität zwischen Sinngebilden und Erlebensrealitäten die Subjektivität je etwas anderes als die bloße Realisierungsstätte abgeben, der Sinn zu ihr in einem anderen Verhältnis als dem der bloßen Loslösbarkeit stehen? So scheint es auf den ersten Anblick. Und doch läßt sich leicht verstehen, daß auch Gebilde des Sinnes ihren Ursprung in der Aktivität des Erlebens haben können. Es hat nichts Befremdliches an sich, daß vom gegenständlichen Sinn differierende Gebilde des Sinnes der Subjektivität vorschweben, Gebilde somit, die *nur* als Objekt des Erlebens, aber nicht an sich, d. h. nicht transzendenter Weise, bestehen.

Dann müßte also ein Novum der Struktur gegenüber der transzendenten Struktur ganz und gar erst auf dem Boden der Subjektivität und durch sie entstehen. Nun hat sich als bedeutungsbestimmende Voraussetzung für die Künstlichkeit der nachbildlichen Strukturgefüge vorher die Verselbständigung und Auseinandergerissenheit der gegenständlichen Strukturelemente herausgestellt. Und jetzt erweist sich in der Tat, daß gerade dies die Künstlichkeit begründende Phänomen durch die Aktivität des Erlebens erklärbar ist. Gerade soweit reicht nämlich der Willkürbereich und die Eingriffsmöglichkeit der Subjektivität; hier stößt man auf die Urtatsache, die sich somit als die fundamentale Voraussetzung der ganzen Gekünsteltheit erweist: daß der Subjektivität nicht ein einfaches adäquates Hinnehmen des gegenständlichen Bestandes in seiner Ganzheit und Unzerrissenheit, in seiner urbildlichen Fertigkeit und Abgeschlossenheit, vergönnt, ihr anstatt dessen vielmehr bloß verstattet ist, mit den isolierten Elementen zu operieren. Ihr schwebt jederzeit das, was transzendenterweise gar nicht ein Isolierbares ist, nämlich die einzelnen Materialsstücke und die einzelnen Kategorien, als ein Gesondertes vor [135]). Sie muß [417/418] immer das nachträglich erst aufbauen und zusammensetzen, was vor und unabhängig von aller Zerstücklung im transzendenten Urbild liegt. Was transzendenterweise ganz unsinnig ist, nämlich die Frage, welche Materialsstücke in welchen Kategorien stehen, das wird für das Erleben fortwährend zum Problem. Für die Subjektivität ist es nicht selbstverständlich, sondern bildet gerade das ganze Ziel ihres Nachforschens, zu welcher Kategorie sich logische Form überhaupt dann differenziert, wenn es gilt, irgend ein bestimmtes einzelnes Material in kategorialer Betroffenheit zu erfassen oder anders ausgedrückt, welches einzelne Material überall den Materialsbereich der einzelnen Kategorie ausmacht. Auf einer Unzulänglichkeit des Erlebens also, auf dieser fundamentalen Unkenntnis des selbstverständlichen transzendenten Ineinanders von Kategorie und Kategorienmaterial, beruht die ganze Isolierung der Elemente. Diese negative Fähigkeit der Subjektivität, die Elemente derart gesondert zu erleben, daß in ihnen das Gegenglied der Relation noch nicht steckt, noch nicht enthalten zu sein scheint, führt zu einer Zerstücklung, zu einer Atomisierung des gegenständlichen Urbilds. Wie ja überhaupt auf theoretischem Gebiet der urbildlichen Sinnstruktur gegenüber alle Aktivität des Subjekts nur eine entstellende und untergrabende sein kann, wofern das eigentliche und einzige wahre Ansich in einer ungeschaffenen, also der Aktivität entrückten und über sie erhabenen Region liegt.

Die, wie sich im zweiten Kapitel herausstellte, auf einer Zerstücklung [136]) des Gegenstandes aufgebauten nachbildlichen Gefüge lassen sich jetzt einfach als die durch die fundamentale Unkenntnis der transzendenten Urstruktur hindurchgegangenen und folgeweise durch nachträgliches Zusammenstückeln zustande gekommenen Gebilde charakterisieren.

Obwohl die »Gekünsteltheit« der gegensätzlichen Region bereits durch die Ausmachungen des vorigen Kapitels außer Zweifel gesetzt wurde, so hat sich die Berechtigung dieser Charakterisierung jetzt noch in einem neuen Lichte gezeigt. Die künstliche Region hat sich als eine geschaffene, eine gemachte, als das Geschöpf, das Artefakt der Subjektivität erwiesen. Gegenüber der Ungeschaffen-[418/419]heit der mit dem Gegenstand zusammenfallenden transzendenten Wahrheit stellt sie gleichsam das Menschenwerk von Wahrheitsgebilden dar.

Die zur gegenständlichen Urstruktur hinzutretenden Strukturzusätze, diese »Formen«, in die das gegenständliche Rohmaterial eingeht, sind jetzt somit in ihrer immanenten Entstandenheit erkannt. Dadurch bewahrheitet sich die frühere Redewendung, nach der sie Komplikationen darstellen, zu denen die Gegenstände durch die Subjektivität gleichsam »verarbeitet« werden. Es zeigt sich jetzt, daß das Formallogische mit dem Immanent-Logischen, das Gegenständlich-Logische, mit dem Transzendent-Logischen zusammenfällt. In der vorkantischen Logik, so muß man wiederum sagen, hatte *das* Logische immanenten Charakter, und als transzendent wurde nur das Metalogische angesehen. In der Kantianistischen Logik dagegen stehen sich nicht Transzendentes und Logisches, sondern Transzendent-Logisches und Immanent-Logisches einander gegenüber.

Die Koordinierbarkeit von Positivität und Negativität erweist sich jetzt als die gleichmäßige Immanenz beider. Spricht man von der »subjektiven Bedeutung« des Negativen, so wird dadurch wiederum der Umstand geradezu verdeckt, daß der Positivität genau dieselbe bloß »subjektive« Bedeutsamkeit gebührt, wie der Negativität. Nicht die Negativität, sondern die Urteilsregion als solche, gehört der immanenten Region an [137]).

Doch es muß jetzt noch etwas genauer bestimmt werden, in welchem Sinne hier mit Recht von der Schaffung einer neuen Sinnregion geredet wird. Zunächst ist zu bedenken, daß in der immanenten Region ungeachtet der durch die Subjektivität geschaffenen Künstlichkeit die Sinnartigkeit erhalten bleibt [138]). Durch das isolierende Erleben werden aus dem transzendenten Sinn heraus lediglich neue Elemente, gleichsam neue Bausteine [139]) geschaffen, [419/420] aus denen eine künstliche Region des Sinnes sich zusammenfügt. Nur mit dieser Einschränkung darf von einer Erzeugung durch die Subjektivität geredet werden. Der Sinn selbst ist stets etwas Unerschaffbares [140]). Das eigentlich Erzeugbare sind lediglich die durch Isolierung entstandenen künstlichen Bausteine für den Aufbau eines neuen Sinnes. Mit ihrer Schaffung erschöpft sich die Produktivität des Erlebens. Statt von einem geschaffenen Sinn muß genauer von einem Sinn die Rede sein, den es nur auf einem durch die Subjektivität unterwühlten Boden gibt, der sich aus den durch die Subjektivität aufgewühlten oder [141]) isolierten Elementen aufbaut. Ist erst einmal durch die Unfähigkeit des Erlebens der Boden gelockert, d. h. sind die verselbständigten Elemente durch das isolierende Erleben einmal erzeugt, dann folgt daraus sofort weiteres, was jeder Willkür und Aktivität des Erlebens entzogen ist. *Gibt* es einmal die gegeneinander verschiebbaren losgerissenen Strukturelemente, dann erhebt sich ein neues Reich des Sinnes, das in den harmonischen und disharmonischen Beziehungen zwischen den künstlichen Strukturbestandteilen besteht. Auf dem allerdings erst durch die Subjektivität bereiteten Boden tritt der Subjektivität von neuem etwas seiner Dignität und Gültigkeit nach von der Subjektivität Unabhängiges entgegen. Gewiß ist die Subjektivität in gewisser Hinsicht die Erzeugerin dieser ganzen Region. Aber nachdem der Operateur zurückgetreten ist, spricht sein Werk für sich selbst [142]).

So bewahrt sich durch die Zerstörung der transzendenten Struktur hindurch die Absolutheit des Geltens und des Wertes. Es treten dadurch folgende beiden Momente deutlich auseinander: die Transzendenz mit ihrer allseitigen Unabhängigkeit von der Subjektivität, insbesondere mit ihrer Unangetastetheit der Struktur einerseits und die Absolutheit oder Unbedingtheit des Geltens und des Wertes mit ihrem Forderungscharakter, mit ihrer Unabhängigkeit von aller Willkür des subjektiven Meinens andererseits. Transzendenz und Anerkennung heischende Absolutheit der Norm fallen also keineswegs zusammen. Denn die unbedingte Normativi-[420/421]tät ist ja dem transzendenten und dem gekünstelt immanenten Sinn gemeinsam. Diese auch der immanenten Region eignende Absolutheit hat viel zur Verkennung der Strukturimmanenz beigetragen und dazu verleitet, in der Absolutheit des Sinnes schon seine allseitige Transzendenz zu erblicken (vgl. auch oben S. 351 f.). So vereinigt die nachbildliche Region Unbedingtheit und immanente Gekünsteltheit.

Durch ihr verschiedenes Verhältnis zur gegensatzlosen Region an dieser meßbar, nehmen Wahrheitsgemäßheit und Wahrheitswidrigkeit selbst an der Absolutheit der gegensatzlosen Region teil. Die Wahrheitsgemäßheit ist das absolut Bejahungswürdige, die Wahrheitswidrigkeit das absolut Verneinungswürdige; absolut ist die Kluft zwischen beiden. Es besteht »an sich«, d. h. unabhängig von der bejahenden oder verneinenden Entscheidung darüber, zwischen den isolierten Strukturelementen das Zusammengehören und Nichtzusammengehören, z. B. zwischen Kausalität und dem Material a, b das Einander-Zukommen der Wahrheitsgemäßheit, zwischen Kausalität und dem Material a, c das Nichtzukommensverhältnis der Wahrheitswidrigkeit. Und es besteht ferner zwischen der Wertartigkeit dieser künstlichen Sinngefüge und der zeitlichen Tatsächlichkeit des realen Erlebens die ganze Heterogeneität, durch die Geltendes und Realseiendes, Zeitloses und Zeitliches überhaupt geschieden sind. Wegen dieses Herausfallens aus der Fläche der zeitlichen Realität und des sich damit verbindenden Absolutheitscharakters möge den wahrheitsgemäßen und wahrheitswidrigen Sinngefügen »Quasitranszendenz« zugeschrieben werden.

Damit die Unerschaffbarkeit der quasitranszendenten Gebilde klar zum Ausdruck komme, muß man sich vor der im übrigen leicht sich aufdrängenden Vorstellungsweise hüten, als seien die einzelnen wahren und wahrheitswidrigen Sinngefüge von der Subjektivität zusammengefügte, als seien insbesondere die wahrheitswidrigen Sinneinzelheiten durch Verwirrung und Durcheinan-

derwerfung der Elemente hervorgerufene Kombinationen. Man muß sich vergegenwärtigen, daß die Subjektivität gar nicht imstande ist, wahre und wahrheitswidrige Sinngefüge anzustiften. Anzustiften vermag sie vielmehr lediglich die Isoliertheit von künstlichen Elementen [421/422] überhaupt. Sind die
einmal geschaffen, dann bestehen zwischen ihnen durch ihre Künstlichkeit
hindurch in zeitloser Ewigkeit die harmonischen und die disharmonischen
Beziehungen. Die Aktivität des Erlebens aber ist diesem über der Zerstücklung
des transzendenten Sinnes aufgebauten Inbegriff quasitranszendenter Gebilde
gegenüber auf dasselbe Maß wie dem transzendenten Sinn gegenüber eingeschränkt, nämlich auf ein herausgreifendes Erleben, auf ein Vorsichhintreten-
lassen und Immanentwerdenlassen der Einzelheiten. Lediglich im Sinne solchen Herausgreifens der Elemente fixiert das Erleben bestimmte Sinngefüge
als seine Objekte, kombiniert es deren Bestandteile. Zwischen den so herausgegriffenen Elementen besteht immer an sich Wahrheitsgemäßheit und Wahrheitswidrigkeit, und es bleibt dem Erleben nur übrig, durch Bejahen und Verneinen die immanentgemachten Gefüge richtig als das zu erleben, was sie an
sich, d. h. quasitranszendenterweise sind (wie im 2. Abschnitt sich zeigen
wird). Auch das immanente Reich der Wahrheitsgemäßheit und Wahrheitswidrigkeit wird nicht angestiftet, sondern aufgesucht und entdeckt, gefunden
oder nicht gefunden.

Wenn in der Einleitung angekündigt wurde, daß auch die unwertigen Gebilde, wenn auch nicht als von der Subjektivität überhaupt, so doch als vom
Verfehlen unabhängig gedacht werden sollen, so hat sich jetzt genauer
bestimmen lassen, daß als Vorbedingung für das Zustandekommen der nachbildlichen Region lediglich jene Urtatsache der Unkenntnis des transzendenten
Ineinanders und die schon daraus allein hervorgerufene Zerstücklung des
transzendenten Bestandes anzusehen ist, ohne daß es dafür noch der hinzutretenden, treffenden oder verfehlenden Stellungnahme bedarf. Und weiterhin ist
damit überhaupt die ganze Lehre von den primären Objekten der Urteilsentscheidung begreiflich gemacht, nämlich das Bestehen von an sich, d. h. unabhängig jedenfalls von der Entscheidung darüber, wertgegensätzlich gespaltener
Gebilde (vgl. oben S. 263 f. u. 272) –.

Mit dem Begriff des immanent-gekünstelten Sinnes ist ein ganz eigentümliches Thema innerhalb der Logik abgegrenzt.

Aus der Antreffbarkeit des Sinnes in der Tatsächlichkeit des Erlebens ergeben sich in letzter Linie zwei große Forschungsgebiete [422/423] für die theo-

retische Philosophie. Sie kann entweder und vorzugsweise Sinnstruktur und kategorialen Formgehalt zu ergründen suchen. Oder aber auch der Realisierungsstätte theoretischen Sinnes, dem subjektiven Verhalten dazu, sich zuwenden. Auch mit diesem zweiten Aufgabenkreis unterscheidet sie sich aufs klarste von der Psychologie, die ihre Erlebensrealitäten ganz unbekümmert um deren Trägerschaft gegenüber und Hinwendung zum Geltungsartig-Nichtseienden untersucht und ausschließlich im Umkreis des Wert- und Sinnfremden verharrt. So zerfällt das Gebiet der Logik in Objekts- und Subjekts- [143]), in Wahrheits- und Erkenntnis-, in aletheiologische und gnoseologische Probleme.

Danach bestimmt sich nun die Sonderstellung, die die Lehre vom angetastet immanenten Sinn einnimmt. Der Begriff des immanenten Sinnes läßt sich nämlich weder einfach der theoretischen Sinnlehre, noch einfach der theoretischen Subjektivitätslehre zuweisen. Er ist auch dadurch noch nicht zu gewinnen, daß man Sinn und Subjektivität zusammennimmt, den Sinn in die Subjektivität eingeben, in ihr immanent werden läßt. Dadurch käme man bloß zum Begriff des »immanentgewordenen« im Unterschiede zu dem vom Subjektssubstrat getrennt gedachten Sinn, aber keineswegs zum Begriff des »immanenten« Sinnes (vgl. über diesen Unterschied oben S. 355). Es hat sich ja vielmehr gezeigt, daß die Losgelöstheit des Sinnes von den Subjektsakten noch lange nicht seine Transzendenz verbürgt. Denn diese Isolierbarkeit vom Substrat gestattet auch die Quasitranszendenz des immanenten Sinnes. Und ebenso bedeutet das Eingehen in die Subjektivität noch nicht Immanenz des Sinnes, was aus der möglichen Immanentwerdung des transzendenten Sinnes hervorgeht. Die Differenz zwischen Gesondertheit von der Subjektivität und Hineingebanntheit in sie genügt also noch in keiner Weise, um sich in den Problemen der theoretischen Philosophie zurechtzufinden. Wer die Immanenz des Sinnes nur als Immanentgewordenheit kennt und dementsprechend sich bei der Losgelöstheit des Sinnes als bei der echten und einzigen Transzendenz beruhigt, der muß über der Loslösbarkeit des Sinnes geradezu blind sein gegen den Abstand zwischen Angetastetheit und Unangetastetheit. [423/424]

Für den Begriff des immanenten Sinnes bedarf es vielmehr der Einsicht, daß es eine Aktivität des Erlebens gibt, die nicht ein Verhalten zu einem in seinem Bestande von der Subjektivität unabhängigen Sinn ist, sondern die eine neue Struktur des Sinnes mit sich bringt oder kurz sie erst schafft. Also der Einsicht, daß es eine Art des Sinnes gibt, bei dem für das Verständnis seiner eigentümlichen *Sinn*artigkeit als Voraussetzung die unterminierende Arbeit der Subjektivität hinzugenommen werden muß. Die Lehre vom immanenten Sinn ist zwar eine Lehre vom Sinn, aber eine solche, die nicht bloß aus sinntheoretischen oder aletheiologischen Bestandteilen besteht, sondern bei der die Wahrheitslehre sich nur über einem gnoseologischen Unterbau erheben kann, innerhalb dessen es sich ausschließlich um das Vorhalten oder den Eingriff der Subjektivität dreht. Auf diesem ganz eigentümlichen Ineinanderhaken von Gnoseologie und Aletheiologie beruht das Auszeichnende der Lehre vom angetasteten Sinn. Sie ist Sinnlehre, und trotzdem bedarf sie der Subjektivität für die Sinnstruktur. Sie ist Subjektivitätslehre, und doch läuft sie ganz und gar auf eine Lehre vom transsubjektiven Sinn hinaus. Denn als geltungsartig ist auch der angetastete Sinn transsubjektiv. Ist doch jede, wenn auch bedeutungsmäßig noch so stark belastete, wenn auch noch so stark auf die Subjektivität zurückweisende Geltungsartigkeit seinsfremd und darum, so wahr alles Erleben seinsartig ist, subjektsfremd, transsubjektiv. Auch die immanente Wahrheit ist so subjektsunähnlich, wie der Spinozistische Gott unpersönlich ist. Auch die immanente Region ist eine Region nicht der subjektiven Hingegebenheit, sondern des der Subjektivität entgegengeltenden transsubjektiven Sinnes. Das Nicht-Transzendente ist dennoch – wie wert- und sinnartig – so auch transsubjektiv.

Es gibt somit einen dritten Problemkreis der Logik neben den reinen Wahrheits- und den reinen Subjektsproblemen: die Probleme der immanenten logischen Phänomene. Die reinliche Aufteilung der theoretischen Philosophie in Sinnprobleme und Subjektsprobleme, in objektive und subjektive Logik, kann nur dann auszureichen scheinen, wenn man sich bei der Gegenüberstellung jener beiden Situationen des Sinnes, seiner Losgelöstheit von der Subjektivität und seiner Hineingebanntheit in sie, beruhigt. [424/425]

Wo in der bisherigen Logik – insbesondere bei *Bolzano* und *Husserl* – die Zerfällung in die nicht seins- und geschehensartigen Gebilde des Sinnes und in die realen Subjektsakte vorgenommen wurde, da kam es zunächst auf die entscheidende Tatsache der Sinnartigkeit überhaupt an. Und es ist die historische Bedeutung dieser Logiker gewesen, auf die Loslösbarkeit des Sinnes – der Sätze »an sich« – von den realen Substraten gedrungen zu haben. Aber die weitere Arbeit der Logik muß auch die Angetastetheit dieses immanent gekünstelten, gegensätzlich gespaltenen Sinnes, dieser »Wahrheiten« und »Falschheiten an sich«, zum Problem machen. Hiervon und von einem daraus folgenden Sichweitertreibenlassen zum Begriff des urbildlichen gegensatzlosen Sinnes ist bei *Bolzano* und *Husserl* keine Rede. Insofern rücken unter dem Gesichtspunkt des Gegensatzproblems alle bisherigen Vertreter der Logik des reinen Sinnes mit dem gesamten traditionellen Stehenbleiben beim gekünstelt immanenten Sinn zusammen. Das »Ansich« der Wahrheiten und Falschheiten an sich bei *Bolzano*, der idealen Aussagebedeutungen bei *Husserl*, bleibt durchaus in den Schranken der Quasitranszendenz [144]. Es bleibt bei aller erstrebten Abwendung von der Subjektivität noch eine starke Verstricktheit in die Subjektivität bestehen. Aufgedeckt wird der zwar von der Subjektivität loslösbare, aber eben nicht anders denn als von der Subjektivität loslösbar vorkommende, d. h. der seine Stätte erst und ausschließlich in der Subjektivität findende und in diesem Sinne nur loslösbare Sinn. Die echte Transzendenz ist aber der Zustand des Sinnes vor aller Berührung mit der Subjektivität, während hinter der Selbständigkeit des quasitranszendenten Sinnes lediglich die bloße Ablösbarkeit des Sinnes nach seiner Berührung mit der Subjektivität steht. Insofern ist der Polemik gegen die völlige Losgelöstheit und Unabhängigkeit eines solchen immanenten und nur nicht als immanent erkannten Sinnes von der Subjektivität eine gewisse Berechtigung [425/426] nicht abzustreiten [145]. Die Absolutheit und die Ablösbarkeit des immanenten Sinnes darf über seine Gebundenheit an die Subjektsbasis, über sein Erwachsensein erst auf dem Boden der Subjektivität nicht hinwegtäuschen [146].

Zweiter Abschnitt.

Bejahung und Verneinung, Richtigkeit und Falschheit in der Urteilsentscheidung.

Im ersten Abschnitt ist die Subjektivität lediglich als Zerstücklerin der urbildlich-gegenständlichen Region und damit als Bodenbereiterin der quasitranszendenten primären Objektsgefüge in Betracht gezogen worden. Wenn sich darin bereits eine aktive Leistung der Subjektivität dokumentiert, so kann damit doch lediglich eine erste Etappe sich bekundet haben. Es muß noch eine zweite und abschließende hinzutreten, nämlich die der Urteilsentscheidung selbst als eines Stellungsnehmens zu den gegensätzlichen Gefügen der immanent-angetasteten Region.

Denn es ist zwar die urbildliche Gegenstandsregion selbst das letzte und höchste Ziel des Erkennens. Aber für das durch die Unkenntnis des schlichten Ineinanders der transzendenten Strukturelemente hindurchgegangene Erkennen ist die urbildliche Region ein verlorenes Paradies geworden. Als nächstes und unmittelbares Ziel hat sich die immanente Region des gegensätzlichen Sinnes dazwischengeschoben. Nach dem Sündenfall des Erkennens gilt es nicht mehr, des transzendenten, sondern des immanent gegensätzlichen Sinnes sich zu bemächtigen.

Das heißt nun aber, daß nicht das gegensatzlose Urbild, sondern [426/427] das selbst am Urbild meßbare nachbildliche Reich der Wahrheitsgemäßheit und Wahrheitswidrigkeit das unmittelbare *Maß* abgibt für Richtigkeit und Falschheit der Urteilsentscheidung. Nicht nur die Wahrheitsgemäßheit, sondern auch die Wahrheitswidrigkeit ist dabei das, was aufgesucht und richtig erfaßt werden soll, was getroffen oder verfehlt werden kann, ist richtunggebend geworden für Richtigkeit und Falschheit des Urteilssinnes. Das zum Abschluß gelangende Erkennen muß darum ein gegensätzlich gespaltenes Verhalten zu einem selbst schon gegensätzlich gespaltenen Sinn, muß ein alternatives Entscheiden über Wert und Unwert der quasitranszendenten Gebilde sein. Richtigkeit und Falschheit muß auf Übereinstimmung und Nichtübereinstimmung mit dem beruhen, was selbst mit dem gegensatzlosen Urbild übereinstimmt oder nicht übereinstimmt. Daraus ergibt sich das bereits in der Einleitung behandelte Sichkreuzen der beiden Gegensatzpaare Bejahung und Verneinung und Richtigkeit und Falschheit.

Sobald aber feststeht, daß an Stelle der ursprünglichen eine sekundäre Region in die Funktion des Maßstabs eingerückt ist, so ergibt sich daraus, daß jetzt genau dasselbe Abstandsverhältnis zwischen einer Maßstabsregion und einer gemessenen Region sich noch einmal wiederholen muß. Es beruhte nun das Zustandekommen einer nachbildlichen Region auf einer Zerstückelung der urbildlichen, diese wiederum auf dem Hindurchgegangensein durch die Unkenntnis. Es kommt also darauf an, ob auch der sekundären Region gegenüber eine Unkenntnis fortbesteht. Nun leuchtet es aber sofort ein, daß die Urteilsentscheidung in der Tat nicht anders gefällt werden kann, als hindurchgegangen nicht nur durch die ursprüngliche Unwissenheit hinsichtlich des gegenständlichen Urbilds, sondern durch die weitere Unkenntnis auch noch der immanenten gegensätzlichen Maßstabsregion. Denn wer das Urbild nicht kennt, weiß auch nicht, was mit ihm übereinstimmt oder ihm widerstreitet. Zu dieser zweiten, den nachbildlichen Objektsgefügen gegenüber fortbestehenden Unkenntnis kommt nun im sich abschließenden Subjektsverhalten, in der Urteilsentscheidung, als ein neues irreduzibles Phänomen, als Urtatsache der zweiten Etappe, der Gegensatz von Treffen und Verfehlen hinzu. Auf die Unkenntnis folgt Erkenntnis oder Verkenntnis der immanenten Sinngefüge. [427/428]

Nun handelt es sich, wie bereits in der Einleitung hervorgehoben wurde (S. 260), auch bei der Urteilsentscheidung nicht um eine Gegensätzlichkeit lediglich des Verhaltens, sondern auch des Sinnes. Trifft oder verfehlt doch die Urteilsentscheidung das [147]) quasitranszendente Sinngefüge gar nicht anders als so, daß sie es für ein positiv wahres oder wahrheitswidriges Gefüge hält [148]), d. h. nicht anders als so, daß ihr ein mit dem quasitranszendenten übereinstimmendes oder nichtübereinstimmendes Sinngefüge vorschwebt. Richtigkeit und Falschheit ist deshalb die Wertqualität eines Sinnes, nämlich Übereinstimmung und Nichtübereinstimmung des [149]) *vorschwebenden* mit dem quasitranszendent *vorliegenden* Sinn, mit dem primären Urteilsobjekt. Obwohl bloß als vorschwebend und nicht einmal als quasitranszendent bestehend, gibt es dennoch auch hier ein vom Subjektsakt objektartig ablösbares Gebilde. Das primäre Urteilsobjekt aber muß als Maß und Urbild zweiter Ordnung auch relativ gegensatzlos sein, nämlich übergegensätzlich im Verhältnis zu Richtigkeit und Falschheit.

Damit ist aber bereits das Entscheidende auch über die Struktur des bei der Urteilsentscheidung vorschwebenden Sinngefüges festgelegt. Denn die auf die immanente Region sich übertragende Unkenntnis muß genau wie früher zu einer Zerstücklung, zu einer Auseinanderreißung der Elemente führen und so im Vergleich mit der Region der wahrheitsgemäßen und wahrheitswidrigen Gefüge eine weitere Steigerung von Künstlichkeit und Komplikation verschulden.

Wie nämlich die Unkenntnis des transzendenten Ineinanders die isolierte Erlebbarkeit der einzelnen Strukturelemente zur Folge hatte, so verschuldet nun des Weiteren die Unkenntnis auch des Wert- und Unwertcharakters der harmonischen und disharmonischen Relationen eine Erlebbarkeit solcher Beziehungsgefüge von Kategorie und Kategorienmaterial bei gleichzeitiger Unentschieden-[428/429]heit über ihre Wertqualität, d. h. bei gleichzeitiger Unerlebtheit ihres Wert- oder Unwertcharakters. Wie dort die Auseinanderreißung von Kategorie und Material hervorgerufen wurde, die in der transzendenten Region unerhört ist, so hier die Auseinanderreißung sogar von Beziehungsgefüge und dessen Wertqualität, wovon es in der quasitranszendenten Region keine Spur gibt. Kurz, es erfolgt eine ganz analoge Zerstücklung der quasitranszendenten Region wie dort der transzendenten. Und dieser höhere Grad künstlicher Auseinandergerissenheit ist maßgebend für die ganze Endstation des immanenten Sinnes. Wie es in der ersten Etappe die Frage gab, welches Material mit welcher Kategorie zusammenpaßt, so in der zweiten das Problem, ob einem Sinngefüge die positive oder negative Qualität zukommt. Die Wertqualität selbst wird zu einem der Elemente im Gefüge des Urteilssinnes. Quasitranszendenterweise ist mit Angabe von Kategorie und Einzelmaterial auch schon der harmonische oder disharmonische Charakter der zwischen ihnen bestehenden Beziehung bestimmt. Der Erlebtheit nach dagegen gibt es ein der Wertqualität noch entbehrendes Sinngefüge, zu dessen gesonderter Erfassung die Entscheidung über seine Wertqualität erst als nachträglicher Schlußakt des Subjektsverhaltens hinzutritt.

Es muß darum unterschieden werden zwischen dem, was in der ersten Etappe als immanentes Objekt bereits geschaffen, und dem, was davon tatsächlich erlebt wird. Wenn das erkennende Verhalten ein kategoriales und ein materiales Element aus der immanent angetasteten Region herausgreift, ohne noch über seine Wertqualität zu entscheiden, dann liegt dennoch als Ergebnis bereits eine quasitranszendente Wahrheitsgemäßheit oder Wahrheitswidrigkeit vor, dann hat das Erleben aus dem Reich der immanenten Wahrheitsgemäßheit und Wahrheitswidrigkeit bereits etwas herausgegriffen und abgesteckt, was Wert und Unwert *hat*, und insofern muß man diesen Wert und Unwert als bereits *immanent* geworden ansehen. *Gemeint* und *erlebt* jedoch wird *an* diesem immanent *vorliegenden* Bestand lediglich ein des Wert- oder Unwertcharakters noch entbehrendes Gebilde, da die Wertqualität noch ungemeint, noch unentschieden bleibt, noch nicht mit in die Erlebtheit eingeht. In der ersten Etappe der Sub-[429/430]jektivität reicht das Erleben nicht soweit, wie das Herausgreifen und Immanentwerdenlassen.

Obwohl dieses der Wertqualität noch beraubte Sinngefüge aus den beiden Bestandteilen der nachbildlichen Sinnstruktur zusammengesetzt ist, obwohl das Erleben es bereits soweit hat kommen lassen, diese beiden Elemente als in der Form-Material-Relation stehend vor sich hinzustellen, repräsentiert es wegen der mangelnden Wertqualität noch ein ganz unvollständiges, der Abgeschlossenheit des nachbildlichen Sinngefüges entbehrendes Gebilde. Dieses die Elemente des künstlichen Sinnes und ihre Bezogenheit aufeinander bereits enthaltende und doch noch der Vollständigkeit des Sinnes ermangelnde Gefüge, diese bloße »Vorstellungsbeziehung«, mag als »*Sinnfragment*« bezeichnet werden. [150])

Die dem Sinnfragment anhaftende potenzierte Künstlichkeit manifestiert sich somit ebenso wie die Künstlichkeit der ersten Etappe in einer mit der Auseinanderreißung der Elemente zusammenhängenden künstlichen Entwertung und Neutralisierung. Wie dort aus der Kategorie der gegensatzlose Wert herausgesogen wurde, so wird hier sogar die künstliche Beziehung zwischen Kategorie und Kategorienmaterial ihrer positiven und negativen Wertqualität beraubt. Wie dort der Wert von der Kategorie in ein Beziehungsgefüge einrückt, zu dessen für sich indifferentem Glied die Kategorie herabsinkt, so wird sich im folgenden auch hier zeigen, daß dieses Beziehungsgefüge wiederum als wertindifferentes Element in ein komplizierteres, in das richtige und falsche Beziehungsgefüge des Urteilssinnes, eingebaut wird.

Da mit der Fixierung des Sinnfragments das Erkennen sich hinsichtlich aller übrigen Momente mit alleiniger Ausnahme der Wertqualität bereits festgelegt hat, so muß sich die zweite Etappe des Subjektsverhaltens auf die Wertentscheidung darüber beschränken.

Mit dem Begriff des Sinnfragments ist nun den allgemeinen Prinzipien der Lehre vom Subjektseingriff gemäß begreiflich gemacht, wie es im ganzen Aufbau der Strukturelemente zu jenem bereits früher behandelten Gebilde einer bloßen qualitätsindifferen-[430/431]ten »Vorstellungsbeziehung« kommen muß (vgl. oben S. 273 f.). Es ist jetzt auch ersichtlich geworden, daß dieses von fast allen Urteilstheorien ohne den geringsten Arg zugrundegelegte Gebilde ein höchst fragwürdiges Phänomen repräsentiert und für eine am Ungekünstelten orientierte Darstellung gar sehr der Erklärung bedarf. Wiederum aber wird gegen die Berechtigung, ja Unerläßlichkeit dieses Gebildes überhaupt und gegen die ihm in der Region der Urteilsentscheidung zugedachte Rolle gar nicht polemisiert. Nur kommt eben alles darauf an, seine wahre Herkunft zu durchschauen.

Durchweg herrscht besonders in der neueren Urteilstheorie die Auseinanderhaltung zweier Etappen der Subjektivität, die Zerlegung in ein »vorstellendes«, d. h. mit der Wertqualität noch gar nicht beschäftigtes Verhalten, und in den Schlußakt der Wertentscheidung. Es sind, wie mit Recht gelehrt wird, die

»vorstellungsmäßigen Bestandteile« für Bejahung, Verneinung und Frage die gleichen: überall kommt es hierbei mindestens schon zur Herausgreifung des Sinnfragments. Dieses Sinnfragment ist jenes »dasselbe«, worüber bejahend oder verneinend entschieden, d. h. was für eine Wahrheitsgemäßheit oder eine Wahrheitswidrigkeit erachtet wird, oder hinsichtlich dessen es bei bleibender Unentschiedenheit bloß zum Verlangen nach Entscheidung kommt [151]). In der Frage: »Ist a die Ursache von b?« ist es in der Tat genau wie bei Bejahung und Verneinung bereits zur ersten Etappe des Subjektsverhaltens, zur Kopulierung der herausgegriffenen Elemente, zur Fixierung des Sinnfragments, gekommen. Bloß die Entscheidung steht noch aus. Als *vorliegend* immanent ist deshalb schon von der Frage wahrheitsgemäßer oder wahrheitswidriger Sinn abzulösen, als gemeint immanent freilich nur das Sinnfragment. Das Sinnfragment ist ferner auch »dasselbe«, das, sowohl bejaht wie verneint, zum Widerspruch führt. Den Widerspruch gibt es ja, wie hier nicht weiter auszuführen ist, nur zwi-[431/432]schen den Sinneinzelheiten in der Region des vollendet-gemeinten Sinnes. Erst in dieser Sphäre potenzierter Künstlichkeit hat der Satz vom Widerspruch seine Stelle. Dagegen im Reich der wahrheitsgemäßen und wahrheitswidrigen Gefüge kann dasselbe immer nur positiver oder negativer Qualität sein.

In dem Umstand, daß die Region des Urteilssinnes die dem Sinnfragment eignende gesteigerte Depotenzierung zur Voraussetzung hat, tritt jetzt erst die Künstlichkeit der Urteilsregion in ihrem ganzen Umfange zutage.

Indem die Urteilstheorie den »vorstellungsmäßigen« Bestand, d. h. aber alles nach Abzug der Wertqualität Übrigbleibende, als wertindifferent, das Verhalten dazu als »teilnahmlos« und »gleichgültig« hinstellt, also die kategorialen und die materialen Bestandteile unterschiedslos zum gleichen Niveau eines »Vorstellungsmäßigen« herabdrückt, so zeigt sich hier von Neuem die zur Neutralisierung der Kategorie führende Konsequenz. Für die Urteilstheorie gibt es ein bloßes »Vorstellen« des kategorialen Gehalts, beispielsweise der Kausalität als eines Elements der Vorstellungsbeziehung oder als des vorstellungsmäßigen Beziehungsmomentes selbst. Wird doch in der Tat auch in der Frage die Kategorie »vorgestellt«. Wofern nun aber andererseits – und auch dafür gibt es doch genug Anzeichen – gerade die Kategorien als apriorische Gültigkeiten, als Normen und Werte anerkannt sind, liegen offensichtlich hier unüberwundene Unausgeglichenheiten vor. Angenommen, die Kategorie, beispielsweise die Kausalität, sei etwas Geltungs-, Wert-, Norm-Artiges, so enthält doch das bloße Vorstellen eines solchen kategorialen Gehalts als eines geltungsindifferenten Bestandteils eine künstliche Beraubung und Entleerung. Wer sich auch sonst meint, der in dieser Abhandlung verfochtenen Lehre von einer in der Urteilsregion herrschenden »Künstlichkeit« verschließen zu können, wird in diesem Punkte stutzig werden müssen und sich der Einsicht nicht zu erwehren vermögen, daß hier im »Vorstellen« und durch das Vorstellen ein an sich Geltungsartiges zum Geltungsindifferenten zusammenschrumpft, daß hier ganz im Einklang mit den in dieser Abhandlung vertretenen Prinzipien der Immanenzlehre eine durch die Subjektivität verschuldete Herabminderung vorliegt. [432/433]

Das die heterogensten Bestandteile zusammenfassende »Vorstellen« ist in der Tat nur verständlich durch seine Kontrastierung mit der Urteilsentscheidung. Die ganze Unbestimmtheit dieses Vorstellungsbegriffs tritt grell zutage, wenn bedacht wird, daß er die Urdualität des Logischen und des Alogischen, des Unsinnlichen und des Sinnlich-Anschaulichen gänzlich ignoriert. Er geht auf Logisches genau so wie auf Sinnlich-Alogisches, wofern es nur irgendwie als Bestandteil oder »Materie« für die Urteilsentscheidung in Betracht kommt. Er ist ein Sammelname für alles Erdenkliche mit alleinigem Ausschluß der gegensätzlichen Wertqualität [152]). Er ist geradezu ein Wahrzeichen der Außerachtlassung der letzten und wahren Unterschiede zugunsten der gekünstelten Urteilsregion. So zweifellos nun diese ganze Lehre vom Vorstellen mit ihrer Neutralisierung auch der Kategorien innerhalb der Urteilsregion ihre Berechtigung hat – wie denn überhaupt in dieser Abhandlung die Urteilslehre selbst gar nicht angegriffen wird –, so wenig darf sie der Standpunkt der theoretischen Philosophie überhaupt sein. So beruht das ganze Bestehen neutraler wertfreier Gebilde, die zugleich *logische* Phänomene wären, lediglich auf einer künstlichen Verdrängung sogar der gegensätzlichen Wertartigkeit, wie diese bereits auf einer künstlichen Verdrängung der urbildlichen Übergegensätzlichkeit sich aufbaute. An sich gibt es nur übergegensätzlich Wertartiges auf der einen und Sinnlich-Anschaulich-Wertfremdes auf der andern Seite. Erst auf den beiden Stufen der Künstlichkeit gesellt sich dazu zunächst die Gegensätzlichkeit und dann die Neutralität des Geltens und des Wertes. So erledigt sich durch die Einsicht in das Wesen der Wertgegensätzlichkeit auch das ganze Phänomen der Wertneutralität. –

Bei der Erörterung des Urteilssinnes läßt sich die Gegensätzlichkeit dessen, *als* was die primären Objekte [153]) vorschweben, also der Gefüge, die aus

Sinnfragment und zuerteilter Wertqualität [433/434] bestehen, der Gefüge des mit dem Ja und dem Nicht versehenen Sinnes, und der Gegensatz von Richtigkeit und Falschheit dieses positiven oder negativen Urteilssinnes auseinanderhalten. Es kann nun zunächst das, *als* was die Objekte der Urteilsentscheidung vorschweben, unabhängig von der ihnen anhaftenden Richtigkeit und Falschheit untersucht werden.

Die im Verhältnis zu der des primären Objekts verwickeltere Struktur des in der Bejahung und Verneinung vorschwebenden Sinngefüges beruht darauf, daß beim Bejahen und Verneinen die von der »Vorstellungsbeziehung« getrennte Wert- und Unwertqualität als etwas dieser ausdrücklich als zukommend Erachtetes vorliegt. Man muß geradezu sagen, daß der das Objekt der Bejahung bildende Sinn ein Hingehören der Wahrheitsgemäßheit, der das Objekt der Verneinung bildende ein Hingehören der Wahrheitswidrigkeit *zum* Sinnfragment enthält. Der der Bejahung und der Verneinung vorschwebende Sinn stellt also nicht etwa wie Wahrheitsgemäßheit und Wahrheitswidrigkeit ein bloßes Harmonieren und Disharmonieren von Kategorie und Kategorienmaterial, sondern ein Gefüge von Sinnfragment und Wertqualität, ein mit zuerteilter Wahrheitsgemäßheit oder Wahrheitswidrigkeit behaftetes Sinnfragment dar. Die Struktur des Urteilssinns muß so gedacht werden, daß als das eine seiner Elemente immer die bloße Vorstellungsbeziehung, als das andere Element die Wert- oder Unwertqualität gedacht wird. So muß die vollendete Urteilsstruktur als Niederschlag der beiden verschiedenen Etappen angesehen und danach gegliedert werden. Der Sinn des Urteils »a ist die Ursache von b« setzt sich aus der Vorstellungsbeziehung < a, b-Ursache > und der positiven Wertigkeit zusammen, die bei dieser Bejahung dem Sinnfragment als zukommend erachtet wird. [154])

Bejahung und Verneinung, Ja und Nein, sind die sprachlichen Ausdrücke für die Zuerteilung der Wahrheitsgemäßheit und Wahrheitswidrigkeit an das Sinnfragment. Sie sind Ausdrücke für das dem Sinn hingegebene Subjektsverhalten. Wendet man sich je-[434/435]doch dem Urteilssinn selbst zu, dessen bloßes Subjektskorrelat sie darstellen, so steht für die als zukommend erachtete Wahrheitswidrigkeit der sprachliche Ausdruck »nicht« zur Verfügung. »Nicht« ist nämlich die Bezeichnung nicht etwa für Wahrheitswidrigkeit, sondern für die im vollendet-gemeinten Sinn neben dem Sinnfragment isoliert auftretende und diesem als zukommend *erachtete* Wahrheitswidrigkeit. Nicht ist das Objektskorrelat von Nein, von Verneinen. Es ist nicht wie nein ein

Ausdruck für Subjektshingegebenheit an Sinn, sondern ein objektiver Ausdruck für einen Sinnbestandteil selbst, freilich für ein Element des vollendet immanenten Sinnes [155]). Leider gibt es dagegen für die gemeinte Wahrheitsgemäßheit als objektiven Sinnbestandteil keinen vom subjektiven Ja gesonderten Ausdruck, der sich vom Ja ebenso unterschiede, wie Nicht von Nein. Man muß sich deshalb mit dem einen Wort Ja für die subjektive Seite der Bejahung wie für das objektive Ja behelfen und das Ja verschiedendeutig in den beiden Gegensatzpaaren Ja-Nein und Ja-Nicht terminologisch verwenden [156]). Dazu kommt noch, daß bekanntlich das objektive Ja in der sprachlichen Formulierung weggelassen wird und an seine Stelle die bloße Aussageform tritt. Es heißt einfach: »a ist die Ursache von b« und nicht: »a ist ja die Ursache von b«. Empfindlicher ist der Mangel einer Bezeichnung für den ganzen in der Bejahung und Verneinung gemeinten Sinn, da die Ausdrücke positiv und negativ von zu weitem und vieldeutigem Gebrauch sind, und die Ausdrücke bejahter und verneinter Sinn sprachlich inkorrekt wären.

Es gibt somit drei Gegensätze des Sinnes: den von Wahrheits-[435/436]gemäßheit und Wahrheitswidrigkeit, von Ja und Nicht, von Richtigkeit und Falschheit. Die beiden letzteren kreuzen sich. Die beiden ersteren aber stehen in dem Verhältnis, daß nicht etwa der Wahrheitsgemäßheit und Wahrheitswidrigkeit, sondern nur der *gemeinten*, der vorschwebenden und dem Sinnfragment zuerteilten Wahrheitsgemäßheit und Wahrheitswidrigkeit das Ja und das Nicht korrespondiert, dagegen der Wahrheitsgemäßheit und Wahrheitswidrigkeit als dem Bejahungs- und Verneinungswürdigen nur das richtige Ja und Nicht entspricht. Zu diesen Gegensatzpaaren des Sinns kommen als bloße Korrelate die Gegensätzlichkeiten der dem entsprechenden Sinn hingegebenen Subjektivität hinzu: Bejahen und Verneinen, Treffen und irriges Verfehlen.

In die Lehre vom positiven und negativen Urteilssinn ist von neuem die Lehre von der Kopula hineinzuarbeiten. Die Kopula erschien früher als die künstliche qualitätsberaubte Relation zwischen den isolierten Elementen des immanent angetasteten Sinnes (vgl. oben S. 273 f. u. 297). Jetzt kann sie als das Bindeglied der Elemente innerhalb des Sinnfragments verstanden werden. Die Einteilung in Subjekt, Prädikat und Kopula ist deshalb die Untergliederung des einen der beiden Glieder des Urteilssinnes, nämlich der Vorstellungsbeziehung. Am Gesamtverhalten des urteilenden Erkennens bildet das bloße Prädizieren im Sinne des bloß »vorstellungsmäßigen« Kopulierens von Subjekt und Prädikat die gemeinsame wertindifferente Unterlage für das bejahende und verneinende Verhalten wie auch für das Verhalten, bei dem es zu keiner Entscheidung kommt (z. B. für die Frage). Man kann sagen, daß Subjekt und Prädikat durch Bejahung und Verneinung in eine entweder harmonische oder disharmonische Beziehung zueinander gesetzt werden sollen. Denn die Zuerteilung des harmonischen und disharmonischen Charakters an das Sinnfragment läßt sich in eine das Prädikat mit dem Subjekt für harmonierend oder disharmonierend erachtende, in eine zusprechende oder absprechende Zuerteilung des Prädikats an das Subjekt, äquivalent umformen. Das Prädizieren im Sinne eines solchen Zusprechens oder Absprechens ist also immer mehr als die Vornahme der bloßen Vorstellungsbeziehung, es ist die bereits mit hinzutretender Qualitätsentscheidung sich verbindende Herstellung des Sinnfragments. [436/437] So ist Subjekt, Prädikat und Kopula der sprachliche Ausdruck für die erste Etappe, für die Herstellung der Vorstellungsbeziehung, Ja und Nein dagegen der sprachliche Ausdruck für die hinzutretende Urteilsentscheidung. Insofern es die wertindifferente Verbundenheit der Elemente ist, die in der Urteilsentscheidung nachträglich für harmonisch oder disharmonisch erklärt wird, kann man mit Anpassung an diese potenzierte Künstlichkeit sich so ausdrücken, daß Bejahung und Verneinung sich auf nichts anderes als auf die Kopula beziehen kann [157]). Subjekt, Prädikat, Kopula, Ja und Nicht sind insgesamt Ausdrücke nicht für das Subjektsverhalten, sondern für Bestandteil objektiven Sinnes, freilich für die von der Subjektivität aufgegriffenen, immanent gewordenen Elemente, die darum, obwohl nicht Momente des Aussageverhaltens, so doch die Symptome ausdrücklicher Gemeintheit, ausdrücklicher Zuerteilung und »Ausgesagtheit«, an sich tragen.

Von der Unterscheidung der zwei Etappen des Subjektsverhaltens aus läßt sich die Streitfrage der Koordinierbarkeit des positiven und des negativen Urteils leicht entscheiden. Der Vorrang des positiven Urteils, der darin besteht, daß in der richtigen Bejahung indirekt das transzendente Urbild getroffen wird, während die Negation sich begnügt, eine Wahrheitswidrigkeit als solche bloßzustellen, ist unbestreitbar. Aber um so schärfer muß wiederum an der Koordiniertheit der logischen *Struktur* des positiven und des negativen Urteils festgehalten werden, wie ja vorher schon immer auf die Strukturebenbürtigkeit von positiver Wertigkeit und Unwertigkeit das größte Gewicht gelegt wurde. Wie in der Bejahung die Wahrheitsgemäßheit, so wird in der Verneinung die Wahrheitswidrigkeit dem Sinnfragment als zukommend erachtet. Die Verneinung ist eine Entscheidung über genau »*dasselbe*«, wie die Bejahung, nämlich über das Sinnfragment. Sie ist darum nicht, wie *Sigwart* und *B. Erdmann* wollen, ein Urteil über ein versuchtes oder vollzogenes positives Urteil, ein Urteil [437/438] über ein Urteil, ein Urteil über die Falschheit des entsprechenden bejahenden Urteils [158]). Das würde zu dem in der Einleitung nachgewiesenen Zirkel führen (vgl. oben S. 265). Vielmehr ist allen denen beizutreten, die wie *Lotze, Brentano, Bergmann, Windelband, Rickert* ein genaues Entsprechen von Bejahung und Verneinung lehren. Beide sind gleichmäßig die Entscheidung über ein Gebilde, hinsichtlich dessen die Entscheidung noch aussteht, also über das Sinnfragment. Auch das positive Urteil schließt sich als eine vollendende Etappe an die Herausgreifung des Sinnfragments an. Auch, was im negativen Urteil als ein Unwert hingestellt wird, ist die der Wertqualität noch entbehrende bloße *Unterlage* für Bejahung und Verneinung. Wenn *Sigwart* sagt, verneint wird nur, wo eine Bejahung in Frage kommt, so ist zu erwidern: bejaht *wie* verneint wird stets ein Gebilde, das zunächst nur in *Frage* steht, also bejaht *oder* verneint werden kann, ohne daß bereits eine darauf gerichtete Entscheidung gedacht werden darf. Die Urteilsentscheidung ist eben als ein durch Unkenntnis und Frage hindurchgegangenes Verhalten zu fassen. Mit Recht hat man sie darum als die Antwort auf eine Frage bezeichnet [159]).

Daß mit dieser Koordinierung von Positivität und Negativität der Vorrang des Positiven nicht in Widerspruch steht, ist bereits öfter hervorgehoben worden (vgl. oben S. 312, bes. 335). Während das negative Urteil sich damit begnügt, das vom Gegenstand abweichende wahrheitswidrige Gefüge als solches zu kennzeichnen, läßt sich von dem in der richtigen Bejahung vorschwebenden wahrheitsgemäßen Gefüge aus, nach Abzug der nachbildlichen Strukturüberdeckung, der Gegenstand selbst wiederherstellen (vgl. oben S. 313/314). So steht ausschließlich die Bejahung im unmittelbarsten Dienst des Endzwecks, der Gegenstandsbemächtigung. Von ihr führt ein einziger Schritt zum urteilsjenseitig-transzendentallogischen Erkennen (vgl. oben S. 339 f.), das, wie die übergegensätzliche Wahrheit jenseits von Wahrheitsgemäßheit und [438/439] Wahrheitswidrigkeit, selbst *jenseits von Ja und Nein* steht.

Nach der Behandlung des mit dem Ja und dem Nicht behafteten Sinnes ist nunmehr auch das Kriterium von Richtigkeit und Falschheit zu bestimmen. Da in der zweiten Etappe des Subjektsverhaltens nichts anderes als die Wertentscheidung hinzukommt, so kann auch Richtigkeit und Falschheit von nichts anderem abhängen als davon, ob dem Sinnfragment die ihm quasitranszendent gebührende Wertqualität zuerteilt wird oder nicht. Richtigkeit ist Zusammenstimmen, Falschheit Nichtzusammenstimmen zwischen Sinnfragment und Wertqualität. Der verneinenden Urteilsentscheidung »a ist die Ursache von b« liegt die Herausgreifung des Sinnfragments <a, b-Ursache> zugrunde. Die zunächst bloß indifferente kopulative Bezogenheit von a, b und Ursache wird im verneinenden Urteil für disharmonisch erklärt [160]). Angenommen nun, im primären Objektgefüge <a, b-Ursache> liegt dem quasitranszendenten Ansich nach eine Wahrheitsgemäßheit immanent vor, so stimmt also die in der Verneinung zuerteilte Wahrheitswidrigkeit nicht zum Sinnfragment; der vollendet-gemeinte Urteilssinn der Negation »a ist nicht die Ursache von b« (<a, b-Ursache>-Wahrheitswidrigkeit) ist also in sich nicht zusammenstimmend, es besteht eine Disharmonie zwischen dem Sinnfragment und der ihm zuerteilten Wahrheitswidrigkeit. Es liegt demnach ein falscher Sinn, ein falsches verneinendes Urteil vor. In dem von der Bejahung gemeinten Sinn »a ist Ursache von b« (<a, b-Ursache>-Wahrheitsgemäßheit) dagegen läge eine Harmonie zwischen Sinnfragment und als zukommend erachteter Wertqualität vor, die Bejahung enthielte somit einen richtigen Sinn. Hier zeigt sich, wie unerläßlich die Auseinanderhaltung der drei Gegensatzpaare, der Wahrheitsgemäßheit und der Wahrheitswidrigkeit, des mit dem Ja und mit dem Nicht behafteten Sinnes, der Richtigkeit und der Falschheit, ist.

So bestätigt sich denn, daß der gemessene Sinn immer um einen Grad komplizierter ist als sein relativ gegensatzloser Maßstab, hier also der Urteilssinn um einen Grad gekünstelter als das primäre [439/440] Objekt. Und wiederum entspricht dem Übereinstimmen und Nichtübereinstimmen des gegensätzlichen Sinnes mit dem Maßstab ein solches Zusammenstimmen und Nichtzusammenstimmen von dessen Elementen untereinander (hier also von Sinnfragment und Wertqualität), das es in der relativ gegensatzlosen Region des Maßstabs nicht gibt, und das auf einer Auseinanderreißung der Elemente beruht. Wiederum ist die Künstlichkeit solcher Isolierung der Elemente dem positivwertigen und dem unwertigen Sinn gemeinsam. Und wiederum kommt im falschen Gefüge noch die Verschobenheit der Wertqualität gegen das Sinngefüge hinzu. So baut sich der richtige und der falsche Sinn genau so über der Lockerung der quasitranszendenten Region auf, wie sich der wahrheitsgemäße und wahrheitswidrige über die Zerstücklung des transzendenten Urbilds erhob. Wie der urbildliche Gegenstand mit Verlust seiner eigenen Struktur als »Materie« in die primären Objekte hineinverarbeitet ist, so werden diese nachbildlichen Gefüge, gleichfalls unter Zerstörung ihrer Struktur, als »Materie der Urteilsentscheidung«, in den Urteilssinn einverleibt [161]).

Richtigkeit und Falschheit sind im Urteilssinn nicht mitgemeint, sie liegen nur in ihm vor. Gemeint sind dort vielmehr nur Wahrheitsgemäßheit und Wahrheitswidrigkeit als einem Sinnfragment zukommend. Im Urteilssinn gibt es somit neben dem vorschwebenden, mit dem Ja behafteten positiven und mit dem Nicht behafteten negativen Sinn, also neben dem, als was der Sinn gemeint ist, und neben der immanent vorliegenden Wahrheitsgemäßheit oder Wahrheitswidrigkeit noch die vorliegende Richtigkeit oder Falschheit. Es ist somit nicht nur zwischen immanent vorliegendem und als gemeint vorschwebendem, sondern auch noch zwischen dem, was innerhalb des letzteren als gemeint vorschwebt, und dem, was in ihm ungemeint bloß vorliegt, zu unterscheiden.

Von hier aus ist nun schließlich auch noch zu verstehen, daß der ganze Prozeß der Auseinanderreißung und der Prädizierung der losgerissenen Elemente sich noch weiter fortzusetzen vermag. Es kann nämlich nicht nur das Sinnfragment, sondern sogar auch das vom bejahenden oder verneinenden Urteil ablösbare Sinn-[440/441]gefüge, also das Gefüge des Urteilssinnes selbst, bloß »vorgestellt« werden. Dann wird die positive oder negative Qualität nicht als dem Sinnfragment zukommend gemeint, sondern als eine ihm zukommend gemeinte Qualität bloß »vorgestellt«. Man »versteht« dann, man vergegenwärtigt sich den Sinn des Urteils, aber man identifiziert sich nicht mit ihm, man urteilt nicht. Auch hier vermag sodann auf die bloße »Vorstellung« die Entscheidung über das bloß Vorgestellte nachzufolgen. Aber in diesem Falle ist das bloß Vorgestellte nicht das bisher behandelte Sinnfragment, sondern der Sinn des bejahenden und verneinenden Urteils, und entschieden wird über Richtigkeit und Falschheit, nicht über Wahrheitsgemäßheit und Wahrheitswidrigkeit. Ein derartiger bloßer Vorstellungsbestand stellt demnach ein Sinnfragment zweiter Ordnung, das sich aus dem Sinnfragment erster Ordnung und der ihr im Ja und Nicht zuerteilten Wertqualität zusammensetzt, ein Sinnfragment im Verhältnis zum richtigen und falschen Sinngefüge, dar, während die bisher stets behandelte »Vorstellungsbeziehung« ein Sinnfragment im Verhältnis zum wahrheitsgemäßen und wahrheitswidrigen Sinn war [162]). Das, was quasitranszendente Richtigkeit oder Falschheit hat, wird hierbei wiederum zunächst als dieser Wertqualität noch entbehrend erlebt. Erst eine Entscheidung über ein derartiges Sinnfragment zweiter Ordnung, ein solches Entscheiden über bereits entschiedenen Sinn, darf mit Recht als ein »Urteil über ein Urteil« bezeichnet werden, nicht aber, wie *Sigwart* will, schon die einfache Negation [163]).

Aus der vorangegangenen Charakterisierung der Richtigkeits- und Falschheitsregion geht hinlänglich hervor, daß die Subjektivität in der zweiten Etappe dem quasitranszendenten Sinn gegenüber in dieselben Schranken eingeschlossen ist, wie in der ersten Etappe gegenüber dem transzendenten Sinn. Wie aber ferner dort die Unkenntnis des transzendenten Ineinanders nur zur Zerstücklung des [441/442] transzendenten Sinnes, so führt auch die Unkenntnis der angetasteten Region zu nichts weiterem als zu einer neuen Verselbständigung von Elementen, die sich durch diese zweite Auseinandergerissenheit hindurch wiederum zu einem Reich quasitranszendenter Beziehungen zusammenschließen. Wie nämlich dort, die Lockerung des Bodens einmal vorausgesetzt, harmonische und disharmonische Beziehungen der Wahrheitsgemäßheit und Wahrheitswidrigkeit *bestehen*, genau so verhält es sich hier zum zweiten Mal: die weitere Zerspaltung in Sinnfragment und Wertqualität einmal angenommen, bestehen wiederum quasitranszendent zwischen ihnen die harmonischen und disharmonischen Richtigkeits- und Falschheitsbeziehungen. Sie gelten ganz unabhängig vom treffenden und irrenden Verhalten, und die Urteilsentscheidung besteht in nichts anderem als im Habhaftwerden solcher Richtigkeits- und Falschheitsgefüge, im Herausgreifen ihrer aus dem neuentstandenen quasitranszendenten Reich. Die eigentliche Aktivität ist auch hier mit einer Auflockerung, nämlich mit der Zerstücklung der primären Objekte beschlossen. Auch hier ist es unstatthaft – so sehr sich auch solche Anschauungsweise zunächst aufdrängt –, zu sagen, daß der falsche Sinn durch die Verfehlung, durch die Verkennung des immanent Vorliegenden angestiftet wird. Vielmehr bestehen die Falschheitsgefüge ebenso unabhängig vom Verfehlen, wie die Richtigkeitsgefüge vom Treffen, und das ganze Reich der Richtigkeit und Falschheit befindet sich in Abhängigkeit lediglich von der durch die Subjektivität verschuldeten Zerstücklung der primären Objekte. So wenig wie für das Bestehen der Wahrheitswidrigkeit, bildet das Verfehlen die Voraussetzung auch nur für das Bestehen der Falschheit [164]). Es *bestünden* die disharmonischen Beziehungen zwischen den durch die Subjektivität infolge ihrer Unkenntnis auseinandergerissenen Elementen (den Sinnfragmenten und der Wertqualität), auch wenn auf die anfängliche Unkenntnis als Schlußakt des Erkennens eine unfehlbare Entscheidung folgte. Die Aktivität des Verfehlens aber erschöpft sich darin, daß es der Subjektivität dabei passiert, einzelnen falschen Sinn aufzugreifen. Denn das »Zuer-[442/443]teilen« der Wertqualität ist ja nichts anderes als das Erfassen eines quasitranszendenterweise disharmonischen Gefüges zwischen dieser Wertqualität und einem Sinnfragment. Das Irren ist genau so ein Habhaftwerden als eines an sich Bestehenden wie das Treffen. Was das Treffen und Verfehlen aufgegriffen und erlangt hat, liegt denn auch als Richtigkeit und Falschheit des Urteilssinnes vor, unabhängig von jedem Meinen und Dafürhalten, genau so unabhängig wie die Wahrheitsgemäßheit und Wahrheitswidrigkeit des primären Objekts. Freilich ist das Irren eine irreduzible Tatsache. Aber es ist die Veranlassung nicht für das Bestehen der falschen Sinngefüge, sondern lediglich dafür, daß sie über ihren bereits durch die Unkenntnis allein verschuldeten quasitranszendenten Bestand hinaus ins Erleben eingehen.

Mit all dem ist nun bereits gesagt, daß es genau in demselben Sinne die Absolutheit und Quasitranszendenz wie des wahrheitsgemäßen und wahrheitswidrigen so auch des richtigen und falschen Sinnes gibt. Absolut ist die Kluft zwischen Richtigkeit und Falschheit. Es bestehen in zeitloser Ewigkeit die Harmonien und Disharmonien zwischen Sinnfragment und Wertqualität. Wiederum spielen sich die Beziehungen des Sinnes zwischen lauter erhalten gebliebenen Elementen der transzendenten und immanent-angetasteten Region ab, bloß daß nicht nur ein einfaches, sondern ein zweifaches isolierendes Zubehauensein ihnen zuteil geworden ist. Es ist der richtige und falsche Sinn wieder ablösbar von den zeiterfüllenden Akten, und wiederum gilt: was meßbar ist an Sinn, muß selbst sinnartig sein.

Es kann deshalb keine Rede davon sein, daß der Irrtum mit bloß psychischem sinnfremdem Erlebensbestand zusammenfällt und nicht in den Bereich logischer Betrachtung gehört. Die Unrichtigkeit ist genau so sinnartig überhaupt wie die Richtigkeit, die Richtigkeit genau so entfernt vom urbildlichen Sinn wie die Unrichtigkeit. Es gibt in der Tat Falschheiten an sich ebenso wie Richtigkeiten an sich, »ewige Unwahrheiten« (*Palagyi*) wie »ewige Wahrheiten«. Wenn man, wie in dieser Abhandlung geschieht, die Künstlichkeit sich möglichst weit herauf in der Region des Sinnes erstrecken läßt, so ist die Kehrseite davon, daß die Sinnartigkeit überhaupt möglichst tief nach unten ausgedehnt wird. [443/444]

Mit dem von den Akten der Urteilsentscheidung ablösbaren richtigen und falschen Sinn ist endlich der »Sinn des Satzes« und »des Urteils«, also das, was stets als Prototyp des Sinnes, der theoretischen Gültigkeit, der theoretischen Wertigkeit und Unwertigkeit gegolten hat, erreicht. Es fällt auch mit den Wahrheiten und Falschheiten an sich *Bolzanos*, mit den idealen Urteilsinhalten oder Aussagebedeutungen *Husserls* zusammen. Die Koordinierung aber von »Wahrheiten« und »Falschheiten an sich«, gerade diese häufig bestrittene Position *Bolzanos* und *Husserls* [165]), hat ihre tiefe Berechtigung. –

In der Lehre vom Urteilssinn gilt es, die Einsicht, daß es neben den gegensatzlosen und gegensätzlichen Geltungs- und Wertphänomenen transzendenter und quasitranszendenter Weise keinerlei geltungs- und wertindifferente bloß »vorstellungsmäßige« logische Gebilde gibt, noch in einer anderen Hinsicht zu befestigen. Sie muß sich jetzt an den einzelnen Bestandteilen der geltungsartigen Ganzheiten bewähren. Es läßt sich zeigen, daß die zusammengesetzten Glieder, die sog. »Begriffe« als Bestandteile des Urteils, sich in bezug auf Geltungs- und Wertartigkeit gar nicht von den Urteilsgefügen unterscheiden. Dieser Sachverhalt ergibt sich jetzt als eine einfache Konsequenz der im ersten Kapitel vorgenommenen Nivellierung von »Begriff« und »Urteil«.

Zu diesem Zwecke brauchen bloß die für die Objektsgefüge der Urteilsentscheidung gewonnenen Unterscheidungen auf die Begriffe übertragen zu werden. Da ist vor allem auseinanderzuhalten, was der Gemeintheit und was dem quasitranszendenten Ansich nach in den Begriffen enthalten ist. Der bloßen Gemeintheit nach repräsentieren nämlich die Begriffe in ihrer Isoliertheit, aus dem Satzgefüge herausgerissen, als ανευ συμπλοκης λεγομενα, einen bloßen Niederschlag zusammengedrängter bloßer »Vorstellungsbeziehungen«. Lediglich die erste Etappe der Subjektsaktivität ist dann in ihnen niedergelegt. Die Begriffe, als ανευ συμπλοκης λεγομενα, können deshalb, wie von Aristoteles bis zur Gegenwart einmütig gelehrt wird, weder richtig noch falsch sein, freilich nicht, weil sie Elemente, sondern weil sie wertberaubte Gefüge darstellen. [444/445] Richtigkeit und Falschheit kommen erst im Urteil hinzu. Aber im Urteilsgefüge wird mit der Entscheidung über das dort im Vordergrund stehende, also über das im Einzelfall aktuell gemeinte Sinnfragment, implicite auch über die im Zustande begrifflicher Niedergelegtheit befindlichen Nebenkopulationsgefüge, also über die bereits immanent gewordenen und als herausgegriffen fixierten Sinnfragmente, *mit*entschieden. In dem Urteil »insektenfressende Pflanzen kommen in Europa vor«, wird nicht nur das Vorkommen dieser Pflanzen in Europa, sondern implicite auch das Sinnfragment »insektenfressende Pflanzen« selbst als ein wahrheitsgemäßes hingestellt, so daß im ganzen Urteil das Nebenurteil »es gibt insektenfressende Pflanzen« oder »einige Pflanzen fressen Insekten« eingeschlossen liegt, ein Urteil, das nun wiederum richtig oder falsch sein kann [166]). So wird im Kausalurteil über Dinggefüge mitentschieden usw. Kurz, die nicht mehr isoliert auftretenden, sondern in einem von der Urteilsentscheidung bereits ergriffenen Objektsgefüge stehenden Begriffe bedeuten viel mehr als die Begriffe in ihrer Verselbständigung; sie sind dem Sinne nach Urteilsgefügen äquivalent, und es ist lediglich eine Angelegenheit des erkennenden Herausgreifens, daß sie im Einzelfall zur Rolle der Begriffsstellung im Rahmen eines Urteilsgefüges herabgedrückt sind [167]) [168]).

Charakterisieren sich somit die isolierten Begriffe als Niederschlag von Sinnfragmenten, so ist wiederum einzusehen, daß sie nichtsdestoweniger der Quasitranszendenz nach wahrheitsgemäß oder wahrheitswidrig sind. Es ist ganz zutreffend, daß das Begriffsgefüge »insektenfressende Pflanzen« oder »viereckiger Zirkel« weder richtig noch falsch ist. Denn um Richtigkeit oder Falschheit zu bekommen, muß freilich erst abgewartet werden, wie sich das Urteil dazu stellt, ob es das erste Gefüge richtig bejaht, das zweite richtig verneint. Trotzdem bilden diese Gefüge als bloße »Vor-[445/446]stellungsbeziehungen« die Unterlage für einen unabhängig von der Entscheidung immanent vorliegenden Wert oder Unwert, die erste für eine Wahrheitsgemäßheit, die zweite für eine Wahrheitswidrigkeit. Das leuchtet auch unmittelbar ein. Aber um es zu begreifen, dazu ist erforderlich, neben dem Gegensatzpaar von Richtigkeit und Falschheit ein davon unabhängiges zweites, das von Wahrheitsgemäßheit und Wahrheitswidrigkeit, anzuerkennen. Erst dann befreit man sich von dem Dogma, daß es Wert und Unwert nur da gibt, wo »geurteilt« wird.

Es besteht somit in bezug auf Geltungs- und Wertartigkeit gar kein Unterschied zwischen den einzelnen Begriffen und den ganzen Objektsgefügen der Urteilsentscheidung. Jene sind ebenso wie diese als »Materie« der Urteilsentscheidung bloße Vorstellungsbeziehungen, als primäre Objekte der Quasitranszendenz nach dennoch wahrheitsgemäß oder wahrheitswidrig, innerhalb des Urteilssinnes richtig oder falsch. Die ganze Lehre von dem Unterschied der »Vorstellungen an sich« von den »Sätzen an sich« und den Urteilen, von den einzelnen Satzbestandteilen als bloßen, der Wertgegensätzlichkeit nicht unterliegenden »Bedeutungen« im Unterschied zur Geltungs- und Wertartigkeit der Sätze [169]), wird hinfällig, wenn mit der bloß psychologisch-grammatischen Relevanz des Unterschieds von »Begriff« und »Urteil« ernst gemacht wird [170]). Die Begriffe repräsentieren im Unterschiede zum Satz oder Urteil lediglich die im Einzelfall im Hintergrund stehenden Gefüge [171]), deren Geltungs- und Wertartigkeit von der des Hauptgefüges bloß überstrahlt wird, wodurch der Anschein entsteht, als baue sich dieses auf ihnen als auf bloß wertindifferenten Bestandteilen auf. Allein die eigentlichen Elemente des im Mittelpunkt stehenden Hauptgefüges sind ja Kategorie und Kategorienmaterial, und die Begriffe spielen nicht die Rolle von Bestandteilen, sondern von sich eingliedernden, dem Sinne nach dem Urteilsgefüge ebenbürtigen Nebengefügen. So läßt sich alles auf kategoriale Formen, [446/447] Sinnganzheiten und Sinnfragmente zurückführen, und es gibt daneben nicht als etwas Andersartiges die bloß begrifflichen »Bedeutungen«. –

Das doppelte Maßstabsverhältnis zwischen den Regionen des dreifach abgestuften Sinnes läßt sich auch als ein doppeltes Normationsverhältnis ansehen. Wie nämlich der Sinn im Verhältnis zu dem an ihm meßbaren gegensätzlich geteilten Sinn zum relativ gegensatzlosen Maßstab wird, so wird er zur »Norm« im Verhältnis zu dem gegensätzlich gespaltenen Verhalten, das dem gemessenen Sinn als Subjektskorrelat entspricht [172]). Denn in Norm oder Forderung liegt außer der Bedeutung des Maßstabs noch der Hinweis auf einen Adressaten der Norm und d. h. auf ein Verhalten, das sich nach der Norm zu richten hat. Norm ist das an die Adresse der Subjektivität Gerichtete, ist Richtpunkt für die Subjektivität. Dem Fordern und der Norm entspricht das Gehorchen, das Erfüllen, das in der Region der Gegensätzlichkeit ein Befolgen oder Übertreten sein kann. Da nun jedes tatsächliche Erkennen ein durch die Unkenntnis und die Unterwühlung des transzendenten Urbilds hindurchgegangenes und darum gegensätzlich gespaltenes ist, so pflegt sich mit dem Forderungscharakter die Bezogenheit auf die der Norm zuteil werdende gegensätzliche Stellungnahme, auf das Treffen und Verfehlen, ohne weiteres zu verbinden. In die selbst gegensatzlose Norm wird das Hinblicken auf eine nicht gegensatzlose, sondern gegensätzlich gespaltene Subjektivität hineingetragen. Dadurch wird es möglich, der gegensatzlosen Norm ein gegensätzlich gerichtetes Bedeutungsmoment anzuhängen. Die Norm kann in ihrem Zugekehrtsein nach der einen wie nach der andern Richtung betrachtet und dadurch in ein Gebieten nach der einen und ein Verbieten nach der andern Seite hin zerlegt werden. Aber das gegensatzlose Fordern ist es, was sich hier in ein Gebieten und Verbieten spaltet. Denn – um im Bilde zu bleiben – *erlassen* werden Gebot und Verbot an die entgegengesetzten Adressen vom selben Ausgangspunkt aus.

Es ist aber keineswegs unerläßlich, sondern nur eine der allzugroßen Vertrautheit mit der gegensätzlichen Region entstammende [447/448] Gewohnheit, den Normgedanken mit der Bezogenheit auf die Gegensätzlichkeit zu verknüpfen. Es springt vielmehr der Forderungscharakter bereits hervor, wenn das transzendente Gelten lediglich auf die bloß empfangende, aber nicht gegensätzlich gespaltene Subjektivität bezogen gedacht wird. Es bedarf für den Normbegriff gar nicht des Hintergedankens an die fortwährend vom Unwert des Verfehlens bedrohte Subjektivität. Es genügt für ihn schon völlig, dem Sinn die Subjektivität überhaupt als die bloße Empfängerin und Realisierungsstätte gegenüberstehend zu denken. Die Normativität des Sinnes springt nämlich schon durch seine Bezogenheit auf die Aktivität eines Subjektverhaltens überhaupt, durch den Hinblick auf eine Adresse überhaupt, auf die bloße ihm eine Stätte gewährende Subjektivität, heraus. Das Fordern bedeutet lediglich die Erforderlichkeit für eine sich dem Sinn möglicherweise hingebende Subjektivität, ist also nur eine durch den begleitenden Nebengedanken an ein Verhalten überhaupt bedingte Nüance des transzendenten Wertes [173]). Für die besondere Färbung der Normativität genügt eben – so läßt sich das Vorangegangene zusammenfassen – das Konfrontieren des Sinnes mit der Tatsächlichkeit des Erlebens, über die Kluft hinweg, die zwischen Sinn und tatsächlichem Substrat besteht, der Hinblick auf das Sinnfremde des Erlebnisses, in das einzugehen dem Sinn dennoch gestattet ist. Nicht die Übertretbarkeit, d. h. die gegenüberliegende Möglichkeit gegensätzlichen Verhaltens, sondern die Realisierbarkeit überhaupt, nicht die Bezogenheit auf die Gegensätzlichkeit, sondern auf die Geltungsfremdheit des tatsächlichen Erlebens, ruft den Normcharakter am transzendenten Sinn hervor [174]).

Es kommt somit darauf an, auch dieses Derivativum des Geltungsbegriffs, die Norm oder das Fordern, von seiner Verschlingung mit der Gegensätzlichkeit loszulösen. Die letzte Kluft ist nicht die zwischen der Norm auf der einen und Befolgung wie Übertretung auf der andern Seite, sondern zwischen dem Geltungsartigen überhaupt, das primär gegensatzlos ist, jenseits der Gegensätze steht, [448/449] auf der einen und dem Geltungsfremd-Seienden der Erlebenstatsächlichkeit, das zugleich wert- und unwert-, also gegensatzfremd ist, diesseits der Gegensätze steht, auf der andern Seite.

Endlich ist noch zu beachten, daß die Relativität der Gegensatzlosigkeit für die Norm genau so gilt wie für den Maßstab. Die gegensätzliche Wahrheitsgemäßheit und Wahrheitswidrigkeit ist gegensatzlose Norm der Richtigkeit und Falschheit. Aber auch die Wahrheitsgemäßheit allein kann man als Norm über dem treffenden und verfehlenden Subjektsverhalten, freilich als eine bloße Bejahungsnorm, aufstellen. Schließlich braucht aber die Norm nicht einmal relativ gegensatzlos im Verhältnis zu dem zu sein, was normiert werden soll. Wie denn auch zu allen Zeiten der positive Wert als seine eigene und als Norm des Unwerts angesehen worden ist. So kann die positive Richtigkeitsnorm sehr wohl als an das treffende und verfehlende Erkenntnisverhalten ergehend, als gebietende und verbietende Forderung, gedacht werden. Auch im letzteren Falle steht einer *ein*heitlichen Norm eine *zwei*heitliche Befolgung gegenüber, wird an der Einen Norm die Gegensätzlichkeit eines Verhaltens gemessen. Auch dieser Norm kommt Absolutheit und Quasitranszendenz zu. Und doch wird der Gedanke der Gegensatzlosigkeit damit noch gar nicht erreicht. Wie ja auch die Gegenüberstellung von Norm auf der einen, Normgemäßheit und Normwidrigkeit auf der andern Seite, also die ganze Normtheorie, niemals zum Begriff der Gegensatzlosigkeit zu führen braucht (vgl. auch oben S. 349 u. 351). –

Die Berücksichtigung der verschiedenen Rollen, die die Subjektivität [175]) dem Sinn gegenüber zu spielen vermag, ermöglicht jetzt einen Überblick über die Gesamtheit des erkennenden Verhaltens. In Anbetracht der Lehre vom immanenten Sinn leuchtet zunächst ein, daß die Einteilung in die durch den Sinn bestimmten und in die durch die Subjektivität selbst erzeugten Verschiedenheiten des Subjektsverhaltens nicht ausreicht [176]). Hat sich doch [449/450] ergeben, daß es solche Unterschiede des Subjektverhaltens gibt, die zwar einerseits gar nicht bloßes Korrelat eines von der Subjektivität unabhängigen Sinnes sind, die vielmehr s. z. s. der Initiative der Subjektivität entspringen, für die aber die Subjektsaktivität dennoch nur so die Voraussetzung schafft, daß sie doch wiederum zu einem bloßen Subjektskorrelat gegenüber der von ihr selbst angestifteten Region des Sinnes wird. Von solcher Art erwiesen sich die Unterschiede der Urteilsqualität [177]), des Bejahens und Verneinens, und die Unterschiede des Treffens und Verfehlens.

Es gibt aber endlich in der Tat auch solche Verschiedenheiten des Subjektsverhaltens, denen Unterschiede des Sinnes in keiner Weise entsprechen, die eine Vielheit subjektiven Verhaltens darstellen bei *Gleichheit* des Sinnes.

Hier muß das principium divisionis ausschließlich auf seiten der Subjektivität stehen, da ja der Sinn in diesem Fall eine Konstante bildet. Die Differenzierung wird hier dadurch allein bewirkt, daß dem gleichen Sinn sich ein variierender Erlebensbestand gegenüberbefindet. Auch bei diesen rein der Variabilität des Erlebens verdankten Subjektsunterschiedlichkeiten kommt freilich für die Logik nicht ein bloßer mannigfacher bedeutungsfremder psychischer Bestand als solcher, sondern dieser Bestand in seiner Zugekehrtheit zu und Bekümmertheit um Sinn in Betracht.

Es kann nun das auf das bloße Herstellen der »Vorstellungsbeziehung« folgende und das Erkennen abschließende Stellungnehmen zur Wertqualität ein unentschiedenes oder ein sich entscheidendes Verhalten sein, und je nachdem gehört es dem Bereich der Subjektskorrelate von objektivem Sinn oder der bloßen Subjektivitätsunterschiede an. Ausschließlich bei dem sich entscheidenden Verhalten kommt es nämlich zur Abgeschlossenheit eines dem Verhalten vorschwebenden und von ihm ablösbaren Sinnes. Daraus geht hervor, daß gerade das sich entscheidende Verhalten, also Bejahen und Verneinen, den Typus der Subjektskorrelate aufweisen muß. Aber aus dem Begriff des Sinnes folgt ferner sogleich, daß es neben Bejahen und Verneinen keine dritte Urteilsqualität geben kann, so wahr alle Gegensätzlichkeit eine [450/451] zweigliedrige Disjunktion, nämlich die von positivem Wert und Unwert, darstellt. Richtet sich die Urteilsqualität nach der Wertqualität vorschwebenden Sinnes, so gibt es nur zwei Arten der Qualität. Es empfiehlt sich darum auch, nur das zur Entscheidung über die dem Sinnfragment zuzuerteilende Wahrheitsgemäßheit oder Wahrheitswidrigkeit gelangende Verhalten, weil es nur in ihm zur Ganzheit eines gemeinten Sinnes kommt, als »Urteilen« auszuzeichnen, nur das Verhalten somit, das dementsprechend Richtigkeit und Falschheit mit sich zu bringen vermag, oder nur das, was – wie seit Aristoteles mit Recht gelehrt wird – »wahr« und »falsch« sein kann. Unter diesem Gesichtspunkt der Trägerschaft ablösbaren Sinnes läßt sich weder die Frage noch das problematische Verhalten (»problematisches Urteil« bei *Windelband*) der Bejahung und Verneinung koordinieren, und es folgt daraus der Satz von der ausgeschlossenen dritten Qualität des Urteils. [178])

Es zeigt sich nämlich auf der andern Seite, daß neben Bejahung und Verneinung alles übrige, auf die erste rein »vorstellungsmäßige« Etappe der theoretischen Subjektivität folgende, also irgendwie zur Wertqualität stellungnehmende Verhalten bereits jener prinzipiell anderen Region der Subjektivität angehört, bei der es sich um reine Subjektsunterschiede handelt.

Was zunächst die Frage anlangt, so ist ersichtlich, daß sie der Bejahung und Verneinung nicht koordiniert werden kann. Zwar sind Bejahung, Verneinung und Frage drei verschiedene Verhaltungsarten zum »selben« Sinnfragment. Danach könnte es auf den ersten Anblick so aussehen, als sei bei der Gleichheit des objektiven Bestandes die Differenzierung allein durch die Subjektivität bewirkt. Allein es hat sich ja vorher herausgestellt, daß der Unterschied von Bejahen und Verneinen mit der Gegensätzlichkeit eines dabei vorschwebenden *Sinnes* als eines ablösbaren Objektes verbunden ist. Denn gerade die Wertqualität stellt ja ein Moment des *Sinnes* und nicht der Subjektivität dar. Der Unterschied von Bejahen und Verneinen bestimmt sich somit keineswegs [451/452] etwa durch die bloße Subjektivität des Verhaltens bei Gleichheit des Objektes. Dagegen die Frage spezifiziert sich als ein Drittes neben Bejahen und Verneinen nicht durch das Auftreten irgend einer neuen Qualität des als Objekt ablösbaren Sinnes [179]). Vielmehr bildet hier das subjektive Verlangen nach Entscheidung einzig und allein das differenzierende Moment.

Für das problematische Verhalten [180]) aber ist entscheidend, daß es als Nullpunkt in einer graduierbaren, von diesem Nullpunkt an aufsteigenden und absteigenden Reihe gefaßt werden muß. Man vergegenwärtigt sich aber die reinen Subjektsunterschiede gerade am besten durch Hinblick auf die Gradunterschiede der Gewißheit, in denen das problematische Verhalten die besondere Stellung der Indifferenz einnimmt. Allerdings ist auch mit der Gewißheit zweifellos kein sinnunbekümmerter Erlebensbestand bloß als solcher, sondern ein der theoretischen Wertqualität zugewandtes »Gefühl« gemeint [181]). Es läßt sich sogar ausmachen, daß Wahrheitsgemäßheit und Wahrheitswidrigkeit wie Bejahung und Verneinung fordernd, so auch Gewißheit heischend sind. Es bestehen ferner zweifellose Beziehungen zwischen Gewißheit und Urteilsentscheidung. Urteilsentscheidung ist mit Gewißheit verbunden, bei der Nichtentscheidung fehlt sie. Trotzdem liegt die Gewißheit in einer ganz anderen Schicht der Subjektivität als die beiden Subjektskorrelate Bejahung und Verneinung. Das erhellt einfach daraus, daß es *demselben* immanent-gemeinten und vorschwebenden Sinngefüge gegenüber, dem nur das ungraduierbare einfache Bejahen und Verneinen entspricht, eine unendliche Abstufbarkeit der Gewißheit gibt [182]). Da hier also der Fall eintritt, daß verschiedenerlei Subjektsverhalten bei Gleichheit des objektiven Sinnes vorliegt, so können die

Gradunterschiede der Gewißheit [452/453] allein auf Rechnung der Erlebensseite kommen. Es gibt mehr oder weniger gewisse Bejahungen oder Verneinungen desselben Objekts. Dasselbe gilt für die verschiedenen Ungewißheitsgrade beim unentschiedenen Verhalten zum Sinnfragment, wobei gleichfalls objektiv das Gleiche vorliegt, nämlich das Sinnfragment und die beiden rivalisierenden Wertqualitäten, von denen keine herausgegriffen und herausgemeint wird. Bejahung und Verneinung sind als bloße Subjektskorrelate objektiven Sinnes so ungraduierbar wie der Sinn selbst, wie theoretischer Wert und Unwert, wie Positivität und Negativität. In den Subjektsphänomenen abstufbarer Gewißheit und Ungewißheit jedoch ist ein Erlebensbestand von kontinuierlicher Gradabstufung hineingenommen. Schon die Kontinuierlichkeit des Intensitätsgrades ist ein Symptom dafür, daß diese Variabilität nicht vom Sinn, sondern nur vom Erlebensbestand herrühren kann. Denn kontinuierliche Intensitätsabstufung gibt es nur in der Sphäre des Sinnlichen, aber nicht in der des Sinnes und des Wertes. Gewißheit, dieses Graduierbare, tritt deshalb als etwas Andersartiges stets zu Bejahung und Verneinung, diesem Ungraduierbaren, hinzu und liegt in einer ganz anderen Schicht der Subjektivität, in einer Schicht, der auch das problematische Verhalten angehören muß.

Auf die Konsequenzen, die sich daraus für die Lehre von der Frage, vom problematischen Verhalten und von den Unterschieden der »Modalität« ergeben, soll hier jedoch nicht eingegangen werden.

Soviel aber wird schon hier ohne weiteres ersichtlich, daß alle sog. Einteilungen der Urteile und alle Urteilstafeln ihre Einteilungsprinzipien aus allen möglichen Regionen der Subjektivität und des Sinnes herholen und sie unbekümmert um ihren ganz verschiedenen logischen Ort nebeneinander aufführen. Die einzige im Spezifikum der Urteilsregion heimische Einteilung ist die nach der Qualität. Alle übrigen Einteilungen betreffen irgendwie in die Urteilsregion von auswärts hineinragende Momente, solche des kategorialen Formgehalts wie der bloßen Subjektivität. In die Lehre von der Modalität spielen bloße Subjektsunterschiede hinein. Bei den Arten der Quantität und der Relation handelt es sich teils um kategorialen Formgehalt, teils um Strukturrelationen der [453/454] »formalen Wahrheit«. Was alles im Kapitel des Urteils abgehandelt wird, stellt somit gar nicht irgendetwas Einheitliches dar, das es rechtfertigt, es einem bestimmten Abschnitt der Logik zuzuweisen.

Da vom Standpunkt der doppelten Auseinanderreißung aus, der für die Urteilsregion maßgebend ist, das der gegensätzlichen Wertqualität und damit des Wertes noch beraubte Sinnfragment das »Objekt« der bejahenden und verneinenden Entscheidung bildet, die Wertqualität erst mit dem entscheidenden Verhalten herzugebracht wird, so lassen sich unter diesen Voraussetzungen der Urteilstheorie die Unterschiede nach der Qualität und nach der kategorialen Relation als Einteilungen nach dem subjektiven Stellungnehmen und nach der Verschiedenheit des Urteilsobjekts charakterisieren [183]). Wobei jedoch eben nicht zu vergessen ist, daß die Einteilung nach der Qualität in Wahrheit nicht eine bloße Scheidung des Verhaltens, sondern zugleich des Wertes und des Sinnes ist, und sodann, daß das »vorstellungsmäßige« Objekt nur infolge gesteigerter Künstlichkeit seines Wertcharakters beraubt erscheint.

Die Lehre von der Urteilsgegensätzlichkeit – darauf soll hier zum Schluß lediglich hingedeutet werden – weist auf umfassendere Aufgaben der gesamten philosophischen Wertlehre hin. Es dreht sich dabei um den Ursprung der Wertgegensätzlichkeit überhaupt. Er wird verschieden erklärt werden müssen für solche Wertgebiete wie das theoretische und das ästhetische, auf denen es immanente, aber transsubjektive, von den Subjektsakten loslösbare, gegensätzlich gespaltene Sinngebilde gibt, und für solche Wertgebiete wie das ethische, bei denen gerade auch die Spaltung in die Gegensätze ganz und ausschließlich auf Rechnung des Subjektsverhaltens kommt. Sodann wird die Frage aufzuwerfen sein, ob auch auf ästhetischem Gebiet den positivwertigen und unwertigen Gebilden ein übergegensätzliches Urbild, dem Geschaffenen ein Ungeschaffenes, gegenübersteht. Für die Logik besteht jedenfalls das Geheimnis der Wertgegensätzlichkeit darin, daß aus der Be-[454/455]rührung der übergegensätzlichen transzendenten Wertregion und der für sich untergegensätzlichwertfremden sinnlichen Tatsächlichkeit des Erlebens – denn das Erleben als solches ist zeitliches Faktum und damit der sinnlichen Realität zugehörig – das immanente Zwischenreich des Gegensatzes und so auch des Unwertes hervorgeht. Die sinnlich-wertfremde Erlebenstatsächlichkeit wird somit allerdings zur Ursprungsstätte des Unwerts. Und doch zeigt sich gerade hier, wie die eigentlichen Pole im All des Denkbaren durch das gegensatzentrückte Transzendente und die gegensatzfremde »Materie« gebildet werden. [455/456]

Anmerkungen zu »Die Lehre vom Urteil.«

{Die folgenden Textanmerkungen von Emil Lask fanden sich in den bisherigen Ausgaben in den Fußzeilen der Seiten. Anmerkungen ohne Stern sind die Anmerkungen der Einzelausgabe; Anmerkungen mit Stern geben die Bemerkungen aus dem Nachlaß wieder, die zum ersten Mal in der Ausgabe der Gesammelten Schriften 1923 abgedruckt wurden.}

1)* Nein! Diese Stelle ist die *Abbildlichkeit.*

2) Vgl. meine Schrift: Die Logik der Philosophie und die Kategorienlehre, 1911, II. Teil, 2. Kapitel.

3) *Kant* bestimmt: »Das Gegenteil von der Wahrheit ist die Falschheit, welche, sofern sie für Wahrheit gehalten wird, Irrtum heißt«. Logik (Jaesche), Einl. VII. Da der Irrtum dem Akt als solchem zugeschrieben wird und die Falschheit den Sinn betrifft, so wird beides zuweilen nicht ganz scharf als psychologisches und logisches Phänomen einander gegenübergestellt, vgl. *R. Richter,* D. Skeptizism. i. d. Philos., II, 1908, 176. Nach *Husserl* gehen »die logischen Prädikate wahr und falsch«, die »Inhalte« »im Sinne idealer Aussagebedeutung« an, während »Richtigkeit« dem Urteile zukommt, das den wahren Inhalt zum Objekt hat. Logische Untersuchungen I, 1900, 176 Anm., vgl. auch II, 594 ff. Vielleicht ist die Unterscheidung verschiedener Bedeutungen des φευδος bei *Aristoteles,* Met. V, 29, 1024 b, in demselben Sinne zu interpretieren (vgl. den Exkurs über Aristoteles Kap. I, Abschn. 1 Ende), wie denn überhaupt Aristoteles Urteil und »Urteilsinhalt« auseinanderhält, vgl. z. B. cat. c. 10, 12 b 6 ff. und *Maiers* Auseinanderhaltung einer objektiv-logischen und einer subjektiv-psychologischen Seite am Aristotelischen Urteil, D. Syllogistik d. Aristoteles, I, 1896, 10 ff., 24 ff., 102-106.

4) Worunter also niemals der Sinn des Urteils als des Urteilsaktes, d. h. die bedeutungsvolle Trägerschafts- und Subjektsleistung des Anerkennens und Verwerfens verstanden wird.

5)* Diese Argumentation muß geführt werden unter Voraussetzung, daß im *Maß* der *Gegenstand* ist.

6)* Die primären Gefüge sind *überhaupt* noch nicht Sinn, sondern Einverleibsel des Sinngefüges!

7) *Bolzano,* Wissenschaftslehre I, 1837, 176 ff., 85, 98 ff., *Husserl,* Log. Unters., z. B. I, 174 ff., II, Abschn. I u. passim, *Bergmann,* Reine Logik, 1879, 10 ff., *Rickert,* Zwei Wege der Erkenntnistheorie, Kantstudien 1909, 27 ff., *Marty,* Untersuch. z. Grundl. d. allg. Gramm., 1908, 291 ff., *Meinong,* Über Annahmen[2], 1910, 42 ff., *Stumpf,* Erscheinungen u. psych. Funktionen, Berl. Ak.-Abh. 1907, 30, *Gomperz,* Weltanschauungslehre, II, 1, 1908, 2 ff., 61 ff., 75, 85 f.

8) *Meinong,* a. a. O. 44, unterscheidet zwischen dem »Gegenstand, *der ge*urteilt wird« und dem »Gegenstand, *über* den geurteilt oder der *be*urteilt wird«. Jedoch fällt der

Gegenstand in der letzteren Bedeutung nicht mit dem Objekt der Urteilsentscheidung in dem hier vertretenen Sinne zusammen.

9)   Während die *ganze* Region des »Sinnes« als ein Mittleres erscheint zwischen dem Subjektsakt und dem Gegenstand (das Stoische λεκτον als ein μεσον του τε νοηματος και πραγματος, vgl. *Prantl*, Gesch. d. Log. I, 1855, 416 Anm. 50).

10)   Reine Logik, 230 vgl. auch 176. Es ist nicht Neigung zu terminologischer Neuprägung, wenn hier die Bergmannsche Terminologie geradezu umgekehrt wird. Es widerstreitet dem Sprachgebrauch völlig, die Richtigkeit in das Objekt der Urteilsentscheidung und damit in das sachliche Prius, die Wahrheit in die Urteilsentscheidung selbst und damit in das sachliche Posterius zu verweisen.

11)   Das Urteil bei Descartes, 1902, 49, vgl. auch 68, Kritik der Kantischen Erkenntnislehre I, 1911, 119.

12)   Vgl. *Plato*, Theaet. 201 f.

13)   Wenn hier auch die Ausdrücke »Harmonie« und »Disharmonie« nicht gescheut werden, so geschieht dies in Übereinstimmung mit dem Sprachgebrauch, der sich bei den Anfängen gerade der theoretischen Philosophie, insbesondere der Urteilslehre, in der Antike vorfindet. Es darf deshalb in diesen Ausdrücken keinerlei ästhetische Nebenbedeutung vermutet werden. Vgl. *Plato*, Soph. 262 C, D, ferner 261 D, Theaet. 204 A. Ganz allgemein steht bei Aristoteles αρμοττειν für sachliches Zusammenpassen, s. *Bonitz*, Index Aristotelicus.

14)* Alle Ausgeburten des Wahns und Traums, alle Phantasieprodukte = Verschobenheiten.

15)   Vgl. *Aristoteles*, de an. III, 6, 430 a, 26-28; 8, 432 a, 11; de interpr. c. 1, 16 a, 12 ff. Met. VI, 4, 1027 b, 18 f., vgl. auch *Plato*, Soph. 259 ff.

16)* = geläufigster Ausdruck für Zusammengehören.

17)   Daraus ist verständlich, daß in das Verhältnis von Subjekt und Prädikat des Einzelgefüges die »formale« Übereinstimmung und der formale Widerspruch hineingedeutet zu werden vermag. So bei *Kant* in Übereinstimmung mit der zeitgenössischen Logik – vgl. darüber die Zitate bei *Eisler*, Philos. Wörterb., 1910, 1611 – Dissertation § 11, Logik § 24, danach Kr. d. r. V. B. 318 der Gegensatz der bejahenden und verneinenden Urteile. Eine Nichtzusammengehörigkeit als ein Mittleres zwischen Widerstreit und Realrepugnanz kennt Kant nicht, vgl. B. 320/321, 329 f. {Der folgende Einschub in eckigen Klammern ist Anmerkung aus dem Nachlaß zur bisherigen Anmerkung 17:} [Dagegen scharf von *Bergmann* erkannt, Reine Logik 181 ff.] Demgemäß auch Kants Formulierung des Satzes vom Widerspruch B. 190 und in den vorkritischen Schriften.

18)* Hier »Materie« = 1. Etappe = *Objekt der gegensätzlichen Entscheidung. Nur* Entscheidung gegensätzlich, aber nicht *Objekt.*

19)   Doch fehlt es nicht an gelegentlicher ausdrücklicher Besinnung darauf, daß Gültigkeit und Ungültigkeit bereits in den der Entscheidung vorliegenden Vorstellungsobjekten stecken muß. Vgl. außer den Vertretern der Lehre von der doppelten Gegensätzlichkeit z. B. *Herbart*, Lehrb. z. Einl. i. d. Philos. § 42, *Bergmann* (außer den Zitaten oben S. 387 Anm. 3), R. Log., 170 f., 38, 233, *J. Cohn*, Voraussetzungen und

Ziele des Erkennens, 1908, 75: »Die Materie muß an sich entweder bejaht oder verneint werden – aber für uns kann leicht der Fall eintreten, daß wir die Entscheidung nicht fällen können«.

20) Daß die Kopula bereits in der »Materie« der Urteilsentscheidung stecken muß, das lehrt am einfachsten die Frage, die sich in Bezug auf das Moment der kopulativen Bezogenheit nicht von Bejahung und Verneinung unterscheidet.

21)* Also als Geschöpf der *gesteigerten* Künstlichkeit, der sich *übertragenden* Unwissenheit

22) Vgl. Met. VI, 4, 1027 b, 20-23, IX, 10, 1051 b, 2-5.

23) Vgl. *Prantl* I, 118 f.

24) Besonders Met. VI, 4, 1027 b-1028 a, vgl. *Prantl*, 117 ff., 185, *Brentano*, V. d. mannigf. Bedeutg. d. Seienden nach Ar., 1862, 39. Die Unausgeglichenheit zwischen der »idealistischen« und der »realistischen« Fassung der Urteilsgegensätzlichkeit wird nicht durch den von *Maier* I, 24 ff. erbrachten, für sich sehr wichtigen Nachweis eines Unterschiedes zwischen einer rein subjektiv-psychologischen und einer das Korrelat von συγκεισθαι und διαιρεισθαι bildenden, eine objektiv-logische Bedeutung enthaltenden συνθεσις und διαιρεσις behoben (vgl. dazu auch oben S. 387 Anm. 3). Der Widerspruch zwischen der subjektiven und der objektiven Fassung ist eine *innerhalb* der *nicht* psychologischen Seite des Urteils sich abspielende Angelegenheit, bei der es sich darum dreht, ob das *logische Wesen* der Urteilsgegensätzlichkeit, der Gegensatz der *Sinn*gefüge, in den Gegenständen sein Korrelat hat oder – ungeachtet seiner objektiv-logischen Relevanz – lediglich erst auf dem Boden des verbindenden und trennenden Denkens erwächst. Die Schwierigkeit besteht darin, daß das die Synthesis und Diairesis im objektiv-logischen Sinne bedingende, der Bejahung und Verneinung als Objektskorrelat zugrundeliegende Moment der Gegensätzlichkeit, das einemal als in die Gegenstände verlegt – nicht nur an ihnen meßbar –, das andremal als durch einen Abstand von ihnen geschieden, somit das einemal als von gegenständlich-metaphysischer, das andremal als von nichtgegenständlich-subjektiver Bedeutung erscheint.

25) S. die Stellen *Prantl*, 118, Anm. 113.

26) *Schwegler*, Komm. 1848, IV, 31: »Συγκεισθαι bezeichnet im gewöhnlichen Aristotelischen Sprachgebrauch die logische Zusammengehörigkeit oder Zusammenstimmung eines Subjekts mit einem Prädikat: als συγκειμενα verhalten sich Subjekt und Prädikat in einem bejahenden, als διηρημενα in einem verneinenden Urteil.« *Bonitz*, Ind. Ar. 708 b, 36 ff. zu 1951 b, 4: »logice de conjunctis inter se ... subjecto et praedicato«. Die bloße Zusammengehörigkeit im kopulativen Aussagegefüge bedeutet das συγκεισθαι *unstreitig* in Stellen wie de int. c. 3, 16 b 25 und c. 10, 19 b 21. Die im Text vertretene Auffassung erhält noch eine weitere Unterstützung durch *Maiers* Interpretation, wonach das ewige Zusammenbestehen und Getrenntsein den metaphysischen Wesensbegriff, aber »bereits unter dem Gesichtspunkt des Urteils betrachtet«, d. h. auf dem Boden des diskursiven, zerlegenden Denkens, darstellt, somit sich bereits als Produkt einer Umarbeitung und als von der metaphysisch-gegenständlichen Region durch eine Distanz geschieden erweist, a. a. O. I, 21 f., 30 ff.

27) Zur Unterstützung der Ansicht, daß die Aristotelische Urteilstheorie eine Doppeltheit von Gegensatzpaaren kennt, erscheint es auf den ersten Anblick verlockend, auch noch die Unterscheidung zweier Arten von φευδος, einer Falschheit der Aussage und einer in den Dingen liegenden, sachartigen Falschheit (ως πραγμα φευδος) heranzuziehen. Met. V, 29, 1024 b, vgl. darüber *Brentano*, 31 ff., *Maier* I, 10 ff. Dies sachliche φευδος wäre dann als das wahrheitswidrige Gefüge zu denken. Insofern es nicht mit der Falschheit der Aussage selbst zusammenfällt, ihr vielmehr als ein der aburteilenden Entscheidung unterliegendes Objekt gegenübersteht, wäre es ein *sach*artiges Gebilde; insofern es aber um seiner Unwertigkeit willen doch nicht den gegensatzjenseitigen Gegenständen angehört, dürfte es nur ein gegenstands*artiges* Objekt genannt werden. Daß es aber das wahrheitswidrige Gefüge darstellen soll, dafür könnte der Umstand zu sprechen scheinen, daß Aristoteles an dieser Stelle und sonst dem φευδος dieselbe Funktion eines Objektskorrelats und Maßstabs der Verneinung zuweist wie sonst dem διαιρεισθαι, vgl. *Schwegler*, Komm. III, 241 und die dort zitierte Bemerkung des Alexander Schol. 731 b, 20, *Maier* I, 11 und ebenda Anm. 5, ferner z. B. *Brentano*, a. a. O., 35 zu 1017 a, 3 und die dort zitierte Stelle aus dem Kommentar des Alexander. Andernfalls müßte man den Aristoteles das Bejahen als ein Fürrichtig-, das Verneinen als ein Fürfalschhalten erklären lassen, ihm also zumuten, daß er bei ausdrücklicher Besinnung darauf, daß dem Bejahen und Verneinen ein Wertgegensatz, ein αληθες und φευδος, korrespondiert, dennoch der in der Einleitung charakterisierten – allerdings die ganze Entwicklung der Urteilstheorie begleitenden – Zirkeldefinition verfallen sei (vgl. oben S. 263 ff.). – Ist jedoch diese ganze Interpretation der Lehre von den beiden Arten des φευδος unzutreffend, dann liegt das Bedeutsame dieser Unterscheidung darin, daß hier Aristoteles ausdrücklich den *Sinn* des Urteils oder den »Urteilsinhalt« vom Urteilsakt und entsprechend die Falschheit des im Urteil Gemeinten von der Irrigkeit des urteilenden Aussagens scheidet, vgl. oben S. 387 Anm. 3. Als »den Gegenstand eines falschen Urteils« deutet *Brentano*, a. a. O., 31/32, als »den Inhalt, die Materie eines Urteils .... – seine Form, das Wesen des Urteils als Urteil bleibt hierbei außer Betracht –« *Maier* I, 11 das ως πραγμα φευδος. Als ausgesagter »Sachverhalt« stellt es sich *gegenstands*artig dem Urteil selbst gegenüber, als gegensätzliches Gebilde dagegen erscheint es nur als gegenstands*artig*. Als Parallelstelle wäre das oben S. 387 Anm. 3 erwähnte Zitat aus der Kategorienschrift herbeizuziehen, wo der positive und der negative Sachverhalt von der Bejahung und der Verneinung unterschieden wird.

28) Vgl. die oben zit. Stelle 1024 b, ferner z. B. Met. IX, 10, 1051 b, III, 2, 996 b, 29 f., IV, 3, 1005 b, 19 ff., 1006 a, an. pr. 2, 53 b, 15.

29) Met. VI, 4, 1027 b-1028 a, vgl. de interpr, 3, 16 b, 22 ff., dazu noch *Brentano*, Sittl. Erk., 1889, 58, 61, 64, 75 f., *Marty*, Unters., 309 ff., 316 f.

30) *Maier* I, 111 ff.

31) Über das Schwanken insbesondere hinsichtlich des Verhältnisses zwischen existentialem und kopulativem Sein vgl. bes. *Trendelenburg*, Geschichte der Kategorienlehre, 1846, 68 f., *Brentano*, Mannigf. Bed., 38, *Maier* I, 114 ff., 118 f., II b, 282 ff.

32)* Als »Materie« (wollen der Bequemlichkeit halber so nennen.)

33)* Allerdings noch Kopula, aber dies beiseite! Denn hier *handelt* es sich um gegenständlichen Bestand. Denn gegensatzlos und außerdem *original*, denn Abbildlichkeit kommt dabei nicht in Frage, *braucht* ja auch in Urteilslehre nicht, *obgleich* allerdings Abbildlichkeit Basis!

34) S. B. *Erdmann*, Logik I², 1907, 334 ff.

35)* würde also bestimmte *Anforderungen* an den gegensatzlosen Bestand stellen.

36)* im Sinne der Urteilsbestandteile; *neue, dritte* Bedeutung von »Begriff«.

37) Hierzu vgl. *Schleiermacher*, Dialektik § 142 ff., 247, 304, *Trendelenburg*, Log. Unters. II³, 1870, 231 ff., *Schuppe*, Erkenntnistheoretische Logik, 1878, 6 f., 101 f., 117 ff., *Bergmann*, 21 f., 39, *Windelband*, Beitr. z. Lehre v. negat. Urteil (Festschr. f. Zeller), 1884, 180 f., V. System der Kategorien (Festschr. f. Sigwart), 1900, 45 f., *Rickert*, Z. Lehre v. d. Definition, 1888, 44 ff., *Meinong*, Üb. Annahmen, 57 f., J. *Cohn*, Vorauss. u. Ziele d. Erk., 81 f., *Natorp*, D. log. Grundlagen d. exakt. Wissenschaften, 1910, 39 ff., bes. 42, Philosophie, 1911, 50 f.

38) S. bes. cat. 4, 1 b.

39) Vgl. *Trendelenburg*, Geschichte d. Katl., 6 ff., 11, 33, *Schuppe*, D. Aristotelischen Kat., 1871, 9 ff., *Maier* II b, bes. 291 ff., 318 ff., *Apelt*, Beitr. z. Gesch. d. griech. Philos., 1891, 124 ff., 132 ff., 138 ff.

40) Vor allem an. post. I, 22, vgl. *Trendelenburg* 14 ff., 19, 21, 34, 53 f.

41) Vgl. Log. d. Philos., 188 ff.

42) An. post. I, 22.

43)* also *nicht* Zurückführung auf einen primären *Erkenntnis*begriff und *daraus* sich ergebende Gliederung.

44) Statt dessen kann hier für das folgende nur auf die vorläufigen Ausführungen Log. d. Philos., 28 ff. hingewiesen werden.

45) Vgl. Log. d. Philos., 68 ff., 74 f., 151.

46) Das zu zeigen, ist die Grundabsicht meiner Schrift Log. d. Philos.

47) Im Hinblick auf die darauf zu gründende Prädikatstheorie wurde die Form-Material-Duplizität bereits in der »Log. d. Philos.« dargestellt, vgl. bes. 58 ff.

48) Vgl. darüber Log. d. Philos., 66 f.

49) Vgl. auch *Trendelenburg*, Log. Unters., II, 231/2: »Indessen noch im Urteil dieser Art ist das Prädikat, welches die Tätigkeit darstellt, der Hauptbegriff wie die vorwiegende Betonung das Prädikat zur lebendigen Seele des Satzes macht. Wir denken in Prädikaten.«

50) Geistreich, wenn auch, soweit ich sehe, aus den Platonischen Schriften nicht direkt verifizierbar, ist die Bemerkung Apelts, daß bei Plato die Sinnenwelt das Subjekt, die Idee das allgemeine Prädikat abgibt und die Beziehung zwischen den beiden Welten im Urteil ihren Ausdruck findet, s. *Apelt*, Metaphysik, 1857, 125, vgl. bereits *Fries*, Gesch. d. Philos., 1837, I, 370 ff. und *O. Apelt*, Beitr., 207.

51) Kr. d. r. V. B 170 ff., Kr. d. Urteilskr. Einl. IV. Aber auch Kants allgemeine, in der Kritik der reinen Vernunft B 93 f. angedeutete Subsumtionstheorie des Urteils tritt, wie hier nicht genauer belegt werden soll, von vornherein in einer transzendentallogi-

schen Umbiegung auf, wie denn Kant überhaupt Begriff, Urteil und Schluß gegenständlich-transzendentale Korrelate entsprechen zu lassen bemüht ist.

52) S. die Stellen bei *Bonitz*, Index 377 f., dazu an. post. I, 22, 83 a 18 ff., *Trendelenburg* 4 ff., 19, *Brentano* 102 ff., 113 ff., *Schuppe*, D. Ar. Kat., 40 ff., *Maier* II b, 318 ff., *Apelt*, 124 ff., 132 ff., 138 ff.

53) Vgl. *Apelt*, 143.

54) Einige Aristotelische Stellen verführen geradezu, das kategorial unbestimmte und bestimmbare Seiende für die Materie zu halten. So wird Met. Vl, 4, 1029 a 20 ff. geradezu gesagt, daß die übrigen Kategorien von der Substanz prädiziert werden, diese aber von der Materie. Vgl. dazu 1028 b 36 f. über das υποκειμενον aller Prädikation und 1049 a 25 (falls hier die Lesart κατ' αλλου richtig ist). Dazu *Prantl* I, 188 Anm. 308, dagegen *Schuppe*, 19 f., *Maier* II b, 308/9 Anm. Über das υποκειμενον im Sinne der qualitätslosen Materie als Subjekt bei der Stoa s. *Prantl* I, 429 f.

55) Als »Gebietskategorie« nämlich, vgl. Log. d. Philos., 70f.

56)* Weitere Angelegenheit: daß man nie zu nacktem Material kommen *kann*!

57)* »Urbegriffe« = mit Minimum = bloß mit Gebietskategorie. Auch dies stets ein *Mit*bejahtes!

58)* Schon deshalb, weil im *Urteil* ja nicht bloß die sinnlichen Impressionen, sondern bereits diese als »Bedeutungen« vorliegen, als Wortbedeutungen! Ja die *Lotze*sche Umgießung der Eindrücke in Vorstellungen!

Steht man auf dem Standpunkt, es gibt nur nachbildliche Begriffe, so große Schwierigkeit, wie die »Urbegriffe« als *nachbildliche* Gefüge mit den auseinandergerissenen Elementen zu deuten! Und doch andererseits sagt man sich doch, alle Begriffe sind entweder bejaht oder Sinnfragment im Urteil!

59)* durch Abbildlichkeit hindurch!

60) Nachdem diese metagrammatische Prädikatstheorie vollständig ausgebildet war, ließen sich nachträglich ganz gelegentliche und verstreute Spuren von ihr bei einzelnen Logikern entdecken. So heißt es einmal bei *Schuppe*. »Im eigentlichen logischen Sinne sind die Data das Subjekt, und Prädikat sind diejenigen Begriffe, welche sie in ihr eigentümliches Verhältnis zu einander stellen, eben das Verhältnis, welches die Art des Aneignens ausmacht, als identische oder verschiedene oder ursächlich verknüpfte, die Kategorie, im eigentlichen Sinne. Die Sprache hat diesen Sachverhalt nicht zum Ausdruck gebracht, sondern läßt das eine der beiden so Verknüpften Subjekt und das andere Prädikat sein ....« Erkth. Log., 98. Allein zu einer darauf aufgebauten Prädikationstheorie kommt es bei ihm nicht. Daß bei Nivellierung von Begriff und Urteil in beiden der gleiche Urakt eines logischen Bestimmens des Unbestimmten steckt, deutet *Natorp* an, s. Grundlag. d. exakt. Wftn. II. Kap., § 2-4, bes. 40 f., 47, Philos. Propäd.[3], 1909, 13 f., Philos., 50 f.; vgl. über Natorp auch oben S. 391 Anm. 37. Auch Ansätze dazu, mit dieser Prädikationstheorie die Lehre vom Eingegliedertsein primitiver, als »Substrate« fungierender Prädikationsgebilde in die Gesamtgefüge des Urteils zu verbinden, finden sich vereinzelt vor. So vertritt *Schleiermacher* die Ansicht, daß im »primitiven Urteil« unmittelbar »das ursprüngliche Chaos«, »sofern es die organischen Affektionen veranlaßt«, das, was er sonst auch

»Stoff« oder »Materie« nennt – vgl. Dialektik, Beilage E XXIV ff., § 185 ff. – Subjekt ist. Annäherungen daran sieht er in den einfachsten Impersonalien, Dial. § 304 ff. mit d. Anm., Beil. E LXXVII ff. Wie denn überhaupt Schleiermacher die Leistung des Erkennens in das logische Bestimmen des Chaos setzt (vgl. Dial. § 108 ff., Beil. E XXIV ff.) und auch die Gleichartigkeit von Begriff und Urteil in dieser Urleistung erkennt, vgl. oben S. 391 Anm. 37. Ähnlich wie Schleiermacher findet *Trendelenburg*, L. U. II, 231 ff. in den Impersonalien die Urform des Urteils und den »Keim der weiteren Bildung«. Aus der »Fixierung« dieser »ersten Tätigkeit« entstehen die Substanzbegriffe. Gegenwärtig ist besonders *Maier* auf die »primitivsten Betätigungen des Urteils« zurückgegangen, auf solche, die nicht »ihrerseits in ihren Subjekten bereits vollzogene Erkenntnisvorstellungen voraussetzen«. Bei Maier findet sich die im Text vertretene Auffassung, daß die »elementaren Urteile« sich »nicht in grammatisch normalen Sätzen ausdrücken lassen«, »nicht selbständig vorkommen«, dagegen in den »Substraturteilen« als vollzogen vorausgesetzt zu denken sind, so daß in diesen zu unterscheiden ist »zwischen einem Urteil, welches das Substrat bildet und dem Haupturteil, das sich auf dieser Grundlage erhebt«. Das führt denn auch zu der Konsequenz, als Subjekt des elementaren Urteils das Material, den objektivierten »Vorstellungsinhalt«, anzusehen. »Übrigens könnte im elementaren Urteilsakt recht wohl der Inhalt der aufzufassenden Vorstellung als logisches Subjekt betrachtet werden« (163). Von da aus kommt Maier zur Verwerfung der einseitig auf die »Substraturteile« zugeschnittenen Scheidung in Subjekt und Prädikat. Endlich verbindet er mit dieser Darlegung die Hineinarbeitung der Kantischen Kategorienlehre in die Urteilstheorie und stellt demgemäß die Leistung des Urteils als ein Objektivieren durch einen kategorialen Apparat fest. Psychologie des emotionalen Denkens, 1908, 147 ff., 163 ff., 170 ff., 373 ff. Schließlich sei darauf hingewiesen, daß in *Rickerts* Aufsatz »Das Eine, die Einheit und die Eins«, Logos 1911, 48, sich die Bemerkung findet, daß unter Prädikat die Form, unter Subjekt der Inhalt zu verstehen ist und daß in jedem sprachlichen Subjekt bereits eine Verbindung von Form und Inhalt steckt.

61)   Kr. d. r. V. § 19 und B 322, vgl. auch Logik § 18 ff., 24.
62)* Die falsche Kopula-Theorien sind immerhin metagrammatische Synthesistheorien überhaupt, wie auch Pl(aton). Die Subsumtionstheorie ist sogar eine metagrammatische Subjekts-Prädikatstheorie.
63)   So z. B. *Lotze*, Logik, 1880², 59. 72 ff., 565, 571, *Schuppe*, 99 ff., *Windelband*, Beitr. z. Lehre v. negat. Urt., 180 ff., 185, V. Syst. d. Kat., 46.
64)* Kategorie = *Element* und nicht = deren *Gefügtheit*.
65)   Vgl. über diese nichtrelationsartigen »Gebietskategorien« Log. d. Phil., 59 f.
66)* Im bejahenden Existenzialurteil wird nicht bloß die Existenz, sondern um so mehr der ganze im Subjekt niedergelegte kategoriale Apparat heranbejaht! Allerdings haben die Existenzialurteile das Eigentümliche, daß es sich hier lediglich um ein einziges *Begriffs*gefüge als zu bejahendes und verneinendes Objekt der Urteilsentscheidung handelt. Allerdings ist es nur der Subjektsbegriff – denn in ihm liegt ja die kategoriale Existenz – der bejaht oder verneint wird. Wer sich nun bei diesem Begriff des »Begriffs« beruhigt und nicht sieht, daß auch in ihm bereits eine Verbindung von Ka-

tegorie und Kategorienmaterial niedergelegt ist, der kann wie *Brentano* meinen, durch den Hinweis auf das Existenzialurteil die ganze συμπλοκη-Theorie der Jahrtausende zu stürzen. Allerdings kommt den Existenzialsätzen die besondere Bedeutung zu, klar hervortreten zu lassen, daß diese συμπλοκη-Theorie nur bei unserer echten Theorie von den Strukturelementen aufrecht erhalten bleibt. Denn nur wenn die Existenz als Kategorie selbst als eines der zu kopulierenden Elemente begriffen wird, läßt sie sich halten. So daß Existenz hier immer Abbreviatur für den ganzen zum Subjektsmaterial gehörigen Kategorienapparat ist, für Dinghaftigkeit usw.

67) Die Kategorie Existenz oder Realität existiert freilich selbst nicht, d. h. sie gehört nicht den sinnlich-anschaulichen Inhalten an, sondern sie »gilt«, und insofern ist sie, wie Kant bemerkt hat, allerdings kein »reales«, existierendes, sondern ein bloß logisches, geltendes Etwas. Aber gerade darum macht sie das Prototyp eines Prädikats aus.

68) Psychologie v. emp. Standp., 1874, 276 f., Sittl. Erk. 71 ff.

69) Sittl. Erk. 58, 61, 64, 75 f.

70) Psychologie, 281 ff.

71) Vgl. darüber Log. d. Philos., 70 f.

72) Daß freilich die Existenz im Sinne der Realexistenz doch nicht ein ausreichend umfassendes Prädikat darstellt und sich somit Brentano auch in dieser Hinsicht einer nicht genügenden Auseinanderhaltung der verschiedenen Bedeutungen des Seienden schuldig gemacht hat, ist ihm von *Windelband* mit Recht entgegengehalten worden, vgl. Beitr. z. L. v. neg. Urt., 184, dazu ferner Log. d. Philos., 107/8.

73)* Dies die *Behauptung*. Denn die *Distanz* ja noch nicht als von Abbildlichkeit verschieden erwiesen!

74)* Kontra *Rickerts* Einwand, daß mein kategoriales *Hin* dazu führe, den Wertakzent dazwischen zu haben, ist zu bedenken 1. daß das Hin erst in der Philosophie hinzukommt bei der Reflexion darauf, 2. daß dieses eine gegensatzlose Kategorie; hier wiederholt sich alles noch einmal. [456/457]

    Ferner *Rickerts* These, daß zu jeder Relation Bewußtsein, Bewußtsein überhaupt, Synthesis gebraucht wird. Aber das ja wieder eine ganz andere Frage! In die vorige mündet sie erst dadurch hinein, daß es nach *Rickert urteilendes* Bewußtsein überhaupt sein muß.

75)* denn die *gehören* ja irgendwie zusammen!

76)* Gibt wahre und wahrheitswidrige Kausalgefüge, folglich kann doch Kausalität *für sich* noch nicht wahr = zusammengehören. Vielmehr *indifferent*; wahr erst = Kausalität an richtiger Stelle, d. h. zusammenpassend mit Material

77)* Also stets ebenso fundiert auf gegensatzlose Relation wie von ihnen verschieden.

78)* Aus den Fugen gerissen. Sonst kommt *Frage, ob* gar nicht in Betracht! Erst als *Antwort* darauf! Dies Fragen und Zerlegen ist etwas spezifisch *Theoretisches*. Also *diese* Subjektivität muß dahintergestanden haben! Beispiel wieder aufnehmen, wenn bei Präsenz eines Gebäudes geredet und zwar *ausgesagt* wird! Dann *außer* Abbildlichkeit noch Auseinanderreißung! Darum auch nicht bei den stumm erlebten, sondern nur bei den spezifisch *sprachlich* erlebten Abbildern!

Man könnte nun regressus in infinitum. Aber darin besteht eben die Künstlichkeit von Harmonie und Disharmonie, daß sie immer *das* gegensatzlose Verhalten *zerstört* geradezu und ignoriert, das zwischen den Gliedern besteht, zwischen denen Zusammenpassen und Nichtzusammenpassen statthaben soll. Obwohl es dennoch andererseits wieder heil bestehen bleibt und vorkommt, was weitertreibt.

Also *jedenfalls* Künstlichkeit kann diese erst durch Weitertreiben zeigen. Dann aber zeigt sich, daß immer weitergeht, also Verdrängung und Ignorierung das Letzte ist!

Es ist ganz dasselbe, ob man sagt: entwurzelt oder: zerstört. Beruht auf der gleichen Künstlichkeit, daß sie *überhaupt* hinzutritt. Aber das Endgültige ist doch, daß zerstört wird. Zwischen irgend zwei Inhalten bleibt ja doch die Harmonie und Disharmonie bestehen, und wenn sie zwischen ihnen besteht, so ist das nur bei gänzlicher Ignorierung dessen möglich, daß ja außerdem eine andere gegensatzlose Beziehung zwischen ihnen besteht. Endergebnis: ist also noch schlimmer als Entwurzeln, nämlich Ignorieren. Es kann niemals Harmonie und Disharmonie überhaupt zwischen zwei Inhalten bestehen, sondern immer nur im Hinblick auf eine bestimmte gegensatzlose Relation. Wenn trotzdem Harmonie oder Disharmonie zwischen zwei Inhalten, so kann es nur mit Unterdrückung dieser Relation sein.

Allein die ganze Deutung des Zusammenpassens und Nichtzusammenpassens war nur eine vorläufige. Denn sie involviert einen Regressus in infinitum. Hat man in dem obigen Beispiel die Verträglichkeit und Unverträglichkeit dadurch verständlich gemacht, daß man das Inhärenzverhältnis auf die eine Seite, so erhebt sich von neuem genau dieselbe Schwierigkeit. Wieder soll ja eine Harmonie oder Disharmonie zwischen zwei Relationsgliedern bestehen, zwischen denen auch eine gegensatzlose Relation statthat. Die Relationsglieder sind jetzt das Relationsverhältnis und die Relationsglieder, und die zwischen ihnen bestehende gegensatzlose Relation ist das schlichte Stehen der Relationsglieder in der In-[457/458]härenzrelation. Dies läßt sich beliebig wiederholen. Man kann dem jetzt hervorgetretenen Sachverhalt sofort eine Wendung ins ganz Allgemeine geben. Zwischen welchen Inhalten auch immer Zusammengehörigkeit oder Unzusammengehörigkeit bestehen möge, immer besteht zwischen ihnen außerdem noch eine gegensatzlose Relation. Dem entgeht man durch keinerlei Umformung. Eine solche Umformung verhilft deshalb streng genommen noch gar nicht zur Interpretation des Zusammenpassens und Nichtzusammenpassens. Sie erweist sich als eine vergebliche Ausflucht. Man muß statt dessen die Redeweise von Harmonie und Disharmonie irgendwelcher Elemente streng beim Worte nehmen. Das Zusammenpassen und Nichtzusammenpassen muß doch als zwischen eben den Elementen stattfindend gedacht werden, zwischen denen außerdem immer eine gegensatzlose Relation besteht. Allein dann tritt erst die ganze Künstlichkeit dieser Vorstellungsweise zutage. Denn es wird uns zugemutet, dasselbe, was schon durch die gegensatzlose Relation etwa der Inhärenz miteinander verbunden ist, außerdem noch als zusammengehörig oder unzusammengehörig zu denken. Beides ist aber gleich verschroben. Es ist eine ganz unbegreifliche Überflüssigkeit, diese Inhalte, die schon durch gegensatzlose Inhärenz verbunden sind, außerdem noch als zusammengehörig zu bezeichnen, und verständlich ist das höchstens als Abkürzung für die jetzt nicht mehr statthafte Umformung, nach der hiermit eine Zusammengehörigkeit *zwischen* gegensatzloser Inhärenz und Inhärenzgliedern gemeint ist. Ebenso ist es ungereimt, zwei Inhalte für unzusammenpassend zu erklären, die außerdem inhärenzartig verbunden sein sollen. Auch dies ist wiederum höchstens als Unzusammengehörigkeit zwischen dem Inhärenzverhältnis und den Inhärenzgliedern zu verstehen. Wenn es dennoch unausweichlich ist, das Zusammenpassen und Unzusammenpassen zwischen denselben Gliedern stattfindend zu denken, zwischen denen auch die gegensatzlosen Relationen bestehen, so kann man nur sagen, die Harmonie und Disharmonie bauen sich auf der gänzlichen Unterdrückung und Ignorierung der gegensatzlosen Relation auf.

So liegt hier nur eine noch ungünstigere und noch stärker gekünstelte Erscheinungsform desselben Sachverhalts vor, der nach der vorgenommenen Umformung sich herausstellte. Der einzige Unterschied besteht darin, daß man jetzt nicht von einer Verschiebung der gegensatzlosen Relation, beispielsweise der Inhärenz gegen die Glieder, sondern von einer Verschiebung der Glieder gegeneinander reden muß, ein Sachverhalt, der sich jedoch stets auf Umformung auf die vorigen zurückführen läßt. Denn die Glieder gegeneinander verschiebbar machen, ist gar nichts anderes als die Relation gegen die Glieder verschiebbar machen.

Muß sich doch so ausdrücken: sie passen zusammen und nicht zusammen als Inhärenzglieder. Mit Rücksicht auf die zwischen ihnen bestehende Inhärenz. [458/459]

Verschiebbarkeit der Glieder als Inhärenzglieder gegeneinander und Verschiebbarkeit der Inhärenz gegen die Glieder in jedem Fall dasselbe.

Nein! Es muß so gesagt werden: es könnte nun der Einwand gemacht werden ...... allein der Einwand ist unberechtigt. Nur solange wird entwurzelt, als noch etwas zugrunde liegt. Aber kommt Grenze, wo die angeblich neue gegensatzlose Beziehung nur Produkt der künstlichen Zerlegung.

79) Vgl. z. Folgenden Log. d. Philos., 145 f.

80)* Genauer wäre zu sagen: Das Nichtsinnliche vor die kontemplative Subjektivität hingestellt und damit zugleich außerdem zu einem anderen hinbezogen. *Sagt* man *Form*, so ist dieses beides bereits hineingenommen!

81) Vgl. z. Folgenden Log. d. Philos., 49 ff.

82)* also tritt klar *zweierlei* am Formbegriff auseinander.

83)* also notwendig sich *dazwischen*schiebend.

84)* Ausdruck »formale Wahrheit« stammt noch aus vorkantischer Zeit, wo Urteilsregion als *solche innerhalb* des Logischen noch nicht als formal!

85)* deshalb stets als *zukommend* prädiziert!

86)* man kann doch nur Gegenstands*struktur* herauslesen.

87) Über sie vgl. Log. d. Philos., 116 ff.

88) *Lotze*, Logik, 3. Buch, 4. Kap.

89)* Ad Mathematik: *Rickert* spricht von idealem Sein. Wie auch dieser Begriff begründet sein mag, wie *jegliches* »Sein«, jegliche Gegenständlichkeit muß er kopernikanisch mit *Sinn* zusammenfallen.

Wie trotz enklitischen Charakters erkennende Hingabe an isolierten reflexiven Sinn möglich und wie dadurch die eigentümliche Stellung der Mathematik, die in den beiden konstitutiven Reichen der Wahrheit nicht unterzubringen ist, verständlich wird, kann hier nicht ausgeführt werden. Ich erwähne die Mathematik nur, um der Ansicht vorzubeugen, daß sie in unserer Wahrheitslehre keine Unterkunft findet. Wir hoffen im Gegenteil, ihr die wahre Heimat bestimmen zu können.

90) Vgl. Vorr. B IX, B 77 ff., 79 ff., 170, 171 ff., Logik, Einl. VII. Über die analytischen Einheitsformen: A 95, B 175, 267, 298, A 245, B 346, 377. {Der folgende Text ist Anmerkung aus dem Nachlaß zur bisherigen Anmerkung 90:} WW. (Ak.) IV, 475, bes. auch B 105.

91) Vgl. B 79 f., 82 ff., 189 ff., 599 f., Log. Einl. VII.

92) Am meisten Beachtung hat der Stufenbau von Form- und Stoffbegriffen bei *Bergmann* gefunden, vgl. Reine Log., 49 f., 57 ff. {Der folgende Einschub in eckigen Klammern ist Anmerkung aus dem Nachlaß zur bisherigen Anmerkung 92:} [Scheidung in *Kategorien* und *subjektive* Formen bei *Volkelt*, Erf. u. Denk. 253 f., 292, 500 f.] Doch herrscht bei Bergmann keineswegs die in dieser Abhandlung vertretene Tendenz, die Formen, je »höher« sie sind, gerade als um so gekünstelter anzusehen.

93)* Der Gedanke S. 332 f. hätte mit Rückblicken vertieft werden müssen. Auf den ganzen Begriff des Zusammengehörens fällt dadurch Licht. Das Zusammengehörige ist wertartig nur, wenn sein Maßstab selbst Wert! Es liegt also hier nicht eine in sich selbst wertvolle Harmonie vor.

Ferner zu bedenken: auch vorkantisch könnten Gegenstände mit gutem Gewissen als wertartig gelten, bloß als von metalogischer Wertartigkeit. Also Gegenstände = *logische, theoretische* übergegensätzliche Wertartigkeit. Vorkopernikanische Gegenstände = metalogisch-gegensätzlicher Wert und *das* Logische als solches wie ungegenständlich so gegensätzlich.

94)* nicht in sich ruhende Harmonie, sondern *besteht* nur in Vergleichbarkeit, weist über sich hinaus. Folglich *entlehnt* von dort Wertcharakter. Anders bei Verträglichkeit = *ohne* Messung an den Gegenständen.

95)* Also der indifferente Wert ein *urbildlicher* Wert, folglich *über*gegensätzlich.

96)* und damit der Gegensatzlosigkeit.

97) Vgl. Log. d. Philos., 7 f.

98)* gegenüber *logischem* Wert.

99)* cf. es ist *wirklich*, es ist *wahr*, aber wahr lediglich: wirklichkeits*entsprechend*.

100) Über die Doppeldeutigkeit von Sein, Existenz, Realität vgl. oben S. 390 Anm. 29 u. 298 ff. Klar wird von *Bergmann*, R. L., 147, 153 f. gegenständliches Sein und Positivität auseinandergehalten.

101) Vgl. z. B. *Husserl*, Log. Unt. I, 12 ff., II, 597 f., *Meinong*, Über Annahm., 98 f., 101 ff., *Reinach*, Z. Theor. d. neg. Urt., Münch. Philos. Abh. f. Lipps, 1911, 220 ff.

102)* also original + *nach*bildlich

103) Vgl. *Gomperz*, Weltanschgsl. II b, 65 ff.

104) Weshalb derselbe Begriff auch am aufschlußreichsten für die ganze Stellung des Aristoteles zum Problem der Urteilsgegensätzlichkeit sein dürfte, vgl. auch oben S. 390 Anm. 27.

105) Ob man, wie die Gegenstandstheorie tut, einen auch die hier als nichtgegenständlich bezeichneten nachbildlichen »Objekte« mitumfassenden Gegenstandsbegriff prägt, ist eine lediglich terminologische Angelegenheit. Es muß dann eben gemäß einer geläufigen, auch hier im nächsten Kapitel angewandten Ausdrucksweise zwischen transzendenten und immanenten Gegenständen unterschieden werden.

106) Es ist jedoch zuzugeben, daß es sich hierbei lediglich um eine terminologische Zweckmäßigkeitsfrage handelt.

107) Allerdings wird bei diesen nachbildlichen »Wahrheiten« immer an die Gefüge des ganzen Urteilssinnes, also an die »Richtigkeiten« gedacht.

108) So liefert die gesamte vorangegangene Darstellung den Unterbau für die in der »Logik der Philosophie« herrschende Auffassung, nach der theoretischer Sinn oder »Wahrheit« im bloßen Form-Material-Gefüge beschlossen ist und mit dem Gegenstand zusammenfällt, das Erkennen entsprechend als schlichte Gegenstandsbemächtigung erscheint.

109)* Der *kontemplative* und zwar *theoretische* Wertcharakter *kann* in der Tat nur *darauf* beruhen, folglich der theoretische Wert des Gegenstandes *als* Gegenstand!

110) Vgl. auch Log. d. Philos., 34 f.

111)* Muß nicht noch viel radikaler verfahren werden? Ist nicht der »Geltungs«bestand der künstlich immanenten Gebilde ein ganz unvergleichbar *anderer* als alles in der urbildlichen Region und folglich auch als das »Gelten« der Kategorien? Gewiß liegt hier spezifisch unsinnliches Material vor, aber das *Material* eben schon gekünstelt, und die Kategorie *hierfür* muß – à la Kant – auf diese Gekünsteltheit zugeschnitten sein! Von »Gelten« zu sprechen, ist darum berechtigt, weil diese Gebilde ja Wertartigkeit haben. Also *diese* Gemeinsamkeit besteht!

112)* Bedeutungslehre hätte später bei der *Immanenzlehre* noch einmal aufgenommen werden müssen! Das »psychologisch« Angestiftete prägt sich zu einer immanenten Bedeutung aus, die dann den einzelnen psychischen Akten wieder als Selbständiges [459/460] gegenüber tritt, *obwohl* psychologisch angestiftet. Jenes Psychische ist das bedeutungsbestimmende Moment!

Dieses *Verdrängen* des ursprünglichen Wertmoments und also nicht bloße Belasten, was in der sonstigen Bedeutungsdifferenzierung vorliegt, ist gerade das Eigentümliche *dieser* Bedeutungsdifferenzierung!

113)* Ganz eigentümliche objektive Immanenzsymptome.

114) Vgl. *Rickert,* Zwei Wege d. Erkth., Kantst. 1909, 38 ff.

115) Gänzlich außerhalb der Gegensatzregion überhaupt {Der folgende Einschub in eckigen Klammern ist Anmerkung aus dem Nachlaß zur bisherigen Anmerkung 115:} [und deshalb der Gegensätzlichkeit nicht unterliegend. Theoretisch gegensatzlos ist *alles* mit Ausnahme des *Moments* des Positiven und Negativen selbst.] gibt es außerdem noch die Gegensatzlosigkeit im Sinne der Gegensatzfremdheit, die dem Wert- und Bedeutungsfremden eignet; über dieses vgl. Log. d. Phil., 48 ff.

116) Bes. Met. VI, 4, 1027 b-1028 a.

117) S. cat. c. 4.

118) Met. IX, 10, 1051 b 17 ff., de an. III, 6, 430 b 27 ff., *Prantl*, 115, *Maie*r I, 6 ff., 19 ff., 39. Es sind somit bei Aristoteles *drei* Wahrheitsbegriffe auseinanderzuhalten: eine gegensatzlose Wahrheit, eine sachartige und endlich die Wahrheit der urteilenden Aussage, also eine übergegensätzliche und zwei gegensätzliche. Es reicht darum nicht aus, mit *Maier* I, 10, 13, 39 nur zwischen der sachlichen und der Urteilswahrheit zu unterscheiden und in der ersteren die gegensatzlose und die positive Wahrheit zusammenzufassen.

119) Der Verlockung eines problemgeschichtlichen Exkurses darüber mußte widerstanden werden. In ihm wären vor allem auch die Verdienste von Fries darzustellen gewesen. Hier sei nur soviel angedeutet, daß *Fries* auf das klarste den sekundären, nachbildlichen, bloß »wiederholenden« Charakter des Urteils erkennt, das er darum zusammen mit Begriff und Schluß aus der urbildlich-transzendentallogischen Region der »unmittelbaren Erkenntnis«, der »Vernunft«, herausnimmt und als eine »bloße Formel des Wiederbewußtseins einer ursprünglichen Erkenntnis« der »mittelbaren Erkenntnis«, der bloß »wiederbeobachtenden« »Reflexion« zuweist; s. z. B. Neue Kritik der Vernunft, 1807, I, 188, 198 f., 202, 206, 210, 240, 266. Die Reflexion wird der Vernunft gegenüber als bloße »Form«, als »Mittel« und »Werkzeug« charakterisiert; s. z. B. Neue Kr. I, 188, 205, II, 30, Metaphysik, 1824, 243. Zu dieser Auseinanderhaltung der Regionen wird das Gegensatzproblem in Beziehung gebracht und die Gegensätzlichkeit ausschließlich der Reflexion zugewiesen, wobei Wahrheit und Irrtum durch Übereinstimmung und Nichtübereinstimmung mit der den Gegensätzen entrückten unmittelbaren Erkenntnis gemessen werden soll; s. Neue Kr. I, 199, 215 f., 289 ff., 339 f.

120) Vgl. z. B. Kr. d. r. V. § 19.

121) Wollte man von einer doppelten Positivität und entsprechend von einem doppelten Ja reden, etwa nach dem Vorgange *Krauses*, der eine »ungegenheitliche Jaheit« und eine »Gegenjaheit« auseinanderhält (Vorl. üb. d. Syst. d. Philos., 1828, 408), so wäre damit lediglich eine unzweckmäßige Terminologie eingeführt, da die Positivität und das Ja für die gegensätzliche Qualität reserviert werden sollte.

122) Präludien I[4], 1911, 134 ff. Beitr. z. Lehre v. neg. Urt., 171 ff.

123) Beitr. 180 ff., 185, V. Syst. d. Kat., 46, Festschr. f. K. Fischer[2], 1907, 205.

124) Reine Logik § 12-15.

125) Vgl. bes. 168 ff.

126) S. Zwei Wege d. Erktheor., 17.

127) Ebda 16/17.

128) Ebenda 40/41.

129) 22 f.

130) So Ggstd. d. Erk., 125 ff., Zwei Wege, 21, 22 f., 41.

131) So Zwei Wege, 32 f.

132) Kritik der Kantischen Erkenntnislehre, 21, 23 f., 26, 34, 57, 64, 98, 116 ff., 119, 121 f., 154/5, Philosophie der Kunst, 1909, 53 f.

133) Der Ausdruck »Transzendenz« wird somit hier nicht im Sinne des Übersteigens, sondern im Sinne der Unabhängigkeit von der Subjektivität gebraucht, mithin in der Bedeutung, die sich in der Diskussion der Immanenzphilosophie im 19. Jahrhundert herausgebildet hat und besonders auch in *Rickerts* »Gegenstand der Erkenntnis« zugrundegelegt wird.

134) Von dem Ausdruck »transzendenter *Gegenstand*« gilt gleichfalls, daß das Transzendente dabei bereits als der Subjektivität entgegenstehend, somit bereits in seiner Objektsstellung gedacht wird, vgl. Log. d. Phil., 26, 61. Er ist eine kurze Bezeichnung für das in der Situation der Immanentgewordenheit seine transzendente Struktur bewahrende Transzendente.

135)* Gesondertes genügt nicht! *Verschiebbares!*

136)* Dies Zerpflücken und Zerstückeln also durch die spezifisch theoretische Subjektivität.

137) Beispielsweise auch bei *Sigwart*, Log. I⁴, 106 f. findet sich die Aristotelische Erkenntnis, daß die Urteilsverknüpfung und -trennung nicht in den Gegenständen liegt, das Urteil »eine Funktion von bloß subjektiver Form« ist. Vgl. auch *Lotze*, Log. § 343, *Volkelt*, Erfahrung und Denken, 1886, 287 ff., 297 ff.

138)* genau wie bei Abbildlichkeit.

139)* nämlich verschiebbare, gelockerte Beschaffenheit.

140)* wie bei Abbildlichkeit.

141)* verschiebbar gemachten

142)* cf. ganze immanente Bedeutungsdifferenzierungslehre!

143)* und in die nichtgegenständliche Region,

144) Allerdings ist mit »Wahrheit« und »Falschheit« hierbei Richtigkeit und Falschheit des Urteilssinnes und nicht der Gegensatz des primären Objekts gemeint. Doch für das Gegensatzproblem überhaupt kommt dieser Unterschied in dem vorliegenden Zusammenhang nicht in Betracht.

145) *Palagyi*, Kant und Bolzano, 1902, 34 ff., *Marty*, Untersuchungen, 313 ff., *Bergmann*, D. philos. Werk B. Bolzanos 1909, 18 ff.

146) Terminologisch fällt die hier durchgeführte Auseinanderhaltung des transzendenten und des immanenten Sinnes nicht mit der von Rickert vertretenen zusammen. Auch bei *Rickert* handelt es sich vielmehr lediglich um den Unterschied zwischen Losgelöstheit des Sinnes und Verbundenheit mit den Subjektsakten, vgl. Zwei Wege, 54 ff., V. Begriff d. Philosophie, Logos 1910, 22 ff. An der Stelle des transzendenten Sinnes steht bei Rickert wie bei Bolzano und Husserl der Gegenstand, ohne daß die über sich hinausweisende Künstlichkeit jedes vom Gegenstand unterschiedenen theoretischen Sinnes berücksichtigt wird. {Der folgende Text ist Anmerkung aus dem Nachlaß zur bisherigen Anmerkung 146:} Es gibt nur die schroffe Auseinanderbrechung von nichtseinsartigem Wert und Sinn und seiendem Erleben und außerdem die Komplexität beider, das Gerichtetsein, die »Intention« darauf, das Ergriffen- oder Objektwerden jenes, das Vorschweben, das Hingestellt-, Hingebanntsein vors Erleben, das Angeschmiedet-, Aneinandergebundensein beider, wodurch komplexe Gebilde entstehen. Dualismus muß das letzte Wort bleiben. Das bewährt sich ja sogar bei angetaste-

tem Sinn. Auch da alles bei Wahrung des Subjekt-Objektverhältnisses, der Subjekt-Objektdistanz und -Bezogenheit. Neben den gesonderten Sphären gibt es nur Vereinigung, Verkoppelung, Mischung, Zusammengesetztes zu einem komplexen Gefüge. Wertartige Gebilde gebunden, gebannt an eine Stätte seienden Erlebens. Verhalten zu wertartigem Sinn, wertartiger Sinn hingestellt vors Erleben.

Was *Rickert* immanenten Sinn nennt, ist die Berührtheit durch den Sinn, das dem Sinn gegenüberstehen und sodann der Sinn, irgendwelcher Sinn im Zustande der Objektgewordenheit, als ergriffener. Es bedarf keines »Mittelreiches des Sinnes«, sondern nur der Zugekehrtheit! Es ist nicht eine durch die »Reflexion« verschuldete Zerstörung einer ursprünglichen Einheit; wollen gar nicht ein »Minimum« von Trennung, ein möglichst vollkommenes Äquivalent der ursprünglichen Einheit.

Das *Rickert*sche »dritte Reich« kann nur als ein komplexes Gebilde gefaßt werden! Das Ursprünglichste ist gar nicht die Einheit, ist gar nicht ein jenseits einer angeblich erst durch die Reflexion geschaffenen Dualität Stehendes! Es mag eine solche jenseitige Einheit geben, so hat sie, worauf es hier allerdings nicht ankommt, nichts mit Vorwissenschaftlichkeit, mit Vorbegrifflichkeit zu tun, vor allem aber, es darf ihr in der Logik gar nicht sich anzunähern gewollt werden. Also skrupellos als Tummelplatz und Zusammenstoß aufzufassen, ohne auch nur Annäherungssehnsucht. Warum denn gerade hier?

147)* nachbildliche Objekt .....

148)* und dadurch entsteht ein mit dem primären nachbildlichen Objekt übereinstimmendes oder nichtübereinstimmendes Gefüge.

149)* derartig in der Entscheidung entstandenen und *gemeinten* mit dem *vorliegenden primären* Urteilsobjekt.

150)* Da die primären Gefüge noch nicht Sinn sind, so ist auch der Terminus Sinnfragment aufzugeben und Vorstellungsbeziehung zu sagen.

151) Ein Vorläufer dieser Lehre ist *Herbart*, Lehrb. z. Einl. i. d. Philos. § 54. 1. Abs. »Das Bisherige beruht bloß auf dem besonderen Gebrauche, welchen man von Begriffen macht, indem man sie, in die *Relation* des Subjekts und Prädikats bringt; es ist daher der Frage und dem Urteile gemein. Das Nachfolgende beruht dagegen auf der Eigentümlichkeit des Urteils, als der Entscheidung der Frage.«

152) Das trifft jedoch nicht in vollem Maße für *Bergmann* zu, der der »Vorstellung« eine ganz bestimmte Stelle im theoretischen Aufbau von »Materie« und »Form« anweist, vgl. R. L., bes. 39 ff., 50 f., 59 u. oben S. 397 Anm. 92.

153)* bei der auf Zerstückelung basierten zuerteilenden Entscheidung vorschweben, also der Gefüge, die aus Sinnfragment und zuerteilter Wertqualität bestehen ...

154)* Die primären Objekte bloß: a, b-Ursache-*gegensätzliches* Beziehungsmoment. Gegenstand: a-b-Ursache: gegensatzloses *schlichtes* Ineinander.

155) Daraus ist übrigens zu entnehmen, daß es unzulässig ist, die Wahrheitswidrigkeit mit Hilfe der Negation zu definieren, da vielmehr umgekehrt das »nicht« als *gemeinte* Wahrheitswidrigkeit der Wahrheitswidrigkeit gegenüber etwas Abgeleitetes darstellt. Dasselbe gilt von all den Wendungen, mit denen vorher die Wahrheitswidrigkeit umschrieben wurde, wie »Nichtzusammengehören«, »Nichtzukommen« usw. Doch von

den Gründen, aus denen sich hier und sonst die Negation verdrängt, ist an diesem Orte nicht zu handeln. Wie in dieser Abhandlung überhaupt auf die Lehre von der Negation nicht genauer eingegangen wird.

156) Der von *Bergmann*, Hauptp. d. Philos., 1900, 5 nach Analogie des berechtigten »ichts« für das objektive Ja verwandte Terminus »icht« ist aus sprachlichen Gründen unhaltbar.

157) Hier wäre genauer zu zeigen, daß allen sprachlich-grammatischen Verhüllungen dieses Sachverhalts zum Trotz das »nicht« als gemeinte Wahrheitswidrigkeit nichts anderem als einem fragmentarischen Sinngefüge zukommen kann, wonach beispielsweise auch die »aoristischen« Wendungen wie »non a« zu deuten wären.

158) *Sigwart*, Logik. I^4, § 20, *Erdmann*, Logik, §§ 392 ff.

159) So *Rickert*, Gegenstand d. Erk., 95 f., vgl. ferner über Herbart, Fries, Fortlage: *Windelband*, Beitr. z. Lehre v. neg. Urt., 188, dazu noch über Bachmann: *Ulrici*, Syst. d. Log., 1852, 493.

160)* Die bis zur Gegenwart viel verhandelte Streitfrage, worauf sich die Negation bezieht, was von dem »Nicht« getroffen wird, bietet im Zusammenhang unserer ganzen Auffassung keine Schwierigkeiten. Dem ganzen Sinnfragment wird durch das »nicht« der Stempel der Falschheit aufgeprägt. Man kann sich aber auch so ausdrücken: die Kategorie wird folgeweise als mit ihrem Material disharmonierend gekennzeichnet. Ein Nicht gibt es darum nur da, wo es Sinn, also Kategorie und Material gibt. [460/461]

Wie ein isolierter *Inhalt* nicht theoretisches Objekt sein kann, so kann es auch niemals ein isolierter Inhalt sein, dem sich das »nicht« zugesellt. Aus dem sprachlichen Ausdruck ist freilich nicht immer leicht zu entnehmen, welche Kategorie und welches Material dabei in Frage kommt. Aber man darf sich durch den sprachlichen Ausdruck nicht zu der Ansicht verleiten lassen, es könnte sich das non einem isolierten a, woraus non-a entstünde, anheften. Das hieße auf das, worauf es in der Logik allein ankommt, nämlich auf den »Sinn«, nicht achten. Hinter der verkürzenden sprachlichen Ausdrucksweise versteckt sich verschiedenster Sinn mit verschiedenster Kategorie. Leicht zu durchschauen sind solche Wendungen wie: etwas Nichtrotes. Wir können sie sprachlich umformen in den Satz: ein etwas ist nicht rot. Hier haben wir ein – sprachlich unbestimmt gelassenes und in »etwas« nur schwach angedeutetes – Material vor uns, das aus einzelnen in der kategorialen Zusammengehörigkeit der Dingkategorie stehenden »Eigenschaften« besteht. Diese Eigenschaften mitsamt »rot« bilden das vorliegende Gesamtmaterial. Dies Gesamtmaterial umspannt von der Dinghaftigkeitskategorie macht das Sinnfragment aus. Dies Verhältnis nun zwischen dem Material einschließlich rot und der Dingkategorie wird als ein Disharmonisches, das Stehen dieses Gesamtmaterials in der Dingkategorie als eine Falschheit hingestellt. Es wird behauptet, diesem Gesamtmaterial komme die Dinghaftigkeit nicht zu. Es mag auf den ersten Blick gekünstelt erscheinen, daß wir den Satz »ein etwas ist nicht rot« nicht lieber einfach so interpretieren: einem Etwas komme das Rot nicht zu. Allein wollten wir der sprachlichen Formulierung vertrauend den logischen *Sinn* dieses Satzes so auffassen, so hätten wir gerade das verwischt, worauf es logisch ankommt. Denn um den logischen »*Sinn*« zu ergründen, muß der Riß für uns immer der zwischen Kategorie und Material sein, müssen wir immer das *ganze* Material auf die eine, die Kategorie auf die andere Seite bringen, nicht einzelne Materialinhalte auf die eine, andere auf die andere Seite setzen. Auf die ganz einzigartige gekünstelte »Relation« zwischen Kategorie und Material kommt es an – das wird der nächste Abschnitt noch ausführlicher einschärfen –, nur dann verstehen wir Bejahung und Verneinung, wenn wir sie und nichts anderes als das für harmonisch und disharmonisch Erklärte begreifen. So läßt sich das »non a« meist leicht als verneinter Sinn verstehen. Den eigentlichen und schwierigen Hauptfall der Wendung »non a« besprechen wir jedoch erst an einer späteren Stelle dieses Abschnittes.

161)* So wiederholt sich denn auch, daß der Sinn der gegensätzlichen Region seinen gegensatzlosen Maßstab als Bestandteil in sich trägt. Dem richtigen und falschen Sinn ist sein eigener Maßstab immer als immanent vorliegendes Sinnfragment eingebaut. Genau so wie der wahrheitsgemäße und wahrheitswidrige Sinn [461/462] seinen urbildlichen Maßstab in sich enthält, indem durch das Material die transzendenterweise zu ihm hingeltende Kategorie und damit der ganze transzendente Sinn bestimmt ist. In jedem vollendet gemeinten oder Urteilssinn liegen somit außer ihm selbst zwei als Maßstab fungierende Sinngebilde ineinandergeschachtelt, von denen jeder im Verhältnis zu dem ihn als Bestandteil tragenden komplizierteren Sinn zu einem bloßen Glied degradiert wird.

162)* Man müßte also eigentlich einen besonderen Namen haben für den – auf irgendwelchen Komplikationsstufen – von treffendem oder verfehlendem, erkennendem oder verkennendem Verhalten ablösbaren Sinn!

163)* Falsch! Es wird nicht eine indifferente Beziehung, sondern ein behauptetes *Zusammenpassen* von Ja oder Nicht mit Vorstellungsbeziehung »gedacht« und dies für falsch erklärt!

164)* Es ist also zu unterscheiden zwischen den Gefügen *überhaupt* und dem Immanentwerden der einzelnen Gefüge! Die sind ja auch *nur* ablösbare, das Merkzeichen der Gemeintheit an sich tragende Gebilde. Gefüge überhaupt, d. h. ihre ganze Struktur durch zweite Unkenntnis, für Immanentwerden des Einzelnen muß *Verkenntnis* hinzukommen. Für Widerspruch bildet *letzteres* Voraussetzung!

Man muß noch Richtigkeit und Falschheit *vor* dem Meinen und Richtigkeit und Falschheit des Ja- und Nicht-Sinnes unterscheiden! Erstere ist das Maß von letzterem! Das ist nachher für Widerspruch wichtig. Da handelt sich es stets um Richtigkeit .... und Falschheit des *gemeinten* Sinnes!

165) Vgl. *Palagyi*, Kant u. Bolzano, *Bergmann*, D. philos. Werk B. Bolzanos, 12 ff.

166)* Also immer zwei und mehr Urteile liegen vor! Mit einem *Schlage*!

167) Damit ist aber keineswegs gesagt, daß alle Worte als Satzbestandteile gleichmäßig »Begriffe« in diesem Sinne bedeuten. Einzelne Worte können der sprachliche Ausdruck z. B. auch für kategoriale Formen oder für die positive und negative Wertqualität sein.

168)* Ad ganze Lehre von den Bedeutungen ist natürlich eingehender an verschiednen Stellen der Logik zu handeln, vgl. *Lotzes* verklärte Bedeutung, die hängen zugleich zusammen mit *abbildlichem* Sinn, denn es handelt sich dabei ums abbildlich-schattenhaft gewordene Material. Außerdem zu untersuchen, wie weit als Bestandteile des *nachbildlichen* Sinnes! Aber selbst, wenn nicht solche Bestandteile, *ausgesprochen* werden die Begriffe ja stets zur Nachbildlichkeit *verarbeitet.* Aber das vielleicht eine andere Angelegenheit!

Nachdenken, wie weit *Rickerts* Bedeutungslehre *innerhalb* des künstlichen Urteilssinnes eine Bedeutung hat!

Es gibt allerdings Bedeutungen, die etwas anderes als Urteilssinn, aber diese liegen ganz jenseits Urteilsstruktur und sind nicht etwa als Bestandteile des unteilbaren Urteilssinnes zu begreifen. Außerdem würden, selbst *wenn alle,* auch die urbildlich-»begrifflichen« Bedeutungen, als *Bestandteile* der Aussage letzthin zu fassen sind, sie nicht geltungsindifferente, sondern nur übergegensätzliche Bedeutungen sein!

169) *Lotze*, Log., 521, *Rickert*, Zwei Wege, 33 ff.
170) Freilich bedürfte diese Behauptung einer eingehenderen Auseinandersetzung, insbesondere mit Rücksicht auf *Husserl*, Log. Unters. II, Abschn. V, 3.-5. Kap.
171)* *bleiben* ja gar nicht wertindifferent
172)* Es muß ausgeführt werden, daß es sich bei Norm und bei Kluft von Sollen und Sein gar nicht um Gegensatzdualität von tatsächlichem Unwert und gesolltem Wert, sondern lediglich um zweiweltentheoretische Zweiheit überhaupt, um Sollensartiges und Seinsartiges, handelt. Es kommt darauf an, daß es sich bei dem, was sollensartig der Wertrealisierung gegenübersteht, nicht um Realisiert- oder auch Nichtrealisiertwerden, nicht um den Gegensatz von Normgemäßheit und Normwidrigkeit handelt. Es handelt [462/463] sich also lediglich um den Unterschied von Seinsgegenstand und Geltungsgegenstand, um das, was Objekt des Seins- und des Geltungserkennens! Norm – Realität = Geltungsgegenstand in normativer Umbiegung – Seinsgegenstand. Kurz: *diese* Dualität ist es! Und sie ist einfachst *ohne* Wertgegensatz zu verstehen! Man muß mit dem gegensatzlosen Seinsgegenstand den *gegensatzlosen* Normgegenstand vergleichen!

Die Hauptsache ist: das Gelten ist ein gegensatzloses Heischen ans gegensatzlose Erleben! Und dennoch ein *Heischen!*

Doch man kann hinsichtlich »Norm« ja anderer Ansicht. Hauptsache, daß es dort auf jener Seite überhaupt Gegensatzloses gibt, Gegensätzlichkeit ein niederes Abgeleitetes ist! Mag deshalb auch Norm immer gegensätzlich, die *letzte* und eigentliche Kluft zwischen Norm und Seinsgebiet ist nicht die zwischen dem, was (wo es?) Gegensätze und was nicht Gegensätze gibt, sondern gegensatzlos-unsinnlich-sinnlich. Allerdings gibt es beim Sinnlichen *nicht* Gegensatz! Gegensätzlichkeit allerdings diagnostisches Merkmal von *jener* Sphäre.

Also Hauptsache: Gegensätzlichkeit wohl diagnostisches, aber nicht oberstes Wesen! Folgeweise auch Übertretbarkeit bloß diagnostisch, aber *abgeleitet. Nicht Übertretbarkeit, sondern Nichtsinnlichkeit ist das, worauf es ankommt!*

Wesentliche also: es muß auch in den Derivativen des Wertbegriffs oder in seinen anderen Umschreibungen die Angewohnheit, sofort und *nur* an die Gegensätzlichkeit zu denken, bekämpft werden! Berechtigt ist dies allerdings, wenn man an die sittlichen Pflichtforderungen denkt (aber vgl. den *Zustand* der schönen Seele!).

Hierbei handelt es sich allerdings lediglich um das Beziehen *auf* die Gegensätzlichkeit, um die Übertretbarkeit einer Norm, von der jedenfalls damit noch nicht *gesagt* ist, daß sie die gegensätzliche, die Ja-Norm ist.

Es ist aber immerhin der wichtige Gedanke, daß ebenso wie der Wertbegriff der Forderungsbegriff gegensatzlos zu denken ist, die Beziehung auf die *Subjektivität*, diese *eine* Immanenzangelegenheit, noch gar nichts mit der anderen, der Struktur-Immanenzangelegenheit zu schaffen hat!

Vielleicht ganze Position doch nicht haltbar, mit Rücksicht aufs Ethische, wo Norm-bezogenheit auf *Fehlbarkeit*.

173)   Vgl. meinen Vortrag üb. d. Primat d. prakt. Vernunft i. d. Logik: Ber. üb. d. III. intern. Kongr. f. Philos. zu Heidelberg, 675.

174)* Es muß sich ja das sinnliche Erlebnissubjekt dem Nichtsinnlichen hingeben und sozusagen unterwerfen.

175)* Zweierlei: bloße Objektsunterschiede, mit Objektsphänomenen verbundene Subjektivitätsunterschiede, *bloße* Subjektsunterschiede. *Subjektskorrelat!*

176)* wo Sinn zustande kommt, *innerhalb* dieser Region die Differenz zugleich = *Sinnunterschied*.

177)* betrifft zweifellos *Spezifikum* der Urteilsregion! *Qualität* deshalb *eigentliches* Prinzip der Einteilung der Urteile!

178)* Die weitere Schicht der Subjektivität kommt im problematischen Urteil auch zum Ausdruck. Denn es wird ja dort nicht nur Sinn, sondern auch zweifelnde Subjektivität in sprachlichem Ausdruck niedergelegt.

179)* wohl aber durch *Fehlen* eines positiven oder negativen Sinnes!

180)* auch Frage = zweite Etappe, aber Unterschiedenheit *vor* dem Entscheidungsversuch, problematisches Urteil = Unentschiedenheit *nach* Versuch. Dies = *reiner* Subjektivitätsunterschied! Deshalb von *Windelband* ausdrücklich Suspension, »kritische Indifferenz« genannt!

181)   Es ist hier jedoch ausdrücklich nicht von Evidenz die Rede, die vielmehr als ein bloßes Subjektskorrelat objektiver Rationalität des Sinnes gefaßt werden kann.

182)   Vgl. *Windelband*, Beitr. z. Lehre v. neg. Urt., 186 f.

183)   Vgl. *Windelband*, Beitr. z. L. v. neg. Urt., 182 f., 185.

Anhang.

Ausführliches Inhaltsverzeichnis der ersten Ausgabe von »Die Logik der Philosophie und die Kategorienlehre«

Inhalt.

Ausführliches Inhaltsverzeichnis der ersten Ausgabe von »Die Lehre vom Urteil«

Inhalt.

414

Anmerkungen des Herausgebers.

Quellennachweise:

Folgende Ausgaben liegen den hier abgedruckten Texten zu Grunde:

Die Logik der Philosophie und die Kategorienlehre.
> Emil Lask; Gesammelte Schriften Band II; Tübingen 1923; S. 1-282.

Die Lehre vom Urteil.
> Emil Lask; Gesammelte Schriften Band II; Tübingen 1923; S. 283-463.

Bisherige Ausgaben:

Die Logik der Philosophie und die Kategorienlehre.

A) Die Logik der Philosophie / und die Kategorienlehre / Eine Studie über den Herrschaftsbereich / der logischen Form / von Dr. Emil Lask / a. o. Professor an der Universität Heidelberg. / **Zierleiste** / **Verlagsvignette** / Tübingen / Verlag von J. C. B. Mohr (Paul Siebeck) / 1911 /
VIII / 276 Seiten

B) Die Logik der Philosophie und die Kategorienlehre. **in:** Emil Lask / Gesammelte / Schriften / Herausgegeben von / Eugen Herrigel / II. Band / **Verlagsvignette** / 1923 / Verlag von J. C. B. Mohr (Paul Siebeck) / Tübingen /
Seiten 1-282

C) Emil Lask / Die Logik der Philosophie / und die Kategorienlehre / Eine Studie über den Herrschaftsbereich / der logischen Form / 3. Auflage / mit einem Nachwort von / Friedrich Kaulbach / **Verlagsvignette** / J.C.B.Mohr (Paul Siebeck) Tübingen /
VIII / 310 Seiten / 1 Blatt Verlagsanzeige
{Ausgabe C erschien im Jahre 1993}

Im Tafelteil werden die Titelblätter der Ausgaben *A* und *B* wiedergegeben (S. 422-423).

<u>Die Lehre vom Urteil.</u>

A) Die Lehre vom Urteil / von Dr. Emil Lask / a. o. Professor an der Universität Heidelberg / **Zierleiste** / **Verlagsvignette** / Tübingen / Verlag von J. C. B. Mohr (Paul Siebeck) / 1912 /
VIII / 208 Seiten

B) Die Lehre vom Urteil. **in:** Emil Lask / Gesammelte / Schriften / Herausgegeben von / Eugen Herrigel / II. Band / **Verlagsvignette** / 1923 / Verlag von J. C. B. Mohr (Paul Siebeck) / Tübingen /
Seiten 283-463

Im Tafelteil werden die Titelblätter der Ausgaben *A* und *B* wiedergegeben (S. 422-423).

Textgestaltung

Die Seitenumbrüche der zugrunde liegenden Ausgaben (vgl. Quellennachweise) sind im Text in eckigen Klammern gegeben. »[45/46]« bedeutet: der Originaltext wechselt von Seite 45 auf Seite 46. Offensichtliche Druckfehler wurden stillschweigend korrigiert. Typographische und orthographische Besonderheiten des Originaltextes wurden den modernen Gewohnheiten angepaßt. Die Zeichensetzung wurde durchgehend beibehalten. Sämtliche Textabweichungen mit Ausnahme der wenigen orthographischen Modernisierungen werden im Anhang nachgewiesen. Die bei Lask häufigen Hervorhebungen durch Sperrdruck werden hier durch Kursivdruck wiedergegeben. Ebenso werden in den Originaldrucken hervorgehobene Personennamen grundsätzlich kursiv wiedergegeben. Anmerkungen des Herausgebers im Text werden durch geschweifte Klammern »{}« gekennzeichnet. Die neue Rechtschreibung bleibt unberücksichtigt.

Die zahlreichen, von Lask stammenden, Fußnoten werden im vorliegenden Text (jeweils für jedes Werk einzeln) fortlaufend numeriert und in einem gesonderten Anhang wiedergegeben. Fußnoten ohne Stern sind die Anmerkungen der jeweiligen Erstausgabe (Ausgabe *A*); Anmerkungen mit Stern geben die Bemerkungen aus dem Nachlaß wieder, die zum ersten Mal in der Ausgabe der Gesammelten Schriften 1923 abgedruckt wurden (Ausgabe *B*). Seitenverweise innerhalb des Textes und der Fußnoten wurden durchgängig auf die Paginierung der vorliegenden Ausgabe umgewandelt. Ebenso wird bei Verweisen auf Fußnoten die Numerierung der vorliegenden Ausgabe benutzt.

<u>zu: Die Logik der Philosophie und die Kategorienlehre.</u>

In Ausgabe *B* ist der Untertitel: »Eine Studie über den Herrschaftsbereich der logischen Form« entfallen.

Das Motto (Plotin-Zitat), in Ausgabe *A* auf Seite II, ist in *B* entfallen. Das Vorwort in *B* (dort Seite 3) ist im Gegensatz zu *A* nicht mit »Emil Lask« unterzeichnet.

Ausgabe *A* weist im Gegensatz zu Ausgabe *B* ein ausführliches Inhaltsverzeichnis auf (Seiten V bis VIII). Dieses wird hier auf den Seiten 409-412 wiedergegeben. Die dort angeführten Seitenzahlen beziehen sich auf die Paginierung der Ausgabe *A*.

Die auf Seite VIII (unten) von Ausgabe *A* gegebenen Berichtigungen wurden in den Text der vorliegenden Ausgabe eingearbeitet.

Verzeichnis der Textabweichungen

S. 41 diese Ausgabe:
   »... Dreierlei auseinander zu halten.«
  statt wie in Ausgabe *B*:
   »... Dreierlei auseinander zuhalten.«

S. 53 diese Ausgabe:

>>Kategorien sich spalten zu lassen<<

statt wie in Ausgabe *A* und *B*:

>>Kategorien sich spalten lassen<<

S. 56 diese Ausgabe:

>>*In* ihm muß ein Etwas stehen, >>*mit*<< einem Etwas muß es seine >>Wahrheit<<, seine ...<<

statt wie in Ausgabe *A*:

>>*In* ihm muß ein etwas stehen, >>*mit*<< einem Etwas muß es seine >>Wahrheit<<, seine ...<<

und statt wie in Ausgabe *B*:

>>*In* ihm muß ein etwas stehen, >>*mit*<< einem etwas muß es seine >>Wahrheit<<, seine ...<<

S. 60 diese Ausgabe:

>>... unter diesem Begriff zusammengefaßt werden dürfen.<<

statt wie in Ausgabe *A* (aber nicht *B*):

>>... unter diesem Begriff zusammenbefaßt werden dürfen.<<

S. 71 diese Ausgabe:

>>für das logisch nackte Material<<

statt wie Ausgabe *B* (aber nicht *A*):

>>für das logisch-nackte Material<<

S. 73 diese Ausgabe:

>>Zwischen das Material und das Erleben hat sich im Erkenntnisobjekt die Kategorie geschoben.<<

statt wie in Ausgabe *A* und *B*:

>>Zwischen das Material und das Erleben hat sich im Erkenntnisobjekt die Kategorie dazwischen geschoben.<<

S. 91 diese Ausgabe:

>> ... dem Wahrheit nicht als Abbild und Schatten gegenüberzustellen, sondern mit dem sie gleichzusetzen ist.<<

statt wie in Ausgabe *A* und *B*:

>> ... dem Wahrheit nicht als Abbild und Schatten gegenüberzustellen, sondern mit dem sie gleich zu setzen ist.<<

S. 153 diese Ausgabe:

>>Die vom Erkennen aufgesuchte Form, in der das Material steht, ist in hervorragendem Maß die »Ordnung«, in der die Beziehungen, in denen die Inhalte stehen.«

statt wie in Ausgabe *A* und *B*:

>>Die vom Erkennen aufgesuchte Form, in der das Material steht, ist in hervorragendem Maß die »Ordnung«, in der, die Beziehungen, in denen die Inhalte stehen.«

S. 177 diese Ausgabe (und wie in Ausgabe *A*):

» ... theoretisch-kategorialen Rationalitäts-Gehalt«

statt wie in Ausgabe *B*

» ... theoretisch-kategorialen Rationalitätsgehalt«

zu: Die Lehre vom Urteil.

Das Vorwort in *B* (dort Seite 285) ist im Gegensatz zu *A* nicht mit »Emil Lask« unterzeichnet.

Ausgabe *A* weist im Gegensatz zu Ausgabe *B* ein ausführliches Inhaltsverzeichnis auf. Dieses wird hier auf den Seiten 413-415 wiedergegeben. Die dort angeführten Seitenzahlen beziehen sich auf die Paginierung der Ausgabe *A*.

Die in Ausgabe *A* (dort Seite VIII) gegebenen Berichtigungen wurden in den Text der vorliegenden Ausgabe eingearbeitet.

Verzeichnis der Textabweichungen

S. 291 diese Ausgabe:

>>In den Gefügen »a ist verschieden von b« oder »a ist Ursache von b« nimmt nach der grammatisch orientierten Theorie a die Subjekts- und »verschieden von b sein«, »Ursache von b sein« die Prädikatsstellung ein.«

statt wie in Ausgabe *A* und *B*:

>>In den Gefügen »a ist verschieden von b« oder »a ist Ursache von b« nimmt nach der grammatisch orientierten Theorie a die Subjekts- und verschieden von b sein, Ursache von b sein die Prädikatsstellung ein.«

S. 315 diese Ausgabe:

»Material schließt schon die Betroffenheit eines Etwas, mithin gleichfalls seine Stellung innerhalb der gegenständlichen Struktur, mit ein.«

statt wie in Ausgabe *A* und *B*:

»Material schließt schon die Betroffenheit eines Etwas, mithin gleichfalls seine Stellung innerhalb der gegenständlichen Struktur, bereits mit ein.«

S. 351 diese Ausgabe (und wie in Ausgabe *A*):

»... Vorstellungsgehalt, d. h. – nach der Terminologie dieser Abhandlung – in ihren neutralen ...«

statt wie in Ausgabe *B*:

»... Vorstellungsgehalt, d. h. nach der Terminologie dieser Abhandlung – in ihren neutralen ...«

S. 358 diese Ausgabe:

» ... der sich aus den durch die Subjektivität aufgewühlten oder isolierten Elementen aufbaut.«

statt wie in Ausgabe *A* und *B*:

» ... der sich aus dem durch die Subjektivität aufgewühlten oder isolierten Elementen aufbaut.«

Tafeln.

Wiedergabe der Titelblätter der beiden ersten Ausgaben von »Die Logik der Philosophie und die Kategorienlehre« und »Die Lehre vom Urteil«. Zur bibliographischen Beschreibung der Ausgaben vgl. S. 416-417.

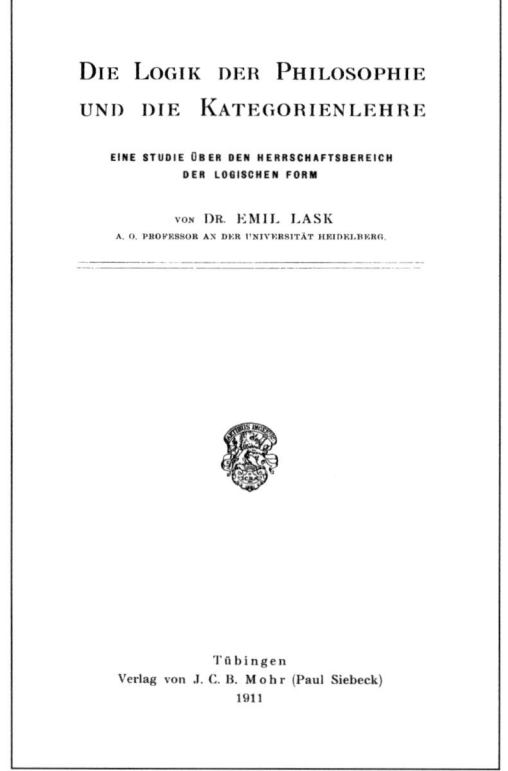

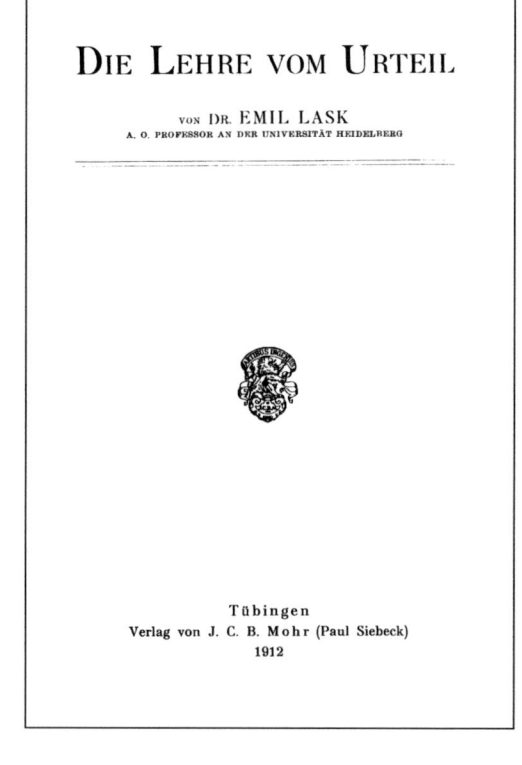

Tafel I:
Die Logik der Philosophie und die Kategorienlehre.; 1 Ausgabe 1911; VIII/276 Seiten

Tafel II:
Die Lehre vom Urteil; 1. Ausgabe 1912; VIII/208 Seiten

EMIL LASK

GESAMMELTE SCHRIFTEN

HERAUSGEGEBEN VON
EUGEN HERRIGEL

II. BAND

1 9 2 3

VERLAG VON J. C. B. MOHR (PAUL SIEBECK)
TÜBINGEN

Tafel III:
jeweils 2. Ausgabe; innerhalb der
Gesammelten Schriften; 1923;
(Band II).

(Wiedergabe der Titelblätter mit freundlicher Genehmigung des Verlages J. C. B. Mohr (Paul Siebeck) Tübingen.)

Namensverzeichnis.

Ende des zweiten Bandes.